天津统计年鉴
TIANJIN STATISTICAL YEARBOOK

No. 27 总第27期

中英文对照 Chinese/English

2011

天津市统计局 国家统计局天津调查总队 编

Compiled by Tianjin Municipal Bureau of Statistics & Survey Office of the National Bureau of Statistics in Tianjin

中国统计出版社
China Statistics Press

全市生产总值(亿元)
GDP (100 million yuan)

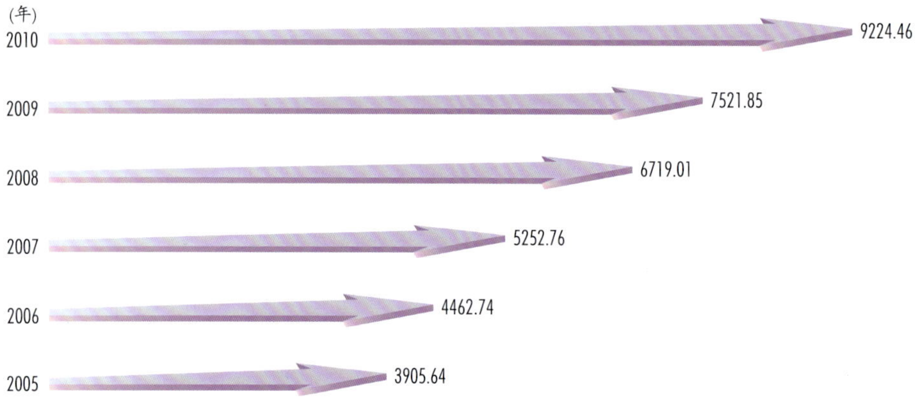

产业结构(%)
Industrial Structure(%)

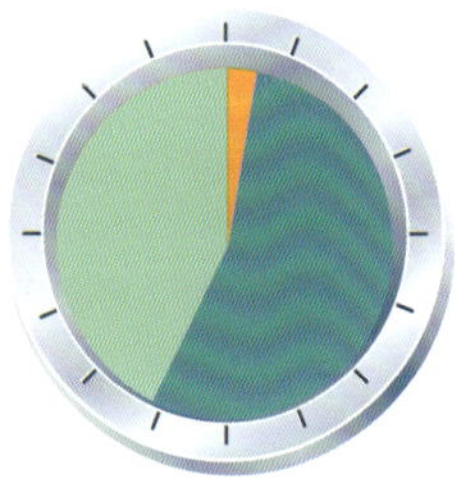

2005年

- 第一产业 2.9 Primary Industry
- 第三产业 42.5 Tertiary Industry
- 第二产业 54.6 Secondary Industry

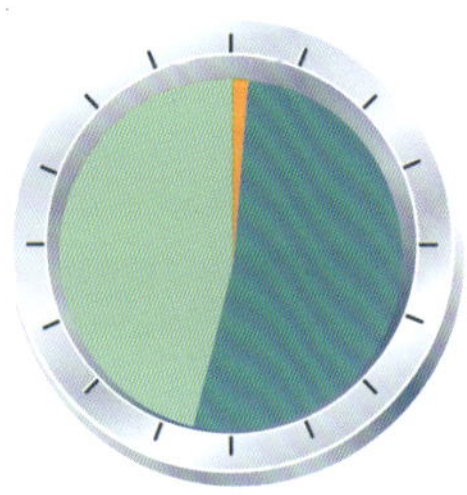

2010年

- 第一产业 1.6 Primary Industry
- 第三产业 46.0 Tertiary Industry
- 第二产业 52.4 Secondary Industry

2010年天津市每天主要社会经济活动情况
Average Daily Social and Economic Activities of Tianjin in 2010

- 全市生产总值25.27亿元 Gross Domestic Product (2 527 million yuan)
- 工业增加值12.08亿元 Added Value of Industry (1 208 million yuan)
- 第三产业增加值11.61亿元 Added Value of Tertiary Industry (1 161 million yuan)
- 全市财政收入7.33亿元 Total Government Revenue (733 million yuan)
- 天然原油产量9.13万吨 Output of Crude Petroleum Oil (91 300 tons)
- 轿车产量1740辆 Output of Cars (1 740 units)
- 移动电话机产量24.95万部 Output of Mobile Phones (249 532 pieces)
- 港口货物吞吐量113.22万吨 Freight Handled in Port (1 132 200 tons)
- 社会货物运输量114万吨 Freight Traffic (1 140 000 tons)
- 邮电业务总量11922万元 Business Value of Post and Telecommunications (119.22 million yuan)
- 社会消费品零售总额7.95亿元 Total Retail Sales of Consumer Goods (795 million yuan)
- 外贸出口总额1.03亿美元 Total Value of Exports in Foreign Trade (USD 103 million)
- 接待来津国际旅游者4550人次 Reception of International Tourists (4 550 person-times)
- 全社会竣工房屋建筑面积9.26万平方米 Floor Space of Building Completed (92 600 m^2)
- 天然气售气量432.96万立方米 Sales of Natural Gas (4 329 644 m^3)
- 新增移动电话用户2659户 Increased Mobile Phone Users (2 659 households)
- 生活用水量56.98万吨 Daily Consumption of Water (569 800 tons)
- 报纸出版258万份 Newspaper Issued (2.58 million copies)

全社会固定资产投资与城市基础设施投资(亿元)
Total Investment in Fixed Assets and Urban Infrastructure Investment (100 million yuan)

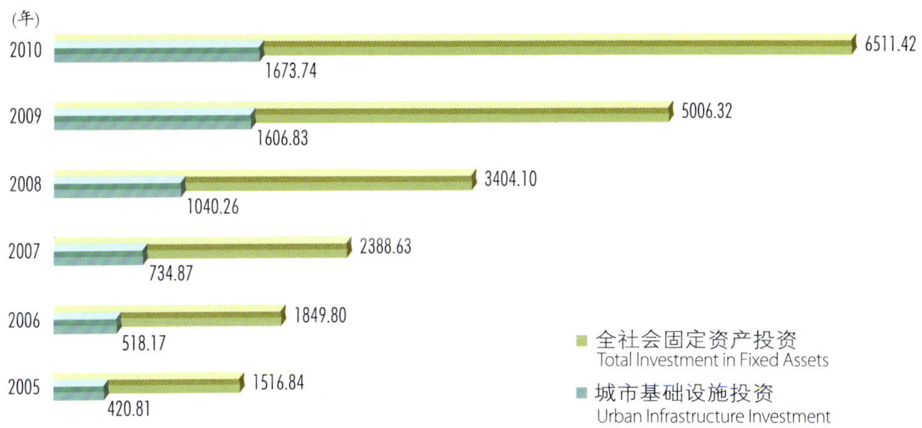

外贸进、出口总额(亿美元)
Total Value of Imports and Exports in Foreign Trade (USD 100 million)

实际直接利用外资额(亿美元)
Actual Direct Utilization of Foreign Capital (USD 100 million)

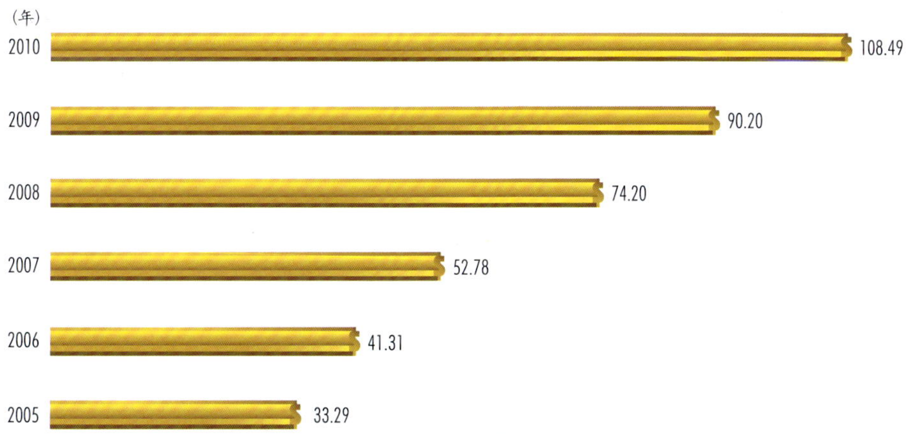

单位生产总值、单位工业增加值能耗(吨标准煤/万元)
Energy Consumption per Unit of Gross Domestic Product and Value Added of Industry (ton of SCE/10000 yuan)

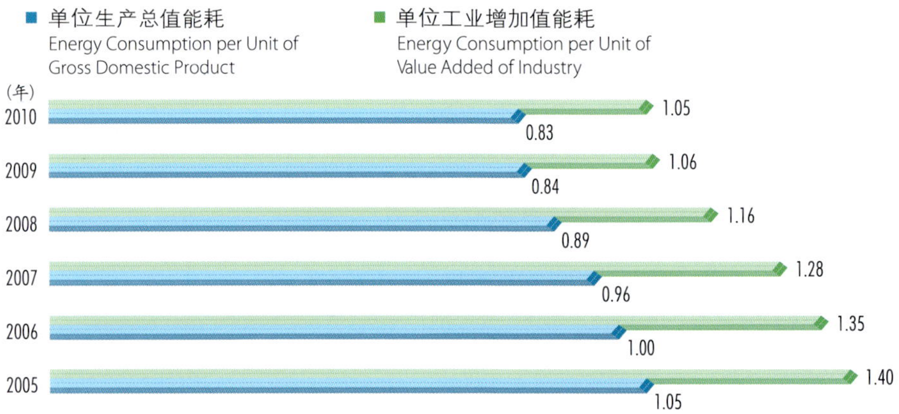

地方一般预算财政收入(亿元)
Local General Budgetary Government Revenue (100 million yuan)

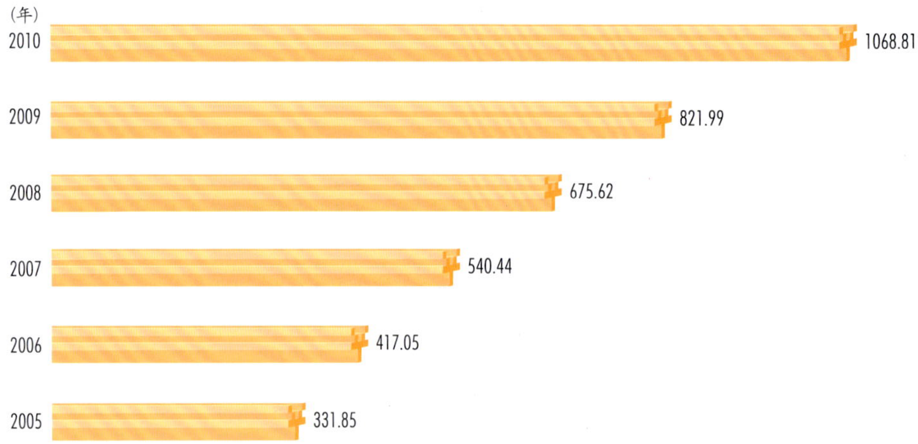

城市物价指数(上年=100)
Urban Price Indices (preceding year = 100)

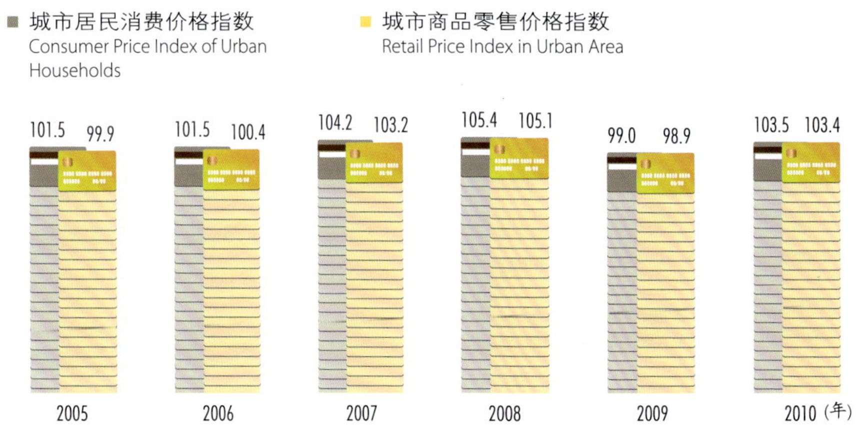

城市居民家庭生活收支(元)
Domestic Income and Expenditure of Urban Households (yuan)

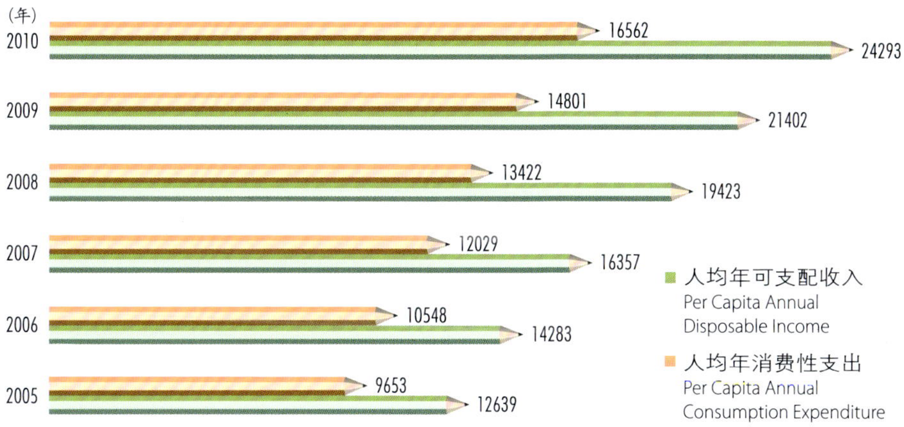

2010年城市居民人均消费性支出构成(%)
Composition of per Capita Annual Consumption Expenditure of Urban Households in 2010 (%)

- 食品 35.9
  Food
- 交通和通信 14.8
  Transportation and Communication Services
- 娱乐、教育、文化服务 11.5
  Recreation, Education and Cultural Services
- 居住 9.8
  Residence
- 医疗保健 7.7
  Medicine and Medical Services
- 衣着 9.4
  Clothing
- 家庭设备用品及服务 6.8
  Household Facilities, Articles and Services
- 杂项商品和服务 4.1
  Miscellaneous Commodities and Services

城市居民人均住房建筑面积(平方米)
Per Capita Floor Space of Urban Residential Building (m^2)

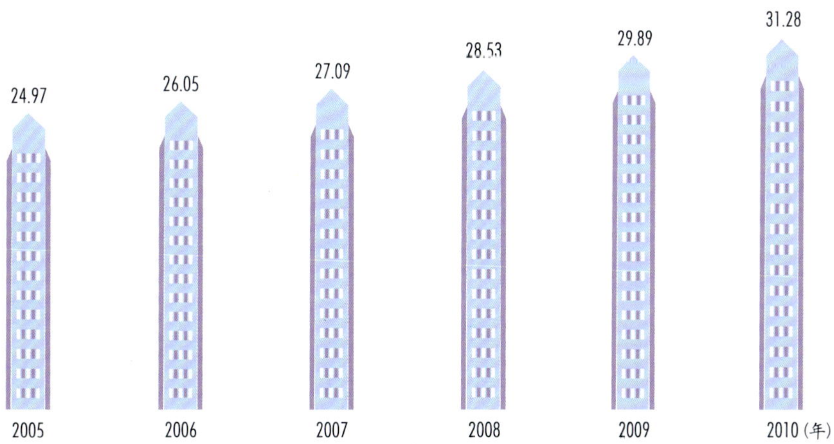

工业总产值(亿元)
Gross Output Value of Industry (100 million yuan)

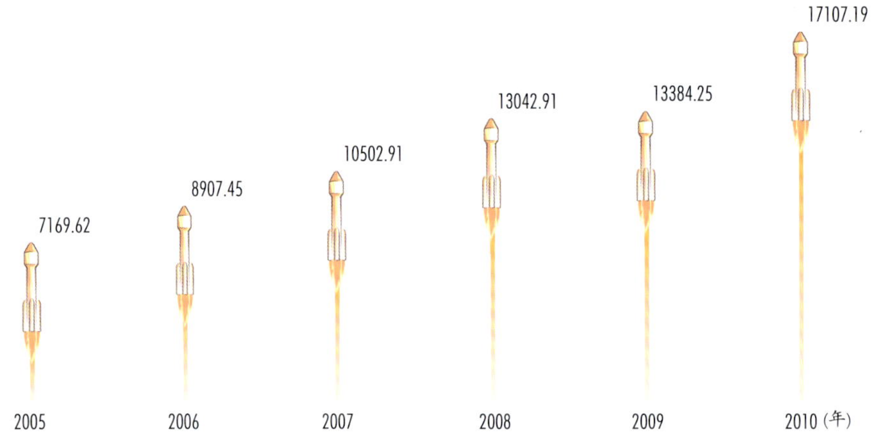

2010年天津市优势产业产值构成(%)
Composition of Output Value of Tianjin Competitive Industries in 2010 (%)

港口货物吞吐量(万吨)
Volume of Freight Handled in Port (10000 tons)

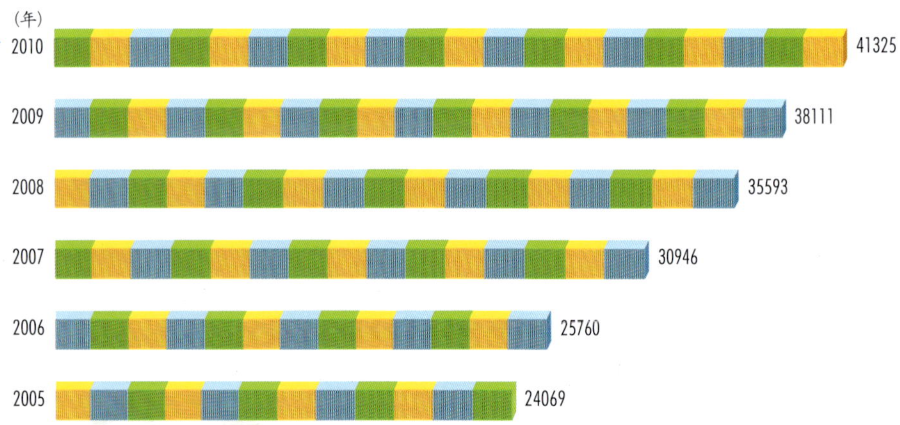

邮电业务总量(亿元)
Business Value of Post and Telecommunication Services (100 million yuan)

社会消费品零售总额(亿元)
Total Retail Sales of Consumer Goods (100 million yuan)

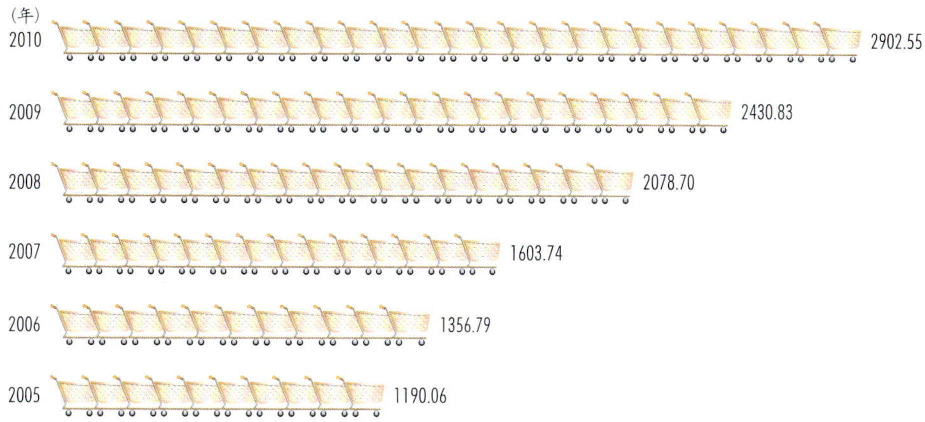

中外资金融机构年末存贷款余额(亿元)
Saving Deposits and Loans Balance of Chinese & Foreign Financial Institutions at Year-end (100 million yuan)

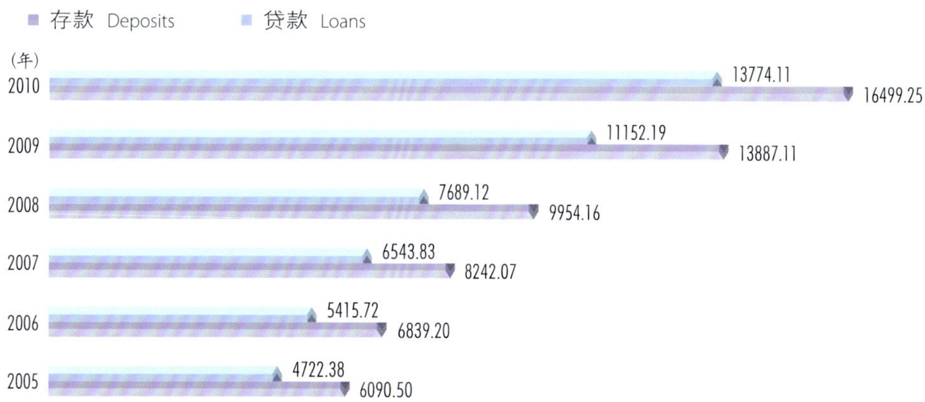

编者说明

一、《天津统计年鉴》是一部全面反映天津市国民经济和社会发展情况的大型资料性年刊,创刊于1984年,逐年出版,形成系列。2011版《天津统计年鉴》系统收录了天津市2010年经济、社会各方面的统计数据，以及其他重要历史年份的全市主要统计数据。全书中英文对照，配有光盘。

二、本年鉴文字资料主要登载有《2010年天津市国民经济和社会发展统计公报》、《2010年天津市国民经济形势分析》、《2010年天津社会发展报告》、《天津市2010年第六次全国人口普查主要数据公报》、《乘风破浪 阔步前进—天津市“十一五”经济社会发展综述》等一系列反映“十一五”时期天津市各行业发展成就的分析文章。为方便读者使用，书的篇目索引标明了全书结构。在书中每篇后附有主要统计指标解释。

三、本年鉴的统计数据主要取自各专业统计年报，少部分取自抽样调查数据和专业部门统计数据。

四、本年鉴所使用的度量衡单位均采用国际统一标准计量单位；行业分类标准均采用国家标准GB/T 4754-2002；计算人均指标时，从2005年开始采用常住人口计算，2005年以前采用户籍人口计算；从2006年开始，城乡划分标准执行国统字[2006]60号文件的新规定。

五、本年鉴中部分数据的合计数和相对数由于四舍五入取舍不同而产生的计算误差，均未做机械调整。

六、本年鉴表中的符号使用说明：“空格”表示该项统计指标无数据、数据不足本表最小单位数或数据不详；“#”表示其中的主要项。

七、由于与不同年份有关专业的普查、调查、清查结果相衔接，以及国家统计制度变化和有关主管部门提供的统计数据有调整等原因，年鉴中部分指标的历史年度数据会有变动。读者在使用历史资料时，凡以前年度的年鉴与本年鉴数据有出入的，均以本年鉴为准。

八、《天津统计年鉴》自公开出版以来，得到了国内外广大读者的关心和支持，对本年鉴的内容和编辑工作提出了许多宝贵意见，对此我们深表谢意。限于我们的水平，书中难免有不足之处，敬请广大读者继续给予批评指正，帮助我们进一步改进年鉴编辑工作、提高年鉴编辑水平，更好地为广大读者服务。

Preface

Ⅰ. *Tianjin Statistical Yearbook* is a large-sized statistics publication to reflect various aspects of Tianjin's economic and social development, which was started in 1984 and published year after year, having become a series of yearbooks. *Tianjin Statistical Yearbook 2011* takes Tianjin economic and social statistics of 2010 systematically, and other statistics of main years. The book is written in Chinese & English, and is equipped with electric CD.

Ⅱ. Written materials in the book include *Statistical Communique on the 2010 National Economic and Social Development of Tianjin, Analysis of Tianjin National Economic Situation 2010, Tianjin Social Development Report 2010, Tianjin Statistical Communique on National Sixth Population Census, Sail through Wind and Waves and Advance in Giant Strides—— Reviews of Tianjin the "11th-five" Economic and Social Development.* In order to help readers using these statistical materials better, Explanatory Notes on Main Statistical Indicators are attached after each chapter.

Ⅲ. The major data sources of this book are obtained from annual professional statistical report, a few from sample surveys and departments' statistics.

Ⅳ. The units of measurement used in this book are internationally standard measurement units; sector listed in this table is classified by the standard of GB/T 4754-2002. When calculating per capital indicators, we use permanent population since 2005 and use registered population before 2005. Since 2006, the division standard of urban and rural areas adopts the new rules of National Bureau of Statistics Regulation 2006[60].

Ⅴ. Statistical discrepancies due to rounding are not adjusted in this book.

Ⅵ. Notations used in this book: "blank" indicates the data not available or the figure is not large enough to be measured with the smallest unit in the table. "#" indicates the major items of the total.

Ⅶ. As a result of keeping consistent with data of census, surveys and checks, the change of national statistics system and adjustment of figures provided by departments, some data in this yearbook is different from former yearbook. When using historical data, users should take the data of this book as standard.

Ⅷ. Since *Tianjin Statistical Yearbook* had been published openly, we have been concerned and supported by the readers at home and abroad. They advance much valuable suggestion on content and edition of the yearbook, we deeply thanks for this all. Based on our limited level, perhaps there are some mistakes in this book, we welcome all of the readers give us your criticism in order to help us further improving our edition level, and providing services for the readers better.

篇目索引

SUBJECT INDEX

SUBJECTS | PAGE

目 录
CONTENTS

第二篇 国民经济核算
Chapter 2 National Accounts

第三篇 人 口
Chapter 3 Population

第四篇 就业和劳动报酬
Chapter 4 Employment and Remuneration

第五篇 固定资产投资和房地产
Chapter 5 Investment in Fixed Assets and Real Estate

第六篇 对外经济贸易和旅游
Chapter 6 Foreign Trade, Economic Cooperation and Tourism

第七篇　能源生产和消费
Chapter 7 Energy Production and Consumption

第八篇　财　政
Chapter 8 Government Finance

第九篇　价格指数
Chapter 9 Price Indices

第十篇　人民生活
Chapter 10 People's Life

第十一篇　城市建设和环境保护
Chapter 11 Urban Construction and Environment Protection

第十二篇 农 业
Chapter 12 Agriculture

第十三篇 工 业
Chapter 13 Industry

第十四篇 建筑业
Chapter 14 Construction

第十五篇 运输和邮电
Chapter 15 Transportation, Post and Telecommunications

第十六篇 批发和零售业与住宿和餐饮业
Chapter 16 Wholesale and Retail Trade, Accommodation and Catering Services

第十七篇 金融业
Chapter 17 Financial Intermediation

第十八篇 教育和科技
Chapter 18 Education, Science and Technology

第十九篇 文化、体育和卫生
Chapter 19 Culture, Sports and Public Health

第二十篇　社会服务及其他
Chapter 20 Social Services and Others

第二十一篇　企业景气
Chapter 21 Enterprises Climate

第二十二篇　滨海新区
Chapter 22 Binhai New Area

第二十三篇　区县基本情况
Chapter 23 Basic Statistics on Districts and Counties

2010年天津市国民经济和社会发展统计公报

天津市统计局
国家统计局天津调查总队
2011 年 3 月 1 日

2010 年是"十一五"规划的收官之年。全市人民在市委、市政府的正确领导下，深入贯彻中央的决策部署和政策措施，按照胡锦涛总书记对天津工作提出的一系列重要要求，大力实施市委"一二三四五六"的奋斗目标和工作思路，积极应对国内外较为复杂的发展环境，加快转变经济发展方式，积极推动经济结构调整，着力构筑"三个高地"，全力打好"五个攻坚战"，团结一心，奋力拼搏，胜利完成"十一五"规划确定的主要目标和任务，全市经济社会实现了又好又快发展。

一、经济发展

经济总量

全市生产总值突破 9000 亿元。据初步核算，并经国家统计局评估审定，全市生产总值(GDP)完成 9108.83 亿元，按可比价格计算，比上年增长 17.4%。分三次产业看，第一产业实现增加值 149.48 亿元，增长 3.3%；第二产业增加值 4837.57 亿元，增长 20.2%；第三产业增加值 4121.78 亿元，增长 14.2%。三次产业结构为 1.6 : 53.1 : 45.3。

图1 "十一五"时期全市生产总值及增长速度

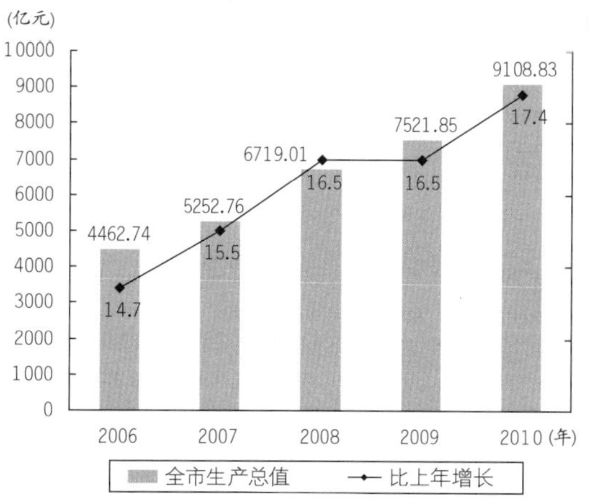

财政收支

财政收入快速增长。全市地方一般预算收入完成 1068.81 亿元，增长 30.1%。在汽车制造、石油石化、金融保险和房地产业增长的强力拉动下，全年地方税收收入完成 776.65 亿元，增长 26.6%，增幅比上年提高 14.2 个百分点。主体税种收入增长较快，其中：企业所得税收入增长 32.6%，营业税增长 26.9%，增值税增长 20.3%，个人所得税增长 20.5%。

图2 "十一五"时期地方一般预算收入及增长速度

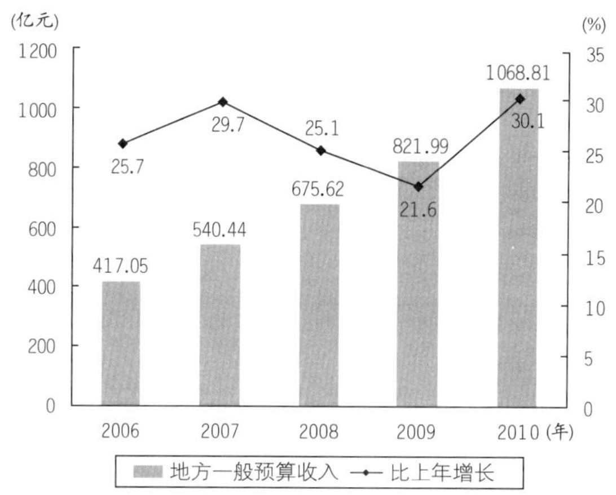

民生支出力度加大。全市一般预算支出 1351.3 亿元，增长 23.0%。其中，社会保障和就业、医疗卫生、环境保护和城乡社区事务等改善民生支出分别增长 20.2%、28.6%、87.8% 和 38.9%，合计支出 589.5 亿元，占全市一般预算支出的 43.6%，比上年提高 4.1 个百分点。

劳动就业

就业规模继续扩大。实施更加积极的就业政策，着力推进高校毕业生、困难群体和农村富余劳动力就业。全市新增就业 45.15 万人，增长 12.2%，年末城镇登记失业率控制在 3.6%。城镇单位从业人员总量达到 204.8 万人，增长 1.5%。

价　格

市场物价同比上涨。城市居民消费价格比上年上涨 3.5%，八大类商品和服务价格呈“五升三降”格局（见表 1），其中食品类价格上涨 8.0%，影响居民消费价格总水平上涨 2.7 个百分点。工业品出厂价格上涨 5.1%，原材料燃料及动力购进价格上涨 10.0%。房屋销售价格上涨 9.3%，其中新建房价格上涨 10.9%，二手房价格上涨 4.6%；房屋租赁价格上涨 4.7%。

表 1　居民消费价格指数（CPI）

指　标	指　数（上年 =100）
城市居民消费价格指数	**103.5**
食品类	108.0
烟酒及用品类	104.3
衣着类	102.8
家庭设备用品及维修服务类	99.5
医疗保健和个人用品类	103.7
交通和通信类	98.1
娱乐教育文化用品及服务类	98.8
居住类	102.3

固定资产投资

投资总量保持快速增长。全社会固定资产投资完成 6511.42 亿元，增量连续 3 年超千亿元，比上年增长 30.1%。其中城镇投资 6114.34 亿元，增长 30.1%；农村投资 397.08 亿元，增长 29.7%。在城镇固定资产投资中，第一产业完成投资 45.74 亿元，同比下降 2.7%；第二产业完成投资 2704.04 亿元，增长 32.8%，其中工业八大优势产业投资增长 38.0%，快于全市 7.9 个百分点，拉动城镇投资增长 13.9 个百分点；第三产业完成投资 3364.56 亿元，增长 28.5%。三次产业完成投资占城镇投资的比重为 0.8∶44.2∶55.0。

重大项目及新开工大项目带动作用明显增强。截至 2010 年末，全市 940 项重大项目中 450 项建成或基本建成，有力地带动了全市经济的平稳较快增长。新开工亿元以上施工项目 374 个，比上年增加 136 个，完成投资 1418.04 亿元，增长 60.5%，拉动城镇投资增长 11.3 个百分点。

图3　“十一五”时期全社会固定资产投资及增长速度

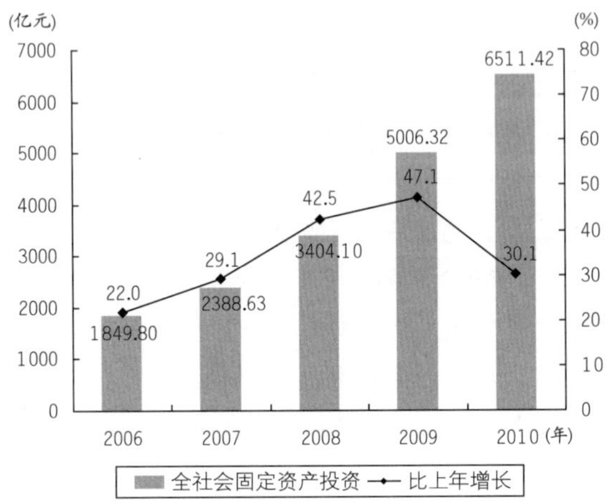

农业和新农村建设

农业生产保持稳定。全市农业总产值完成 319.01 亿元，比上年增长 3.5%。其中种植业产值 167.23 亿元，增长 4.6%；林业产值 2.18 亿元，增长 3.1%；畜牧业产值 89.94 亿元，增长 2.4%；渔业产值 50.21 亿元，增长 2.2%；农林牧渔服务业产值 9.46 亿元，增长 2.8%。

粮食生产再获丰收。全市粮食种植面积 467.67 万亩，增长 1.7%；粮食总产量 159.74 万吨，增长 2.2%，连续 7 年增产，创近 11 年来最好水平。高效设施农业建设全面提速，规划建设了 15 个现代农业园区、20 个现代畜牧养殖园区，发挥了示范引领带动作用。主要农副产品产量如下（见表 2）。

表 2　主要农副产品产量

产品名称	单　位	产　量	比上年增长（%）
粮　食	万　吨	159.74	2.2
肉　类	万　吨	42.86	8.5
牛　奶	万　吨	69.12	1.1
水产品	万　吨	34.49	0.9
禽　蛋	万　吨	18.73	-4.4
水　果	万　吨	60.10	-10.4
蔬　菜	万　吨	419.31	12.2

新农村建设深入推进。市级及以上农业产业化重点龙头企业达到152个，比上年末增加34个。进入产业化体系的农户比重达到86.1%，比上年末提高4.1个百分点。示范小城镇建设全面提速，四批示范小城镇试点有序推进，规划建设面积3300万平方米，累计竣工农民还迁住宅1150万平方米，20万农民迁入新居。农村基础设施不断完善，整修农村公路1000公里。累计建成文明生态村915个，农村环境面貌进一步改善。

工 业

工业生产增长较快。全市工业增加值完成4410.70亿元，增长20.8%，拉动全市经济增长11.1个百分点，贡献率达到63.5%。工业总产值突破17000亿元，达到17016.01亿元，增长31.4%；其中规模以上工业总产值16660.64亿元，增长31.7%。在规模以上工业总产值中，轻工业2712.40亿元，增长23.6%；重工业13948.23亿元，增长33.4%。

工业结构进一步优化。航空航天、石油化工、装备制造、电子信息、生物医药、新能源新材料、轻纺和国防等八大优势产业完成工业总产值15268.58亿元，占全市规模以上工业的比重为91.6%，比上年提高0.9个百分点。高新技术产业产值完成5100.84亿元，占规模以上工业的30.6%，提高0.6个百分点。新产品产值完成5019.25亿元，增长30.2%。

产销衔接状况良好。全市规模以上工业企业产销率为98.36%，其中轻工业产销率97.78%，重工业产销率98.47%。主要工业产品产量见表3。

企业效益大幅增长。全市规模以上独立核算工业企业主营业务收入完成17130.98亿元，增长38.2%。实现利税总额1683.24亿元，增长58.7%。其中税金546.83亿元，增长41.2%；利润1136.41亿元，增长68.7%。盈利居前的五大行业分别是石油和天然气开采业（540.47亿元）、交通运输设备制造业（157.37亿元）、通用设备制造业（74.92亿元）、通信设备计算机及其他电子设备制造业（49.45亿元）和化学原料及化学制品制造业（37.56亿元）。

表3 主要工业产品产量

产品名称	单 位	产 量	比上年增长(%)
天然原油	万 吨	3332.73	45.1
天然气	亿立方米	17.19	20.2
发电量	亿千瓦时	589.08	39.7
汽 油	万 吨	164.63	21.0
乙 烯	万 吨	109.26	4.8倍
聚 酯	万 吨	28.76	27.0
化学纤维	万 吨	12.80	28.2
水 泥	万 吨	809.71	21.9
生 铁	万 吨	1926.36	12.8
粗 钢	万 吨	2162.11	11.4
成品钢材	万 吨	4483.71	12.8
#无缝钢管	万 吨	348.40	2.3
汽 车	万 辆	73.81	22.5
两轮脚踏自行车	万 辆	2240.92	21.6
移动电话机	万 部	9107.90	7.0
锂离子电池	亿 只	5.08	8.0
半导体集成电路	亿 块	8.90	38.9
电子元件	亿 只	4655.89	45.5

建筑业

建筑业稳步发展。全市建筑业增加值完成426.87亿元，增长12.0%；总产值完成2473.25亿元，增长29.4%。房屋建筑施工面积7420.10万平方米，增长12.9%；房屋建筑竣工面积2166.32万平方米，下降3.3%。年末全市有总承包和专业承包资质的建筑企业1410家，实现利润63.91亿元，增长17.9%；上缴税金75.80亿元，增长25.8%。

交通、邮电

全市交通运输、仓储和邮政业增加值完成585.22亿元，比上年增长12.2%。

交通运输业务量全面增长。客运量完成24873.15万人，增长3.0%。其中公路21822.19万人，增长1.9%；铁路2654.44万人，增长11.3%。货运量完成41611.21万吨，增长6.6%。其中公路20855万吨，增长5.3%；铁路7596.99万吨，增长6.7%；水路11911.80万吨，增长5.2%。公路、铁路、水路三种主要运输方式占货运量比重分别为50.1%、18.3%和28.6%。旅客周转量完成323.12亿人公里，增长9.6%。其中公路131.96亿人公里，增长2.8%；铁路140.66亿人公里，增长12.7%。货物周转量完成9858.66亿吨公里，增长5.5%。其中公路231.26亿吨公里，增长12.3%；铁路297.72亿吨公里，增长11.6%；水路9324.26亿吨公里，增长5.1%。

北方国际航运中心和物流中心建设加速推进。港口货物吞吐量完成4.13亿吨，增长8.4%。其中进港2.13亿吨，下降1.1%；出港2亿吨，增长20.8%。在港口货物吞吐量中，集装箱吞吐量完成1008.60万标准箱，增长15.9%。滨海国际机场起降航班8.5万架次，增长13.2%。其中运输起降7.3万架次，增长15.9%。机场旅客吞吐量727.71万人次，增长25.9%。货邮吞吐量20.25万吨，增长20.5%。服务辐射功能进一步增强。天津口岸进出口总额完成1641.10亿美元，增长32.2%，其中外省市经由天津口岸进出口总额占到59.9%，比上年提高1.9个百分点。新建内陆无水港2个，总数达到18个。邮政电信规模持续扩张，全市邮电业务总量完成435.16亿元，增长13.5%。

公共交通引领城市客运快速发展。城市公交客运量完成13.02亿人次，增长7.0%。其中公共汽车客运量12.38亿人次，增长6.3%；地铁客运量4181.15万人次，增长17.6%；轻轨客运量2251万人次，增长30.1%。更新公共汽车607辆，总数达到7985辆；更新出租汽车1900辆，总数达到31940辆。全市民用汽车拥有量达到158.59万辆，比上年末增长21.5%。

国内商业和旅游

全市批发和零售业增加值完成1044.07亿元，比上年增长20.6%。住宿和餐饮业增加值完成146.98亿元，增长5.3%。

消费保持活跃。全市批发和零售业商品销售总额完成15933.04亿元，增长36.3%。其中批发业销售额13246.98亿元，增长40.0%。社会消费品零售总额完成2902.55亿元，增长19.4%。其中批发和零售业零售额2564.09亿元，增长20.0%；住宿和餐饮业零售额338.46亿元，增长15.0%。在小排量汽车购置税减半、汽车下乡、家电下乡、以旧换新等政策持续刺激下，限额以上批零企业中，汽车类零售额增长48.5%，石油及制品类零售额增长52.0%，家用电器和音像器材类零售额增长22.7%。

图4 “十一五”时期社会消费品零售总额及增长速度

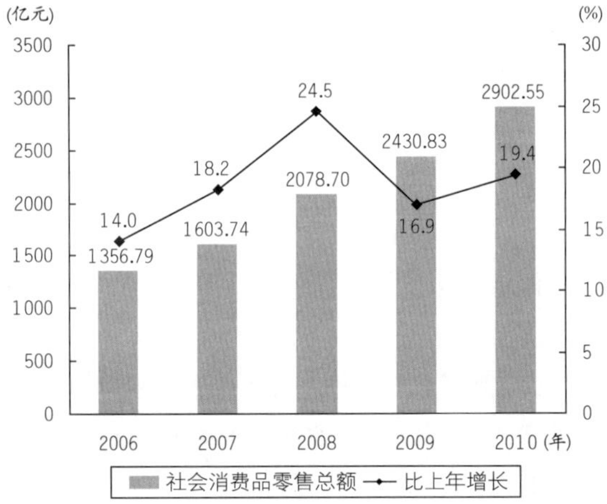

商贸流通集散功能不断增强。全市亿元商品交易市场达到81个，其中成交额超10亿元的市场41个。新建标准化菜市场25个，累计达到233个。和平路商业街提升改造工程竣工，万达商业广场、蓝海商贸城等一批商贸载体投入使用，形成商业繁荣新亮点。

旅游业发展势头良好。极地海洋馆、东疆港人工沙滩等建成开放，意式风情区二期改造完成，成为新的客源增长点。梅江会展中心一期投入使用，承办夏季达沃斯论坛、联合国气候变化国际谈判会议、津洽会等重大展会，带动了商贸旅游的发展。年末全市拥有星级宾馆 110 家，旅行社 310 家，A 级景区 56 个，工农业旅游示范点 14 个。接待入境旅游者 166.07 万人次，比上年增长 17.8%；其中外国人 153.05 万人次，增长 17.2%。旅游外汇收入 14.2 亿美元，增长 20%。接待外省市游客人数比上年增长 10%，国内旅游收入增长 21.2%。全市 24.1 万人次出国出境旅游，增长 6.2%；旅游支出 35.01 亿元，增长 10.2%。

金融业

全市金融业增加值完成 560.73 亿元，比上年增长 18.1%。

金融改革创新成果显著。私募股权投资基金和基金管理公司达到 917 家，我市成为全国私募基金聚集地。累计注册融资租赁公司 23 家，融资租赁业务总量占全国的 24%。成功举办第四届企业国际融资洽谈会。农村商业银行完成重组改制。韩国外换银行成为第二家在津设立的外资法人银行总部。金融资产交易所、矿业权交易所相继成立，创新型交易市场累计达 8 家。捷信消费金融公司、渤海保理公司等一批新型金融服务机构开业运营。

信贷规模进一步扩张。年末全市金融机构（含外资）本外币各项贷款余额 13774.11 亿元，同比增长 23.5%，比年初增加 2623.73 亿元。在新增贷款中，中长期贷款占 73.8%，短期贷款占 11.9%。年末各项存款余额 16499.25 亿元，增长 18.8%，比年初增加 2611.22 亿元。其中企事业单位存款余额增长 14.4%，储蓄存款余额增长 13.3%。

证券市场稳健运行。年末全市在深沪两市上市公司 36 家，其中当年上市 6 家，均为科技型中小企业，是 1992 年以来我市企业上市数量最多的一年。各类证券交易额 15754.45 亿元，比上年增长 2.7%；其中股票交易额 15100.68 亿元，债券交易额 233.65 亿元，基金交易额 152.07 亿元。年末证券账户开户 265.53 万户，增长 1%。期货市场发展势头强劲，全年成交量 4524.51 万手，增长 69.3%；成交额 71320.76 亿元，增长 3.3 倍。调剂外汇总额 35.05 亿美元，比上年下降 0.8%。其中调入外汇 15.82 亿美元，下降 11.2%；调出外汇 19.24 亿美元，增长 9.8%。

保险业加快发展。中宏人寿保险天津分公司、国华人寿保险天津分公司、国泰人寿保险天津分公司、中邮人寿保险天津分公司先后开业。年末全市共有保险总公司 4 家，分公司 42 家，其中财产险 19 家，寿险 23 家；各类保险支公司、营业部及营销服务部 488 家，专业中介机构 81 家，各级各类兼业代理机构 2694 家。全年原保险保费收入 214.01 亿元，增长 41.5%；其中财产险收入 65.13 亿元，寿险收入 133.91 亿元，健康险和意外伤害险收入 14.97 亿元。全年赔付总额 54.19 亿元，下降 9.6%；其中财产险和短期人身险赔付 36.53 亿元，寿险赔付 17.66 亿元。

房地产业

房地产市场进入新一轮调整期。全市房地产业增加值完成 328.60 亿元，比上年下降 0.9%。房地产开发投资 866.64 亿元，增长 17.9%。商品房销售面积 1564.52 万平方米，下降 1.6%；实现销售额 1282.43 亿元，增长 17.1%。存量房交易面积 766.5 万平方米，交易金额 500.9 亿元，分别下降 24.9% 和 14.7%。

二、改革开放

对外贸易

出口实现恢复增长。全市外贸进出口总额完成 822.01 亿美元，增长 28.8%，扭转了上年的下降局面。其中进口 446.84 亿美元，增长 31.7%；出口 375.17 亿美元，增长 25.5%。对美国、欧盟、韩国、日本等四大传统市场出口分别增长 27.2%、25.5%、28.1% 和 17.3%，合计出口 213.25 亿美元，占全市外贸出口总额的 56.8%。在出口产品中，机电产品出口 262 亿美元，高新技术产品出口 149.8 亿美元，分别占全市出口的 69.8% 和 39.9%，同比分别提高 1.6 个和 0.1 个百分点。

招商引资

高水平外资快速涌入。新批外商投资企业592家，合同外资额152.96亿美元，增长10.5%；实际直接利用外资108.49亿美元，增长20.3%。其中服务业实际直接利用外资57.39亿美元，增长17.4%，占全市的52.9%；制造业实际直接利用外资49.62亿美元，增长28.0%，快于全市7.7个百分点。新批和增资合同外资额5000万美元以上项目89个，1亿美元以上项目8个。全市有383家外商投资企业增资，外方增资额51.3亿美元，占全市合同外资额的33.5%。香港在津投资项目个数、合同外资额和实际到位额依然名列首位，美国、韩国和日本实际到位分别增长2.3倍、72.5%和62.7%。年末在津投资的国家和地区达到50个，世界500强企业达到143家。

国内招商引资快速增长。全市实际利用内资1633.82亿元，比上年增长31.5%。大项目继续保持引资主体地位，引进和增资超亿元大项目234个，到位资金1293.18亿元，占全市内资到位额的79%。引进国内500强优势企业累计达157家。引资结构更趋优化，引进服务业到位资金1162.45亿元，占内资总额的71%；外地民营企业在津投资1060.83亿元，占内资总额的65%。

经济合作与交流

对外经济合作开创新局面。服务外包产业增势迅猛，全年签订服务外包合同203个，接包执行额3.4亿美元,其中离岸接包执行额2.1亿美元，分别增长60.6%和64.6%。对外承包工程和劳务合作项目234个，合同额18.02亿美元，完成营业额24.89亿美元，增长15.7%。截至年末，对外承包工程和劳务合作涉及国家35个，在境外劳务人员1.27万人。对外投资快速增长。当年境外投资中方实际投资额2.6亿美元，增长1.2倍。技术引进力度加大，签订技术引进合同510项，合同金额12.2亿美元，增长40.6%。外资研发中心达到27个。埃及苏伊士经贸合作区建设加快推进，建成1平方公里起步区，引进了西电集团等一批大项目。

对口支援工作取得新进展。对口支援陕西震后重建三年任务两年完成，累计拨付援建资金20.37亿元。新一轮对口支援新疆和田地区取得良好开端，支援西藏昌都、重庆万州和帮扶甘肃省工作扎实有序推进。

滨海新区

滨海新区对全市经济增长的贡献进一步加大。滨海新区生产总值完成5030.11亿元，按可比价格计算，比上年增长25.1%；占全市的比重达到55.2%，提高4.4个百分点。新区主要经济指标保持快速增长。工业总产值完成10653.55亿元，增长33.2%。全社会固定资产投资3352.71亿元，增长34.0%。社会消费品零售总额567.42亿元，增长23.8%。实际直接利用外资70.42亿美元，增长22.2%。

图5 “十一五”时期滨海新区生产总值及增长速度

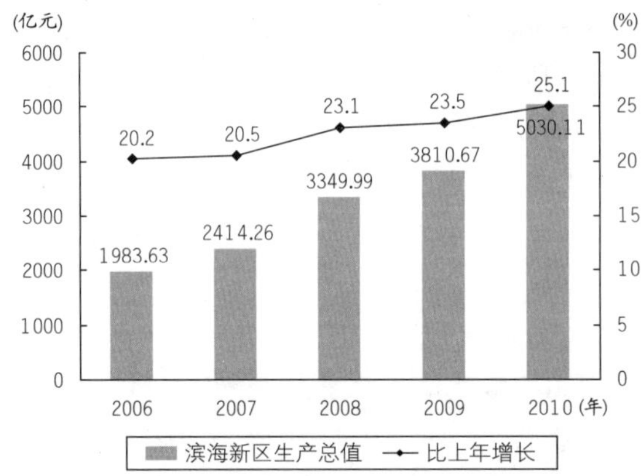

各功能区建设全面展开。南港重化基地、临港重装基地建设进展顺利，中新生态城示范效应开始显现，邮轮母港投入运营，响螺湾商务区48栋楼宇全部开工，浙商大厦建成，于家堡金融区起步区启动建设，开发区西区、空港经济区、北塘经济区、轻纺经济区、中心渔港经济区开发全面推进。天津经济技术开发区连续13年在国家级开发区投资环境综合评价中名列第一。

国有企业改革

国有企业改制面继续扩大。通过股权转让、

增资扩股、合资合作等多种形式实施国有企业改制52户，累计完成市属国有企业改制3584户，改制面达到95.3%，比上年末提高1.4个百分点。

国有资产保值增值取得新成果。天津产权交易中心公开挂牌转让完成交易的国有产权项目268宗，成交金额115.23亿元，增值率达20.9%。

三、城市建设和管理

城市载体功能

基础设施建设步伐加快。城市基础设施投资完成1669.41亿元，比上年增长3.9%。京沪高铁天津段完成铺轨，津秦客运专线、京津城际延伸线等项目加快建设。西站主站房主体结构完工。天津大道、津港高速等一批道路竣工，津滨高速改造工程全线通车。地铁2、3、9号线铺轨，5、6号线启动建设。南水北调天津境内干线工程主体完工。年末城市铺装道路长度6070公里，增长5.9%；铺装道路面积9738万平方米，增长6.8%。

公用事业服务能力进一步增强。城市自来水供水总量7.7亿吨，比上年增长9.8%。全社会用电量645.74亿千瓦时，增长17.4%；其中城乡居民生活用电67.41亿千瓦时，增长4.3%。全市新增供热面积2200万平方米，增长10.3%，中心城区集中供热率达到95.5%。新建一批停车场和人行天桥，进一步方便居民出行。

环境保护和市容整治

生态市建设三年行动计划任务基本完成。入选国家首批低碳城市试点。环境空气质量达到或好于二级良好水平天数308天，占总监测天数的84.4%。饮用水源地水质达标率连续第九年保持100%。污水集中处理率达到83%。城镇生活垃圾无害化处理率达到91%。中心城区道路交通噪声和区域环境噪声总体评价保持在“好”和“较好”等级，新创建“安静居住小区”26个，总数达到237个。辐射环境水平保持在正常掌控范围内。年末共有环境监测站21个，自然保护区8个，自然保护区面积9.11万公顷。全市林木覆盖率达到21.3%，比上年末提高0.5个百分点。

奋战300天综合整治市容环境成效明显。颁布实施《天津市城市管理规定》，依法管理城市的水平进一步提高。整修道路2378公里、楼房1.1万栋，新增提升改造绿化3900万平方米，新建改造提升公园51个，构建城市夜景灯光体系41公里，中心城区基本实现综合整治全覆盖，初步形成了大气洋气、清新靓丽、中西合璧、古今交融的城市风貌。

安全生产和质量监督

安全生产形势保持稳定。各类安全事故共死亡1092人，其中生产安全事故死亡95人，道路交通事故死亡950人，铁路交通事故死亡16人，火灾死亡28人，农业机械事故死亡3人。亿元生产总值生产安全事故死亡人数为0.13人，比上年下降13.2%。

质量管理取得积极成果。评选出天津名牌产品131个，总数达到308个。新增地理标志保护产品1个，总数达到6个。实施食品监督抽查3729批次，实物合格率达到92.5%。年末全市有产品质量检验机构380个，其中国家检测中心23个；产品质量认证机构5个，共发放产品认证证书8094张；计量检定技术机构48个，强制检定计量器具110.4万台(件)。进出口商品质量监管力度加大，天津口岸截获植物检疫性有害生物269种、共1721批次，检出动物疫病疫情7种、共7批次。

四、科教文卫事业

科　技

综合科技进步水平保持全国前列。市级科技成果完成2010项，其中基础理论成果189项，应用技术成果1771项，软科学成果50项。在科技成果中，属于国际领先水平87项，达到国际先进水平337项。全市13项科技成果获得国家科学技术奖，涉及新材料、化学、内燃机、电力等多个领域。组建科技服务队43个，选派农业科技特派员1136人。专利拥有量快速增长，受理专利申请25142件，增长31.0%；专利授权10998件，增长52.4%；年末全市有效专利29672件，增长44.6%。签订技术合同9541项，成交额119.79亿元，增长12.8%。

创新体系建设取得积极进展。全社会研发经费支出占生产总值的比重提高到2.5%。新认定高新技术企业132家，获得国家级新产品认定20项。启动实施科技"小巨人"成长计划。新增国家级企业技术开发中心4家，总数达到28家；新增市级企业技术开发中心38家，累计达到330家。年末全市有国家级重点实验室6个，国家部局级重点实验室38个，国家级工程（技术）研究中心31个，国家级科技产业化基地15个。

人才引进和培养机制更加健全。制定实施了中长期人才发展规划，全市引进各类人才5348人，新建博士后工作站14个，博士后流动站和工作站总数达到198个，在站博士后860余人。高级以上技术工人达到29.4万人，比上年增长9.3%，占全市技术工人队伍的25.4%。

教 育

年末全市有各级各类学校1670所，其中普通高校55所，中等专业学校43所，职业中学31所，技工学校39所，普通中学546所，小学956所，在校学生总数达到152.94万人。

基础教育均衡协调发展。学前教育纳入民心工程，建成25所优质幼儿园，全市幼儿园总数达到1607所，在园幼儿21.79万人。小学招生8.26万人，年末在校50.59万人，专任教师3.73万人。全市普通中学招生14.60万人，毕业15.94万人，年末在校45.86万人，专任教师4.07万人。特殊教育学校现代化标准建设启动实施，全市共有特殊教育学校20所，在校学生2570人。

高等教育质量不断提升。新增本科专业36个、国家精品课34门、教学团队10个、特色专业15个，入选数量均位居全国前列。围绕优势产业发展，启动198个品牌特色专业建设。全市普通高校共招收本专科学生13.31万人，毕业10.54万人，年末在校42.92万人，专任教师2.81万人。招收研究生1.52万人，毕业1.14万人，年末在校4.10万人，指导教师0.61万人。年末在校成人本专科生7.17万人，网络本专科生3.42万人。发放国家助学贷款1.01亿元，6116名贫困学生受益。

职业教育改革进入新阶段。全面完成职业教育改革试验区建设，与教育部签署共建国家职业教育改革创新示范区协议，实现由试验区到示范区的升级。海河教育园区一期建设工程完工。高水平举办2010年全国职业院校技能大赛。年末在校学生中，中等专业学校7.48万人，职业中学3.09万人，技工学校3.01万人，成人中专1.04万人。

卫 生

公共卫生资源进一步优化。市中心妇产科医院、医大总医院二期、人民医院二期等建成使用。年末全市有各类卫生机构2687个，其中医院、卫生院438个，社区卫生服务中心101个，卫生防疫防治机构24个，妇幼保健机构23个。卫生机构床位4.9万张，其中医院、卫生院4.4万张，社区卫生服务中心0.3万张。卫生技术人员7万人，其中执业医师及执业助理医师2.85万人，注册护士2.42万人。全市无偿献血17.8万人次，增长26.8%。

医药卫生体制改革全面推进。基层医疗机构基本药物零差率销售实现城乡全覆盖。加强公立医院建设，确保基本医疗卫生服务公平性。健全基层医疗卫生服务体系，社区卫生服务站覆盖率达到100%。提高社区公共卫生服务补助标准，扎实推动妇女儿童健康行动计划，加快区县疾病预防控制机构设施建设，全市公共卫生服务均等化水平进一步提高。

文 化

公共文化服务体系建设扎实推进。天津市文化中心工程进展顺利，非物质文化遗产馆、数字电视大厦一期、电影艺术中心等建成并投入使用。年末全市有艺术表演团体16个，文化馆18个，博物馆18个，公共图书馆31个，街乡镇综合文化站238个。档案馆35个，向社会开放档案卷数106.05万卷，比上年增长4%。广播节目21套，市级电视节目27套，广播和电视综合人口覆盖率保持100%。有线电视用户达到255.24万户，其中数字电视用户215.24万户，分别增长3.6%和10%。摄制电影故事片7部。成功举办了“世博会天津周”等文化活动。

文化惠民工程成果显著。农村有线电视实现村村通，累计完成全市230个行政村约6.4万农户的有线覆盖，入户率超过60%。建成39个乡镇文体中心。新建1668个村文化室。启动中小学公益电子阅览室工程试点建设，组织实施“新农村、新文化、新儿童”工程漂流图书角活动，近6000名儿童受益。

文化产业发展取得新突破。国家动漫产业综合示范园主体建设完工。3家企业入选全国第四批国家文化产业示范基地。天津日报传媒集团、今晚传媒集团有限公司成立，实现宣传经营两分开。民营剧团产业孵化基地“今晚大舞台”挂牌运作，40多家民营剧团落户。

体　育

竞技体育和群众性体育全面发展。在第十六届广州亚运会上，天津体育代表团共获得20枚金牌、12枚银牌和18枚铜牌，创造历史最好成绩。第九届全国大学生运动会、第六届东亚运动会筹备工作有序开展。建成30个体育公园和1350个城市社区、农村健身园。成功举办首届全民健身大会。

五、人民生活

居民收支和保障性住房

职工和居民收入增长加快。积极落实增加居民收入的18项政策措施，最低工资标准由820元调整为920元，连续第六年调增企业退休人员养老金，全面推进义务教育、公共卫生与基层医疗卫生单位绩效工资制度改革。城镇单位从业人员劳动报酬总额1024.92亿元，比上年增长15.6%；人均劳动报酬50427元，增长14.8%。城市居民人均可支配收入24293元，增长13.5%，比上年加快3.3个百分点。

居民消费水平再上新台阶。城市居民人均消费支出16562元，比上年增长11.9%。城市居民恩格尔系数为35.9%，下降0.6个百分点。年末每百户城市居民家庭拥有家用汽车16.1辆，比上年末增加4.4辆；电脑91.2台，增加10.9台；移动电话205.2部，增加14.8部。

保障性住房建设力度加大。保障性住房投资完成230.6亿元，同比增长41%，占全市住宅投资的38.7%。全年开工建设保障性住房680万平方米，占全市住宅建设量的30%以上，为7.8万户低收入住房困难家庭发放租房补贴。

社会保障

覆盖城乡所有居民的养老、医疗保障制度全面实施。城镇基本医疗保险参保人员469.98万人，比上年末增长5.8%；其中参保职工312.5万人，增长6.5%。城乡居民基本医疗保险参保人员486万人，与上年末持平。城镇基本养老保险参保人员431.5万人，增长7.5%；其中参保职工287.9万人，增长8.6%。城乡居民基本养老保险参保人员92.33万人，增长16.7%。失业保险参保职工246.1万人，增长2.9%。工伤保险参保职工304.5万人，增长4.2%。生育保险参保职工212.02万人，增长3.6%。(见表4)

表4　各类社会保险参保人数

指　标	参保人数(万人)	比上年增长(%)
城镇基本医疗保险	469.98	5.8
#职工	312.50	6.5
城乡居民基本医疗保险	486.00	持平
城镇基本养老保险	431.50	7.5
#职工	287.90	8.6
城乡居民基本养老保险	92.33	16.7
失业保险	246.10	2.9
工伤保险	304.50	4.2
生育保险	212.02	3.6

社会福利与救助

社会福利与救助体系进一步完善。增加城乡低保、五保户、优抚对象、困难家庭补助和居委会成员生活补贴，落实保障供应稳定物价8项措施，健全基本生活必需品价格上涨与困难群众生活补助联动机制，实行65岁以上老年人免费乘坐公交车政策。政府抚恤、补助各类优抚对象2.98万人。城乡低保对象26.9万人，其中城镇8.3万人，城镇低保标准由430元调整为450元，农村低保标准由230元调整为250元。全市各类福利院有床位2.87万张，比上年末增长14.9%；在院收养1.76万人，增长3.9%。老年日间照料床位数达877张。社区服务设施达1272个。销售社会福利彩票12.38亿元，筹集彩票公益金3.8亿元，分别增长49.2%和48.4%。接受社会捐赠6743.8万元。

注：1. 2010年各项统计数据为快报数。

2. 全市生产总值、各产业增加值绝对数按当年价格计算，增长速度按可比价格计算。

3. 规模以上工业企业包括全部国有工业企业和年主营业务收入在500万元及以上的非国有工业企业。

4. 城镇基本医疗保险和养老保险的参保对象为城镇职工和退休人员，城乡居民基本医疗保险和养老保险的参保对象为城乡非从业人员。

5. 按照国家统计局要求，2010年人口数据暂不发布，待第六次全国人口普查结果出来，统一对外发布。

2010年天津经济形势分析

2010 年，全市上下各地区各部门在市委、市政府的正确领导下，深入贯彻中央的决策部署和政策措施，积极应对国内外较为复杂的发展环境，加快转变经济发展方式，积极推动经济结构调整，着力构筑“三个高地”，全力打好“五个攻坚战”，全市经济实现了又好又快发展。

一、2010年经济运行的主要特点

(一)经济实力显著增强，经济总量跃上新台阶

2010 年，全市生产总值突破 9000 亿元，达到 9224.46 亿元，比上年净增 1702.61 亿元，按可比价格计算，增长 17.4%，为 1985 年以来最好水平。分三次产业看，第一产业增加值 145.58 亿元，增长 3.3%。第二产业增加值 4840.23 亿元，增长 20.2%，其中工业增加值 4410.85 亿元，增长 20.8%，拉动全市经济增长 11.0 个百分点，贡献率达到 63.3%，建筑业增加值 429.38 亿元，增长 12.7%。第三产业增加值 4238.65 亿元，增长 14.2%。

图1 天津市GDP和全国GDP累计增长速度

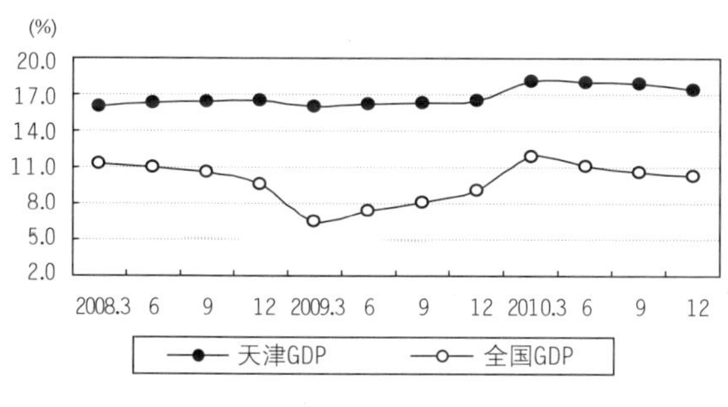

节能减排成效显著。在 2009 年提前一年实现“十一五”节能减排目标的基础上，2010 年全市万元生产总值能耗下降 1.17%，全年化学需氧量排放量下降 0.8%。全市奋战 300 天市容环境综合整治取得积极效果，环境空气质量达到或好于二级天数达到 308 天，生态城市建设三年计划任务基本完成。

(二)财政收入快速增长，企业效益持续好转

地方财政收入快速增长。全年地方财政收入完成 1068.81 亿元，增长 30.1%。主体税种收入增长较快。在汽车制造、石油石化、金融保险和房地产业增长的强力拉动下，全年地方税收收入完成 776.65 亿元，增长 26.6%，增幅比上年提高 14.2 个百分点。其中，企业所得税收入增长 32.6%，营业税增长 26.9%，增值税增长 20.3%，个人所得税增长 20.5%。

企业效益持续好转，呈现出利润增幅高于利税增幅、利税增幅高于销售增幅的良好发展态势。全年规模以上独立核算工业企业完成主营业务收入 17319.62 亿元，增长 38.2%。实现利税总额 2412.55 亿元，增长 58.7%。其中，税金 860.49 亿元，增长 41.2%，利润 1552.05 亿元，增长 68.7%。盈利最多的五大行业分别是石油和天然气开采业(543.20 亿元)、交通运输设备制造业(177.36 亿元)、黑色金属冶炼及压延加工业(139.01 亿元)、通用设备制造业(85.25 亿元)和通信设备计算机及其他电子设备制造业(67.23 亿元)。

(三)结构调整继续深入，创新能力有所增强

农业生产保持稳定。强农惠农政策措施的落实到位激发了农民种粮积极性，粮食生产再获丰收。全年粮食种植面积达到 31.18 万公顷，总产量 159.74 万吨，连续 7 年增产，并创近 11 年来最好水平。高效设施农业建设全面提速，规划建设了 15 个现代农业园区、20 个现代畜牧养殖园区，发挥了示范引领带动作用。主要农副产品产量继续增长。全年蔬菜产量 419.31 万吨，增长 12.2%；肉类产量 42.60 万吨，增长 7.8%；奶类产量 69.30 万吨，增长 0.9%；水产品产量 34.49 万吨，增长 0.9%。

工业生产增长较快。全年规模以上工业增加值增长 23.7%，增幅比上年提高 0.9 个百分点，完成工业总产值 16751.82 亿元，增长 31.7%，增幅比上年提高 22.9 个百分点。航空航天、石油化工、装备制造、电子信息、生物医药、新能源新材料、轻纺和国防等八大优势产业完成工业总产值 15198.06 亿元，增长 30.3%，占全市规模以上工业的比重为 90.7%。主要工业产品产量保持较快增长。天然原油产量 3332.73 万吨，增长 45.1%；发电量 589.08 亿千瓦时，增长 39.7%；汽车产量 73.81 万辆，增长 22.5%；乙烯 109.26 万吨，增长 4.8 倍。

图2 各月工业用电量和规模以上工业增加值增速

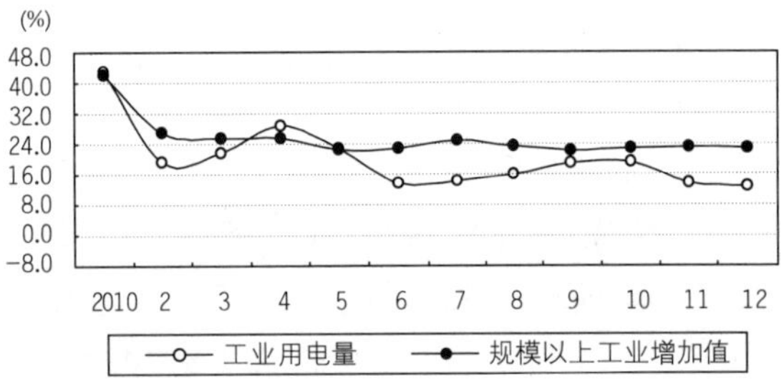

服务业发展势头良好。全年服务业增加值增长 14.2%，对经济增长的贡献率为 33.4%，拉动经济增长 5.8 个百分点，占全市生产总值的比重为 46.0%。其中，交通运输、仓储及邮政业增加值完成 585.37 亿元，增长 12.2%；批发和零售业增加值 1090.68 亿元，增长 20.6%；金融业增加值 572.99 亿元，增长 18.1%。港口货物吞吐量完成 4.13 亿吨，增长 8.4%，集装箱吞吐量 1008 万标箱，增长 15.9%。天津港内陆无水港增至 18 个，外省市经由天津口岸进出口总额占到 59.9%。机场旅客吞吐量 727.7 万人，增长 25.9%，货邮吞吐量 20.2 万吨，增长 20.2%。邮电业务总量 435.16 亿元，增长 12.5%。夏季达沃斯论坛、联合国气候变化国际谈判会议、津洽会等带动了商贸旅游的发展。全市批发零售业商品销售总额 15933.04 亿元，增长 36.3%；住宿餐饮业营业额 384.88 亿元，增长 19.6%。接待国际旅游人数 166.07 万人，增长 17.8%，实现国际旅游外汇收入 14.20 亿美元，增长 20.0%。总部经济、楼宇经济、服务外包、创意产业等发展加快，金融创新取得重要成果，私募股权投资基金和基金管理公司达到 917 家，建立了天津股权交易所等 8 家创新型交易平台。

自主创新能力提升。全社会研发经费支出占生产总值的比重提高到 2.5%。国家超级计算机天津中心等一批重大创新平台建成运行，全年专利授权首次突破 1 万件，启动实施了科技“小巨人”成长计划，全市科技型中小企业达到 1.25 万家。地方财政中用于科技支出 43.25 亿元，增长 27.3%。规模以上工业企业新产品产值增长 30.2%。

(四)三大需求共同拉动，经济发展协调性增强

投资快速增长。全年全社会固定资产投资完成 6511.42 亿元，增量连续 3 年超千亿元，增长 30.1%。其中，城镇投资 6114.34 亿元，增长 30.1%，农村投资 397.08 亿元，增长 29.7%。房地产开发投资完成 866.64 亿元，增长 17.9%。全社会工业投资 3001.45 亿元，增长 34.0%，其中八大优势产业投资增长 38.0%，快于全市 7.9 个百分点，拉动城镇投资增长 13.9 个百分点。服务业投资 3364.56 亿元，增长 28.5%，其中居民服务业、住宿餐饮业、金融业、租赁和商业服务业投资增势强劲。民间投资方兴未艾，完成投资 2737.10 亿元，增长 29.4%，占城镇投资的比重为 44.7%。全市好项目大项目累计达到 940 项，总投资 1.68 万亿元，450 项已经建成或基本建成，490 项正抓紧施工。

图3 全社会固定资产投资和房地产开发投资累计增长速度

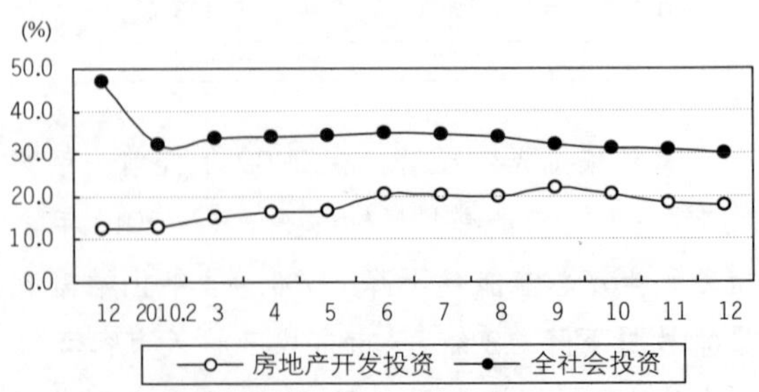

消费保持活跃。全年全社会消费品零售总

额完成 2902.55 亿元，增长 19.4%，增幅比上年提高 2.5 个百分点；城市居民家庭人均消费性支出 16562 元，增长 11.9%，增幅比上年提高 1.6 个百分点。在“小排量汽车购置税减半、汽车下乡、家电下乡、以旧换新”等政策持续刺激下，限额以上批零企业中，汽车类零售额增长 48.5%，石油及制品类零售额增长 52.0%，家用电器和音像器材类零售额增长 22.7%。截至年末，每百户城市居民家庭拥有家用汽车 16.1 辆。

图4 社会消费品零售总额当月增长速度

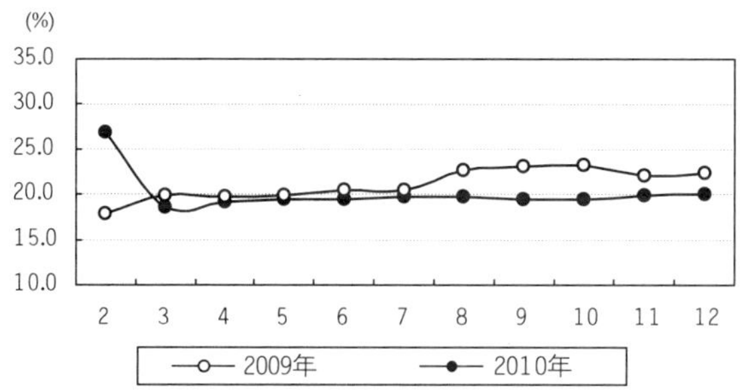

外需恢复增长。全年外贸进出口总额完成 822.01 亿美元，增长 28.8%，扭转了去年的下降局面。其中进口 446.84 亿美元，增长 31.7%，出口 375.17 亿美元，增长 25.5%。对欧、美、日、韩等四大传统市场出口分别增长 23.1%、27.2%、17.3% 和 28.1%。

图5 外贸出口与进口累计增长速度

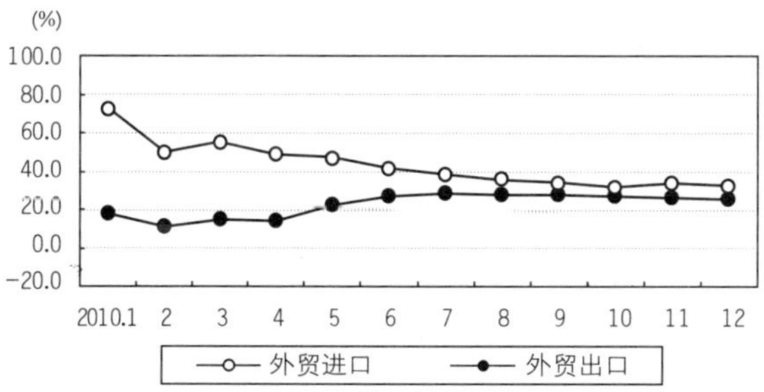

(五)内引外联效果明显，金融信贷稳定增长

国内外资金快速涌入。全年新批外商投资企业 592 家，合同外资额 152.96 亿美元，增长 10.5%，实际直接利用外资 108.49 亿美元，增长 20.3%。其中，服务业实际直接利用外资 57.39 亿美元，增长 17.4%，占全市实际直接利用外资的 52.9%；制造业实际直接利用外资 49.62 亿美元，增长 28.0%，快于全市 7.7 个百分点。截至年末，世界 500 强企业已经有 143 家落户我市。全年实际利用内资 1633.82 亿元，增长 31.5%。

金融信贷稳定增长。截至年末，全市金融机构（含外资）本外币各项贷款余额 13774.11 亿元，增长 23.5%，比年初增加 2623.73 亿元。在新增贷款中，中长期贷款占到 73.8%，短期贷款占 11.9%。年末各项存款余额 16499.25 亿元，增长 18.8%，比年初增加 2611.22 亿元。其中，企事业单位存款余额增长 14.4%，储蓄存款余额增长 13.3%。

(六)滨海新区建设全面推进，三个层面联动发展

新区各功能区建设全面展开。南港重化基地、临港重装基地建设进展顺利，中新生态城示范效应开始显现，邮轮母港投入运营，响螺湾商务区 48 栋楼宇全部开工，建成浙商大厦和极地海洋馆，于家堡金融区起步区全面启动，开发区西区、空港经济区、北塘经济区、轻纺经济区、中心渔港经济区开发全面推进。

中心城区功能定位与发展目标进一步明确。大力发展高端服务业，建成了梅江会展中心一期工程，海河观光游等成为旅游业新亮点，楼宇经济、服务外包、创意产业发展较快，中心城区服务业比重超过 80%。

各郊区县示范工业园区、农业产业园区、农村居住社区“三区”统筹联动发展。区县示范工业园区初具规模，31 个示范工业园区规划面积 381.4 平方公里，五批 600 个重大项目全部开工。四批示范小城镇试点有序推进，规划建设面积 3300 万平方米，累计竣工农民还迁住宅 1150 万平方米，实现安居乐业有保障。

(七)城乡居民收入增长较快，民计民生持续改善

就业规模继续扩大。据市人力社保局统计，2010 年，全市新增就业 45.15 万人，增长 12.2%。

截至年末，全市城镇单位从业人员 205.65 万人，比上年增加 4.0 万人。

职工和城乡居民收入增长较快。认真落实 18 项增收政策措施，最低工资标准由 820 元调整为 920 元，连续 6 年调增企业退休人员养老金。全年城镇单位从业人员人均报酬为 51489 元，增长 17.2%。据国家统计局天津调查总队调查显示：全年城市居民人均可支配收入 24293 元，增长 13.5%，比上年加快 3.3 个百分点。其中，工资性收入增长 16.6%，养老金收入增长 14.1%，两项收入合计拉动可支配收入增长 13 个百分点，经营净收入增长 10.0%，财产性收入增长 9.1%。农村居民人均纯收入 11801 元，增长 10.5%，比上年加快 0.1 个百分点。其中，工资性收入增长 11.0%，家庭经营一产收入增长 8.9%，经营二、三产业收入增长 2.6%，转移性财产性收入增长 29.4%。

保障性住房供应增加。据市国土房管局统计，全年开工建设保障性住房 680 万平方米，占全市住宅建设量的 30% 以上，为 7.8 万户低收入住房困难家庭发放租房补贴。

民生投入快速增长。2010 年财政对社会保障和就业、医疗卫生、环境保护和城乡社区事务方面支出分别增长 20.2%、28.6%、87.8% 和 38.9%，合计支出 590.20 亿元，占全部财政支出的 42.9%。

(八)食品价格带动明显，市场物价同比上涨

城市居民消费价格比上年上涨 3.5%。其中，上年滞后因素影响上涨 1.9 个百分点，今年新涨价因素影响上涨 1.6 个百分点。八大类商品和服务价格呈“五升三降”格局。食品类价格上涨 8.0%，影响居民消费价格总水平上涨 2.7 个百分点，16 类食品价格全面上涨，其中粮食、菜类、豆类、干鲜瓜果和水产品价格涨幅均超过两位数，分别上涨 17.5%、14.7%、13.6%、11.5% 和 10.9%，共计影响总指数上升 1.4 个百分点；烟酒和用品类上涨 4.3%；衣着类上涨 2.8%；医疗保健和个人用品类上涨 3.7%；居住类上涨 2.3%；家庭设备用品及维修服务类下降 0.5%；交通通信类下降 1.9%；娱乐教育文化用品及服务类下降 1.2%。

图6 城市居民消费价格涨幅

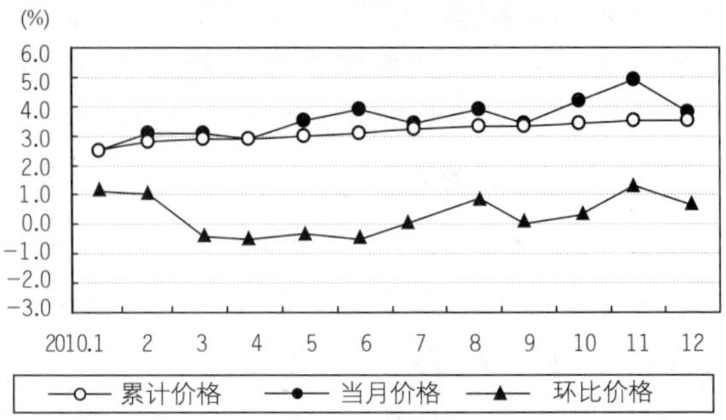

生产价格和房屋销售价格同比上涨。全年工业品出厂价格上涨 5.1%。其中，生产资料价格上涨 6.6%，生活资料价格下降 0.7%。原材料、燃料、动力购进价格上涨 10.0%。九大类原材料产品均呈上升态势。其中，价格涨幅超过两位数的是有色金属材料、农副产品、燃料动力和化工原料类，分别上涨 34.3%、20.2%、11.5% 和 12.6%。全年房屋销售价格上涨 9.3%。其中，新建房销售价格上涨 10.9%，二手房价格上涨 4.6%。在新建房中，普通住宅价格上涨 14.2%，经济适用房价格上涨 0.9%，高档住宅价格上涨 6.8%。

图7 各月生产价格涨幅

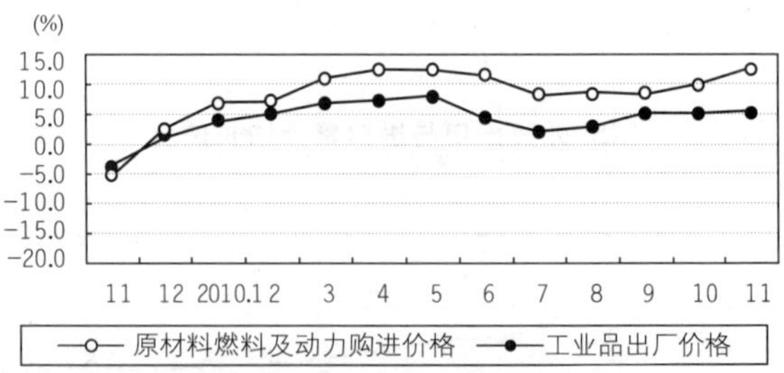

二、经济运行中需要关注的问题

2010 年，全市经济向好的基础不断巩固，总体运行保持平稳。但也要看到，影响经济发展不确定的因素还较多，特别是在转方式、调结构过程中，仍面临着一些值得关注的问题。

(一)高耗能行业生产快速增长加大节能降耗压力

2010 年，全市万元生产总值能耗下降 1.17%，

下降幅度较前几年有所放缓（“十一五”前四年分别为 3.98%、4.90%、6.85% 和 6.03%）。重工业的反弹直接导致高能耗产业的大幅度幅长。全年重工业增速高于轻工业 12.9 个百分点，电力热力的生产和供应业、黑色金属冶炼及压延加工业、非金属矿物制品业、化学原料及化学制品业、有色金属冶炼及压延加工业、石油加工、炼焦加工业等六大高耗能行业增加值分别比上年上涨 31.4%、10.3%、36.0%、35.7%、28.9% 和 81.2%，六大高耗能行业占规模以上工业综合能源消费量的比重达到 88.7%，重工业以及高耗能行业较快增长，节能降耗压力增大。

（二）外贸出口增长受国际市场制约

2010 年年初以来，欧美日韩等发达经济体增长速度普遍放缓，消费需求有所减弱，对我市外贸出口造成一定影响。此外，国际贸易摩擦加剧、原材料价格上涨等不利因素，也限制了我市出口空间的扩张。全年外贸出口增长 25.5%，低于全国（31.3%）5.8 个百分点；月均出口 31.26 亿美元，相当于 2008 年月均出口 (35.19 亿美元) 的 88.8%，仍未恢复到金融危机前的水平；一般贸易出口增长 23.2%，低于加工贸易 1.6 个百分点，也低于全国(36%)12.8 个百分点。作为出口总额的先行指数，规模以上工业企业出口交货值增速从 5 月、6 月的 40.1%、23.8% 下滑到 11 月、12 月的 6.9% 和 2.3%，回落较为明显。

（三）房地产销售由升转降

在国家一系列房地产调控政策作用下，我市房价快速上涨的势头初步得到平抑，从 5 月份开始房屋销售价格同比涨幅逐月回落，市场进入新一轮调整期。全年商品房销售面积为 1564.52 万平方米，比上年下降 1.6%；其中住宅销售面积 1352.61 万平方米，下降 7.4%。从秋季房交会情况看，买房者仍多以观望态度为主，房地产市场整体仍处于较为低迷的状态。全年房地产业增加值完成 377.59 亿元，增长 6.0%，增幅比上年回落 14.9 个百分点。

图8 商品房销售面积增长速度

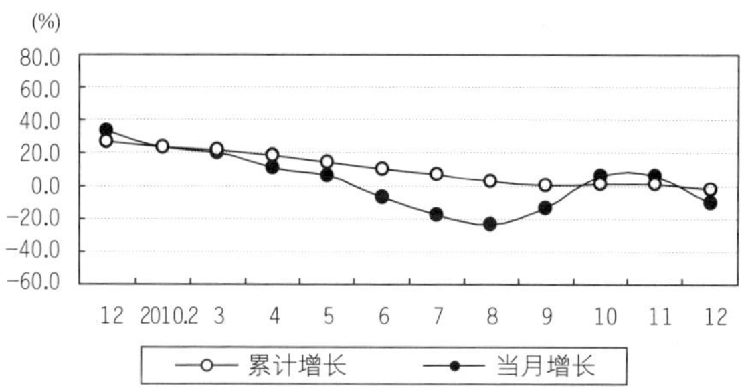

（四）食品价格带动物价上涨

2010 年全市物价水平总体出现上涨态势。城市居民消费价格一季度、上半年、前三季度和全年同比涨幅分别为 2.9%、3.1%、3.3% 和 3.5%。结构性上涨特征明显，主副食品价格攀升，成为 CPI 高位运行的主因，全年食品类价格上涨 8.0%，带动居民消费价格总水平上涨 2.7 个百分点，影响程度达到 77.1%，粮食、菜类、豆类、干鲜瓜果和水产品价格涨幅均超过两位数。联合国粮农组织预期，稻米可能成为国际大宗农产品新一轮上涨的领头羊，这势必对国内粮食价格产生一定的影响，通货膨胀预期有所上升。

图9 各月城市居民消费价格总水平和食品价格同比涨幅

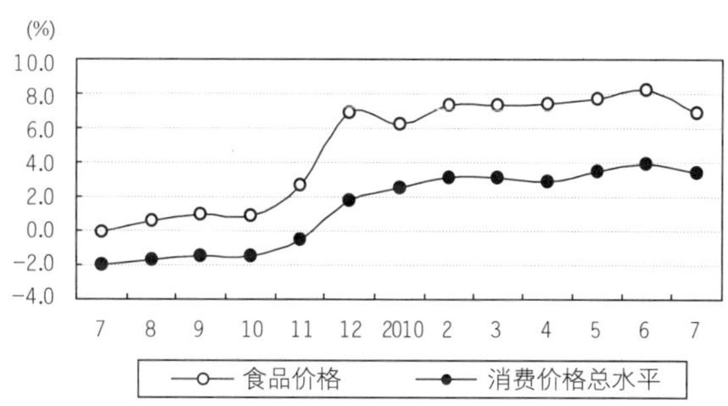

（黄　瑛　王雪飞　郑　礼）

2010年天津社会发展报告

2010年，在市委、市政府的正确领导下，全市各部门共同努力，以科学发展观统领经济社会发展全局，在积极应对国内外复杂环境、保持经济又好又快发展的同时，不断推进以改善民生为重点的社会建设，连续第四年圆满完成20项民心工程，人民生活质量持续改善，社会保障水平不断提高，宜居城市建设步伐加快，科教文卫事业全面推进，实现了经济发展、民生改善与社会进步的良性互动，为天津"十一五"规划完美收官、"十二五"规划顺利开局奠定了坚实基础。

一、人口普查工作圆满完成，统筹人口发展取得实效

2010年，天津市按照国务院第六次人口普查的统一部署，经过区域划分、户口整顿、摸底、普查登记、快速汇总、数据录入等工作环节，取得了较高质量的普查数据，真实准确地反映了全市人口的总量、结构、素质、迁移流动及其变化情况。

(一)常住人口规模持续扩大

普查结果显示，2010年11月1日零时，全市共有常住人口1293.82万人，比2000年第五次人口普查增加292.92万人，增长29.3%，年均增长2.6%。据此推算，2010年末全市常住人口为1299.29万人。十年来全市常住人口规模显著增加，特别是"十一五"时期增势迅猛，共增加256.29万人，占人口增量的近九成，年均增加51.26万人；"十五"时期增加41.86万人，年均增加8.37万人。

人口区域分布形成新格局。普查结果显示，滨海新区常住人口总量为248.21万人，占全市人口总量的19.18%；市内六区434.30万人，占33.57%；其他九区县611.31万人，占47.25%。2010年末，全市共有城镇人口1033.59万人，农村人口265.70万人，城镇化率为79.55%，比2000年末提高7.15个百分点。

图1 2010年天津常住人口主要结构

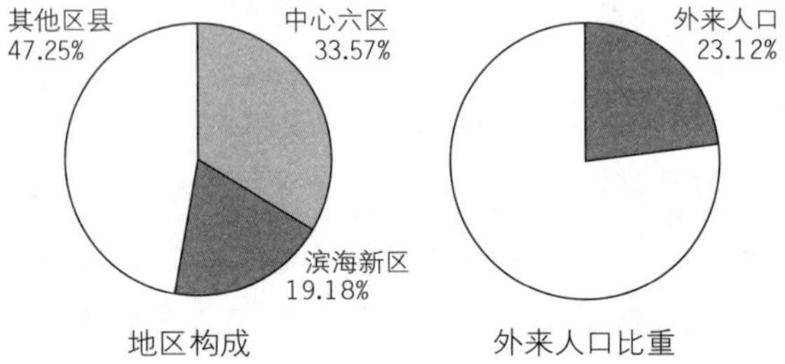

(二)外来人口成为拉动常住人口增长的主要因素

普查结果显示，全市共有外来常住人口299.17万人，比第五次人口普查增加211.87万人，年均增加21.20万人。其中，滨海新区外来常住人口总量为124.42万人，占全市外来常住人口总量的41.59%；市内六区62.36万人，占20.84%；其他九区县112.39万人，占37.57%。

(三)低生育水平保持稳定

2010年末，全市出生率为8.18‰，死亡率为5.58‰，人口自然增长率为2.60‰，人口自然增长继续保持较低水平。

(四)劳动力资源更加充足

普查结果显示，全市常住人口中，少年人口(0—14岁)比重为9.80%，比第五次人口普查下降7.04个百分点；劳龄人口(15—64岁)比重为81.68%，上升6.97个百分点；老年人口(65岁及以上)比重为8.52%，上升0.07个百分点。按照老龄化社会的国际划分标准(老年人口占总人口比重为7%)，天津市人口老龄化进程继续发展，而劳龄人口比重的大幅上升对全市未来一段时期的劳动力供给形成了有力保障。

(五)人口文化素质进一步提高

普查数据显示，全市文盲率为2.10%，比第

五次人口普查下降 3.86 个百分点；每 10 万人中具有大专及以上受教育程度的为 17480 人，增加 8473 人；人均受教育年限达到 10.45 年，增加 1.5 年，其中外来常住人口平均受教育年限为 9.71 年，增加 1.02 年。

二、就业安置力度不断加大，劳动就业形势好于上年

(一)就业促进机制进一步完善

2010 年，天津市把稳定和扩大就业摆在更加突出的位置，从七个方面完善就业促进机制，着力维护和发展好民生之本。一是盯住经济增长点，以大项目好项目为依托，努力扩大就业总量。全年新增就业 45.15 万人，增长 12.2%，比上年提高 6.4 个百分点。二是盯住企业需求，以解难题、促发展为目标，努力稳定就业岗位。继续实施帮扶困难企业政策，有针对性地扩大帮扶范围、延长帮扶期限、落实帮扶效果。年末城镇登记失业率控制在 3.6%，低于全国 0.5 个百分点。三是盯住高校毕业生，以完善政策、拓宽渠道为抓手，努力缓解就业压力。应届高校毕业生就业率连续第二年达到 90%。四是盯住创业带动就业，以创业实验区建设为载体，努力营造创业发展环境。全面落实创业规划纲要年度目标，加快部、市共建创业带动就业实验区建设。五是盯住劳动力素质提升，以职业技能水平提升为重点，努力改善就业结构。启动“技能人才培训计划”，突出紧缺职业和重大项目急需的高技能人才培养。全市新增劳动力平均受教育年限达到 14.68 年。六是盯住就业困难群体，以政策援助、托底安置为手段，努力加大帮扶力度。健全城乡一体化的就业援助体系，保持零就业家庭动态为零，其他困难群体安置率 85% 以上。七是盯住服务体系建设，以提升服务能力为要求，努力提高就业服务水平。全年人才和劳务市场进场择业洽谈 391.30 万人次，增长 8.0%；达成初步意向 93.62 万人次，占进场择业洽谈人次比重为 23.9%。

(二)服务业继续发挥扩大就业的主渠道作用

截至 2010 年末，全市社会从业人员总量达到 728.70 万人，比上年末增长 7.6%。其中，第一产业从业人员 73.85 万人，下降 2.4%；占全市社会从业人员的比重为 10.1%，下降 1.1 个百分点。第二产业从业人员 302.33 万人，增长 7.6%；占全市比重 41.5%，与上年持平。第三产业从业人员 352.52 万人，增长 10.0%；占全市比重 48.4%，上升 1.1 个百分点。第三产业新增就业人数占全市的 62.2%，对促进全市扩大就业发挥了更加积极的作用。

三、富民强市战略初见成效，城乡居民生活持续改善

(一)职工和城乡居民收入增长加快

2010 年，天津市出台《企业工资集体协商条例》，连续第三年实施增加群众收入的 18 项政策措施，最低工资标准由 820 元调整为 920 元，连续第六年调增企业退休人员养老金，全面推进义务教育、公共卫生与基层医疗卫生单位绩效工资制度改革。城镇单位从业人员劳动报酬总额 1051.19 亿元，增长 18.6%，比上年加快 7.2 个百分点；人均劳动报酬 51489 元，增长 17.2%，加快 7.3 个百分点。从国民经济各行业看，金融业（人均 89166 元）、电力燃气及水的生产和供应业（82607 元）、科学研究技术服务和地质勘察业（80485 元）人均劳动报酬居前三位，住宿和餐饮业（22742 元）、居民服务和其他服务业（人均 23529 元）、租赁和商务服务业（28880 元）居后三位。据国家统计局天津调查总队抽样调查统计，2010 年城市居民人均可支配收入 24293 元，增长 13.5%，比上年加快 3.3 个百分点。其中，工资性收入增长 16.6%，养老金收入增长 14.1%，两项收入合计拉动可支配收入增长 13 个百分点，经营净收入增长 10.0%，财产性收入增长 9.1%。农村居民人均纯收入 11801 元，增长 10.5%，比上年加快 0.1 个百分点。其中，工资性收入增长 11.0%，家庭经营第一产业收入增长 8.9%，经营

第二、三产业收入增长 2.6%，转移性、财产性收入增长 29.4%。

(二)食品价格过快上涨势头得到有效遏制

针对四季度食品价格持续快速上涨的情况，天津市及时出台以“扩生产、保供应、疏流通、强监管”为主要内容的八项稳定物价措施，开工建设 20 个“农超对接”基地和 4 个分拨配送中心，迅速开通鲜活农产品运输“绿色通道”，加大基本生活必需品储备和供应力度，有效遏制了食品价格涨势。全年城市居民消费价格上涨 3.5%，八大类商品和服务价格呈“五升三降”格局(见表 1)。其中，食品类价格上涨 8.0%，带动居民消费价格总水平上涨 2.7 个百分点，影响程度达到 77.1%。16 类食品价格全面上涨，其中粮食、菜类、豆类、干鲜瓜果和水产品价格涨幅均超过两位数，分别上涨 17.5%、14.7%、13.6%、11.5% 和 10.9%。从各月居民消费价格走势看，11 月份环比上涨 1.3%、同比上涨 4.9%，均为全年峰值；因调控措施出台，12 月份环比上涨 0.7%、同比上涨 3.8%，涨幅双双实现回落。

表 1　2010 年天津城市居民消费价格指数(CPI)

指　标	指　数(上年 =100)
城市居民消费价格指数	**103.5**
食品类	108.0
烟酒及用品类	104.3
衣着类	102.8
家庭设备用品及维修服务类	99.5
医疗保健和个人用品类	103.7
交通和通信类	98.1
娱乐教育文化用品及服务类	98.8
居住类	102.3

图2 2010年各月天津城市居民消费价格指数走势

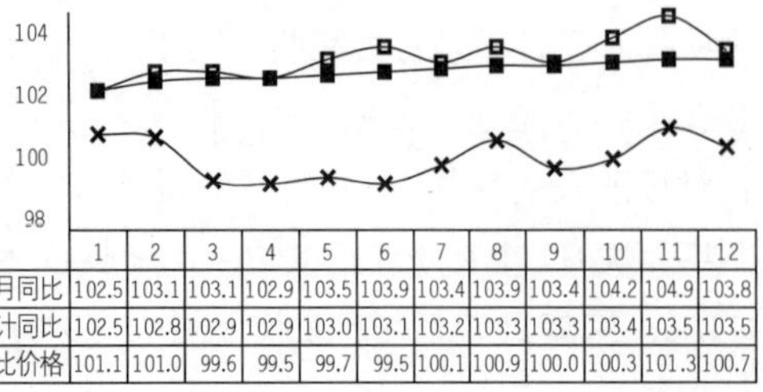

	1	2	3	4	5	6	7	8	9	10	11	12
当月同比	102.5	103.1	103.1	102.9	103.5	103.9	103.4	103.9	103.4	104.2	104.9	103.8
累计同比	102.5	102.8	102.9	102.9	103.0	103.1	103.2	103.3	103.3	103.4	103.5	103.5
环比价格	101.1	101.0	99.6	99.5	99.7	99.5	100.1	100.9	100.0	100.3	101.3	100.7

(三)居民消费结构进一步优化

2010 年，天津市继续实施汽车家电下乡和以旧换新、小排量汽车购置税减半等刺激消费政策，建成万达商业广场、极地海洋馆等一批商贸旅游载体，举办各类展会 160 个、各类节庆及促销活动近千项，新建标准化菜市场 25 个、农村消费品连锁店 256 个，带动了城乡居民消费需求持续升温。全年城市居民家庭人均消费性支出 16562 元，增长 11.9%，比上年加快 1.6 个百分点。其中，商品性消费增长 12.3%，快于服务性消费 1.6 个百分点；交通和通信支出增长 24.7%，家庭设备用品及服务支出增长 22.8%。城市居民恩格尔系数(食品支出占消费性支出比重)为 35.9%，比上年下降 0.6 个百分点。年末每百户城市居民家庭拥有家用汽车 16.1 辆，比上年末增加 4.4 辆；电脑 91.2 台，增加 10.9 台；移动电话 205.2 部，增加 14.8 部。农村居民人均生活消费支出 5606 元，增长 13.8%，比上年加快 6.5 个百分点。其中，居住支出增长 20.9%，家庭设备用品及服务支出增长 19.9%，文教娱乐用品及服务支出增长 18.5%。农村居民恩格尔系数为 39.0%，比上年下降 0.5 个百分点。年末每百户农村居民家庭拥有生活用汽车 14 辆，比上年末增加 3 辆；电脑 29 台，增加 6 台；移动电话 182 部，增加 20 部。

四、医药体制改革有序推进，医疗服务水平逐步提高

(一)医药卫生体制改革取得新进展

为缓解人民群众看病难、看病贵状况，天津市全面推进医药卫生体制改革。一是落实国家基本药物制度，切实减轻群众就医负担。全市药品集中采购中标价格比上年平均下降 10.3%，基层医疗机构药品零差率销售率先实现地域全覆盖。二是加强公立医院建设，确保基本医疗卫生服务公平性。加大对公立医院考核和补偿力度，二级以上医院全部加入医疗责任保险，医疗纠纷纳入市医调委调解范畴。三是健全基层医疗卫生服务体系，方便群众就医。持续开展大型公立医院与

社区卫生机构合作互动，全年派遣510名大医院医生到62个社区卫生服务中心和12个涉农区县二级医院开展支援工作。四是统筹城乡卫生事业发展，促进基本公共卫生服务均等化。18项公共卫生服务与国家基本公共卫生项目进行对接，妇女儿童健康行动计划扎实推进，12项免费疾病筛查人群覆盖率达到90%以上。

（二）医疗卫生资源进一步优化

2010年，天津市继续坚持以学科调整合理规划医院布局，做大做强优质卫生资源，市中心妇产科医院、医大总医院二期、人民医院二期等建成并投入使用；加快农村三级医疗卫生服务网络和城市社区卫生服务机构建设，社区卫生服务站覆盖率达到100%；加强区县疾病预防控制机构建设，东丽区和武清区疾控中心建成使用。年末全市有各类卫生机构2687个，其中医院、卫生院438个，社区卫生服务中心101个。卫生机构床位4.88万张，其中医院、卫生院4.41万张，社区卫生服务中心0.31万张。卫生技术人员7万人，其中执业（助理）医师2.85万人，注册护士2.42万人。全市每千人口拥有医院卫生院床位3.49张、执业（助理）医师2.25人，高于全国3.28张和1.80人的平均水平。

（三）公共卫生服务能力不断增强

大力开展疾病预防控制。启动消除麻疹三年行动方案，为43万余名适龄儿童进行麻疹疫苗强化免疫，接种率97.25%；加强结核病防控，新增2所市级结核病疫情监测医院；加强甲流防控，接种甲流疫苗45万剂次；加强慢性病防控，推动健康促进医院、健康教育示范社区和无烟单位创建活动。规范医疗机构审批管理。严格手术分级管理，完善新技术准入制度；开展医疗质量万里行督导活动，对56所二级以上和部分民营医院进行督导和巡查；实施优质护理工程，强化基础护理服务；加强采供血管理，确保临床用血安全和供应，全年无偿献血17.8万人次，增长26.8%。2010年，天津市诊疗人数达6714.8万人，比上年增长18.0%；病床使用率为78.0%，提高1.9个百分点。

（四）居民健康水平不断提升

2010年，天津市孕产妇死亡率为9.6/10万，已连续五年控制在10/10万以下；婴儿死亡率为5.6‰，连续五年控制在6‰以下；甲乙类传染病发病率178.86/10万，远低于全国255.80/10万的平均水平。全市人口平均预期寿命达到80.27岁，居民主要健康指标保持全国前列。

五、社会保障制度更加完善，社会福利事业加快发展

（一）覆盖城乡所有居民的养老、医疗保障制度全面实施

2010年，天津市继续完善全民基本社会保险制度，提高城镇职工医疗保险待遇水平，实行困难企业退休人员医疗保险与单位缴费脱钩，所有退休人员享受基本医疗保险；扩大门（急）诊待遇享受范围，所有参保人员享受门（急）诊大额医疗费补助；提高门（急）诊大额医疗费补助最高支付限额、住院医疗费用最高支付限额和大额医疗费救助标准；将领取失业保险金人员的医疗保障纳入城镇职工基本医疗保险制度；全面换发社会保障卡，涵盖凭证、记录、查询、金融四大功能，不仅可以凭卡看病就医，还可以凭卡办理社会保险、劳动就业、各项优惠待遇、职业技能培训及鉴定等劳动保障各项业务。

各类保险参保人数进一步增加。截至年末，城镇基本医疗保险参保人员469.98万人，比上年末增长5.8%；其中参保职工312.51万人，增长6.5%。城乡居民基本医疗保险参保人员486万人，与上年末持平。城镇基本养老保险参保人员431.45万人，增长7.5%；其中参保职工287.88万人，增长8.6%。城乡居民基本养老保险参保人员92.33万人，增长16.7%。失业保险参保职工246.09万人，增长2.9%。工伤保险参保职工304.5万人，增长4.2%。生育保险参保职工212.02万人，增长3.6%。（见表2）

表 2 2010 年天津各类社会保险参保人数

指 标	参保人数(万人)	比上年增长(%)
城镇基本医疗保险	469.98	5.8
#职工	312.51	6.5
城乡居民基本医疗保险	486.00	持平
城镇基本养老保险	431.45	7.5
#职工	287.88	8.6
城乡居民基本养老保险	92.33	16.7
失业保险	246.09	2.9
工伤保险	304.50	4.2
生育保险	212.02	3.6

基金保障能力增强。一方面政府投入力度加大，2010 年全市一般预算支出中，社会保障和就业支出增长 20.2%，增幅比上年提高 7.2 个百分点。另一方面基金缴费不断增加。2010 年，全市城镇基本医疗保险基金收入 120.84 亿元，比上年增长 22.9%；支出 108.36 亿元，增长 9.5%；累计结余 51.47 亿元，增长 32.0%。城镇基本养老保险基金收入 279.04 亿元，增长 11.5%；支出 272.03 亿元，增长 18.1%；累计结余 203.01 亿元，增长 3.6%。失业保险基金收入 21.08 亿元，增长 23.6%；支出 13.93 亿元，下降 6.7%；累计结余 48.67 亿元，增长 35.5%。

(二)社会福利与救助水平不断提高

政策保障力度加大。为全面做好生活困难群众帮扶解困工作，切实保障中低收入群体的基本生活，2010 年 9 月天津市出台了《关于全面做好生活困难群众帮扶解困工作的意见》，通过帮助就业、工资增长机制、社会保障、生活救助等多方面体现人文关怀，帮助困难群体解决实际难题。一是建立就业困难群体就业帮扶制度，提高低收入家庭收入水平；二是建立企业工资正常增长机制，促进困难群体进一步分享改革发展成果；三是建立全民基本社会保障制度，提高中低收入群体生活保障水平；四是建立生活困难群体帮扶救助制度，改善困难群体生活状况；五是建立帮扶生活困难群体责任制度，落实人文关怀措施。

社会救助标准进一步上调。城市居民最低生活保障标准由每人每月 430 元调整为 450 元；农村居民最低生活保障标准由每人每月 230 元调整为 250 元。城市特困救助范围由家庭月人均收入 431 元至 530 元调整为 451 元至 550 元，救助标准由每户每月 130 元调整为 135 元；农村特困救助范围由家庭月人均收入 231 元至 280 元调整为 251 元至 300 元，救助标准由每户每月 65 元调整为 75 元。农村五保供养标准由每人每年 4000 元调整为 4600 元。享受城市生活必需品价格上涨与困难群众生活联动机制补助的低收入家庭范围，由家庭月人均收入低于 530 元调整为低于 550 元。

救灾救护能力增强。2010 年全市红十字会系统共募集款物 9014 万元，其中，接收捐款 7546 万元，接收物资价值 1468 万元；市红十字会共发动五次救灾募捐，为国内外发生自然灾害的地区募集款物 6465 万元，已全部支援灾区。造血干细胞和人体器官捐献取得新进展，全年新增造血干细胞捐献有效志愿者资料 7183 人份，累计入库 38249 人份，实现捐献 25 人，累计达到 65 人；全国人体器官捐献试点工作加快推进，成立救助基金，建立健全各项制度。卫生救护培训广泛开展，全年共培训救护员 6.12 万人，完成普及性培训 54.51 万人，在市民中推广普及了救护知识技能。

(三)保障性住房建设力度加大

天津市入选全国首批利用公积金支持保障性住房建设试点城市，为有效拓宽保障性住房建设资金来源提供了有利条件。在政策管理方面，进一步扩大住房保障覆盖面，将低收入重残和双残家庭纳入廉租住房实物配租范围。城中村改造工作全面启动。2010 年保障性住房投资完成 230.6 亿元，同比增长 41%，占全市住宅投资的 38.7%。开工建设保障性住房 680 万平方米，占全市住宅建设量的 30% 以上，为 7.8 万户低收入住房困难家庭发放租房补贴。

(四)弱势群体生活条件不断改善

养老服务社会化程度提高。出台了《天津市创新城乡社区(村)管理服务模式的实施意见》，明确要加快发展社区居家养老服务，为居家的孤老、体弱多病和身边无子女老人提供各种服务，推动政府购买服务政策的全面落实。截至2010年末，全市各类养老机构拥有床位3.01万张，比上年末增长14.0%。实行65岁以上老年人免费乘坐公交车政策，为老年人创造良好的出行环境。总投资200亿元、规划总建筑面积600万平方米的中国养老示范社区项目在武清区开工建设，核心区将于2011年底投入运营。该项目是国家民政部批准在全国兴建的5个养老示范基地之一，旨在以人性化、医护型养老住宅与现代化物业服务体系为基础，把家庭养老和社会养老相结合，创建国内亲情社区养老新模式。

残疾人生活状况切实改善。社区康复工作扎实推进，全年为5.93万残疾人提供社区康复服务，完成白内障复明手术3918例，为6418名残疾人免费体检。残疾人教育工作再出新成果，实施了《关于进一步加快我市特殊教育事业发展的意见》，全面提高残疾学生和享受最低生活保障和特困救助家庭残疾人中在学健全子女的教育助学金补贴。残疾人就业和培训工作进一步加强，当年安排城镇残疾人就业2636人，对3964名残疾人进行职业技能培训和农村实用技术培训，成功举办第四届市残疾人职业技能竞赛。残疾人合法权益得到有效保障，《天津市残疾人保障条例》加快制定，残疾人接受法律援助和法律服务2935人次；"无障碍进家庭进社区"完成2.15万项安装和改造任务，使2万户残疾人家庭受益。

六、公共服务管理有效加强，和谐稳定局面巩固发展

（一）行政效能建设步伐加快

2010年，天津滨海新区管理体制改革扎实推进，市级机构改革顺利完成，"两级政府、三级管理"的城市管理体制不断完善，向区县下放公路管养事权。深入开展"解难题、促转变、上水平"活动，动员全市党政机关4365名干部，组建565个服务工作组，深入6194个企业、项目单位和村（居）委会开展帮扶，协助解决各类问题5121个；推动各级政府部门设立907部24小时开门服务电话，协调解决企业和群众问题6.87万个；落实行政审批再提速各项任务，市级审批事项由666项减少到495项，总体审批效率提高45%。

科学执政能力不断提升。巩固和扩大学习实践活动成果，深入开展创先争优活动，增强了贯彻落实科学发展观的自觉性和坚定性。深入研究中长期发展重大问题，编制出台全市"十二五"规划纲要。切实改进工作作风，制定实施《关于大力弘扬求真务实精神进一步改进会议和领导同志活动新闻报道的若干措施》，精简会议文件，集中精力抓好各项任务落实。深化干部人事制度改革，加大竞争性选拔干部工作力度，全市344个局处级职位面向社会公开选拔。落实人才优先发展战略布局，出台《天津市中长期人才发展规划（2010—2020年）》，通过实施10项重大人才政策，努力形成具有天津特点、充满生机活力的人才政策体系。

（二）民主法治建设扎实推进

党的领导、人民当家做主和依法治国实现有机统一。市人大常委会不断加强和改进地方立法工作，全年共审议地方性法规案和法规性决定案13件，表决通过10件；对现行的150余件地方性法规进行清理，废止4件，修改40件。人民政协围绕团结和民主两大主题履行职能，支持民主党派、工商联和无党派人士参政议政、民主监督，围绕制定"十二五"规划建言献策提交1065件提案。工会、共青团、妇联等人民团体依照法律和章程独立开展工作，民族、宗教、侨务和对台工作取得新成效，厂务、政务、村务公开和公共企事业单位办事公开进一步深化。

社会安定团结得到有效维护。积极推进社会管理创新，滨海新区被确定为全国社会管理创新综合试点区。拓宽法律援助申请渠道，在村委会、居委会设立法律援助联系点，扩大基层法律援助服务覆盖范围。深入开展大走访、大接访活动和清积案、化新访、控非访专项活动，进一步完善大调解工作体系。深入推进平安天津建设，加强社会治安综合治理，2010年全市共破获刑事案件

3.8万余起，命案破案率达96.1%，破获各类经济犯罪案件3713起，挽回经济损失6.1亿元，破获毒品犯罪案件同比上升20.1%，保持了社会稳定和谐，群众安全感不断增强。制定实施《天津市安全生产条例》，全年安全生产形势基本稳定，没有发生重特大事故，亿元生产总值生产安全事故死亡0.13人，比上年下降13.2%，低于全国0.20人的平均水平。

七、环境整治工作成效突出，生态宜居城市活力尽显

（一）生态市建设三年行动计划基本完成

2010年，天津市全力推动完成《2008—2010年天津生态市建设行动计划》，并取得积极成效。双口垃圾填埋场渗滤液项目基本完工，同生化工厂铬渣治理工程开工建设，咸阳路污水处理厂污泥深度脱水处置设施项目已具备100吨/日处置能力。全年治理河道29条，新建改造污水处理厂29座，污水集中处理率达到83%，比上年提高2.9个百分点。城镇生活垃圾无害化处理率达到91%，比上年提高0.3个百分点。天津市入选国家首批低碳城市试点；西青区通过国家生态区建设考核验收；中新生态城污水库治理工程进展顺利，150万平方米盐碱地改良及景观绿化工程全面竣工。农村生态环保工作得到加强，完成10个“以奖促治、以奖代补”项目的监督检查及验收工作；新创建文明生态村105个，累计达到915个。

环境质量进一步改善。大气环境方面，环境空气质量达到或好于二级良好水平天数308天，占总监测天数的84.4%。水环境方面，饮用水源地水质达标率连续第九年保持100%。声环境方面，中心城区道路交通噪声和区域环境噪声总体评价保持在“好”和“较好”等级，新创建“安静居住小区”26个，总数达到237个。辐射环境方面，辐射环境水平保持在正常掌控范围内。生态环境方面，年末全市共有环境监测站21个，自然保护区8个，自然保护区面积9.11万公顷；林木覆盖率达到21.3%，比上年末提高0.5个百分点。

表3　2006—2010年天津环境状况

指　标	单　位	2006	2007	2008	2009	2010
水环境						
城市饮用水源地水质达标率	%	100	100	100	100	100
化学需氧量（COD）排放量	万　吨	14.30	13.73	13.31	13.30	13.20
大气环境						
空气质量达到及好于二级的天数	天	305	320	322	307	308
环境空气质量优良率	%	83.6	87.7	88.2	84.1	84.4
二氧化硫（SO_2）排放量	万　吨	25.48	24.47	24.01	23.67	23.51
声环境						
道路交通噪声平均声级	分　贝	67.7	67.7	67.8	67.7	67.7
中心城区区域环境噪声平均声级	分　贝	54.9	54.7	54.6	54.7	54.6
生态环境						
自然保护区	个	8	8	8	8	8
自然保护区面积	万公顷	16.28	16.28	15.42	9.11	9.11

（二）奋战300天综合整治市容环境成果明显

颁布实施《天津市城市管理规定》和《天津市公园条例》，依法管理城市的水平进一步提高。全年整修城镇道路2378公里、公路1000公里，整修楼房1.1万栋，整治社区460个，新增提升改造绿化3900万平方米，新建改造提升公园51座，构建城市夜景灯光体系41公里，建筑工地、街景立面等专项治理成效明显，中心城区基本实现综合整治全覆盖，初步形成了大气洋气、清新靓丽、中西合璧、古今交融的城市风貌。

八、规划建设管理特色鲜明，城市载体功能显著提升

（一）便捷高效的综合交通体系日臻完善

2010年，天津市继续深化城市空间发展战略，城市总体规划修编等取得阶段性成果，提升了天钢柳林地区、解放南路等重点地区的规划设计。全年城市基础设施投资完成1673.74亿元，比上年增长4.2%。京沪高铁天津段完成铺轨，津秦客运专线、京津城际延伸线等项目加快推进。天津站地下交通枢纽进行设备安装，西站主站房主体结构完工。津滨高速改造工程全线通车，天津大道、津港高速等一批道路竣工，112国道等3条高速公路加快建设。快速路西北半环建成通车，市区77条配套道路投入使用。

地铁 2、3、9 号线进展顺利，5、6 号线启动建设。南水北调天津境内干线工程主体完工。年末城市铺装道路长度 6070 公里，增长 5.9%；铺装道路面积 9738 万平方米，增长 6.8%。

(二)公用事业全面协调可持续发展

制定实施《天津市供热用热条例》，进一步规范供热采暖行为。全年城市自来水供水总量 7.7 亿吨，增长 9.8%。全社会用电量 675.37 亿千瓦时，增长 17.1%；其中城乡居民生活用电 67.41 亿千瓦时，增长 4.3%。全市新增供热面积 2200 万平方米，增长 10.3%，中心城区集中供热率达到 95.5%。新建一批停车场和人行天桥，进一步方便居民出行。公共交通引领城市客运快速发展。全年城市公交客运量完成 13.02 亿人次，增长 7.0%。其中，公共汽车客运量 12.38 亿人次，增长 6.3%；地铁客运量 4181.15 万人次，增长 17.6%；轻轨客运量 2251 万人次，增长 30.1%。更新公共汽车 607 辆，总数达到 7985 辆；更新出租汽车 1900 辆，总数达到 31940 辆。

(三)农村城镇化进程稳步加快

示范小城镇建设全面提速，四批示范小城镇试点有序推进，规划建设面积 3300 万平方米，累计竣工农民还迁住宅 1150 万平方米，20 万农民迁入新居。华明镇入选 2010 年上海世博会“城市最佳实践区”案例，向世界展示了“四万农民与一个城镇的梦想”。农村基础设施不断完善，整修农村公路 1000 公里。年末全市人口城镇化率达到 79.55%，比上年末提高 1.54 个百分点。

九、科技支撑引领作用明显，教育优先发展成果卓著

(一)综合科技进步水平保持全国前列

2010 年，天津市围绕构筑自主创新高地的战略任务，大力聚集国内外科技资源，加快建立以企业为主体、市场为导向、产学研有机结合的区域创新体系，加大对高新技术企业和科技型中小企业的扶持力度，全面推进创新型城市建设，综合科技进步水平继续位居全国第三。全市 13 项科技成果获得 2010 年度国家科学技术奖，涉及新材料、化学、内燃机、电力等多个领域，获奖数量位居全国前列，其中多项成果已逐渐应用于生产实践和城市建设中，在提升生产能力、提高城市建设水平、促进节能减排等方面做出了突出贡献。全年市级科技成果完成 2010 项，其中基础理论成果 189 项，应用技术成果 1771 项，软科学成果 50 项；在科技成果中，属于国际领先水平 119 项，达到国际先进水平 406 项。

创新体系建设取得积极进展。2010 年全市一般预算支出中，科技支出增长 27.3%，增幅比上年提高 8.4 个百分点。全社会研发经费支出占生产总值的比重提高到 2.5%。第四批 25 项自主创新产业化重大项目启动建设。国家超级计算天津中心等一批重大创新平台建成运行。全市新认定高新技术企业 132 家，获得国家级新产品认定 20 项。启动实施《天津市科技小巨人成长计划》，年末全市科技型中小企业达到 1.25 万家。新增国家级企业技术开发中心 4 家，总数达到 28 家；新增市级企业技术开发中心 38 家，总数达到 330 家。年末全市有国家级重点实验室 6 个，国家部局级重点实验室 38 个，国家级工程(技术)研究中心 31 个，国家级科技产业化基地 15 个。

知识产权工作取得突破性进展。发布实施了《天津市知识产权战略纲要》，企业专利试点、专利权质押融资、青少年专利促进行动等重点工作经验在全国推广。专利拥有量快速增长。全年受理专利申请 25142 件，增长 31.0%；专利授权首次突破 1 万件，达到 10998 件，增长 52.4%；年末有效专利 29672 件，增长 44.6%，其中有效发明专利 6516 件。全市每百亿元 GDP 有效发明专利拥有量 70.6 件、每百万人口有效发明专利拥有量 501.5 件，分别居全国 31 个省区市的第四位和第三位。当年有专利申请的企业达到 1800 余家，近 600 家企业实现专利申请“零”突破；企业专利授权 7189 件，增长 55.1%，占全市专利授权总量的 65.4%。

表4　2006—2010年天津专利申请受理、授权和有效状况

单位：件

指　标	2006	2007	2008	2009	2010
专利申请受理数	13299	15744	17425	19187	25142
#发明专利	4981	5364	6146	6578	7656
专利授权数	4159	5584	6621	7216	10998
#发明专利	967	1164	1463	1793	1933
年末有效专利数	10048	10909	17319	20515	29672
#发明专利	2161	2585	3912	4919	6516

人才引进和培养机制更加健全。启动实施“引进人才千人工程”，依托重点发展的八大优势产业和大项目好项目建设，以创新创业人才和工程技术人才为重点，计划用3年时间引进1000名国内外高层次人才和紧缺人才。全年新建博士后工作站14个，博士后流动站和工作站总数达到198个，在站博士后860余人。高级以上技术工人达到29.4万人，比上年增长9.3%，占全市技术工人队伍的25.4%。

(二)各类教育发展取得新成效

2010年，天津市进一步加大对教育的投入，全市一般预算支出中，教育支出增长25.4%，增幅比上年提高3.3个百分点。教育服务民生的能力进一步扩展，出台了《天津市中长期教育改革和发展规划纲要》，体现了“办好每一所学校，教好每一个学生”的核心理念；实施《天津市农民教育培训条例》，成为我国关于规范农民教育培训的第一件专项立法。年末全市各类学校1670所，其中普通高校55所，中等专业学校43所，职业中学31所，技工学校39所，普通中学546所，小学956所，在校学生总数达到152.94万人。

基础教育均衡协调发展。启动实施《天津市学前教育三年行动计划》，多渠道扩大学前教育资源。全年建成25所优质幼儿园，全市幼儿园总数达到1607所，在园幼儿21.79万人。出台《天津市推进义务教育均衡发展改革试点实施方案》，加快推进义务教育学校现代化标准建设，对申报达标的443所学校进行了评估验收；实施中小学校舍安全工程，完成加固和重建面积102万平方米；启动特色普通高中建设工程，推选出首批特色高中项目实验学校。当年小学招生8.26万人，年末在校50.59万人，专任教师3.73万人。当年普通中学招生14.60万人，毕业15.94万人，年末在校45.86万人，专任教师4.07万人。实施特殊教育学校现代化标准建设，对251名重度残疾儿童实行送教上门服务。年末全市共有特殊教育学校19所，在校学生2356人。

高等教育质量不断提升。新增本科专业36个、国家精品课34门、教学团队10个、特色专业15个，入选数量均位居全国前列。围绕优势产业发展，启动198个品牌特色专业建设。建成天津市大学软件学院，首批4600名学生入住校园。当年普通高校共招收本专科学生13.31万人，毕业10.54万人，年末在校42.92万人，专任教师2.81万人。全市每万人口拥有普通高校本专科学生340人，比全国167人的平均水平多1倍。当年招收研究生1.52万人，毕业1.14万人，年末在校4.10万人，指导教师0.61万人。年末在校成人本专科生7.17万人，网络本专科生3.42万人。全年发放国家助学贷款1.01亿元，6116名贫困学生受益。

职业教育改革进入新阶段。全面完成职业教育改革试验区建设，与教育部签署共建国家职业教育改革创新示范区协议，实现由试验区到示范区的升级。加强基础能力建设，新增交通、轻工和现代三所国家级高职骨干校。推进工学结合人才培养模式改革，12门课程获评国家级高职精品课程，新增35个专业。海河教育园区一期建设工程完工。高水平举办2010年全国职业院校技能大赛。年末在校学生中，高等职业学校14.04万人，中专、技工学校、职业中学等中等职业学校13.57万人。

十、文化惠民工程深入推进，体育综合实力显著增强

(一)文化大发展大繁荣攻坚战全面打响

2010年，天津市继续向文化强市的奋斗目标迈进，出台《关于打好文化大发展大繁荣攻坚战

的实施意见》和《天津市文化产业振兴规划》，文化产业发展步伐进一步加快。全年全市一般预算支出中，文化体育与传媒支出增长 20.4%，增幅比上年提高 0.4 个百分点。文化产业增加值突破 300 亿元，占全市生产总值的比重超过 3%。国家动漫产业综合示范园主体建设完工，建成全国领先的公共技术服务平台。制定实施《天津市文化产业示范园区认定管理办法（试行）》，评选命名了天津市第二批文化产业示范基地，3 家企业入选全国第四批国家文化产业示范基地。天津日报传媒集团、今晚传媒集团有限公司成立，实现宣传经营两分开。民营剧团产业孵化基地“今晚大舞台”挂牌运作，40 多家民营剧团落户。

文化设施建设扎实推进。天津市文化中心主体工程建设进展顺利，非物质文化遗产馆、艺术职业学院、数字电视大厦一期、电影艺术中心等建成并投入使用，平津战役纪念馆提升改造、文庙博物馆落架整修等项目顺利完成，杨柳青木版年画馆竣工。56 个行政村被命名为民间文化特色村。建成文化共享工程站点 5000 余个，全面完成建设任务。建成 39 个乡镇文体中心。新建 1668 个村文化室。年末全市有艺术表演团体 16 个，文化馆 18 个，博物馆 18 个，公共图书馆 31 个，档案馆 35 个，街乡镇综合文化站 238 个。

公共文化服务体系日趋完善。积极探索中小学公益电子阅览室建设模式，启动工程试点建设。出台《天津市农村电影放映工作实施意见》，组建农村电影放映队 190 余支，放映农村公益电影 4.7 万余场，超额实现一村一月放映一场电影的目标。农村有线电视实现村村通，累计完成全市 230 个行政村约 6.4 万农户的有线覆盖，入户率超过 60%。年末全市有线电视用户 262 万户，有线电视入户率达到 78.0%，比上年提高 2.9 个百分点。全市 14 家博物馆、纪念馆免费开放，接待观众 240 万人次。组织实施“千村百站”和市内六区基层文艺骨干培训工程，培训文艺骨干和乡镇（街道）文化站长 2000 名。开展“新农村、新文化、新儿童”工程漂流图书角活动，辐射 9 个农业区县的 30 个幼儿园，近 6000 名儿童受益。成功举办了“世博会天津周”、全国非物质文化遗产展示会等文化活动。

艺术创作和演出繁荣活跃。评剧《寄印传奇》、中学生话剧《第七片花瓣》等一批精品剧目获得国家级大奖，组织创作了京剧《无旨钦差》等新剧节目。全年摄制电影故事片 7 部。天津市直属艺术表演团体全年共演出 3091 场，观众人数达 238 万人次。对外文化交流领域进一步拓宽。全年完成各类对外文化交流活动项目 63 项，涉及人员 550 人次，比上年增长 20%；引进项目 79 项，涉及 1851 人次，增长 30%。天津艺术团代表中国首次赴拉美友好访演、天津歌舞剧院和天津杂技团赴德国参加“多元文化节”演出等，都在演出国掀起了中国文化热，扩大了天津文化的影响力。世界各国优秀文艺团体接踵而至。圆满完成朝鲜血海歌舞团在津演出接待工作，引进俄罗斯莫斯科交响乐团、奥地利维也纳管弦乐团、爱尔兰《大河之舞》舞蹈团等知名国际艺术团体来津演出，受到广大市民的热烈欢迎。

（二）各项体育事业全面发展

竞技体育实现新突破。2010 年，天津体育健儿在国内外大赛中共获得 62 枚金牌，其中在国际大赛中获得 42 枚金牌。特别是在广州亚运会上，全市共有 41 名运动员、5 名教练员入选中国亚运代表团，参加了 18 个大项的比赛，共获得 20 枚金牌、12 枚银牌和 18 枚铜牌，创造历史最好成绩。天津女排在 2010—2011 赛季全国女排职业联赛中成功卫冕，实现“五连冠”，创造了九个赛季八次夺冠的辉煌纪录。首届国际拳击表演赛暨洲际拳王赛、世界汽车飘移系列赛天津大奖赛等赛事成功举办，第九届全国大学生运动会、第六届东亚运动会筹备工作有序开展。

群众体育创新发展。成功举办首届全民健身大会和首届海河龙舟节，开展了丰富多彩的全民健身活动。深化假日体育理念，推出元旦、春节、五一、十一等大型系列群众体育示范活动。加强青少年体育工作，广泛开展青少年阳光体育活动和青少年校园足球活动。建成30个体育公园和1350个城市社区、农村健身园。总投资超过100亿元的团泊体育新城建设进展顺利。

（李　萍　郑　礼）

附表：

2010年全国和天津主要社会指标

指　标	单　位	全　国	天　津
普查时点总人口	万　人	133972	1293.82
城镇人口所占比重	%	49.7	79.55
65岁以上人口比重	%	8.9	8.52
城镇登记失业率	%	4.1	3.6
专利申请受理量	万　件	122.23	2.51
专利申请授权量	万　件	81.48	1.10
普通高等学校在校学生数	万　人	2231.8	42.92
普通中学在校学生数	万　人	7703.2	45.86
普通小学在校学生数	万　人	9940.7	50.59
每万人口普通高等学校在校学生数	人	167	340
图书总印数	亿册(张)	74	0.38
报纸总印数	亿　份	448	9.42
卫生机构数	万　个	93.7	0.27
卫生机构床位数	万　张	478.7	4.88
卫生技术人员数	万　人	586.6	7
#执业(助理)医师	万　人	241.3	2.85
每千人口拥有医院卫生院床位数	张	3.28	3.49
每千人口拥有执业(助理)医师数	人	1.80	2.25
广播综合人口覆盖率	%	96.8	100
电视综合人口覆盖率	%	97.6	100
城镇居民人均可支配收入	元	19109	24293
农村居民人均纯收入	元	5919	11801
城镇居民家庭恩格尔系数	%	35.7	35.9
农村居民家庭恩格尔系数	%	41.1	39.0
城镇每百户家用汽车拥有量	辆	13.1	16.1
农村每百户家用电脑拥有量	台	10.4	29
参加城镇基本养老保险人数	万　人	25707	431.45
参加城镇基本医疗保险人数	万　人	43263	469.98
参加失业保险人数	万　人	13376	246.09
参加工伤保险人数	万　人	16161	304.50
参加生育保险人数	万　人	12336	212.02
国家抚恤、补助各类优抚对象	万　人	625.0	2.98
接收社会捐赠款	亿　元	179.8	0.67

“十一五”时期天津市国民经济和社会发展成就

乘风破浪　阔步前进

——天津市“十一五”经济社会发展综述

“十一五”时期的五年，是天津乘风破浪、大步前行的五年，是天津科学发展、和谐发展、率先发展的五年。五年来，全市人民在市委、市政府的正确领导下，深入贯彻落实科学发展观，抢抓滨海新区纳入国家总体发展战略的重大机遇，全面落实中央各项决策部署和政策措施，加快实施市委“一二三四五六”的奋斗目标和工作思路，加快转变发展方式，调整优化产业结构，成功化解国际金融危机带来的严重影响，经济发展跃上新台阶，开发开放实现新突破，社会事业取得新进步，城乡建设展现新面貌，宜居城市迈出新步伐，人民生活达到新水平，“十一五”规划确定的主要发展任务全面实现。

一、综合实力不断提升，经济总量跃上新台阶

总量规模年均增长千亿元。全市生产总值由2005年的3905.64亿元，增加到2010年的9108.83亿元，按可比价格计算，年均增长16.1%，比同期全国11.2%的平均增速高4.9个百分点，居全国31个省区市第二位；比“十五”时期加快2.1个百分点，超额完成“十一五”规划确定的12%的目标，是新中国成立以来经济增速最快、最平稳的时期。全市人均生产总值由2005年的37796元，增加到2010年的72079元，按可比价格计算，年均增长11.6%。按年均汇率折算，我市人均生产总值达到10648美元，高于2010年超过7000美元的规划目标。

图1　“十一五”时期全市生产总值及增速

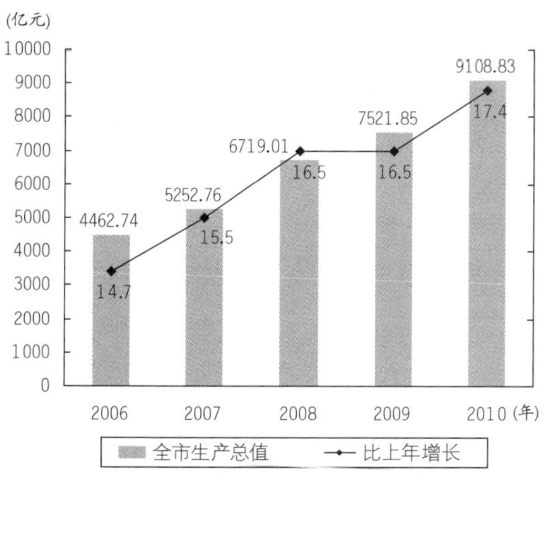

经济运行质量明显改善。地方财政收入由2005年的331.85亿元，增加到2010年的1068.81亿元，年均增长26.4%，高于同期经济增速10.3个百分点，比“十五”时期加快2.2个百分点，占全市生产总值的比重由8.5%提高到11.7%。“十一五”时期累计完成地方财政收入3524亿元，是“十五”时期的3.2倍。规模以上工业企业利润总额由2005年的551.60亿元，增加到2010年的1136.41亿元，年均增长15.6%。“十一五”时期累计实现利润4153.76亿元，是“十五”时期的2.6倍。

二、滨海新区纳入国家发展战略，三个层面协调联动发展

滨海新区引擎作用日益凸显。2006年滨海新区成为全国综合配套改革试验区，纳入国家总体发展战略，2009年成为统一的行政区，对全市经济发展的贡献不断加大。新区生产总值由2005年的1633.93亿元，增加到2010年的5030.11亿元，年均增长22.5%，高于同期全市增速6.4个百分点，比“十五”时期加快2.9个百分点；占全市生产总值的比重由41.8%上升到55.2%，提高13.4个百分点。全面打响了滨海新区开发开放“十大战役”，南港、临港、东疆等九大产业功能区建设提速，重大建设项目纷纷落户新区，大飞机、大炼油、大乙烯项目已投产运营，大火箭、大造船、大机

车等项目建设加快推进。北方国际航运中心和国际物流中心加快建设。2010 年，天津港货物吞吐量达到 4.13 亿吨，是 2005 年的 1.7 倍；集装箱吞吐量达到 1009 万标准箱，是 2005 年的 2.1 倍。滨海国际机场新航站楼和第二跑道建成投入使用,旅客吞吐量达到727.71万人次,是2005年的3.3倍，跨入国内大型机场行列。在新疆、甘肃、山西等地区设立了 18 个内陆“无水港”，辐射服务功能向腹地进一步延伸。金融改革创新取得积极进展。船舶产业投资基金、飞机租赁基金等相继设立，天津股权交易所、渤海商品交易所等创新型交易平台挂牌运营。

图2 “十一五”时期滨海新区生产总值及增速

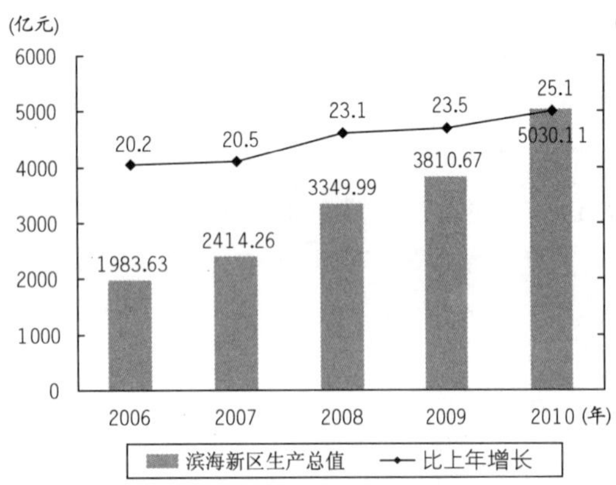

三个层面协调联动取得积极成效。“十一五”以来，滨海新区、中心城区和其他区县明确各自定位，积极构建优势互补的发展机制，形成了多点联动、竞相发展的良好局面。滨海新区建设了装备制造、石油化工、航空航天、电子信息、汽车、新能源六大标志性的产业聚集区，其中石油化工、电子信息成为国家级产业基地，汽车产业聚集区是国家新型工业化示范基地。明确了6个中心区的功能及产业定位：“金融和平”、“商务河西”、“科技南开”、“金贸河东”、“创意河北”、“商贸红桥”。根据新的定位，中心六区相继出台了相关规划和政策支持措施，大力发展现代金融、科技研发、创意产业、文化旅游、商贸流通等服务业，中心城区服务业比重超过 80%。郊区县示范工业园区、农业产业园区、农民居住社区“三区”统筹联动发展，开展了 4 批示范小城镇试点建设项目，31 个区县示范工业园区规划总面积 381.4 平方公里，600 个重大项目全部开工，成为保障小城镇农民就业、推动区县经济发展的重要支撑点。全市人口城镇化率由 2005 年末的 75.1%，提高到 2010 年末的 79.6%。

三、三次产业协调发展,经济结构优化升级

“十一五”期间，我市大力调整经济结构，加快转变经济发展方式，初步形成了高端化高质化高新化的产业结构。

图3 “十五”末期和“十一五”末期全市三次产业结构

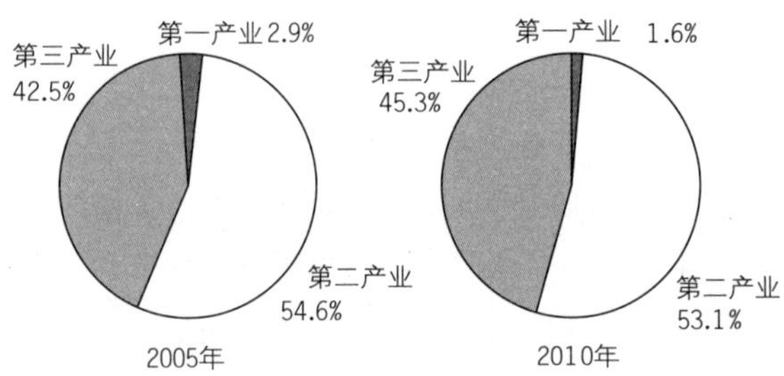

沿海都市型现代农业初具规模。全市农业增加值由 2005 年的 112.38 亿元，增加到 2010 年的 149.48 亿元，年均增长 2.9%。在一系列支农惠农政策的扶持下，农民种粮积极性不断提高，粮食生产连年丰收。2010 年全市粮食产量达到 159.74 万吨，实现连续 7 年增产，并创近 11 年来最好水平。15 个现代农业示范园区、20 个现代畜牧养殖园区建设进展加快，12 个优势水产品养殖示范园区开工建设。进入产业化体系的农户比重达到 86.1%，比 2005 年末提高 16.1 个百分点。

工业继续发挥主拉动作用。全市工业增加值由 2005 年的 1957.95 亿元，增加到 2010 年的 4410.70 亿元，年均增长 18.2%，比“十五”时期加快 1.2 个百分点。工业总产值达到 1.7 万亿元，比 2005 年净增 1 万亿元。逐步培育壮大了以空客 A320、直升机、无人驾驶飞机、新型运载火箭、卫星有效载荷“三机一箭一星”为代表的航空航天产业，以集成电路芯片、“天河一号”超级计

算机、高清数字电视为代表的电子信息产业，以抗生素、胰岛素、皮质激素和氨基酸“三素一酸”以及干细胞储存移植、生物芯片为代表的生物医药产业，以绿色储能电池、纳米材料为代表的新能源新材料产业。航空航天、石油化工、装备制造、电子信息、生物医药、新能源新材料、国防科技和轻工纺织等八大优势支柱产业占全市工业比重达到91.6%。主要产品产量均有不同程度增长。与2005年相比，天然原油增长86.9%，成品钢材增长1.7倍，汽车增长1.3倍，移动电话增长44.1%。

服务业加快发展。全市服务业增加值由2005年的1658.19亿元，增加到2010年的4121.78亿元，年均增长15.3%，比“十五”时期加快3.5个百分点，占全市生产总值的比重由42.5%上升到45.3%。商贸流通、交通运输等传统优势产业不断壮大，现代金融、文化创意、会展经济、服务外包等新兴服务业竞相发展。津湾广场、意式风情街等一批商贸聚集区、新型专业市场和特色街区相继建成。梅江会展中心一期投入使用，天津夏季达沃斯论坛、中国旅游产业节等重大活动成功举办。

民营经济成为内生增长的主力军。“十一五”以来，我市不断加大对民营经济的扶持力度，经济发展的内生动力和活力显著增强。2010年，民营经济实现增加值占全市生产总值的40%，为推动全市经济平稳较快发展发挥了重要作用。截至2010年末，全市共有民营企业14.3万户，比2005年末增长85.7%，注册资本金6761亿元，增长3.3倍；个体工商户达22.8万户，比2005年末增长28.8%，注册资本金111.4亿元，增长85.9%。

四、重大项目成效显著，城乡建设展现新面貌

投资规模迅速扩大。全社会固定资产投资由2005年的1516.84亿元，增加到2010年的6511.42亿元，年均增长32.7%，比“十五”时期加快13.3个百分点，高于规划目标17.7个百分点。“十一五”时期累计完成投资1.92万亿元，相当于“十五”时期的3.6倍。全市已推出工业、服务业、区县、自主创新、交通、市政基础设施和商贸旅游好项目、大项目940项，投资总规模1.68万亿元，450项建成或基本建成，490项抓紧建设。这些好项目、大项目的启动，有力支撑了经济快速发展，推动了产业结构调整，为今后发展积蓄了强大后劲。

图4 “十一五”时期全社会固定资产投资及增速

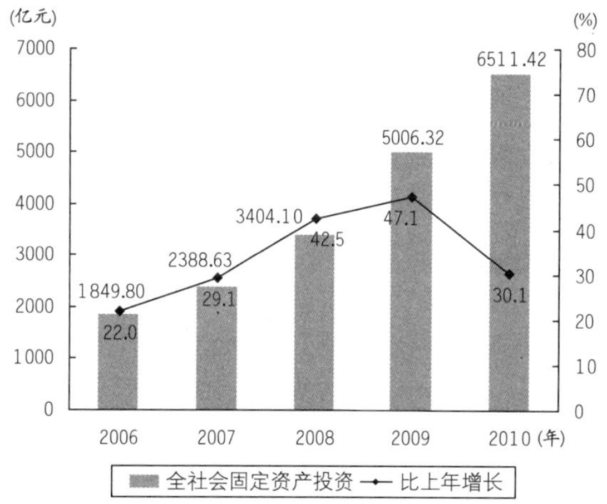

城市载体功能大幅提升。“十一五”时期城市基础设施投资累计完成5569.54亿元，是“十五”时期的4倍；占全社会固定资产投资的比重为29.1%，比“十五”时期提高3.3个百分点。现代综合交通体系建设取得重大突破。建成京沪（天津段）、京津二通道等7条高速，“十一五”期末高速公路里程达到1000公里，相当于“十五”期末的1.7倍，天津大道、津涞快速等一批交通要道建成。京沪高铁天津段完成铺轨，津秦客运专线、京津城际延伸线等项目加快建设，天津西站主站房主体结构完成。地铁2、3、9号线铺轨，5、6号线启动建设。南水北调天津境内干线工程主体完工。

五、消费市场持续繁荣，消费结构加快升级

商贸流通规模迅速扩张。全市社会消费品零售总额由2005年的1190.06亿元，增加到2010年的2902.55亿元，年均增长18.6%，比“十五”时期加快5.6个百分点。“十一五”时期，全市限

额以上批发和零售业商品销售总额累计达4.42万亿元，相当于“十五”时期的3.5倍。在“小排量汽车购置税减半”、“家电以旧换新”等一系列扩大内需政策的刺激下，城乡居民消费潜能进一步释放。同时，随着京津“半小时交通圈”的建成、商贸旅游精品项目的开发以及多项大型国际性展会的举办，来津海内外游客大量增加，也带动了全市消费市场的活跃。

图5 “十一五”时期社会消费品零售总额及增速

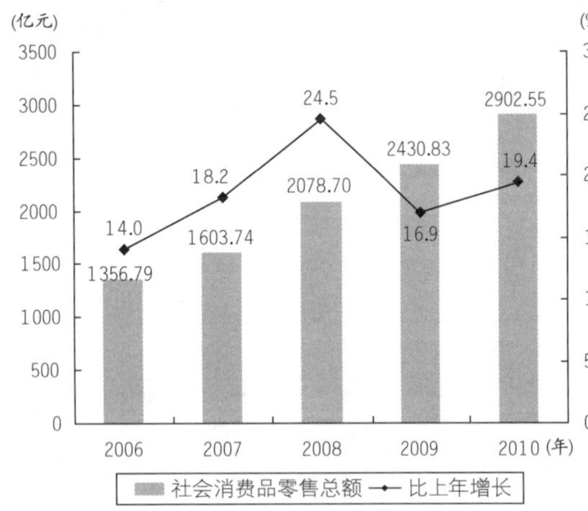

多层次商贸流通格局进一步优化。华北城、滨海钢铁交易中心、新南马路五金城等大型批发市场的建设改造，提升了天津作为商贸中心城市的集散辐射功能。截至2010年末，全市亿元商品交易市场达到81个，其中成交额超10亿元的市场41个，在区域商品贸易中发挥了重要作用。社区商业水平全面提升，具备早点快餐、便利店、家庭服务、美容美发、洗染、维修等多种业态的社区商业网点布局逐步完善。

消费结构不断升级换代。随着人们生活水平的日益提高，汽车、高档家电、金银珠宝等逐步成为消费热点。城市居民人均消费性支出由2005年的9653元，增加到2010年的16562元，年均增长11.4%；农村居民人均生活消费支出由3590元增加到5606元，年均增长9.3%。居民家庭耐用消费品拥有量进一步增加。2010年末，每百户城市居民家庭拥有家用汽车16.1辆，比2005年末增加13.1辆；家用电脑91.2台，增加40.1台；移动电话205.2部，增加83.1部。每百户农村居民家庭拥有生活用汽车14辆，比2005年末增加8辆；家用电脑29台，增加19台；移动电话182部，增加93部。

六、招商引资成效明显，对外开放实现新突破

对外贸易规模稳步扩大。全市外贸进出口总额由2005年的533.87亿美元，增加到2010年的822.01亿美元，年均增长9.0%；其中，出口总额由274.15亿美元增加到375.17亿美元，年均增长6.5%。“十一五”时期，全市外贸进出口总额累计完成3628亿美元，其中出口1814亿美元，均为“十五”时期的2.2倍。面对国际金融危机的巨大冲击，我市积极采取有效措施帮扶外向型企业，全市出口形势逐步回暖。出口产品结构不断优化。一般贸易出口比重由2005年的33.1%，上升到2010年的37.6%，提高4.5个百分点，高技术含量、高附加值的电子信息、新能源、生物医药、海洋石油化工等产品成为出口的主导产品。服务贸易迅速发展，离岸外包成为新亮点，我市被确定为全国服务外包基地城市之一。2010年，全市签订服务外包合同203个，接包执行额3.4亿美元，其中离岸接包执行额2.1亿美元，同比分别增长60.6%和64.6%。

利用外资水平大幅提高。全市实际直接利用外资由2005年的33.29亿美元，增加到2010年

图6 “十一五”时期实际直接利用外资及增速

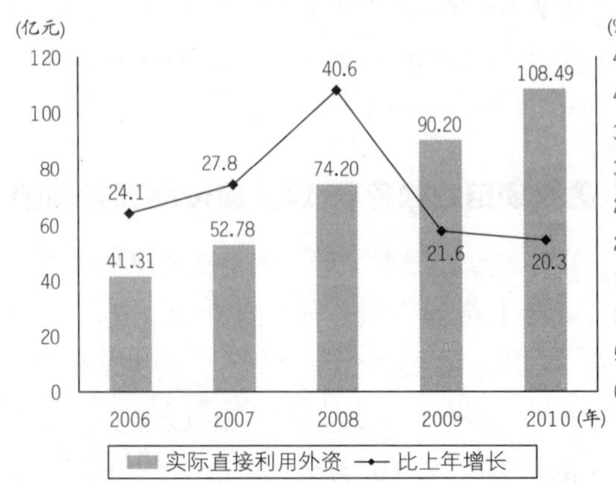

的 108.49 亿美元，年均增长 26.7%。“十一五”时期累计引资 367 亿美元，相当于“十五”时期的 2.5 倍。截至 2010 年末，在津投资的世界 500 强企业已达 143 家，比 2005 年末增加 33 家。引资结构进一步优化。服务业实际直接利用外资比重由 2005 年的 23.7%，提高到 2010 年的 52.9%，跃升为全市利用外资的主体。

吸引内资保持较快增长。全市实际利用内资由 2005 年的 339.93 亿元，增加到 2010 年的 1633.82 亿元，年均增长 36.9%。“十一五”时期累计利用内资 4841 亿元，相当于“十五”时期的 6 倍。超亿元大项目引进力度不断加大，高新技术、现代物流、金融、创意等高端产业成为利用内资的新热点。截至 2010 年末，引进国内 500 强优势企业累计达 157 家。

“走出去”步伐加快。对外工程承包、设计咨询和劳务合作营业额由 2005 年的 3.20 亿美元，增加到 2010 年的 24.89 亿美元，增长 6.8 倍。“十一五”时期，累计批准境外项目中方投资额超过 11 亿美元，相当于“十一五”之前总和的 3.2 倍。区域交流合作进一步深化。海峡两岸海上直航、空中直航在天津启动，成为大陆首批开辟两岸直航的港口之一。对口支援陕西震后重建三年任务两年完成。支援新疆和田、西藏昌都、重庆万州和帮扶甘肃省工作扎实有序推进。

七、生态环境有效保护，宜居城市迈出新步伐

环境保护取得显著成果。“十一五”以来，连续三年开展大规模市容环境综合整治，初步形成了大气洋气、清新靓丽、中西合璧、古今交融的城市风格。大力推进蓝天、碧水等六大环保工程，在巩固提高创模成果的基础上，生态市建设三年行动计划任务基本完成，污水集中处理率达到 83%，城镇生活垃圾无害化处理率达到 91%，全市二级以上良好天气稳定在 300 天以上。

全面完成节能减排目标。2010 年全市万元生产总值能耗比 2005 年下降 21%，节能减排超额完成国家下达任务。低碳经济发展方兴未艾。我市成为全国首批低碳城市试点之一，中新生态城将打造全国首个低碳环保示范区。天津排放权交易所的成立，不仅成为全国第一家综合性排放权交易机构，也为企业利用市场化手段和金融创新方式促进节能减排提供了一个国际化交易平台。

以循环经济为突破口加快发展方式转变。“十一五”以来，我市不断完善政策环境，大力发展绿色经济、低碳经济和循环经济，积极构建集约型、节约型和生态型发展模式，可持续发展能力显著提高。设立了发展循环经济专项资金，重点支持天铁冶金集团高炉余热发电、华明镇太阳能利用等 25 个循环经济示范项目。大力推进循环经济试点建设，已建立 6 个国家级循环经济示范试点以及 39 个市级试点，形成了 5 种特色鲜明的循环经济发展模式，其中子牙循环经济产业区被列为国家首批“城市矿产”示范基地之一。

八、民生工程扎实推进，社会事业取得新进步

“十一五”时期，我市连续实施了四个 20 项民心工程，使百姓更多地分享到经济社会发展带来的成果。

积极就业政策力度不断加大。“十一五”以来，我市坚持以项目扩大就业、创业带动就业、培训促进就业、政策扶持就业、服务保障就业，实施更加积极的就业政策，实现了经济增长与扩大就业的良性互动。“十一五”时期新增就业 186 万人，是“十五”时期的 2 倍。城镇登记失业率稳定在 3.6%。

城乡居民收入稳步增加。大力实施富民强市战略，出台了一系列增加城乡居民收入的政策措施，连续提高企业退休人员养老金，上调最低工资标准，建立覆盖城乡的老年人生活补助制度等，取得积极成效。最低工资标准由 2005 年的 590 元，调整到 2010 年的 920 元，年均增长 9.3%；企业退休人员基本养老金由 765 元提高到 1520 元，年均增长 14.7%。城市居民人均可支配收入由 2005 年的 12639 元，增加到 2010 年的 24293 元，

年均增长14.0%，扣除价格因素实际增长11.0%，是改革开放以来增速最快的时期。农村居民人均纯收入由2005年的7202元，增加到2010年的11801元，年均增长10.4%。

图7 改革开放以来各个五年时期城市居民人均可支配收入实际增速

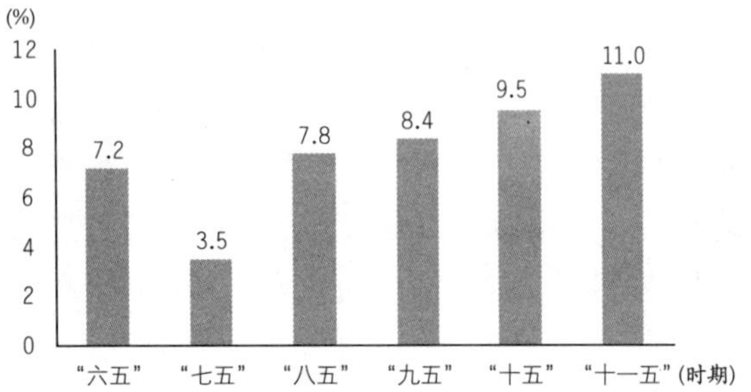

群众住房条件切实改善。出台了住房保障规划和廉租房、经济租赁房、经济适用房、限价商品房等四项保障制度，积极推进城中村改造，加快对旧楼区的综合整修和设施完善，满足了群众多层次的住房需求。"十一五"期间，向41万户中低收入住房困难家庭提供了住房保障，是"十五"时期的9倍；发放租房补贴7.8万户，是"十五"时期的4倍。

社会保障水平走在全国前列。逐步形成了城镇职工、农籍职工、外来务工人员、台港澳人员及外国人等四类从业人员参加养老、医疗、失业、工伤和生育五项保险，城镇和农村居民参加养老、医疗两项保险的制度体系，实现了从城镇到乡村、从职工到居民以及台港澳人员和外国人的全覆盖，城乡居民基本医疗保障参保率超过90%。关注低收入群体，不断提高城市居民低保补助和农村特困救助标准，建立了基本生活必需品价格上涨与困难群众生活补贴联动机制，社会福利救济事业进一步发展。

科技创新能力显著提高。"十一五"以来，我市加速推进创新型城市建设，天津国际生物医药联合研究院、中科院天津工业生物技术研究所、国家超级计算天津中心等一批重大创新载体和平台建成运行，国家和国家部局级重点实验室达到44个，国家级工程（技术）研究中心31个，国家级科技产业化基地15个，综合科技进步水平始终保持在全国第三位。全社会研发经费支出占地区生产总值的比重由2005年的1.97%，提高到2010年的2.5%。"十一五"时期，全市专利申请量和授权量分别达到9.1万件和3.5万件，分别是"十五"时期的2.6倍和3倍。2010年末，国家级和市级企业技术中心达到358家，其中国家级28家，分别比2005年末增加208家和15家。

教育综合水平位居全国前列。基础教育实现新发展。学前教育纳入全市民心工程，学前教育布局得到优化；率先实现义务教育免学杂费、免费提供教科书和特殊教育"三免一补"，城乡义务教育学校现代化标准建设全面推进。高等教育迈出新步伐。国家重点学科达到88个，师范大学、理工大学、工业大学新校区建成，新增劳动者平均受教育年限达到14.68年。职业教育改革形成新优势。全面完成职业教育改革试验区建设，与教育部签署共建国家职业教育改革创新示范区协议，实现由试验区到示范区的升级，成功举办三届全国职业院校技能大赛，海河教育园区一期工程完工。

文化、卫生、体育等加快发展。文化中心建设项目正式启动，中华剧院、小白楼音乐厅等一批标志性文化设施建成并投入使用，市级公共博物馆、纪念馆免费开放。在全国率先创建政府购买、社区卫生服务机构无偿提供、居民免费享受的18项社区公共卫生服务，推出社区卫生服务机构药品"零差率"等10项改革举措，缓解群众看病难、看病贵状况。人均期望寿命80.65岁，比2005末提高3.32岁，居全国第二位，达到世界高收入国家水平。成功举办第25届亚洲篮球锦标赛等国内外大型赛事。天津体育代表团在第十一届全国运动会上名列金牌榜第八位，在广州亚运会上夺得20枚金牌，均创造历史最好成绩。

总的来看，"十一五"以来，我市在科学发展、和谐发展、率先发展上迈出了坚实的步伐，经济社会各个领域实现了又好又快发展。但同时，也存在着一些值得关注的问题，主要是：经济总量还不够大，服务业比重偏低，民营经济发展有待进一步加快；自主创新能力还不够强，拥有自有品牌、自主知识产权的产品较少；就业形势依然严峻，城乡居民收入有待进一步提高。针对这些问题，我们应抓住关键环节，重点推进以下几项工作。

一是调整优化产业结构。加快产业结构战略性调整，明确产业发展重点和主攻方向。加快培育新能源、电子信息、生物医药等战略性新兴产业，做优做强支柱产业。重点发展生产性服务业，大力发展新兴服务业。充分利用国家大力发展民营经济的契机，加快民营产业结构的升级。

二是加强自主创新能力建设。进一步加快经济增长由投资驱动向创新驱动转变的进程，注重提高企业的自主创新能力，引导创新要素向优势企业集聚，加快培育一批具有科技创新示范作用的龙头企业。大力发展科技型中小企业，实施科技"小巨人"成长计划。

三是全力建设生态宜居城市。下力量抓好重点地区和重点行业节能减排，继续推进国家循环经济试点城市建设，大力发展绿色经济、低碳经济、循环经济，促使生产生活从高消耗、高排放向绿色发展和低碳宜居转变，不断改善城乡生态环境。

四是更加关注民计民生。围绕住房、收入、就业、医疗、社会保障等重点，坚持富民优先的政策导向，把发展经济与造福百姓统一起来，把促进经济增长与扩大就业协调起来，把发达地区、先富群体和经济薄弱地区、困难群体的利益兼顾起来，把改善人民群众的物质生活与丰富精神文化生活结合起来，努力使改革发展的成果惠及全体人民。

"十一五"时期我市经济和社会发展取得的巨大成就，为"十二五"时期更辉煌的发展奠定了坚实基础。展望未来，我们既面临着严峻的挑战，更有着前所未有的机遇。我们相信，只要全面贯彻落实科学发展观，加快转变经济发展方式，继续实施"一二三四五六"的奋斗目标和工作思路，就一定能够在"十二五"时期走上创新驱动、内生增长的轨道，书写经济社会和谐发展的新篇章。

（黄　瑛　郑　礼）

经济结构调整成效显著

"十一五"时期是天津市经济社会发展进程中不平凡的五年，是积极应对国际国内挑战、攻坚克难、奋力拼搏、铸就辉煌的五年。五年来，全市上下齐心协力，在危机中抢抓机遇，在困境中寻求突破，在竞争中赢得主动，高效率高质量高水平地完成了"十一五"规划中的各项既定目标和任务，取得了显著的成绩，经济结构调整取得积极成效，综合经济实力日益壮大，优势产业龙头带动作用日渐凸显，现代服务业发展日臻完善。

一、国民经济持续高位运行，经济结构调整卓有成效

（一）经济总量逐年跨越千亿元台阶

2006年—2010年，天津市生产总值（GDP）连续跨上六个千亿元台阶，经济总量呈现跨越式大发展。2010年，天津实现生产总值9108.83亿元，按可比价计算，较2005年年均增长16.1%，增幅比全国平均水平高出4.9个百分点，是改革开放以来增速最快的一个时期。

（二）三次产业结构明显改善

"十一五"时期，天津市进入到了以结构调整促进、支撑经济总量扩张的阶段。2010年，第一、二、三产业分别实现增加值149.48亿元、4837.57亿元、4121.78亿元，较2005年年均可比增长2.9%、17.8%、14.6%，第一产业稳健发展，第二产业高速发展，第三产业发展速度明显提升。三次产业结构由2005年的2.9 : 54.6 : 42.5调整优化为2010年的1.6 : 53.1 : 45.3，第一、二产业比重均有所下降，第三产业比重上升势头显著，总体上依然延续着"二、三、一"的产业格局。

（三）所有制改革扎实推进，公有经济主导作用不减，非公经济发展活跃

2009年，公有制经济实现增加值3478.56亿元，占全市生产总值的46.2%，与2005年相比，公有制占比下降了1.9个百分点，其中，国有经济

下降1个百分点，集体经济下降0.9个百分点。在关系国民经济命脉的关键性领域和部门，公有经济仍占据着绝对的优势。

“十一五”期间，天津市积极鼓励、支持和引导非公有制经济发展，2009年，个体、私营经济实现增加值2230.33亿元，占全市GDP的29.7%，较2005年提高了4.3个百分点；外资企业纷纷落户津门，2009年全市合同利用外资额138.38亿美元，实际利用外资额90.89亿美元，较2005年分别增加65.15亿美元、54.43亿美元，年均增长17.2%和25.7%，在外资投资带动下，2009年外商企业实现增加值1812.96亿元，占全市GDP的24.1%；同时，一批公有制企业特别是中小型国有企业和集体企业为适应市场经济发展要求，通过股权转让、合资合作、兼并重组、辅业改制等多种形式进行改制逐步转变为非公有制经济。

(四)投资率逐年攀升，消费率窄幅波动

“十一五”时期，投资在带动天津经济发展方面发挥了生力军的作用，消费对经济带动作用相对平稳。五年来，天津市积极推进落实一批大项目好项目，如大飞机、大火箭、大乙烯、大炼油、大造船、大机车等重大工业项目相继落户津门；西站改扩建、地铁二、三、九号线、京沪高速铁路天津段、津秦铁路客运专线等城市基础设施项目陆续破土动工，我市投资持续高速增长。投资率呈逐年攀升的趋势，由2005年的50.1%上升为2009年的72.6%，提高了22.5个百分点，拉动GDP增长23.8个百分点，经济带动作用十分突出。相比投资，消费率则显得较为平稳，由2005年38.6%变动为2009年38.2%，拉动GDP增长4.9个百分点。

二、工业高速增长，优势产业实力不断提升

(一)工业高速增长

2010年，工业完成增加值4410.7亿元，占全市GDP的48.4%，较2005年增加2452.75亿元，年均可比增长18.2%，对全市经济贡献率高达63.5%，拉动经济增长11.1个百分点，并逐步形成了以优势产业为支撑，以高新技术产业为核心，以都市型工业和区县特色工业为补充的现代工业体系格局。

(二)优势产业经济支撑作用突出，产业集聚效应凸显

“十一五”期间，天津市坚持以产业结构优化升级促进经济发展方式转变、以高端高质高新化品牌项目助推优势产业发展。2010年，航空航天产业、石油化工产业、装备制造业、电子信息产业、生物医药产业、新能源新材料、轻工纺织、国防科技共完成产值15268.58亿元，占全市规上工业总产值的91.6%；实现主营业务收入15725亿元，占规上工业主营业务收入的91.8%；实现利税1609.31亿元，占规上工业利税总额的95.6%，成为拉动天津经济发展的八大优势产业。

航空航天产业从无到有，逐渐形成了以大飞机、直升机、无人机、大火箭、卫星为标志的“三机一箭一星”航空航天产业集群，2010年，天津市航空航天产业完成产值170.15亿元，较2005年增长了80多倍。

石油化工产业蓬勃发展，随着百万吨乙烯炼化一体化项目及配套项目的开工建设，一条以百万吨级大乙烯项目为龙头，从原油开采、石油炼制到石油化工、海洋化工、精细化工的石油化工产业链在滨海新区迅速集结，2010年全市石油化工企业达661家，实现产值3071.08亿元，占全市规上工业总产值的18.4%。

装备制造业形成了以交通运输、造修船、石油石化、风力发电、核电、水电、超高压输变电、工程机械、港口机械、农业机械等十大成套设备为代表的装备制造业产业群，2010年实现产值6923.37亿元，占全市规上工业总产值的41.6%。

电子信息产业飞速发展，手机、显示器、片式元器件、电子琴、录像机等产品的产销量均领先全国，2010年电子信息产业企业数达894家，实现产值2118.36亿元，占全市规上工业总产值的12.7%。

生物医药产业领先发展，我市是全国最大的

中药心血管药物生产基地，同时还是世界上主要的微生物检测芯片研发生产基地之一，在药物研究相关芯片等方面已初具产业化条件，2010 年实现产值 273.35 亿元。

新能源新材料产业领域，通过引进一批技术领先、规模较大的项目，形成一批拥有自主知识产权和品牌、在国内外有影响的骨干企业，带动我市新能源新材料产业的发展，2010 年全市新能源新材料产业企业达 247 家，实现产值 604.12 亿元。

轻工纺织产业借滨海新区发展之势重焕生机，2010 年实现产值 2108.15 亿元，占全市规上工业总产值的 12.7%。

（三）高新技术产业快速发展

“十一五”期间，我市努力推进高新技术产业创新能力建设，加紧实施具有重大带动作用的高新技术产业化项目，在推动全市产业结构优化升级、拉动全市经济增长方面发挥了重要作用。2010 年，全市高新技术产业完成产值 5100.84 亿元，占规上工业总产值的 30.6%，较 2005 年年均增长 19%，；实现主营业务收入 5089.66 亿元，占规上工业主营业务收入的 32.9%，年均增长 17.9%；实现利税 370.05 亿元，占规上工业利税总额的 23.8%，年均增长 11.5%。

三、服务业发展前景广阔，发展模式日臻完善

五年来，我市通过政策扶植、资金投入、市场培育，分期分批推进 60 个服务业重大项目开工建设，首批 20 个项目总投资 2198 亿元，第二批总投资 624 亿元，第三批总投资 890 亿元，项目建成后将显著提升全市的服务能力和服务水平，为现代服务业加快发展提供更加完善的载体和平台。

（一）服务业发展势头良好，布局优化合理

2010 年，全市服务业实现增加值 4121.78 亿元，按可比价计算，较 2005 年年均增长 14.6%，为改革开放以来最快增长期，占 GDP 的比重达 45.3%，对全市经济贡献率为 33.3%，拉动 GDP 增长 5.8 个百分点。批零、住餐业等传统服务业向品牌化、规模化发展；交通运输、仓储物流、金融等生产型服务业异军突起；房地产业等资本密集型服务业发展旺盛，各类服务行业的竞相发展，为全市经济发展注入了活力，带来生机，现代服务业内部结构日益合理优化。

（二）服务业发展的良好环境逐步形成，各类服务行业竞相发展

“十一五”时期，市委、市政府高度重视发展现代服务业，陆续出台了《天津市加快发展现代服务业实施纲要》和《关于进一步促进服务业发展的若干意见》等一系列规划发展纲要，为服务业的全面发展奠定了良好的政策环境。全市服务业发展呈现速度加快、结构优化、效益提高的发展态势。

商贸流通业迅速发展，传统服务业竞争力逐步提升。2010 年，全市批发零售业实现增加值 1044.07 亿元，占第三产业增加值的 25.3%，较 2005 年增加 578.16 亿元，年均增长 15.9%，对第三产业贡献率达 40.8%，拉动第三产业增长 5.8 个百分点；限额以上批发和零售业实现商品销售总额 13125.97 亿元，较 2005 年年均增长 24.9%；社会消费品零售总额 2902.55 亿元，年均增长 19.5%。钢铁、建材、粮食、煤炭、小商品等全国性、区域性大型批发交易市场得以建设和改造，批发贸易集散能力得到大幅提升；连锁经营、特许经营等现代经营方式和新型业态的推广，使零售商业的能级和业态水平得到全面升级。

现代物流业全面发展，运转高效的现代物流体系逐步形成。海港、空港、高速公路、高速铁路等重大交通基础设施建设相继竣工并投入使用，城市载体功能日渐完善。2010 年，全市交通运输、仓储和邮政业实现增加值 585.22 亿元，占第三产业增加值的 14.2%，较 2005 年增加 308.05 亿元，年均可比增长 11.3%，对第三产业贡献率为 12.6%；港口货物吞吐量 41325 万吨，较 2005 年增加 17256 万吨，年均增长 11.4%；

集装箱吞吐量1009万国际标准箱，较2005年增加529万国际标准箱，年均增长16%，初步形成以国际物流为重点，区域物流和城市配送物流为支撑的高效运转的现代物流体系。

金融业健康发展，投融资渠道不断完善。天津铁合金交易所、天津贵金属交易所、天津渤海商品交易所3家要素交易所，天津滨海国际股权交易所、天津股权交易所2家资本交易所和天津排放权交易所等金融业机构相继在津挂牌成立、开门营业，为不断完善投融资渠道，保证天津经济又好又快发展提供了资金支持。2010年，全市金融业实现增加值560.73亿元，占第三产业增加值的13.6%，比2005年增加413.33亿元，年均可比增长17.1%，对第三产业贡献率为12.2%。从金融存贷款方面看，2010年，全市金融机构各项存款余额为16499.25亿元，比2005年增加10408.75亿元，年均增长22.1%；金融机构各项贷款余额为13774.11亿元，比2005年增加9051.73亿元，年均增长23.9%。

房地产业协调发展。“十一五”时期，天津市房地产业呈现出平稳、均衡、协调的良好发展势头。2010年，全市房地产业实现增加值328.6亿元，占第三产业增加值的8%，较2005年增加205.93亿元，年均可比增长8.6%。

“十一五”时期，天津国民经济发展取得了令人瞩目的成就，经济总量保持高位运行、经济结构不断优化升级、经济运行质量明显提高。展望“十二五”，天津应充分发挥自身的政策优势、区位优势、资源优势、产业优势、科技优势，加快重大项目投资建设，保持优势产业持续增长，助推产业集群化发展；加快推进循环经济，切实转变经济发展方式；加快实施品牌战略，引领产业向高端化发展；加快自主创新步伐，提高产品核心竞争力；加快区域开发开放，提升城市整体集聚能力和辐射能力；加快政府职能转变，优化产业发展环境；进一步促进天津市经济平稳较快发展。

（曹宗泉　邱金凤　韩　维）

有效投入助推经济社会发展

“十一五”时期，我市固定资产投资保持持续快速增长，投资结构明显改善，重点建设成效显著，较好地发挥了拉动经济增长和促进社会经济协调发展的基础性作用。“十一五”期间全市累计完成全社会固定资产投资19160.26亿元，年均增长32.7%，比“十五”时期加快13.4个百分点。主要呈现以下特点：

一、投资总量快速增长

“十一五”时期，我市累计完成全社会固定资产投资19160.26亿元，投资总量是“十五”时期的3.6倍。全社会投资2007年突破2000亿元，2008年跨过3000亿元关口，2009年达到5006.32亿元，增长47.1%，增速创1992年以来最好水平，2010年突破6000亿元大关，达到6511.42亿元。

二、投资结构进一步调整

“十一五”时期，我市第一产业完成投资241.51亿元；第二产业完成投资8484.19亿元；第三产业完成投资10434.57亿元，三次产业投资比例为1.3∶44.2∶54.5。

“十一五”期间，第一产业累计完成投资241.51亿元，总量是“十五”时期的6.6倍。西青、北辰的观光农业，津南的设施农业园、宁河的家畜养殖基地等项目已经初具规模。

注重产业结构调整与优化升级改造，围绕着重点行业和重大项目加大了投入力度，积极构筑高端化产业高地。累计完成工业投资8335.14亿元，年均增长36.3%，高于“十五”时期22.8个百分点，总量是“十五”时期的4.2倍。其中航空航天、石油化工、装备制造、电子信息、生物制药、新能源新材料、轻工纺织、国防科技等八大优势支柱产业完成投资6639.89亿元，占整个工业投资的79.7%。北疆电厂一期、空客A320飞机总装线、100万吨大乙烯、三星电子扩能等项目已经竣工或部分投产；运载火箭、直升机、修造船基地等项目加快施工。

重视惠及民生、改善提升城市环境和功能，着重加大了城市基础设施、社会事业和房地产业的投资力度。累计完成城市基础设施投资5560.27亿元，占全社会投资近三成，总量是“十五”时期的3.4倍。天津港、天津滨海国际机场扩建、京津城际高铁通车和天津站的扩建改造竣工，快速路系统全线贯通，地铁1、2、3、9号线的推进以及和京沪、津京二线等多条高速路的建设极大地提升了城市的载体功能。水上、人民等公园全面提升改造并免费开放，中心城区河道治理全面完工，城市环境发生了显著变化。“十一五”时期，我市房地产开发投资3163.17亿元，是“十五”时期的2.8倍。津门、津塔等地标性建筑已经封顶，大力推进保障性住房的建设进度，极大地满足了广大居民的住房需求，改善了居住环境。“十一五”时期，我市累计完成体育、文化、卫生和教育等社会事业投资437.06亿元，占全社会投资的2.3%，音乐厅、津湾广场、海河意式风情区、小白楼1902欧式风情街、天津音乐街等一批文化旅游聚集区相继建成开业，丰富了广大市民的文化娱乐生活，也提升了城市的文化品位。

以滨海新区为龙头，努力促进三个层面协调发展。“十一五”以来，滨海新区吸引了一大批好项目、大项目落户，以中新生态城、南港工业区等十大战役开发建设为主导，对全市投资增长起到了龙头带动作用。滨海新区累计完成投资9722.09亿元。中心城区累计完成固定资产投资2249.9亿元，占全市固定资产投资比重为11.7%。其他区县累计完成固定资产投资6893.49亿元，占全市固定资产投资比重为36%。

三、重点项目建设效果显著

“十一五”时期，我市共确定实施了重点建设项目341个，累计完成投资5966.35亿元，占全社会投资的31.1%。其中工业项目完成投资1702.86亿元，所占比重为28.5%；能源交通项目完成投资1137.83亿元，所占比重为19.1%；基础设施和环保项目完成投资2214.82亿元，所占比重为37.1%；农林水利和小城镇建设项目完成投资397.23亿元，所占比重为6.7%；社会事业项目完成投资151.06亿元，所占比重为2.5%；商贸旅游及其他项目完成投资362.14亿元，所占比重为6.1%。

农业方面，重点建设了北辰、西青、津南和宁河等区县的现代种植、养殖设施和观光农业设施；工业方面，重点建设了中石化百万吨乙烯炼化一体化、空客A320总装线、新型运载火箭、无人驾驶飞机、中船重工造修船基地等重大项目；基础设施方面，主要建设了城市快速路网、地铁2、3、9号线、津汕高速以及滨海国际机场扩建、京津城际铁路、京沪高速铁路天津段、津秦客运专线、天津港扩建等项目；服务业方面，围绕推进海河开发建设了津湾广场、仁恒广场、津门、津塔等一批商业地产项目，滨海新区的响螺湾商务区、于家堡金融服务区也在加快实施。

市第九次党代会以来，市委、市政府相继确定和推出了120项工业重大项目、60项服务业重大项目、区县四批600项重大项目、80项自主创新产业化项目、20项交通重大项目和20项重大市政基础设施项目，总投资1.6万亿元，截至2010年末，已累计完成投资8942.4亿元，占投资总规模的55.1%。

四、建设资金到位相对充足

“十一五”时期，我市累计建设资金到位22855.75亿元，高于实际完成投资3695.49亿元，资金到位率为119.3%。其中，在当年资金到位中所占比例最大的是企事业单位自筹资金，累计为10867.81亿元，所占比重为53.1%；其次为国内贷款5213.81亿元，占25.5%；其他资金到位3303.49亿元，所占比重为16.2%；利用外资到位734.9亿元，占3.6%；预算内资金到位232.15亿元，占1.1%。

（张　强　牛文辉　毛　涛　周继昆）

对外开放实现新突破

“十一五”时期，天津市抓住滨海新区纳入国家总体发展战略的重大机遇，努力转变发展方式，调整优化产业结构，对外开放实现新的突破。

一、对外贸易健康发展

“十一五”时期，外贸合作领域不断拓展、对外贸易规模稳步扩大。尽管“十一五”期间国际金融危机对天津外贸造成很大的负面影响，国际市场需求低迷，但对外贸易“危”中寻“机”，保持了健康稳定的发展。

(一)对外贸易实力增强，规模稳步扩大

2006—2010年，全市外贸进出口总额累计完成3628.07亿美元，是“十五”时期的2.2倍，其中，出口1814.32亿美元，进口1813.75亿美元。

(二)贸易结构优化，协调发展能力进一步增强

“十一五”时期，我市出口产品结构不断优化。一般贸易出口比重由2005年的33.1%上升到2010年的37.6%，提高4.5个百分点。

随着我市经济的持续快速发展和生产能力的不断提高，一般贸易发展速度明显加快。2010年，一般贸易进出口386.47亿美元，占全市外贸进出口比重47%，比2005年提高13.4个百分点；2010年加工贸易进出口321.53亿美元，占全市外贸进出口比重39.1%，比2005年减少11.3个百分点。在加工贸易中，更能体现贸易结构优化的进料加工贸易占加工贸易的比重逐年加大，“十一五”时期都保持在90%以上。

(三)出口商品由劳动密集型产品转向高技术含量、高附加值的电子信息、新能源等产品，出口产品结构更趋合理

高技术含量、高附加值的电子信息、新能源等产品成为“十一五”时期天津外贸出口商品的主导产品。2010年机电产品出口262亿美元，占全市出口总值的69.8%，比2005年提高2.1个百分点。高新技术产品出口149.8亿美元，占全市出口总值的39.9%。

(四)各种经济类型企业共同发展，外商投资经济仍居首位

“十一五”时期，随着天津市利用外资规模的不断扩大，投资与贸易的互动效应也更加明显，外资经济迅速发展，带动了全市出口总量规模的扩大，同时也继续保持了天津市外贸出口的主体地位。2006—2010年，我市外资企业出口达1324.09亿美元，占同期全市出口总值的73%。

国有企业出口规模逐步扩大。2010年出口56.48亿美元，占全市出口总值的15.1%，比2005年增加2.7个百分点。

近年来，民营企业逐渐成为出口增长的。2010年，全市私营企业外贸出口49.24亿美元，占外贸出口总额的比重为13.1%，比2005年增加7.8个百分点。

(五)多元化市场战略取得成效，贸易关系进一步加强和拓展

随着对外开放程度不断提高，天津市深入实施对外贸易由“量的扩张到质的飞跃”的市场多元化战略，在积极开拓东南亚、俄罗斯、南美洲、非洲等新的市场的同时，更加注重巩固、稳定和推动美、韩、日、欧洲原有市场的发展，形成了发展中国家和发达国家合理分布的出口市场结构。在全市有出口实绩的国家和地区中，进出口额超亿美元的国家和地区由“十五”时期的十几个增加到“十一五”时期的三十余个。其中，出口额超亿美元的国家和地区2010年达到29个；进口额超亿美元的国家达到28个。2010年，天津对美国、韩国、欧盟外贸出口分别为76.39亿美元、42.73亿美元和60.8亿美元，占全市出口总额的比重分别为20.4%、11.4%和16.2%。

(六)口岸辐射功能进一步提升

“十一五”时期，天津市口岸辐射功能进一

步提升。2005 年，天津市口岸进出口总值 819.29 亿美元，到 2010 年达到 1641.1 亿美元，是 2005 年的 2 倍。在口岸进出口中，外省市进出口比重不断提高。2010 年，外省市进出口额为 983.77 亿美元，占全部口岸进出口总额的比重达 59.9%，比 2005 年提高 6 个百分点。

二、直接利用外资健康稳步发展

“十一五”时期，投资环境不断优化，吸引外商规模不断扩大，结构更加合理，质量大幅提升。

(一)外商投资势头强劲，实际直接利用外资规模跃上新台阶

“十一五”时期，全市累计新批外商直接投资企业 3835 家，合同外资额累计达到 620.20 亿美元，实际直接利用外资 366.97 亿美元，分别是“十五”时期的 2.3 倍和 2.5 倍，分别占历年累计合同外资额和实际直接利用外资（截至 2010 年末，全市累计批准外商投资企业合同外资额 1202.78 亿美元，实际直接利用外资 671.16 亿美元）的 51.6% 和 54.7%。其中合同外资额由 2005 年的 73.23 亿美元，增加到 2010 年的 152.96 亿美元，年均增长 15.9%，自 2007 年突破百亿美元大关以来，至 2010 年都保持在百亿美元以上；实际直接利用外资由 2005 年的 33.29 亿美元，增加到 2010 年的 108.49 亿美元，年均增长 26.7%，2010 年首次突破百亿美元。

(二)直接利用外资规模不断扩大，引资质量不断提高

2010 年，全市新批外商投资企业平均规模（合同外资额（含增资）/ 新批企业家数）再创新高，达到 2584 万美元，比 2005 年的 559 万美元增加 2025 万美元，年均增长 35.8%。新批合同外资额 5000 万美元及以上项目由 2005 年的 12 个，增加到 2010 年的 89 个，年均增长 49.3%；合同外资额由 2005 年的 8.70 亿美元，增加到 2010 年的 100.5 亿美元，年均增长 63.1%。

(三)引资结构进一步优化，服务业比重不断提高

“十一五”期间，全市更加注重利用外资的质量和效益，直接利用外资结构不断优化，服务业利用外资取得明显成效，为全市加快转变经济发展方式、保持经济平稳较快发展增添了推动力。

服务业利用外资项目平均规模不断提高，由 2005 年的 532 万美元，增加到 2010 年的 2685 万美元，净增 2153 万美元，年均增长 38.2%。新批项目合同外资额累计达到 420.11 亿美元，实际直接利用外资 192.41 亿美元。其中合同外资额由 2005 年的 30.26 亿美元，增加到 2010 年的 117.85 亿美元，年均增长 31.2%；实际直接利用外资由 2005 年的 7.90 亿美元，增加到 2010 年的 57.39 亿美元，年均增长 48.7%。

随着服务业的飞速发展，其在全市直接利用外资的比重也在逐年提高。“十一五”期间，全市服务业新批项目合同外资额累计占全市的 67.7%，且比重呈逐年上升趋势；实际直接利用外资占 52.4%，比重在 2008 年达到顶峰（比重为 60.9%），后两年略有下降，但仍保持在 50% 以上。制造业直接利用外资比重则呈现下降趋势，其合同外资额由 2005 年的 55.2%，下降到 2010 年的 22.0%，从而引起二、三产业在外商投资结构上发生巨大变化（详见图 1）。

图1 2006-2010年天津市第二、三产业合同外资额比重

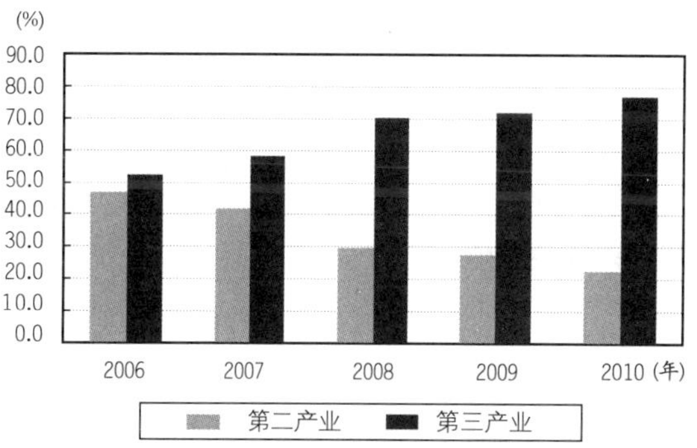

(四)以滨海新区为龙头，带动中心城区和各区县直接利用外资联动协调发展

随着 2006 年滨海新区纳入国家总体发展战

略，形成了以滨海新区为主体，中心城区和各区县充分发挥各自优势的引资格局，三个层面协调发展，推动天津市利用外资规模和质量不断跃上新台阶。

滨海新区领航全市利用外资发展。“十一五”时期，滨海新区不断扩大对外开放力度，着力引进高水平的大项目、好项目，空中客车（天津）总装有限公司、银河国际货运航空有限公司、古德里奇航空结构服务（天津）有限公司、天津滨海港湾国际贸易有限公司、天津泰达威立雅水务有限公司等项目登陆新区，带动新区利用外资质量不断提高，辐射功能进一步增强。合同外资额由2005年的49.86亿美元，增加到2010年的117.01亿美元，年均增长18.6%，增幅高于同期全市平均水平2.7个百分点；实际直接利用外资由2005年的25.31亿美元，增加到2010年的70.42亿美元，年均增长22.7%。

与此同时，中心城区和各区县在直接利用外资方面也有各自亮点。2010年，中心城区在金融业、商贸业、餐饮业和房地产业的带动下，实际直接利用外资大幅增长，新批外商投资企业实际直接利用外资9.62亿美元，比上年同期增长8.6%。涉农区县结合自身优势，引进了如汉森风电动力设备（中国）有限公司、天津市景润环保技术服务有限公司、比克国际（天津）有限公司、天津义聚永酒业酿造有限公司、天津嘉润和置业发展有限公司等大项目，2010年合同外资额26.03亿美元，比上年同期增长16.5%，增速比全市平均水平高6个百分点。

（五）外资来源地较为集中，香港连续四年居外资来源地首位

“十一五”时期，按照累计新批外商投资企业合同外资额统计，位居前五位的国家和地区依次是：中国香港（合同外资额274.89亿美元，占全市合同外资额的44.3%）、维尔京群岛（92.46亿美元，占14.9%）、美国（47.36亿美元，占7.6%）、韩国（41.03亿美元，占6.6%）、新加坡（28.86亿美元，占4.7%）。以上国家和地区合计合同外资额达到484.60亿美元，占全市同期合同外资额的78.1%，实际直接利用外资261.60亿美元，占全市同期实际直接利用外资的71.3%。

香港稳居投资来源地首位。合同外资额由2005年的21.77亿美元，增加到2010年的76.59亿美元，年均增长28.6%；美国在经历金融危机的调整后，2010年表现出强劲的增长势头，新批外商投资企业合同外资额12.98亿美元，比上年增长1.2倍，实际直接利用外资7.71亿美元，增长2.3倍。

三、对外承包工程和对外劳务合作规模扩大

2006—2010年对外承包工程和对外劳务合作合同金额78.9亿美元，实际营业额70.86亿美元。2010年对外承包工程和对外劳务合作合同金额18.02亿美元，比2005年增长3.2倍。实际营业额24.89亿美元，比2005年增长6.8倍。年末在外人数达1.27万人。

四、对外投资规模扩大

“十一五”时期，我市对外经济合作势头良好，多元化向前推进，对外投资规模扩大，境外资源能源合作开发持续深入，对外劳务合作稳步发展。五年来，累计批准境外项目中方投资额超过11亿美元，相当于“十一五”之前总和的3.2倍；以埃及苏伊士经贸合作区和中国欧洲贸易中心为代表的境外载体建设取得可喜成果，境外资源能源合作开发形成了一批大项目。对外承包工程营业额年均增长45%，领先全国近8个百分点，一批工程企业跨入知名国际承包商序列。

（卢跃明　王　红　宋晓春）

节能降耗取得重大进展

“十一五”以来，全市深入贯彻落实科学发展观，全面落实各项节能降耗措施，加快转变发

展方式，优化调整产业结构和能源消费结构，大力发展新能源和可再生能源，节能降耗取得显著成效，“十一五”期间实现单位GDP能耗累计下降21%，顺利完成节能降耗目标任务。

一、全市能源供需特点

(一)能源生产平稳发展

2010年，我市一次能源产量为4989.71万吨标准煤，比2005年增长87.3%，年均增长13.4%。其中原油产量3332.73万吨，比2005年增长86.9%，年均增长13.3%；天然气产量17.19亿立方米，比2005年增长95.4%，年均增长14.3%。与此同时，我市二次能源生产也实现了较快增长。2010年我市发电量为589.08亿千瓦时，比2005年增长61.1%，年均增长10%；原油加工量为1534.56万吨，是2005年的3.3倍，年均增长26.9%。

(二)能源消费稳步增长

“十一五”期间，天津经济呈现持续快速增长态势，经济规模不断扩大。2010年我市全社会综合能源消费量为6817.5万吨标准煤，比2005年增长66.9%，年均增长10.8%，同期国内生产总值年均增长16.1%，能源消费增长速度明显低于国内生产总值的增长速度，以较低的能源消耗支撑国民经济的快速增长。

能源消费量呈现稳步增长态势。2009年，我市石油合计终端消费量为879.54万吨，比2005年增长37.2%，年均增长8.2%；天然气终端消费量为16.86亿立方米，比2005年增长97%，年均增长18.5%；热力终端消费量为1.39亿百万千焦，比2005年增长31.2%，年均增长7%；电力终端消费量为546亿千瓦时，比2005年增长46.2%，年均增长10%。

随着各种家电和民用汽车的普及，人民生活水平不断提高，人均生活能源消费量也稳步上升。2009年，我市平均每人生活用能577.06千克标准煤，比2005年增长26.9%，年均增长6.1%。其中人均生活消费汽油57.96千克，比2005年增长175.4%，年均增长28.8%；人均生活消费天然气31.43立方米，比2005年增长5.4%，年均增长1.3%；人均生活消费电力526.07千瓦时，比2005年增长44.5%，年均增长9.6%。

(三)能源结构进一步优化

从终端能源消费品种来看，清洁能源比重上升，结构得到优化。2009年，我市终端能源消费量为5652.62万吨标准煤，其中清洁能源的电力和天然气消费量合计为2006.18万吨标准煤，占终端能源消费量的比重为35.5%，比2005年上升了1.5个百分点；煤炭消费量为773.17万吨标准煤，占终端能源消费量的比重为13.7%，比2005年下降了6.5个百分点。两类能源品种比重的一升一降充分显示了我市能源消费结构的优化调整。

从三次产业结构来看，由于电力、石化和冶金等工业大项目的拉动，我市第二产业消费能源比重有所提高，其他产业消费能源比重略有降低，居民生活消费能源比重基本持平。2010年，我市第一产业能源消费量为88.9万吨标准煤，比2005年增长21.3%，年均增长3.9%，占全市能源消费总量的比重为1.3%，比2005年下降了0.5个百分点；第二产业能源消费量为4812.8万吨标准煤，比2005年增长69.6%，年均增长11.1%，占全市能源消费总量的比重为70.6%，比2005年上升了1.1个百分点，其中工业能源消费量为4620.6万吨标准煤，比2005年增长68.2%，年均增长11%，占全市能源消费总量的比重为67.8%，比2005年上升了0.5个百分点；第三产业能源消费量为1134.5万吨标准煤，比2005年增长62%，年均增长10.1%，占全市能源消费总量的比重为16.6%，比2005年下降了0.5个百分点；居民能源消费量为781.3万吨标准煤，比2005年增长64.9%，年均增长10.5%，占全市能源消费总量的比重为11.5%，比2005年下降了0.1个百分点。

(四)电力供需趋向平稳

“十一五”期间，全市经济呈现快速增长势头，同时用电量增幅也处于高位运行，有效地支撑了经济的增长。2010年，我市全社会用电量达到675.37亿千瓦时，比2005年增长70.4%，年均增长11.2%。其中工业用电量492.27亿千瓦时，比2005年增长68.3%，年均增长11%；建筑业用电量12.33亿千瓦时，是2005年的3.3倍，年均增长26.7%；交通运输仓储邮政业用电量15.81亿千瓦时，是2005年的2.4倍，年均增长19.4%。随着北疆电厂和东北郊热电厂相继投产运行，“十一五”末我市发电设备容量已达到1094.3万千瓦时，比2005年的617.9万千瓦时增长77.1%，有效地满足了各行业用电需求，为我市经济快速发展提供了有力的保障。

二、“十一五”节能降耗的经验

(一)建立完善的节能管理体系

“十一五”期间，围绕新节能法的实施，市政府相继出台了《天津市节能监督检测管理办法》、《关于加强节能工作的决定》等一系列相关配套法规和规范性文件，法规体系更完善，操作性更强。与此同时，组建了天津市节能降耗专家库，支持市节能协会等社团从事节能服务，培育扶持了百余家节能评估、诊断、咨询、审计等节能服务机构，范围涵盖工业、建筑、交通、基础设施等各个用能领域，形成了技术专业化、服务市场化、管理规范化的节能评估、能源审计等节能降耗社会服务支撑体系。

(二)全面推进重点领域节能

工业能耗占全市能源消费总量的比重将近70%，其中冶金、电力、石油石化、化工四大行业能耗总量占工业能耗比重达到80%，为此，“十一五”节能降耗工作突出重点，冶金行业普及了热装热送、连铸连轧；电力行业推行了热电联产、超超临界发电；石油石化行业采用了油气密闭集输和能量系统优化，加快推进节能技术改造。“十一五”期间，全市工业万元增加值能耗累计下降38.1%，提前两年实现“十一五”工业能耗下降23%的目标；2010年全市工业37个行业大类中，25个行业单位增加值能耗呈现不同程度下降；截至2009年，20户“千家企业”累计完成节能量317.19万吨标准煤，超额完成“十一五”计划的177%。与此同时，还大力推进建筑节能，新建住宅全部实行三步节能标准，加快板楼等既有建筑节能的改造力度，推行供热计量，积极推进太阳能、地源热泵等可再生能源在建筑领域的应用，“十一五”期间，累计建成节能住宅1.3亿平方米，占城镇住宅总量的67%，其中，三步节能住宅预计达到7200万平方米，处于全国先进水平，形成年节约120万吨标煤能力。

(三)积极推广先进节能技术

“十一五”期间，加快实施了电机系统改造、余热余压回收利用、能量系统优化等十大重点节能工程，大力推广节能新工艺、新设备，积极推广百项节能新技术，共投入50亿元，实施了289项重点节能技术改造项目，形成年节能能力245万吨标煤。在燃煤环节推广使用了分层给煤技术、富氧喷煤技术，降低煤耗20%；在电厂锅炉采用等离子点火技术，使油耗下降了80%；在工业窑炉上采取了蓄热式燃烧技术，节能30%；在农村领域推广沼气技术，累计完成户用沼气2.23万户，秸秆气化集中供气工程56处，太阳能热水器30.22万平方米，年替代常规能源6.2万吨标煤；在商场、机关、学校、医院推广太阳能集热、公共照明声光时控技术，楼宇节能每年实现3.7亿千瓦时。这些先进节能技术的采用，为我市节能能力的提高提供了强有力的技术支撑。

三、节能降耗成效显著

(一)单位GDP能耗大幅下降

“十一五”以来，我市经济持续快速增长，同时经济发展质量也有所提高，节能降耗取得明显成效，2006年至2009年，我市单位GDP能耗分别下降3.98%、4.90%、6.85%和6.03%，四年累计下降20.07%，下降率居全国各省、自治区、直辖市第二位，2009年，我市单位GDP

能耗为0.836吨标准煤/万元，仅为全国平均水平的77.6%。2010年，在节能降耗面临严峻形势的情况下，各区县、各部门积极采取切实有效的节能措施，加大节能降耗的工作力度，保障了节能降耗工作的发展逐步向好，预计全市2010年单位GDP能耗同比下降1%以上，顺利完成“十一五”节能降耗的目标任务。

（二）能源利用效率不断提高

能源加工转换效率是能源加工转换产出量和投入量的比率，综合反映了能源加工转换过程中能量的有效利用程度，能源加工转换效率的提高，是技术节能的重要体现。2010年，规模以上工业能源加工转换效率为74.3%，比2005年提高4.5个百分点。其中，火力发电效率为39.9%，比2005年提高1.8个百分点；供热效率为83.9%，比2005年提高6.7个百分点。

2010年，在我市重点监测的51个单位产品能耗指标中，41个指标同比下降，占全部指标的80.4%。其中原油加工单位综合能耗同比下降9.6%；电厂火力发电标准煤耗同比下降3.3%；吨钢综合能耗同比下降1.8%；单位乙烯生产综合能耗同比下降0.4%。

（三）新能源、可再生能源发展迅速

“十一五”期间，我市新能源、可再生能源也得到了较大的发展。截至2009年末，我市纳入地热资源管理的开采井共计261眼，年开采量达到2642万立方米，回灌量672万立方米，全市地热供暖面积约1200万平方米，约占全市集中供暖总面积的10%；我市农村共建设户用沼气3.39万户，年产沼气1161.95万立方米，共有6.65万户农民用上清洁的生物质气体燃料；5个光伏建筑一体化项目获得批复，项目总装机容量约1.78兆瓦；形成了风电装备制造基地，吸引了维斯塔斯、歌美飒和东方电气等众多国内外知名的主机和核心部件企业；首个风电场大神堂风力发电场项目也于2010年下半年正式投产运行，共13台机组，总装机容量26兆瓦，以后每年可提供5213万千瓦时的绿色电能。

（张　颖）

工业走上做大做强的快速发展之路

天津工业经过“十一五”时期的快速发展，经济总量及竞争实力都有明显提高。2010年，天津工业总产值达到1.7万亿元，比“十五”末增长了1.4倍，净增产值近1万亿元，年均增长18.9%；工业增加值达到4410.70亿元，比“十五”末增长1.3倍，年均增长18.2%，高于全市GDP平均增速2.1个百分点。“十一五”期间累计实现工业增加值1.64万亿元，占全市“十一五”期间累计生产总值的一半。

从工业各项指标变化情况看，天津工业经济结构、产业布局、地区分布均实现了从量变到质变的飞跃。积极引进重大项目，快速发展战略新兴产业，大力扶持科技型中小企业，成为天津工业下一步发展目标。

一、天津工业经济总量不断壮大，主要经济指标“十一五”期间翻一番

2010年全市工业增加值4410.70亿元，比2005年增长1.3倍；实现工业总产值17016.01亿元，比2005年增长1.4倍，“十一五”期间新增产值9846.39亿元。其中，规模以上工业实现工业总产值16660.64亿元，比2005年增长1.5倍；实现主营业务收入17130.98亿元，比2005年增长1.4倍；2010年工业企业从业人员年平均人数达141.43万人，人均实现产值达117.80万元/人，比2005年增长1.1倍；2010年工业企业资产总额达14498.10亿元，比2005年增长1.3倍。

工业企业经济效益显著提高，2010年规模以上工业实现利税总额1683.24亿元，比2005年增长1.1倍；其中实现税金总额546.83亿元，利润总额1136.41亿元。工业企业综合经济效益指

数达 329.66 点，比 2005 年提高 114.81 点，其中劳动生产率比 2005 提高 1.2 倍。

二、多种经济类型工业共同发展，股份制、民营成为天津工业发展的主力军，外商及港澳台商投资企业贡献较大

（一）股份制企业成为内资企业的主力军

股份制企业经济地位持续提高。2010 年股份制企业 4556 户，实现工业总产值 7107.48 亿元，分别占全市工业的 54.7% 和 42.7%，占全部内资企业的 77.5% 和 73.1%。“十一五”末股份制企业单位数比“十五”末增加 2156 户，工业总产值增长 1.8 倍，净增产值 4555.65 亿元；企业单位数及工业总产值占全市工业比重分别比“十五”末增加 16.7 和 5.0 个百分点。

（二）国有控股企业不断做大做强

国有控股企业不断做大做强，经济总量占全市比重不断提高，国有资产持续保值增值。2010 年国有控股企业实现工业总产值 6739.84 亿元，占全市工业总产值的 40.5%，比重比 2005 年提高 8.6 个百分点。国有控股企业户均产值达 8.79 亿元，比 2005 年增长 4.4 倍，国有控股企业资产达 7432.10 亿元，比 2005 年增长 1.3 倍，净增加资产 4164.96 亿元。

（三）民营企业快速发展，企业数占全市工业的一半以上

2010 年天津规模以上民营工业企业 4214 户，占全市工业企业数的 50.6%，比重较 2005 年提高 8.3 个百分点。实现工业总产值 2705.67 亿元，比 2005 年增长 2.0 倍；其中，私营企业 3753 户，占全市工业单位数的 45.1%，私营企业实现工业总产值 2466.08 亿元，比 2005 年增长 2.9 倍，成为工业各经济类型中增长速度最快的。在民营企业中不但拥有荣程联合钢铁、达亿钢铁、新利钢铁等年产值过五十亿的大企业集团，同时拥有一大批企业数量众多，分布广，从业人员多的中小企业，一方面带动充分就业，一方面拉动地方经济快速发展。

（四）外商及港澳台商投资企业不断发展壮大，对天津经济增长贡献突出

天津是外商及港澳台商投资企业发展较早的地区，摩托罗拉、三星电子、康师傅等国际知名企业上世纪 90 年代初在天津投资设厂，对天津的改革开放做出了不可磨灭的贡献。近年来，随着一汽丰田、乐金电子、奥的斯电梯、空中客车等世界 500 强的加入，天津工业日益成为世界制造业高端产业基地。2010 年天津外商及港澳台商投资企业实现工业总产值 6933.73 亿元，比 2005 年增长 1.1 倍，净增产值 3614.50 亿元，对天津工业增长的贡献率达 36.6%。

三、优势产业集群作用逐步显现

（一）优势产业集聚优势突出，贡献率超九成

“十一五”期间天津市逐步确立了装备制造业、电子信息产业等八大优势产业，经过五年来的发展壮大，形成了产业优势突出，对全市工业贡献大的优势产业集群。2010 年天津工业八大优势产业涉及工业企业 7375 户，实现工业总产值 15268.58 亿元，比 2005 年增长 1.5 倍，对全市工业经济增长贡献率达 92.4%。

（二）装备制造业、石油化工产业、电子信息产业形成产业集群，成为天津工业的主体产业

天津装备制造业涵盖现代冶金、机械装备、汽车制造业等三大领域。2010 年企业数达 3312 户，实现产值 6923.37 亿元，占优势产业的 45.3%，成为天津工业的第一大优势产业。石油化工产业 2010 年企业数达 732 户，实现产值 3071.08 亿元。电子信息产业 2010 年企业数达 965 户，实现产值 2118.36 亿元。三大优势产业合计企业数占全市工业的 60.2%，产值占全市工业的 72.7%。

（三）航空航天产业、新能源新材料产业正处于起步期，未来发展空间较大

大飞机、大火箭、中航直升机、风能利用、高科技电池等重大项目在天津的陆续投产，天津航空航天产业、新能源新材料产业已初显端倪。

2010 年天津新能源新材料产业企业达 264 户，实现产值 604.12 亿元，航空航天产业 8 户，实现产值 170.15 亿元。随着空中客车产能逐步实现，中航直升机投入正式生产，相关配套产品逐步投产，天津航空航天产业将迎来更大发展。

四、高新技术产业发展不断加快，重大项目建设实现新突破

“十一五”期间，以电子信息、光机电一体化、生物技术与现代医药、新材料为代表的高新技术产业随着企业自主创新能力的不断增强得到了较快的发展，总体规模逐步扩大。2010 年全市高新技术产品产值达 5100.84 亿元，比 2005 年增长 1.4 倍。其中，光机电一体化企业实现产值 1709.85 亿元，比 2005 年增长 8.9 倍；新材料企业实现产值 556.38 亿元，比 2005 年增长 8.5 倍；生物技术与现代医药企业实现产值 547.24 亿元，比 2005 年增长 2.3 倍。

“十一五”期间，全市工业固定资产投资累计完成 19160.26 亿元，相当于“十五”期间投资总和的 4 倍，年均增长 29.1%，工业固定资产投资占全市固定资产投资的比重保持在 40% 以上。120 项重大工业项目总投资 5737 亿元，占实施项目投资额的 60.5%。特别是大乙烯、大飞机等一批标志性大项目的投产，不仅保障了当前的经济增长，也为长远发展积蓄了后劲，奠定了基础。

五、滨海新区、环城四区成为天津主要工业产业带

天津市重点工业企业主要分布在滨海新区、环城四区。两区三县形成区县特色工业为主导的产业集群。

（一）市内六区重工业逐步退出，都市特色工业成为新亮点

2010 年市内六区工业企业 769 户，比 2005 年减少 759 户；实现工业总产值 1141.20 亿元，占全市工业的 6.9%，比重比 2005 年下降 8.4 个百分点。以河北区的意式工业园、南开区的华苑工业园、河西区的小海地工业区为代表的都市工业园区发展较好，2010 年三区工业分别达 278 户、171 户和 120 户，占市内六区工业单位数的 74.0%，实现产值占市内六区的 81.6%。

（二）滨海新区、环城四区成为天津主要工业产业带

2010 年滨海新区、环城四区规模以上工业企业达 5707 户，占全市规模以上工业的 68.5%，比 2005 年增加 3118 户；实现工业总产值 12650.02 亿元，占全市工业的 75.9%。比重比 2005 年提高 3.1 个百分点。实现主营业务收入 13204.58 亿元，占全市工业的 77.1%；实现利税总额 11473.41 亿元，占全市工业利税总额的 87.5%。

（三）两区三县形成特色工业产业集群

静海县、宁河县的冶金产业；武清区的现代生物制药、服装制造；宝坻区的装备制造；蓟县的电力、水泥生产都形成了具有一定规模的产业集群。2010 年两区三县合计工业企业数达 1849 户，比 2005 年增加 238 户；实现工业总产值 2351.09 亿元，比 2005 年增长 1.9 倍。其中，静海县企业数达 543 户，比 2005 年增加 213 户；实现产值 846.76 亿元，比 2005 年增长 2.1 倍。武清区工业企业 540 户，比 2005 年增加 94 户，实现产值 746.79 亿元，比 2005 年增长 2.0 倍；宁河县企业数达 236 户，比 2005 年增加 44 户，实现工业总产值 345.08 亿元，比 2005 年增长 3.2 倍。

六、工业企业不断做大做强，大中型企业对经济增长贡献大

2010 年天津大中型工业企业达 683 户，比 2005 年增加 134 户；大中型企业实现工业总产值 12172.53 亿元，比 2005 年增长 1.4 倍，对全市工业的贡献率达 72.6%。

2010 年天津市工业实现产值突破 100 亿元大关的企业达 22 户，比 2005 年增加 11 户，实现工业总产值 6146.71 亿元，占全市的 36.9%；实现产值大于 10 亿元的有 229 户，比 2005 年增加 149

户，占全市的68.8%；产值大于1亿元的有1491户，比2005增加751户，实现工业总产值15097.01亿元，占全市的90.6%，比重比2005年提高5.3个百分点，对全市工业的贡献率达94.7%。

展望"十二五"，天津工业应继续以发展高科技、高产出、高效节能的高新技术产业为发展天津工业的着力点。积极转变经济发展方式，走新型工业化道路，推进信息化与工业化融合发展，调整结构，优化布局，加快构筑高端产业高地，努力形成以高新技术产业为先导，战略性新兴产业为引领，装备制造业为核心，优势支柱产业为支撑的现代产业体系，继续发挥工业对天津经济增长的支撑作用。

（王志新）

交通运输邮电业快速发展 城市载体功能跃上新台阶

"十一五"期间，我市交通运输、仓储及邮电业紧紧抓住北方国际航运中心和国际物流中心加快建设的战略机遇，不断适应国内外市场变化，基本形成较为发达的立体交通网络和快速、高效、大容量的信息网络系统，交通邮电经济持续快速发展，城市载体功能进一步增强。2010年，全行业增加值585.22亿元，比2005年增长89.8%，年均递增14%。

一、道路运输能力显著提升

(一)道路基础设施不断完善，城市载体功能进一步增强

"十一五"期间，随着一批重点工程的竣工，有力地提升了我市的区域辐射起功能，铁路、公路、水上、航空现代化立体交通体系进一步完善。铁路客运方面，随着天津站改扩建工程竣工和京津城际列车的开通，人们出行条件更加便利快捷，铁路交通网延伸至我国大部分地区。公路建设上，我市加大公路网建设投资，高速公路、干线公路和农村公路三个层次路网建设全面推进，唐津、京福、京沪、京沈、津蓟、津晋、威乌、京津塘、津滨等多条高速公路通达"三北"和华东地区，服务环渤海和滨海新区的现代化大交通体系正在初步形成。截至2010年末，本市公路网总里程超过14832.29公里，其中，高速公路981公里，比2005年增长65.5%。城市公共交通方面，公交线路品种得到了进一步丰富，常规线、校车线、购物线、空调线、双层车公交线等，满足了社会不同群体的出行需求。公交车、轻轨、地铁、出租车构成了较为完善的城市公共交通体系，截至2010年末，全市拥有公共汽车7985辆，全年更新607辆，全年公共汽车完成客运量12.4亿人次；拥有出租汽车31940辆，全年更新1900辆。地铁1号线正式运营，为我市居民出行提供便利，为缓解地面交通的压力起到重要作用。2010年我市地铁运营长度26.55公里，车辆290标台。

(二)道路运输企业经济运行呈增长态势，客运较货运增速更快

旅客运输快速上升，货物运输增速缓慢。2010年，我市道路运输企业完成客运量24476.63万人，与2005年相比增长4.4倍，年均递增40%。其中，铁路完成2654.44万人，比2005年增长71.3%；公路完成21822.19万人，比2005年增长6.3倍。2010年旅客周转量突破300亿人公里，达到323.12亿人公里，比2005年增长1.8倍。2010年我市道路运输企业完成货运量28451.99万吨，由于受铁路货运下降的因素影响比2005年略有上升。

城市公共交通快速发展。2010年我市城市公共交通完成客运量13.02亿人次，比2005年增长44.7%。其中，公共汽车完成客运量123800.6万人次。地铁共完成旅客运输量4181.15万人次，轻轨完成旅客运输量2251万人次。

(三)汽车拥有量发展进入快行道

"十一五"期间，随着人民生活水平的进一步

提高，我市汽车保有量的发展进入快行道。本市民用车拥有量 176.1 万辆，比 2005 年增长 56.3%，其中汽车拥有量 158.6 万辆，比 2005 年增长 1.2 倍，轿车保有量已占到汽车保有量的半数以上。2010 年私人汽车保有量达 126.05 万辆，比 2005 年的万辆增 1.6 倍。其中，私人轿车 85.0 万辆，比 2005 年的增 1.2 倍，私人轿车保有量占私人汽车保有量的 67.5%，比 2005 年提高了 16 个百分点。

二、天津港货物吞吐量突破4 亿吨、集装箱吞吐量实现1000 万标准箱

天津港是综合性较强的港口，在集装箱、煤炭、金属矿石、石油制品等多方面都具有一定优势。经过多年的经营建设，天津港已发展成为国际型港口，航线已通达世界 180 个国家和地区的 400 多个港口。同时积极在乌鲁木齐、石家庄、郑州等地设立了“无水港”，开辟了通往腹地的绿色通道。天津港本着走国际枢纽港口之路，在先后与马士基、东方海外、新加坡港务集团、中远集团等共同投资建设北港池集装箱码头、天津港 30 万吨级原油码头、东疆港区基础设施工程等项目的同时，还完工并投入使用了天津港国际邮轮码头，从而进一步提升了天津港的运输能力。2010 年天津港在充分依靠腹地货源的同时，大力拓展国际中转业务，充分发挥了天津港的辐射和带动区域经济发展的作用。2010 年完成货物吞吐量 4.13 亿吨，集装箱吞吐量 1008.6 万标准箱（TEU），成为在全国规模以上沿海港口货物吞吐量位居第三、集装箱吞吐量位居第四的国际大港。

三、水上运输业正在逐步走出低谷

我市地处环渤海中部，经济辐射十多个省市，辐射总面积占全国面积近一半。西北、东北、华北中东部地区的煤炭、金属矿石、钢材等散货，通过本市海港装船运往国内外各地区，为大力发展海洋散货运输提供了得天独厚的发展空间。

2008 年以来，受全球金融危机影响，国际、国内钢铁、煤炭等主要货类需求下降，特别是我国铁矿石需求量直线下降，各大港口堆积的铁矿石居高不下。随着铁矿石价格的大幅下跌，各钢厂采购热情急速下滑，使得短期内铁矿石进口骤减，需求不旺导致水运市场低迷。另外近两年国际原油价格不断上涨，使我国成品油价格也随之多次大幅调涨，这对本来就低价格运营的道路运输业来说，再次加大了运营成本。自 2009 年以来，国际干散货航运市场经历了探底、徘徊、攀升的过程，随着 BDI 指数的逐步走高，我市水路运输正在逐步走出低谷。2010 年实现货运量 11911 万吨，货物周转量 9324 亿吨公里，比 2009 年略有上升。

四、天津滨海国际机场吞吐量继续保持两位数增长

扩建天津滨海国际机场，更好地发挥国内干线机场、国际定期航班机场的作用，充分体现了我国北方乃至东北亚航空货运集散中心的功能。同时，有关部门在机场周边规划建设航空城，发展空港运输、航空科技、物流加工、商贸会展等产业，形成临空产业区。法国、新加坡等航空公司纷纷前来考察并确定开通货运航班事宜，这些航空公司十分看好天津航空货运市场的发展前景。

2010 年，全年累计完成旅客吞吐量 727.71 万人，比 2005 年增长 2.3 倍；完成货邮吞吐量 20.25 万吨，比 2005 年增长 1.5 倍。完成飞机起降 8.5 万架次，4.8 增长 77.1%，其中，承担运输任务的客、货机起降 7.3 万架次。

五、邮政、电信业规模持续扩张，发展水平呈快速增长

2010 年，我市邮电业继续保持了良好的发展势头。2010 年末局用电话交换机总容量达 525.32 万户，电信能力持续提高。年末公网固定电话（含小灵通）用户达到 366.83 万户，移动电话用户达到 1089.56 万户，互联网用户达到 622.2 万户。

全市完成邮电业务总量 435.16 亿元，比 2005 年增长 1.5 倍。邮政业务总量 53.21 亿元，比 2005 年 11.3 增长 3.7 倍，全年发送函件 14884.2

万件，比2005年增长77.5%，其中以快递业务的跨越式增长尤为突出，全年实现快递业务4332.34万件，比2005年增长9.6倍。电信业完成电信业务总量356.96亿元，比2005年增长1.2倍，短信业务仍然保持快速增长势头，短信业务量达到126.05亿条，比2005年增长1.8倍。

（张　静）

购销两旺促进消费市场平稳快速发展

“十一五”以来，天津市场建设日新月异，消费档次稳步提高，消费品市场保持了平稳快速增长态势，批发和零售业、住宿和餐饮业经济运行质量不断提高，为我市宏观经济发展起到了积极促进作用。消费品市场发展的主要特点：

一、消费品零售市场快速增长，用品类商品份额不断提高

“十一五”期间，我市不断加大惠民富民政策力度，积极提升城乡居民消费信心，消费品市场热点频现，出现了购销两旺的良好势头。2010年，全市社会消费品零售总额2902.6亿元，比2005年增长1.4倍，年均增长19.5%。其中，食品、服装、家电等生活用品分别实现零售总额107.8亿元、151.1亿元和932.5亿元，分别比2005年增长1.4倍、2.4倍和2.2倍，年均分别增长18.7%、27.4%和26.5%。伴随着居民收入的稳步增长，生活水平的不断提高，绿色食品、营养保健品、奶制品、果汁饮品等消费需求不断上升；服装穿着更注重品牌和时尚之选；数码产品、电脑等商品成为消费市场的热点，用品类商品零售额的比重由2005年的76.0%上升到2010年的78.3%，已成为拉动零售市场增长的主体。

二、消费品升级明显加快，汽车、电子家电成为消费热点

随着我市居民收入水平快速增长，引领居民消费由满足型向享受型过渡。2010年全市限额以上批发和零售业25类主要消费品零售额与2005年相比，其中13类增幅在50%以上，其中，食品、饮料、烟酒类增长1.4倍，服装鞋帽针纺织品类增长2.4倍，文化办公用品类增长1.6倍，石油及制品类增长4.2倍，日用品类增长2.4倍，金银珠宝类增长3.2倍。随着刺激消费政策的不断出台，汽车、家电、电子数码产品等高档电器更新换代。2010年汽车零售市场完成零售额313.4亿元，增长4.0倍；家电类完成75.6亿元，增长90.0%。

三、市场规模不断壮大，带动作用趋强

“十一五”期间，我市限额以上批发和零售业、住宿和餐饮业经营趋向大型化、规模化，发展速度不断加快。2010年实现零售额1282.9亿元，比2005年增长2.2倍，年均增长25.9%。零售额规模占全市社会消费品零售总额的比重由2005年的34.0%上升到44.2%，成为拉动我市消费品市场增长的中坚力量。

四、住宿餐饮业保持活跃势头，满足不同消费层次的需求

“十一五”期间，随着城乡居民收入水平的提高，外出就餐人数不断增加，同时，旅游、会展业的快速发展，进一步推动了住宿和餐饮业走强。连锁经营、餐饮超市等新型经营业态不断涌现。多业态发展的各式中西正餐特色餐馆、宾馆餐饮、快餐自助餐馆、外卖送餐、商场超市餐饮、美食广场，以及遍布城乡的小餐馆、外地风味小吃店，极大地丰富了消费者的生活，满足了不同消费层次的需求。2010年，完成零售额338.5亿元，比2005年增长89.2%，年均增长13.6%。

五、大型市场发展势头强劲，辐射功能进一步增强

“十一五”时期，随着天津市经济快速稳定发展，全市商品交易市场进一步发展壮大，形成了以大型批发市场为龙头，区域市场为骨干，初

级市场为基础，多层次、多门类的市场体系。交易规模不断扩大，辐射能力不断增强，为扩大商品流通规模、方便城乡居民生活、扩大城乡就业、推动经济持续快速发展发挥了重要作用。2010年末，我市年成交额在亿元以上的交易市场81个，成交额2670.9亿元，比2005增长3.7倍；成交额超十亿元的交易市场41个，成交额2503.3亿元，占亿元以上交易市场总成交额的93.7%；超百亿元的超大型市场5家，成交额1253.6亿元，占亿元以上市场总成交额的46.9%，交易商品涉及上百个大类，辐射全国20多个省市。

六、旅游市场持续升温为住宿业发展，拉动消费起到了积极助推作用

“十一五”期间，我市提出了“建设旅游强市、打造国际旅游目的地和集散地”的目标，重点突出了都市观光、休闲度假、商务会展三大旅游支撑体系建设，努力形成“一带三区九组团”的旅游发展新格局。着力打造“近代中国看天津”文化旅游核心品牌和都市博览游、海河风光游、滨海休闲游、山野名胜游等五大旅游品牌。“十一五”期间，我市接待海外旅游者（含不过夜）620.42万人次，其中，接待海外旅游者（过夜）249.44万人次，都比“十五”期间都增长1.2倍，年均增长17.5%和14.1%，旅游外汇收入50.08亿美元，比“十五”期间增长1.7倍，年均增长22.8%。国内旅游消费4201.83亿元，比“十五”增长96%，年均增长16.3%，比“十五”提高3.5个百分点。

七、商业流通体系建设步伐加快为消费品市场发展创造了有利环境

“十一五”时期，我市加快建设连锁“配送中心”、“农家店”，促进了消费环境的改善，扩大了消费网点覆盖面，2010年末，全市限额以上商业零售网点达6852个，一万平方米以上大型商业设施达到260个，比“十五”末增加116个；建设、提升和改造社区商业中心200个、菜市场286个；农村连锁超市、便利店累计达到3273个。新建改造提升29条特色商业街，津湾广场、意风区、1902欧式风情街等街区成为旅游观光购物首选。

（赵忆群）

旅游业让天津名片更加靓丽

“十一五”期间，天津旅游业呈现出了持续、快速、健康发展的良好态势，已成为国民经济的重要产业和新的增长点。天津已跨入全国旅游业发展较快地区行列，成为中国对海外旅游市场具有较强吸引力的旅游目的地之一。

一、旅游经济快速发展，产业规模不断壮大

“十一五”期间，天津城市建设日新月异，旅游环境大为改观，城市知名度迅速提升，旅游市场呈现出繁荣兴旺景象，各项旅游经济指标连年创历史新高。“十一五”期间，国际旅游业取得快速发展，接待海外旅游者（含不过夜）620.42万人次，其中，接待海外旅游者（过夜）249.44万人次，都比“十五”期间增长1.2倍，年平均速度达到17.5%和14.1%。旅游外汇收入50.08亿美元，比“十五”期间增长1.7倍，年平均速度达到22.8%。国内旅游业迅速崛起，发展势头强劲，显示出广阔的前景和巨大潜力。天津接待国内旅游人数达3.57亿人次，比“十五”期间增长76.7%，年平均速度为12.9%，比“十五”期间提高1.1个百分点。国内旅游消费4201.83亿元，比“十五”期间增长96%，年平均速度为16.3%，比“十五”期间提高3.5个百分点。

伴随着天津在渤海湾的迅猛崛起，滨海新区上升为国家发展战略，旅游产业规模不断扩大。截至目前，天津A级景区已达56个；工农业旅游示范点24处；星级饭店110家，其中5星级饭店10家；各类旅行社310家。旅游业对全市经济社会发展的贡献越来越大。

二、精心绘就旅游规划，旅游强市日趋显现

"十一五"期间，市委、市政府将旅游业的发展作为加快天津现代服务业发展新的增长点给予高度关注。精心绘就《天津市旅游发展总体规划》和《天津旅游业发展第十二个五年规划》，提出了"建设旅游强市、打造国际旅游目的地和集散地"的目标，重点突出了都市观光、休闲度假、商务会展三大旅游支撑体系建设，努力形成"一带三区九组团"的旅游发展新格局。全市上下加快推进旅游大项目建设，加大旅游资源整合开发力度，下大力气多渠道招商引资，取得了明显成效。

加大旅游资源的保护和开发力度，建设和挖掘了一批旅游资源，老景区、景点深度开发挖掘，新景区、新景点亮点频闪，使天津旅游环境大为改观。天津从2007年开始陆续投资2000多亿元，推出20个服务业重大项目，其中包括100平方公里的滨海旅游度假区、民俗文化旅游区等旅游业重大项目。还提出三五年内建成20家五星级酒店、开工建设100个重点项目。大力推进"近代中国看天津"12个旅游板块开发建设，已基本形成"老城津韵"、"杨柳古镇"、"溥仪旧居"、"欧陆风韵"、"小站练兵"、"津卫摇篮"、"意奥风情"、"大沽烟云"8个板块。景区景点建设也取得了新的进展，蓟县盘山开发了14个旅游项目，西青区石家大院、安家大院开发挖掘，汉沽创建航母军事主题公园，塘沽恢复潮音寺等。2010年已建成开业和在建的旅游大项目就达20个，总投资额达500多亿元。投资16亿元的天津极地海洋世界已开业纳客；投资近12亿元的天津港国际邮轮母港已建成投入使用；投资4亿元的宝坻玉佛宫已建成试营业；投资20亿元的精武门·中华武林园（一期）霍元甲纪念馆主体已建成；投资7亿元的天津滨海高新区环亚体育运动公园酒店及马球场主体建筑已竣工并试营业。另外，新建成的水高庄农业风情园、滨海鲤鱼门美食街、东疆湾人造沙滩、玉佛禅寺、庄王府、中国金融博物馆、纺织博物馆、手表博物馆等新项目已对外开放，吸引了众多游客。旅游资源的建设和挖掘极大丰富了天津旅游资源的内容，提升了天津旅游业的品位，为天津旅游业持续健康发展注入生机和活力。

三、节庆活动精彩纷呈，旅游的影响力不断提升

"十一五"期间，城市发展建设的新成果和市容环境综合整治带来的新变化极大为旅游业增添色彩和亮点。着力打造"近代中国看天津"文化旅游核心品牌和都市博览游、海河风光游、滨海休闲游、山野名胜游等五大旅游品牌，形成了东西南北中五条旅游主干线亮点频闪的新局面。宣传天津新景观、新产品、新线路，扩大了天津的知名度、吸引力和影响力，吸引了大量海内外游客来津旅游观光。特别是近几年来，天津国际旅游持续快速发展，国内旅游发展势头强劲，出境旅游蓬勃兴起。现已形成了国际旅游、国内旅游、出境旅游三大市场协调发展的崭新局面。

天津的旅游节庆活动走向了周期化、品牌化、国际化、产品化。每年都举办一系列具有天津特色的大型旅游活动。其中，中国天津妈祖文化旅游节、古文化街金秋旅游购物节、五大道国际风情节、意式风情旅游节、海河旅游节暨国际大学生龙舟邀请赛、渔阳金秋旅游节、黄崖关长城国际马拉松赛、塘沽开海节、汉沽葡萄文化旅游节、杨柳青民俗文化旅游节等节庆旅游活动深受游客欢迎。以举办2010中国旅游产业节为龙头，把旅游活动贯穿全年，做到月月有节庆，周周有活动，为旅行社招徕游客搭建平台，掀起了"天津人游天津、外地人看天津、外国人访天津"的旅游新热潮。

四、深化区域旅游联合，交流合作更趋活跃

"十一五"期间，按照"大旅游、大市场、大产业"的发展理念，努力构建适应国际化的旅游发展格局。深入拓展区域旅游合作，不断加强京津冀、环渤海、东北亚三大区域旅游交往。积极参加"9+10"区域旅游合作，同全国各省、市、

自治区分别签署了旅游合作协议。积极协助组织环渤海16个港口城市旅游合作年会和区域旅游发展论坛。充分利用中日韩十市市长联席会议机制，与韩国、日本六个城市签署了联合促销和互送客源的协议，进一步发挥了天津在环渤海地区的凝聚力和影响力。京津城际高铁开通以来，京津旅游合作日趋密切，双城互动效应凸显。天津市旅游局先后与北京市旅游局和旅游企业签署了多项旅游合作协议，形成了两市互访、市场互动、市民互游的可喜局面。

五、滨海新区优势释放，国际旅游地位增强

“十一五”期间，滨海新区形成“一心三瓣两带”旅游发展格局，“一心”：滨海旅游核心区；“三瓣”：北部休闲游憩区、西部商务休闲区、南部生态休闲区；“两带”：海河旅游发展带、海岸休闲游憩带。区域优势、经贸发达、创新领先、人才聚集将成为吸引旅游者向往滨海新区的重要因素。以滨海新区海滨旅游度假区为依托，以大型军事主题公园为载体，开发海滨度假、滨海风情、海防文化、亲海娱乐、湿地生态、邮轮游艇、新区观光、工业旅游等旅游产品，增添了天津国际旅游目的地的内容和活力。目前滨海新区正在加紧规划和构筑的“13136”区域一体化立体交通体系，实现1个小时到北京、3个小时到腹地相邻城市、6个小时到达环渤海主要城市，将使得天津在区内区际层面的可通达性达到国际水平。

（佟承建　刘　颖）

房地产业持续、稳定、健康发展

“十一五”时期，天津市以不断提高群众居住水平为目标，认真贯彻落实国家各项调控政策，加强房地产市场宏观管理和培育，房地产业保持了持续、稳定、健康的发展态势，已成为全市国民经济中的重要产业。

一、“十一五”时期天津房地产业发展情况

“十一五”时期，天津经济社会进入了新的发展阶段，城市功能定位的提升和居民消费结构的升级，为房地产业的发展提供了广阔的市场空间和旺盛的市场需求。面对“十一五”期间复杂多变的国内外经济环境，我市房地产业总体呈现了行业规模壮大、开发投资增长、建设资金充裕、市场交易活跃的运行特点。

（一）行业规模不断壮大

截至2010年末，天津市共有房地产开发企业1423家，比“十五”期末增加了449家；年开发规模扩大到7160.74万平方米，比“十五”期末增长了1倍；物业管理企业发展到989家，比“十五”期末增加了225家；整个行业从业人数已超过10万人；涉及领域涵盖住宅、商业设施、办公楼宇、工业厂房和市政设施等。

（二）开发投资稳步增长

截至“十一五”末，我市累计完成房地产开发投资3163.17亿元，比“十五”时期总量增长1.8倍；年均增长22.8%，占同期全市固定资产投资总额的比重为16.5%。其中累计完成住宅建设投资2173.74亿元，占全部开发投资的比重为68.7%；累计完成办公楼开发投资199.26亿元，占全部开发投资的比重为6.3%；累计完成商业营业用房开发投资403.96亿元，占全部开发投资的比重为12.8%；累计完成其他类开发投资386.19亿元，占全部开发投资的比重为12.2%。累计竣工房屋面积达8994.44万平方米，相比“十五”时期增长了82.2%。开发建设区域由中心城区扩展到环城四区、滨海新区及其他远区县。

（三）开发建设资金充裕

“十一五”时期，我市房地产开发资金累计到位7472.25亿元，高于实际完成开发投资额4309.08亿元。其中，在当年资金到位中所占比例最大的是以定金及预收款为主的其他资金，累计到位2485.44亿元，所占比重为42.6%；其次

为自筹资金 1632.25 亿元，占 28%；国内贷款资金到位 1642.92 亿元，所占比重为 28.2%；利用外资到位 71.1 亿元，占 1.2%。

(四)市场交易日益活跃

“十一五”时期，伴随着天津经济社会的稳步快速发展，居民收入和生活水平不断提高，城市建设和环境改造日新月异，加上滨海新区的开发开放纳入国家战略，天津对外界的资本和人才的吸引程度不断增强，这些都拉动了天津房地产市场需求快速增长。天津新建商品房累计销售面积达 7413.97 万平方米，实现新建商品房销售收入 4726.61 亿元，相比“十五”时期分别增长 78.9% 和 263.4%；房屋中介累计代理成交面积达 1901.15 万平方米，代理成交金额达 1300.27 亿元，相比“十五”时期分别增长 1 倍和 3.2 倍。

二、“十一五”时期天津房地产业对经济社会发展的作用

(一)增强了经济实力

“十一五”时期，房地产累计实现增加值 1157.44 亿元，相比“十五”时期增长 1.5 倍(按现价计算)。行业增加值逐年增加，从 2006 年的 160.72 亿元上升到 2010 年的 328.6 亿元，增长了 1 倍。同时，天津房地产市场的繁荣与活跃也吸引了大量境外资本来津投资，港澳台商与外商累计完成开发投资 128.5 亿元和 257.28 亿元，占整个开发投资的比重为 12.2%，相比“十五”时期提高了 4 个百分点，为天津的资本市场注入活力。

(二)改善了民计民生

“十一五”时期，天津市始终坚持以解决居民居住需求的普通商品住宅开发为主的方针，五年间累计完成住宅开发投资 2173.74 亿元，占全市房地产开发投资的比重为 68.7%。普通商品住宅、公寓、高档别墅等不同层次的市场供应，既满足了大部分人的住房需求，也满足了一部分人改善居住条件的需求。住房保障体系不断完善，为配合大面积的旧房改造拆迁，继续大力推进保障性住房的建设规模，累计完成经济适用房开发投资 488.22 亿元，河东真理道、河北盛泰嘉园、西青道福悦里等经济适用房项目已部分竣工和入住，百合阳光、舒畅园、天房雅韵、新尚园等 6 个限价房项目已上市销售，本市规模最大的保障性住房项目即华城佳苑限价商品房项目已正式开工，众多政策性房源和项目进入市场，有效解决了城镇中低收入群体和拆迁困难户的住房问题。

(三)推进了城市建设

截至 2010 年末，累计竣工房屋面积达 8994.44 万平方米，大规模城市基础设施建设和滨海新区的开发开放提升了天津房地产的开发价值，也吸引了万科、保利地产、富力地产、恒大地产等众多知名开发企业进入我市，开发领域由商品住宅向商业广场、会展中心、高档写字楼、金融服务大厦、星级酒店等大型商业地产延伸。梅江会展中心、滨海响螺湾金融服务区、意式风情区、津门津塔、海河仁恒广场等项目的开发建设带动了全市商贸业、餐饮业、会展业、文化旅游业、金融保险业等相关服务业的快速发展。滨海新区的开发开放，大批工业地产项目开发不断涌现，五年间天津市用于办公楼、商业地产和工业地产的开发投资达 989.41 亿元，占同期房地产开发投资总额的三成。

(周继昆)

职工收入显著提高

“十一五”期间，我市积极深化收入分配制度改革，分配结构日益优化，职工收入进入增长最快的五年。

一、国民收入分配格局不断优化

“十一五”期间，我市国民经济进入一个高速增长的新阶段，经济总量不断实现新突破，经济增长质量稳步提高，市委市政府将增加城乡居民收入作为加快推进改善民生的社会建设的重点任务之

一，不断深化收入分配制度改革，着力提高低收入者收入，不断提高困难帮扶标准和最低工资标准，促进建立企业职工工资正常增长机制和支付保障机制，逐步提高劳动报酬在国民收入分配中的比重。

四年来，劳动者报酬在全部地区生产总值中所占比重稳步提高，从2005年的31.4%提高到2009年的37.7%，四年提高了6.3个百分点，年均提高1.6个百分点。同期政府所得的生产税净额下降3.8个百分点，企业所得的固定资产折旧和营业盈余下降2.5个百分点。政府、企业、个人三者之间利益格局由2005年的31.4∶19.2∶49.4演变为2009年的37.7∶15.4∶46.9。由此可见，“十一五”期间我市在收入分配格局上宏观调控效果显著，政府和企业都降低了各自所得比例使职工劳动者报酬在初次分配中的比例稳步提高，让职工更多地分享经济发展成果。

二、职工收入显著提高

（一）劳动报酬增长速度高于同期GDP增长速度

五年来，市委、市政府始终将增加职工收入作为实现科学发展，构建和谐社会的大事来抓，积极采取有效措施，加强宏观调控，理顺分配关系，职工收入保持稳步增长。2005年，全市地区生产总值为3905.6亿元，2009年达到7521.9亿元，四年间经济总量年均增长15.8%。人均GDP由2005年的37796元提高到62574元，年均增长11.5%。

全市城镇单位从业人员劳动报酬总额由2005年的458.3亿元增加到2010年的1051.2亿元，增长1.3倍，年均增长18.1%。人均劳动报酬由2005年的24122元提高到51489元，年均增长16.4%，年均增速高于“十五”时期2.2个百分点，扣除物价因素实际年均增长13.3%。呈现职工收入与经济发展同步增长的良好态势。

（二）企业分配制度改革不断深化，职工收入稳步增长

随着全市经济运行质量显著提高，企业经济效益稳步提升，为企业单位从业人员劳动报酬的稳步增长提供了物质基础。政府对企业收入分配宏观调控方式的逐步转变为企业收入分配制度改革不断深化提供了有利环境。各种经济手段和法律手段的宏观调控措施日益增强，对企业的收入分配发挥着重要的引导和调节作用。企业单位职工收入实现稳步增长。全市企业单位从业人员人均劳动报酬由2005年的23820元增加到2010年的47845元，五年增加了24025元，年均增长速度达到15%。

（三）机关事业单位年均增长20%以上

五年来，我市先后四次出台增资政策，提高了机关事业单位人员的职务工资、工作津贴、岗位责任奖、年终一次性奖励等标准，有力保证了机关事业单位从业人员劳动报酬的稳步增长。2010年，机关事业单位从业人员人均劳动报酬达到63616元，比2005年的25070元提高了38546元，增长1.5倍，年均增长速度达到20.5%。

（四）各种经济类型单位从业人员收入格局发生明显变化

“十一五”期间，国有经济单位从业人员劳动报酬保持了较快的增长速度，人均劳动报酬由2005年的24664元增加到2010年的56635元，增加了31971元，年均增长速度达到18.1%，扣除物价因素实际年均递增15%，与我市经济保持了同步协调发展。同期，集体经济单位人均劳动报酬由2005年的14691元增加到2010年的37686元，年均增长20.7%。以三资企业和股份制企业为主的其他经济单位人均劳动报酬水平，由2005年的24782元增加到2010年的48557元，增加了23775元，年均增长速度为14.4%。

经过五年的增长，各种经济类型单位从业人员收入发生很大变化。从增量看，国有经济单位五年中的增量高于集体经济8976元，高于其他经济8196元，高于三资企业11778元；从年均递增速度看，国有经济高于其他经济3.7个百分点；从人均劳动报酬水平看，2005年时国有经济低于其他经济118元，到2010年，国有经济已超出其

他经济8078元。五年来，全市从业人员收入水平保持稳步增长应该说国有经济单位贡献最大。

其他经济单位中股份制企业收入增长显著快于三资企业。2005年时股份制企业人均劳动报酬水平就高于国有经济7182元，高于三资企业6141元，五年中年均增长速度达到17.3%，仅低于国有经济0.8个百分点，高于三资企业5个百分点，扣除物价因素实际年均增长14.2%。经过五年来在高水平上的快速增长，2010年股份有限公司人均劳动报酬水平与其他经济单位的差距进一步加大，已经高于国有经济14098元，高于三资企业24835元。

（五）12个行业职工收入实现年均15%以上快速增长

五年来，各行业从业人员收入水平稳步提高，12个行业职工人均收入达到年均15%以上的快速增长，其中3个行业人均收入年均增长达到20%以上。增速最快的是教育，人均劳动报酬从2005年的24608元提高到2010年的66285元，增加了41677元，增长1.7倍，年均增长达到21.9%，人均水平在19个行业中由2005年的第11位提升到2010年的第6位。其次增长较快的是公共管理和社会组织，2010年人均劳动报酬67714元，比2005年的26322元增加到41392元，年均增长20.8%，在19个行业中由2005年的第7位提升到2010年的第5位。

金融、电力、科研名列前茅。"十一五"前三年我市金融业人均收入在19个行业中名列第二，至2009年跃升至全市各行业之首，2010年人均劳动报酬达到89166元，五年间年均增长17.7%。电力、燃气及水的生产和供应业人均劳动报酬由全市首位滑落至第二位，2010年为82607元，五年间年均增长12.1%。第三位的科学研究技术服务和地质勘查业，2010年为80485元，五年间年均增长17.2%。

（杨　霞）

城市居民收入大幅提高 生活质量明显改善

一、收入保持快速增长，充分享受发展成果

"十一五"时期，市委、市政府始终把着力解决群众最关心、最直接、最现实问题作为工作的出发点和落脚点，为了提高城乡居民收入，制定了一系列增收措施，稳步推进工资收入分配制度改革，促进城乡居民收入快速增长。据国家统计局天津调查总队对1500户抽样调查资料显示，2010年城市居民人均可支配收入为24293元，比2005年增长92.2%，年均增速达到14.0%，比"十五"时期加快3.3个百分点。

（一）增资、就业双推动，工资收入增长快

"十一五"期间，单位从业人员劳动报酬实现较快增长。积极拓宽就业渠道，通过扩大就业促进居民增收。市政府通过颁布企业职工工资指导线，提高最低工资标准，调整职工福利待遇，建立健全企业职工工资正常增长机制，同时加大了工资集体协商力度，有效地推动了企业单位从业人员劳动报酬的提高。大力推进规范机关公务员津贴补贴步伐，实施义务教育阶段教师和公共卫生与基层医疗卫生事业单位职工绩效工资，深化职工收入分配制度改革，促进了机关事业单位职工工资的较快增长。

调查数据显示，2010年城市居民家庭来自工资性收入人均达到16780元，比2005年增长了1.1倍，年均增速达到15.9%。工资性收入占家庭总收入的62.3%。

（二）养老待遇年年增，晚年生活更幸福

"十一五"期间，政府连续增加企业退休人员养老金，居民家庭来自养老金收入大幅增长。调查数据显示，2010年家庭人均养老金收入达7104元，比2005年增长了1.1倍，年均增速达到16.0%。

（三）帮扶解困措施完善，困难群体有保障

近年来，针对各类生活困难群体，政府研究出台多项保障措施，如开发大量的社会公益岗位安置下岗失业人员再就业，不断提高城镇居民最低生活保障标准，上调失业保险金和抚恤金补助标准等。这些增收减负措施使低收入者得到实惠，生活质量稳步提高。2010 年家庭人均社会救济收入比 2005 年增长 1.2 倍；10% 最低收入家庭人均收入比 2005 年增长 1.2 倍，年均增速为 16.7%，比全市平均水平快 2.7 个百分点。

（四）家庭其他收入增加，收入结构多元化

随着居民收入提高，家庭拥有财产的增加，投资意识逐渐增强，居民所得利息、股息及红利和各类投资收益等财产性收入日益增多。2010 年家庭人均财产性收入达到 333 元，比 2005 年增长 1.3 倍；住房市场的活跃，带动了住房公积金的使用，2010 年家庭人均提取住房公积金收入达到 552 元，比 2005 年增长 1.5 倍；另外，随着居民收入水平的提高，居民间相互沟通、联络感情，礼尚往来增多，赡赠收入迅速增加，2010 年家庭人均赡赠收入 922 元，比 2005 年增长 72.9%；个体私营经济发展，促进居民家庭个体经营净收入的增加，2010 年家庭人均 932 元，比 2005 年增长 40.0%。

二、消费结构加快升级，生活质量继续改善

"十一五"期间，随着收入水平的提高和城市环境的改善，居民生活质量明显提高，消费结构继续由吃、穿、用向住、行、休闲娱乐、健康方向转化。住房保持旺盛需求，私家车、手机带动交通通信支出成为家庭的第二大消费。2010 年城市居民消费支出为 16562 元，比 2005 年的 9653 元增长 71.6%，年均增长 11.4%。

（一）膳食结构更加科学

2010 年人均食品消费 5940 元，比 2005 年增长了 67.7%，食品消费占消费性支出比重（恩格尔系数）为 35.9%。其中肉禽蛋水产品、糖烟酒饮料增幅近六成；绿色蔬菜、新鲜瓜果作为公认的健康食品，备受广大居民青睐，二者均大幅增长，增幅近九成，有效地带动了食品消费的增长。

（二）穿着打扮更加靓丽

2010 年家庭人均衣着支出 1568 元，比 2005 年增长 1.2 倍，高档服装、鞋帽等支出增幅较大。五年间家庭人均金银珠宝饰品消费增长 4.0 倍，家庭人均美容化妆支出比 2005 年增长了 1.1 倍。中高档用品消费的持续增长，反映出居民的生活质量有了很大的飞跃，从单一的满足物质生活，发展到追求高品质的精神生活。

（三）家庭设备更加现代

近年来，居民对耐用消费品的需求向着高档化、享受型发展，更新换代的步伐加快。传统意义家用电器已被轻薄液晶平板彩电、环保健康节能空调和冰箱、家用电脑、摄像机等数字、数码电子产品所取代，消毒碗柜、洗碗机也开始步入百姓家庭。2010 年家庭人均购置家用电器支出 956 元，比 2005 年增长 73.5%。到 2010 年末，城市居民家庭百户拥有彩色电视机 130.8 台、电冰箱 107.5 台、洗衣机 100.2 台、家用电脑 91.2 台、空调 143.0 台、微波炉 88.5 台、摄像机 14.1 架、组合音响 26.0 台，消毒碗柜 1.5 台、洗碗机 0.3 台。

（四）出行沟通更加便利

2010 年家庭人均交通通信支出 2454 元，比 2005 年增长 1.5 倍，占家庭消费性支出的 14.8%，已成家庭生活中的第二大消费支出。其中，用于交通方面支出 1607 元，比 2005 年增长 2.2 倍，私家车越来越多地走入寻常百姓人家，到 2010 年末，百户家庭拥有家用汽车 16.1 辆，比 2005 年末增长 4.4 倍。人均通信消费 847 元，比 2005 年增长了 71.9%，到 2010 年末，百户家庭拥有移动电话 205.2 部，比 2005 年末增长 68.0%。

(五)精神生活更加丰富

在全市着力打造北方休闲之都，通过整合开发资源，构建天津知名文化旅游品牌，城市面貌得到改善，更多市民利用节假日游览津城美景。而且随着居民收入的增长，外出旅游大幅增加。2010年家庭人均文化娱乐服务消费579元，比2005年增长2.1倍，其中人均团体旅游消费增长4.1倍；由于市民参加健身活动、体育锻炼人数增加，家庭人均其他文娱费支出增长了1.9倍。

(六)求医问药更加便捷

我市积极响应国家号召，相应出台了一系列医疗制度改革政策，为广大群众谋取福利。如提高参保人员医疗费最高支付限额、实行困难企业退休人员医疗保险与单位缴费脱钩、门急诊大额医疗费补助覆盖所有参保人员、基层医疗机构基本药物"零差率"销售实现城乡全覆盖等等，有效地降低了居民医药费负担，居民健康得到更有效保障。2010年家庭人均医疗保健支出1276元，比2005年增长28.0%。其中人均医药费增长22.9%，增幅远小于收入的增长幅度，并呈逐年减缓趋势。居民滋补保健品及保健服务消费快速增长，2010年家庭人均支出比2005年增长85.1%。

(七)教育投入更注技能

"十一五"期间，我市继续调整教育布局结构，较好地满足了居民对优质教育资源的需求，为经济社会快速发展提供了巨大的人力和智力支撑，居民家庭教育投入不断增加。2010年家庭人均教育费用支出672元。在这一时期，随着全市财力的增强，政府对教育的财政投入大幅增加，全面取消了义务教育阶段学杂费，家庭义务教育费用支出大幅减少；而在职教育、课外培训教育的支出快速增长，五年增长了42.9%。

三、居住环境明显改善，住房更加宽敞明亮

近年来，随着我市着力打造生态宜居城市，居住环境发生了显著变化。城市住宅建设步伐的加快，政府保障住房投入的加大，使许多家庭住房条件得到明显改善。据统计，2009年城市居民人均住房建筑面积达到29.9平方米，比2005年的25平方米增加4.9平方米，增长19.6%。据抽样调查资料显示，到2010年末，住房成套率达到96.4%，燃气基本得到全面普及，集中供热普及率达到95.8%。2010年家庭人均水电燃料等居住支出1616元，占到家庭消费性支出的9.8%。

居住条件改善的同时，自有房比率不断提高，到2010年末，有65.4%的家庭拥有了自己的住房，租赁公房比率下降到34.6%。2010年家庭人均购建房支出达到2331元。住房需求成为这一时期居民生活中的重点投入领域。

（纪晓俊）

新农村建设大发展
惠农政策成效显

"十一五"期间，天津市委、市政府不断加大支农惠农力度，努力推进城乡一体化和小城镇建设，大力发展设施种养业，顺利完成每年十万亩的设施蔬菜建设，农村居民的增收渠道进一步拓宽，收入水平逐年提高，收入结构不断优化，形成了以工资性收入为主体、家庭经营纯收入稳步增长、转移性财产性收入高速增长的局面。据国家统计局天津调查总队调查资料显示：2010年，我市农村居民人均纯收入达到11801元，比"十五"末期的2005年增加了4599元，年均增加1149.8元，年均增长10.4%。

一、工资性收入是农村居民收入的重要来源和增长点

"十一五"期间，市委、市政府采取多种措施，大力发展区县经济，私营、个体、股份制等民营经济蓬勃发展，农村劳动力转移步伐不断加快，农村居民在各类企业劳动和打零工的收入

迅速增加，工资性收入持续两位数增长。据统计，2010年，我市农村居民人均工资性收入达6401元，比2005年增长了66.7%，年均增长10.7%；占纯收入的比重为54.2%，比2005年提高了0.9个百分点。“十一五”期间，工资性收入对纯收入增长的贡献率达55.7%，比“十五”期间提高了3.5个百分点，成为农村居民收入的最主要来源和增长点，支撑起农村居民收入的半壁江山。

二、家庭经营第一产业纯收入稳步增长，二、三产业纯收入迅速提高

“十一五”以来，各项支农惠农政策调动了农民农业生产积极性，促进了农村居民家庭经营第一产业增收。据统计，2010年，我市农村居民人均家庭经营第一产业纯收入为2309元，比2005年增长了27.3%，年均增长4.9%；占纯收入的比重为19.6%，比2005年下降了5.6个百分点。同时，随着农村经济改革步伐的不断加快和新农村建设的加快推进，农村二、三产业蓬勃发展，农村居民家庭经营二、三产业收入迅速提高。2010年，我市农村居民家庭经营二、三产业纯收入人均1968元，比2005年增长了71.9%，年均增长11.4%；占纯收入的比重为16.7%，比2005年提高了0.8个百分点。

三、惠农政策相继出台，农村经济发展加快，转移性财产性纯收入增势凸显

“十一五”以来，我市各级政府不断加大支农惠农力度，切实保护农民的合法权益。从粮食直补、良种补贴，到农机具购置补贴、农业生产资料综合直补，再扩大到奶牛良种补贴和能繁母猪补贴，已初步形成综合补贴与专项补贴相结合的农业补贴制度。不仅如此，近年来，我市农村社会保障事业发展不断加快，各级政府陆续出台了医疗、养老等多项农村社会保障政策和措施，农村居民的养老、医疗等保障标准不断提高、覆盖范围逐渐扩大，带动了农村居民离退休金、养老金收入的快速增长。此外，农村经济的快速发展和新农村建设步伐的加快，促进了农村居民土地征用补偿收入和租金收入的迅速增加。据统计，2010年，我市农村居民人均转移性、财产性收入达1123元，比2005年增长了1.8倍，年均增长22.8%；占纯收入的比重为9.5%，比2005年提高了3.9个百分点。

（汪　洋）

农民物质文化生活水平不断提高

“十一五”时期，天津市统筹城乡发展，积极推进小城镇和新农村建设，认真贯彻落实中央“工业反哺农业、城市支持农村”的方针，加大对农业、农村、农民的支持和保护力度，相继出台了一系列促进农村居民增收和改善农村居民生活的重要举措。随着收入的快速增长，天津市农村居民的生活水平不断提高，消费结构进一步优化。据国家统计局天津调查总队调查资料显示：2010年天津市农村居民人均生活消费支出为5606元，比“十五”末期的2005年增加2016元，增长56.2%，“十一五”期间年均增长9.3%，比“十五”时期快0.8个百分点。

一、食品消费注重营养科学，在外用餐消费快速增长

受农产品价格上涨的影响，2010年我市农村居民人均食品消费支出2184元，比2005年增加808元，增长58.7%，年均增长9.7%，快于生活消费支出0.4个百分点，比“十五”时期快3.5个百分点。食品消费占生活消费支出的比重，即恩格尔系数为39.0，比2005年提高0.7个百分点。

从饮食结构看，农民家庭更加注重饮食消费的科学、营养和搭配，主食消费量明显减少，营养状况继续改善。与“十五”末期相比，2010年我市农村居民人均消费粮食147.5公斤，减少

15.0%；奶及其制品8.6公斤，增长2.53倍；水产品19.9公斤，增长55.5%；水果及其制品36.1公斤，增长25.3%；蛋类及其制品21.7公斤，增长24.7%；油脂10.7公斤，增长10.3%；蔬菜及其制品140.3公斤，增长12.5%；肉禽及其制品16.3公斤，增长28.3%。

随着经济的发展，农村居民生活节奏加快，饮食消费观念进一步转变，劳动力外出务工、子女求学、逢年过节亲朋好友聚餐追求方便等等，使外出就餐已成为生活中的重要组成部分。2010年我市农村居民人均在外饮食消费支出232元，比2005年增加77元，年均增长8.4%，占全部食品支出的比重为10.6%。

二、居住质量明显提高，生活环境进一步改善

"十一五"时期，我市以宅基地换房推进小城镇建设步伐，农村城市化进程进一步加快，农村居民住房条件持续改善，部分撤村建居的农民已入住新式小区楼房，享受和城市人一样的待遇。据统计，2010年我市农村居民人均住房面积28.8平方米，比"十五"末期2005年的26.1平方米，增加了2.7平方米，增长10.3%。农村居民对居住方面的投入也越来越大，2010年我市农村居民人均居住消费支出达1432元，比2005年增加588元，增长69.7%，年均增长11.2%，占消费支出的比重为24.0%，比"十五"末期提高2.0个百分点。

"十一五"时期，天津市按照新农村建设规划的总体要求，加大对农村基础设施建设的投入力度，继续实施改水改厕工程，并从道路硬化、街道亮化、"四旁"（村、路、渠、宅）绿化、环境净化、整体美化等五方面整治农村环境，农村居民居住环境不断改善。据调查，到2010年末，我市饮用自来水和使用水冲式厕所的农户比重分别比"十五"末期提高20.0个和21.3个百分点；室外道路为硬质路面的农户比重比"十五"末期提高8.0个百分点。

三、交通和通讯更加方便快捷，消费需求旺盛

"十一五"时期，随着农村交通、通讯硬环境的不断完善，农民在交通、通讯方面普遍领略到了方便与快捷，交通通讯消费支出连续多年保持增长势头。2010年，我市农村居民人均交通通讯消费支出406元，比2005年增加136元，增长50.4%，年均增长8.5%，占消费支出的比重为7.2%。手机已成为农民家庭的必备用品，发展相当迅速。2010年，我市农民家庭每百户拥有手机182部，比"十五"末期的89部增加了93部，增长1.04倍。电动自行车、小轿车等正取代自行车不断涌入农民家庭。2010年我市农民家庭每百户拥有电动自行车38辆，比"十五"末期的8辆增加30辆，增长3.75倍；拥有生活用汽车14辆，比"十五"末期的6辆增加9辆，增长1.5倍。

四、时尚观念不断强化，衣着消费支出连年增加

收入水平的不断提高使衣着消费成为富裕以后的农民美化生活的一种方式。随着时尚观念的进一步强化，2010年，我市农村居民人均衣着支出达到502元，比2005年增长38.7%，年均增长6.8%，占消费支出的比重为9.0%。

五、家用电器现代化水平显著提高，生活质量持续攀升

耐用消费品数量和档次的提高是农民生活水平显著提升的一个重要标志。"十一五"时期，随着以旧换新和家电下乡等启动农村消费市场政策的落实，耐用消费品加速了更新换代的步伐，百户拥有量稳步增长。据统计，2010年我市农民家庭用于家庭设备用品及服务的支出为181元，比2005年增长67.6%，年均增长10.9%，占消费支出的比重为3.2%。电冰箱、洗衣机和空调等耐用消费品逐渐成为农民生活的必需品，抽油烟机、热水器、微波炉等小家电在农民家庭普及率显著提高。2010年，我市农民家庭百户拥有洗衣

机 101 台，比 2005 年增长 6.3%；电冰箱 103 台，增长 22.6%；空调 77 台，增长 83.3%；抽油烟机 28 台，增长 55.6%；热水器 58 台，增长 81.3%；微波炉 37 台，增长 1.3 倍。

六、医疗保健得到重视，医疗保健支出不断提高

“十一五”时期，我市进一步健全了农村卫生服务体系。随着新型农村医疗合作制度的全面推广，农村医疗条件不断改善，农民和城市居民一样享受了 18 项免费社区公共卫生服务，基本上实现了小病不出村，看病难的问题得到了有效改善。同时农民的就医观念也逐步发生了变化，由过去小病拖、大病扛向积极治疗、保健预防转变，医疗保健意识进一步增强，健身器材、医疗保健器材和滋补保健品也开始进入农户家庭。据统计，2010 年我市农村居民医疗保健支出人均 351 元，比 2005 年增加 83 元，增长 31.0%，年均增长 5.5%，占消费支出的比重为 6.3%。

七、教育支出稳步增长，文化生活丰富多彩

随着农村经济的大踏步发展，我市农村教育状况有了很大改善。农村居民学文化、学技术意识增强，对子女和自身教育培训舍得投资，注重文化教育，讲究文明生活的氛围在广大农村中日渐形成。据统计，2010 年我市农村居民人均文教娱乐消费支出 320 元，比 2005 增长 27.0%，年均增长 4.9%，占消费支出的比重为 5.7%，其中教育服务费用支出人均为 229 元，占文教娱乐消费支出的比重达 71.6%。2010 年，我市农民家庭每百户拥有家用电脑 29 台，比“十五”末期增长 1.9 倍，农村居民信息化程度大幅提高。此外，随着物质生活条件的逐步改善，农村居民对高质量的精神文化生活的需求不断提升，外出旅游和休闲娱乐等精神生活已经融入到广大农村居民生活中。

（于海芳）

综合

General Survey

1-1 行政建制（2010年底）
Administrative Divisions, End of 2010

单位：个 (unit)

项　目	Item	街道办事处 Subdistrict Offices	居民委员会 Residents' Committees	镇政府 Town Governments	乡政府 Township Governments	村民委员会 Village Committees
全市总计	**Total**	**108**	**1524**	**115**	**20**	**3828**
市辖区	**Districts under City Administration**	**107**	**1435**	**68**	**9**	**2212**
和平区	Heping District	6	62			
河东区	Hedong District	13	155			
河西区	Hexi District	13	193			
南开区	Nankai District	12	170			
河北区	Hebei District	10	101			
红桥区	Hongqiao District	10	171			
东丽区	Dongli District	8	60		1	109
西青区	Xiqing District	2	49	7		160
津南区	Jinnan District		29	8		165
北辰区	Beichen District	4	103	9		126
武清区	Wuqing District	6	33	19	5	707
宝坻区	Baodi District	3	27	18	3	765
滨海新区	Binhai New Area	20	282	7		180
市辖县	**Counties under City Administration**	**1**	**89**	**47**	**11**	**1616**
宁河县	Ninghe County		28	11	3	283
静海县	Jinghai County		35	16	2	384
蓟　县	Jixian County	1	26	20	6	949

资料来源：天津市民政局。
Source: Tianjin Municipal Civil Affairs Bureau.

1-2 土地面积（2010年）
Area of Land, 2010

项　目	Item	面　积 (平方公里) Area (sq. km)	占全市土地总面积比重(%) Percentage to Total Area (%)
全市土地总面积	**Total Land Area**	**11916.88**	**100.00**
农用地	**Land for Agricultural Production**	**7153.29**	**60.03**
耕　地	Cultivated Land	4437.04	37.23
园　地	Garden Plot	312.28	2.62
林　地	Afforested Land	561.80	4.71
其他农用地	Others	1842.17	15.46
建设用地	**Land for Construction**	**3881.94**	**32.58**
居民点及工矿用地	Land for Residents and Industry	3110.58	26.10
交通用地	Land for Transportation	238.04	2.00
水利设施用地	Land for Water Conservancy	533.32	4.48
未利用地面积	**Unused Area**	**881.65**	**7.40**
未利用土地	Unused Soil	837.26	7.03
其他土地	Other Land	44.39	0.37

资料来源：天津市国土资源和房屋管理局。
Source: Bureau of Land Resources and Housing Management of Tianjin.

1-3 各月份气象资料（2010年）
Meteorological Data of Each Month, 2010

月份 Month		平均气温 Average Temperature (℃)	最高气温 Highest Temperature (℃)	最低气温 Lowest Temperature (℃)	平均相对湿度 Average Relative Humidity (%)	日照时数(小时) Hours of Sunshine (hour)	降水量(毫米) Precipitation (mm)	一日最大降水量(毫米) Largest Precipitation in One Day (mm)	平均风速(米/秒) Average Wind Speed (m/sec)
全　年	**Year**	**13.4**	**39.2**	**-13.1**	**52**	**1866.6**	**400.5**	**42.8**	**1.4**
一　月	January	-3.5	8.9	-13.1	46	129.0	13.4	12.4	1.7
二　月	February	-0.2	14.6	-7.1	52	102.7	4.5	2.9	1.6
三　月	March	5.1	18.3	-5.5	49	146.0	15.7	9.6	2.0
四　月	April	11.9	23.9	3.4	44	172.8	8.1	3.6	2.2
五　月	May	21.8	35.4	12.3	49	227.3	35.3	14.2	1.9
六　月	June	24.9	37.6	16.6	62	168.4	31.4	14.2	1.6
七　月	July	28.9	39.2	21.0	68	134.5	101.2	34.4	1.1
八　月	August	26.9	34.9	18.9	66	156.2	109.5	42.8	0.9
九　月	September	22.1	33.6	12.1	61	159.2	47.0	26.2	0.9
十　月	October	14.8	27.7	2.6	53	183.7	32.6	17.7	0.9
十一月	November	7.7	21.1	-1.5	42	161.7	0.1	0.1	1.1
十二月	December	0.1	11.3	-10.3	36	125.1	1.7	1.7	1.4

1-4 各区县气象资料（2010年）
Meteorological Data by District and County, 2010

地区 Region	全年平均气温 Annual Average Temperature (℃)	平均相对湿度 Average Relative Humidity (%)	日照时数(小时) Hours of Sunshine (hour)	降水量(毫米) Precipitation (mm)	无霜期(天) Non-frosting Period (day)	雾天数(天) Foggy Days (day)
市　区 Urban District	13.4	52	1866.6	400.5	226	5
东丽区 Dongli District	12.6	57	2248.7	412.6	204	9
西青区 Xiqing District	12.2	59	2077.1	354.3	205	11
津南区 Jinnan District	12.1	60	2538.9	404.5	205	4
北辰区 Beichen District	12.0	56	2144.4	396.5	204	7
武清区 Wuqing District	12.0	58	2216.7	438.5	205	16
宝坻区 Baodi District	11.2	59	2435.2	495.2	194	16
滨海新区 Binhai New Area	12.3	59	2318.6	495.2	217	12
#塘　沽 Tanggu	12.5	57	2234.2	621.2	217	8
汉　沽 Han'gu	11.7	64	2287.9	403.0	197	26
大　港 Dagang	12.8	55	2433.6	461.4	236	3
宁河县 Ninghe County	11.7	60	2314.9	568.7	205	14
静海县 Jinghai County	12.4	56	2287.4	395.5	205	9
蓟　县 Jixian County	12.2	53	2223.3	488.7	192	8

资料来源：天津市气象信息中心。
Source: Tianjin Meteorological Information Center.

1-5 法人和产业活动单位数(2010年底)(按登记注册类型分)
Number of Institutional Units and Unit with Industrial Undertakings, End of 2010 (Grouped by Registered Type)

单位：个 (unit)

项目	Item	合计 Total	法人单位 Institutional Units	#企业法人 Enterprise Institution	产业活动单位 Unit with Industrial Undertakings
总计	**Total**	**187227**	**168610**	**149453**	**18617**
内资企业	**Domestic-funded**	**177717**	**161465**	**142511**	**16252**
国有	State-owned	18804	12707	4187	6097
集体	Collective-owned	7326	6222	5518	1104
股份合作	Cooperative	1338	1032	996	306
联营企业	Joint Ownership Enterprises	386	341	309	45
国有联营	State Joint Ownership	84	64	59	20
集体联营	Collective Joint Ownership	139	124	111	15
国有与集体联营	State-owned and Collective Joint Ownership	58	54	49	4
其他联营	Others	105	99	90	6
有限责任公司	Limited Liability Corporations	19577	17058	16833	2519
国有独资公司	Sole State-owned Corporations	592	269	267	323
其他有限责任公司	Other Limited Liability Corporations	18985	16789	16566	2196
股份有限公司	Share Holding Corporations Ltd.	3801	1853	1810	1948
私营企业	Private Enterprises	109308	106659	105154	2649
私营独资	Sole Private Enterprises	19520	19222	18651	298
私营合伙	Private Partnership	4402	4348	4150	54
私营有限责任公司	Private Limited Liability Corporations	82405	80259	79580	2146
私营股份有限公司	Private Share Holding Corporations Ltd.	2981	2830	2773	151
其他	Others	17177	15593	7704	1584
港、澳、台商投资企业	**Enterprises with Investment from Hong Kong, Macao and Taiwan**	**2490**	**1826**	**1771**	**664**
与港澳台商合资经营	Hong Kong, Macao and Taiwan Joint Venture	780	673	655	107
与港澳台商合作经营	Hong Kong, Macao and Taiwan Cooperative Operation	190	43	41	147
港澳台商独资	Hong Kong, Macao and Taiwan Funded Solely	1433	1053	1021	380
港澳台商投资股份有限公司	Hong Kong, Macao and Taiwan Share Holding Corporations Ltd.	87	57	54	30
外商投资企业	**Foreign Funded Enterprises**	**7020**	**5319**	**5171**	**1701**
中外合资经营	Chinese-foreign Joint Venture	1881	1583	1530	298
中外合作经营	Chinese-foreign Cooperative Operation	154	134	123	20
外资企业	Foreign Investment Enterprise	4675	3523	3443	1152
外商投资股份有限公司	Foreign-funded Share Holding Corporations Ltd.	310	79	75	231

1-6 法人活动单位数（2010年底）（按行业类别分）
Number of Institutional Units, End of 2010 (Grouped by Sector)

单位：个 (unit)

行　业	Sector	合　计 Total	法人单位 Institutional Units	#企业法人 Enterprise Institution	产业活动单位 Unit with Industrial Undertakings
总　计	**Total**	**187227**	**168610**	**149453**	**18617**
农、林、牧、渔业	**Farming, Forestry, Animal Husbandry and Fishery**	**1915**	**1806**	**1544**	**109**
农　业	Farming	642	640	543	2
林　业	Forestry	131	130	111	1
畜牧业	Animal Husbandry	539	526	457	13
渔　业	Fishery	285	282	266	3
农、林、牧、渔服务业	FFAF Services	318	228	167	90
采矿业	**Minerals Mining**	**122**	**87**	**87**	**35**
煤炭开采和洗选业	Mining and Washing of Coal	4	4	4	
石油和天然气开采业	Extraction of Petroleum and Natural Gas	59	29	29	30
黑色金属矿采选业	Mining and Processing of Ferrous Metal Ores	11	10	10	1
有色金属矿采选业	Mining and Processing of Non-Ferrous Metal Ores	3	3	3	
非金属矿采选业	Mining and Processing of Nonmetal Ores	38	34	34	4
其他采矿业	Mining of Other Ores	7	7	7	
制造业	**Manufacturing**	**43604**	**42980**	**42980**	**624**
农副食品加工业	Processing of Food from Agricultural Products	1001	985	985	16
食品制造业	Manufacture of Food	1001	957	957	44
饮料制造业	Manufacture of Beverage	275	263	263	12
烟草制品业	Manufacture of Tobacco	1	1	1	
纺织业	Manufacture of Textile	1214	1205	1205	9
纺织服装、鞋、帽	Manufacture of Textile Wearing Apparel, Footwear and Caps	1814	1802	1802	12
皮革、毛皮、羽毛(绒)及其制品业	Manufacture of Leather, Fur, Feather and Related Products	306	304	304	2
木材加工及木、竹、藤、棕、草制品业	Processing of Timber, Manufacture of Wood, Bamboo, Rattan, Palm and Straw Products	569	566	566	3
家具制造业	Manufacture of Furniture	704	698	698	6
造纸及纸制品业	Manufacture of Paper and Paper Products	1400	1382	1382	18
印刷业和记录媒介的复制	Printing, Reproduction of Recording Media	1040	1029	1029	11
文教体育用品制造业	Manufacture of Articles for Culture, Education and Sport Activity	451	446	446	5
石油加工、炼焦及核燃料加工业	Processing of Petroleum, Coking, Processing of Nuclear Fuel	166	163	163	3

1-6 续表 1 *Continued*

单位：个 (unit)

行业	Sector	合计 Total	法人单位 Institutional Units	# 企业法人 Enterprise Institution	产业活动单位 Unit with Industrial Undertakings
化学原料及化学制品制造业	Manufacture of Raw Chemical Materials and Chemical Products	2765	2724	2724	41
医药制造业	Manufacture of Medicines	416	406	406	10
化学纤维制造业	Manufacture of Chemical Fibers	58	55	55	3
塑料制品业	Manufacture of Plastics	676	673	673	3
橡胶制品业	Manufacture of Rubber	2252	2225	2225	27
非金属矿物制品业	Manufacture of Non-metallic Mineral Products	1940	1899	1899	41
黑色金属冶炼及压延加工业	Smelting and Pressing of Ferrous Metals	1029	1020	1020	9
有色金属冶炼及压延加工业	Smelting and Pressing of Non-ferrous Metals	477	474	474	3
金属制品业	Manufacture of Metal Products	6027	5973	5973	54
通用设备制造业	Manufacture of General Purpose Machinery	5305	5260	5260	45
专用设备制造业	Manufacture of Special Purpose Machinery	3121	3071	3071	50
交通运输设备制造业	Manufacture of Transport Equipment	3108	3061	3061	47
电气机械及器材制造业	Manufacture of Electrical Machinery and Equipment	2234	2195	2195	39
通信设备、计算机及其他电子设备制造业	Manufacture of Communication Equipment, Computers and Other Electronic Equipment	1672	1581	1581	91
仪器仪表及文化、办公用机械制造业	Manufacture of Measuring Instruments and Machinery for Cultural Activity and Office Work	973	963	963	10
工艺品及其他制造业	Manufacture of Artwork and Other Manufacturing	1344	1338	1338	6
废弃资源和废旧材料回收加工业	Recycling and Disposal of Waste	265	261	261	4
电力、燃气及水的生产和供应业	**Production and Supply of Electricity, Gas and Water**	**665**	**392**	**386**	**273**
电力、热力的生产和供应业	Production and Supply of Electric Power and Heat Power	350	201	198	149
燃气生产和供应业	Production and Supply of Gas	178	70	70	108
水的生产和供应业	Production and Supply of Water	137	121	118	16
建筑业	**Construction**	**8412**	**7568**	**7567**	**844**
房屋和土木工程建筑业	Building and Civil Engineering	2896	2318	2318	578
建筑安装业	Building Installation	2372	2242	2242	130
建筑装饰业	Building Decoration	2109	2030	2030	79
其他建筑业	Others	1035	978	977	57

1-6 续表 2 Continued

单位：个 (unit)

行业	Sector	合计 Total	法人单位 Institutional Units	# 企业法人 Enterprise Institution	产业活动单位 Unit with Industrial Undertakings
交通运输、仓储和邮政业	**Transportation, Storage and Post Services**	**8315**	**7355**	**7097**	**960**
铁路运输业	Railway Transport	56	30	28	26
道路运输业	Highway Transport	2154	2044	1939	110
城市公共交通业	City Public Traffic	109	88	85	21
水上运输业	Waterway Transport	252	218	207	34
航空运输业	Air Transport	46	21	21	25
管道运输业	Pipeline Transport	7	5	4	2
装卸搬运和其他运输服务业	Load & Unload and Others	4230	3834	3716	396
仓储业	Storage Services	1149	1042	1027	107
邮政业	Post Services	312	73	70	239
信息传输、计算机服务和软件业	**Information Transmitting, Computer Services and Software**	**2974**	**2329**	**2168**	**645**
电信和其他信息传输服务业	Telecommunication and Other Information Transmitting Services	997	442	400	555
计算机服务业	Computer Services	1203	1149	1046	54
软件业	Software	774	738	722	36
批发和零售业	**Wholesale and Retail Trade**	**56173**	**51740**	**51740**	**4433**
批发业	Wholesale	36847	35656	35656	1191
零售业	Retail	19326	16084	16084	3242
住宿和餐饮业	**Accommodation and Catering Services**	**3984**	**3226**	**2847**	**758**
住宿业	Accommodation	773	691	628	82
餐饮业	Catering Services	3211	2535	2219	676
金融业	**Finance Intermediation**	**3443**	**890**	**872**	**2553**
银行业	Banking	2041	326	322	1715
证券业	Securities	170	63	62	107
保险业	Insurance	592	139	130	453
其他金融活动	Others	640	362	358	278
房地产业	**Real Estate**	**5907**	**4690**	**4571**	**1217**
租赁和商务服务业	**Leasing and Business Services**	**15610**	**14568**	**13435**	**1042**
租赁业	Leasing Services	868	832	801	36
商务服务业	Business Services	14742	13736	12634	1006

1-6 续表 3 Continued

单位：个 (unit)

行　业	Sector	合 计 Total	法人单位 Institutional Units	# 企业法人 Enterprise Institution	产业活动单位 Unit with Industrial Undertakings
科学研究、技术服务和地质勘察业	**Scientific Research, Technical Services and Geological Prospecting**	**7866**	**7575**	**6718**	**291**
研究与试验发展	R&D	442	428	332	14
专业技术服务业	Special Technical Services	3581	3388	2872	193
科技交流和推广服务业	Science Exchanges and Technology Expansion	3774	3695	3465	79
地质勘察业	Geological Prospecting	69	64	49	5
水利、环境和公共设施管理业	**Management for Water Conservancy, Environment and Public Facilities**	**1343**	**1217**	**638**	**126**
水利管理业	Management for Water Conservancy	305	248	43	57
环境管理业	Management for Environment	314	291	112	23
公共设施管理业	Management for Public Facilities	724	678	483	46
居民服务和其他服务业	**Resident Services and Other Social Services**	**6675**	**6254**	**5457**	**421**
居民服务业	Resident Services	2067	1857	1475	210
其他服务业	Others	4608	4397	3982	211
教　育	**Education**	**4098**	**3234**	**294**	**864**
卫生、社会保障和社会福利业	**Health Care, Social Security and Social Welfare**	**3019**	**1407**	**268**	**1612**
卫　生	Health Care	2362	1003	234	1359
社会保障业	Social Security	412	190	24	222
社会福利业	Social Welfare	245	214	10	31
文化、体育和娱乐业	**Culture, Sports and Recreational Services**	**1503**	**1436**	**784**	**67**
新闻出版业	News Publication	160	152	54	8
广播、电视、电影和音像业	Broadcast, TV, Movies, Record and Video Industry	174	159	88	15
文化艺术业	Culture and Art	508	494	249	14
体　育	Sports	197	193	59	4
娱乐业	Recreational Services	464	438	334	26
公共管理和社会组织	**Public Management and Social Organizations**	**11599**	**9856**		**1743**
中国共产党机关	Chinese Communist Party Agencies	291	261		30
国家机构	Government Agencies	3589	2314		1275
人民政协和民主党派	The People's Political Consultative Conference Committees and Democracy Party Groupings	67	63		4
群众团体、社会团体和宗教组织	Mass Organizations, Social Organizations and Religious Groups	2431	1997		434
基层群众自治组织	Grass-roots Mass Autonomy Organizations	5221	5221		

1-7 主要年份国民经济主要指标和增长速度
Main Indicators and Increase Rate of National Economy in Main Years

年 份 Year	户籍人口数 (万人) Registered Population (10 000 persons)	社会从业人员数 (万人) Number of Employment Personnel (10 000 persons)	# 城镇单位从业人员 Employment Personnel in Urban Units	全市生产总值 (亿元) Gross Domestic Product (100 million yuan)	人 均 生产总值 (元) Per Capita GDP (yuan)	社会劳动 生产率 (元/人) Society Labour Productivity (yuan/person)
1952	439.22	159.50	45.18	12.80	298	825
1957	529.65	186.50	86.24	24.11	465	1311
1962	595.63	203.80	106.48	24.25	406	1166
1965	637.80	227.50	120.30	35.96	560	1602
1970	652.70	270.20	135.81	50.99	781	1960
1975	702.86	328.60	181.46	69.73	991	2232
1978	724.27	366.70	217.40	82.65	1133	2300
1980	748.91	394.79	242.69	103.53	1357	2671
1985	804.80	455.98	276.48	175.78	2169	3892
1990	866.25	470.07	284.31	310.95	3487	6617
1995	894.67	515.30	289.59	931.97	9769	18126
2000	912.00	486.89	201.75	1701.88	17353	34208
2005	939.31	542.52	194.12	3905.64	37796	72982
2006	948.89	562.92	195.00	4462.74	42141	80741
2007	959.10	613.93	200.22	5252.76	47970	89268
2008	968.87	647.32	200.61	6719.01	58656	106545
2009	979.84	677.13	201.65	7521.85	62574	113585
2010	984.85	728.70	205.65	9224.46	72994	131232
平均每年递增(%) Average Annual Increase Rate (%)						
1953-1957	3.8	3.2	13.8	13.5	9.3	9.7
1958-1962	2.4	1.8	4.3	-1.7	-4.4	-4.1
1963-1965	2.3	3.7	4.2	15.5	12.7	12.6
1966-1970	0.5	3.5	2.5	8.3	7.9	5.1
1971-1975	1.5	4.0	6.0	7.2	5.6	3.4
1976-1980	1.3	3.7	6.0	7.4	5.7	2.9
1981-1985	1.4	2.9	2.6	9.3	8.0	6.0
1986-1990	1.5	0.6	0.6	5.2	3.2	4.4
1991-1995	0.6	1.9	0.4	11.7	10.2	9.7
1996-2000	0.4	-1.1	-7.0	11.3	10.7	12.0
2001-2005	0.6	2.2	-0.8	14.0	12.8	12.3
2006-2010	1.0	6.1	1.2	16.1	11.6	10.0
1981-1990	1.5	1.8	1.6	7.3	5.6	5.2
1991-2000	0.5	0.4	-3.4	11.5	10.4	10.9
2001-2010	0.8	4.1	0.2	15.1	12.2	11.2
1953-2010	1.4	2.7	2.6	9.5	7.5	6.7
1979-2010	1.0	2.2	-0.2	11.2	9.3	8.8
2010比2009	0.5	7.6	2.0	17.4	11.7	10.6

注：本表全市生产总值、人均生产总值、社会劳动生产率速度按可比价计算。
Note: Increase rate of gross domestic product, per capita GDP and society labour productivity are calculated at constant prices.

1-7 续表 1 Continued

单位：亿元 (100 million yuan)

年 份 Year	农林牧渔业总产值 Gross Output Value of Farming, Forestry, Animal Husbandry and Fishery	工业总产值 Gross Output Value of Industry	轻工业 Light Industry	重工业 Heavy Industry	中资金融机构人民币存款余额 RMB Deposits of Chinese Financial Institutions	#储 蓄 存款余额 Saving Deposit Balance
1952	2.73	19.71	16.36	3.35	2.66	0.50
1957	3.23	40.44	29.01	11.43	3.08	1.05
1962	2.78	45.39	29.12	16.27	10.33	0.93
1965	4.82	66.35	39.08	27.27	12.19	1.57
1970	5.20	102.77	54.83	47.94	14.54	1.59
1975	5.39	145.57	74.47	71.10	25.69	2.88
1978	6.72	157.90	81.47	76.43	33.24	4.02
1980	9.25	195.94	106.00	89.94	44.92	7.96
1985	20.44	319.47	164.22	155.25	114.25	29.38
1990	51.72	679.94	354.50	325.44	263.21	126.92
1995	125.44	1879.65	752.03	1127.62	1079.97	549.97
2000	156.30	3080.74	1263.10	1817.64	2281.55	1172.40
2005	238.34	7169.62	1569.06	5600.56	5684.40	2462.41
2006	225.04	8907.45	1664.03	7243.42	6531.94	2811.02
2007	240.74	10502.91	1967.37	8535.54	7856.65	3078.72
2008	268.11	13042.91	2190.54	10852.37	9490.11	3956.86
2009	281.65	13384.25	2290.38	11093.87	13390.21	4860.12
2010	317.33	17107.19	2800.45	14306.74	15912.21	5525.28
平均每年递增(%) Average Annual Increase Rate (%)						
1953-1957	3.8	16.6	13.5	29.5	3.0	16.0
1958-1962	-2.6	0.4	-1.3	4.5	27.4	-2.3
1963-1965	18.8	15.5	12.8	20.6	5.7	19.0
1966-1970	1.1	10.3	7.5	14.5	3.6	0.3
1971-1975	1.1	8.5	6.7	10.6	12.1	12.6
1976-1980	3.5	6.0	7.7	4.1	11.8	22.5
1981-1985	9.7	9.7	10.1	9.1	20.5	29.8
1986-1990	8.6	10.6	10.2	11.2	18.2	34.0
1991-1995	7.0	20.7	16.3	24.9	32.6	34.1
1996-2000	6.2	15.2	15.8	14.8	16.1	16.3
2001-2005	6.1	21.5	10.4	27.4	20.0	16.0
2006-2010	3.1	21.5	15.7	22.8	47.5	36.4
1981-1990	9.2	10.2	10.1	10.1	19.6	31.9
1991-2000	6.6	17.9	16.0	19.7	24.1	24.9
2001-2010	4.6	21.5	13.0	25.1	21.4	16.8
1953-2010	5.0	12.8	10.3	15.7	16.2	17.4
1979-2010	7.1	16.0	13.1	17.4	21.3	25.3
2010比2009	3.5	31.4	23.5	33.1	18.8	13.7

注：1. 农林牧渔业总产值增速按可比价计算。2. 工业总产值1995年以后为现价新规定，以前为原规定，增速按可比价计算，以下各表同。3. 金融机构人民币存、贷款余额为当年年末数。

Note: a) Increase rate of gross output value of farming, forestry, animal husbandry and fishery are based on constant prices. b) Gross output value of industry are calculated at current prices according to new stipulation after 1995, others are former stipulation. Increase rate is based on constant prices, same as following next. c) RMB deposits and loans of financial institutions are year-end figures.

1-7 续表 2 *Continued*

单位：亿元 (100 million yuan)

年 份 Year	中资金融机构人民币贷款余额 RMB Loans of Chinese Financial Institutions	财 政 收 入 Total Government Revenue	财 政 支 出 Total Government Expenditures	全社会固定资产投资额 Total Investment in Fixed Assets	# 地 方 Local	全社会新增固定资产 Total Newly Increased in Fixed Assets
1952	0.46	3.88	1.08	1.03	0.32	
1957	10.91	7.99	1.63	2.40	1.13	
1962	24.96	9.77	2.49	1.86	1.33	
1965	25.25	13.33	3.50	2.91	1.84	
1970	39.04	28.02	6.40	6.17	4.34	
1975	68.59	39.17	10.61	16.25	8.88	
1978	80.14	39.25	14.51	20.30	10.03	
1980	102.66	40.94	14.67	23.92	14.53	17.84
1985	191.04	48.21	26.97	65.90	50.80	42.62
1990	415.91	44.88	40.20	87.69	57.47	65.16
1995	1113.95	117.34	90.37	393.18	309.75	300.86
2000	1863.60	244.81	209.57	608.80	463.83	434.28
2005	4417.45	725.81	520.28	1516.84	1288.85	847.79
2006	5106.94	926.33	654.15	1849.80	1523.01	1423.73
2007	6131.63	1204.65	839.35	2388.63	1915.38	1302.95
2008	7277.46	1490.06	1063.25	3404.10	2766.74	1873.10
2009	10513.44	1809.28	1467.11	5006.32	4046.33	2574.48
2010	12864.75	1068.81	1376.84	6511.42	5762.13	3296.45
平均每年递增 (%) Average Annual Increase Rate (%)						
1953-1957	88.3	15.5	8.6	20.8	36.6	
1958-1962	18.0	4.1	8.8	24.4	45.7	
1963-1965	0.4	10.9	12.0	26.4	20.7	
1966-1970	9.1	16.0	12.8	6.7	4.1	
1971-1975	11.9	6.9	10.6	22.0	14.0	
1976-1980	8.4	0.9	6.7	6.5	7.7	
1981-1985	13.2	3.3	12.9	20.8	29.6	23.6
1986-1990	16.8	-1.4	8.3	6.7	2.3	13.4
1991-1995	21.8	21.2	17.6	36.8	43.3	35.1
1996-2000	10.8	15.9	18.3	10.6	9.1	9.1
2001-2005	18.8	24.3	19.9	19.4	22.9	13.4
2006-2010	23.8	29.8	33.1	32.7	32.1	31.8
1981-1990	15.1	0.9	10.6	16.8	19.6	17.9
1991-2000	16.2	18.5	18.0	26.3	28.9	25.9
2001-2010	21.3	27.0	26.3	24.4	26.1	20.2
1953-2010	19.3	11.9	14.0	15.2	17.4	
1979-2010	17.2	14.1	16.9	18.4	20.7	
2010比2009	22.4	30.1	23.1	30.1	42.4	28.0

注：1994–2009年财政收支为全市财政收支口径，其余年份财政收支为地方一般预算内财政收支口径；1994年以后为分税制后的财政收支数；增长速度按可比口径计算。

Note: From 1994 to 2009, government revenue and expenditure adopt the coverage of total city, and other years refer to local government budgetary revenue and expenditure. Figures have adjusted since the reform of tax system was implemented in 1994. Increase rate is calculated on the basis of constant coverage.

1-7 续表 3 Continued

年 份 Year	全社会房屋建筑竣工面积 (万平方米) Total Floor Space of Buildings Completed (10 000 sq. m.)	# 住 宅 Residential Buildings	社 会 货运量 (万吨) Freight Traffic (10 000 tons)	港口货物吞吐量 (万吨) Freight Handled at Ports (10 000 tons)	邮电业务总量 (万元) Total Business Value of Post and Telecommu-nications (10 000 yuan)	社会消费品零售总额 (亿元) Total Retail Sales of Consumer Goods (100 million yuan)
1952			1748	74	894	7.19
1957			2984	284	935	10.55
1962			3498	391	1436	12.31
1965			3450	549	1621	12.32
1970			4837	817	1660	14.56
1975			6766	826	2385	21.18
1978			9241	1131	2710	25.20
1980			13949	1192	3163	34.64
1985	1220.89	853.91	18249	1856	5290	64.12
1990	686.39	468.84	15929	2063	32735	139.88
1995	1263.82	690.68	24040	5787	187195	375.64
2000	1459.36	910.30	26400	9582	753669	736.63
2005	2863.36	1662.53	40263	24069	1763477	1190.06
2006	2960.32	1726.71	42863	25760	2277902	1356.79
2007	2600.70	1648.29	51338	30946	3006714	1603.74
2008	2868.12	1773.64	55065	35593	3517682	2078.70
2009	3174.48	1887.01	43554	38111	3866682	2430.83
2010	3380.87	1872.80	41611	41325	4351563	2902.55
平均每年递增 (%) Average Annual Increase Rate (%)						
1953-1957			11.3	30.9	0.9	5.5
1958-1962			3.2	6.6	9.0	0.8
1963-1965			-0.5	12.0	4.1	4.0
1966-1970			7.0	8.3	0.5	3.7
1971-1975			6.9	0.2	7.5	7.8
1976-1980			15.6	7.6	5.8	8.8
1981-1985			5.5	9.3	10.8	9.3
1986-1990	-10.9	-11.3	-2.7	2.1	24.9	6.5
1991-1995	13.0	8.1	8.6	22.9	41.7	9.2
1996-2000	2.9	5.7	2.0	10.6	32.1	14.8
2001-2005	14.4	12.8	8.8	20.2	26.0	14.4
2006-2010	3.4	2.4		11.4	19.8	16.0
1981-1990			1.3	5.6	17.7	7.8
1991-2000	7.8	6.9	5.2	16.6	36.8	12.0
2001-2010	8.8	7.5		15.7	22.8	15.2
1953-2010				11.5	15.0	8.3
1979-2010				11.9	24.4	11.4
2010比2009	6.5	-0.8	-4.5	8.4	12.5	15.5

注：1. 2003年起社会消费品零售总额为新口径。增长速度均为可比口径，并已扣除物价因素。2. 邮电业务总量增速按可比价格计算。

Note: a) Since 2003, retail sales of consumer goods has been calculated on new statistical coverage. The increase rate of retail sales of consumer goods is calculated at constant price and has deducted price sectors. b) Increase rate of total business value of post and telecommunications is calculated on the basis of constant coverage.

1-7 续表 4 Continued

年 份 Year	实际利用外资额 (万美元) Foreign Capital Actually Used (USD 10 000)	# 客商直投 Foreign Direct Investment	天津口岸进出口总额 (亿美元) Total Value of Imports & Exports in Tianjin Port (USD 100 million)	# 出 口 Exports	外贸进出口总额 (亿美元) Total Value of Imports & Exports in Foreign Trade (USD 100 million)	# 出 口 Exports
1952						1.90
1957					2.50	2.48
1962					2.40	2.34
1965					3.54	3.41
1970					3.58	3.19
1975					8.86	7.72
1978					9.88	8.65
1980	271	271			18.27	15.42
1985	7558	4409	96.18	20.07	14.86	11.53
1990	33467	8315	85.95	42.53	22.10	17.86
1995	211010	152064	217.46	127.81	65.46	29.98
2000	282467	256000	298.03	165.29	171.57	86.29
2005	364573	332885	819.29	446.83	533.87	274.15
2006	436896	413077	1018.85	571.24	645.73	335.40
2007	546033	527776	1290.00	752.87	715.50	381.61
2008	759679	741978	1631.02	940.98	805.39	422.29
2009	908918	901985	1242.24	612.04	639.44	299.85
2010	1105855	1084872	1641.10	794.41	822.01	375.17
平均每年递增 (%) Average Annual Increase Rate (%)						
1953-1957						5.5
1958-1962					-0.8	-1.2
1963-1965					13.8	13.5
1966-1970					0.2	-1.4
1971-1975					19.9	19.4
1976-1980					15.6	14.8
1981-1985	94.6	74.7			-4.1	-5.7
1986-1990	34.7	13.5	-2.2	16.2	8.3	9.1
1991-1995	44.5	78.8	20.4	24.6	24.3	10.9
1996-2000	6.0	11.0	6.5	5.3	21.3	23.5
2001-2005	27.2	32.0	22.4	22.0	25.5	26.0
2006-2010	24.8	26.7	14.9	12.2	9.0	6.5
1981-1990	61.9	40.8			1.9	1.5
1991-2000	23.8	40.9	13.2	14.5	22.7	17.1
2001-2010	29.8	32.0	18.6	17.0	17.0	15.8
1953-2010						9.5
1979-2010					14.8	12.5
2010比2009	21.7	20.3	32.1	29.8	28.8	25.5

注：2003年开始实际直接利用外资额采用商务部口径，速度按可比口径计算，以下相关表同。
Note: Since 2003, foreign direct investment adopts new coverage of Ministry of Commerce, and increase rate is calculated on the basis of constant coverage, same as following next.

1-7 续表 5 Continued

年 份 Year	城镇单位从业人员劳动报酬总额(亿元) Total Remuneration of Employment Personnel in Urban Units (100 million yuan)	# 国有单位 State-owned Units	城镇单位从业人员人均劳动报酬(元) Per Capita Annual Remuneration of Employment Personnel in Urban Units (yuan)	# 国有单位 State-owned Units	城市居民人均可支配收入(元) Per Capita Annual Disposable Income of Urban Households (yuan)	城市居民人均消费性支出(元) Per Capita Annual Expenditure for Consumption of Urban Households (yuan)
1952	2.56	2.56		573	200	176
1957	5.05	5.05		749	240	216
1962	7.11	7.11		685	252	238
1965	8.48	7.29	714	745	261	234
1970	8.58	7.17	652	673	281	255
1975	10.66	8.61	618	663	324	295
1978	14.00	11.51	640	690	388	345
1980	19.32	15.77	820	865	527	475
1985	34.14	24.69	1250	1223	876	771
1990	69.38	55.50	2438	2611	1639	1440
1995	184.80	135.22	6501	6963	4930	4064
2000	253.53	161.86	12414	12690	8141	6121
2005	458.26	247.30	24122	24832	12639	9653
2006	530.29	283.31	27628	29135	14283	10548
2007	653.05	337.13	33312	34894	16357	12029
2008	795.85	375.36	39990	42962	19423	13422
2009	886.51	389.47	43937	47895	21402	14801
2010	1051.19	456.02	51489	56635	24293	16562
平均每年递增(%) Average Annual Increase Rate (%)						
1953-1957	12.1	12.1		3.3	1.5	2.0
1958-1962	4.7	4.7		-3.9	-1.3	-0.3
1963-1965	10.0	4.6		6.7	5.0	3.2
1966-1970	0.6	0.1	-1.4	-1.5	1.9	2.1
1971-1975	4.4	3.7	-1.1	-0.3	2.9	3.0
1976-1980	11.2	11.5	4.5	4.1	8.8	8.6
1981-1985	8.4	5.8	5.3	3.7	7.2	6.6
1986-1990	5.2	7.4	4.4	6.3	3.5	3.5
1991-1995	5.2	3.4	5.3	5.3	7.8	6.4
1996-2000	4.4	1.6	11.6	10.5	8.4	6.4
2001-2005	11.3	7.6	12.9	13.1	9.5	8.3
2006-2010	15.0	10.1	13.3	14.8	11.0	8.5
1981-1990	6.8	6.6	4.8	4.4	5.1	5.0
1991-2000	4.9	2.5	8.4	7.9	8.1	6.5
2001-2010	13.1	8.8	13.1	14.0	9.5	8.4
1953-2010	7.6	6.0		5.0	5.3	4.9
1979-2010	8.6	6.4	8.8	8.9	8.0	7.1
2010比2009	14.6	13.1	13.2	14.2	9.7	8.1

注：1. 1998年以前劳动报酬指标为职工工资口径，计算增长速度时已扣除物价因素。2. 计算城市居民人均收支增长速度按可比口径，并已扣除物价因素。

Note: a) Before 1998, total remuneration and per capita remuneration refer to wage of staff and workers, average annual increase rates of these indicators have deducted price sectors. b) The increase rates of income and expenditure of urban households are calculated at constant coverage and have deducted price sectors.

1-7 续表 6 *Continued*

年 份 Year	农村居民人均纯收入(元) Per Capita Annual Net Income of Rural Households (yuan)	农村居民人均生活消费支出(元) Per Capita Annual Expenditure for Consumption of Rural Households (yuan)	各类学校在校学生数(万人) Students Enrollment by Level of School (10 000 persons)	国有单位自然科学技术人员数(人) Natural Scientific & Technical Personnel of State-owned Units (person)	医院卫生院床位数(张) Hospital Beds (unit)	卫生技术人员数(人) Medical Technical Personnel (person)	#执业及助理医师 Certified & Assistant Doctors
1952	70		57.14		3457	8481	3326
1957	92		83.92		6156	15124	5522
1962	65		106.37		10521	23858	8627
1965	92		148.10		11266	26393	10585
1970	145		148.17		11361	23591	9046
1975	147		169.71		15961	33734	12326
1978	153	132	162.30	102022	17288	40653	15776
1980	278	208	139.06	127803	18753	50662	20474
1985	564	426	121.09	194837	25191	60412	25555
1990	1069	733	134.97	271761	33382	67485	32034
1995	2531	1717	155.28	248739	37280	71806	33693
2000	4370	2393	162.22	249934	38842	65145	30031
2005	7202	3590	162.05	206222	39491	61284	25088
2006	7942	3829	158.84	207958	38893	62258	25358
2007	8752	4118	159.93	211440	39708	63900	26228
2008	9670	4593	158.52	213092	41212	65115	25865
2009	10675	4926	154.45	213953	41921	67560	27261
2010	11801	5606	152.94	218431	44080	70040	28478
平均每年递增 (%) Average Annual Increase Rate (%)							
1953-1957	5.6		8.0		12.2	12.3	10.7
1958-1962	-6.7		4.9		11.3	9.5	9.3
1963-1965	12.3		11.7		2.3	3.4	7.1
1966-1970	9.5				0.2	-2.2	-3.1
1971-1975	0.3		2.8		7.0	7.4	6.4
1976-1980	13.6		-3.9		3.3	8.5	10.7
1981-1985	15.2	15.4	-2.7	8.8	6.1	3.6	4.5
1986-1990	13.6	11.5	2.2	6.9	5.8	2.2	4.6
1991-1995	18.8	18.6	2.8	-1.8	2.2	1.2	1.2
1996-2000	11.5	6.7	0.9	0.1	0.8	-1.9	-2.3
2001-2005	10.5	8.5		-3.8	0.3	-1.2	-3.5
2006-2010	10.4	9.3	-1.2	1.2	2.2	2.7	2.6
1981-1990	14.4	13.4	-0.3	7.8	5.9	2.9	4.6
1991-2000	15.1	12.6	1.9	-0.8	1.5	-0.4	-0.6
2001-2010	10.4	8.9	-0.6	-1.3	1.3	0.7	-0.5
1953-2010	9.2		1.7		4.5	3.7	3.8
1979-2010	14.5	12.4	-0.2	2.4	3.0	1.7	1.9
2010比2009	10.5	13.8	-1.0	2.1	5.2	3.7	4.5

1-8 国民经济和社会发展结构指标（2007—2010年）
Structural Indicators of National Economy and Social Development, 2007-2010

单位：% (%)

指　标	Item	2007	2008	2009	2010
人　口	**Population**				
农非结构	Grouped by Non-agricultural and Agricultural				
非农业	Non-agricultural	60.5	60.7	61.1	61.4
农 业	Agricultural	39.5	39.3	38.9	38.6
性别结构	Grouped by Sex				
男	Male	50.4	50.4	50.3	50.3
女	Female	49.6	49.6	49.7	49.7
就　业	**Employment**				
社会从业人员产业结构	Grouped by Industry				
第一产业	Primary Industry	12.5	11.8	11.2	10.1
第二产业	Secondary Industry	42.6	42.0	41.5	41.5
第三产业	Tertiary Industry	44.9	46.2	47.3	48.4
国民经济核算	**National Accounting**				
全市生产总值产业结构	Grouped by Industry				
第一产业	Primary Industry	2.1	1.8	1.7	1.6
第二产业	Secondary Industry	55.1	55.2	53.0	52.4
第三产业	Tertiary Industry	42.8	43.0	45.3	46.0
投　资	**Investment**				
产业结构	Grouped by Industry				
第一产业	Primary Industry	0.7	1.0	1.5	1.5
第二产业	Secondary Industry	44.0	44.3	44.3	45.2
第三产业	Tertiary Industry	55.3	54.7	54.2	53.3
资金使用结构	Grouped by Use of Funds				
建设工程	Construction	53.2	52.4	52.1	55.3
安装工程	Installation	6.1	5.8	5.8	4.3
设备、工具、器械购置	Purchase of Equipment and Instruments	20.5	21.1	20.2	18.6
其他费用	Others	20.2	20.7	21.8	21.7
财　政	**Government Finance**				
地方财政收入结构	Structure of Local Government Revenue				
# 增值税(25%)	Value-added Tax (25%)	13.3	12.2	8.2	6.0

1-8 续表 1 Continued

单位: % (%)

指　　标	Item	2007	2008	2009	2010
营业税	Business Tax	20.5	19.9	18.4	14.3
企业所得税	Income Tax of Enterprises	10.7	11.5	7.9	6.4
个人所得税	Individual Income Tax	4.1	3.6	2.9	2.2
利用外资	**Utilization of Foreign Capital**				
实际利用外资结构	Structure of Foreign Capital Actually Used				
对外借款	Foreign Loans	3.3	2.3	0.8	1.9
直接利用外资	Foreign Direct Investment	96.7	97.7	99.2	98.1
能　源	**Energy**				
能源使用结构	Structure of Energy Consumption				
第一产业	Primary Industry	1.7	1.5	1.4	1.4
第二产业	Secondary Industry	70.3	69.9	69.1	71.5
第三产业	Tertiary Industry	16.7	16.9	16.9	16.1
生活消费	Living Consumption	11.3	11.7	12.5	11.0
农　业	**Agriculture**				
农林牧渔业产值结构	Structure of Gross Output Value of FFAF				
农　业	Farming	48.8	47.6	49.6	53.0
林　业	Forestry	0.9	0.8	0.8	0.7
牧　业	Animal Husbandry	32.0	32.1	29.7	27.6
渔　业	Fishery	15.0	16.3	16.9	15.8
农林牧渔服务业	FFAF Services	3.3	3.1	3.0	2.9
工　业	**Industry**				
全部工业总产值结构	Structure of Gross Output Value of Industry				
轻工业	Light Industry	18.7	16.8	17.1	16.4
重工业	Heavy Industry	81.3	83.2	82.9	83.6
建筑业	**Construction**				
建筑业总产值结构	Structure of Gross Output Value of Construction				
房屋和土木工程建筑业	Building and Civil Engineering	83.4	84.1	78.2	81.9
建筑安装业	Equipment Installation	11.8	10.1	11.7	10.7
建筑装饰业	Building Decoration	2.5	2.5	5.7	2.1
其他建筑业	Others	2.3	3.3	4.4	5.3
交通运输业	**Transportation**				
货运量结构	Structure of Freight Traffic				
铁　路(天津地区)	Railway (Tianjin Area)	22.0	22.1	25.9	18.3

1-8 续表 2 Continued

单位：% (%)

指　　标	Item	2007	2008	2009	2010
公　路	Highway	45.8	49.0	45.5	50.1
水运、民航	Waterway and Civil Aviation	30.5	27.4	26.8	28.6
管道运输	Pipelines	1.7	1.5	1.8	3.0
国内商业	**Domestic Trade**				
社会消费品零售总额构成	Composition of Retail Sales of Consumer Goods				
批发和零售业	Wholesale and Retail Trade	84.2	84.5	84.3	88.3
住宿和餐饮业	Accommodation and Catering Services	15.5	15.3	15.5	11.7
其他行业	Others	0.3	0.2	0.2	
对外经济贸易	**Foreign Trade and Economic Cooperation**				
进出口贸易总额结构	Structure of Imports and Exports				
出口总额	Exports	53.3	52.4	46.9	45.6
进口总额	Imports	46.7	47.6	53.1	54.4
国际旅游	**International Tourism**				
来津旅游人员结构	Structure of Tourists in Tianjin				
外国人、华侨	Foreigners and Overseas Chinese	88.2	89.0	88.9	88.0
港澳台同胞	Compatriots from Hong Kong, Macao and Taiwan	11.8	11.0	11.1	12.0
金融业	**Financial Intermediation**				
中资金融机构人民币存款结构	Structure of RMB Deposits of Chinese Financial Institutions				
# 企事业存款	Deposits of Enterprises and Institutions	42.6	38.1	43.9	42.1
储蓄存款	Saving Deposits	39.2	41.7	36.3	34.7
中资金融机构人民币贷款结构	Structure of RMB Loans of Chinese Financial Institutions				
# 短期贷款	Short-term Loans	39.9	33.8	24.6	21.6
中长期贷款	Medium-term & Long-term Loans	56.7	58.2	66.1	68.8
教　育	**Education**				
在校学生结构	Strurcture of Student Enronllment				
大学生	University and College Students	23.2	24.4	26.3	28.1
中学生	Secondary Students	44.6	42.7	40.9	38.8
小学生	Primary Students	32.2	32.9	32.8	33.1

1-8 续表 3 Continued

单位：% (%)

指　标	Item	2007	2008	2009	2010
专任教师结构	Full-time Teachers by Type				
大　学	University and College	21.7	22.3	23.2	24.3
中　学	Secondary Schools	44.8	44.9	44.2	43.4
小　学	Primary Schools	33.4	32.8	32.6	32.3
科　技	**Science and Technology**				
研究与试验发展经费内部支出结构	Composition of Interior Expenditure on R&D				
基础研究	Basic Research			4.1	4.1
应用研究	Applied Research			15.8	16.5
试验发展	Experimental Development			80.1	79.4
卫　生	**Health Care**				
卫生机构结构	Structure of Health Care Institutions				
# 医院、卫生院	Hospitals and Health Care Centers	17.5	15.4	16.7	16.3
卫生技术人员结构	Structure of Medical Professionals				
# 执业及助理医师	Certified and Assistant Doctors	41.0	39.7	40.4	40.7
注册护士	Registered Nurses	33.4	33.7	34.2	34.5
生　活	**People's Life**				
城市居民消费结构	Consumption Structure of Urban Residents				
食品类	Food	35.3	37.3	36.5	35.9
衣着类	Clothing	8.5	8.6	9.2	9.4
用品及其他	Articles for Daily Use and Others	44.4	42.7	44.1	45.0
居　住	Residence	11.8	11.4	10.2	9.8
农村居民消费结构	Consumption Structure of Rural Residents				
食品类	Food	38.9	39.9	39.5	39.0
衣着类	Clothing	9.5	9.0	9.3	9.0
用品及其他	Articles for Daily Use and Others	24.1	26.9	27.2	26.5
居　住	Residence	27.5	24.2	24.0	25.5
环　境	**Environment**				
空气质量结构	Structure of Air Quality				
二级和好于二级的天数	Days of Grade II and Better than Grade II	87.7	88.2	84.1	84.4

1-9 国民经济和社会发展比例和效益指标（2007—2010年）
Main Indicators of Proportion and Benefit in National Economy and Social Development, 2007-2010

单位：% (%)

指　标	Item	2007	2008	2009	2010
人　口	**Population**				
出生率(‰)	Birth Rate (‰)	7.9	8.1	8.3	8.2
死亡率(‰)	Death Rate (‰)	5.9	5.9	5.7	5.6
自然增长率(‰)	Natural Growth Rate (‰)	2.1	2.2	2.6	2.6
就　业	**Employment**				
城镇登记失业率	Unemployment Rate Registered in Urban Areas	3.6	3.6	3.6	3.6
国民经济核算	**National Accounting**				
经济增长贡献率	Contribution to Gross Domestic Product				
第一产业	Primary Industry	0.2	0.4	0.4	0.3
第二产业	Secondary Industry	59.2	61.1	61.5	66.3
#工　业	Industry	56.1	58.5	58.0	63.3
第三产业	Tertiary Industry	40.6	38.5	38.1	33.4
固定资产投资	**Investment in Fixed Assets**				
全社会固定资产投资相当于全市生产总值比例	Proportion of Total Investment in Fixed Assets to GDP	45.5	50.7	66.6	70.6
新增固定资产交付使用率	Rate of Newly Increased Fixed Assets Transferred and in Use	54.5	55.0	51.4	50.6
财　政	**Government Finance**				
全市财政收入相当于全市生产总值比例	Proportion of Total Government Revenue to GDP	22.9	22.2	24.1	29.0
全市财政支出相当于全市生产总值比例	Proportion of Total Government Expenditures to GDP	16.0	15.8	19.5	23.5
预算外资金收入相当于全市财政收入比例	Proportion of Extra-budgetary Receipt to Total Government Revenue	5.2	3.4	2.4	0.6
利用外资	**Utilization of Foreign Capital**				
直接利用外资额相当于签约额比例	Proportion of Foreign Direct Investment to Foreign Investment Contracted	45.8	56.0	65.2	70.9
能　源	**Energy**				
能源消费弹性系数	Elasticity Ratio of Energy Consumption	0.61	0.51	0.58	0.93
万元生产总值耗能 (吨标准煤)	Energy Consumption per 10 000 yuan GDP (ton of SCE)	0.96	0.89	0.84	0.83

1-9 续表 1 Continued

指　标	Item	2007	2008	2009	2010
农　业	**Agriculture**				
每公顷耕地农业机械总动力(千瓦)	Total Power of Agricultural Machinery per Hectare of Cultivated Land (kW)	14.90	14.75	14.78	14.74
每公顷播种面积农产品产量(吨)	Output of Crops per Hectare of Sown Area (ton)				
粮　食	Grain	5.04	5.07	5.10	5.12
棉　花	Cotton	1.38	1.20	1.28	1.21
油　料	Oil-bearing Crops	2.56	2.67	2.70	2.91
工　业(%)	**Industry (%)**				
总资产贡献率	Ratio of Total Assets to Industrial Output Value	15.0	12.1	12.1	17.3
成本费用利润率	Ratio of Pre-tax Profits to Industrial Cost	8.1	6.3	6.8	9.8
资金利税率	Ratio of Profits and Taxes to Total Assets	16.6	12.5	12.8	18.3
建筑业	**Construction**				
技术装备率(万元/人)	Value of Machinery per Labour (10 000 yuan/person)	2.45	3.04	4.13	4.14
产值利税率(%)	Ratio of Profits and Taxes to Gross Output Value (%)	6.3	6.5	6.0	6.0
全员劳动生产率(万元/人)	Overall Labour Productivity (10 000 yuan/person)	26.95	29.30	32.23	37.03
邮电通信业	**Post and Telecommunication Services**				
电话普及率(含移动电话)(部/百人)	Access to Telephones (include mobile phone) (set/100 persons)	111.1	112.3	112.2	112.1
移动电话普及率(部/百人)	Access to Mobile Phones (set/100 persons)	66.2	69.5	80.8	83.9
每一邮电局所服务面积(平方公里)	Average Service Area per Post and Telecommunications Office (sq. km)	14.0	10.8	14.3	14.1
对外经济贸易(%)	**Foreign Trade and Economic Cooperation (%)**				
进出口总额相当于全市生产总值比例	Proportion of Total Value of Imports & Exports in Foreign Trade to GDP	103.6	83.2	58.1	60.3
出口总额相当于全市生产总值比例	Proportion of Total Value of Exports to GDP	55.2	43.6	27.2	27.5
国际旅游	**International Tourism**				
每一来津游客花费(美元)	Expenditure per Tourist in Tianjin (USD)	754	821	839	855

1-9 续表 2 Continued

单位: % (%)

指　标	Item	2007	2008	2009	2010
金融业	**Financial Intermediation**				
金融机构存款相当于全市生产总值比例	Deposits of Financial Institutions as Percentage of GDP	156.9	148.1	184.6	178.9
金融机构贷款相当于 全市生产总值比例	Loans of Financial Institutions as Percentage of GDP	124.6	114.4	148.3	149.3
教　育	**Education**				
学龄儿童毛入学率	Percentage of School-aged Children Enrolled	109.86	108.52	107.24	122.95
初中毕业升学率	Percentage of Entering Senior Secondary Schools	99.9	100.0	105.0	110.3
每一教师负担学生数(人)	Student-teacher Ratio (person)	14	14	13	13
科　技	**Science**				
研究与实验发展经费支出相当于全市生产总值比例	R&D Expenditures as Percentage of GDP	2.3	2.5	2.4	2.5
卫　生	**Science**				
平均每个医院负担人口(人)	Average Burden Population of Each Hospital (person)	27129	27477	28104	28847
病床周转次数(次)	Turnover of Beds (time)	20	21	23	23
文　化	**Culture**				
每百万人有艺术表演团体(个)	Number of Troupes per Million Persons (unit)	1.4	1.3	1.2	1.3
每百万人有公共图书馆(个)	Number of Public Libraries per Million Persons (unit)	2.9	2.8	2.6	2.5
每百万人有博物馆(个)	Number of Museums per Million Persons (unit)	1.6	1.5	1.5	1.4
婚　姻	**Marriages and Divorces**				
离婚率(‰)	Divorces Rate (‰)	4.6	5.0	5.7	5.7
生　活	**People's Life**				
城市与农村居民收入增长率比例(以农村居民收入指数为100)	Proportion of Growth Rate of Annual Income of Urban Residents to the Growth Rate of Annual Net Income of Rural Residents (rural=100)	103.9	107.4	99.8	102.7
环境保护	**Environmental Protection**				
污水处理率	Percentage of Sewage Treatment	61.4	72.4	80.1	85.3
工业固体废物综合利用率	Rate of Comprehensive Utilization of Industrial Waste Residue	98.4	98.2	98.3	98.6

1-10 平均每天社会经济活动（2007—2010年）
Average Daily Social and Economic Activities, 2007-2010

指　标	Item	单　位	Unit	2007	2008	2009	2010
全市每天创造的财富	**Daily Production**						
全市生产总值	Gross Domestic Product	万　元	10 000 yuan	143911	184082	206078	252725
第一产业	Primary Industry	万　元	10 000 yuan	3019	3358	3530	3988
第二产业	Secondary Industry	万　元	10 000 yuan	79247	101638	109256	132609
工　业	Industry	万　元	10 000 yuan	72928	93668	99236	120845
建筑业	Construction	万　元	10 000 yuan	6319	7970	10020	11764
第三产业	Tertiary Industry	万　元	10 000 yuan	61645	79086	93292	116127
全市财政收入	Total Government Revenue	万　元	10 000 yuan	33004	40824	49569	73271
主要工业产品产量	Output of Major Industrial Products						
粗　钢	Crude Steel	吨	ton	43894	45316	58197	59236
钢　材	Steel Products	吨	ton	77816	82377	111794	122841
水　泥	Cement	吨	ton	16752	14655	18928	22184
天然原油	Crude Petroleum Oil	吨	ton	52720	54626	62930	91308
原　盐	Salt	吨	ton	6494	6418	6184	5688
发电量	Electricity	万千瓦时	10 000 kW · h	10771	10714	11391	16139
汽　车	Motor Vehicle	辆	unit	1252	1483	1650	2022
彩色电视机	Color Television	台	set	4212	5578	3849	5827
摩托车	Motorcycle	辆	unit	593	612	1112	937
自行车	Bicycle	辆	unit	46879	50773	52224	61395
微波炉	Microwave Oven	台	set	37823	38678	24928	22848
移动电话机	Mobile Phone	部	unit	267912	246707	234484	249532
布	Cloth	万　米	10 000 m	76	68	71	72
纱	Yarn	吨	ton	200	162	118	104
农用化肥	Chemical Fertilizer	吨	ton	592	468	416	40.8
化学农药	Chemical Pesticide	吨	ton	44	30	18	22
硫　酸	Sulfuric Acid	吨	ton	737	540	799	886
烧　碱	Caustic Soda	吨	ton	3685	3811	2995	886
合成洗涤剂	Synthetic Detergents	吨	ton	16	17	18	16
饮料酒	Alcoholic Beverage	吨	ton	966	852	1124	1194
主要农产品产量	Output of Major Farm Products						
粮　食	Grain	吨	ton	4032	4080	4282	4376
棉　花	Cotton	吨	ton	255	227	194	172
油　料	Oil-bearing Crops	吨	ton	13	13	15	18
肉　类	Meat	吨	ton	925	1017	1082	1167
蛋　类	Eggs	吨	ton	532	539	537	546
奶　类	Milk	吨	ton	1841	1921	1882	1899
蔬　菜	Vegetables	吨	ton	7517	8607	10242	11488
水产品	Aquatic Products	吨	ton	890	922	936	945

1-10 续表 Continued

指　标	Item	单　位	Unit	2007	2008	2009	2010
全市每天消费量	**Daily Consumption**						
最终消费支出	Final Consumption Expenditure	亿　元	100 million yuan	5.68	6.94	7.87	9.67
居民消费支出	Households Consumption	亿　元	100 million yuan	3.61	4.44	4.99	6.16
城镇居民	Urban	亿　元	100 million yuan	3.21	3.96	4.47	5.58
农村居民	Rural	亿　元	100 million yuan	0.40	0.48	0.52	0.57
政府消费支出	Government Consumption	亿　元	100 million yuan	2.07	2.50	2.88	3.51
社会消费品零售总额	Total Retail Sales of Consumer Goods	亿　元	100 million yuan	4.39	5.70	6.66	7.95
生活用煤、气、水、电	Coal, Gas, Water & Electricity for Living						
煤	Coal	万　吨	10 000 tons	0.21	0.16	0.18	0.18
液化石油气	Liquid Petroleum Gas	吨	ton	221	182	201	200
天然气和煤气	Natural Gas and Coal Gas	万立方米	10 000 cu. m.	95	103	106	113
水	Water	万　吨	10 000 tons	46.4	53.4	57.3	57.0
电	Electricity	万千瓦时	10 000 kW·h	1301	1466	1770	1847
每天其他经济活动	**Other Daily Economic Activities**						
社会货物运输量	Freight Traffic	万　吨	10 000 tons	141	151	119	114
客运量	Passenger Traffic	万人次	10 000 person-times	19.6	24.0	69.3	68.1
港口货物吞吐量	Freight Handled at Ports	万　吨	10 000 tons	84.78	97.52	104.41	113.22
邮电业务总量	Total Business Value of Post and Telecommunication Services	万　元	10 000 yuan	8238	9637	10594	11922
出版图书	Books Published	万　册	10 000 copies	12	11	12	10
出版报纸	Newspapers Issued	万　份	10 000 copies	253	259	263	258
出版杂志	Magazines Issued	万　册	10 000 copies	10	10	9	10
邮寄函件	Letters Delivered	万　件	10 000 copies	26	26	31	29
外贸出口总额	Total Value of Exports in Foreign Trade	万美元	USD 10 000	10455	11570	8215	10279
实际利用外资额	Foreign Capital Actually Used	万美元	USD 10 000	1496	2081	2490	3030
全社会竣工房屋建筑面积	Total Floor Space of Buildings Completed	万平方米	10 000 sq. m.	7.13	7.86	8.70	9.26
接待来津国际旅游人数（过夜）	Accommodated International Tourists (Stay for Night)	人　次	person-time	1207	1351	1479	1641
每天人口和婚姻动态	**Daily Population Changes And Marriages**						
出生人口	Births	人	person	237	255	273	283
死亡人口	Deaths	人	person	176	186	188	193
结婚对数	Marriages	对	couple	207	245	285	238
离婚对数	Divorces	对	couple	61	66	75	77

1-11 国民经济主要指标人均水平（2007—2010年）
Per Capita Annual Level of Main Indicators of National Economy, 2007-2010

指　标	Item	单　位	Unit	2007	2008	2009	2010
1. 全市生产总值	Gross Domestic Product	元	yuan	47970	58656	62574	72994
2. 全市财政收入	Total Government Revenue	元	yuan	11001	13008	15051	21163
3. 全市财政支出	Total Government Expenditures	元	yuan	7665	9282	12205	17167
4. 全社会固定资产投资	Total Investment in Fixed Assets	元	yuan	21814	29717	41647	51525
5. 工业总产值	Gross Output Value of Industry	元	yuan	95917	113862	111342	135371
6. 主要工业产品产量	Output of Major Industrial Products						
天然原油	Crude Petroleum Oil	吨	ton	1.74	1.74	1.91	2.64
天然气	Natural Gas	立方米	cu. m.	122	122	119	136
发电量	Electricity	千瓦时	kW · h	3590	3414	3459	4661
粗　钢	Crude Steel	吨	ton	1.46	1.44	1.77	1.71
钢　材	Steel Products	吨	ton	2.59	2.62	3.39	3.55
水　泥	Cement	吨	ton	0.56	0.47	0.57	0.64
布	Cloth	米	m	25	22	21	21
纱	Yarn	公　斤	kg	6.7	5.2	3.6	3.0
7. 农林牧渔业总产值	Gross Output Value of FFAF	元	yuan	2199	2341	2343	2511
8. 主要农产品产量	Output of Major Farm Products						
粮　食	Grain	公　斤	kg	134	130	130	126
棉　花	Cotton	公　斤	kg	8.5	7.2	5.9	5.0
油　料	Oil-bearing Crops	公　斤	kg	0.4	0.4	0.4	0.5
蔬　菜	Vegetables	公　斤	kg	251	274	311	332
肉　类	Meat	公　斤	kg	31	32	33	34
蛋　类	Eggs	公　斤	kg	18	17	16	16
奶　类	Milk	公　斤	kg	61	61	57	55
水产品	Aquatic Products	公　斤	kg	29.7	29.4	28.4	27
鲜　果	Fresh Fruits	公　斤	kg	27.6	25.7	26.5	24.7
9. 社会消费品零售总额	Total Retail Sales of Consumer Goods	元	yuan	14646	18147	20222	22968
10. 城市居民主要商品购买量	Purchase Volume of Major Products of Urban Households						
粮　食	Grain	公　斤	kg	45.0	45.2	48.4	44.7
食用植物油	Edible Vegetable-oil	公　斤	kg	9.6	9.2	9.2	7.6
猪牛羊肉	Pork, Beef and Mutton	公　斤	kg	20.6	21.1	24.2	23.5
蛋　类	Eggs	公　斤	kg	16.8	17.9	17.9	18.7
鲜　菜	Fresh Vegetables	公　斤	kg	123.4	133.7	132.2	125.7
鱼	Fish	公　斤	kg	9.2	9.7	9.9	9.3
鲜　奶	Milk	公　斤	kg	24.6	23.8	21.9	20.4
鲜瓜果	Fresh Fruits	公　斤	kg	75.4	74.2	73.1	75.6
服　装	Garments	件	piece	6.7	6.3	7.5	6.7
鞋　类	Shoes	双	pair	2.3	2.1	2.7	2.4
11. 外贸出口总额	Total Value of Exports in Foreign Trade	美　元	USD	3485	3687	2494	2969
12. 社会货物运输量	Freight Traffic	吨	ton	46.9	48.1	36.2	32.9

注：从2007年起城市居民粮食、蛋类指标为新口径。
Note: From 2007, purchase volume of grain and eggs of urban households adopt new coverage.

1-12 天津在全国的地位
Position of Tianjin in the Whole Nation

指　标	Item	2005 天津 Tianjin	2005 占全国比重(%) As Percentage to Nation (%)	2010 天津 Tianjin	2010 占全国比重(%) As Percentage to Nation (%)
年末常住人口(万人)	**Permanent Population (year-end) (10 000 persons)**	**1043.00**	**0.8**	**1229.29**	**0.9**
社会从业人员(万人)	**Total Employment Personnel (10 000 persons)**	**542.52**	**0.7**	**728.70**	**0.9**
全市生产总值(亿元)	**Gross Domestic Product (100 million yuan)**	**3905.64**	**2.1**	**9224.46**	**2.3**
第一产业	Primary Industry	112.38	0.5	145.58	0.4
第二产业	Secondary Industry	2135.07	2.4	4840.23	2.6
#工　业	Industry	1957.95	2.5	4410.85	2.8
第三产业	Tertiary Industry	1658.19	2.2	4238.65	2.5
人均生产总值(元)	**Per Capita GDP (yuan)**	**37796**	**高23611元**	**72994**	**高43232元**
城市居民人均可支配收入(元)	**Per Capita Annual Disposable Income of Urban Residents (yuan)**	**12639**	**高2146元**	**24293**	**高5184元**
农村居民人均纯收入(元)	**Per Capita Annual Net Income of Rural Residents (yuan)**	**7202**	**高3947元**	**11801**	**高5882元**
财政、金融(亿元)	**Government Finance and Financial Intermediation (100 million yuan)**				
地方一般预算财政收入	Local General Budgetary Government Revenue	331.85	2.2	1068.81	2.6
一般预算财政支出	General Budgetary Government Expenditure	442.12	1.8	1376.84	1.9
金融机构本外币存款余额	Balance of Home and Foreign Currency Deposits	6090.50	2.0	16499.25	2.2
金融机构本外币贷款余额	Balance of Home and Foreign Currency Loans	4722.38	2.3	13774.11	2.7
保费收入	Premium	90.64	1.8	214.00	1.5
主要工业产品产量	**Output of Major Industrial Products**				
天然原油(万吨)	Crude Petroleum Oil (10 000 tons)	1782.89	9.9	3332.73	16.4
原　盐(万吨)	Salt (10 000 tons)	234.70	5.2	207.60	3.3
天然气(亿立方米)	Natural Gas (100 million cu. m.)	8.79	1.8	17.19	1.8
发电量(亿千瓦小时)	Electricity (100 million kW · h)	365.70	1.5	589.08	1.4
化学纤维(万吨)	Chemical Fibers (10 000 tons)	20.54	1.3	12.80	0.4
乙　烯(万吨)	Ethylene (10 000 tons)	20.71	2.7	109.26	7.7
水　泥(万吨)	Cement (10 000 tons)	519.15	0.5	809.71	0.4
生　铁(万吨)	Pig Iron (10 000 tons)	660.24	2.0	1926.36	3.3
粗　钢(万吨)	Crude Steel (10 000 tons)	955.28	2.7	2162.11	3.4
汽　车(万辆)	Motor Vehicles (10 000 units)	32.78	5.7	73.81	4.0
自行车(万辆)	Bicycles (10 000 units)	1306.7	23.2	2240.92	38.0
移动电话机(万台)	Mobile Phones (10 000 units)	6319.82	20.8	9107.90	9.1

1-12 续表 Continued

指标	Item	2005 天津 Tianjin	2005 占全国比重(%) As Percentage to Nation (%)	2010 天津 Tianjin	2010 占全国比重(%) As Percentage to Nation (%)
房间空气调节器(万台)	Air Conditioners (10 000 sets)	434.43	6.4	405.13	3.7
集成电路(亿块)	Integrated Circuits (100 million units)	5.20	1.9	8.90	1.4
纱(万吨)	Yarn (10 000 tons)	7.32	0.5	3.81	0.1
布(亿米)	Cloth (100 million m)	2.58	0.5	2.64	0.3
主要农产品产量(万吨)	**Output of Major Farm Products (10 000 tons)**				
粮　食	Grain	137.50	0.3	159.74	0.3
肉　类	Meat	57.80	0.7	42.60	0.5
禽　蛋	Eggs	23.47	0.8	19.92	0.7
水产品	Aquatic Products	33.81	0.7	34.49	0.6
全社会固定资产投资额(亿元)	**Total Investment in Fixed Assets (100 million yuan)**	**1516.84**	**1.7**	**6511.42**	**2.3**
# 房地产开发投资额	Real Estate Development	327.54	2.1	866.64	1.8
运输、邮政、电信	**Transportation, Post & Telecommunications Service**				
沿海主要港口货物吞吐量(万吨)	Freight Handled in Major Coastal Harbors (10 000 tons)	24069	8.2	41325	7.5
社会货物运输量(万吨)	Freight Traffic (10 000 tons)	40263	2.2	41611	1.3
邮电业务总量(亿元)	Business Value of Post & Telecommunication Services (100 million yuan)	176.35	1.4	435.16	1.3
商业、外贸、外经	**Commerce, Foreign Trade & Foreign Capital**				
社会消费品零售总额(亿元)	Total Retail Sales of Consumer Goods (100 million yuan)	1190.06	1.8	2902.55	1.8
外贸出口总额(亿美元)	Total Value of Exports in Foreign Trade (USD 100 million)	274.15	3.6	375.17	2.4
实际直接利用外资额(亿美元)	Foreign Capital Actually Used (USD 100 million)	33.29	5.5	108.49	10.3
教育、科技、卫生、文化	**Education, Science & Technology, Health Care, Culture**				
高等学校在校学生数(万人)	Number of Students at Colleges and Universities (10 000 persons)	33.16	2.1	42.92	1.9
技术市场成交额(亿元)	Transaction Value in Technical Market (100 million yuan)	50.71	3.3	97.66	2.5
专利申请授权量(项)	Patent Applications Granted (item)	3045	1.4	10998	1.3
医院、卫生院(个)	Number of Hospitals and Health Care Centers (unit)	461	0.8	438	0.7
医院、卫生院床位(万张)	Number of Hospital and Health Care Center Beds (10 000 units)	3.95	1.3	4.41	1.0
图书出版数(万册)	Number of Books Published (10 000 copies)	5917	0.9	3774	0.5
杂志出版数(万册)	Number of Magazines Issued (10 000 copies)	4192	1.5	3713	1.2
报纸出版数(亿份)	Number of Newspapers Issued (100 million copies)	8.76	2.2	9.42	2.1

主要统计指标解释
Explanatory Notes on Main Statistical Indicators

国民经济行业分类

自 2003 年定期报表开始使用新的《国民经济行业分类》(GB/T 4754—2002)。该分类是由国家统计局组织修订，经国家质量监督检验检疫总局批准，于 2002 年 5 月 10 日发布实施。这次修订是在 1994 年分类标准的基础上，参照联合国《全部经济活动的国际标准产业分类》(ISIC/Rev.3) 进行的。修订后的《国民经济行业分类》(GB/T 4754—2002) 共有门类 20 个，大类 95 个，中类 396 个，小类 913 个。新增门类 4 个，大类增加 3 个，中类增加 28 个，小类增加 67 个。

三次产业划分

《三次产业划分规定》是国家统计局在 2002 年修订的《国民经济行业分类》(GB/T 4754—2002) 的基础上制定的。

第一产业包括农、林、牧、渔业；第二产业包括工业（采矿业，制造业，电力、燃气及水的生产和供应业）和建筑业；第三产业包括除第一、二产业以外的其他行业，具体包括：交通运输、仓储和邮政业，信息传输、计算机服务和软件业，批发和零售业，住宿和餐饮业，金融业，房地产业，租赁和商务服务业，科学研究、技术服务和地质勘察业，水利、环境和公共设施管理业，居民服务和其他服务业，教育，卫生、社会保障和社会福利业，文化、体育和娱乐业，公共管理和社会组织，国际组织等。

企业（单位）登记注册类型

是以在工商行政管理机关登记注册的各类企业为划分对象，以工商行政管理部门对企业登记注册的类型为依据，将企业登记注册类型分为内资企业、港澳台商投资企业和外商投资企业三大类。内资企业包括国有企业、集体企业、股份合作企业、联营企业、有限责任公司、股份有限公司、私营公司和其他企业；港澳台商投资企业和外商投资企业分别包括合资经营企业、合作经营企业、独资经营企业和股份有限公司。对不在工商行政管理部门进行登记注册的行政机关、事业单位和社会团体，主要按其经费来源和管理方式进行划分。

国有企业 指企业全部资产归国家所有，并按《中华人民共和国企业法人登记管理条例》规定登记注册的非公司制的经济组织。不包括有限责任公司中的国有独资公司和联营企业中的国有与国有联营企业。

集体企业 指企业资产归集体所有，并按《中华人民共和国企业法人登记管理条例》规定登记注册的经济组织。不包括股份合作企业和联营企业中的集体与集体联营企业。

股份合作企业 指以合作制为基础，由企业职工共同出资入股，吸收一定比例的社会资产投资组建，实行自主经营，自负盈亏，共同劳动，民主管理，按劳分配与按股分红相结合的一种集体经济组织。

私营企业 指由自然人投资设立或由自然人控股，以雇佣劳动为基础的营利性经济组织。包括按照《公司法》、《合伙企业法》、《私营企业暂行条例》规定登记注册的私营有限责任公司、私营股份有限公司、私营合伙企业和私营独资企业。

股份有限公司 指根据《中华人民共和国公司登记管理条例》规定登记注册，其全部注册资本由等额股份构成并通过发行股票筹集资本，股东以其认购的股份对公司承担有限责任，公司以其全部资产对其债务承担责任的经济组织。

有限责任公司 指根据《中华人民共和国公司登记管理条例》规定登记注册，由两个以上，五十个以下的股东共同出资，每个股东以其所认缴的出资额对公司承担有限责任，公司以其全部资产对其债务承担责任的经济组织。有限责任公司包括国有独资公司以及其他有限责任公司。

国有独资公司 指国家授权的投资机构或者国家授权的部门单独投资设立的有限责任公司。

其他有限责任公司 指国有独资公司以外的其他有限责任公司。

联营企业 指两个及两个以上相同或不同所有制性质的企业法人或事业单位法人，按自愿、平等、互利的原则共同投资组成的经济组织。

主要统计指标解释
Explanatory Notes on Main Statistical Indicators

其他内资企业 指上述内资企业之外的其他内资经济组织。

港澳台商独资经营企业 指依照《中华人民共和国外资企业法》及有关法律的规定，在内地由港澳台地区投资者全额投资设立的企业。

港澳台商投资股份有限公司 指根据国家有关规定，经商务部(原外经贸部)依法批准设立，其中港、澳、台商的股本占公司注册资本的比例达25%以上的股份有限公司。凡其中港、澳、台商的股本占公司注册资本的比例小于25%的，属于内资企业中的股份有限公司。

外商独资企业 指依照《中华人民共和国外资企业法》及有关法律的规定，在中国内地由外国投资者全额投资设立的企业。

外商投资股份有限公司 指根据国家有关规定，经原外经贸部依法批准设立，其中外资的股本占公司注册资本的比例达25%以上的股份有限公司。凡其中外资股本占公司注册资本的比例小于25%的，属于内资企业中的股份有限公司。

行政机关、事业单位和社会团体

填写登记注册类型参照企业登记注册类型，主要按其经费来源和管理方式划分。具体规定如下：

1. 行政机关：包括国家机关和政党机关，原则上均列为“国有”。但有特殊规定的，如供销社等，则列为“集体”。

2. 事业单位：包括经国家机构编制部门和有关业务主管部门批准成立的各类事业单位，不包括实行企业化管理的事业单位。事业单位的划分办法如下：

(1) 由国家财政预算拨款或列入财政预算外资金管理以及经费主要来源于国有主管部门或国有上级单位的事业单位，列为“国有”。

(2) 经费主要来源于集体单位的事业单位，列为“集体”。

(3) 公民个人(或个人合伙)开办的事业单位，列为“私营”。

(4) 上述以外的其他事业单位，如果其经费来源不明确，按管理方式进行归类。

3. 社会团体：包括经民政部门批准成立以及未纳入社会团体管理条例范围的工会、妇联等各类社会团体。社会团体的划分办法如下：

(1) 未纳入民政部社会团体管理条例范围的工会、妇联、共青团、青联、工商联、科协、侨联等社会团体，国家拨款设立的基金会或基金管理组织以及经费主要来源于国有业务主管部门或国有上级单位的社会团体，列为“国有”。

(2) 经费主要来源于集体单位的社会团体，列为“集体”。

(3) 公民个人(或个人合伙)开办的社会团体，划为“私营”。

(4) 上述以外的其他社会团体，如果其经费来源不明确，改按管理方式进行归类。

经济类型

本年鉴中的经济类型分组，从1998年开始是在企业登记注册类型分组基础上的再加工，其中国有经济包括国有企业、国有独资和国有与国有联营企业；集体经济包括集体企业、股份合作企业和集体与集体联营企业。私有经济包括私营企业和个体经营。

城乡划分标准

根据国务院国函[2008]60号文件中《统计上划分城乡的规定》，新的城乡划分标准为：城镇包括城区和镇区。城区是指在市辖区和不设区的市，区、市政府驻地的实际建设连接到的居民委员会和其他区域。镇区是指在城区以外的县人民政府驻地和其他镇，政府驻地的实际建设连接到居民委员会和其他区域。乡村是指该规定划定的城镇以外的区域。

现行价格(或称当年价格)

指报告期的实际价格，如工业品的出厂价格，农副产品的收购价格，商业的零售价格等。它反映当年的实际情况，使国民经济各项指标互相衔接，便于对生产、流通、分配、消费之间进行综合平衡。

可比价格

指计算各种总量指标所采用的扣除了价格变动因

主要统计指标解释
Explanatory Notes on Main Statistical Indicators

素的价格，可进行不同时期总量指标的对比。按可比价格计算总量指标有两种方法：一种是直接用产品产量乘某一年的不变价格计算；另一种是用价格指数进行缩减。

平均增长速度

平均增长速度表明社会经济现象在一个较长的时期内逐期平均增长变化的程度，它不能根据各个环比增长速度直接求得，但与平均发展速度之间存在着一定的数量关系：

平均增长速度=平均发展速度-1

平均发展速度是一种根据环比发展速度计算的序时平均数，由于各时期对比的基础不同，所以计算平均发展速度不能采用一般的序时平均数的计算方法，计算方法分为水平法和累计法。水平法，又称几何平均法，即将环比发展速度按连乘法用几何平均数公式计算。累计法，也称方程法，根据一段时期内各年发展水平总和与基期水平的关系，列出方程式计算平均发展速度。水平法着重考虑最后一年所达到的发展水平；累计法着重考虑整个时期累计发展水平的总量。

本《年鉴》内所列的平均增长速度，除固定资产投资用“累计法”计算外，其余均用“水平法”计算。从某年到某年平均增长速度的年份，均不包括基期年在内。如建国四十三年以来的平均增长速度是以1949年为基期计算的，则写为1950-1992年平均增长速度，其余类推。

主要统计指标解释
Explanatory Notes on Main Statistical Indicators

Industrial Classification of National Economy

The new *Industrial Classification of National Economy* (GB/T 4754-2002) is introduced starting from the compilation of 2003 annual statistics. The revision, based on the 1994 classification, was organized by the National Bureau of Statistics taking into consideration of the *International Standards of the Industrial Classification of All Economic Activities* (ISIC/Rev.3) of the United Nations. The new Classification was promulgated by the National Administration of Quality Supervision, Inspection and Quarantine on May 10, 2002. The revised version of the *Industrial Classification of the National Economy* (GB/T 4754-2002) is composed of 20 major divisions, 95 divisions, 396 major groups and 913 groups, of which 4 major divisions, 3 divisions, 28 major groups and 67 groups are new respectively.

Category of Three Industries

Three industries are categorized according to the standard of the *Industrial Classification of the National Economy* (GB/T 4754-2002).

Primary Industry includes agriculture, forestry, animal husbandry and fishery.

Secondary Industry includes industry (minerals mining, manufacturing, production and supply of electricity, gas and water) and construction.

Tertiary Industry includes all other industries not included in primary or secondary industry, including transportation, storage, post services; information transmitting, computer services and software; wholesale and retail trade; accommodation and catering services; finance; real estate; leasing and business services; scientific research, technical services and geological prospecting; management for water conservancy, environment and public facilities; resident services and other social services; education; health care, social security and social welfare; culture, sports and recreational services; public management and social organizations , international organizations and so on.

Registration Status of Enterprises

Enterprises are classified into 3 categories, namely domestic-funded enterprises, enterprises with investment from Hong Kong, Macau and Taiwan, and enterprises with foreign investment, according to the registration status of an enterprise in industrial and commercial administration agencies. Domestic-funded enterprises include State-owned enterprises, collective-owned enterprises, cooperative enterprises, joint ownership enterprises, limited liability corporations, share-holding corporations Ltd., private enterprises and other enterprises. Included in the enterprises with investment from Hong Kong, Macau and Taiwan and enterprises with foreign investment are joint-venture enterprises, cooperative enterprises, sole investment enterprises and share-holding corporations Ltd. For government agencies, institutions and social organizations which are not registered in industrial and commercial administration agencies, they are classified mainly by their sources of funding and manner of management.

State-owned Enterprises refer to non-corporation economic units where the entire assets are owned by the state and which have registered in accordance with the *Regulation of the People's Republic of China on the Management of Registration of Corporate Enterprises*. Excluded from this category are sole state-funded corporations in the limited liability corporations. Excluded from this category are enterprises with exclusive investment from state-owned, state-owned cooperative enterprises in the join ownership enterprises.

Collective-owned Enterprises refer to economic units where the assets are owned collectively and which have registered in accordance with the *Regulation of the People's Republic of China on the Management of Registration of Corporate Enterprises*. Excluded from this category are collective-owned and collective-owned cooperative enterprises in joint ownership enterprises, excluded cooperative enterprises.

Cooperative Enterprises refer to a form of collective economic units (enterprises) where capitals come mainly from employees as their shares, with certain proportion of capital from the outside, where production is organized on the basis of independent operation, independent accounting for profits and losses, joint work, democratic management, and a distribution system that integrates remuneration according to work with divided according to capital share.

Private Enterprises refer to profit-making economic units invested and established by natural persons, or controlled by natural persons using employed labour. Included in this category are private limited liability corporations, private share-holding corporations Ltd., private partnership enterprises and private-funded enterprises registered in accordance with the *Corporation Law, Partnership Enterprises Law* and *Interim Regulations on Private Enterprises*.

Share-holding Corporations Ltd. refer to economic units registered in accordance with the *Regulation of the People's Republic of China on the Management of Registration of Corporate Enterprises*, with total registered capitals divided into equal shares and raised through issuing stocks. Each investor bears limited liability to the corporation depending on the holding of shares, and the corporation bears liability to its debt to the maximum of its total assets.

Limited Liability Corporations refer to economic units established with investment from 2-50 investors and registered in accordance with the *Regulation of the People's Re-*

主要统计指标解释
Explanatory Notes on Main Statistical Indicators

public of China on the Management of Registration of Corporate Enterprises, each investor bearing limited liability to the corporation depending on its share of investment, and the corporation bearing liability to its debt to the maximum of its total assets. Limited liability corporations include exclusive state-funded limited liability corporations and other limited liability corporations.

Sole State-funded Corporations refer to limited liability corporations established with exclusive investment from investment institutions or departments authorized by the state.

Other Limited Liability Corporations refer to the limited liability corporations other than sole state-funded corporations.

Joint Ownership Enterprises refer to economic units established by two or more corporate enterprises or corporate institutions of the same or different ownership, through joint investment on the basis of equality, voluntary participation and mutual benefits. They include state joint ownership enterprises, collective joint ownership enterprises, joint state-collective enterprises, and other joint ownership enterprises.

Other Domestic-funded Enterprises refer to domestic-funded economic units other than those mentioned above.

Enterprises with Sole Investment from Hong Kong, Macao and Taiwan refer to enterprises established in the mainland of China with exclusive investment from investors from Hong Kong, Macao and Taiwan in accordance with the *Law of the People's Republic of China on Foreign-Funded Enterprises* and other relevant laws.

Share-holding Corporations Ltd. with Investment from Hong Kong, Macao and Taiwan refer to share-holding corporations Ltd. established with the approval from the Ministry of Commerce Relations (the Ministry of Foreign Trade and Economic) in line with relevant state regulations, where the share of investment from Hong Kong, Macao or Taiwan business men exceeds 25% of the total registered capital of the corporation. In case, the share of investment from Hong Kong, Macao or Taiwan is less than 25% of the total registered capital, the enterprise is to be classified as domestic-funded share-holding corporation Ltd.

Enterprises with Sole Foreign Investment refer to enterprises established in the mainland of China with exclusive investment from foreign investors in accordance with the *Law of the People's Republic of China on Wholly Foreign-owned Enterprises* and other relevant laws.

Share-holding Corporations Ltd. with Foreign Investment refer to share-holding corporations Ltd. established with the approval from the former Ministry of Foreign Trade and Economic Relations in line with relevant State regulations, where the share of investment from foreign investors exceeds 25% of the total registered capital of the corporation. In case the share of foreign investment is less than 25% of the total registered capital, the enterprise is to be classified as domestic-funded share-holding corporation Ltd.

Government Agencies, Institutions and Social Organizations

are classified into following categories by source of funds and way of management taking reference of the registration status of enterprises.

1. Government agencies include state and party agencies, classified in principle as "state-owned". There are exceptions, such as supply and marketing cooperatives which are classified as "collective-owned".

2. Institutions include institutions of various types established with the approval by organization and staffing department of the government, but exclude institutions where enterprise management system is introduced. Institutions are further classified as follows:

(1) Institutions whose main budget is listed in the government budget appropriations or extra-budget funds, or allocated from the budget of their competent government agencies. Such institutions are classified as "state-owned".

(2) Institutions whose budget mainly comes from collective units. Such institutions are classified as "collective-owned".

(3) Institutions established by individual (individual partnership), which are classified as "private".

(4) Institutions other than those mentioned above whose source of budget are not clear. Such institutions are classified by way of management.

3. Social organizations include social organizations established with the approval from the Ministry of Civil Affairs, and organizations that are not covered by social organizations management regulations such as trade unions, women's federations etc. Social organizations are further classified as follows:

(1) Social organizations that are not covered by social organizations management regulations of the Ministry of Civil Affairs, such as trade unions, women's federations, communist youth leagues, youth associations, industrial and commerce associations, scientists associations, overseas Chinese associations, etc., foundations and fund management organization established with funds from state, and social organizations whose funds mainly come from the budget of their competent government agencies. Such institutions are classified as "state-owned".

(2) Social organizations whose budget mainly comes from collective units. Such institutions are classified as

主要统计指标解释
Explanatory Notes on Main Statistical Indicators

"collective-owned".

(3) Social organizations established by individual (individual partnership), which are classified as "private".

(4) Social organizations other than those mentioned above whose source of budget is not clear. Such institutions are classified by way of management.

Type of Ownership

refers to enterprises classified as various type of ownership in accordance with registered categories of enterprises after 1998.In which, state-owned economy refer to state-owned enterprises, sole state-funded enterprises, state joint ownership enterprises, collective-owned economy refer to collective-owned enterprises, cooperative enterprises, collective joint ownership enterprises; private economy refer to private enterprises and individual.

The Division Standard of Urban and Rural Areas

According to *The Regulation on The Division of Urban and Rural Areas in Statistics* of State Department No.60 [2008], The new division standard of Urban and Rural Areas is as follows: Urban Area including city and township. City refers to the residents' committee and other areas connected with the actual construction of district and municipal government in the districts of city and the city without districts. Township refers to the residents' committee and other areas connected with the actual construction of district and municipal government outside city zones and other areas. Rural areas refer to the areas besides urban areas defined by the regulation.

Actual Price (current price)

includes all other industries not included in primary or secondary industry, including transport, storage, post services; information transmitting, computer services and software; wholesale and retail trade; accommodation and catering services; finance; real estate; leasing and business services; scientific research, technical services and geological prospecting; management for water conservancy, environment and public facilities; resident services and other social services; education; health care, social security and social welfare; culture, sports and recreational services; public management and social organizations and so on.

Constant Price

refer to prices that are used to remove the factors of price change in calculating economic aggregates, so as to facilitate comparison of aggregates over time. Two methods are used for calculating economic aggregates at constant prices, a) Multiplying the output of products by their constant prices of certain year; b) Deflation of data at current prices by relevant price index.

Average Annual Growth Rate

shows the average growth rate of social and economic development during a longer period. It can not be directly calculated by chain based growth rate. The relation is:

Average Annual Growth Rate = Average Speed of Development – 1

Average speed of development is the time series average of speed which calculated by chain based. Because the reference bases during the different periods are not same, average speed of development can not be calculated by the general method. Level approach and accumulative approach for calculating average speed of development rate are applied. The "level approach", or the method of calculating the geometric average, is derived by the formula of geometric average of the chain-based speeds of development, or comparing the level of the last year of the interval with that of the beginning year; the other is called the "accumulative approach" or the "algebraic average", "equation" method, which is derived by the summation of the actual figure of each year in the interval divided by the figure in the base year. The level approach focuses on the level of the last year, while the accumulative approach emphasizes the aggregate development in the duration.

The average annual growth rates listed in the Yearbook are calculated by the level approach except for the growth rate of investment in fixed assets. The base year is not listed in the duration for which average annual growth rates are computed. For instance, the average annual growth rate of the 43 years since 1949 is shown as the average annual growth rate of 1950-1992 without showing the base year 1949.

2 国民经济核算 National Accounts

2-1 全市生产总值（1978—2010年）
Gross Domestic Product, 1978-2010

单位：亿元 (100 million yuan)

年 份 Year	全市生产总值 Gross Domestic Product	第一产业 Primary Industry	第二产业 Secondary Industry	工 业 Industry	建筑业 Construction	第三产业 Tertiary Industry	人 均 生产总值(元) GDP Per Capita (yuan)	社会劳动 生产率(元/人) Society Labour Productivity (yuan/person)
1978	82.65	5.03	57.53	54.39	3.14	20.09	1133	2300
1979	93.01	6.54	64.82	61.01	3.81	21.65	1241	2489
1980	103.53	6.53	72.56	67.48	5.08	24.44	1357	2671
1981	107.96	5.18	76.97	71.06	5.91	25.81	1458	2672
1982	114.11	7.00	79.86	72.30	7.56	27.24	1469	2737
1983	123.42	7.60	84.47	76.69	7.78	31.35	1555	2883
1984	147.53	11.13	96.47	87.97	8.50	39.93	1853	3342
1985	175.78	12.95	114.92	104.80	10.12	47.91	2169	3892
1986	194.74	16.51	123.33	111.90	11.43	54.90	2352	4220
1987	220.12	19.63	138.02	125.05	12.97	62.47	2621	4694
1988	259.71	26.21	160.96	146.73	14.23	72.54	3035	5549
1989	283.49	26.85	177.54	160.73	16.81	79.10	3261	6064
1990	310.95	27.32	181.38	165.59	15.79	102.25	3487	6617
1991	342.65	29.26	196.60	179.75	16.85	116.79	3777	7216
1992	411.04	30.26	233.41	212.80	20.61	147.37	4481	8516
1993	538.94	35.40	308.40	280.73	27.67	195.14	5800	10901
1994	732.89	46.55	414.95	371.43	43.52	271.39	7751	14426
1995	931.97	60.80	518.55	467.93	50.62	352.62	9769	18126
1996	1121.93	67.67	609.10	549.81	59.29	445.16	11734	21842
1997	1264.63	69.52	676.01	609.65	66.36	519.10	13142	24668
1998	1374.60	74.14	697.99	622.15	75.84	602.47	14243	26915
1999	1500.95	71.14	758.51	682.52	75.99	671.30	15405	29539
2000	1701.88	73.69	863.83	785.96	77.87	764.36	17353	34208
2001	1919.09	78.73	959.06	869.15	89.91	881.30	19141	39357
2002	2150.76	84.21	1069.08	968.44	100.64	997.47	21387	43851
2003	2578.03	89.91	1337.31	1217.88	119.43	1150.82	25544	51380
2004	3110.97	105.28	1685.93	1549.70	136.26	1319.76	30575	59902
2005	3905.64	112.38	2135.07	1957.95	177.12	1658.19	37796	72982
2006	4462.74	103.35	2457.08	2261.52	195.56	1902.31	42141	80741
2007	5252.76	110.19	2892.53	2661.87	230.66	2250.04	47970	89268
2008	6719.01	122.58	3709.78	3418.87	290.91	2886.65	58656	106545
2009	7521.85	128.85	3987.84	3622.11	365.73	3405.16	62574	113585
2010	9224.46	145.58	4840.23	4410.85	429.38	4238.65	72994	131232

注：2005年及以后数据为第二次经济普查初步核算后修订数据，表2-2至2-8同。
Note: Data from 2005 are preliminary calculated and adjusted figures of Second Economic Census, same as table 2-2 to 2-8.

2-2 全市生产总值构成（1978—2010年）
Composition of Gross Domestic Product, 1978-2010

单位：% (%)

年 份 Year	全市生产总值 Gross Domestic Product	第一产业 Primary Industry	第二产业 Secondary Industry	工 业 Industry	建筑业 Construction	第三产业 Tertiary Industry
1978	100	6.1	69.6	65.8	3.8	24.3
1979	100	7.0	69.7	65.6	4.1	23.3
1980	100	6.3	70.1	65.2	4.9	23.6
1981	100	4.8	71.3	65.8	5.5	23.9
1982	100	6.1	70.0	63.4	6.6	23.9
1983	100	6.2	68.4	62.1	6.3	25.4
1984	100	7.5	65.4	59.6	5.8	27.1
1985	100	7.4	65.4	59.6	5.8	27.2
1986	100	8.5	63.3	57.4	5.9	28.2
1987	100	8.9	62.7	56.8	5.9	28.4
1988	100	10.1	62.0	56.5	5.5	27.9
1989	100	9.5	62.6	56.7	5.9	27.9
1990	100	8.8	58.3	53.2	5.1	32.9
1991	100	8.5	57.4	52.5	4.9	34.1
1992	100	7.4	56.8	51.8	5.0	35.8
1993	100	6.6	57.2	52.1	5.1	36.2
1994	100	6.4	56.6	50.7	5.9	37.0
1995	100	6.5	55.7	50.2	5.5	37.8
1996	100	6.0	54.3	49.0	5.3	39.7
1997	100	5.5	53.5	48.2	5.3	41.0
1998	100	5.4	50.8	45.3	5.5	43.8
1999	100	4.7	50.6	45.5	5.1	44.7
2000	100	4.3	50.8	46.2	4.6	44.9
2001	100	4.1	50.0	45.3	4.7	45.9
2002	100	3.9	49.7	45.0	4.7	46.4
2003	100	3.5	51.9	47.3	4.6	44.6
2004	100	3.4	54.2	49.8	4.4	42.4
2005	100	2.9	54.6	50.1	4.5	42.5
2006	100	2.3	55.1	50.7	4.4	42.6
2007	100	2.1	55.1	50.7	4.4	42.8
2008	100	1.8	55.2	50.9	4.3	43.0
2009	100	1.7	53.0	48.2	4.9	45.3
2010	100	1.6	52.4	47.8	4.6	46.0

2-3 全市生产总值指数（1978—2010年）
Indices of Gross Domestic Product, 1978-2010

上年=100 (preceding year = 100)

年 份 Year	全市生产总值 Gross Domestic Product	第一产业 Primary Industry	第二产业 Secondary Industry	工 业 Industry	建筑业 Construction	第三产业 Tertiary Industry	人 均 生产总值 GDP Per Capita	社 会 劳动生产率 Society Labour Productivity
1978	120.9	115.6	123.3	121.1	167.9	116.0	119.6	117.1
1979	110.0	117.4	110.4	110.4	110.7	107.0	107.1	105.9
1980	110.0	99.8	111.4	110.6	122.0	108.7	108.0	106.0
1981	104.8	79.1	107.0	106.6	112.2	104.8	108.0	100.5
1982	104.3	112.9	103.5	102.4	117.5	105.3	99.4	101.1
1983	108.3	109.2	106.0	106.0	106.3	114.8	106.0	105.5
1984	119.3	122.8	116.6	117.5	106.2	125.9	118.9	115.6
1985	110.6	121.1	110.5	110.0	116.5	108.8	108.7	108.1
1986	105.8	108.0	105.5	105.0	111.8	106.0	103.6	103.6
1987	107.6	106.0	108.3	108.2	108.9	106.3	106.1	105.9
1988	105.8	107.7	107.7	108.3	101.2	100.4	103.8	106.0
1989	101.6	111.4	98.1	97.8	101.2	109.3	100.0	101.8
1990	105.4	104.6	101.1	102.0	91.6	116.4	102.7	104.8
1991	106.0	103.4	105.5	105.8	102.1	107.5	104.2	104.9
1992	111.7	100.7	111.5	112.4	101.2	114.6	110.4	109.8
1993	112.1	107.4	112.9	113.6	103.6	111.7	110.6	109.4
1994	114.3	105.3	114.7	114.1	122.7	115.6	112.3	111.2
1995	114.9	106.3	114.1	114.5	109.9	117.9	113.9	113.5
1996	114.3	108.2	114.3	114.6	110.1	115.4	114.0	114.4
1997	112.1	107.7	111.7	111.8	110.1	113.4	111.4	112.3
1998	109.3	106.7	107.4	107.0	112.7	113.0	109.0	109.9
1999	110.0	100.1	111.7	112.6	99.2	108.9	109.0	110.5
2000	110.8	103.7	111.5	112.2	100.9	110.5	110.0	113.1
2001	112.0	106.3	112.8	112.7	114.3	111.7	109.6	114.3
2002	112.7	106.1	114.3	114.6	112.2	111.4	112.3	111.9
2003	114.8	106.1	118.0	118.6	112.4	111.9	114.4	112.2
2004	115.8	105.1	119.8	121.5	101.7	111.9	114.9	111.8
2005	114.9	104.3	117.6	117.9	113.5	112.1	113.1	111.5
2006	114.7	103.4	116.2	116.2	117.0	113.6	112.0	111.1
2007	115.5	101.2	116.6	117.1	110.4	115.0	111.7	108.5
2008	116.5	103.2	118.0	118.7	109.8	115.2	111.4	108.7
2009	116.5	103.4	118.0	118.3	113.9	115.2	111.1	111.0
2010	117.4	103.3	120.2	120.8	112.7	114.2	111.7	110.6

注：本表数据按可比价格计算，表2-4、2-6和2-12同。
Note: Data in this table are calculated at constant prices, same as table 2-4, 2-6 and 2-12.

2-4 全市生产总值指数（1979—2010年）
Indices of Gross Domestic Product, 1979-2010

1978年=100 (year of 1978 = 100)

年 份 Year	全市生产总值 Gross Domestic Product	第一产业 Primary Industry	第二产业 Secondary Industry	工 业 Industry	建筑业 Construction	第三产业 Tertiary Industry
1979	110.0	117.4	110.4	110.4	110.7	107.0
1980	121.0	117.2	123.0	122.1	135.1	116.3
1981	126.8	92.7	131.6	130.2	151.5	121.9
1982	132.3	104.6	136.2	133.3	178.0	128.4
1983	143.2	114.3	144.4	141.3	189.3	147.3
1984	170.9	140.3	168.3	166.0	201.0	185.5
1985	189.0	169.9	186.0	182.6	234.2	201.8
1986	200.0	183.5	196.2	191.7	261.8	213.9
1987	215.2	194.5	212.5	207.5	285.1	227.4
1988	227.6	209.5	228.9	224.7	288.5	228.3
1989	231.3	233.4	224.5	219.7	292.0	249.6
1990	243.8	244.1	227.0	224.1	267.5	290.5
1991	258.4	252.4	239.5	237.1	273.1	312.3
1992	288.6	254.2	267.0	266.5	276.3	357.9
1993	323.5	273.0	301.5	302.8	286.3	399.8
1994	369.8	287.5	345.8	345.5	351.3	462.1
1995	424.9	305.6	394.6	395.6	386.1	544.8
1996	485.7	330.6	451.0	453.3	425.1	628.7
1997	544.4	356.1	503.8	506.8	468.0	713.0
1998	595.1	379.9	541.0	542.3	527.4	805.7
1999	654.6	380.3	604.4	610.6	523.2	877.4
2000	725.3	394.4	673.9	685.1	527.9	969.5
2001	812.3	419.2	760.1	772.1	603.4	1082.9
2002	915.5	444.8	868.8	884.9	677.0	1206.4
2003	1051.0	472.0	1025.2	1049.4	761.0	1350.0
2004	1217.0	496.0	1228.2	1275.1	773.9	1510.6
2005	1398.4	517.3	1444.3	1503.3	878.4	1693.4
2006	1603.9	534.9	1678.3	1746.8	1027.7	1923.7
2007	1852.5	541.4	1956.9	2045.6	1134.6	2212.2
2008	2158.2	558.7	2309.1	2428.1	1245.8	2548.5
2009	2514.3	577.7	2724.8	2872.4	1418.9	2935.9
2010	2951.8	596.7	3275.2	3469.9	1599.1	3352.8

2-5 按产业分全市生产总值(2008—2010年)
Gross Domestic Product by Industry, 2008-2010

单位：亿元 (100 million yuan)

项　目	Item	2008	2009	2010
全市生产总值	**Gross Domestic Product**	**6719.01**	**7521.85**	**9224.46**
第一产业	**Primary Industry**	**122.58**	**128.85**	**145.58**
第二产业	**Secondary Industry**	**3709.78**	**3987.84**	**4840.23**
工　业	Industry	3418.87	3622.11	4410.85
建筑业	Construction	290.91	365.73	429.38
第三产业	**Tertiary Industry**	**2886.65**	**3405.16**	**4238.65**
交通运输、仓储和邮政业	Transportation, Storage and Post Services	436.37	471.01	585.37
信息传输、计算机服务和软件业	Information Transmitting, Computer Services and Software	109.37	135.45	154.14
批发和零售业	Wholesale and Retail Trade	717.15	836.84	1090.68
住宿和餐饮业	Accommodation and Catering Services	109.98	131.84	157.66
金融业	Finance Intermediation	368.10	461.20	572.99
房地产业	Real Estate	227.88	308.73	377.59
租赁和商务服务业	Leasing and Business Services	125.25	152.88	211.83
科学研究、技术服务和地质勘察业	Scientific Research, Technical Services and Geological Prospecting	186.76	236.39	274.59
水利、环境和公共设施管理业	Management for Water Conservancy, Environment and Public Facilities	34.12	39.96	59.22
居民服务和其他服务业	Resident Services and Other Social Services	169.62	172.62	202.25
教　育	Education	149.41	174.96	209.21
卫生、社会保障和社会福利业	Health Care, Social Security and Social Welfare	78.06	84.06	100.29
文化、体育和娱乐业	Culture, Sports and Recreational Services	31.76	37.74	45.81
公共管理和社会组织	Public Management and Social Organizations	142.82	161.48	197.02

2-6 按产业分全市生产总值指数（2008—2010年）
Indices of Gross Domestic Product by Industry, 2008-2010

上年=100 (preceding year = 100)

项　目	Item	2008	2009	2010
全市生产总值	**Gross Domestic Product**	**116.5**	**116.5**	**117.4**
第一产业	**Primary Industry**	**103.2**	**103.4**	**103.3**
第二产业	**Secondary Industry**	**118.0**	**118.0**	**120.2**
工　业	Industry	118.7	118.3	120.8
建筑业	Construction	109.8	113.9	112.7
第三产业	**Tertiary Industry**	**115.2**	**115.2**	**114.2**
交通运输、仓储和邮政业	Transportation, Storage and Post Services	113.0	108.2	112.2
信息传输、计算机服务和软件业	Information Transmitting, Computer Services and Software	115.4	116.4	108.3
批发和零售业	Wholesale and Retail Trade	116.0	118.3	120.6
住宿和餐饮业	Accommodation and Catering Services	109.0	112.5	106.0
金融业	Finance Intermediation	119.4	116.8	118.1
房地产业	Real Estate	108.0	120.9	106.0
租赁和商务服务业	Leasing and Business Services	115.8	126.9	114.1
科学研究、技术服务和地质勘察业	Scientific Research, Technical Services and Geological Prospecting	118.5	112.6	112.3
水利、环境和公共设施管理业	Management for Water Conservancy, Environment and Public Facilities	113.0	113.4	106.5
居民服务和其他服务业	Resident Services and Other Social Services	118.9	106.9	116.5
教　育	Education	119.4	111.3	105.0
卫生、社会保障和社会福利业	Health Care, Social Security and Social Welfare	118.5	113.1	105.3
文化、体育和娱乐业	Culture, Sports and Recreational Services	116.9	122.9	108.7
公共管理和社会组织	Public Management and Social Organizations	108.2	118.8	116.8

2-7 三次产业贡献率（1995—2010年）
Share of the Contributions of Three Industries to the Increase of GDP, 1995-2010

单位：% (%)

年 份 Year	全市生产总值 Gross Domestic Product	第一产业 Primary Industry	第二产业 Secondary Industry	#工 业 Industry	第三产业 Tertiary Industry
1995	100	2.9	55.5	52.6	41.6
1996	100	3.6	58.1	55.1	38.3
1997	100	3.8	56.4	53.0	39.8
1998	100	4.1	45.7	40.3	50.2
1999	100	0.1	66.5	66.9	33.4
2000	100	1.8	61.9	61.6	36.3
2001	100	2.3	54.2	48.8	43.5
2002	100	2.0	57.8	53.4	40.2
2003	100	1.5	63.1	59.2	35.4
2004	100	1.2	66.6	66.1	32.2
2005	100	0.9	65.2	61.6	33.9
2006	100	0.7	60.1	54.9	39.2
2007	100	0.2	59.2	56.1	40.6
2008	100	0.4	61.1	58.5	38.5
2009	100	0.4	61.5	58.0	38.1
2010	100	0.3	66.3	63.3	33.4

注：1. 产业贡献率指各产业增加值增量与GDP增量之比。2. 本表数据按可比价格计算。
Note: a) Share of three industries refers to the proportion of the increment of value added of each industry to the increment of GDP. b) Data in this table are calculated at constant prices.

2-8 三次产业对全市生产总值增长的拉动（1995—2010年）
Contribution of Three Industries to GDP Growth, 1995-2010

单位：百分点 (percentage point)

年 份 Year	全市生产总值 Gross Domestic Product	第一产业 Primary Industry	第二产业 Secondary Industry	#工 业 Industry	第三产业 Tertiary Industry
1995	14.9	0.4	8.3	7.8	6.2
1996	14.3	0.5	8.3	7.9	5.5
1997	12.1	0.5	6.8	6.4	4.8
1998	9.3	0.4	4.2	3.7	4.7
1999	10.0		6.7	6.7	3.3
2000	10.8	0.2	6.7	6.7	3.9
2001	12.0	0.3	6.5	5.9	5.2
2002	12.7	0.2	7.4	6.8	5.1
2003	14.8	0.2	9.3	8.8	5.3
2004	15.8	0.2	10.5	10.4	5.1
2005	14.9	0.1	9.7	9.2	5.1
2006	14.7	0.1	8.8	8.1	5.8
2007	15.5		9.2	8.7	6.3
2008	16.5	0.1	10.1	9.6	6.3
2009	16.5	0.1	10.1	9.6	6.3
2010	17.4	0.1	11.5	11.0	5.8

注：1. 产业拉动指GDP增长速度与各产业贡献率之乘积。2. 本表数据按可比价格计算。
Note: a) Contribution of three industries to GDP growth refers to the growth rate of GDP multiplying the shares of each industry. b) Data in this table are calculated at constant prices.

2-9 全市生产总值项目结构（1978—2010年）
Components of Gross Domestic Product, 1978-2010

单位：亿元 (100 million yuan)

年 份 Year	全市生产总值 Gross Domestic Product	劳动者报酬 Compensation of Employees	固定资产折旧 Depreciation of Fixed Assets	生产税净额 Net Taxes on Production	营业盈余 Operating Surplus
1978	82.65	26.80	6.10	15.68	34.07
1979	93.01	31.64	6.80	16.28	38.29
1980	103.53	31.35	8.75	19.99	43.44
1981	107.96	31.40	10.40	17.92	48.24
1982	114.11	34.42	11.97	17.68	50.04
1983	123.42	36.21	13.83	20.95	52.43
1984	147.53	51.85	14.58	23.44	57.66
1985	175.78	51.45	17.97	30.39	75.97
1986	194.74	63.11	23.09	32.29	76.25
1987	220.12	76.71	23.41	34.24	85.76
1988	259.71	90.11	27.10	41.82	100.68
1989	283.49	103.47	44.91	43.63	91.48
1990	310.95	135.54	48.41	43.64	83.36
1991	342.65	144.25	55.15	51.14	92.11
1992	411.04	166.13	68.74	61.39	114.78
1993	538.94	223.72	72.44	83.56	159.22
1994	732.89	319.98	99.10	117.22	196.59
1995	931.97	417.02	139.84	150.51	224.60
1996	1121.93	534.48	178.28	160.57	248.60
1997	1264.63	634.76	189.31	186.38	254.18
1998	1374.60	699.85	210.58	223.85	240.32
1999	1500.95	748.05	217.46	274.62	260.82
2000	1701.88	715.11	264.63	328.92	393.22
2001	1919.09	774.46	308.13	387.17	449.33
2002	2150.76	835.23	358.80	416.97	539.76
2003	2578.03	892.22	446.50	534.87	704.44
2004	3110.97	1050.14	483.73	571.81	1005.29
2005	3905.64	1228.05	534.90	748.40	1394.29
2006	4462.74	1422.44	601.04	798.75	1640.51
2007	5252.76	1660.89	764.89	926.88	1900.10
2008	6719.01	2506.58	735.61	1013.49	2463.33
2009	7521.85	2836.97	967.32	1159.32	2558.24
2010	9224.46	3556.17	1155.18	1402.91	3110.20

2-10 支出法全市生产总值(1978—2010年)
Gross Domestic Product by Expenditure Approach, 1978-2010

年份 Year	全市生产总值(亿元) Gross Domestic Product (100 million yuan)	最终消费支出 Final Consumption Expenditures	资本形成总额 Gross Capital Formation	货物和服务净出口 Net Exports of Goods and Services	最终消费率(消费率)(%) Final Consumption Rate (%)	资本形成率(投资率)(%) Capital Formation Rate (%)
1978	82.65	30.79	26.19	25.67	37.3	31.7
1979	93.01	34.68	33.00	25.33	37.3	35.5
1980	103.53	40.43	35.36	27.74	39.1	34.2
1981	107.96	44.48	25.06	38.42	41.2	23.2
1982	114.11	47.61	34.73	31.77	41.7	30.4
1983	123.42	53.50	41.82	28.10	43.3	33.9
1984	147.53	60.58	48.31	38.64	41.1	32.7
1985	175.78	72.45	87.92	15.41	41.2	50.0
1986	194.74	83.37	100.20	11.17	42.8	51.5
1987	220.12	98.70	92.29	29.13	44.8	41.9
1988	259.71	128.62	140.56	-9.47	49.5	54.1
1989	283.49	145.79	135.58	2.12	51.4	47.8
1990	310.95	147.62	132.93	30.40	47.5	42.7
1991	342.65	170.29	162.86	9.50	49.7	47.5
1992	411.04	196.37	225.42	-10.75	47.8	54.8
1993	538.94	253.74	312.64	-27.44	47.1	58.0
1994	732.89	338.13	427.16	-32.40	46.1	58.3
1995	931.97	423.04	509.92	-0.99	45.4	54.7
1996	1121.93	537.07	594.24	-9.38	47.9	53.0
1997	1264.63	604.46	662.27	-2.10	47.8	52.4
1998	1374.60	652.88	725.40	-3.68	47.5	52.8
1999	1500.95	750.83	718.26	31.86	50.0	47.9
2000	1701.88	843.89	811.06	46.93	49.6	47.7
2001	1919.09	948.42	927.90	42.77	49.4	48.4
2002	2150.76	1040.49	1048.50	61.77	48.4	48.8
2003	2578.03	1193.05	1313.06	71.92	46.3	50.9
2004	3110.97	1343.65	1661.24	106.08	43.2	53.4
2005	3905.64	1509.06	1954.80	441.78	38.6	50.1
2006	4462.74	1767.99	2331.38	363.37	39.6	52.2
2007	5252.76	2072.87	2859.32	320.57	39.5	54.4
2008	6719.01	2534.01	4005.90	179.10	37.7	59.6
2009	7521.85	2873.05	5459.89	-811.09	38.2	72.6
2010	9224.46	3529.65	6926.39	-1231.58	38.3	75.1

2-11 最终消费支出及构成（1978—2010年）
Final Consumption Expenditures and Composition, 1978-2010

年份 Year	最终消费支出（亿元） Final Consumption Expenditures (100 million yuan)	居民消费支出 Households Consumption Expenditures	农村居民 Rural Households	城镇居民 Urban Households	政府消费支出 Government Consumption Expenditures	构成(%) (最终消费=100) Composition (%) (Final Consumption Expenditures = 100) 居民消费支出 Households Consumption Expenditures	政府消费支出 Government Consumption Expenditures
1978	30.79	27.13	5.55	21.58	3.66	88.1	11.9
1979	34.68	30.57	6.40	24.17	4.11	88.1	11.9
1980	40.43	36.29	7.60	28.69	4.14	89.8	10.2
1981	44.48	38.07	8.22	29.85	6.41	85.6	14.4
1982	47.61	41.11	10.03	31.08	6.50	86.3	13.7
1983	53.50	45.78	10.80	34.98	7.72	85.6	14.4
1984	60.58	50.84	13.02	37.82	9.74	83.9	16.1
1985	72.45	61.19	14.86	46.33	11.26	84.5	15.5
1986	83.37	69.92	15.59	54.33	13.45	83.9	16.1
1987	98.70	77.78	17.20	60.58	20.92	78.8	21.2
1988	128.62	99.36	21.32	78.04	29.26	77.3	22.7
1989	145.79	111.74	23.55	88.19	34.05	76.6	23.4
1990	147.62	119.32	23.03	96.29	28.30	80.8	19.2
1991	170.29	135.19	25.08	110.11	35.10	79.4	20.6
1992	196.37	154.19	27.69	126.50	42.18	78.5	21.5
1993	253.74	195.20	33.53	161.67	58.54	76.9	23.1
1994	338.13	255.93	39.38	216.55	82.20	75.7	24.3
1995	423.04	337.71	50.49	287.22	85.33	79.8	20.2
1996	537.07	413.10	63.76	349.34	123.97	76.9	23.1
1997	604.46	472.58	71.04	401.54	131.88	78.2	21.8
1998	652.88	500.24	76.19	424.05	152.64	76.6	23.4
1999	750.83	537.85	80.02	457.83	212.98	71.6	28.4
2000	843.89	596.52	87.26	509.26	247.37	70.7	29.3
2001	948.42	667.57	94.35	573.22	280.85	70.4	29.6
2002	1040.49	706.66	99.33	607.33	333.83	67.9	32.1
2003	1193.05	781.22	106.75	674.47	411.83	65.5	34.5
2004	1343.65	877.16	114.36	762.80	466.49	65.3	34.7
2005	1509.06	982.20	122.90	859.30	526.86	65.1	34.9
2006	1767.99	1123.61	130.39	993.22	644.38	63.6	36.4
2007	2072.90	1317.70	146.80	1170.90	755.20	63.6	36.4
2008	2534.01	1620.92	173.92	1447.00	913.09	64.0	36.0
2009	2873.05	1820.99	190.27	1630.72	1052.06	63.4	36.6
2010	3529.65	2247.47	209.34	2038.13	1282.18	63.7	36.3

2-12 最终消费支出指数（1979—2010年）
Final Consumption Indices, 1979-2010

1978年=100 (year of 1978 = 100)

年 份 Year	最终消费支出 Final Consumption Expenditures	居民消费支出 Households Consumption Expenditures	农村居民 Rural Households	城镇居民 Urban Households	政府消费支出 Government Consumption Expenditures
1979	112.6	111.7	115.5	110.4	111.0
1980	124.4	122.4	130.5	119.7	106.0
1981	135.2	128.3	141.1	124.0	161.7
1982	145.4	138.4	164.9	129.3	163.1
1983	162.3	152.6	182.1	142.4	192.8
1984	182.5	169.3	220.0	151.9	239.1
1985	197.7	184.6	240.0	165.4	242.7
1986	210.5	194.7	248.4	176.4	270.3
1987	235.2	204.9	254.6	188.2	393.0
1988	260.8	222.9	279.0	204.2	467.3
1989	257.9	219.1	275.1	200.5	472.5
1990	257.9	224.4	262.7	211.7	471.5
1991	272.1	231.8	270.4	218.9	540.8
1992	283.6	237.8	276.3	224.8	594.4
1993	307.9	254.4	283.8	244.2	677.0
1994	337.8	272.0	297.1	262.5	810.4
1995	358.4	292.7	322.1	281.9	821.7
1996	409.7	330.1	368.8	316.6	978.7
1997	452.3	369.4	404.2	356.5	1033.5
1998	495.7	397.8	440.5	382.8	1201.9
1999	567.6	423.3	469.2	407.3	1695.9
2000	628.3	458.9	511.4	440.7	1977.4
2001	689.9	499.2	545.6	482.6	2218.7
2002	760.2	524.7	580.0	505.8	2686.8
2003	861.3	570.3	617.7	553.3	3280.6
2004	967.3	650.8	644.9	640.2	3575.9
2005	1075.6	723.0	682.9	716.4	3976.4
2006	1241.3	814.9	714.4	815.2	4791.6
2007	1405.1	925.7	771.5	932.6	5390.5
2008	1631.4	1083.1	860.2	1096.8	6177.5
2009	1874.0	1234.9	953.7	1254.6	7191.8
2010	2231.9	1479.4	1016.6	1521.8	8471.9

2-13 最终消费支出(2008—2010年)
Final Consumption Expenditures, 2008-2010

单位：亿元 (100 million yuan)

项　目 Item	2008	2009	2010
最终消费支出 Final Consumption Expenditures	**2534.01**	**2873.05**	**3529.65**
居民消费支出 Households Consumption Expenditures	**1620.92**	**1820.99**	**2247.47**
农村居民 Rural Households	**173.92**	**190.27**	**209.34**
食品类支出 Food	48.75	52.28	58.51
衣着类支出 Clothing	11.01	12.29	13.45
居住类支出 Residence	21.73	27.01	27.28
家庭设备、用品及服务类支出 Household Facilities, Articles and Services	3.48	4.06	4.85
医疗保健类支出 Medicine and Medical Services	11.06	9.41	9.64
交通和通信类支出 Transportation and Communication Services	9.84	10.22	10.88
文教娱乐用品及服务类支出 Recreation, Education and Cultural Services	8.35	7.26	8.57
金融中介服务虚拟支出 Invented Expenditure for Finance Agent Service	41.04	41.95	45.35
自有住房服务虚拟支出 Invented Expenditure for Self-owned Housing Service	14.01	20.47	24.65
其他商品和服务类支出 Other Goods and Services	4.65	5.32	6.16
城镇居民 Urban Households	**1447.00**	**1630.72**	**2038.13**
食品类支出 Food	440.23	504.33	591.57
衣着类支出 Clothing	101.47	127.15	156.11
居住类支出 Residence	134.42	140.51	156.92
家庭设备、用品及服务类支出 Household Facilities, Articles and Services	71.88	85.10	111.53
医疗保健类支出 Medicine and Medical Services	171.56	130.75	234.33
交通和通信类支出 Transportation and Communication Services	137.90	183.68	244.42
文教娱乐用品及服务类支出 Recreation, Education and Cultural Services	141.52	162.45	189.16
金融中介服务虚拟支出 Invented Expenditure for Finance Agent Service	135.75	145.57	168.62
自有住房服务虚拟支出 Invented Expenditure for Self-owned Housing Service	60.07	72.94	91.90
实物消费支出 Practicality	6.42	19.07	24.98
其他商品和服务类支出 Other Goods and Services	45.78	59.17	68.59
政府消费支出 Government Consumption Expenditures	**913.09**	**1052.06**	**1282.18**

2-14 资本形成总额和指数(1978—2010年)
Gross Capital Formation and Indices, 1978-2010

年 份 Year	资本形成总额(亿元) Gross Capital Formation (100 million yuan)	固定资本形成总额 Gross Fixed Capital Formation	存货增加 Change in Inventory	总指数(1990年=100) Index of Gross Capital Formation (year of 1990 = 100)	固定资本形成总额 Gross Fixed Capital Formation	存货增加 Change in Inventory
1978	26.19	18.55	7.64			
1979	33.00	23.91	9.09			
1980	35.36	25.56	9.80			
1981	25.06	25.00	0.06			
1982	34.73	32.36	2.37			
1983	41.82	38.27	3.55			
1984	48.31	48.67	-0.36			
1985	87.92	67.60	20.32			
1986	100.20	75.89	24.31			
1987	92.29	81.63	10.66			
1988	140.56	96.85	43.71			
1989	135.58	95.43	40.15			
1990	132.93	98.03	34.90	100.0	100.0	100.0
1991	162.86	144.19	18.67	115.6	137.2	57.1
1992	225.42	185.12	40.30	140.8	155.0	102.4
1993	312.64	246.16	66.48	156.3	167.7	125.5
1994	427.16	345.46	81.70	186.9	202.0	145.8
1995	509.92	417.95	91.97	215.5	236.3	157.0
1996	594.24	491.90	102.34	243.5	269.2	170.7
1997	662.27	556.43	105.84	274.5	308.4	176.7
1998	725.40	640.15	85.25	305.2	358.7	148.4
1999	718.26	631.92	86.34	305.8	356.9	156.1
2000	811.06	695.10	115.96	342.5	389.8	204.2
2001	927.90	805.34	122.56	392.5	451.0	221.0
2002	1048.50	926.65	121.85	447.5	521.3	229.6
2003	1313.06	1180.54	132.52	545.9	647.5	246.1
2004	1661.24	1446.49	214.75	615.8	683.1	422.6
2005	1954.80	1739.40	215.40	736.5	840.9	410.3
2006	2331.38	2087.24	244.14	861.7	995.6	436.6
2007	2859.32	2615.09	244.23	1019.4	1199.7	429.2
2008	4005.90	3594.00	411.90	1350.7	1557.2	700.4
2009	5459.89	5077.89	382.00	1890.6	2241.7	736.1
2010	6926.39	6468.54	457.85	2323.5	2773.0	832.5

2-15 最终消费支出和资本形成总额对全市生产总值增长的贡献率和拉动(1978—2010年)
Share and Contribution of Final Consumption Expenditures and Gross Capital Formation to GDP Growth, 1978-2010

年份 Year	最终消费支出 Final Consumption Expenditures		资本形成总额 Gross Capital Formation	
	贡献率(%) Share (%)	拉动(百分点) Contribution (percentage point)	贡献率(%) Share (%)	拉动(百分点) Contribution (percentage point)
1978	15.1	3.2		
1979	40.2	4.0		
1980	27.3	2.7		
1981	78.8	3.8		
1982	57.7	2.5		
1983	56.5	4.7		
1984	26.8	5.2		
1985	29.3	3.1		
1986	44.7	2.6		
1987	61.3	4.7		
1988	76.8	4.5		
1989	-28.3	-0.5		
1990	18.1	1.0		
1991	43.7	2.6	116.0	7.0
1992	16.8	2.0	87.1	10.2
1993	32.6	3.9	46.3	5.6
1994	29.7	4.2	69.0	9.9
1995	16.7	2.5	53.6	8.0
1996	37.9	5.4	47.8	6.8
1997	32.9	4.0	54.4	6.6
1998	39.0	3.6	60.7	5.6
1999	57.3	5.7	1.2	0.1
2000	40.1	4.3	54.8	5.9
2001	41.3	5.0	58.0	7.0
2002	37.8	4.8	54.0	6.9
2003	42.6	6.3	73.6	10.9
2004	36.3	5.7	41.8	6.6
2005	30.0	4.5	63.3	9.4
2006	40.4	5.9	57.9	8.5
2007	33.2	5.2	60.3	9.4
2008	37.2	6.1	103.2	17.0
2009	29.3	4.9	143.8	23.8
2010	40.9	7.1	93.7	16.4

注：本表数据按可比价格计算。
Note: Data in this table are calculated at constant prices.

2-16 居民消费水平（1978—2010年）
Households Consumption, 1978-2010

年 份 Year	全 市 居 民 (元/人) All Households (yuan/person)	农 村 居 民 Rural Households	城 镇 居 民 Urban Households	城乡消费水平对比 (农村居民=1) Urban/Rural Consumption Ratio (Rural Households = 1)	全市居民消费指数 (1978年=100) All Households Consumption Index (year of 1978 = 100)	农 村 居 民 Rural Households	城 镇 居 民 Urban Households
1978	372	178	533	2.99	100.0	100.0	100.0
1979	408	206	562	2.73	108.7	115.0	104.6
1980	475	248	639	2.58	117.1	131.0	109.2
1981	514	271	682	2.52	121.2	142.0	110.2
1982	529	328	653	1.99	128.6	163.4	112.4
1983	577	352	714	2.03	139.0	179.0	120.8
1984	639	425	751	1.77	152.5	215.5	126.3
1985	755	493	898	1.82	164.2	237.9	132.8
1986	845	518	1011	1.95	171.3	245.5	138.9
1987	926	564	1114	1.98	177.6	246.5	146.8
1988	1161	696	1398	2.01	190.4	267.4	156.1
1989	1285	774	1531	1.98	184.9	263.9	149.5
1990	1338	749	1635	2.18	186.1	248.1	155.2
1991	1490	813	1832	2.25	189.7	253.1	158.2
1992	1681	903	2067	2.29	193.3	258.4	160.4
1993	2101	1094	2603	2.38	205.3	264.3	172.6
1994	2707	1287	3435	2.67	218.0	275.9	183.8
1995	3540	1658	4495	2.71	233.5	298.9	195.9
1996	4321	2109	5389	2.56	256.6	335.9	212.8
1997	4911	2369	6117	2.58	286.9	368.8	239.0
1998	5181	2561	6374	2.49	307.8	403.1	254.5
1999	5520	2715	6758	2.49	325.7	430.9	267.2
2000	6083	2994	7398	2.47	351.7	472.3	286.2
2001	6763	3267	8231	2.52	382.0	505.8	311.4
2002	7120	3466	8604	2.48	399.9	538.7	323.8
2003	7789	3758	9377	2.50	431.9	575.4	349.4
2004	8621	4079	10348	2.54	484.2	620.2	394.5
2005	9504	4380	11415	2.61	529.7	656.8	432.4
2006	10609	4816	12600	2.62	582.2	712.0	470.0
2007	12034	5409	14218	2.63	639.8	767.5	514.6
2008	14150	6540	16452	2.52	715.3	873.4	566.6
2009	15149	7075	17475	2.47	777.2	957.5	610.9
2010	17784	7814	20466	2.62	885.2	1024.5	694.0

注：1. 本表绝对数按当年价格计算，指数按可比价格计算。2. 城乡消费水平对比未剔除城乡价格不可比的因素。

Note: a) Absolute figures in this table are calculated at current prices, while indices are calculated at constant prices. b) The effect of price differentials between urban and rural areas has not been removed in the calculation of the urban/rural consumption ratio.

主要统计指标解释
Explanatory Notes on Main Statistical Indicators

生产总值

指按市场价格计算的一个国家(或地区)所有常驻单位在一定时期内生产活动的最终成果。

从价值形态看,它是所有常驻单位在一定时期内所生产的全部货物和服务价值超过同期投入的全部非固定资产货物和服务价值的差额,即所有常驻单位的增加值之和;从收入形态看,它是所有常驻单位在一定时期内所创造并分配给常驻单位和非常驻单位的初次分配收入之和;从产品形态看,它是最终使用的货物和服务减去进口货物和服务。在实际核算中,其三种表现形态体现为三种计算方法,即生产法、收入法和支出法。三种方法分别从不同的方面反映生产总值及其构成。根据国务院和国家统计局有关我国GDP核算和数据发布制度的规定,天津市国内生产总值自2004年起更名为"天津市生产总值"简称"天津市GDP"。

劳动者报酬

指劳动者因从事生产活动所获得的全部报酬。包括劳动者获得的各种形式的工资、奖金和津贴,既包括货币形式的,也包括实物形式的,还包括劳动者所享受的公费医疗和医药卫生费、上下班交通补贴和单位支付的社会保险费、住房公积金等。对于个体经济来说,其所有者所获得的劳动报酬和经营利润不易区分,这两部分统一作为劳动者报酬处理。

固定资产折旧

指一定时期内为弥补固定资产损耗按照核定的固定资产折旧率提取的固定资产折旧,或按国民经济核算统一规定的折旧率虚拟计算的固定资产折旧。它反映了固定资产在当期生产中的转移价值。各类企业和企业化管理的事业单位的固定资产折旧是指实际计提的折旧费;不计提折旧的政府机关、非企业化管理的事业单位和居民住房的固定资产折旧是按照统一规定的折旧率和固定资产原值计算的虚拟折旧。原则上,固定资产折旧应按固定资产的重置价值计算,但是目前我国尚不具备对全社会固定资产进行重估价的基础,所以暂时只能采用这种办法。

生产税净额

指生产税减生产补贴后的余额。生产税指政府对生产单位生产、销售和从事经营活动以及因从事生产活动使用某些生产要素(如固定资产、土地、劳动力)所征收的各种税、附加费和规费。生产补贴与生产税相反,指政府对生产单位的单方面转移支付,因此视为负生产税,包括政策亏损补贴、价格补贴等。

营业盈余

指常驻单位创造的增加值扣除劳动者报酬、生产税净额和固定资产折旧后的余额。它相当于企业的营业利润加上生产补贴,但要扣除从利润中开支的工资和福利等。

最终消费支出

指常驻单位在一定时期内对于货物和服务的全部最终消费支出,也就是常驻单位为满足物质、文化和精神生活的需要,从本国经济领土和国外购买的货物和服务的支出。不包括非常驻单位在本国经济领土内的消费支出。最终消费分为居民消费和政府消费。

居民消费支出

指常住住户对货物和服务的全部最终消费支出。它除了常住住户直接以货币形式购买货物和服务的消费之外,还包括以其他方式获得的货物和服务的消费,即单位以实物报酬及实物转移的形式提供给劳动者的货物和服务;住户生产并由住户自己消费的货物和服务,其中的服务仅指住户的自有住房服务和支付报酬的家庭服务;金融机构提供的金融媒介服务;保险公司提供的保险服务。

政府消费支出

指政府部门为全社会提供公共服务的消费支出和免费或以较低价格向住户提供的货物和服务的净支出。前者等于政府服务的产出价值减去政府单位所获得的经营收入后的价值,政府服务的产出价值等于它的经常性业务支出加上固定资产折旧;后者等于政府部门免费或以较低价格向住户提供的货物和服务的市场价值减去向住户收取的价值。

资本形成总额

指常驻单位在一定时期内获得的减去处置的固定

主要统计指标解释
Explanatory Notes on Main Statistical Indicators

资产加存货的净变动额，包括固定资本形成总额和存货增加。

固定资本形成总额

指生产者在一定时期内获得的固定资产减处置的固定资产的价值总额，固定资产是通过生产活动生产出来的，其使用年限在一年以上，单位价值在规定标准以上的资产，不包括自然资产。固定资本形成总额可分为有形固定资本形成总额和无形固定资本形成总额。有形固定资本形成总额包括一定时期内完成的建筑工程、安装工程、设备工器具购置（减处置）价值以及土地改良、新增役、种、奶、毛、娱乐用牲畜和新增经济林木价值。无形固定资本形成总额包括矿藏的勘探、计算机软件等获得减处置。

存货增加

指常驻单位在一定时期内存货实物量变动的市场价值，即期末价值减期初价值的差额，再扣除当期由于价格变动而产生的持有收益。存货增加可以是正值，也可以是负值；正值表示存货增加，负值表示存货减少。它包括生产单位购进的原材料、燃料和储备物资等存货，以及生产单位生产的产成品、在制品存货等。

货物和服务净出口

指货物和服务出口减货物和服务进口的差额。出口包括常驻单位向非常驻单位出售和无偿转让的各种货物和服务的价值；进口包括常驻单位从非常驻单位购买或无偿得到的各种货物和服务的价值。由于服务活动的提供与使用同时发生，因此服务的进出口业务并不发生出入境现象，一般把常驻单位从国外得到的服务作为进口，常驻单位向国外提供的服务作为出口。货物的出口和进口都按离岸价格计算。在计算地区货物和服务净出口时，还包括地区间货物和服务的流入流出。用公式表示：

货物和服务净出口（净流出）＝货物和服务出口（流出）－进口（流入）

主要统计指标解释
Explanatory Notes on Main Statistical Indicators

Gross Domestic Product

refers to the final products at market prices produced by all resident units in a country (or a region) during a certain period of time.

From the aspect of value added form, GDP refers to the total value of all products and services produced by all resident units during a certain period of time minus total value of inputs of non-fixed-assets products and services or the summation of the value added of all resident units; the form of products refers to all final goods and services minus imports of goods and services. In the practice of national accounting, it is calculated by three approaches, i.e. product approach, income approach and expenditure approach, respectively, to reflect Gross Product and its composition of different aspects. According to the regulations of GDP national accounting as Tianjin Gross Product Value, for short Tianjin GDP.

Compensation of Employees

refers to the whole payment of various forms earned by the labourers from the productive activities they are engaged in. It includes wages, bonuses and allowances the labourers earned in monetary form and in kind. It also includes the free medical services provided to the labourers and the medicine expenses, traffic subsidies, social insurance fee and housing provident fund paid by the labourer's working units for them. As the individual economy is concerned, since the labourer's remuneration is not easily distinguished from the operating profit, both are treated as labourer's remuneration.

Depreciation of Fixed Assets

refers to the depreciation of fixed assets of a given period, drawn in accordance with the stipulated depreciation rate for the purpose of compensating the wear loss of the fixed assets or the depreciation of fixed assets calculated in a fictitious way in accordance with the stipulated unified depreciation rate in the national economic accounting system. It reflects the value of transfer of the fixed assets in the production of the current period. The depreciation of fixed assets in various enterprises and institutions managed as enterprises refers to the depreciation expenses actually drawn. In government agencies and institutions not managed as enterprises which do not draw the depreciation expenses, as well as for the houses of residents, the depreciation of fixed assets is the imputed depreciation, which is calculated in accordance with the stipulated unified depreciation rate. In principle, the depreciation of fixed assets should be calculated on the basis of the re-purchased value of the fixed assets. However, there is no actual condition to re-evaluate all the fixed assets in China. Therefore, this method is temporarily adopted at present.

Net Taxes on Production

refer to the residual of the taxes on production minus the subsidies on production. The taxes on production refers to the various taxes, extra charges and fees levied on the production units on their production, sale and business activities as well as on some sectors of production, such as fixed assets, land and labour force, used in the production activities they are engaged in. In contrast to the taxes on production, the subsidies on production refer to the unilateral transfer of part of the government's revenue to the production units and are therefore regarded as negative taxes on production. They include subsidies on the loss due to implementation of government policies, price subsidies, etc.

Operating Surplus

refers to the balance of the value added created by the resident units deducting the labourer's remuneration, net taxes on production and the depreciation of fixed assets. It is equivalent to the business profit of the enterprises plus subsidies on production, but the wages and welfare expenses paid from the profits should be deducted.

Final Consumption Expenditures

refer to the total expenditure of resident units on final consumption of goods and services in a certain period, namely the expenditure of the resident units for purchases of goods and services from domestic economic territory and abroad to meet the requirements of material, cultural and spiritual life. It excludes the consumption expenditure of non-resident units on consumption in the economic territory of the country. The final consumption is classified into households' consumption and government consumption.

Households Consumption Expenditures

refers to the total expenditure of resident households on the final consumption of goods and services. In addition to the consumption of goods and services bought by the households directly with money, the households consumption also includes expenditure on goods and services obtained by the households on other ways, i.e. the goods and services provided to the households by the units in the form of payment in kind and transfer in kind; the goods and services produced and consumed by the households themselves, in which the services refer only to the owner-occupied housing and domestic services provided by the paid household workers; financial intermediate services provided by financial institutions; insurance services provided by insurance companies.

主要统计指标解释
Explanatory Notes on Main Statistical Indicators

Government Consumption Expenditures

refers to the expenditure on the consumption of the public services provided by the government to the whole society and the net expenditure on the goods and services provided by the government to the households at free charge or lower prices. The former equals to the output value of the government services minus the value of operating income obtained by the government departments, the output value of the government services equals to its current operating expenditure plus depreciation of fixed assets. The latter equals to the market value of the goods and services provided by the government free of charge or at low prices to the households minus the value received by the government from the households.

Gross Capital Formation

refers to the fixed assets acquired minus those disposed and the net value of inventory, including the total fixed assets formation and the increase in inventory.

Gross Fixed Capital Formation

refers to the value of fixed assets acquired minus those disposed of during a given period. Fixed assets are the assets produced through production activities with specified unit value which could be used for over one year, excluding natural assets. Total fixed capital formation can be categorized into total tangible assets formation and total intangible assets formation. The total tangible assets formation include the value of the construction projects, installation projects completed and the equipment, apparatus and instruments purchased as well as the value of land improved, the value of draught animals, breeding stock, animal for milk, wool and for recreational animals purpose and the newly increased forest with economic value during a given period. The total intangible assets formation includes the prospecting of minerals, the acquisition of computer software minus the disposal of them.

Change in Inventory

refers to the market value of the change in inventory of resident units during a given period, i.e. the difference of value between the beginning and the end of the period minus the current gains due to the change in prices. The increase in inventory can be positive or negative. A positive value indicates the increase in inventory while a negative value indicates the decrease in stock. The inventory includes the raw materials, fuel and reserve materials purchased by the production units as well as the inventory of finished products, semi-finished products, etc.

Net Exports of Goods and Services

refers to the balance of the exports of goods and services minus the imports of goods and services. The imports include the value of various goods and services sold or gratuitously transferred by the resident units to the non-resident units. The imports include the value of various goods and services purchased or gratuitously acquired by the resident units from the non-resident units. Because the provision of services and the use of them happen simultaneously, the import and export of services do not appear to have the phenomena of crossing the border of the country. The acquisition of services by the resident units from abroad is usually treated as import while the acquisition of services by non-resident units in this country is usually treated as export. The export and import of goods are calculated at FOB. The formula for calculating is as followed:

Net Export of Goods and Services = Value of Export of Goods and Service - Value of Import of Goods and Services

3 人口 Population

3-1 人口主要指标（1995—2010年）
Main Statistics on Population, 1995-2010

年 份 Year	常住人口 (万人) Permanent Population (10 000 persons)	户籍人口 (万人) Registered Population (10 000 persons)	户籍户数 (万户) Registered Households (10 000 households)	人口密度 (人/平方公里) Population Density (person/sq. km)	人 口 出生率(‰) Birth Rate (‰)	人 口 死亡率(‰) Death Rate (‰)	人口自然 增长率(‰) Natural Growth Rate (‰)
1995	941.83	894.67	276.89	749	10.23	6.23	4.00
1996	948.19	898.45	279.62	752	10.09	6.53	3.56
1997	952.59	899.80	284.08	753	9.98	6.95	3.03
1998	956.64	905.09	288.20	757	9.89	6.49	3.40
1999	959.48	910.17	291.32	762	9.68	6.73	2.95
2000	1001.14	912.00	293.04	763	7.72	6.17	1.55
2001	1004.06	913.98	295.63	765	7.58	5.94	1.64
2002	1007.18	919.05	299.67	769	7.49	6.04	1.45
2003	1011.30	926.00	303.27	775	7.14	6.04	1.10
2004	1023.67	932.55	316.62	780	7.31	5.97	1.34
2005	1043.00	939.31	322.95	797	7.44	6.01	1.43
2006	1075.00	948.89	328.66	805	7.67	6.07	1.60
2007	1115.00	959.10	333.42	813	7.91	5.86	2.05
2008	1176.00	968.87	337.49	822	8.13	5.94	2.19
2009	1228.16	979.84	341.90	831	8.30	5.70	2.60
2010	1299.29	984.85	345.83	837	8.18	5.58	2.60

注：1. 人口密度2005年以后按市民政局行政区划面积计算，2005年以前按市规划局土地面积计算。2. 人口自然变动“三率”为历年人口抽样调查数据。
Note: a) After 2005, the population density is calculated with administrative areas measured by Tianjin Municipal Civil Affairs Bureau, and those before 2005 are calculated with areas measured by Tianjin Planning Bureau. b) The three rates of population changing are obtained from population sample surveys.

3-2 户籍人口构成及户规模（1995—2010年）
Composition of Registered Population and Household Size, 1995-2010

单位：% (%)

年 份 Year	按户口性质分 By Registered Character		按性别分 By Sex		性别比(女=100) Sex Ratio (Female = 100)	家庭平均户规模 (人/户) Average Family Household Size (person/household)
	非农业 Non-agricultural	农 业 Agricultural	男 性 Male	女 性 Female		
1995	56.77	43.23	50.66	49.34	102.67	3.23
1996	57.12	42.88	50.62	49.38	102.50	3.21
1997	57.27	42.73	50.58	49.42	102.33	3.17
1998	57.60	42.40	50.53	49.47	102.14	3.14
1999	58.09	41.91	50.51	49.49	102.06	3.12
2000	58.39	41.61	50.51	49.49	102.05	3.11
2001	58.56	41.44	50.48	49.52	101.92	3.09
2002	58.88	41.12	50.45	49.55	101.84	3.07
2003	59.37	40.63	50.47	49.53	101.89	3.05
2004	59.64	40.36	50.46	49.54	101.86	2.95
2005	59.87	40.13	50.44	49.56	101.77	2.91
2006	60.18	39.82	50.41	49.59	101.65	2.89
2007	60.51	39.49	50.38	49.62	101.52	2.88
2008	60.72	39.28	50.35	49.65	101.42	2.87
2009	61.08	38.92	50.32	49.68	101.30	2.87
2010	61.37	38.63	50.29	49.71	101.15	2.85

3-3 天津市六次全国人口普查基本情况
Tianjin Basic Statistics on the Six Times National Population Censuses

指 标	Item	1953 （第一次） 1st	1964 （第二次） 2nd	1982 （第三次） 3rd
总 人 口(万人)	**Total Population (10 000 persons)**	**455.49**	**624.92**	**776.41**
男	Male	241.09	320.26	394.19
女	Female	214.40	304.66	382.22
性别比(以女性为100)	Sex Ratio (female = 100)	112.45	105.12	103.13
家庭户规模(人/户)	**Average Family Household Size (person/household)**	**4.66**	**5.01**	**3.90**
各年龄组人口(%)	Population by Age Group (%)			
0–14岁	Aged 0–14	35.28	42.83	24.18
15–64岁	Aged 15–64	58.88	52.44	70.24
65岁及以上	Aged 65 and over	4.56	4.06	5.58
民族人口	**Population by Ethnicity**			
汉 族(万人)	Han (10 000 persons)	446.07	611.75	759.99
占总人口比重(%)	Percentage to Total Population (%)	97.93	97.89	97.89
少数民族(万人)	Ethnic Minorities (10 000 persons)	9.42	13.17	16.42
占总人口比重(%)	Percentage to Total Population (%)	2.07	2.11	2.11
每十万人拥有的各种受教育程度人口(人)	**Population with Various Education Attainments per 100 000 Persons (person)**			
大专及以上	Junior College and Above		1711	2282
高中和中专	Senior Secondary School and Technical Secondary School		3385	13320
初 中	Junior Secondary School		9710	28520
小 学	Primary School		34734	30785
文盲人口及文盲率	**Illiterate Population and Illiterate Rate**			
文盲人口(万人)	Illiterate Population (10 000 persons)			108.24
文盲率(%)	Illiterate Rate (%)			18.39
城乡人口(万人)	**Population by Residence (10 000 persons)**			
城镇人口	Urban Population	301.93	444.01	533.36
乡村人口	Rural Population	153.56	180.91	243.05

注：历次普查总人口数据中包括了中国人民解放军现役军人，并按城镇人口统计。
Note: Total population from the six national population censuses include the military personnel, which are listed as urban population in population by residence.

3-3 续表 Continued

指　标	Item	1990（第四次）4th	2000（第五次）5th	2010（第六次）6th
总 人 口(万人)	**Total Population (10 000 persons)**	**878.54**	**1000.91**	**1293.82**
男	Male	447.07	510.24	690.69
女	Female	431.47	490.64	603.13
性别比(以女性为100)	Sex Ratio (female = 100)	103.63	103.99	114.52
家庭户规模(人/户)	**Average Family Household Size (person/household)**	**3.34**	**3.09**	**2.80**
各年龄组人口(%)	Population by Age Group (%)			
0–14岁	Aged 0–14	22.71	16.73	9.80
15–64岁	Aged 15–64	70.83	74.89	81.68
65岁及以上	Aged 65 and over	6.46	8.38	8.52
民族人口	**Population by Ethnicity**			
汉　族(万人)	Han (10 000 persons)	858.28	974.22	1260.85
占总人口比重(%)	Percentage to Total Population (%)	97.69	97.33	97.45
少数民族(万人)	Ethnic Minorities (10 000 persons)	20.26	26.69	32.97
占总人口比重(%)	Percentage to Total Population (%)	2.31	2.67	2.55
每十万人拥有的各种受教育程度人口(人)	**Population with Various Education Attainments per 100 000 Persons (person)**			
大专及以上	Junior College and Above	4670	9007	17480
高中和中专	Senior Secondary School and Technical Secondary School	15930	20850	20654
初　中	Junior Secondary School	29400	34589	38150
小　学	Primary School	29632	25030	17049
文盲人口及文盲率	**Illiterate Population and Illiterate Rate**			
文盲人口(万人)	Illiterate Population (10 000 persons)	93.13	49.67	27.14
文盲率(%)	Illiterate Rate (%)	13.72	5.96	2.10
城乡人口(万人)	**Population by Residence (10 000 persons)**			
城镇人口	Urban Population	611.11	720.53	1029.23
乡村人口	Rural Population	267.43	280.38	264.59

3-4 按地区分的户数、人口数及人口密度
Households, Population and Population Density by Region

地区	Region	年末户数（万户）Year-end Households (10 000 households)		年末人口数（万人）Year-end Population (10 000 persons)		年平均人口（万人）Average Annual Population (10 000 persons)	人口密度（人/平方公里）Population Density (person/sq. km)
		2009	2010	2009	2010	2010	2010
全市户籍人口	**Total Registered Population**	**341.90**	**345.83**	**979.84**	**984.85**	**982.35**	**837**
市辖区	**Districts under City Administration**	**284.65**	**287.37**	**802.92**	**807.02**	**804.97**	**1091**
#市内六区	Six Urban Districts	141.21	142.65	391.55	392.87	392.20	22333
和平区	Heping District	13.28	13.41	39.52	39.93	39.72	39932
河东区	Hedong District	26.65	26.97	71.27	71.18	71.22	18613
河西区	Hexi District	27.38	27.73	77.97	79.05	78.51	20799
南开区	Nankai District	29.39	29.85	84.41	85.34	84.87	22137
河北区	Hebei District	23.73	23.84	63.40	63.13	63.26	21311
红桥区	Hongqiao District	20.78	20.84	54.98	54.24	54.61	25512
东丽区	Dongli District	13.35	13.42	34.50	35.10	34.80	734
西青区	Xiqing District	12.65	12.82	35.35	36.00	35.67	636
津南区	Jinnan District	14.63	14.66	41.17	41.29	41.23	1065
北辰区	Beichen District	13.68	13.83	36.37	36.50	36.44	772
武清区	Wuqing District	26.88	27.06	84.42	84.70	84.56	538
宝坻区	Baodi District	21.46	21.63	67.05	67.19	67.12	445
滨海新区	Binhai New Area	39.74	40.24	109.93	110.79	110.36	496
天津铁厂	Tianjin Iron Works	1.05	1.07	2.58	2.58	2.58	
市辖县	**Counties under City Administration**	**57.25**	**58.46**	**176.94**	**177.83**	**177.39**	**408**
宁河县	Ninghe County	12.44	12.79	37.91	38.32	38.11	296
静海县	Jinghai County	19.11	19.66	55.48	56.16	55.82	381
蓟　县	Jixian County	25.70	26.00	83.55	83.35	83.45	524

3-5 按户口性质分的户籍户数
Registered Households by Registered Character

单位：万户 (10 000 households)

地　区	Region	非农业 Non-agricultural		农　业 Agricultural	
		2009	2010	2009	2010
全市总计	**Total**	**219.04**	**221.59**	**122.86**	**124.24**
市辖区	**Districts under City Administration**	**203.81**	**205.98**	**80.84**	**81.39**
#市内六区	Six Urban Districts	140.39	141.84	0.82	0.81
和平区	Heping District	13.28	13.41		
河东区	Hedong District	26.61	26.93	0.04	0.04
河西区	Hexi District	27.25	27.61	0.13	0.13
南开区	Nankai District	28.89	29.35	0.50	0.50
河北区	Hebei District	23.71	23.83	0.02	0.01
红桥区	Hongqiao District	20.65	20.72	0.13	0.13
东丽区	Dongli District	5.38	5.45	7.97	7.97
西青区	Xiqing District	3.67	3.77	8.98	9.05
津南区	Jinnan District	4.29	4.33	10.34	10.33
北辰区	Beichen District	6.10	6.26	7.58	7.57
武清区	Wuqing District	5.79	5.65	21.09	21.41
宝坻区	Baodi District	5.22	5.19	16.24	16.44
滨海新区	Binhai New Area	31.92	32.42	7.82	7.82
天津铁厂	Tianjin Iron Works	1.05	1.07		
市辖县	**Counties under City Administration**	**15.23**	**15.61**	**42.02**	**42.85**
宁河县	Ninghe County	4.19	4.37	8.25	8.43
静海县	Jinghai County	4.79	4.95	14.32	14.71
蓟　县	Jixian County	6.25	6.29	19.45	19.71

3-6 按户口性质分的户籍人口数 Registered Population by Registered Character

单位：万人 (10 000 persons)

地　区	Region	非农业 Non-agricultural		农　业 Agricultural	
		2009	2010	2009	2010
全市总计	**Total**	**598.53**	**604.42**	**381.31**	**380.43**
市辖区	**Districts under City Administration**	**563.67**	**568.57**	**239.23**	**238.45**
#市内六区	Six Urban Districts	389.81	391.13	1.73	1.74
和平区	Heping District	39.51	39.93		
河东区	Hedong District	71.21	71.12	0.06	0.06
河西区	Hexi District	77.70	78.79	0.27	0.27
南开区	Nankai District	83.28	84.21	1.13	1.13
河北区	Hebei District	63.38	63.10	0.02	0.02
红桥区	Hongqiao District	54.72	53.99	0.25	0.25
东丽区	Dongli District	14.28	14.85	20.22	20.25
西青区	Xiqing District	11.68	12.26	23.67	23.73
津南区	Jinnan District	12.18	12.39	28.99	28.90
北辰区	Beichen District	16.44	16.79	19.93	19.72
武清区	Wuqing District	15.23	15.73	69.19	68.97
宝坻区	Baodi District	12.68	13.06	54.36	54.14
滨海新区	Binhai New Area	88.80	89.78	21.14	21.01
天津铁厂	Tianjin Iron Works	2.58	2.59		
市辖县	**Counties under City Administration**	**34.86**	**35.85**	**142.08**	**141.98**
宁河县	Ninghe County	9.84	10.15	28.07	28.17
静海县	Jinghai County	10.78	11.07	44.70	45.09
蓟　县	Jixian County	14.24	14.64	69.31	68.72

3-7 按性别分的户籍人口数
Registered Population by Sex

单位：万人 (10 000 persons)

地　区	Region	男 性 Male		女 性 Female		性别比(女=100) Sex Ratio (Female = 100)	
		2009	2010	2009	2010	2009	2010
全市总计	**Total**	**493.09**	**495.25**	**486.75**	**489.60**	**101.30**	**101.15**
市辖区	**Districts under City Administration**	**402.99**	**404.71**	**399.90**	**402.31**	**100.78**	**100.59**
# 市内六区	Six Urban Districts	195.79	196.32	195.75	196.55	100.03	99.88
和平区	Heping District	19.05	19.22	20.47	20.71	93.06	92.80
河东区	Hedong District	35.94	35.93	35.33	35.25	101.73	101.92
河西区	Hexi District	38.45	38.98	39.52	40.07	97.29	97.27
南开区	Nankai District	42.62	43.00	41.79	42.34	101.99	101.54
河北区	Hebei District	31.95	31.82	31.45	31.31	101.59	101.63
红桥区	Hongqiao District	27.79	27.37	27.19	26.87	102.24	101.87
东丽区	Dongli District	17.34	17.70	17.16	17.40	101.05	101.73
西青区	Xiqing District	17.31	17.54	18.04	18.46	95.95	95.02
津南区	Jinnan District	20.50	20.54	20.66	20.75	99.18	99.01
北辰区	Beichen District	18.18	18.22	18.19	18.28	99.95	99.65
武清区	Wuqing District	42.16	42.25	42.26	42.45	99.76	99.53
宝坻区	Baodi District	33.79	33.85	33.25	33.34	101.63	101.53
滨海新区	Binhai New Area	56.59	56.96	53.35	53.83	106.09	105.81
天津铁厂	Tianjin Iron Works	1.33	1.33	1.25	1.25	106.60	106.42
市辖县	**Counties under City Administration**	**90.10**	**90.54**	**86.85**	**87.29**	**103.73**	**103.71**
宁河县	Ninghe County	19.26	19.47	18.65	18.85	103.27	103.28
静海县	Jinghai County	28.27	28.60	27.21	27.56	103.90	103.77
蓟　县	Jixian County	42.56	42.47	40.99	40.88	103.83	103.88

3-8 计划生育情况(2007—2010年)
Family Planning, 2007-2010

单位：万人(10 000 persons)

指　标	Item	2007	2008	2009	2010
出生人口	Birth	8.07	8.23	8.31	8.10
已婚育龄妇女人数	Married Women at Child-bearing Age	183.42	184.38	180.73	172.93
领取独生子女证人数	Married Couples with One-child Certificate	57.46	61.79	61.78	58.18
政策生育率(%)	Family Planning Rate (%)	99.02	99.05	98.36	98.33
一孩率(%)	One-child Rate (%)	80.37	81.33	81.14	82.25
二孩率(%)	Two-child Rate (%)	19.62	18.66	18.85	17.74
多孩率(%)	Multi-child Rate (%)	0.01	0.01	0.01	0.01

资料来源：本表由市人口和计划生育委员会提供。
Source: Data in this table are provided by Tianjin Municipal Committee of Population and Family Planning.

3-9 人口婚姻情况(2007—2010年)
Marriage Registration, 2007-2010

指　标	Item	2007	2008	2009	2010
登记结婚对数(对)	**Marriages (couple)**	**75714**	**89316**	**104028**	**86799**
#恢复结婚对数	Remarriage with Former Spouse	1609	2476	3893	4051
涉外婚姻登记	Chinese-Foreigner Marriages	406	478	408	403
#女　性(人)	Female (person)	328	396	342	351
按婚前状况分	Grouped by Pre-marriage Condition				
初婚人数(万人)	First Marriages (10 000 persons)	12.49	15.19	17.36	13.81
再婚人数(万人)	Remarriages (10 000 persons)	2.65	2.68	3.45	3.55
离婚对数(对)	**Divorces (couple)**	**22106**	**23973**	**27556**	**28132**
法院判决离婚	Mediated by the Court	5259	5349	5895	4067
民政协议离婚	Approved by Civil Administration Agencies	16847	18624	21661	24065

3-10 各种特征年龄组的户籍人口(2010年)
Registered Population by Age Groups, 2010

单位：万人 (10 000 persons)

年龄组	Age Groups	合计 Total	#市内六区 Six Urban Districts	男性 Male	#市内六区 Six Urban Districts	女性 Female	#市内六区 Six Urban Districts
按学龄人口分组	Grouped by School Age						
0-2岁	Age 0-2	24.00	7.00	12.66	3.64	11.34	3.36
3-5岁	Age 3-5	25.61	7.17	13.54	3.73	12.07	3.44
6-14岁	Age 6-14	63.54	14.96	33.52	7.69	30.02	7.27
15-17岁	Age 15-17	27.89	6.93	14.62	3.53	13.27	3.40
18-21岁	Age 18-21	57.64	19.01	29.40	9.64	28.24	9.37
按婚育人口分组	Grouped by Marriage Age and Child-bearing Age						
进入法定婚龄人口	Reaching Legal Marriage Age	18.41	7.08	9.42	3.62	8.99	3.46
育龄妇女人口 (15-49岁)	Women at Child-bearing Age (between 15-49)	258.16	95.79			258.16	95.79
按劳龄人口分组	Grouped by Labour Age						
进入劳龄人口	Reaching Labour Age						
国内标准	Domestic Standard	9.28	2.30	4.87	1.18	4.41	1.12
国际标准	International Standard	8.63	2.06	4.56	1.05	4.07	1.01
劳动年龄内人口	Within Labour Age						
国内标准	Domestic Standard	645.10	257.37	346.54	140.26	298.56	117.11
国际标准	International Standard	752.12	303.42	378.67	153.25	373.45	150.17
退出劳龄人口	Over Labour Age						
国内标准	Domestic Standard	15.91	7.64	6.32	2.92	9.59	4.72
国际标准	International Standard	9.27	4.01	4.55	1.97	4.72	2.04
按老年人口分组	Grouped by Aged Population						
60岁及以上人口	Age 60 and over	176.40	85.34	85.13	40.61	91.27	44.73
占总人口比重(%)	Proportion in Total (%)	17.91	21.72	17.19	20.68	18.64	22.75
65岁及以上人口	Age 65 and over	120.91	61.55	57.57	28.66	63.34	32.89
占总人口比重(%)	Proportion in Total (%)	12.28	15.67	11.62	14.60	12.94	16.73
80岁及以上人口	Age 80 and over	27.29	16.39	12.43	7.53	14.86	8.86
占总人口比重(%)	Proportion in Total (%)	2.77	4.17	2.51	3.84	3.04	4.51

3-11 常住人口主要数据
Main Statistics on Permanent Population

指　标	Item	2000	2010
常住人口(万人)	**Permanent Population (10 000 persons)**	**1001.14**	**1299.29**
按性别分	By Sex		
男性人口	Male	510.35	693.56
女性人口	Female	490.79	605.73
性别比(女=100)	Sex Ratio (Female = 100)	103.99	114.52
按户别分组	By Household Type		
家庭户	Family	938.30	1030.51
集体户	Collective	62.84	268.78
按城乡分组	By Residence		
城　镇	Urban Population	724.83	1033.59
占总人口比重(%)	Proportion in Total (%)	72.40	79.55
乡　村	Rural Population	276.31	265.70
按年龄分组	By Age		
0-14岁	Age 0-14	167.49	127.33
15-64岁	Age 15-64	749.78	1061.26
65岁及以上	Age 65 and over	83.87	110.70
人口负担系数(%)	Population Dependency Ratio (%)		
人口总负担系数	Total Dependency Ratio	33.52	22.43
负担少儿系数	Children Dependency Ratio	22.34	12.00
负担老年系数	The Aged Dependency Ratio	11.18	10.43
老少比	Ratio of Aged to Children	50.07	86.94
常住人口户数(万户)	**Number of Households (10 000 households)**	**313.93**	**398.35**
家庭户	Family Households	303.66	368.04
集体户	Collective Households	10.27	30.31
家庭平均户规模(人/户)	**Average Family Size (person/household)**	**3.09**	**2.80**
人口变动情况(万人)	**Change of Population (10 000 persons)**		
出生人口	Birth	7.58	10.34
死亡人口	Death	6.05	7.05
净迁入人口	Net Immigration	87.30	300.44
人口密度(人/平方公里)	**Population Density (person/sq. km)**	840	1105

注：此表为人口普查推算数据，表3-12同。
Note: Date in this table are calculated according to predicted data of population census, same as table 3-12.

3-12 按地区分的常住人口(2010年)
Permanent Population by Region, 2010

地　区	Region	年末人口数(万人) Year-end Population (10 000 persons)	构　成(%) Composition in Percentage (%)
全市常住人口	**Total Permanent Population**	**1299.29**	**100.00**
市辖区	**Districts under City Administration**	**1109.61**	**85.40**
#市内六区	Six Urban Districts	434.58	33.45
和平区	Heping District	27.39	2.11
河东区	Hedong District	86.12	6.63
河西区	Hexi District	87.10	6.70
南开区	Nankai District	101.88	7.84
河北区	Hebei District	78.86	6.07
红桥区	Hongqiao District	53.23	4.10
东丽区	Dongli District	57.08	4.39
西青区	Xiqing District	68.47	5.27
津南区	Jinnan District	59.40	4.57
北辰区	Beichen District	66.91	5.15
武清区	Wuqing District	94.99	7.31
宝坻区	Baodi District	79.93	6.15
滨海新区	Binhai New Area	248.25	19.11
市辖县	**Counties under City Administration**	**189.68**	**14.60**
宁河县	Ninghe County	41.66	3.21
静海县	Jinghai County	64.75	4.98
蓟　县	Jixian County	83.27	6.41

主要统计指标解释
Explanatory Notes on Main Statistical Indicators

常住人口

指实际经常居住在某地区半年以上的人口。按人口普查和抽样调查规定，主要包括：(1) 除离开本地半年以上（不包括在国外工作或学习的人）的全部常住本地的户籍人口；(2) 户口在外地，但在本地居住半年以上者，或离开户口地半年以上而调查时在本地居住的人口；(3) 调查时居住在本地，但在任何地方都没有登记常住户口，如手持户口迁移证、出生证、退伍证、劳改劳教释放证等尚未办理常住户口的人，即所谓“口袋户口”的人。

人口密度

指单位土地面积上的人口数。通常使用常住人口计算人口密度，用于说明人口的拥挤程度。通常以每平方公里的居民人数来表示。计算公式：

$$人口密度=\frac{常住人口}{总土地面积}$$

人口出生率(又称粗出生率)

指在一定时期内（通常为一年）一定地区的出生人数与同期内平均人数（或期中人数）之比，用千分率表示。本资料中的出生率指年出生率，其计算公式为：

$$人口出生率=\frac{年出生人数}{年平均人数}\times1000‰$$

式中：出生人数指活产婴儿，即胎儿脱离母体时（不管怀孕月数），有过呼吸或其他生命现象。年平均人数指年初、年底人口数的平均数，也可用年中人口数代替。

人口死亡率(又称粗死亡率)

指在一定时期内（通常为一年）一定地区的死亡人数与同期内平均人数（或期中人数）之比，用千分率表示。本资料中的死亡率指年死亡率，其计算公式为：

$$人口死亡率=\frac{年死亡人数}{年平均人数}\times1000‰$$

人口自然增长率

指在一定时期内（通常为一年）人口自然增加数（出生人数减死亡人数）与该时期内平均人数（或期中人数）之比，用千分率表示。计算公式为：

$$人口自然增长率=\frac{本年出生人数-本年死亡人数}{年平均人数}\times1000‰$$

$$=人口出生率-人口死亡率$$

总负担系数

指 14 岁及以下少年儿童人口数和 65 岁及以上老年人口数与 15–64 岁劳动力年龄人口数的比例。表明的是每百名劳动年龄人口负担多少非劳动年龄人口。计算公式：

$$总负担系数=\frac{14\ 岁及以下人数+65\ 岁及以上人数}{15-64\ 岁人数}\times100\%$$

法定婚龄、劳龄人口

我国进入婚龄法定人口标准为男 22 岁、女 20 岁；进入劳龄人口、劳动年龄内人口、退出劳龄人口的国内标准分别是男 16 岁、16–59 岁、60 岁和女 16 岁、16–54 岁、55 岁；国际标准男女均为 15 岁、15–64 岁、65 岁。

主要统计指标解释
Explanatory Notes on Main Statistical Indicators

Permanent Population

refers to the total number of people alive at a given area over half year. According to the regulation of population census and sample survey, permanent resident population include (1) registered population in this area except those who have left this area over half a year (exclude those going abroad to work or study). (2) population with residence registered in other area, but having actually resided in this area over half a year or having left place of residence registration over half a year and resided in this area during the period of population survey. (3) population with residence registration in this enumeration area not yet settled, i.e. residence card on hand, migration certificate, birth certificate, demobilized soldier card, release certificate, etc.

Population Density

refers to the total number of people within unit land area. Usually, population density is calculated with permanent resident population and indicates crowd degree of population. It is often expressed in the number of people per square kilometer. The following formula is used:

$$\text{Population Density} = \frac{\text{Permanent Resident Population}}{\text{Total Area of Land}}$$

Birth Rate (or Crude Birth Rate)

refers to the ratio of the number of births to the average population (or mid-period population) during a certain period of time (usually a year), expressed in ‰. Birth rate in the chapter refers to annual birth rate. The following formula is used:

$$\text{Birth Rate} = \frac{\text{Number of Births}}{\text{Annual Average Population}} \times 1000‰$$

Number of births in the formula refers to live births, i.e. when a baby has breathed or showed any vital phenomena regardless of the length of pregnancy. Annual average population is the average of the number of population at the beginning of the year and that at the end of the year. Sometimes it is substituted by the mid-year population.

Death Rate (or Crude Death Rate)

refers to the ratio of the number of deaths to the average population (or mid-period population) during a certain period of time (usually a year), expressed in ‰. Death rate in the chapter refers to annual death rate. The following formula is used:

$$\text{Death Rate} = \frac{\text{Number of Deaths}}{\text{Annual Average Population}} \times 1000‰$$

Natural Growth Rate of Population

refers to the ratio of natural increase in population (number of births minus number of deaths) in a certain period of time (usually a year) to the average population (or mid-period population) of the same period, expressed in ‰. The following formula is applied:

$$\text{Natural Growth Rate of Population} = \frac{\text{Number of Births - Number of Deaths}}{\text{Annual Average Population}} \times 1000‰$$

$$\text{Natural Growth Rate of Population} = \text{Birth Rate} - \text{Death Rate}$$

Gross Dependency Ratio

refers to the ratio of children aged 0-14 and elderly population aged 65 and over to the working-age population aged 15-64. It describes in general the number of non-working-age population that every 100 people at working ages will take care of. The following formula is used:

$$\text{Gross Dependency Ratio} = \frac{(\text{Population Aged 0-14}) + (\text{Population Aged 65 and over})}{\text{Population Aged 15-64}} \times 100\%$$

Legal Marriage Age, Labour Age Population

The standard of legal marriage age is 22 for male and 20 for female. The domestic standard of "reaching labour age", "within labour age" and "over labour age" are 16, 16 to 59, 60 for male respectively and 16, 16 to 54, 55 for female respectively; the international standard of these items are 15, 15-64 and 65 respectively for both male and female.

4

就业和劳动报酬

Employment and Remuneration

4-1 社会从业人员（1995—2010年）
Total Employment Personnel, 1995-2010

单位：万人 (10 000 persons)

年 份 Year	劳动力资源总数 Number of Labour Force	社会从业人员合计 Number of Employment Personnel	按城乡分 Grouped by Urban and Rural Areas					
			城 镇 Urban Areas	国有单位 State-owned Units	集体单位 Collective-owned Units	其 他 Others	个体、私营单位 Private and Individual Units	乡 村 Rural Areas
1995	701.60	515.30	319.80	202.10	68.40	29.20	20.10	195.50
1996	708.80	512.00	317.10	199.10	62.80	31.00	24.20	194.90
1997	716.26	513.33	318.60	196.16	58.19	35.80	28.45	194.73
1998	728.68	508.10	312.65	183.49	53.00	41.58	34.58	195.45
1999	740.76	508.14	313.89	176.54	47.54	49.80	40.01	194.25
2000	753.27	486.89	296.61	163.84	40.58	55.37	36.82	190.28
2001	761.11	488.34	295.37	153.25	32.13	60.94	49.05	192.97
2002	771.69	492.61	295.71	137.81	26.60	82.54	48.76	196.90
2003	793.86	510.90	299.95	128.52	22.80	93.72	54.91	210.95
2004	798.43	527.78	302.47	126.36	20.21	103.59	52.31	225.31
2005	858.88	542.52	312.76	99.18	11.31	148.01	54.26	229.76
2006	888.51	562.92	402.12	97.34	30.00	158.21	116.57	160.80
2007	933.57	613.93	447.97	95.58	29.73	185.00	137.66	165.96
2008	987.97	647.32	477.69	96.97	26.75	202.06	151.91	169.63
2009	1036.53	677.13	505.84	90.22	23.77	212.79	179.06	171.29
2010	1096.78	728.70	545.70	90.24	22.68	227.71	205.07	183.00

年 份 Year	按三次产业分 Grouped by Three Industries					
	绝对数 Number			构 成(%) Composition in Percentage (%)		
	第一产业 Primary Industry	第二产业 Secondary Industry	第三产业 Tertiary Industry	第一产业 Primary Industry	第二产业 Secondary Industry	第三产业 Tertiary Industry
1995	82.90	247.10	185.30	16.1	47.9	36.0
1996	82.10	241.40	188.50	16.0	47.2	36.8
1997	81.26	235.69	196.38	15.8	45.9	38.3
1998	80.88	233.21	194.01	15.9	45.9	38.2
1999	79.57	230.33	198.24	15.7	45.3	39.0
2000	81.29	222.15	183.45	16.7	45.6	37.7
2001	82.70	212.65	192.99	16.9	43.6	39.5
2002	82.25	205.38	204.98	16.7	41.7	41.6
2003	83.19	219.44	208.27	16.3	42.9	40.8
2004	82.83	223.89	221.06	15.7	42.4	41.9
2005	81.79	227.38	233.35	15.1	41.9	43.0
2006	81.11	234.85	246.96	14.4	41.7	43.9
2007	76.98	261.35	275.60	12.5	42.6	44.9
2008	76.30	271.90	299.12	11.8	42.0	46.2
2009	75.70	281.01	320.42	11.2	41.5	47.3
2010	73.85	302.33	352.52	10.1	41.5	48.4

注：1. 1998—2004年城镇从业人员中包括由于各种原因已经离开本人的生产或工作岗位，但仍与本单位保留劳动关系的职工。2. 从2006年起社会从业人员城乡划分执行国统字[2006]60号划分标准。

Note: a) From 1998 to 2004, the number of urban employment personnel includes those staff and workers who still keep their relationship with their units, but have left their working post at there. b) Since 2006, the division of urban and rural employment personnel has adopted the standard of Regulation No. 60 [2006], National Bureau of Statistics.

4-2 城镇单位从业人员（1995—2010年）
Employment Personnel in Urban Units, 1995-2010

单位：万人 (10 000 persons)

年 份 Year	合 计 Total	按三次产业分 Grouped by Three Industries			按登记注册类型分 Grouped by Registration Status		
		第一产业 Primary Industry	第二产业 Secondary Industry	第三产业 Tertiary Industry	国有单位 State-owned Units	集体单位 Collective-owned Units	其他单位 Others
总 计 Total							
1995	289.59	1.90	167.33	120.36	197.01	64.19	28.39
1996	283.98	1.73	163.07	119.18	194.32	59.62	30.04
1997	281.34	1.71	158.68	120.95	191.64	55.28	34.42
1998	218.56	1.43	113.47	103.66	144.18	36.26	38.12
1999	211.76	1.10	110.27	100.39	135.08	30.46	46.22
2000	201.75	1.11	105.63	95.01	125.00	25.82	50.93
2001	192.30	1.09	99.82	91.39	116.24	20.05	56.00
2002	185.50	1.09	92.68	91.73	107.79	16.47	61.24
2003	191.01	0.97	97.60	92.44	101.57	13.95	75.49
2004	193.91	0.87	96.82	96.22	102.09	12.46	79.36
2005	194.12	0.81	97.52	95.79	99.18	11.33	83.61
2006	195.00	0.73	98.37	95.90	97.34	9.61	88.05
2007	200.22	0.74	99.31	100.17	96.69	8.75	94.78
2008	200.61	0.71	94.13	105.77	87.45	7.90	105.26
2009	201.65	0.74	96.18	104.73	81.21	4.76	115.68
2010	205.65	0.71	97.74	107.20	80.79	4.30	120.56
#女 性 Female							
1995	123.60	0.68	72.03	50.89	79.27	30.81	13.52
1996	120.23	0.57	69.84	49.82	77.39	28.59	14.25
1997	118.75	0.55	67.48	50.72	76.61	26.15	15.99
1998	89.89	0.46	46.11	43.32	56.17	15.93	17.79
1999	82.95	0.31	41.33	41.31	51.80	13.22	17.93
2000	77.28	0.33	38.85	38.10	47.26	10.76	19.26
2001	77.40	0.36	40.09	36.95	43.26	8.11	26.03
2002	73.59	0.33	36.00	37.26	39.60	6.52	27.47
2003	76.27	0.28	38.49	37.50	37.73	5.33	33.21
2004	73.66	0.26	35.30	38.10	37.56	4.39	31.71
2005	68.66	0.23	33.01	35.42	33.94	4.09	30.63
2006	70.28	0.22	33.95	36.11	33.13	3.41	33.74
2007	71.27	0.21	33.21	37.85	33.30	3.04	34.93
2008	77.02	0.22	32.07	44.73	33.69	2.87	40.46
2009	67.84	0.22	30.62	37.00	27.43	1.87	38.54
2010	75.10	0.21	32.80	42.09	30.03	1.67	43.40

注：1998年以前为职工人数。
Note: The data before 1998 of this table refer to staff and workers.

4-3 按国民经济行业分各类从业人员（2010年）
Employment Personnel Grouped by Sector, 2010

单位：万人 (10 000 persons)

项　目 Item	社会从业人　员 Employment Personnel	城镇单位从业人员 Employment Personnel in Urban Units	在岗职工人　数 On-post Staff and Workers	其他从业人　员 Other Employment Personnel
总　计 Total	**728.70**	**205.65**	**185.00**	**20.65**
按三次产业分 Grouped by Three Industries				
第一产业 Primary Industry	73.85	0.71	0.65	0.06
第二产业 Secondary Industry	302.33	97.74	90.26	7.48
第三产业 Tertiary Industry	352.52	107.20	94.09	13.11
按国民经济行业分 Grouped by Sector				
农、林、牧、渔业 Farming, Forestry, Animal Husbandry and Fishery	73.85	0.71	0.65	0.06
采矿业 Minerals Mining	10.64	8.96	7.96	1.00
制造业 Manufacturing	218.34	75.29	69.71	5.58
电力、燃气及水的生产和供应业 Production and Supply of Electricity, Gas and Water	5.89	3.28	3.13	0.15
建筑业 Construction	67.46	10.21	9.46	0.75
交通运输、仓储及邮政业 Transportation, Storage and Post Services	26.23	12.50	11.01	1.49
信息传输、计算机服务和软件业 Information Transmitting, Computer Services and Software	5.11	2.24	2.18	0.06
批发和零售业 Wholesale and Retail Trade	102.84	12.39	11.01	1.38
住宿和餐饮业 Accommodation and Catering Services	32.89	4.83	3.35	1.48
金融业 Finance Intermediation	11.82	6.95	4.32	2.63
房地产业 Real Estate	14.58	3.61	3.42	0.19
租赁和商务服务业 Leasing and Business Services	24.97	6.95	6.49	0.46
科学研究、技术服务和地质勘察业 Scientific Research, Technical Services and Geological Prospecting	20.27	6.47	5.48	0.99
水利、环境和公共设施管理业 Management for Water Conservancy, Environment and Public Facilities	6.37	3.55	3.06	0.49
居民服务和其他服务业 Resident Services and Other Social Services	39.41	6.86	6.33	0.53
教　育 Education	28.75	16.43	15.51	0.92
卫生、社会保障和社会福利业 Health Care, Social Security and Social Welfare	14.27	8.98	8.06	0.92
文化、体育和娱乐业 Culture, Sports and Recreational Services	4.38	1.75	1.59	0.16
公共管理和社会组织 Public Management and Social Organizations	20.63	13.69	12.28	1.41

4-4 社会从业人员及构成
Number and Composition of Employment Personnel

项　目	Item	绝对数(万人) Number (10 000 persons)		构　成(%) Composition in Percentage (%)	
		2009	2010	2009	2010
总　计	**Total**	**677.13**	**728.70**	**100.0**	**100.0**
按登记注册类型分	**Grouped by Registration Status**				
内资单位	Domestic Investment Units	594.97	642.28	87.8	88.1
国有单位	State-owned Units	96.96	96.98	14.3	13.3
集体单位	Collective-owned Units	101.65	101.54	15.0	13.9
联营单位	Joint-owned Units	3.14	4.34	0.5	0.6
股份有限公司	Share Holding Corporations Ltd.	23.80	23.41	3.5	3.2
有限责任公司	Limited Liability Corporations	75.74	92.05	11.2	12.6
股份合作单位	Cooperative Units	6.30	4.19	0.9	0.6
私营单位	Private	143.91	171.96	21.2	23.6
个　体	Individual	114.22	123.67	16.9	17.0
其他单位	Others	29.25	24.14	4.3	3.3
港澳台商投资单位	Units with Funds from Hong Kong, Macao and Taiwan	20.08	26.34	3.0	3.6
外商投资单位	Foreign Funded Units	62.08	60.08	9.2	8.3
按国民经济行业分	**Grouped by Sector**				
农、林、牧、渔业	Farming, Forestry, Animal Husbandry and Fishery	75.70	73.85	11.2	10.1
采矿业	Minerals Mining	9.32	10.64	1.4	1.5
制造业	Manufacturing	209.84	218.34	31.0	30.0
电力、燃气及水的生产和供应业	Production and Supply of Electricity, Gas and Water	5.95	5.89	0.9	0.8
建筑业	Construction	55.90	67.46	8.3	9.3
交通运输、仓储及邮政业	Transportation, Storage and Post Services	34.97	26.23	5.1	3.6
信息传输、计算机服务和软件业	Information Transmitting, Computer Services and Software	4.73	5.11	0.7	0.7
批发和零售业	Wholesale and Retail Trade	97.61	102.84	14.4	14.1
住宿和餐饮业	Accommodation and Catering Services	27.68	32.89	4.1	4.5
金融业	Finance Intermediation	9.84	11.82	1.4	1.6
房地产业	Real Estate	10.36	14.58	1.5	2.0
租赁和商务服务业	Leasing and Business Services	19.13	24.97	2.8	3.4
科学研究、技术服务和地质勘察业	Scientific Research, Technical Services and Geological Prospecting	13.91	20.27	2.1	2.8
水利、环境和公共设施管理业	Management for Water Conservancy, Environment and Public Facilities	5.22	6.37	0.8	0.9
居民服务和其他服务业	Resident Services and Other Social Services	30.12	39.41	4.4	5.4
教　育	Education	28.26	28.75	4.2	3.9
卫生、社会保障和社会福利业	Health Care, Social Security and Social Welfare	14.04	14.27	2.1	2.0
文化、体育和娱乐业	Culture, Sports and Recreational Services	4.04	4.38	0.6	0.6
公共管理和社会组织	Public Management and Social Organizations	20.51	20.63	3.0	2.8

4-5 城镇单位从业人员及构成
Number and Composition of Employment Personnel in Urban Units

项目	Item	绝对数(万人) Number (10 000 persons)		构成(%) Composition in Percentage (%)	
		2009	2010	2009	2010
总计	**Total**	**201.65**	**205.65**	**100.0**	**100.0**
按登记注册类型分	**Grouped by Registration Status**				
国有单位	State-owned Units	81.21	80.79	40.3	39.3
集体单位	Collective-owned Units	4.76	4.30	2.3	2.1
其他单位	Others	115.68	120.56	57.4	58.6
#外商及港澳台商投资单位	Units with Funds from Foreign Countries, Hong Kong, Macao & Taiwan	55.32	59.50	27.4	28.9
股份有限公司	Share Holding Corporations Ltd.	12.26	12.56	6.1	6.1
按国民经济行业分	**Grouped by Sector**				
农、林、牧、渔业	Farming, Forestry, Animal Husbandry and Fishery	0.74	0.71	0.4	0.3
采矿业	Minerals Mining	9.27	8.96	4.6	4.4
制造业	Manufacturing	72.90	75.29	36.2	36.6
电力、燃气及水的生产和供应业	Production and Supply of Electricity, Gas and Water	3.34	3.28	1.7	1.6
建筑业	Construction	10.67	10.21	5.3	5.0
交通运输、仓储及邮政业	Transportation, Storage and Post Services	12.29	12.50	6.1	6.1
信息传输、计算机服务和软件业	Information Transmitting, Computer Services and Software	2.48	2.24	1.2	1.1
批发和零售业	Wholesale and Retail Trade	11.85	12.39	5.9	6.0
住宿和餐饮业	Accommodation and Catering Services	4.08	4.83	2.0	2.3
金融业	Finance Intermediation	6.68	6.95	3.3	3.4
房地产业	Real Estate	3.12	3.61	1.5	1.8
租赁和商务服务业	Leasing and Business Services	7.34	6.95	3.6	3.4
科学研究、技术服务和地质勘察业	Scientific Research, Technical Services and Geological Prospecting	5.91	6.47	2.9	3.1
水利、环境和公共设施管理业	Management for Water Conservancy, Environment and Public Facilities	3.60	3.55	1.8	1.7
居民服务和其他服务业	Resident Services and Other Social Services	7.01	6.86	3.5	3.3
教育	Education	16.56	16.43	8.2	8.0
卫生、社会保障和社会福利业	Health Care, Social Security and Social Welfare	8.49	8.98	4.2	4.4
文化、体育和娱乐业	Culture, Sports and Recreational Services	1.75	1.75	0.9	0.8
公共管理和社会组织	Public Management and Social Organizations	13.57	13.69	6.7	6.7
按企业、事业、机关分	**Grouped by Enterprise, Institution and Government Agency**				
企业	Enterprises	154.57	158.09	76.6	76.9
中央	Central	27.76	26.87	13.7	13.1
地方	Local	126.81	131.22	62.9	63.8
#国有	State-owned	23.54	22.75	11.7	11.1
事业	Institutions	34.63	34.78	17.2	16.9
中央	Central	1.78	1.80	0.9	0.9
地方	Local	32.85	32.97	16.3	16.0
机关	Government Agencies	12.45	12.78	6.2	6.2
中央	Central	1.01	1.06	0.5	0.5
地方	Local	11.44	11.73	5.7	5.7

4-8 城镇单位从业人员变动情况（2010年）
Changes of Employment Personnel in Urban Units, 2010

单位：人 (person)

项目 Item	合计 Total	按登记注册类型分 Grouped by Registration Status			按企事业机关分 Grouped by Enterprise, Institution and Agency		
		国有单位 State-owned Units	集体单位 Collective-owned Units	其他单位 Others	企业 Enterprises	事业 Institutions	机关 Government Agencies
从业人员增加合计 Number of Employment Personnel Increased	**390652**	**63116**	**13099**	**314437**	**360655**	**22565**	**7432**
从农村招收人员 Recruited from Rural Area	113639	4592	554	108493	112887	640	112
从城镇招收失业人员 Recruited Unemployed Personnel from Urban Area	67719	7578	557	59584	65766	1479	474
录用的退伍军人 Employment of Demobilized Soldiers	1663	757	9	897	1097	125	441
录用及使用的大中专技校毕业生 Employment of Graduate	48492	15215	572	32705	38488	7750	2254
调入人数 Job Change-in	69300	19327	1160	48813	60208	5954	3138
# 市外调入 From Outside Tianjin	2004	429	3	1572	1707	258	39
其他 Others	89839	15647	10247	63945	82209	6617	1013
从业人员减少合计 Number of Employment Personnel Decreased	**393792**	**67189**	**15270**	**311333**	**362604**	**25111**	**6077**
离退休退职人员 Retire and Quit	38523	20225	905	17393	25185	10934	2404
开除、除名、辞退 Discharge	16885	2067	369	14449	16393	391	101
终止、解除合同 Contract Expiration	190322	14373	951	174998	186608	3436	278
在岗人员转不在岗 Not On-post from On-post	7009	2584	464	3961	6589	413	7
死亡 Death	1352	751	36	565	852	358	142
调出人数 Job Change-out	67504	15576	1930	49998	59030	5627	2847
# 调至市外 To Outside Tianjin	2590	255	4	2331	2462	98	30
其他 Others	72197	11613	10615	49969	67947	3952	298

4-9 城镇登记失业人员情况（2006—2010年）
Basic Statistics on Registered Unemployed Personnel in Urban Area, 2006-2010

单位：万人 (10 000 persons)

指　标 Item	2006	2007	2008	2009	2010
新登记失业人数 Number of Newly Registered Unemployed Personnel	**8.51**	**8.56**	**8.08**	**9.20**	**11.98**
#女　性 Female	4.42	4.47	4.23	4.78	5.98
由就业转失业人数 Unemployment Turned from Employment	6.90	5.80	6.02	5.72	9.07
本期失业人员就业人数 Newly Employed Personnel Turning from Unemployment	**8.55**	**5.24**	**10.09**	**7.19**	**10.88**
期末实有登记失业人数 Registered Unemployed Personnel at Year-end	**11.67**	**14.99**	**12.99**	**15.00**	**16.10**
#女　性 Female	6.07	7.80	6.75	7.80	8.53
长期失业者 Long-term Unemployed Personnel	4.67	6.00	4.19	6.00	6.44
登记失业率(%) Registered Unemployed Rate (%)	**3.60**	**3.60**	**3.60**	**3.60**	**3.60**

资料来源：天津市人力资源和社会保障局。
Source: Tianjin Municipal Human Resources & Social Security Bureau.

4-10 全市就业和再就业情况（2006—2010年）
Statistics on Employment and Re-employment, 2006-2010

单位：万人 (10 000 persons)

项　目 Item	2006	2007	2008	2009	2010
新增就业岗位人数 Persons Employed on New Job Posts	**29.49**	**33.37**	**38.02**	**40.23**	**45.15**
下岗失业人员 Laid-off and Unemployed	12.91	10.45	10.20	10.75	10.76
下岗人员 Laid-off	4.31	2.02	0.49		
失业人员 Unemployed	8.60	8.43	9.71	10.75	10.76
其他人员 Others	16.58	22.92	27.82	29.48	34.39

4-11 职业技能培训与就业服务情况（2007—2010年）
Statistics on Vocational Skill Training and Employment Service, 2007-2010

项　目 Item	2007	2008	2009	2010
参加职业技能鉴定人次(人次)				
Persons Attending Vocational Technical Appraisal (person-time)	**251415**	**258335**	**292996**	**350476**
初级工				
Junior Worker	153587	144838	165236	231432
中级工				
Middle Worker	70413	80976	85845	71090
高级工				
Senior Worker	21748	26126	33546	36384
技　师				
Technician	4862	5021	6696	7497
高级技师				
Senior Technician	805	1374	1673	4073
取得职业资格证书人数(人)				
Persons Gaining Vocational Certificate (person)	**238946**	**244596**	**280380**	**327297**
初级工				
Junior Worker	145986	136350	157710	213502
中级工				
Middle Worker	66557	77123	82117	67441
高级工				
Senior Worker	20998	25154	32385	35365
技　师				
Technician	4638	4665	6527	7086
高级技师				
Senior Technician	767	1304	1641	3903
人才和劳务市场情况(万人次)				
Statistics on Talent and Labour Force Market (10 000 person-times)				
进场择业洽谈人次				
Number of Person-times Entering for Interview	353.70	407.52	362.16	391.30
# 劳动力市场				
Labour Force Market	291.00	291.20	291.76	292.10
达成初步意向人次				
Number of Person-times Reached Initial Intent	96.39	84.13	94.40	93.62
# 劳动力市场				
Labour Force Market	77.60	68.14	68.28	69.30

4-12 城镇单位从业人员劳动报酬总额(1995—2010年)
Total Remuneration of Employment Personnel in Urban Units, 1995-2010

单位：亿元 (100 million yuan)

年 份 Year	合 计 Total	按三次产业分 Grouped by Three Industries			按登记注册类型分 Grouped by Registration Status		
		第一产业 Primary Industry	第二产业 Secondary Industry	第三产业 Tertiary Industry	国有单位 State-owned Units	集体单位 Collective-owned Units	其他单位 Others
1995	184.80	0.86	105.50	78.44	135.22	26.00	23.59
1996	212.05	0.96	116.32	94.77	154.34	27.14	30.57
1997	223.25	1.04	118.71	103.50	160.47	26.46	36.32
1998	225.39	1.07	118.56	105.75	151.80	23.94	49.64
1999	234.42	0.97	121.53	111.92	151.93	21.25	61.23
2000	253.53	1.07	131.15	121.32	161.86	19.86	71.82
2001	277.56	1.16	137.48	138.92	176.26	16.86	84.44
2002	304.23	1.38	145.74	157.11	182.27	15.47	106.49
2003	350.60	1.32	172.76	176.53	194.80	15.49	140.32
2004	407.99	1.38	199.12	207.49	222.60	16.21	169.18
2005	458.26	1.32	219.72	237.23	247.30	16.69	194.27
2006	530.29	1.35	256.63	272.31	283.31	17.99	229.16
2007	653.05	1.66	310.10	341.29	337.13	19.71	296.21
2008	795.85	2.04	355.56	438.25	375.36	20.86	399.63
2009	886.51	2.36	393.49	490.66	389.47	14.81	482.23
2010	1051.19	2.90	456.50	591.79	456.02	17.98	577.19

注：1. 1998年以前为职工工资总额。2. 2008年以前国有单位从业人员劳动报酬总额包括登记注册类型为国有独资公司的单位。下同。

Note: a) Data before 1998 of this table refer to total wages of staff and workers. b) Total remuneration of employment personnel in state-owned units before 2008 includes figures of sole state-owned corporations. Same as following next.

4-13 城镇单位从业人员人均劳动报酬(1995—2010年)
Per Capita Remuneration of Employment Personnel in Urban Units, 1995-2010

单位：元 (yuan)

年 份 Year	合 计 Total	按三次产业分 Grouped by Three Industries			按登记注册类型分 Grouped by Registration Status		
		第一产业 Primary Industry	第二产业 Secondary Industry	第三产业 Tertiary Industry	国有单位 State-owned Units	集体单位 Collective-owned Units	其他单位 Others
1995	6501	4844	6237	6357	6963	4138	8640
1996	7643	5710	7131	7787	8072	4745	10522
1997	8238	6476	7691	8372	8689	5083	10599
1998	9895	7541	9778	10062	10169	6020	12818
1999	11046	8476	11000	11127	11169	6821	13601
2000	12414	9414	12259	12622	12690	7485	14317
2001	14242	10333	13503	15107	14823	8159	15263
2002	16223	12492	15432	17081	16632	9152	17449
2003	18511	13257	17772	19357	18929	10865	19424
2004	21146	15450	20398	21972	22031	12545	21421
2005	24122	15954	23370	24936	24832	14693	24583
2006	27628	17975	26711	28631	29135	17752	27081
2007	33312	23040	32051	34624	34894	21539	32814
2008	39990	28373	37685	42163	42962	25113	38673
2009	43937	31834	40588	47143	47895	29018	41806
2010	51489	40221	46615	56090	56635	37686	48557

4-14 城镇单位从业人员劳动报酬总额
Total Remuneration of Employment Personnel in Urban Units

单位：亿元 (100 million yuan)

项　目	Item	2009	2010	2010比2009年增长(%) Increase Rate in 2010 over 2009 (%)
总　计	**Total**	**886.51**	**1051.19**	**18.6**
按登记注册类型分	**Grouped by Registration Status**			
国有单位	State-owned Units	389.47	456.02	17.1
集体单位	Collective-owned Units	14.81	17.98	21.4
其他单位	Others	482.23	577.19	19.7
#外商及港澳台商投资单位	Foreign Countries, Hong Kong, Macao & Taiwan Funded Units	218.69	268.84	22.9
股份有限公司	Share Holding Corporations Ltd.	73.60	87.44	18.8
按国民经济行业分	**Grouped by Sector**			
农、林、牧、渔业	Farming, Forestry, Animal Husbandry and Fishery	2.36	2.90	22.9
采矿业	Minerals Mining	53.61	53.51	-0.2
制造业	Manufacturing	268.29	319.22	19.0
电力、燃气及水的生产和供应业	Production and Supply of Electricity, Gas and Water	23.59	26.82	13.7
建筑业	Construction	48.00	56.95	18.6
交通运输、仓储及邮政业	Transportation, Storage and Post Services	59.99	69.80	16.4
信息传输、计算机服务和软件业	Information Transmitting, Computer Services and Software	14.37	15.92	10.8
批发和零售业	Wholesale and Retail Trade	38.81	54.55	40.6
住宿和餐饮业	Accommodation and Catering Services	7.78	10.26	31.9
金融业	Finance Intermediation	48.67	59.94	23.2
房地产业	Real Estate	12.52	16.34	30.5
租赁和商务服务业	Leasing and Business Services	19.28	19.96	3.6
科学研究、技术服务和地质勘察业	Scientific Research, Technical Services and Geological Prospecting	39.81	50.69	27.3
水利、环境和公共设施管理业	Management for Water Conservancy, Environment and Public Facilities	13.24	15.64	18.1
居民服务和其他服务业	Resident Services and Other Social Services	14.82	15.81	6.7
教　育	Education	93.76	109.09	16.4
卫生、社会保障和社会福利业	Health Care, Social Security and Social Welfare	41.49	52.02	25.4
文化、体育和娱乐业	Culture, Sports and Recreational Services	8.72	9.55	9.5
公共管理和社会组织	Public Management and Social Organizations	77.40	92.22	19.1
按企业、事业、机关分	**Grouped by Enterprise, Institution and Government Agency**			
企　业	Enterprises	635.21	751.14	18.3
中　央	Central	167.20	184.15	10.1
地　方	Local	468.01	566.99	21.1
#国　有	State-owned	68.00	78.38	15.3
事　业	Institutions	179.38	213.47	19.0
中　央	Central	10.19	11.21	10.0
地　方	Local	169.19	202.26	19.5
机　关	Government Agencies	71.92	86.58	20.4
中　央	Central	5.57	6.05	8.6
地　方	Local	66.35	80.53	21.4

4-15 城镇单位从业人员人均劳动报酬
Per Capita Remuneration of Employment Personnel in Urban Units

单位：元 (yuan)

项　目	Item	2009	2010	2010 比2009年 增长(%) Increase Rate in 2010 over 2009 (%)
总　计	**Total**	**43937**	**51489**	**17.2**
按登记注册类型分	**Grouped by Registration Status**			
国有单位	State-owned Units	47895	56635	18.2
集体单位	Collective-owned Units	29018	37686	29.9
其他单位	Others	41806	48557	16.1
#外商及港澳台商投资单位	Foreign Countries, Hong Kong, Macao & Taiwan Funded Units	39663	45898	15.7
股份有限公司	Share Holding Corporations Ltd.	61089	70733	15.8
按国民经济行业分	**Grouped by Sector**			
农、林、牧、渔业	Farming, Forestry, Animal Husbandry and Fishery	31834	40221	26.3
采矿业	Minerals Mining	57508	59897	4.2
制造业	Manufacturing	36495	42482	16.4
电力、燃气及水的生产和供应业	Production and Supply of Electricity, Gas and Water	71632	82607	15.3
建筑业	Construction	44374	53686	21.0
交通运输、仓储及邮政业	Transportation, Storage and Post Services	48453	55912	15.4
信息传输、计算机服务和软件业	Information Transmitting, Computer Services and Software	59022	73276	24.2
批发和零售业	Wholesale and Retail Trade	32671	44710	36.8
住宿和餐饮业	Accommodation and Catering Services	21067	22742	8.0
金融业	Finance Intermediation	74068	89166	20.4
房地产业	Real Estate	40945	47385	15.7
租赁和商务服务业	Leasing and Business Services	26377	28880	9.5
科学研究、技术服务和地质勘察业	Scientific Research, Technical Services and Geological Prospecting	67825	80485	18.7
水利、环境和公共设施管理业	Management for Water Conservancy, Environment and Public Facilities	36742	44067	19.9
居民服务和其他服务业	Resident Services and Other Social Services	20992	23529	12.1
教　育	Education	56700	66285	16.9
卫生、社会保障和社会福利业	Health Care, Social Security and Social Welfare	49175	60149	22.3
文化、体育和娱乐业	Culture, Sports and Recreational Services	49221	54182	10.1
公共管理和社会组织	Public Management and Social Organizations	57443	67714	17.9
按企业、事业、机关分	**Grouped by Enterprise, Institution and Government Agency**			
企　业	Enterprises	41023	47845	16.6
中　央	Central	60545	69320	14.5
地　方	Local	36785	43471	18.2
#国　有	State-owned	28508	34131	19.7
事　业	Institutions	51931	61946	19.3
中　央	Central	57064	63106	10.6
地　方	Local	51651	61883	19.8
机　关	Government Agencies	58074	68146	17.3
中　央	Central	55808	58430	4.7
地　方	Local	58273	69008	18.4

4-16 在岗职工工资总额
Total Wages of On-post Staff and Workers

单位：亿元 (100 million yuan)

项　目	Item	2009	2010	2010比2009年增长(%) Increase Rate in 2010 over 2009 (%)
总　计	**Total**	**823.48**	**973.84**	**18.3**
按登记注册类型分	**Grouped by Registration Status**			
国有单位	State-owned Units	378.74	442.96	17.0
集体单位	Collective-owned Units	13.06	15.57	19.2
其他单位	Others	431.68	515.31	19.4
#外商及港澳台商投资单位	Foreign Countries, Hong Kong, Macao & Taiwan Funded Units	192.14	235.05	22.3
股份有限公司	Share Holding Corporations Ltd.	64.18	77.38	20.6
按国民经济行业分	**Grouped by Sector**			
农、林、牧、渔业	Farming, Forestry, Animal Husbandry and Fishery	2.25	2.75	22.2
采矿业	Minerals Mining	50.40	50.73	0.7
制造业	Manufacturing	243.12	287.80	18.4
电力、燃气及水的生产和供应业	Production and Supply of Electricity, Gas and Water	23.20	26.31	13.4
建筑业	Construction	45.63	53.78	17.9
交通运输、仓储及邮政业	Transportation, Storage and Post Services	54.82	64.66	17.9
信息传输、计算机服务和软件业	Information Transmitting, Computer Services and Software	13.94	15.61	12.0
批发和零售业	Wholesale and Retail Trade	35.67	47.85	34.1
住宿和餐饮业	Accommodation and Catering Services	6.53	8.36	28.0
金融业	Finance Intermediation	38.37	49.14	28.1
房地产业	Real Estate	11.74	15.65	33.3
租赁和商务服务业	Leasing and Business Services	18.25	18.76	2.8
科学研究、技术服务和地质勘察业	Scientific Research, Technical Services and Geological Prospecting	36.60	45.84	25.2
水利、环境和公共设施管理业	Management for Water Conservancy, Environment and Public Facilities	12.57	14.83	18.0
居民服务和其他服务业	Resident Services and Other Social Services	14.06	15.00	6.7
教　育	Education	92.07	107.17	16.4
卫生、社会保障和社会福利业	Health Care, Social Security and Social Welfare	40.17	50.41	25.5
文化、体育和娱乐业	Culture, Sports and Recreational Services	8.29	9.13	10.1
公共管理和社会组织	Public Management and Social Organizations	75.80	90.06	18.8

4-17 在岗职工平均工资
Per Capita Wages of On-post Staff and Workers

单位：元 (yuan)

项　目	Item	2009	2010	2010 比2009年 增长(%) Increase Rate in 2010 over 2009 (%)
总　计	**Total**	**44992**	**52963**	**17.7**
按登记注册类型分	**Grouped by Registration Status**			
国有单位	State-owned Units	49946	59442	19.0
集体单位	Collective-owned Units	31027	40874	31.7
其他单位	Others	41915	48825	16.5
#外商及港澳台商投资单位	Foreign Countries, Hong Kong, Macao & Taiwan Funded Units	37347	43846	17.4
股份有限公司	Share Holding Corporations Ltd.	68153	78283	14.9
按国民经济行业分	**Grouped by Sector**			
农、林、牧、渔业	Farming, Forestry, Animal Husbandry and Fishery	32719	41709	27.5
采矿业	Minerals Mining	61139	63668	4.1
制造业	Manufacturing	35125	41250	17.4
电力、燃气及水的生产和供应业	Production and Supply of Electricity, Gas and Water	73575	84128	14.3
建筑业	Construction	46302	56047	21.0
交通运输、仓储及邮政业	Transportation, Storage and Post Services	51708	59129	14.4
信息传输、计算机服务和软件业	Information Transmitting, Computer Services and Software	59943	73462	22.6
批发和零售业	Wholesale and Retail Trade	33063	45215	36.8
住宿和餐饮业	Accommodation and Catering Services	26019	26888	3.3
金融业	Finance Intermediation	101526	115555	13.8
房地产业	Real Estate	41435	48032	15.9
租赁和商务服务业	Leasing and Business Services	26378	29149	10.5
科学研究、技术服务和地质勘察业	Scientific Research, Technical Services and Geological Prospecting	71634	85713	19.7
水利、环境和公共设施管理业	Management for Water Conservancy, Environment and Public Facilities	40007	48242	20.6
居民服务和其他服务业	Resident Services and Other Social Services	21432	24104	12.5
教　育	Education	58764	68830	17.1
卫生、社会保障和社会福利业	Health Care, Social Security and Social Welfare	51051	62896	23.2
文化、体育和娱乐业	Culture, Sports and Recreational Services	51470	57024	10.8
公共管理和社会组织	Public Management and Social Organizations	62344	73700	18.2

4-18 其他从业人员劳动报酬总额
Total Remuneration of Other Employment Personnel

单位：亿元 (100 million yuan)

项　目	Item	2009	2010	2010比2009年增长(%) Increase Rate in 2010 over 2009 (%)
总　计	**Total**	**63.03**	**77.35**	**22.7**
按登记注册类型分	**Grouped by Registration Status**			
国有单位	State-owned Units	10.73	13.06	21.7
集体单位	Collective-owned Units	1.75	2.41	37.7
其他单位	Others	50.55	61.88	22.4
#外商及港澳台商投资单位	Foreign Countries, Hong Kong, Macao & Taiwan Funded Units	26.55	33.79	27.3
股份有限公司	Share Holding Corporations Ltd.	9.41	10.06	6.9
按国民经济行业分	**Grouped by Sector**			
农、林、牧、渔业	Farming, Forestry, Animal Husbandry and Fishery	0.11	0.15	36.4
采矿业	Minerals Mining	3.21	2.78	-13.4
制造业	Manufacturing	25.17	31.42	24.8
电力、燃气及水的生产和供应业	Production and Supply of Electricity, Gas and Water	0.39	0.51	30.8
建筑业	Construction	2.37	3.17	33.8
交通运输、仓储及邮政业	Transportation, Storage and Post Services	5.17	5.14	-0.6
信息传输、计算机服务和软件业	Information Transmitting, Computer Services and Software	0.43	0.31	-27.9
批发和零售业	Wholesale and Retail Trade	3.14	6.70	113.4
住宿和餐饮业	Accommodation and Catering Services	1.25	1.90	52.0
金融业	Finance Intermediation	10.30	10.80	4.9
房地产业	Real Estate	0.78	0.69	-11.5
租赁和商务服务业	Leasing and Business Services	1.03	1.20	16.5
科学研究、技术服务和地质勘察业	Scientific Research, Technical Services and Geological Prospecting	3.21	4.85	51.1
水利、环境和公共设施管理业	Management for Water Conservancy, Environment and Public Facilities	0.67	0.81	20.9
居民服务和其他服务业	Resident Services and Other Social Services	0.76	0.81	6.6
教　育	Education	1.69	1.92	13.6
卫生、社会保障和社会福利业	Health Care, Social Security and Social Welfare	1.32	1.61	22.0
文化、体育和娱乐业	Culture, Sports and Recreational Services	0.43	0.42	-2.3
公共管理和社会组织	Public Management and Social Organizations	1.60	2.16	35.0

4-19 其他从业人员人均劳动报酬
Per Capita Remuneration of Other Employment Personnel

单位：元 (yuan)

项　目	Item	2009	2010	2010 比2009年 增长(%) Increase Rate in 2010 over 2009 (%)
总　计	**Total**	**33631**	**38128**	**13.4**
按登记注册类型分	**Grouped by Registration Status**			
国有单位	State-owned Units	19553	21767	11.3
集体单位	Collective-owned Units	19531	25056	28.3
其他单位	Others	40897	46435	13.5
# 外商及港澳台商投资单位	Foreign Countries, Hong Kong, Macao & Taiwan Funded Units	71972	68041	-5.5
股份有限公司	Share Holding Corporations Ltd.	35791	40614	13.5
按国民经济行业分	**Grouped by Sector**			
农、林、牧、渔业	Farming, Forestry, Animal Husbandry and Fishery	20769	24268	16.8
采矿业	Minerals Mining	29770	28768	-3.4
制造业	Manufacturing	58547	58485	-0.1
电力、燃气及水的生产和供应业	Production and Supply of Electricity, Gas and Water	27480	42953	56.3
建筑业	Construction	24599	31333	27.4
交通运输、仓储及邮政业	Transportation, Storage and Post Services	29056	33192	14.2
信息传输、计算机服务和软件业	Information Transmitting, Computer Services and Software	39503	65110	64.8
批发和零售业	Wholesale and Retail Trade	28791	41406	43.8
住宿和餐饮业	Accommodation and Catering Services	10553	13551	28.4
金融业	Finance Intermediation	36885	43725	18.5
房地产业	Real Estate	34778	36306	4.4
租赁和商务服务业	Leasing and Business Services	26352	25246	-4.2
科学研究、技术服务和地质勘察业	Scientific Research, Technical Services and Geological Prospecting	42216	51063	21.0
水利、环境和公共设施管理业	Management for Water Conservancy, Environment and Public Facilities	14578	17010	16.7
居民服务和其他服务业	Resident Services and Other Social Services	15235	16330	7.2
教　育	Education	19490	21641	11.0
卫生、社会保障和社会福利业	Health Care, Social Security and Social Welfare	23236	25410	9.4
文化、体育和娱乐业	Culture, Sports and Recreational Services	26627	26091	-2.0
公共管理和社会组织	Public Management and Social Organizations	12161	15412	26.7

主要统计指标解释
Explanatory Notes on Main Statistical Indicators

劳动力资源

指在劳动年龄内，具有劳动能力，在正常情况下，可能或实际参加社会劳动的总人口数。具体的范围是：劳动年龄内（16周岁及以上），有劳动能力、实际参加社会劳动和未参加社会劳动的人员。

社会从业人员

指在劳动年龄内，有劳动能力，参加社会劳动取得劳动报酬或经营收入的人员。具体指城镇单位从业人员，乡镇企业从业人员，乡村农林牧渔劳动者，私营、个体雇员，私营、个体雇主以及其他从业人员。从空间范围上讲社会从业人员既包括城镇中的从业人员，又包括乡村中的从业人员。

城镇单位从业人员

指在各级国家机关、政党机关、社会团体、事业单位以及城镇范围内的各类企业中工作，并取得劳动报酬的全部人员。包括在岗职工和其他从业人员，但不包括不在岗职工。

城镇私营和个体从业人员

指在工商管理部门注册登记，其经营地址设在县城关镇（含城关镇）以上的私营企业从业人员；包括私营企业投资者和雇工。

城镇个体从业人员指在工商管理部门注册登记，并持有城镇户口或在城镇长期居住，经批准从事个体工商经营的从业人员；包括个体经营者和在个体工商户劳动的家庭帮工和雇工。

在岗职工

指调查时期（时点）在单位工作并领取工资的职工。具体是指那些与本单位签有劳动合同或在本单位在册，并在本单位从事有报酬的劳动人员，在岗职工还包括单位派出学习、工作及病伤产假（六个月内）且仍在单位支付劳动报酬的人员。

单位其他从业人员

单位其他从业人员指按劳动统计规定不作在岗职工统计，但实际参加各单位生产或工作并取得劳动报酬的人员。包括再就业的离退休人员、民办教师、在各单位工作的港、澳、台、外籍人员、聘用的外单位不在岗人员、聘用的失业人员、聘用和使用的外来人员、聘用的其他人员以及在本单位从事第二职业的外单位人员，但不包括在单位中工作并领取报酬的在校学生。

城镇登记失业人员

指有非农业户口，在一定的劳动年龄（16岁至退休年龄）内，有劳动能力，无业且要求就业，并在当地劳动保障机构进行求职登记的人员。

城镇登记失业率

指报告期末城镇登记失业人数占期末从业人员总数与期末实有城镇登记失业人数之和的比重。计算公式：

$$\text{城镇登记失业率} = \frac{\text{期末实有城镇登记失业人数}}{\text{期末从业人员总数}+\text{期末实有城镇登记失业人数}} \times 100\%$$

城镇单位从业人员劳动报酬

指各单位在一定时期内直接支付给本单位全部从业人员的劳动报酬总额。包括在岗职工工资总额和本单位其他从业人员劳动报酬两部分。

在岗职工工资总额

指各单位在一定时期内直接支付给本单位在岗职工的全部劳动报酬总额。在岗职工工资总额构成包括：计时工资（含计时标准工资）、计件工资、奖金、计件超额工资、津贴和补贴、加班加点工资、特殊情况下支付的工资等。

其他从业人员劳动报酬

指各单位在一定时期内直接支付给本单位其他从业人员的全部劳动报酬。包括支付给再就业的离退休人员的劳动报酬和民办教师、港澳台和外籍人员的劳动报酬总额。还包括支付给聘用的外单位不在岗人员、聘用的失业人员、聘用和使用的外来人员、聘用的在本单位从事第二职业人员的劳动报酬。

主要统计指标解释
Explanatory Notes on Main Statistical Indicators

Labour Force Resources

refer to the number of population at working ages (aged 16 and over) who have capacity for physical labour, have engaged in social labour or not.

Social Employment Personnel

refer to the persons aged 16 and over who are engaged in social labour and receive remuneration payment or earn business income, including employment personnel worked in units in urban areas, employment personnel worked in township enterprises, rural labour engaged in farming, forestry, animal husbandry and fishery, employees in private enterprises and individual economy, employers of private enterprises and individual economy and other employment personnel. Social employment personnel not only include those in urban areas, also include those in rural areas.

Employment Personnel in Urban Units

refer to all the persons working in government agencies of various levels, political and party organizations, social organizations, enterprises and institutions, and receiving remuneration payment. They include on-post staff and workers and other employment personnel in various units, but exclude staff and workers who have left their working units.

Employment Personnel in Private Enterprises and Individual Economy in Urban Areas

refer to the persons employed in the private enterprises which have been registered at the departments of industrial and commercial administration and are situated at a town (i.e. at the town where the county government is located) for business operation or at urban areas with the level higher than a county town. The individual economy in urban areas refer to persons who hold the certificates of residence in urban areas or have resided in the urban areas for a long time and have been registered at the departments of industrial and commercial administration and approved to be engaged in individual industrial or commercial business, including self-employed persons as well as helpers and hired labourers who work in the individual households engaged in industrial or commercial business.

On-post Staff and Workers

refer to staff and workers who work in and receive wages from their working units during a survey period. They include the persons who have signed working contracts with units or registered in units, also include those receive wages from units but are temporarily absent from work for reasons of study, work or on sick, injury or maternal leave no more than six months.

Other Employment Personnel in Urban Units

refer to the numbers receiving wages or other forms of payment, include re-employed retirees, teachers in schools run by the local people, foreigners and Chinese compatriots from Hong Kong, Macao, and Taiwan working in various units, employees of other units working temporarily at current posts, unemployment personnel, non-locals, and employees holding the second job of other units, exclude students enrolled in universities and colleges who work at the units and receive wages.

Registered Urban Unemployed Personnel

refer to the persons who are registered as permanent residents in the urban areas engaged in non-agricultural activities, aged within the range of working age (16-retired age), capable to labour, unemployed but desirous to be employed and have been registered at the local employment service agencies to apply for a job.

Registered Urban Unemployment Rate

refers to the ratio of the number of the registered unemployed persons to the sum of the number of employed persons and the registered unemployed persons. The formula is as follows:

$$\text{Registered Urban Unemployment Rate} = \frac{\text{Number of Urban Registered Unemployed Persons}}{\text{Urban Employed Persons} + \text{Number of Registered Urban Unemployed Persons}} \times 100\%$$

Remuneration of Employment Personnel in Urban Units

refer to total reward payment of employment personnel worked in units during a certain period. It includes total wages of working staff and workers and reward of other employment personnel.

Total Wages of On-post Staff and Workers

refer to the total reward payment to working staff and workers in their units during a certain period of time. It includes time wage, piece wage, cash awards, exceed wage, subsidy, working overtime wage and other special wage.

Total Remuneration of Other Employment Personnel

refers to the total reward payment to other persons

主要统计指标解释
Explanatory Notes on Main Statistical Indicators

employed in their units during a certain period of time. It includes reward payment to re-employed retirees, teachers in schools run by the local people, foreigners and Chinese compatriots from Hong Kong, Macao, and Taiwan working in various units, employees of other units working temporarily at current posts, unemployment personnel, non-locals, and employees holding the second job of other unit.

5

固定资产投资和房地产

Investment in Fixed Assets and Real Estate

5-1 主要年份全社会固定资产投资
Total Investment in Fixed Assets in Main Years

单位：亿元 (100 million yuan)

指　标	Item	2000	2005	2009	2010
投资总额	**Total Investment**	**608.80**	**1516.84**	**5006.32**	**6511.42**
按登记注册类型分	**Grouped by Registered Status**				
内资企业	Domestic-funded Enterprises	499.65	1276.27	4593.59	6020.36
国有企业	State-owned Enterprises	245.07	422.99	1937.33	2582.90
集体企业	Collective-owned Enterprises	71.40	120.85	233.17	360.33
股份合作企业	Cooperative Enterprises	3.00	13.08	14.49	25.33
私营企业	Private Enterprises	28.73	140.34	387.72	532.07
股份有限公司	Share Holding Corporations Ltd.	68.60	166.68	463.30	479.69
有限责任公司	Limited Liability Corporations	58.61	380.28	1490.03	1948.34
# 国有独资	Sole State-funded Corporations	5.69	194.04	290.33	401.01
联营企业	Joint Ownership Enterprises	6.72	12.22	23.03	20.45
# 国有与国有联营企业	State Joint Ownership Enterprises	4.12	9.96	18.69	7.32
其他内资企业	Other Domestic-funded Enterprises	16.88	19.83	44.52	71.25
港澳台商投资企业	Enterprises with Investment from Hong Kong, Macao and Taiwan	15.02	49.65	116.52	168.53
外商投资企业	Foreign Funded Enterprises	81.04	161.63	266.22	296.17
个体经济	Individuals	13.10	29.29	29.99	26.36
按隶属关系分	**Grouped by Administrative Relationship**				
中　央	Central Government	144.97	227.99	959.99	749.29
地　方	Local Government	463.83	1288.85	4046.33	5762.13
按城乡分	**Grouped by Urban and Rural**				
城镇投资	Urban Investment	539.23	1285.70	4700.28	6114.34
# 房地产开发	Real Estate Development	133.93	327.54	735.18	866.64
农村投资	Rural Investment	69.57	131.14	306.04	397.08
按构成分	**Grouped by Use of Funds**				
建筑工程	Construction	331.06	852.60	2610.23	3602.65
安装工程	Installation	32.00	75.59	289.87	281.52
设备工器具购置	Purchases of Equipment and Instruments	159.09	316.10	1013.42	1213.53
其他费用	Others	86.65	272.55	1092.80	1413.72
按三次产业分	**Grouped by Industry**				
第一产业	Primary Industry	5.28	13.71	77.10	95.37
第二产业	Secondary Industry	296.54	614.63	2216.66	2945.99
第三产业	Tertiary Industry	306.98	888.50	2712.56	3470.06

5-2 按城乡分全社会固定资产投资和新增固定资产（1995—2010年）
Total Investment in Fixed Assets and Newly Increased Fixed Assets by Rural and Urban Areas, 1995-2010

单位：亿元 (100 million yuan)

年 份 Year	总 计 Total	城 镇 Urban Area	# 房地产开发 Real Estate Development	农 村 Rural Area	非农户 Non-agricultural	农 户 Agricultural
固定资产投资 Investment in Fixed Assets						
1995	393.18	337.30	69.44	55.88	46.52	9.36
1996	435.81	363.18	71.51	72.63	57.35	15.28
1997	498.66	435.64	80.80	63.02	52.39	10.63
1998	575.86	506.71	106.70	69.15	56.70	12.45
1999	567.36	506.86	116.96	60.50	49.00	11.50
2000	608.80	539.23	133.93	69.57	56.47	13.10
2001	705.10	627.20	161.27	77.90	61.50	16.40
2002	811.26	717.25	175.84	94.01	74.00	20.01
2003	1046.72	934.13	211.39	112.59	89.73	22.86
2004	1258.98	1132.72	263.92	126.26	99.06	27.20
2005	1516.84	1385.70	327.54	131.14	101.85	29.29
2006	1849.80	1709.66	402.32	140.14	110.14	30.00
2007	2388.63	2227.66	505.30	160.97	128.26	32.71
2008	3404.10	3189.45	653.72	214.65	181.50	33.15
2009	5006.32	4700.28	735.18	306.04	277.04	29.00
2010	6511.42	6114.34	866.64	397.08	370.72	26.36
新增固定资产 Newly Increased Fixed Assets						
1995	300.86	251.31	33.01	49.55	40.19	9.36
1996	313.12	256.23	57.78	56.89	41.61	15.28
1997	320.46	268.07	53.65	52.39	41.76	10.63
1998	439.58	384.59	79.15	54.99	42.54	12.45
1999	459.54	400.26	64.78	59.28	47.78	11.50
2000	434.28	380.99	102.11	53.29	46.15	7.14
2001	476.92	399.52	99.62	77.40	61.00	16.40
2002	537.98	446.83	112.09	91.15	71.14	20.01
2003	656.99	547.10	155.38	109.89	87.03	22.86
2004	696.56	576.72	94.79	119.84	92.64	27.20
2005	847.79	725.01	265.97	122.78	95.97	26.81
2006	1423.73	1283.59	396.10	140.14	110.14	30.00
2007	1302.95	1168.34	506.91	134.61	103.83	30.78
2008	1873.10	1681.99	504.29	191.11	160.21	30.90
2009	2574.48	2350.53	609.89	223.95	195.86	28.09
2010	3296.45	2994.13	736.06	302.32	276.14	26.18

5-3 按行业分全社会固定资产投资
Total Investment in Fixed Assets Grouped by Sector

单位：亿元 (100 million yuan)

行业 Sector	2009	2010	2010比2009年增长(%) Increase Rate in 2010 over 2009 (%)
总计 Total	**5006.32**	**6511.42**	**30.1**
农、林、牧、渔业 Farming, Forestry, Animal Husbandry and Fishery	77.10	101.18	31.2
采矿业 Minerals Mining	394.69	309.29	-21.6
制造业 Manufacturing	1509.57	2334.40	54.6
电力、燃气及水的生产和供应业 Production and Supply of Electricity, Gas and Water	284.07	248.35	-12.6
建筑业 Construction	28.33	30.22	6.7
交通运输、仓储和邮政业 Transportation, Storage and Post Services	662.89	638.38	-3.7
信息传输、计算机服务和软件业 Information Transmitting, Computer Services and Software	51.32	48.34	-5.8
批发和零售业 Wholesale and Retail Trade	68.04	96.41	41.7
住宿和餐饮业 Accommodation and Catering Services	27.77	67.57	143.3
金融业 Finance Intermediation	1.60	3.24	102.5
房地产业 Real Estate	787.11	1144.32	45.4
租赁和商务服务业 Leasing and Business Services	187.28	296.97	58.6
科学研究、技术服务和地质勘察业 Scientific Research, Technical Services and Geological Prospecting	16.53	21.53	30.2
水利、环境和公共设施管理业 Management for Water Conservancy, Environment and Public Facilities	697.43	845.53	21.2
居民服务和其他服务业 Resident Services and Other Social Services	40.98	98.03	139.2
教育 Education	36.27	61.93	70.7
卫生、社会保障和社会福利业 Health Care, Social Security and Social Welfare	16.14	21.08	30.6
文化、体育和娱乐业 Culture, Sports and Recreational Services	34.17	62.36	82.5
公共管理和社会组织 Public Management and Social Organizations	85.03	82.29	-3.2

5-4 按行业分全社会新增固定资产
Total Investment in Newly Increased Fixed Assets Grouped by Sector

单位：亿元 (100 million yuan)

行　业　　Sector	2009	2010	2010比2009年增长(%) Increase Rate in 2010 over 2009 (%)
总　计 Total	**2574.49**	**3296.45**	**28.0**
农、林、牧、渔业 Farming, Forestry, Animal Husbandry and Fishery	52.36	65.39	24.9
采矿业 Minerals Mining	333.26	87.77	-73.7
制造业 Manufacturing	931.77	1344.80	44.3
电力、燃气及水的生产和供应业 Production and Supply of Electricity, Gas and Water	127.22	137.93	8.4
建筑业 Construction	12.87	28.52	121.6
交通运输、仓储和邮政业 Transportation, Storage and Post Services	56.33	138.70	146.2
信息传输、计算机服务和软件业 Information Transmitting, Computer Services and Software	24.69	34.68	40.5
批发和零售业 Wholesale and Retail Trade	43.43	76.21	75.5
住宿和餐饮业 Accommodation and Catering Services	20.01	27.20	35.9
金融业 Finance Intermediation	1.55	3.07	98.1
房地产业 Real Estate	617.88	755.25	22.2
租赁和商务服务业 Leasing and Business Services	73.54	124.26	69.0
科学研究、技术服务和地质勘察业 Scientific Research, Technical Services and Geological Prospecting	6.05	10.46	72.9
水利、环境和公共设施管理业 Management for Water Conservancy, Environment and Public Facilities	132.45	230.56	74.1
居民服务和其他服务业 Resident Services and Other Social Services	25.13	12.21	-51.4
教　育 Education	23.98	30.46	27.0
卫生、社会保障和社会福利业 Health Care, Social Security and Social Welfare	10.96	17.10	56.0
文化、体育和娱乐业 Culture, Sports and Recreational Services	10.69	102.97	863.2
公共管理和社会组织 Public Management and Social Organizations	70.30	68.91	-2.0

5-5 城镇固定资产投资及新增固定资产
Investment in Fixed Assets and Newly Increased Fixed Assets in Urban Area

单位：万元 (10 000 yuan)

项　目	Item	2009	2010	2010比2009年增长(%) Increase Rate in 2010 over 2009 (%)
固定资产投资	**Total Investment in Fixed Assets**	**47002844**	**61143467**	**30.1**
按三次产业分	**Grouped by Industry**			
第一产业	Primary Industry	469861	457380	-2.7
第二产业	Secondary Industry	20354805	27040385	32.8
#工　业	Industry	20115788	26796083	33.2
第三产业	Tertiary Industry	26178178	33645702	28.5
按隶属关系分	**Grouped by Administrative Relationship**			
中　央	Central Government	9599888	7492913	-21.9
地　方	Local Government	37402956	53650554	43.4
按建设性质分	**Grouped by Type of Construction**			
#新　建	New Construction	22971025	33983582	47.9
改、扩建及其他	Expansion, Reconstruction and Others	16679983	18493461	10.9
按构成分	**Grouped by Use of Funds**			
建筑工程	Construction	24348716	33480562	37.5
安装工程	Installation	2779222	2711960	-2.4
设备工器具购置	Purchases of Equipment and Instruments	9345425	11438708	22.4
其他费用	Others	10529481	13512237	28.3
按登记注册类型分	**Grouped by Registered Status**			
内资企业	Domestic-funded Enterprises	43278790	56549388	30.7
国有企业	State-owned Enterprises	19192813	25235509	31.5
集体企业	Collective-owned Enterprises	1694942	2147116	26.7
股份合作企业	Cooperative Enterprises	111856	244778	118.8
私　营	Private Enterprises	3346663	4809252	43.7
股份有限公司	Share Holding Corporations Ltd.	4520704	4709421	4.2
有限责任公司	Limited Liability Corporations	13884738	18640595	34.3
#国有独资	Sole State-funded Corporations	2864074	3918568	36.8
联营企业	Joint Ownership Enterprises	223802	185125	-17.3
#国有与国有联营企业	State Joint Ownership Enterprises	186902	73168	-60.9
其他内资企业	Other Domestic-funded Enterprises	303272	577592	90.5
港澳台商投资企业	Enterprises with Investment from Hong Kong, Macao and Taiwan	1086093	1647917	51.7
外商投资企业	Foreign Funded Enterprises	2637961	2946162	11.7
个体经济	Individuals			
新增固定资产	**Newly Increased Fixed Assets**	**23505371**	**29941264**	**27.4**
第一产业	Primary Industry	345436	244404	-29.2
第二产业	Secondary Industry	12517269	14190165	13.4
#工　业	Industry	12417849	13957034	12.4
第三产业	Tertiary Industry	10642666	15506695	45.7
固定资产交付使用率(%)	**Rate of Fixed Assets Put into Use (%)**	**50.0**	**49.0**	

注：表中按建设性质分组数据不含房地产开发投资。
Note: Investment grouped by type of construction of this table excludes real estate development.

5-6 按行业分城镇固定资产投资
Investment in Fixed Assets in Urban Area by Sector

单位：万元 (10 000 yuan)

行　业　Sector	2009	2010	2010比2009年增长(%) Increase Rate in 2010 over 2009 (%)
总　计 Total	**47002844**	**61143467**	**30.1**
农、林、牧、渔业 Farming, Forestry, Animal Husbandry and Fishery	469861	457380	-2.7
采矿业 Minerals Mining	3943872	3091308	-21.6
制造业 Manufacturing	13419674	21239532	58.3
电力、燃气及水的生产和供应业 Production and Supply of Electricity, Gas and Water	2752242	2465243	-10.4
建筑业 Construction	239017	244302	2.2
交通运输、仓储和邮政业 Transportation, Storage and Post Services	6512648	6167749	-5.3
信息传输、计算机服务和软件业 Information Transmitting, Computer Services and Software	513192	483431	-5.8
批发和零售业 Wholesale and Retail Trade	623587	917325	47.1
住宿和餐饮业 Accommodation and Catering Services	269462	636722	136.3
金融业 Finance Intermediation	15959	32410	103.1
房地产业 Real Estate	7716880	11306555	46.5
租赁和商务服务业 Leasing and Business Services	1648733	2833126	71.8
科学研究、技术服务和地质勘察业 Scientific Research, Technical Services and Geological Prospecting	165318	215249	30.2
水利、环境和公共设施管理业 Management for Water Conservancy, Environment and Public Facilities	6857918	8323467	21.4
居民服务和其他服务业 Resident Services and Other Social Services	341192	945696	177.2
教　育 Education	361686	608887	68.3
卫生、社会保障和社会福利业 Health Care, Social Security and Social Welfare	158279	207662	31.2
文化、体育和娱乐业 Culture, Sports and Recreational Services	337299	514578	52.6
公共管理和社会组织 Public Management and Social Organizations	656025	452845	-31.0

5-7 按制造业主要行业分城镇固定资产投资
Investment in Fixed Assets in Urban Area of Main Manufacturing

单位：万元 (10 000 yuan)

行　业	Sector	2009	2010	2010 比2009年增长(%) Increase Rate in 2010 over 2009 (%)
总　计	**Total**	**13419674**	**21239532**	**58.3**
# 农副食品加工业	Processing of Food from Agricultural Products	168408	247023	46.7
食品制造业	Manufacture of Food	262197	576521	119.9
饮料制造业	Manufacture of Beverage	86767	147627	70.1
纺织业	Manufacture of Textile	78964	316905	301.3
纺织服装、鞋、帽制造业	Manufacture of Textile Wearing Apparel, Footwear and Caps	66990	167369	149.8
皮革、皮毛、羽毛及其制品业	Manufacture of Leather, Fur, Feather and Related Products	28340	9077	-68.0
木材加工及木、竹、藤、棕、草制品业	Processing of Timber, Manufacture of Wood, Bamboo, Rattan, Palm and Straw Products	30295	16369	-46.0
家具制造业	Manufacture of Furniture	70597	95703	35.6
造纸及纸制品业	Manufacture of Paper and Paper Products	242127	547988	126.3
印刷和记录媒介的复制	Printing, Reproduction of Recording Media	71166	103554	45.5
文教体育用品制造业	Manufacture of Articles for Culture, Education and Sport Activity	10933	38627	253.3
石油加工、炼焦及核燃料加工业	Processing of Petroleum, Coking, Processing of Nuclear Fuel	1179846	516193	-56.2
化学原料及化学制品制造业	Manufacture of Raw Chemical Materials and Chemical Products	1872636	2637179	40.8
医药制造业	Manufacture of Medicines	362589	463838	27.9
化学纤维制造业	Manufacture of Chemical Fibers	5699	1995	-65.0
橡胶制品业	Manufacture of Rubber	418768	760696	81.7
塑料制品业	Manufacture of Plastics	244737	462138	88.8
非金属矿物制品业	Manufacture of Non-metallic Mineral Products	412396	940565	128.1
黑色金属冶炼及压延加工业	Smelting and Pressing of Ferrous Metals	1096808	1847272	68.4
有色金属冶炼及压延加工业	Smelting and Pressing of Non-Ferrous Metals	93970	291856	210.6
金属制品业	Manufacture of Metal Products	860236	1193986	38.8
通用设备制造业	Manufacture of General Purpose Machinery	912535	818236	-10.3
专用设备制造业	Manufacture of Special Purpose Machinery	987206	2886034	192.3
交通运输设备制造业	Manufacture of Transport Equipment	1500095	3049408	103.3
电气机械及器材制造业	Manufacture of Electrical Machinery and Equipment	1298082	607797	-53.2
通信设备、计算机及其他电子设备制造业	Manufacture of Communication Equipment, Computers and Other Electronic Equipment	655244	1194628	82.3
仪器仪表及文化、办公用机械制造业	Manufacture of Measuring Instruments and Machinery for Cultural Activity and Office Work	66317	64531	-2.7

5-8 按行业分城镇新增固定资产
Newly Increased Fixed Assets in Urban Area by Sector

单位：万元 (10 000 yuan)

行　业 Sector	2009	2010	2010 比2009年 增长(%) Increase Rate in 2010 over 2009 (%)
总　计 Total	**23505371**	**29941264**	**27.4**
农、林、牧、渔业 Farming, Forestry, Animal Husbandry and Fishery	345436	244404	-29.2
采矿业 Minerals Mining	3329632	876297	-73.7
制造业 Manufacturing	7898074	11713987	48.3
电力、燃气及水的生产和供应业 Production and Supply of Electricity, Gas and Water	1190143	1366750	14.8
建筑业 Construction	99420	233131	134.5
交通运输、仓储和邮政业 Transportation, Storage and Post Services	486385	1255096	158.0
信息传输、计算机服务和软件业 Information Transmitting, Computer Services and Software	246907	346778	40.4
批发和零售业 Wholesale and Retail Trade	381854	728099	90.7
住宿和餐饮业 Accommodation and Catering Services	191812	240684	25.5
金融业 Finance Intermediation	15459	30690	98.5
房地产业 Real Estate	6171831	7547273	22.3
租赁和商务服务业 Leasing and Business Services	651286	1201991	84.6
科学研究、技术服务和地质勘察业 Scientific Research, Technical Services and Geological Prospecting	60520	104627	72.9
水利、环境和公共设施管理业 Management for Water Conservancy, Environment and Public Facilities	1266268	2205659	74.2
居民服务和其他服务业 Resident Services and Other Social Services	212759	87803	-58.7
教　育 Education	238811	294166	23.2
卫生、社会保障和社会福利业 Health Care, Social Security and Social Welfare	106491	167839	57.6
文化、体育和娱乐业 Culture, Sports and Recreational Services	102485	934547	811.9
公共管理和社会组织 Public Management and Social Organizations	509798	361443	-29.1

5-9 按制造业主要行业分城镇新增固定资产
Newly Increased Fixed Assets in Urban Area of Main Manufacturing

单位：万元 (10 000 yuan)

行业	Sector	2009	2010	2010比2009年增长(%) Increase Rate in 2010 over 2009 (%)
总计	**Total**	**7898074**	**11713987**	**48.3**
# 农副食品加工业	Processing of Food from Agricultural Products	82300	163708	98.9
食品制造业	Manufacture of Food	162602	727486	347.4
饮料制造业	Manufacture of Beverage	61924	121610	96.4
纺织业	Manufacture of Textile	59454	108454	82.4
纺织服装、鞋、帽制造业	Manufacture of Textile Wearing Apparel, Footwear and Caps	59192	136182	130.1
皮革、皮毛、羽毛及其制品业	Manufacture of Leather, Fur, Feather and Related Products	29938	5027	-83.2
木材加工及木、竹、藤、棕、草制品业	Processing of Timber, Manufacture of Wood, Bamboo, Rattan, Palm and Straw Products	29795	12000	-59.7
家具制造业	Manufacture of Furniture	16682	50570	203.1
造纸及纸制品业	Manufacture of Paper and Paper Products	219667	341394	55.4
印刷和记录媒介的复制	Printing, Reproduction of Recording Media	41333	74269	79.7
文教体育用品制造业	Manufacture of Articles for Culture, Education and Sport Activity	10219	21955	114.8
石油加工、炼焦及核燃料加工业	Processing of Petroleum, Coking, Processing of Nuclear Fuel	164108	311378	89.7
化学原料及化学制品制造业	Manufacture of Raw Chemical Materials and Chemical Products	942425	536762	-43.0
医药制造业	Manufacture of Medicines	125972	176831	40.4
化学纤维制造业	Manufacture of Chemical Fibers	4946	995	-79.9
橡胶制品业	Manufacture of Rubber	192932	315487	63.5
塑料制品业	Manufacture of Plastics	189375	304083	60.6
非金属矿物制品业	Manufacture of Non-metallic Mineral Products	253943	731288	188.0
黑色金属冶炼及压延加工业	Smelting and Pressing of Ferrous Metals	1957933	1399034	-28.5
有色金属冶炼及压延加工业	Smelting and Pressing of Non-Ferrous Metals	84823	208390	145.7
金属制品业	Manufacture of Metal Products	602374	895565	48.7
通用设备制造业	Manufacture of General Purpose Machinery	552715	453256	-18.0
专用设备制造业	Manufacture of Special Purpose Machinery	442225	1024763	131.7
交通运输设备制造业	Manufacture of Transport Equipment	696292	1902418	173.2
电气机械及器材制造业	Manufacture of Electrical Machinery and Equipment	313574	399779	27.5
通信设备、计算机及其他电子设备制造业	Manufacture of Communication Equipment, Computers and Other Electronic Equipment	367177	734656	100.1
仪器仪表及文化、办公用机械制造业	Manufacture of Measuring Instruments and Machinery for Cultural Activity and Office Work	41043	51903	26.5

5-10 城镇能源工业固定资产投资
Investment in Fixed Assets in Urban Area of Energy Industry

单位：万元 (10 000 yuan)

行 业	Sector	2009	2010	2010 比2009年 增长(%) Increase Rate in 2010 over 2009 (%)
总 计	**Total**	**7863709**	**6046062**	**-23.1**
石油和天然气开采业	Petroleum and Natural Gas Extraction	3931621	3064626	-22.1
电力、热力的生产和供应业	Production and Supply of Electric Power and Heat Power	2341814	1757394	-25.0
燃气生产和供应业	Production and Supply of Gas	117358	160107	36.4
水的生产和供应业	Production and Supply of Water	293070	547742	86.9
石油加工、炼焦及核燃料加工业	Processing of Petroleum, Coking and Processing of Nuclear Fuel	1179846	516193	-56.2
能源投资占城镇固定资产投资比重(%)	**As Percentage of Total Investment in Fixed Assets in Urban Area (%)**	**16.7**	**9.9**	

5-11 城市基础设施固定资产投资
Urban Infrastructure Investment in Fixed Assets

单位：万元 (10 000 yuan)

行 业	Sector	2009	2010	2010 比2009年 增长(%) Increase Rate in 2010 over 2009 (%)
总 计	**Total**	**16068305**	**16737427**	**4.2**
交通运输、仓储和邮政业	Transportation, Storage and Post Services	6512648	6167749	-5.3
电信和其他信息传输服务业	Telecommunication and Other Information Transmitting Services	493842	425848	-13.8
电力、热力的生产和供应业	Production and Supply of Electric Power and Heat Power	2341814	1757394	-25.0
燃气生产和供应业	Production and Supply of Gas	117358	160107	36.4
水的生产和供应业	Production and Supply of Water	293070	547742	86.9
公共设施管理	Management for Public Facilities	6309573	7678587	21.7
城市基础设施占城镇固定资产投资比重(%)	**As Percentage of Total Investment in Fixed Assets in Urban Area (%)**	**34.2**	**27.4**	

5-12 按行业分城镇固定资产投资资金来源(2010年)
Source of Funds for Investment in Fixed Assets in Urban Area by Sector, 2010

行　业　Sector	资金来源合　计 Total Funds	上年末结余资金 Balance of Funds Brought Forward from Previous Year	本年资金来源小计 Subtotal of the Sources of Funds in Current Year
总　计 Total	**75825090**	**8795029**	**67030061**
农、林、牧、渔业 Farming, Forestry, Animal Husbandry and Fishery	519798	20525	499273
采矿业 Minerals Mining	3102917		3102917
制造业 Manufacturing	21616579	389498	21227081
电力、燃气及水的生产和供应业 Production and Supply of Electricity, Gas and Water	2545312	85522	2459790
建筑业 Construction	248681	400	248281
交通运输、仓储和邮政业 Transportation, Storage and Post Services	5034828	693474	4341354
信息传输、计算机服务和软件业 Information Transmitting, Computer Services and Software	450232		450232
批发和零售业 Wholesale and Retail Trade	925347	50190	875157
住宿和餐饮业 Accommodation and Catering Services	674755	11909	662846
金融业 Finance Intermediation	33310	400	32910
房地产业 Real Estate	24741806	5152121	19589685
租赁和商务服务业 Leasing and Business Services	2831085	20164	2810921
科学研究、技术服务和地质勘察业 Scientific Research, Technical Services and Geological Prospecting	213066	664	212402
水利、环境和公共设施管理业 Management for Water Conservancy, Environment and Public Facilities	9900518	2084408	7816110
居民服务和其他服务业 Resident Services and Other Social Services	912455	3849	908606
教　育 Education	713891	26029	687862
卫生、社会保障和社会福利业 Health Care, Social Security and Social Welfare	313482	113365	200117
文化、体育和娱乐业 Culture, Sports and Recreational Services	529930	73076	456854
公共管理和社会组织 Public Management and Social Organizations	517098	69435	447663

单位: 万元 (10 000 yuan)

国家预算内资金 State Budgetary Appropriation	国内贷款 Domestic Loans	债券 Bonds	利用外资 Foreign Investment	#外商直接投资 Foreign Direct Investment	自筹资金 Fundraising	#企事业单位自有资金 Owned by Enterprises and Institutions	其他资金 Others
559814	**16872480**	**50186**	**1297912**	**742995**	**37564314**	**13163198**	**10685355**
13994	113385				320440	53873	51454
800	54763		308624	308624	2738730	2136247	
274666	4030007	2000	728981	330498	14874301	4370431	1317126
17210	942019				1195413	431785	305148
150	12588		11936		201655	74178	21952
23530	2063487	37170	11369	8989	1349432	473025	856366
290	830		6600		442512	380922	
	20413		900		833534	243063	20310
	199014		36000	21000	425702	97362	2130
					9499		23411
4249	5875085		83370	57922	6897539	2781028	6729442
	373039		65000		2239703	1229316	133179
10746			27830	8231	173826	48581	
155644	3060025	8202	6083		3991299	338379	594857
1360	11020		7731	7731	321539	48669	566956
24586	30200				591625	248133	41451
14484	18528				166705	88812	400
1572	59464		3488		383170	91621	9160
16533	8613	2814			407690	27773	12013

5-13 全社会房屋施工和竣工面积
Floor Space of Buildings under Construction and Completed

单位：万平方米 (10 000 sq. m.)

项　　目	Item	2009	2010	2010比2009年增长(%) Increase Rate in 2010 over 2009 (%)
房屋施工面积	**Floor Space of Building under Construction**	**10905.18**	**13606.48**	**24.8**
#住　宅	Residential Buildings	5090.47	5823.50	14.4
城　镇	Urban Area	10192.17	12704.00	24.6
#住　宅	Residential Buildings	4814.67	5526.84	14.8
农　村	Rural Area	713.01	902.48	26.6
#住　宅	Residential Buildings	275.80	296.66	7.6
房屋竣工面积	**Floor Space of Building Completed**	**3174.48**	**3380.87**	**6.5**
#住　宅	Residential Buildings	1887.01	1872.80	-0.8
城　镇	Urban Area	2837.66	3005.32	5.9
#住　宅	Residential Buildings	1737.20	1703.41	-1.9
农　村	Rural Area	336.82	375.55	11.5
#住　宅	Residential Buildings	149.81	169.98	13.5

5-14 城镇固定资产投资资金来源
Source of Funds for Investment in Fixed Assets in Urban Area

单位：万元 (10 000 yuan)

项　　目	Item	2009	2010	2010比2009年增长(%) Increase Rate in 2010 over 2009 (%)
资金来源合计	**Total Funds**	**59753821**	**75825090**	**26.9**
上年末结余资金	Balance of Funds Brought Forward from Previous Year	6830233	8795029	28.8
本年资金来源小计	Subtotal of the Sources of Funds in Current Year	52923588	67030061	26.7
国家预算内资金	State Budgetary Appropriation	626504	559814	-10.6
国内贷款	Domestic Loans	13379692	16872480	26.1
债　券	Bonds	843914	50186	-94.1
利用外资	Foreign Investment	1400825	1297912	-7.3
#外商直接投资	Foreign Direct Investment	934715	742995	-20.5
自筹资金	Fundraising	27594354	37564314	36.1
#企、事业单位自有资金	Owned by Enterprises and Institutions	12663892	13163198	3.9
其他资金	Others	9078299	10685355	17.7

5-15 按行业分城镇固定资产投资施工项目个数
Number of Investment Projects under Construction in Fixed Assets in Urban Area by Sector

单位：个 (unit)

行　业 Sector	2009	2010	2010比2009年增长(%) Increase Rate in 2010 over 2009 (%)
总　计 Total	**4362**	**4628**	**6.1**
农、林、牧、渔业 Farming, Forestry, Animal Husbandry and Fishery	201	123	-38.8
采矿业 Minerals Mining	12	17	41.7
制造业 Manufacturing	2136	2245	5.1
电力、燃气及水的生产和供应业 Production and Supply of Electricity, Gas and Water	243	229	-5.8
建筑业 Construction	40	66	65.0
交通运输、仓储和邮政业 Transportation, Storage and Post Services	191	226	18.3
信息传输、计算机服务和软件业 Information Transmitting, Computer Services and Software	45	56	24.4
批发和零售业 Wholesale and Retail Trade	193	200	3.6
住宿和餐饮业 Accommodation and Catering Services	123	102	-17.1
金融业 Finance Intermediation	21	6	-71.4
房地产业 Real Estate	38	90	136.8
租赁和商务服务业 Leasing and Business Services	113	178	57.5
科学研究、技术服务和地质勘察业 Scientific Research, Technical Services and Geological Prospecting	21	36	71.4
水利、环境和公共设施管理业 Management for Water Conservancy, Environment and Public Facilities	573	667	16.4
居民服务和其他服务业 Resident Services and Other Social Services	49	58	18.4
教　育 Education	108	112	3.7
卫生、社会保障和社会福利业 Health Care, Social Security and Social Welfare	44	45	2.3
文化、体育和娱乐业 Culture, Sports and Recreational Services	60	53	-11.7
公共管理和社会组织 Public Management and Social Organizations	151	119	-21.2

注：本表不含房地产开发企业。
Note: The data of this table exclude real estate enterprises.

5-16 按行业分城镇固定资产投资建成投产项目个数
Number of Investment Projects in Fixed Assets Completed and Put into Use in Urban Area by Sector

单位：个 (unit)

行业 Sector	2009	2010	2010比2009年增长(%) Increase Rate in 2010 over 2009 (%)
总计 Total	**2744**	**2948**	**7.4**
农、林、牧、渔业 Farming, Forestry, Animal Husbandry and Fishery	147	84	-42.9
采矿业 Minerals Mining	7	9	28.6
制造业 Manufacturing	1434	1514	5.6
电力、燃气及水的生产和供应业 Production and Supply of Electricity, Gas and Water	108	137	26.9
建筑业 Construction	26	53	103.8
交通运输、仓储和邮政业 Transportation, Storage and Post Services	97	129	33.0
信息传输、计算机服务和软件业 Information Transmitting, Computer Services and Software	24	37	54.2
批发和零售业 Wholesale and Retail Trade	140	141	0.7
住宿和餐饮业 Accommodation and Catering Services	109	80	-26.6
金融业 Finance Intermediation	19	4	-78.9
房地产业 Real Estate	11	20	81.8
租赁和商务服务业 Leasing and Business Services	57	117	105.3
科学研究、技术服务和地质勘察业 Scientific Research, Technical Services and Geological Prospecting	7	18	157.1
水利、环境和公共设施管理业 Management for Water Conservancy, Environment and Public Facilities	303	381	25.7
居民服务和其他服务业 Resident Services and Other Social Services	35	34	-2.9
教育 Education	65	65	0.0
卫生、社会保障和社会福利业 Health Care, Social Security and Social Welfare	20	26	30.0
文化、体育和娱乐业 Culture, Sports and Recreational Services	31	24	-22.6
公共管理和社会组织 Public Management and Social Organizations	104	75	-27.9

注：本表不含房地产开发企业。
Note: The data of this table exclude real estate enterprises.

5-17 城镇地方固定资产投资
Local Investment in Fixed Assets in Urban Area

单位：万元 (10 000 yuan)

项　目	Item	2009	2010	2010 比2009年 增长(%) Increase Rate in 2010 over 2009 (%)
总　计	**Total**	**37402956**	**53650554**	**43.4**
按构成分	**Grouped by Use of Funds**			
建筑工程	Construction	19781340	30266353	53.0
安装工程	Installation	1584383	2210169	39.5
设备工器具	Equipment and Instruments	6757224	8571697	26.9
其他费用	Others	9280029	12602335	35.8
按建设性质分	**Grouped by Type of Construction**			
新　建	New Construction	19002262	30701000	61.6
扩　建	Expansion	3036292	4106002	35.2
改　建	Reconstruction	4888122	5652191	15.6
其　他	Others	3124464	4524937	44.8
按行业分	**Grouped by Sector**			
农、林、牧、渔业	Farming, Forestry, Animal Husbandry & Fishery	469861	457380	-2.7
采矿业	Minerals Mining	290959	47240	-83.8
制造业	Manufacturing	12019154	20234685	68.4
电力、煤气及水的生产和供应业	Production and Supply of Electricity, Gas and Water	1191875	1311660	10.1
建筑业	Construction	184440	146870	-20.4
交通运输、仓储和邮政	Transportation, Storage and Post Services	4271311	4645243	8.8
信息传输、计算机服务和软件业	Information Transmitting, Computer Services and Software	45392	97914	115.7
批发和零售业	Wholesale and Retail Trade	623587	917325	47.1
住宿和餐饮业	Accommodation and Catering Services	269462	636722	136.3
金融业	Finance Intermediation	15959	32410	103.1
房地产业	Real Estate	7716880	11283755	46.2
租赁和商务服务业	Leasing and Business Services	1648733	2833126	71.8
科学研究、技术服务和地质勘察业	Scientific Research, Technical Services and Geological Prospecting	111270	172629	55.1
水利、环境和公共设施管理业	Management for Water Conservancy, Environment and Public Facilities	6731897	8233976	22.3
居民服务和其他服务业	Resident Services and Other Social Services	341192	863565	153.1
教　育	Education	328381	579438	76.5
卫生、社会保障和社会福利业	Health Care, Social Security and Social Welfare	158279	207662	31.2
文化、体育和娱乐业	Culture, Sports and Recreational Services	337299	514578	52.6
公共管理和社会组织	Public Management and Social Organizations	647025	434376	-32.9

注：表中按建设性质分组数据不包括房地产开发投资。
Note: Investment grouped by type of construction excludes real estate development.

5-18 城镇房地产开发投资、建设情况（1995—2010年）
Investment and Construction of Real Estate Development in Urban Area, 1995-2010

单位：万元 (10 000 yuan)

年 份 Year	本年完成投资额 Investment Completed in Current Year	住 宅 Residential Buildings	办公楼 Office Buildings	商业营业用 Buildings for Business Use	其 他 Others
1995	694364	444015	86703	78455	85191
1996	715103	428672	66798	124930	94703
1997	808041	396370	86881	140582	184208
1998	1067035	630053	65161	111459	260362
1999	1169569	868972	36045	46569	217983
2000	1339294	900198	31251	71834	336011
2001	1612662	963985	45157	156497	447023
2002	1758446	1031788	75122	147244	504292
2003	2113876	1509252	77808	242564	284252
2004	2639165	1752377	157504	282388	446896
2005	3275403	2349240	119477	417449	389237
2006	4023184	3113391	237419	356585	315789
2007	5052956	3428187	345476	637558	641735
2008	6537248	4593327	309731	798714	835476
2009	7351836	4948563	328288	973219	1101766
2010	8666424	5653883	771783	1273543	967215

单位：万平方米 (10 000 sq. m.)

年 份 Year	施工面积 Floor Space of Building under Construction	#住 宅 Residential Buildings	竣工面积 Floor Space of Building Completed	#住 宅 Residential Buildings
1995	1016.95	788.22	394.75	344.58
1996	988.66	712.76	366.51	318.50
1997	1116.23	773.92	299.63	254.39
1998	1379.77	1093.69	428.74	357.17
1999	1596.67	1274.32	454.81	431.12
2000	1783.00	1582.15	583.51	532.63
2001	1863.48	1590.62	690.48	626.63
2002	2135.56	1746.13	746.44	673.00
2003	2314.43	1953.50	911.27	750.67
2004	2865.55	2352.98	1108.13	1014.46
2005	3470.57	2827.87	1479.22	1270.96
2006	4142.60	3396.45	1520.24	1308.95
2007	4836.49	3744.87	1704.36	1398.61
2008	5704.27	4306.33	1799.37	1492.54
2009	6052.16	4517.83	1902.06	1580.82
2010	7160.75	5117.60	2098.55	1603.65

5-19 城镇房地产开发投资情况
Investment in Real Estate Development in Urban Area

单位：万元 (10 000 yuan)

项　　目	Item	2009	2010	2010比2009年增长(%) Increase Rate in 2010 over 2009 (%)
本年完成投资额	**Investment Completed in Current Year**	**7351836**	**8666424**	**17.9**
按隶属关系分	**Grouped by Administrative Relationship**			
中　央	Central Government			
地　方	Local Government	7351836	8666424	17.9
按登记注册类型分	**Grouped by Registered Status**			
内资企业	Domestic-funded Enterprises	6474724	7863312	21.4
国有企业	State-owned Enterprises	2150216	2254229	4.8
集体企业	Collective-owned Enterprises	58615	43592	-25.6
股份合作企业	Cooperative Enterprises		1500	
私　营	Private Enterprises	1030121	1700488	65.1
股份有限公司	Share Holding Corporations Ltd.	176499	660862	274.4
有限责任公司	Limited Liability Corporations	3015596	3126089	3.7
# 国有独资	Sole State-funded Corporations	410396	235142	-42.7
联营企业	Joint Ownership Enterprises	2078	27820	1238.8
# 国有联营	State Joint Ownership Enterprises	78	27820	35566.7
其他内资企业	Other Domestic-funded Enterprises	41599	48732	17.1
港澳台商投资企业	Enterprises with Investment from Hong Kong, Macao and Taiwan	461143	233788	-49.3
外商投资企业	Foreign Funded Enterprises	415969	569324	36.9
按构成分	**Grouped by Use of Funds**			
建筑工程	Construction	4322987	5193986	20.1
安装工程	Installation	529262	586254	10.8
设备工器具	Equipment and Instruments	53831	34761	-35.4
其他费用	Others	2445756	2851423	16.6
按工程用途分	**Grouped by Use of Projects**			
住　宅	Residential Buildings	4948563	5653883	14.3
# 别墅、高档公寓	Villa, Top Grade Apartment	439859	688989	56.6
办公楼	Office Buildings	328288	771783	135.1
商业营业用房	Commerce Buildings	973219	1273543	30.9
其　他	Others	1101766	967215	-12.2
本年新增固定资产	**Newly Increased Fixed Assets in Current Year**	**6098942**	**7360631**	**20.7**

5-20 城镇房地产开发建设情况
Construction of Real Estate Development in Urban Area

项　目	Item	2009	2010	2010比2009年增长(%) Increase Rate in 2010 over 2009 (%)
施工房屋面积(万平方米)	**Floor Space of Buildings under Construction (10 000 sq. m.)**	**6052.16**	**7160.75**	**18.3**
住　宅	Residential Buildings	4517.83	5117.60	13.3
办公楼	Office Buildings	348.46	396.61	13.8
商业营业用房	Houses for Business Use	682.35	1004.47	47.2
其　他	Others	503.52	642.07	27.5
竣工房屋面积(万平方米)	**Floor Space of Buildings Completed (10 000 sq. m.)**	**1902.06**	**2098.55**	**10.3**
住　宅	Residential Buildings	1580.82	1603.65	1.4
办公楼	Office Buildings	83.67	102.42	22.4
商业营业用房	Houses for Business Use	115.85	235.29	103.1
其　他	Others	121.72	157.19	29.1
竣工房屋价值(万元)	**Value of Buildings Completed (10 000 yuan)**	**5199962**	**6706725**	**29.0**
住　宅	Residential Buildings	4349083	4866537	11.9
办公楼	Office Buildings	199505	468329	134.7
商业营业用房	Houses for Business Use	312333	993444	218.1
其　他	Others	339041	378415	11.6
资金来源合计(万元)	**Total Funds (10 000 yuan)**	**18498831**	**21765785**	**17.7**
上年末结余资金	Balance of Funds Brought Forward from Previous Year	4368176	5110357	17.0
本年资金来源合计	Subtotal of the Sources of Funds in Current Year	14130655	16655428	17.9
国家预算内资金	State Budgetary Appropriation			
国内贷款	Domestic Loans	3631766	5395902	48.6
债　券	Bonds			
利用外资	Foreign Investment	114892	83370	-27.4
#外商直接投资	Foreign Direct Investment	90496	57922	-36.0
自筹资金	Fundraising	3321040	4577400	37.8
#企、事业单位自有资金	Owned by Enterprises and Institutions	1864765	2555795	37.1
其他资金	Others	7062957	6598756	-6.6

5-21 房地产销售、中介服务和物业管理情况
Basic Statistics on Real Estate Sales, Agency Services and Property Management

指　标	Item	2009	2010
商品房销售情况	**Statistics on Commercial Houses Sales**		
商品房销售面积(万平方米)	Floor Space of Commercial Houses Sold (10 000 sq. m.)	1590.02	1564.52
住　宅	Residential Buildings	1461.47	1352.61
办公楼	Office Buildings	29.55	35.29
商业营业用房	Houses for Business Use	60.84	103.64
其　他	Others	38.16	72.98
商品房销售额(万元)	Total Sales of Commercial Houses (10 000 yuan)	10948460	12824307
住　宅	Residential Buildings	9653564	10702706
办公楼	Office Buildings	328966	488963
商业营业用房	Houses for Business Use	544880	1093065
其　他	Others	421050	539573
房地产中介服务情况	**Statistics on Real Estate Agency Services**		
房屋代理成交面积(万平方米)	Transaction Floor Space by Agency (10 000 sq. m.)	408	173
房屋代理成交合同金额(万元)	Transaction Value by Agency (10 000 yuan)	3620457	1597062
房地产物业管理情况	**Statistics on Real Estate Property Management**		
企业总数(个)	Number of Enterprises (unit)	886	956
物业管理项目个数(个)	Number of Projects Managed (unit)	3378	3614
房屋建筑面积(万平方米)	Floor Space of Buildings (10 000 sq. m.)	19717.90	22045.12
住　宅	Residential Buildings	17363.90	19478.35
办公用房	Office Buildings	864.64	901.13
商业营业用房	Houses for Business Use	549.93	601.5
工业仓储用房	Houses for Industry and Storage	444.91	463.53
其　他	Others	494.52	600.61
从业人员(人)	Employment Personnel (person)	69447	89332
# 管理人员	Administrative Personnel	9845	11532
年经营收入(万元)	Annual Income (10 000 yuan)	306894.16	436309.16
从业人员报酬(万元)	Remuneration of Employment Personnel (10 000 yuan)	112721.25	192794.77

5-22 农村非农户固定资产投资 Total Investment in Fixed Assets of Rural Non-agricultural Households

项　目	Item	2009	2010
投资额(万元)	**Total Investment (10 000 yuan)**	**2770446**	**3707179**
按主要行业分	**Grouped by Sector**		
#农、林、牧、渔业	Farming, Forestry, Animal Husbandry, Fishery	231715	496351
工　业	Industry	1748351	2104784
建筑业	Construction	30260	51088
交通运输、仓储和邮政业	Transportation, Storage and Post Services	76161	166800
批发和零售业	Wholesale and Retail Trade	56827	46819
房地产业	Real Estate	7000	6658
水利、环境和公共设施管理业	Management for Water Conservancy, Environment and Public Facilities	116336	131830
新增固定资产(万元)	**Newly Increased Fixed Assets (10 000 yuan)**	**1958586**	**2761377**
房屋面积(万平方米)	**Floor Space of Buildings (10 000 sq. m.)**		
施工面积	Under Construction	552.32	767.89
#住　宅	Residential Buildings	128.25	166.79
竣工面积	Completed	218.34	270.98
#住　宅	Residential Buildings	38.56	71.24
竣工住宅价值(万元)	**Value of Residential Buildings Completed (10 000 yuan)**	**71306**	**185913**
竣工住宅造价(元/平方米)	**Cost of Residential Buildings Completed (yuan/sq. m.)**	**1849**	**2610**

5-23 农村农户固定资产投资 Total Investment in Fixed Assets of Rural Agricultural Households

项　目	Item	2009	2010
投资额(万元)	**Total Investment (10 000 yuan)**	**289957**	**263613**
按主要行业分	**Grouped by Sector**		
#农、林、牧、渔业	Farming, Forestry, Animal Husbandry, Fishery	69432	58061
工　业	Industry	19097	19565
建筑业	Construction	14021	6795
交通运输、仓储和邮政业	Transportation, Storage and Post Services	40134	49209
批发和零售业	Wholesale and Retail Trade		
房地产业	Real Estate	147273	129983
房屋面积(万平方米)	**Floor Space of Buildings (10 000 sq. m.)**		
施工面积	Under Construction	160.69	134.59
#住　宅	Residential Buildings	147.55	129.87
竣工面积	Completed	118.48	104.57
#住　宅	Residential Buildings	111.25	98.74
竣工住宅价值(万元)	**Value of Residential Buildings Completed (10 000 yuan)**	**134758**	**118826**
竣工住宅造价(元/平方米)	**Cost of Residential Buildings Completed (yuan/sq. m.)**	**1211**	**1203**

5-24 重点建设项目一览表（2010年）
Basic Statistics on Key Projects, 2010

单位：万元 (10 000 yuan)

项目名称 Name of Project	开工时间 Starting Time	计划总投资 Total Planned Investment	累计完成投资 Investment Accumulated	本年完成投资 Investment in Current Year
总　计(80项)		**84134331**	**38152392**	**19305333**
一、工业项目(33项)		**15292566**	**6731745**	**4840447**
1. 大沽化苯乙烯、ABS树脂及公用配套工程	2007.07	545400	204200	132000
2. 金伟晖120万吨/年高等级溶剂油项目	2008.03	253911	135268	79200
3. 渤化精细化工基地	2008.05	352000	13420	13420
4. 中海油海上采油及配套工程	2010.01	2700000	2000174	2000174
5. 中石油渤海钻探工程项目	2010.01	230000	183070	183070
6. 天铁产品结构调整项目	2009.01	863000	536601	169674
7. 天津钢管公司140管和焊管项目	2010.10	564274	30000	30000
8. 天钢高档金属制品及能源管理中心	2010.03	110000	92000	92000
9. 天津冶金集团公司搬迁改造和产业升级项目	2007.06	325633	377284	146280
10. 新型运载火箭产业基地项目	2008.06	200000	192564	86199
11. 航天五院航天器产业基地项目		320000	24332	24332
12. 航天十一院环境工程和特种飞行器项目	2008.12	100000	5898	
13. 中国航空工业集团直升机生产基地	2009.11	600000	51500	49500
14. 大唐电信天津基地	2009.05	226257	21460	9260
15. 中兴通讯北方研发制造基地	2007.11	500000	66094	5400
16. 三星LED芯片及研发中心项目		78000	68197	68197
17. 诺和诺德胰岛素灌装项目	2009.01	260000	126283	97167
18. 新冠制药项目	2009.02	100000	17189	6489
19. 诺维信生物制药项目	2009.06	49000	74275	46532
20. 绿色能源电池项目	2007.12	238000	162462	40353
21. 天津临港造修船基地	2008.12	1200000	232241	173730
22. 中国一重天津滨海制造基地	2008.10	350000	93297	56605
23. 太重临港重型装备制造基地项目	2010.03	200000	21181	21181
24. 新建天津和谐型大功率机车综合维修基地工程		378225	250000	250000
25. 风力发电设备制造及零部件配套项目	2009.01	604000	212670	59145
26. 天津赛瑞机器芯棒和优质高合金锻件项目	2009.03	250000	88804	39804

5-24 续表 1 Continued

单位：万元 (10 000 yuan)

项 目 名 称 Name of Project	开工时间 Starting Time	计划总投资 Total Planned Investment	累计完成投资 Investment Accumulated	本年完成投资 Investment in Current Year
27. 中海油服海上石油装备及核心产业基地		2200000	423000	423000
28. 珀金斯雷沃动力有限公司新增年产20万台柴油发动机项目	2008.06	210000	58000	32870
29. 长城汽车及零部件生产项目①天津分公司年产5万辆乘用车生产基地建设项目	2009.07	78866	128301	89778
30. 一汽夏利新车型生产建设项目	2009.01	157000	95200	74511
31. 海鸥手表搬迁改造扩能	2009.03	108000	24204	3000
32. 中粮佳悦(天津)有限公司4000吨/天蛋白饲料加工项目	2010.03	61000	23576	23576
33. 玖龙(天津)纸业有限公司高档包装纸生产项目	2007.04	880000	699000	314000
二、能源交通项目(17项)		**12470719**	**6025456**	**2820014**
34. 军粮城发电厂五期扩建项目	2008.06	285000	265192	66396
35. 天津南疆热电厂一期工程	2009.05	300000	28321	8321
36. 天津北塘热电厂一期工程	2010.04	300000	11913	11913
37. 华能天津IGCC电站示范工程	2009.06	266588	201637	101155
38. 天津大神堂风电场工程	2010.02	37099	13831	13831
39. 天津滨海新区垃圾焚烧发电厂一期工程	2009.07	80732	77208	62774
40. 高速公路建设工程	2007.07	3404996	1968716	1027182
41. 津秦铁路客运专线天津段	2009.02	1026000	655952	326275
42. 京沪高速铁路(天津段)	2009.01	876300	882993	187480
43. 津保铁路(天津段)	2010.09	522000	236792	236792
44. 天津西站至天津站地下直径线工程	2008.03	111100	65000	20000
45. 京津城际引入机场线工程		347000		
46. 京津城际延伸线工程	2009.07	963100	250000	150000
47. 天津西站工程	2009.04	889800	828764	270000
48. 天津新港北铁路集装箱中心站	2010.01	259000	69294	69294
49. 天津机场二期扩建		501900	473	473
50. 天津港扩建工程	2009.01	2300104	469370	268128
三、基础设施和环保项目(18项)		**36022604**	**16661047**	**7606306**
51. 城市轨道交通建设工程	2005.01	6704591	2232830	578018
52. 天津站交通枢纽工程	2007.01	1058000	435718	77288

5-24 续表 2 Continued

单位：万元 (10 000 yuan)

项目名称 Name of Project	开工时间 Starting Time	计划总投资 Total Planned Investment	累计完成投资 Investment Accumulated	本年完成投资 Investment in Current Year
53. 天津西站交通枢纽配套	2009.07	1139000	425373	346720
54. 天津大道	2008.12	809860	605339	364789
55. 津汉快速路	2010.07	560000	50369	50369
56. 塘汉快速路工程	2008.11	234866	136252	41097
57. 西中环快速路一期	2007.11	230900	100223	66725
58. 滨海新区中央大道	2007.01	431314	457081	137020
59. 天津集疏港公路	2007.04	1257412	741800	271837
60. 城市道路建设与改造	2007.11	311574	339071	284780
61. 市政道路与津山铁路立交工程	2010.04	197000	42157	42157
62. 蓟汕快速路下穿津山铁路节点工程	2010.02	40300	2856	2856
63. 城市供热管网改造工程	2005.10	833577	380607	43186
64. 城市电网建设与改造工程	2006.03	5080000	3976827	869008
65. 建港造陆项目	2006.01	13596657	5350812	3177605
66. 中新生态城基础设施	2008.07	1150000	469028	391452
67. 综合开发区域基础设施配套	2009.05	2283600	851641	820322
68. 污水处理项目	2009.05	103953	63063	41077
四、农林水利和小城镇建设项目(2项)		**7576098**	**4113655**	**2013655**
69. 南水北调中线天津干线及市内配套工程	2010.03	116098	13655	13655
70. 示范镇建设项目		7460000	4100000	2000000
五、社会事业项目(6项)		**1765276**	**736931**	**619970**
71. 高等教育布局调整项目	2007.01	32000	73474	36033
72. 基础教育布局调整项目	2008.03	63744	24776	12970
73. 卫生资源调整项目	2008.12	223724	77708	9994
74. 天津市文化中心	2010.02	310000	398595	398595
75. 海河教育园区一期工程	2010.08	1047300	162378	162378
76. 渤海监测监视管理基地		88508		
六、商贸旅游及其他项目(4项)		**11007068**	**3883558**	**1404941**
77. 综合商贸物流项目	2007.11	1992000	574953	265416
78. 海河开发节点工程	2005.05	1511668	1438656	257076
79. 文化旅游项目	2007.07	5235000	1667496	679996
80. 总部基地和创意产业项目	2010.03	2268400	202453	202453

5-25 建设项目主要新增生产能力(2010年)
Main Newly Increased Production Capacity of Construction Projects, 2010

生产能力名称	Item	建设规模 Construction Size	累计新增生产能力 Accumulated Production Capacity Newly Increased
天然原油(万吨/年)	Natural Petroleum (10 000 tons/year)	1123.68	1061.68
天然气开采(亿立方米/年)	Extraction of Petroleum and Natural Gas (100 million cu. m./year)	1.40	1.34
热轧钢材(万吨/年)	Steel-Hot Rolling (10 000 tons/year)	205	110
冷轧钢材(万吨/年)	Steel-Cold Rolling (10 000 tons/year)	177	36
铜冶炼(吨/年)	Copper Smelting (ton/year)	240200	240200
火力发电(万千瓦)	Fire Power (10 000 kW)	136	136
其他发电(万千瓦)	Other Power (10 000 kW)	34.2	8.0
输电线路长度(公里)	Length of Electricity Transmission Line (km)	667.58	625.39
水　泥(万吨/年)	Cement (10 000 tons/year)	659	634
塑料树脂及共聚物(吨/年)	Plastic Colophony and Polymer (ton/year)	159500	6500
轿车制造(辆/年)	Cars (unit/year)	200000	
其他汽车制造 (辆/年)	Other Motor Vehicles (unit/year)	50000	
其他酒(万吨/年)	Other Wine (10 000 tons/year)	2.19	2.19
新建公路(公里)	Length of New Roads (km)	494.76	172.52
# 高速公路	Expressway	287.87	52.50
改建公路(公里)	Length of Rebuilt Roads (km)	200.36	183.26
# 二级公路	Second Class	178.62	161.52
新建独立公路桥梁(处)	Newly-built Highway Bridge (unit)	2	1
新建独立公路桥梁(延长米)	Newly-built Highway Bridge (linear meter)	801.5	800.0
新(扩)建公路客、货运站(平方米)	New (Expanded) Road Passenger & Freight Station (sq. m.)	15078	15078
新(扩)建公路客、货运站(个)	New (Expanded) Road Passenger & Freight Station (unit)	1	1
新(扩)建港口码头	Newly Built and Expanded Ports		
吞吐量(万吨/年)	Handling Capacity (10 000 tons/year)	1665	
泊　位(个)	Berths (unit)	9	
城市污水处理能力(万吨/日)	Disposal Capacity of Sewage (10 000 tons/day)	32	8

主要统计指标解释
Explanatory Notes on Main Statistical Indicators

全社会固定资产投资

是以货币形式表现的在一定时期内全社会建造和购置固定资产的工作量以及与此有关的费用的总称。该指标是反映固定资产投资规模、结构和发展速度的综合性指标，又是观察工程进度和考核投资效果的重要依据。

城镇固定资产投资

指城镇各种登记注册类型的企业、事业、行政单位及个体户进行的计划总投资（或实际需要总投资）50万元及50万元以上的建设项目投资和房地产开发投资。县城及以上区域内发生的投资，县及县以上各级政府及主管部门直接领导、管理的建设项目和企业事业单位的投资均为城镇固定资产投资。

农村投资

包括在农村区域范围内进行固定资产投资活动的企业、事业、行政单位及农户投资。

房地产开发投资

指房地产开发企业（单位）进行土地开发工程、商品房屋建设工程所完成的投资额。是以货币表现的房地产开发工作量。

固定资产投资的资金来源

指固定资产投资单位在报告期收到的，用于固定资产建造和购置的各种货币资金。包括国家预算内资金、国内贷款、债券、利用外资、自筹资金和其他资金。

国家预算内资金　分为财政拨款和财政安排的贷款两部分。包括中央财政的基本建设基金（分经营性基金和非经营性基金两部分）、专项支出（如煤代油专项等）、收回再贷、贴息资金，财政安排的挖潜改造和新产品试制支出、城建支出、商业部门简易建筑支出、不发达地区发展基金等资金中用于固定资产投资的资金；地方财政中由国家统筹安排的资金等。

国内贷款　指报告期固定资产投资单位向银行及非银行金融机构借入的用于固定资产投资的各种国内借款，包括银行利用自有资金及吸收的存款发放的贷款、上级主管部门拨入的国内贷款、国家专项贷款（包括煤代油贷款、劳动煤矿专项贷款等）、地方财政专项资金安排的贷款、国内储备贷款、周转贷款等。

债券　指企业（公司）或金融机构通过发行各种债券，筹集用于固定资产投资的资金。包括由银行代理国家专业投资公司发行的重点企业债券和基本建设债券。

利用外资　指报告期收到的用于固定资产建造和购置的国外资金（包括设备、材料、技术在内）。包括对外借款（外国政府、国际金融组织贷款、出口信贷、外国银行商业贷款、对外发行债券和股票）、外商直接投资及外商其他投资。不包括我国自有外汇资金（包括国家外汇、地方外汇、留成外汇、调剂外汇和中国银行自有资金发行的外汇贷款等）。计算利用外资时，需要折算成人民币，折算中所使用的外汇汇率按现汇计算，即按使用外汇时的汇率计算。

自筹资金　指固定资产投资单位报告期收到的，由各地区、各部门及企、事业单位筹集用于固定资产投资的预算外资金，包括中央各部门、各级地方和企、事业单位的自有资金。

其他资金　指在报告期收到的除以上各种资金之外其他用于固定资产投资的资金，社会集资、个人资金、无偿捐赠的资金及其他单位拨入的资金等。

固定资产投资按构成分

建筑工程　指各种房屋建筑物的建造工程，又称建筑工程量。这部分投资额必须兴工动料，通过施工才能实现。建筑工程包括各种房屋的建造，设备基础及各种窑炉的砌筑和金属结构工程，为施工而进行的建筑场地布置、地质勘探、平整场地、施工用水、电、气、路和清理绿化等。矿井的开凿、铁路、公路、桥梁、水利及防空、地下建筑等特殊工程。

安装工程　指各种设备、装置的安装工程，又称安装工作量。在安装工程投资额中，不包括被安装设备本身的价值。安装工程包括生产、动力、起重、运输、传动和医疗试验等各种需安装设备的装配和安装与设备相连的工作台、梯子栏杆以及管线敷设、保温、油漆、

主要统计指标解释
Explanatory Notes on Main Statistical Indicators

防腐和单机试运系统联动无负荷试运工作（不包括投料试运）。

设备、工具、器具购置 指购置和自制达到固定资产标准的设备、工具、器具的价值。但新建单位、扩建单位的新建车间，按照设计和计划要求购置或自制的全部设备、工具、器具，不论是否达到固定资产标准均计入"设备、工具、器具购置"中。

其他费用 指在固定资产建造和购置过程中发生的，除建筑安装工程和设备、工器具购置投资完成额以外的费用，不指经营中财务上的其他费用。包括旧房屋购置，基本畜禽支出，林木支出，退耕退牧还林还草、土壤改良、城市绿化，办公生活用家具、器具的购置，建设单位管理费，临时设施费，施工机械转移费，设备检验费，负荷联合试车费，土地占用、使用费，建设期应付利息，包干节余，企业债券发行费，合同公证费及工程质量监测费，国外借款手续费及承诺费，汇兑损益，调整器材调拨价格折价，坏账损失，固定资产亏损及损失等。

固定资产投资按建设性质分

新建 一般指从无到有"平地起家"开始建设的企事业和行政单位的建设项目。有的项目原有基础很小，经扩大建设后，其新增加的固定资产价值（原值）超过原有固定资产价值三倍以上的也应算为新建。

扩建 指为扩大原有产品生产能力或增加新的产品能力，在厂内或其他地点增建主要生产车间（或主要工程），独立的生产线等。事业单位和行政单位在原单位增建业务用房，也作为扩建。

改建和技术改造 现有企事业单位为了技术进步对现有设施、工艺条件进行技术改造或更新（包括相应配套的辅助性生产、生活设施建设）。有的还充分发挥现有的生产能力，进行填平补齐而增建不直接增加本单位主要产品生产能力的车间等，也属于改建。

新增固定资产

指报告期内交付使用的固定资产价值，包括建成投入生产或交付使用的工程投资和达到固定资产标准的设备、工具器具的投资以及有关的摊入费用，属于增加固定资产价值的其他建设费用应随同交付使用的工程一并计入新增的固定资产。

固定资产交付使用率

指报告期内新增固定资产与同期完成投资额的比率。它是反映各个时期固定资产动用速度，衡量建设过程中投资效果的一个综合性指标。

商品房销售面积

指报告期内出售商品房屋的合同总面积（即双方签署的正式买卖合同中所确定的建筑面积）。由现房销售建筑面积和期房销售建筑面积两部分组成。

商品房销售额

指报告期内出售商品房屋的合同总价款（即双方签署的正式买卖合同中所确定的合同总价）。该指标与商品房销售面积同口径，由现房销售额和期房销售额两部分组成。

主要统计指标解释
Explanatory Notes on Main Statistical Indicators

Total Investment in Fixed Assets

refers to the volume of activities in construction and purchases of fixed assets of the whole country and related fees, expressed in monetary terms during the reference period. It is a comprehensive indicator which shows the size, structure and growth of the investment in fixed assets, providing a basis for observing the progress of construction projects and evaluating results of investment.

Investment in Fixed Assets in Urban Areas

refers to construction projects involving a total planned (or required) investment of 500,000 yuan and over by enterprises of various types of ownership, institutions, administrative units and individuals in urban areas, investment in real estate development. In other words, all investments that take place in county towns and urban areas, investment in construction projects under the direct leadership and management of government agencies at and above county levels and investments by enterprises and institutions at and above county levels are covered in urban investment in fixed assets.

Investment in Rural Areas

refers to investment in fixed assets by enterprises, institutions, administrative units and households in rural areas.

Investment in Real Estate Development

refers to the investment by the real estate development companies (unit) in the construction of house buildings. It is finished work in monetary terms.

Sources of Funds for Investment in Fixed Assets

refer to the funds used to establish or buy fixed assets by the investment units in report period, included the state budget, domestic loans, bonds, foreign investment, self-raised funds, and others.

State Budgetary Appropriation consists of budgetary appropriation and loans from the State budget. More specifically, it includes, from the budget of the central government, capital construction fund (operation fund and non-operational fund), special expenses (e.g. expenses on substituting petroleum with coal), loans from repayment, discount fund, expenses on innovation and trial production of new products, expenses on urban construction, expenses on temporary construction from business departments, development fund for less developed areas, as well as local budgetary fund transferred from the central budget.

Domestic Loans refer to loans of various forms borrowed by investing units from banks and non-bank financial institutions during the reference period for the purpose of investment in fixed assets, including loans issued by banks from their self-owned funds and deposit, loans appropriated by higher authorities, special loans by government (included special loans of coal instead of oil, special loans of coal miner labour, etc.), loans arranged by local government from special funds, domestic reserve loan, and working loan.

Bonds refer to the funds for investment raised through the issuance of bonds by enterprise (company) or financial institutions, included the corporate bonds and infrastructure bonds issued by banks as the deputy of national professional investment company.

Foreign Investment refers to foreign funds received during the reference period for the construction and purchase of investment in fixed assets (covering equipment, materials and technology), including foreign borrowings (loans from foreign governments and international financial institutions, export credit, commercial loans from foreign banks, issue of bonds and stocks overseas), foreign direct investment and other foreign investments. Excluded from this category is capital in foreign exchanges owned by China (foreign exchanges owned by the central and local governments, foreign exchanges retained by enterprises, foreign exchanges by enterprises through the regulating mechanism, loans in foreign exchanges issued by the Bank of China with its own fund, etc.). In calculating the utilization of foreign capital, foreign currencies are converted into Chinese Renminbi applying the current exchange rate when the foreign capitals are actually used.

Fundraising refer to extra-budgetary funds for investment in fixed assets received during the reference period by investing units from central government ministries, local governments, enterprises and institutions, including their self-raised funds.

Others refer to funds for investment in fixed assets received from sources other than those listed above, including funds raised from individuals and through social donations, and funds transferred from other units.

Investment in Fixed Assets by Use of Funds

Construction Project refers to the construction of various houses and buildings, it also is called the work volume of construction, including construction of various houses, equipment foundations and industrial kilns and stoves, preparation works for project construction, and clearing up works post project construction, geological examination, land-leveling, water, electricity, gas road-cleaning, planting trees, drilling of mines, pavement of railways and roads, highway, bridge,

主要统计指标解释
Explanatory Notes on Main Statistical Indicators

construction of projects of water conservancy, construction of underground air-raid shelters and construction of other special projects.

Installation Project refers to the installation of various kinds of equipment and instruments (work volume of installation). The value of equipment installed is excluded in the value of installation projects. Including various kinds of equipment, i.e. production, power-driven, lifting, transport, transmission, medical experiment etc. and working table, stepladder railing, putting up of pipes, keep warm, paint, rot-proofing, try operation (excluding put in material try operation).

Purchases of Equipment and Instruments refer to the total value of equipment, tools, and vessels purchased or self-produced which come up to standards for fixed assets. Equipment, tools and vessels purchased or self- produced for new workshops by newly established or expanded units are categorized as "purchase of equipment and instruments" no matter whether they come up to the standards for fixed assets or not.

Other Expenses refer to investment in assets construction and purchases, excluded in above items, but not refer to the other financial expenses in operation. It consist of purchase of old houses, purchase of animals by agricultural and forestry units, planting and operating of various economic forest, compensation for the loss of land and young crops, subsidies for moving, administration expenses of construction units, and expenses on research and testing, geological prospecting and designing, joint trial running, and the other purchase introduction of technology and imports of equipment, transportation of construction machines, loss of discarded projects, etc.

Investment in Fixed Assets by Type of Construction

New Construction refers to newly constructed units. In the case, in which the value of the original fixed assets is quite small, and the value of newly added fixed assets exceeds the original ones by three times, the expansion construction is considered as new construction.

Expansion Construction refers to construction of new major production workshop or independent production line within a factory or in other locations, or construction of a branch factory so as to increase the production capacity of the original products. Newly constructed business houses in institutions and administrative organizations are also classified as expansion.

Reconstruction and Technical Innovation refers to technical innovation and transformation of the existing equipment and technical conditions undertaken by enterprises and institutions for the purposes of technological advancement, (including accessory facilities for production or for living and welfare purposes). The construction of new workshops for improving existing production capacity rather than increasing production capacity is also considered as reconstruction.

Newly Increased Fixed Assets

refer to the newly increased value of fixed assets through investment, including the value of projects completed and put into production, the value of equipment, tools, and vessels considered as fixed assets, as well as the relevant expenses as investment in fixed assets and other construction expansion of increased the volume in fixed assets (should be calculated into newly increased fixed assets with the project put in use).

Rate of Fixed Assets Put into Use

refers to the ratio of the newly increased fixed assets to the total investment made in the same period. This is a comprehensive indicator, reflecting the speed of the employment of fixed assets and the investment efficiency.

Area of Commercialized Housing Sold

refers to total contracted area of commercialized housing (i.e. area of floor space as designated in the formal contracts signed by both sides) during the reference time. It constitutes floor space of completed housing and floor space of future housing.

Value of Commercialized Housing Sold

refers to the total contracted value (i.e. value of sales/purchase for selling/purchase of commercialized housing as designated in the contract signed by both sides) during the reference time. This indicator has the same coverage as the area of commercialized housing sold, which constitutes floor space of completed housing and floor space of housing yet to be completed.

6

对外经济贸易和旅游

Foreign Trade, Economic Cooperation and Tourism

6-1 对外贸易进出口总额(1995—2010年)
Total Value of Imports and Exports in Foreign Trade, 1995-2010

年 份 Year	绝对数(亿美元) Absolute Value (USD 100 million)			增长速度(%) (比上年) Increase Rate (%) (Over Preceding Year)		
	进出口总额 Imports & Exports	出口总额 Exports	进口总额 Imports	进出口总额 Imports & Exports	出口总额 Exports	进口总额 Imports
1995	65.46	29.98	35.47	97.6	24.9	288.7
1996	82.97	40.49	42.48	26.8	35.0	19.8
1997	100.23	50.18	50.05	20.8	23.9	17.8
1998	106.16	54.99	51.17	5.9	9.6	2.3
1999	126.05	63.32	62.73	18.7	15.2	22.6
2000	171.57	86.29	85.28	36.1	36.3	36.0
2001	181.86	95.02	86.85	6.0	10.1	1.8
2002	228.27	115.95	112.32	25.5	22.0	29.3
2003	293.71	143.74	149.97	28.7	24.0	33.5
2004	420.19	208.65	211.54	43.2	45.4	41.4
2005	533.87	274.15	259.72	27.1	31.4	22.8
2006	645.73	335.40	310.33	21.0	22.3	19.5
2007	715.50	381.61	333.89	10.8	13.8	7.6
2008	805.39	422.29	383.10	12.6	10.7	14.7
2009	639.44	299.85	339.59	-20.6	-29.0	-11.4
2010	822.01	375.17	446.84	28.8	25.5	31.7

注：自1998年始，用海关数据。
Note: From 1998, data of this table are provided by Tianjin Customs.

6-2 天津口岸进出口总额(1995—2010年)
Total Value of Imports and Exports in Tianjin Port, 1995-2010

年 份 Year	按美元计算(亿美元) Calculated by USD (USD 100 million)			按人民币计算(亿元) Calculated by RMB (100 million yuan)		
	进出口总额 Imports & Exports	出口总额 Exports	进口总额 Imports	进出口总额 Imports & Exports	出口总额 Exports	进口总额 Imports
1995	217.46	127.81	89.65	1821.23	1070.41	750.82
1996	216.85	122.89	93.96	1804.19	1022.44	781.75
1997	215.62	131.24	84.38	1787.55	1088.02	699.53
1998	223.19	134.84	88.35	1852.48	1119.17	733.31
1999	248.29	139.18	109.11	2055.34	1152.13	903.21
2000	298.03	165.29	132.74	2479.60	1375.20	1104.40
2001	323.71	178.13	145.58	2679.30	1474.40	1204.90
2002	365.35	190.55	174.80	3025.46	1577.94	1447.52
2003	461.67	259.57	202.10	3831.86	2154.43	1677.43
2004	677.66	384.80	292.86	5608.66	3184.80	2423.86
2005	819.29	446.83	372.46	6711.38	3660.30	3051.08
2006	1018.85	571.24	447.61	8122.07	4553.81	3568.26
2007	1290.00	752.87	537.13	9616.05	5612.12	4003.93
2008	1631.02	940.98	690.04	11137.09	6425.29	4711.80
2009	1242.24	612.04	630.20	8484.50	4180.23	4304.27
2010	1641.10	794.41	846.69	10935.57	5293.60	5641.97

6-3 利用外资情况（1995—2010年）
Utilization of Foreign Capital, 1995-2010

年 份 Year	绝对数(万美元) Absolute Value (USD 10 000)		增长速度(%) (比上年) Increase Rate (%) (Over Preceding Year)	
	直接利用外资 Foreign Direct Investment	借用国外资金 Foreign Loans	直接利用外资 Foreign Direct Investment	借用国外资金 Foreign Loans
合 同 额 Foreign Investment Contracted				
1995	385053	35600	9.9	-31.5
1996	392431	120400	1.9	238.2
1997	385066	202100	-1.9	67.9
1998	363729	132989	-5.5	-34.2
1999	362034	102545	-0.5	-22.9
2000	460000		27.1	
2001	463000		0.7	
2002	581220		25.5	
2003	351297		74.3	
2004	558855		59.1	
2005	732281		31.0	
2006	811156		10.8	
2007	1151856		42.0	
2008	1325629		15.1	
2009	1383817		4.4	
2010	1529569		10.5	
实际利用外资 Foreign Capital Actually Used				
1995	152064	58924	49.8	-22.5
1996	200587	97771	31.9	65.9
1997	251135	91166	25.2	-6.8
1998	251803	53984	0.3	-40.8
1999	253203	21332	0.6	-60.5
2000	256000	26467	1.1	24.1
2001	322000	7688	25.8	-71.0
2002	380591	6310	18.2	-17.9
2003	163325	7225	62.9	14.5
2004	247243	22993	51.4	218.2
2005	332885	31688	34.6	37.8
2006	413077	23819	24.1	-24.8
2007	527776	18257	27.8	-23.4
2008	741978	17701	40.6	-22.9
2009	901985	6933	21.6	-60.8
2010	1084872	20983	20.3	202.7

注：自2003年开始，直接利用外资额采用商务部新口径，速度为可比口径；表6-9、6-10、6-12同。
Note: Foreign direct investment has adopted new coverage of Ministry of Commerce since 2003, and its increase rate is calculated on the basis of constant coverage. Same as table 6-9, 6-10 and 6-12.

6-4 人民币汇率(年平均价)(1981—2010年)
Reference Exchange Rate of RMB (Period Average), 1981-2010

单位：人民币元 (RMB yuan)

年 份 Year	100美元 100 US Dollars	100日元 100 Japanese Yen	100港元 100 Hong Kong Dollars	100欧元 100 Euros
1981	170.50	0.7735	30.41	
1982	189.25	0.7607	31.15	
1983	197.57	0.8318	27.36	
1984	232.70	0.9780	29.71	
1985	293.66	1.2457	37.57	
1986	345.28	2.0694	44.22	
1987	372.21	2.5799	47.74	
1988	372.21	2.9082	47.70	
1989	376.51	2.7360	48.28	
1990	478.32	3.3233	61.39	
1991	532.33	3.9602	68.45	
1992	551.46	4.3608	71.24	
1993	576.20	5.2020	74.41	
1994	861.87	8.4370	111.53	
1995	835.10	8.9225	107.96	
1996	831.42	7.6352	107.51	
1997	828.98	6.8600	107.09	
1998	827.91	6.3488	106.88	
1999	827.83	7.2932	106.66	
2000	827.84	7.6864	106.18	
2001	827.70	6.8075	106.08	
2002	827.70	6.6237	106.07	800.58
2003	827.70	7.1466	106.24	936.13
2004	827.68	7.6552	106.23	1029.00
2005	819.17	7.4484	105.30	1019.53
2006	797.18	6.8570	102.62	1001.90
2007	760.40	6.4632	97.46	1041.75
2008	694.51	6.7427	89.19	1022.27
2009	683.10	7.2986	88.12	952.70
2010	676.95	7.7279	87.13	897.25

注：欧元自2002年开始进入市场流通。
Note: Euro entered the circulating market in 2002.

6-5 对外贸易进出口总额（2010年）
Total Value of Imports and Exports in Foreign Trade, 2010

单位：万美元 (USD 10 000)

项　目	Item	进出口总额 Imports & Exports	出口总额 Exports	进口总额 Imports
合　计	Total	**8220078**	**3751727**	**4468351**
按口岸分	**By Port**			
本口岸	Local Port	6573234	2974291	3598943
外口岸	Outside Port	1646844	777436	869408
按经营单位分	**By Managing Unit**			
# 国有企业	State-owned Enterprises	1180357	564815	615541
中外合资企业	Joint Venture Enterprises	2602830	1207693	1395137
中外合作企业	Cooperative Operation Enterprises	56347	25594	30753
外商独资企业	Foreign-funded Sole Enterprises	3230718	1413178	1817540
按贸易性质分	**By Way of Trade**			
# 一般贸易	General Trade	3864696	1412021	2452675
进料加工	Processing Using Import Material	2998595	1944884	1053712
外商投资企业进口设备	Equipment Import of Foreign-funded Enterprises	51457		51457
来料加工	Processing Using Provided Material	216706	134213	82493
易货贸易	Dicker Trade	27		27
其他境外物资捐赠	Donation	864	693	171
保税区仓储进出境货物	Goods Passed in and out Free Trade Zone	157513	50381	107132
保税区仓储转口货物	Goods Transited in Free Trade Zone	849758	139705	710053
按商品类别分	**By Category of Commodities**			
# 食品及活动物	Food and Living Animals	135404	58095	77309
饮料及烟类	Beverage and Tobacco	6682	1330	5353
非食用原料(燃料油除外)	Non-edible Raw Materials (exclude Fuel Oil)	238933	190981	47952
矿物燃料、润滑油及有关原料	Mineral Fuels, Lubricants and Related Materials	326976	126032	200945
动植物油、脂及蜡	Animal and Vegetable Oils, Fats and Wax	146476	326	146150
化学成品及有关产品	Chemicals and Related Products	495625	204553	291073
按原料分类的制成品	Related Products By Raw Materials	1434488	623763	810725
机械及运输设备	Machinery and Transport Equipment	4999386	2436397	2562989
杂项制品	Miscellaneous Products	12580	10847	1733

6-6 对外贸易分国别、地区进出口总额（2010年）
Total Value of Imports and Exports in Foreign Trade by Country and Region, 2010

单位：万美元 (USD 10 000)

国 别、地 区	Country, Region	进出口总额 Imports & Exports	出口总额 Exports	进口总额 Imports
合 计	**Total**	**8220078**	**3751727**	**4468351**
亚 洲	**Asia**	**4491253**	**1714481**	**2776772**
#中国香港	Hong Kong, China	266867	202393	64474
韩 国	Republic of Korea	1393603	427323	966280
日 本	Japan	1237355	333216	904139
菲律宾	Philippines	81269	26602	54667
缅 甸	Burma	6621	6334	287
泰 国	Thailand	96057	55234	40823
马来西亚	Malaysia	170067	52022	118045
新加坡	Singapore	158287	57830	100457
中国台湾	Taiwan, China	246426	84552	161873
印度尼西亚	Indonesia	155371	62003	93367
越 南	Vietnam	62042	54705	7336
非 洲	**Africa**	**178324**	**134283**	**44042**
#南 非	South Africa	42405	21076	21329
欧 洲	**Europe**	**1468678**	**698762**	**769916**
#波 兰	Poland	20240	17622	2618
俄罗斯	Russia	83904	63098	20805
爱沙尼亚	Estonia	736	512	225
拉脱维亚	Latvia	3027	2965	62
立陶宛	Lithuania	1511	1430	81
斯洛文尼亚	Slovenia	1585	896	689
斯洛伐克	Slovakia	83490	23832	59658

6-6 续表 Continued

单位：万美元 (USD 10 000)

国别、地区 Country, Region		进出口总额 Imports & Exports	出口总额 Exports	进口总额 Imports
匈牙利	Hungary	40458	37370	3088
捷　克	Czech	8179	4217	3963
保加利亚	Bulgaria	2069	1731	338
罗马尼亚	Romania	10091	5036	5055
德　国	Germany	414698	112931	301767
法　国	France	169120	86107	83014
意大利	Italy	86106	45317	40790
荷　兰	Netherlands	91882	68325	23557
比利时	Belgium	36753	18813	17940
英　国	United Kingdom	113490	75928	37562
爱尔兰	Ireland	6843	2492	4350
丹　麦	Denmark	72296	19475	52821
芬　兰	Finland	16788	9529	7259
瑞　典	Sweden	27384	13096	14288
奥地利	Austria	25455	14169	11286
西班牙	Spain	57896	35617	22279
希　腊	Greece	4591	3984	608
葡萄牙	Portugal	23174	5707	17468
拉丁美洲及北美洲	**Latin and North America**	**1766469**	**1102287**	**664181**
#美　国	United States	1214785	763938	450846
巴　西	Brazil	168378	67212	101165
大洋洲	**Oceania**	**315352**	**101914**	**213439**
#澳大利亚	Australia	236256	62023	174234

6-7 天津口岸进出口商品检验情况（2007—2010年）
Inspection of Imports and Exports Commodities in Tianjin Port, 2007-2010

单位：批、万美元 (batch, USD 10 000)

项　目	Item	2007	2008	2009	2010
进口商品检验	**Imports Inspection**				
批　数	Batches	163985	186096	192697	201086
#不合格	Disqualification	3360	4457	3965	8013
金　额	Value	2714642	3978810	3141994	4701577
#不合格	Disqualification	312457	706996	453137	592932
出口商品检验	**Exports Inspection**				
批　数	Batches	249554	267214	253876	308264
#不合格	Disqualification	485	197	117	276
金　额	Value	2393201	2208068	1688907	2371009
#不合格	Disqualification	8308	4425	931	5339

6-8 本市在境外设立企业和机构情况
Municipal Overseas Enterprises and Agencies

项　目	Item	2009	2010	至2010年底累计 Accumulated at the end of 2010
企业和机构总计(个)	Total (unit)	80	86	980
企　业	Enterprises	66	68	753
机　构	Agencies	14	18	227
投资总额(万美元)	Total Investment (USD 10 000)	12013	26005	189533
#中方投资额	Chinese Investment	11234	20791	148974
中方投资占比重(%)	Proportion of Chinese Investment (%)	93.5	79.9	78.6
投资国家和地区(个)	Number of Countries and Regions (unit)	24	35	96

6-9 直接利用外资签约情况(2008—2010年) Utilization of Foreign Direct Investment, 2008-2010

单位：个、万美元 (item, USD 10 000)

项　目	Item	2008	2009	2010	2010比2009年增长(%) Increased Rate in 2010 over 2009 (%)
合同数	**Number of Contracts**	**691**	**596**	**592**	**-0.7**
合资企业	Joint Venture Enterprises	179	154	162	5.2
合作企业	Cooperative Operation Enterprises	11	6	8	33.3
独资企业	Sole Foreign-funded Enterprises	501	436	422	-3.2
合同投资总额	**Total Investment Contracted**	**2003001**	**1742803**		
合资企业	Joint Venture Enterprises	543953	497469		
合作企业	Cooperative Operation Enterprises	54640	22570		
独资企业	Sole Foreign-funded Enterprises	1404408	1222764		
合同外资金额	**Foreign Investment Contracted**	**1325629**	**1383817**	**1529569**	**10.5**
合资企业	Joint Venture Enterprises	214787	207366	336780	62.4
合作企业	Cooperative Operation Enterprises	30654	17036	25159	47.7
独资企业	Sole Foreign-funded Enterprises	1080187	1159415	1167630	0.7

6-10 实际利用外资情况(2008—2010年) Foreign Capital Actually Used, 2008-2010

单位：万美元 (USD 10 000)

项　目	Item	2008	2009	2010	2010比2009年增长(%) Increased Rate in 2010 over 2009 (%)
总　计	**Total**	**759679**	**908918**	**1105855**	**21.7**
借用国外资金	**Foreign Loans**	**17701**	**6933**	**20983**	**202.7**
外国政府贷款	Foreign Government Loans	1325		2537	
出口信贷	Export Credit	67			
外国银行商业贷款	Commercial Loans from Foreign Banks	16309	6933	18446	166.1
直接利用外资	**Foreign Direct Investment**	**741978**	**901985**	**1084872**	**20.3**
合资企业	Joint Venture Enterprises	200823	220837	386970	75.2
合作企业	Cooperative Operation Enterprises	17716	15541	18255	17.5
独资企业	Sole Foreign-funded Enterprises	523439	665606	679647	2.1

6-11 借用国外资金情况
Borrowing Foreign Capital

单位：万美元 (USD 10 000)

项目 Item	上年结转资金 Capital Carried from Last Year		当年新增借款 New Increased Loans		偿还本金 Repaid Principals	
	2009	2010	2009	2010	2009	2010
国外贷款合计 Total Loans	**40707**	**35076**	**6933**	**20983**	**13803**	**18596**
按债务期限分 By Period of Debt						
中长期 Long-term & Medium-term	34322	30300		2537	4721	4707
短期 Short-term	6375	4776	6933	18446	9082	13889
按借款方式分 By Mode of Borrowing						
外国政府贷款 Government Loans	26416	25211		2537	1859	1866
国际金融组织贷款 Loans from International Financial Organization						
出口信贷 Export Credit	7916	5089			2862	2841
外国银行商业贷款 Commercial Loans of Foreign Banks	6375	4776	6933	18446	9082	13889

项目 Item	外汇汇率差额 Margin of Foreign Exchange Rate		期末借款余额 Loaned Balance of Year-end		偿还利息 Repaid Interests	
	2009	2010	2009	2010	2009	2010
国外贷款合计 Total Loans	**713**	**-120**	**34550**	**37344**	**780**	**601**
按债务期限分 By Period of Debt						
中长期 Long-term & Medium-term	689	-154	30300	27976	779	600
短期 Short-term	24	33	4250	9367	1	1
按借款方式分 By Mode of Borrowing						
外国政府贷款 Government Loans	654	53	25211	25936	390	360
国际金融组织贷款 Loans from International Financial Organization						
出口信贷 Export Credit	35	-207	5089	2040	389	240
外国银行商业贷款 Commercial Loans of Foreign Banks	24	33	4250	9367	1	1

6-12 外商及港澳台商投资企业投资情况（2010年）
Investment of Foreign-funded and Hong Kong, Macao and Taiwan Funded Enterprises, 2010

项　目 Item	签订合同项目(个) Number of Contracts Signed (item)		合同外资额(万美元) Foreign Investment Contracted (USD 10 000)		实际直接利用外资(万美元) Actual Direct Utilization of Foreign Capital Used (USD 10 000)	
	2010	至2010年底累计 Accumulated by the End of 2010	2010	至2010年底累计 Accumulated by the End of 2010	2010	至2010年底累计 Accumulated by the End of 2010
总　计						
Total	**592**	**22244**	**1529569**	**12027810**	**1084872**	**6711638**
按投资方式分						
By Mode of Investment						
合资企业						
Joint Venture Enterprises	162	7695	336780	2975583	386970	2332412
合作企业						
Cooperative Operation Enterprises	8	666	25159	639295	18255	308507
独资企业						
Foreign-funded Sole Enterprises	422	13883	1167630	8412932	679647	4070719
按行业分						
By Sector						
农　业						
Agriculture	3	156	2128	44918	1433	15427
制造业						
Manufacturing	141	11893	336043	5232249	496185	3602182
建筑业						
Construction	9	404	12859	210694	13326	121991
交通运输及仓储业						
Transportation and Storage	27	312	224056	755333	131645	465327
批发零售贸易及餐饮业						
Wholesale, Retail Trade and Catering	147	6053	257513	1490693	55083	778875
房地产业						
Real Estate	15	920	96766	1893501	92156	803793
社会服务业						
Social Services	245	2461	543375	2299775	201969	809645
金融业						
Finance Intermediation	5	6	56831	76274	93076	101119

6-12 续表 Continued

项目 Item	签订合同项目(个) Number of Contracts Signed (item) 2010	签订合同项目(个) 至2010年底累计 Accumulated by the End of 2010	合同外资额(万美元) Foreign Investment Contracted (USD 10 000) 2010	合同外资额(万美元) 至2010年底累计 Accumulated by the End of 2010	实际直接利用外资(万美元) Actual Direct Utilization of Foreign Capital (USD 10 000) 2010	实际直接利用外资(万美元) 至2010年底累计 Accumulated by the End of 2010
按国别(地区)分 By Country (Region)						
#中国香港 Hong Kong, China	222	6820	765874	4737931	451272	2448530
中国台湾 Taiwan, China	25	1913	9070	278120	7500	120315
韩国 Republic of Korea	70	3044	95120	813673	104529	515109
日本 Japan	48	2003	43415	658559	53545	595492
新加坡 Singapore	23	725	26371	420312	50848	371301
马来西亚 Malaysia	1	146	2449	61146	2628	16317
英国 United Kingdom	8	253	679	138229	9405	115903
德国 Germany	9	318	12861	181624	17399	126848
法国 France	7	189	3777	88416	7020	52901
意大利 Italy	3	129	1810	75102	2574	30243
丹麦 Denmark	3	60	13096	13256	21426	126615
瑞典 Sweden	1	33	2281	13893	3562	7229
西班牙 Spain	1	73	640	15724	2456	9746
美国 United States	49	3243	129757	1413407	77117	565007
加拿大 Canada	16	556	5981	105898	15103	59957
澳大利亚 Australia	9	335	11687	97348	10061	35788
英属维尔京群岛 British Virgin Islands	48	646	246695	1348542	77399	690057

6-13 外商及港澳台商投资企业生产经营情况（2010年）
Production and Operation of Foreign-funded and Hong Kong, Macao and Taiwan Funded Enterprises, 2010

单位：万元 (10 000 yuan)

项　目 Item	企业个数(个) Number of Enterprises (unit)	全部从业人员数(人) Number of Employment Personnel (person)	全部从业人员劳动报酬 Total Remuneration of Employment Personnel	销售(营业)收入 Sales (Business) Revenue	利润总额 Total Pre-tax Profits
合　计 Total	**6083**	**661731**	**2989724**	**76068588**	**4934148**
按投资方式分 By Mode of Investment					
港澳台合资 Hong Kong, Macao and Taiwan Joint Venture	565	46540	276426	5381891	227912
港澳台合作 Hong Kong, Macao and Taiwan Cooperative Operation	55	4807	21934	510370	429497
港澳台独资 Hong Kong, Macao and Taiwan Sole Funded	923	82969	329549	5641840	422848
中外合资 Joint Venture	1347	194918	908672	33518212	2162067
中外合作 Cooperative Operation	114	10060	44914	1167241	28362
外商独资 Foreign-funded Sole	3036	314155	1366944	29231076	1622493
按国民经济行业分 By Sector					
农、林、牧、渔业 Farming, Forestry, Animal Husbandry and Fishery	13	251	392	3859	21
采矿业 Minerals Mining	9	1264	4742	1204797	16446
制造业 Manufacturing	3698	560685	2441738	61296147	3744944
# 食品制造业 Manufacture of Food	115	14889	50407	1092176	56685
饮料制造业 Manufacture of Beverage	47	10542	40986	963388	48879
纺织业 Manufacture of Textile	76	5075	13057	151921	-1344
纺织服装、鞋、帽制造业 Manufacture of Textile, Wearing Apparel, Footwear and Caps	192	58814	165944	1071504	65529
化学原料及化学制品制造业 Manufacture of Chemical Raw Materials and Chemical Products	224	14683	79253	2498096	144942
医药制造业 Manufacture of Medicines	80	13212	120638	1266744	96565
塑料制品业 Manufacture of Plastic	174	20970	164294	1175332	42105
非金属矿物制品业 Manufacture of Non-metallic Mineral Products	120	11258	44598	1362959	105939

6-13 续表 1 Continued

单位：万元 (10 000 yuan)

项 目 Item	企业个数(个) Number of Enterprises (unit)	全部从业人员数(人) Number of Employment Personnel (person)	全部从业人员劳动报酬 Total Remuneration of Employment Personnel	销售(营业)收 入 Sales (Business) Revenue	利润总额 Total Pre-tax Profits
黑色金属冶炼及压延加工业 Smelting and Pressing of Ferrous Metals	25	3697	14861	1090137	20946
通用设备制造业 Manufacture of General Purpose Machinery	220	40354	228219	5116263	727588
专用设备制造业 Manufacture of Special Machinery	279	22215	109373	1554840	90428
交通运输设备制造业 Manufacture of Transport Equipment	285	73568	295669	13097166	1271102
电气机械及器材制造业 Manufacture of Electric Machinery and Equipment	194	32003	134367	4034113	236785
通信设备、计算机及其他电子设备制造业 Manufacture of Communications Equipment, Computers and Other Electronic Equipment	640	139166	617784	16629822	479176
电力、燃气及水的生产和供应业 Production and Supply of Electricity, Gas and Water	27	4006	30325	530212	-11452
建筑业 Construction	103	1236	7754	152765	8853
交通运输、仓储及邮政业 Transportation, Storage and Post Services	242	14675	102898	1738710	136636
信息传输、计算机服务和软件业 Information Transmitting, Computer Services and Software	112	4341	51986	349237	223861
批发和零售业 Wholesale and Retail Trade	1000	15976	106390	8654363	306439
住宿和餐饮业 Accommodation and Catering Services	97	26530	54060	375283	34690
金融业 Finance Intermediation	35	1321	23362	261110	99398
房地产业 Real Estate	232	5319	25624	653475	8386
租赁和商务服务业 Leasing and Business Services	277	2619	29597	155907	-50741
科学研究、技术服务和地质勘察业 Scientific Research, Technical Services and Geological Prospecting	154	6040	66529	474444	414759
水利、环境和公共设施管理业 Management for Water Conservancy, Environment and Public Facilities	11	834	6098	107776	2541
居民服务和社会服务业 Resident Services and Other Social Services	51	15580	33173	95844	4025
教 育 Education	6	183	1537	6667	1161
卫生、社会保障和社会福利、文化、体育和娱乐业 Health Care, Social Security and Social Welfare, Culture, Sports and Recreational Services	16	871	3521	7993	-5820

6-13 续表 2 Continued

单位：万元 (10 000 yuan)

项　目	Item	企业个数(个) Number of Enterprises (unit)	全部从业人员数(人) Number of Employment Personnel (person)	全部从业人员劳动报酬 Total Remuneration of Employment Personnel	销售(营业)收入 Sales (Business) Revenue	利润总额 Total Pre-tax Profits
按坐落地点分	**By Site of Location**					
和平区	Heping District	396	10269	80288	3079656	82335
河东区	Hedong District	182	8433	36349	1244159	-4395
河西区	Hexi District	534	25861	120095	3393048	259355
南开区	Nankai District	486	40821	124765	1794746	140271
河北区	Hebei District	118	6891	27514	360081	26749
红桥区	Hongqiao District	28	996	3100	60501	935
东丽区	Dongli District	519	54276	227543	5251072	219246
西青区	Xiqing District	862	132252	569431	20902246	1311915
津南区	Jinnan District	337	32893	103763	1910608	61448
北辰区	Beichen District	484	45167	204766	5091971	259762
武清区	Wuqing District	255	88766	296686	3864305	350054
宝坻区	Baodi District	85	13671	33406	498557	32572
滨海新区	Binhai New Area	1556	178630	1092758	26994367	2061585
宁河县	Ninghe County	56	4457	12807	204773	19746
静海县	Jinghai County	159	14146	39687	840127	20394
蓟　县	Jixian County	26	4202	16767	578372	92175
按国别(地区)分	**By Country (Region)**					
亚　洲	**Asia**	**4112**	**438292**	**1888243**	**53673883**	**3448555**
#中国香港	Hong Kong, China	1524	157863	637927	18563225	1345534
印度尼西亚	Indonesia	9	220	838	59801	547
日　本	Japan	769	103702	511496	17269123	1470546
中国澳门	Macao, China	21	830	5663	52351	2076
马来西亚	Malaysia	31	1924	5310	172302	-398
新加坡	Singapore	213	19819	65533	1663795	84533
韩　国	Republic of Korea	1029	115289	420988	13682122	435055
泰　国	Thailand	14	1202	6150	130419	10876
中国台湾	Taiwan, China	396	29816	104608	1663294	93443

6-13 续表 3 Continued

单位：万元 (10 000 yuan)

项　目	Item	企业个数(个) Number of Enterprises (unit)	全部从业人员数(人) Number of Employment Personnel (person)	全部从业人员劳动报酬 Total Remuneration of Employment Personnel	销售(营业)收入 Sales (Business) Revenue	利润总额 Total Pre-tax Profits
非　洲	**Africa**	**50**	**2130**	**11381**	**637656**	**-2942**
欧　洲	**Europe**	**580**	**64709**	**411242**	**8478037**	**676737**
# 比利时	Belgium	10	682	4697	152214	3927
丹　麦	Denmark	22	9450	76213	1434677	69335
英　国	United Kingdom	139	20725	80966	1947139	121072
德　国	Germany	117	9508	66518	1899333	204724
法　国	France	72	9806	99723	994781	150672
意大利	Italy	44	2674	11636	269469	2154
荷　兰	Netherlands	43	2880	26877	632081	52143
西班牙	Spain	29	2253	11053	358745	39196
芬　兰	Finland	8	334	2786	49146	7762
匈牙利	Hungary	8	200	455	1303	47
挪　威	Norway	4	195	634	3702	425
罗马尼亚	Romania	6	14	44	359	17
瑞　典	Sweden	20	2172	9745	214391	26262
瑞　士	Switzerland	28	3093	17033	472325	-6190
俄罗斯	Russia	9	130	506	14691	3264
拉丁美洲	**Latin America**	**248**	**36696**	**156957**	**4257872**	**140561**
# 巴　西	Brazil	23	2124	8688	112948	-662
凯曼群岛	Cayman Islands	27	5357	28228	496596	45993
巴拿马	Panama	4	24	112	347	-265
英属维尔京群岛	British Virgin Islands	173	28806	117940	3624147	98728
北美洲	**North America**	**976**	**108460**	**483946**	**7902719**	**622600**
# 加拿大	Canada	147	5058	14818	224267	5849
美　国	United States	822	103189	468306	7665242	616719
大洋洲	**Oceania**	**113**	**11341**	**37608**	**1117041**	**48990**
# 澳大利亚	Australia	64	4354	14004	219655	14990

6-14 接待入境旅游人数和居住天数（2007—2010年）
Number of International Tourists and Dwelling Days, 2007-2010

单位：人次、天 (person-time, day)

项目	Item	2007	2008	2009	2010
接待人数总计(含不过夜)	**Total Tourists (include not stay for night)**	**1032268**	**1220392**	**1410244**	**1660682**
接待人数(过夜)	Accommodated Tourists (stay for night)	440486	492992	539800	598941
外国人	Foreigners	388524	438922	480090	526830
#日　本	Japan	115682	135042	145254	149860
韩　国	Republic of Korea	89639	93134	95014	107309
菲律宾	Philippines	2668	2839	4407	3631
新加坡	Singapore	12788	15209	16295	16012
泰　国	Thailand	1480	1626	1644	2737
印度尼西亚	Indonesia	1317	1766	1749	5380
美　国	United States	34742	43051	46996	51712
加拿大	Canada	5201	6725	8367	8459
英　国	United Kingdom	12480	15491	14424	14460
法　国	France	8404	10480	9097	9213
德　国	Germany	16225	17158	15501	19827
意大利	Italy	4886	6102	5059	4037
俄罗斯	Russia	1805	2099	1494	1924
澳大利亚	Australia	7445	9833	10625	10477
港澳台同胞	Hong Kong, Macao and Taiwan Compatriots	51962	54070	59710	72111
星级宾馆平均每人居住天数	**Per Capita Staying Days in Star Level Hotels**	**2.8**	**3.0**	**3.4**	**2.6**

6-15 接待入境旅游外汇收入（2007—2010年）
Foreign Exchange Earning from International Tourists, 2007-2010

单位：万美元 (USD 10 000)

项目	Item	2007	2008	2009	2010
总　计	**Total**	**77871**	**100139**	**118264**	**141951**
长途交通	Long-distance Transportation	25158	35647	45599	57827
飞　机	Civil Aviation	17387	31182	37123	46572
火　车	Railway	1977	1931	1405	2733
汽　车	Motor Vehicles	1477	2154	4685	2399
海　运	Sea Transportation	4317	380	2386	6123
游　览	Tour	3945	4776	5459	5909
住　宿	Accommodation	9040	15198	16407	18148
餐　饮	Catering Service	6702	8877	8741	11063
娱　乐	Entertainment	7954	5394	7925	6633
购　物	Shopping	12992	18083	21909	26198
邮电通讯	Posts and Telecommunications	2099	2403	3449	3115
市内交通	Local Transportation	2992	3006	3724	3865
其　他	Others	6989	6755	5051	9193

6-16 天津与国外结成友好城市一览表 List of Foreign Sister Cities with Tianjin

友好城市 Sister City	国别 Country of Origin	缔结时间 Time of Conclusion	友好城市 Sister City	国别 Country of Origin	缔结时间 Time of Conclusion
神户市	日本	1973年6月24日	阿比让市	科特迪瓦	1992年9月26日
Kobe	Japan	June 24, 1973	La Ville D'abidjan	Cote d'Ivoire	Sept. 26, 1992
费城	美国	1980年2月10日	乌兰巴托市	蒙古	1992年9月27日
Philadelphia	United States	Feb. 10, 1980	Ulan Bator	Mongolia	Sept. 27, 1992
墨尔本市	澳大利亚	1980年5月5日	哈尔科夫市	乌克兰	1993年6月14日
Melbourne	Australia	May 5, 1980	Kharkov	Ukraine	June 14, 1993
四日市市	日本	1980年10月28日	延雪坪市	瑞典	1993年9月23日
Yokkaichi	Japan	Oct. 28, 1980	Jon Koping	Sweden	Sept. 23, 1993
萨拉热窝市	波黑	1981年5月28日	仁川市	韩国	1993年12月7日
Sarajevo	Bosnia Herzegovina	May 28, 1981	Inchon	Republic of Korea	Dec. 7, 1993
北加莱海峡大区	法国	1984年10月10日	萨尔州	德国	1994年9月28日
Region Nord Pas de Calais	France	Oct. 10, 1984	State of Saarland	Germany	Sept. 28, 1994
伦巴第大区	意大利	1985年5月9日	罗兹市	波兰	1994年10月11日
Lombardia Region	Italy	May 9, 1985	Lodz	Poland	Oct. 11, 1994
格罗宁根市	荷兰	1985年9月12日	里约热内卢州	巴西	1995年4月18日
Groningen	Netherlands	Sept. 12, 1985	Rio de Janeiro	Brazil	Apr. 18, 1995
千叶市	日本	1986年5月7日	橘郡	美国	1997年8月1日
Chiba	Japan	May 7, 1986	Orange County	United States	Aug. 1, 1997
普罗夫迪夫大区	保加利亚	1989年10月15日	亚马逊州	巴西	1997年10月20日
Plovdiv	Bulgaria	Oct. 15, 1989	State of Amazon	Brazil	Oct. 20, 1997
伊兹密尔市	土耳其	1991年9月23日	海防市	越南	1999年1月8日
Izmir	Turkey	Sept. 23, 1991	Haiphong City	Vietnam	Jan. 8, 1999

6-17 对外经济合作（2007—2010年） Economic Cooperation with Foreign Countries or Regions, 2007-2010

项目	Item	2007	2008	2009	2010
签订合同份数(个)	Number of Contracts (unit)	485	619	307	234
#对外承包工程	Contracted Foreign Projects	85	127	93	74
劳务合作	Labour Cooperation	366	454	214	160
签订合同金额(万美元)	Contracted Value (USD 10 000)	127739	184131	172170	180239
#对外承包工程	Contracted Foreign Projects	119122	171621	166199	173753
劳务合作	Labour Cooperation	6785	7150	5971	6486
实际营业额(万美元)	Fulfilling Value (USD 10 000)	74259	109799	214726	248907
#对外承包工程	Contracted Foreign Projects	63564	97155	208566	245205
劳务合作	Labour Cooperation	10180	10222	6160	3702
年末在外劳动人数(人)	Number of Outside Labours at Year-end (person)	11082	10676	12790	12683
#对外承包工程	Contracted Foreign Projects	2291	2657	6172	5911
劳务合作	Labour Cooperation	8728	7962	6618	6772

6-18 按国别（地区）分对外承包工程、劳务合作（2010年）
Contracted Foreign Projects and Labour Cooperation by Country (Region), 2010

国别、地区	Country, Region	对外承包工程 Contracted Foreign Projects		劳务合作 Labour Cooperation	
		合同个数（个） Number of Projects (unit)	合同金额（万美元） Contracted Value (USD 10 000)	合同个数（个） Number of Projects (unit)	新签劳务人员合同工资总额（万美元） Total Wages Contracted of New Labour (USD 10 000)
合　计	**Total**	**74**	**173753**	**160**	**6486**
亚　洲	**Asia**	**36**	**80426**	**137**	**6142**
#中国香港	Hong Kong, China			31	2142
印　度	India	1	9000		
伊　朗	Iran	5	5955		
日　本	Japan			41	2201
沙特阿拉伯	Saudi Arabia	3	22023		
约　旦	Jordan			3	112
菲律宾	Philippine	1	920		
巴基斯坦	Pakistan		521		
阿拉伯联合酋长国	United Arab Emirates	3	6887	21	104
蒙　古	Mongolia	5	16339		
柬埔寨	Cambodia	1	4		
缅　甸	Myanmar	4	1280		
中国台湾	Taiwan, China			32	1519
越　南	Vietnam		1941	3	15
卡塔尔	Qatar	1	216	2	30
韩　国	Republic of Korea			4	19
老　挝	Laos	2	176		
印度尼西亚	Indonesia	6	6677		
非　洲	**Africa**	**27**	**52737**	**7**	**117**
#厄立特里亚	Eritrea	2	582		
莱索托	Lesotho			7	117
苏　丹	Sudan	15	14061		
尼日利亚	Nigeria	5	4640		
加　蓬	Gabon	1	20927		
拉丁美洲	**Latin America**	**10**	**22053**		
#墨西哥	Mexico	1	5664		
北美洲	**North America**			**16**	**227**
美　国	United States			16	227
大洋洲	**Oceania**		**9283**		
澳大利亚	Australia		9283		

主要统计指标解释
Explanatory Notes on Main Statistical Indicators

外贸进出口总额

指海关统计中按经营单位即进出口企业在海关注册地的行政区域口径统计的数据，它反映的是天津行政辖区内各类具有进出口经营权企业（外贸企业）的进出口。它不包含外省市外贸企业途经天津口岸由天津海关结关放行及统计的进出口商品，但包含天津外贸企业经由非天津口岸进出口结关放行及统计的商品。

口岸进出口总额

指由海关统计的天津口岸实际进出的货物总金额。包括天津经营单位和其他省市经营单位经天津口岸实现的进出口货物总额。我国规定出口货物按离岸价格统计，进口货物按到岸价格统计。

利用外资

包括三部分，一是借用国外资金；二是直接利用投资；三是其他利用投资。外资包括现金、实物、工业产权或专有技术等。凡是本年内实际投资（不论是执行本年签订的协议或是执行过去几年签订的协议）均应计算在内。

借用国外资金 指由我国政府、部门、企业或其他经济组织从境外借入的资金或在境外发行的外币债券。按借款类别不同划分为：外国政府贷款、国际金融组织贷款、外国银行商业贷款、出口信贷和其他：包括对外发行债券、股票等。本年鉴公布的我市的对外借款统计数据中，不含外国及港、澳、台在津投资企业的对外借款。

直接利用投资 指国外及港澳台地区的法人和自然人按照我国有关政策、法规在中国大陆地区以现金、实物、无形资产等各种方式投资于非上市公司中的全部投资及在单个外国投资者所占股权比例不低于10%的上市公司中的投资。

其他利用投资 凡是国外及港澳台地区的法人和自然人按照我国有关政策、法规在中国大陆地区以现金、实物、无形资产等各种方式进行的投资中不属于客商直接投资的部分，均列入本类。

直接利用外资合同外资额

是根据外商投资企业合同（章程）规定，外方投资者应缴付的注册资本。包括外方从企业获得的利润对企业的再投资以及批准的企业投资总额内的外方股东贷款（2002年以前还包括以企业名义从境内外借入的其他外资）。

实际利用外资

包括借用国外资金、直接利用投资和其他利用投资三部分实际到位的外资。借用国外资金按实际提取或拨交的使用数、直接利用投资按外方实际到位资金统计（以会计师事务所出具的验资报告为准）、其他利用投资按到位数计算。

对外承包工程

包括对外承包公司以招标议标承包方式承揽的下列业务：(1) 承包国外工程建设项目。(2) 承包我国对外经济援助项目。(3) 承包我国驻外机构的工程建设项目。(4) 承包我国境内利用外资进行建设的工程项目。(5) 与外国承包公司合营或联合承包工程项目时我国公司分包部分。(6) 以服务成果向业主收费的技术服务项目（包括承担地形地貌测绘；地质资源勘探与普查；建设区域规划；提供设计文件、图纸、生产工艺技术资料和工程技术经济咨询；工程项目的可行性考察、研究和评估；进行技术指导和培训人员等）。(7) 对外承包兼营的房屋开发业务。对外承包工程的营业额是以货币表现的本期内完成的对外承包工程的工作量，包括以前年度签订的合同和本年度新签订的合同在报告期完成的工作量。

对外劳务合作

指以收取工资的形式向业主或承包商提供技术和劳动服务的活动。天津对外承包公司在境外开办的合营企业，天津公司同时又提供劳务的，其劳务部分也纳入劳务合作统计。劳务合作营业额按报告期内向雇主提交的结算数（包括工资、加班费和奖金等）统计。

主要统计指标解释
Explanatory Notes on Main Statistical Indicators

Total Value of Imports and Exports in Foreign Trade

is offered by Customs authorities, covering the operations units, or the enterprises involved in import and export, that have registered in the administrative regions where the Customs operate. It reflects the import and export of all the enterprises with import and export rights (foreign trade enterprises) under the administration of Tianjin Municipality. It excludes those commodities of foreign trade enterprises from out of town that underwent customs clearance at Tianjin ports but includes commodities of foreign trade enterprises of Tianjin that underwent customs clearance in non-Tianjin ports.

Total Value of Imports and Exports in Port

is offered by customs authorities, refer to the value of commodities imported into and exported from Tianjin Port. It includes the value of commodities imported into and exported from Tianjin Port of Tianjin business units and business units of other provinces (municipalities). In accordance with the stipulation of the Chinese government, imports are calculated at CIF, while exports are calculated at FOB.

Utilization of Foreign Investment

includes foreign borrowing, foreign direct investment, and other foreign investment. Foreign capital includes cash, foods, industrial property right, special technique, etc. It includes actual investment in current year or signed in previous years.

Foreign Loans refer to funds borrowed from abroad by the Chinese government, departments, enterprises and other economic units, foreign currency bond issued abroad. Grouped by the category of borrowing, it includes (a) loans of foreign governments, (b) loans of international financial institutions, (c) commercial loans of foreign banks, (d) export credit of foreign banks, (e) bonds, shares issued abroad, etc. The data in this yearbook excludes foreign borrowing of foreign funded and Hong Kong, Macao and Taiwan funded enterprises.

Foreign Direct Investment refers to the investment inside China by foreign funded and Hong Kong, Macao and Taiwan funded enterprises, economic organizations or individuals, following the relevant policies and laws of China and using cash, practicalities technology, for the investment of corporations that are not listed in stock market, share ownership of single foreign investor is not lower than 10%.

Other Foreign Investment refers to the investment except foreign direct investment inside China by foreign funded and Hong Kong, Macao and Taiwan funded enterprises, economic organizations or individuals, following the relevant policies and laws of China and using cash, practicalities technology.

Foreign Direct Investment Contracted

refer to the total registered capital that according to the contract, foreign investor should provide. It includes reinvestment of foreign investor using the profits obtained from enterprise, loans of foreign shareholder among the total investment (also includes other investment of enterprise borrowed from China and abroad before 2002).

Foreign Capital Actually Used

refers to the actual investment of foreign borrowing, foreign direct investment and other investment by foreign enterprises. It includes actual withdraw of foreign borrowing, actual capital of foreign direct investment (in accordance with the capital report of Accountant Services), actual capital of other investment by foreign enterprises.

Contracted Foreign Projects

refer to projects undertaken by Chinese contractors (project contracting companies) through bidding process. They include: (1) overseas civil engineering construction projects financed by foreign investors. (2) overseas projects financed by the Chinese government through its foreign-aid programs. (3) construction projects of Chinese diplomatic missions, trade offices and other institutions stationed abroad. (4) construction projects in China financed by foreign investment. (5) sub-construction to be taken by Chinese-contractors through a joint umbrella project with foreign contractor. (6) technical assistance projects in the form of service results and chargeable to the owners (such as topographic surveying, geological prospecting, development zone programming, provision of documents, blueprint, materials on production process, technical consultation, project feasibility studies and evaluation, personnel training, etc.). (7) housing developing projects. The business turnover from international contracting is the work of contracted projects completed during the reporting period, expressed in monetary terms, including completed work on project contracts signed in previous years.

Overseas Labour Cooperation

refers to activities of providing technology and labour services to employers or contractors by collecting salaries and wages. Labour services provided by Tianjin's international contrasting corporations to their overseas joint ventures shall be included into the statistics of overseas serviced. The business turn over of overseas labour services is the settlement price (including salaries, overtime pay and bonuses) submitted to the employers during the reporting period.

7 能源生产和消费

Energy Production and Consumption

7-1 能源生产总量及构成(1995—2010年)
Total Production of Energy and Its Composition, 1995-2010

年 份 Year	能源生产总量 (万吨标准煤) Total Energy Production (10 000 tons of SCE)	占能源生产总量的比重(%) As Percentage of Total Energy Production (%)		
		原 油 Crude Oil	天然气 Natural Gas	其 他 Others
1995	978.82	90.61	9.39	
1996	1036.17	89.15	10.85	
1997	1014.77	90.93	9.07	
1998	1079.73	91.46	8.54	
1999	1084.63	90.45	9.55	
2000	1201.94	90.81	9.19	
2001	1494.84	92.73	7.27	
2002	1844.92	94.16	5.84	
2003	1983.56	94.80	5.20	
2004	2171.95	95.12	4.88	
2005	2663.93	95.61	4.39	
2006	2915.55	95.21	4.79	
2007	2926.45	93.94	6.06	
2008	3034.76	93.86	6.14	
2009	3471.63	94.52	5.48	
2010	5236.14	90.93	8.73	0.34

7-2 能源终端消费量(1995—2010年)
Final Consumption of Energy, 1995-2010

单位：万吨标准煤 (10 000 tons of SCE)

年 份 Year	能源终端消费量 Final Consumption of Energy	第一产业 Primary Industry	第二产业 Secondary Industry	第三产业 Tertiary Industry	生活消费 Living Consumption
1995	2539.46	69.30	1773.03	478.40	218.73
1996	2374.07	70.72	1735.50	311.33	256.52
1997	2312.79	44.76	1605.60	420.96	241.47
1998	2353.71	44.00	1588.62	437.27	283.82
1999	2352.21	53.61	1435.11	535.14	328.35
2000	2553.60	58.17	1570.08	635.23	290.12
2001	2724.32	68.83	1694.78	608.05	352.66
2002	2966.56	76.64	1935.92	575.96	378.04
2003	3084.49	58.86	1975.56	650.27	399.80
2004	3522.15	62.00	2296.39	737.35	426.41
2005	3870.67	73.28	2623.16	700.28	473.95
2006	4269.94	76.41	2955.97	743.81	493.76
2007	4713.41	78.55	3312.87	788.00	533.98
2008	5162.07	77.60	3606.53	874.79	603.15
2009	5652.62	81.75	3904.75	957.40	708.72
2010	6574.87	89.53	4702.63	1058.00	724.71

7-3 综合能源平衡表(标准量)
Overall Energy Balance Sheet (Standard Equivalent)

单位：万吨标准煤 (10 000 tons of SCE)

项　目	Item	2009	2010
可供本地区消费的能源量	**Volume of Energy Available for Consumption**	**5866.76**	**6818.09**
年初库存量	Stock at the Beginning of the Year	699.83	645.88
一次能源生产量	Primary Energy Output	3471.63	5236.14
回收能	Recovery of Energy	147.83	144.50
外省(区、市)调入量	Inflow from Other Provinces (Regions, Cities)	9983.74	10088.55
进口量	Import	200.37	1809.72
我轮、机在外国加油量	Our Steamship and Plane Oiled Abroad	80.32	74.33
本市调出量(-)	Outflow to Other Provinces (Regions, Cities) (-)	-7840.82	-10246.80
出口量(-)	Export (-)	-94.50	-68.97
外轮、机在本市加油量(-)	Foreign Steamship and Plane Oiled in Tianjin (-)	-134.66	-154.77
年末库存量(-)	Stock at Year-end (-)	-646.97	-710.49
加工转换投入(-)产出(+)量	**Input (-) or Output (+) of Processing and Transformation**	**-101.32**	**-138.85**
火力发电	Thermal Power		
供　热	Heating		
洗选煤	Separation Coal		
炼　焦	Coke Making	-19.52	-18.71
炼　油	Oil Refining	-81.80	-120.14
制　气	Gas Making		
# 焦炭再投入量(-)	Input of Coke (-)		
煤制品加工	Processing of Coal Products		
损　失　量	**Loss Volume**	**120.14**	**132.35**
终端消费量	**Final Consumption**	**5652.62**	**6574.87**
第一产业	Primary Industry	81.75	89.53
第二产业	Secondary Industry	3904.75	4702.63
工　业	Industry	3740.57	4519.17
建筑业	Construction	164.18	183.46
第三产业	Tertiary Industry	957.40	1058.00
交通运输、仓储及邮政业	Transportation, Storage and Post Services	428.23	477.67
批发和零售业、住宿和餐饮业	Wholesale & Retail Trade, Accommodation & Catering Services	234.10	257.34
其　他	Others	295.07	322.98
生活消费	Living Consumption	708.72	724.71
平衡差额	**Balance**	**-7.32**	**0.01**
消费量合计	**Total Consumption**	**5874.09**	**6818.08**

7-4 能源消耗基本情况（1995—2010年）
Basic Statistics on Energy Consumption, 1995-2010

年份 Year	能源消耗（万吨标准煤）Energy Consumption (10 000 tons of SCE)	#工业 Industry	电力消耗(亿千瓦小时) Electricity Power Consumption (100 million kW · h)	#工业 Industry
1995	2568.79	1714.57	178.99	122.14
1996	2500.22	1816.55	187.51	111.35
1997	2452.34	1698.19	194.09	142.45
1998	2502.24	1698.82	200.38	147.43
1999	2553.07	1608.66	211.19	151.09
2000	2793.71	1776.94	236.55	171.83
2001	2918.04	1855.60	250.47	181.89
2002	3022.15	1969.20	281.00	205.33
2003	3214.97	2087.57	313.00	230.16
2004	3696.68	2434.14	350.97	259.61
2005	4084.57	2747.42	396.33	292.49
2006	4500.15	3079.42	445.73	330.51
2007	4942.82	3417.01	510.68	380.90
2008	5363.59	3668.03	535.26	392.14
2009	5874.09	3962.03	576.92	413.30
2010	6818.08	4762.38	675.37	492.27

年份 Year	单位生产总值能耗（吨标准煤/万元）Energy Consumption per Unit of GDP (ton of SCE/10 000 yuan)	单位生产总值电耗（千瓦小时/万元）Electricity Power Consumption per Unit of GDP (kW · h/10 000 yuan)	单位工业增加值能耗（吨标准煤/万元）Energy Consumption per Unit of Value Added of Industry (ton of SCE/10 000 yuan)	单位工业增加值电耗（千瓦小时/万元）Electricity Power Consumption per Unit of Value Added of Industry (kW · h/10 000 yuan)
1995	2.58	1796.02	3.78	2691.53
1996	2.19	1646.08	3.49	2141.55
1997	1.92	1520.31	2.92	2450.07
1998	1.79	1434.95	2.73	2369.84
1999	1.66	1374.94	2.30	2156.90
2000	1.64	1389.94	2.26	2186.25
2001	1.53	1313.51	2.09	2053.52
2002	1.41	1308.20	1.94	2023.65
2003	1.30	1268.95	1.74	1912.95
2004	1.29	1228.33	1.67	1776.40
2005	1.05	1014.78	1.40	1493.87
2006	1.00	994.61	1.35	1453.31
2007	0.96	987.01	1.28	1430.59
2008	0.89	887.70	1.16	1239.75
2009	0.84	820.97	1.06	1104.48
2010	0.83	818.36	1.05	1088.96

注：1. 能源消耗指标采用等价值计量。2. 生产总值、工业增加值的能耗和电耗2005年及以后为2005年可比价，2005年以前年份为2000年可比价。
Note: a) Indicators of energy consumption are converted into same value. b) From 2005, energy or electricity power consumption of GDP, energy or electricity power consumption of value added in industry are calculated at 2005 constant prices; data before 2005 are calculated at 2000 constant prices.

7-5 电力平衡表（2007—2010年）
Electricity Balance Sheet, 2007-2010

单位：亿千瓦小时 (100 million kW · h)

项　目　Item	2007	2008	2009	2010
可 供 量				
Total Energy Available for Consumption	**510.68**	**535.26**	**576.92**	**675.37**
生产量				
Output	403.12	402.70	420.24	566.45
火力发电				
Thermal Power	403.12	402.70	420.24	566.20
其他发电				
Others				0.25
外省(区、市)调入量				
Inflow from Other Provinces (Regions, Cities)	108.51	133.19	157.67	109.78
本市调出量				
Outflow to Other Provinces (Regions, Cities)	0.95	0.63	0.99	0.86
消 费 量				
Total Energy Consumption	**510.68**	**535.26**	**576.92**	**675.37**
在消费量中：				
Consumption by Sector				
农、林、牧、渔、水利业				
Farming, Forestry, Animal Husbandry, Fishery and Water Conservancy	11.27	10.82	10.86	11.81
工　业				
Industry	380.90	392.14	413.30	492.27
建筑业				
Construction	6.01	7.12	9.15	12.33
交通运输、仓储和邮政业				
Transportation, Storage and Post Services	9.35	11.07	12.58	15.81
批发和零售业、住宿和餐饮业				
Wholesale & Retail Trade, Accommodation & Catering Services	23.17	25.16	26.79	28.97
其　他				
Others	32.48	35.44	39.63	46.77
生活消费				
Living Consumption	47.50	53.51	64.61	67.41
在消费量中：				
Consumption by Usage				
终端消费				
Final Consumption	482.46	506.85	545.98	639.96
#工　业				
Industry	352.68	363.73	382.36	456.86
输配电损失量				
Losses in Transmission	28.22	28.41	30.94	35.41
平衡差额				
Balance				

7-6 能源消费弹性系数（1995—2010年）
Elasticity of Energy Consumption, 1995-2010

年 份 Year	能源消费比上年增长(%) Increase Rate of Energy Consumption over Preceding Year (%)	电力消费比上年增长(%) Increase Rate of Electricity Power Consumption over Preceding Year (%)	生产总值比上年增长(%) Increase Rate of GDP over Preceding Year (%)	能源消费弹性系数 Elasticity Ratio of Energy Consumption	电力消费弹性系数 Elasticity Ratio of Electricity Consumption
1995	9.5	6.9	14.9	0.64	0.46
1996	-2.7	4.8	14.3		0.33
1997	-1.9	3.5	12.1		0.29
1998	2.0	3.2	9.3	0.22	0.34
1999	2.0	5.4	10.0	0.20	0.54
2000	9.4	12.0	10.8	0.87	1.11
2001	4.5	5.9	12.0	0.37	0.49
2002	3.6	12.2	12.7	0.28	0.96
2003	6.4	11.4	14.8	0.43	0.77
2004	15.0	12.1	15.8	0.95	0.77
2005	11.3	12.9	14.7	0.77	0.88
2006	10.0	12.5	14.5	0.69	0.87
2007	9.3	14.6	15.2	0.61	0.96
2008	8.5	4.8	16.5	0.51	0.29
2009	9.5	7.8	16.5	0.58	0.47
2010	16.1	17.1	17.4	0.93	0.98

7-7 平均每天能源消费量（2007—2010年）
Average Daily Energy Consumption, 2007-2010

品 种 Item	单 位 Unit	2007	2008	2009	2010
合 计 Total	**万吨标准煤 10 000 tons of SCE**	**13.54**	**14.69**	**16.09**	**18.68**
煤 炭 Coal	万 吨 10 000 tons	10.76	10.88	11.29	13.17
焦 炭 Coke	万 吨 10 000 tons	1.83	1.97	2.38	1.82
原 油 Crude Oil	万 吨 10 000 tons	2.60	2.17	2.31	4.29
燃料油 Fuel Oil	万 吨 10 000 tons	0.25	0.25	0.26	0.39
汽 油 Gasoline	万 吨 10 000 tons	0.38	0.41	0.50	0.56
煤 油 Kerosene	万 吨 10 000 tons	0.05	0.05	0.06	0.06
柴 油 Diesel Oil	万 吨 10 000 tons	0.70	0.79	0.83	0.91
天然气 Natural Gas	亿立方米 100 million cu. m.	0.04	0.05	0.05	0.06
电 力 Electricity	亿千瓦小时 100 million kW · h	1.40	1.47	1.58	1.85

7-8 生活能源消费量(2007—2010年)
Energy Consumption for Non-production Purpose, 2007-2010

品 种 Item	单 位 Unit	2007	2008	2009	2010
合 计	**万吨标准煤**				
Total	**10 000 tons of SCE**	**533.98**	**603.15**	**708.72**	**724.71**
煤 炭	万 吨				
Coal	10 000 tons	75.48	57.43	66.97	67.16
液化石油气	万 吨				
LPG	10 000 tons	8.08	6.65	7.34	7.30
天然气和煤气	亿立方米				
Natural Gas and Coal Gas	100 million cu. m.	3.46	3.77	3.86	4.13
热 力	万百万千焦				
Heat	10 000 million kJ	5072.00	5681.27	6124.95	6614.94
电 力	亿千瓦小时				
Electricity	100 million kW · h	47.50	53.51	64.61	67.41

7-9 人均生活能源消费量(1995—2010年)
Annual per Capita Energy Consumption for Non-production Purpose, 1995-2010

年 份 Year	平均每人生活消费能源(千克标准煤) Annual Per Capita Consumption for Non-production Purpose (kg of SCE)	煤 炭(千克) Coal (kg)	电 力(千瓦小时) Electricity (kW · h)	液化石油气(千克) LPG (kg)	天然气和煤气(立方米) Natural Gas and Coal Gas (cu. m.)
1995	245	165	161	5	31
1996	286	214	189	6	21
1997	269	188	211	5	22
1998	315	141	227	5	22
1999	362	131	265	19	22
2000	318	109	271	13	47
2001	386	97	286	12	43
2002	413	87	320	11	42
2003	433	99	344	12	33
2004	459	91	360	10	31
2005	459	86	367	7	37
2006	466	72	406	7	35
2007	488	69	434	7	32
2008	527	50	467	6	33
2009	590	56	537	6	32
2010	573	53	533	6	33

7-10 工业行业主要能源终端消费量（2010年）
The Final Consumption of Main Energy by Industrial Sector, 2010

行业	Sector	煤炭(万吨) Coal (10 000 tons)	焦炭(万吨) Coke (10 000 tons)	原油(万吨) Crude Oil (10 000 tons)	汽油(万吨) Gasoline (10 000 tons)
总计	**Total**	**883.68**	**663.29**	**20.60**	**11.55**
煤炭开采和洗选业	Mining and Washing of Coal				0.02
石油和天然气开采业	Extraction of Petroleum and Natural Gas	1.71		19.86	1.02
黑色金属矿采选业	Mining and Processing of Ferrous Metal Ores				0.02
非金属矿采选业	Mining and Processing of Nonmetal Ores	2.38			0.04
农副食品加工业	Processing of Food from Agricultural Products	9.12			0.10
食品制造业	Manufacture of Food	11.19			0.11
饮料制造业	Manufacture of Beverage	9.75			0.06
烟草制品业	Manufacture of Tobacco	2.15			
纺织业	Manufacture of Textile	9.02			0.08
纺织服装鞋帽制造业	Manufacture of Textile Wearing Apparel, Footwear and Caps	5.42			0.28
皮革毛皮羽毛(绒)及其制品业	Manufacture of Leather, Fur, Feather and Related Products	1.21			0.04
木材加工及木、竹、藤、棕、草制品业	Processing of Timber, Manufacture of Wood, Bamboo, Rattan, Palm and Straw Products	0.65			0.04
家具制造业	Manufacture of Furniture	1.91			0.06
造纸及纸制品业	Manufacture of Paper and Paper Products	27.45			0.18
印刷业和记录媒介的复制	Printing, Reproduction of Recording Media	0.57			0.40
文教体育用品制造业	Manufacture of Articles for Culture, Education and Sport Activity	1.83		0.06	0.05
石油加工炼焦及核燃料加工业	Processing of Petroleum, Coking, Processing of Nuclear Fuel	9.07			0.08
化学原料及化学制品制造业	Manufacture of Raw Chemical Materials and Chemical Products	77.02	7.87		0.50
医药制造业	Manufacture of Medicines	15.77			0.09
化学纤维制造业	Manufacture of Chemical Fibers	0.08			
橡胶制品业	Manufacture of Rubber	16.86			0.19
塑料制品业	Manufacture of Plastics	3.42			0.28
非金属矿物制品业	Manufacture of Non-Metallic Mineral Products	68.29	0.03	0.01	0.66
黑色金属冶炼及压延加工业	Smelting and Pressing of Ferrous Metals	517.88	649.53	0.33	0.39
有色金属冶炼及压延加工业	Smelting and Pressing of Non-Ferrous Metals	7.98	0.12	0.24	0.05
金属制品业	Manufacture of Metal Products	22.08	0.40		2.25
通用设备制造业	Manufacture of General Purpose Machinery	12.11	5.07		0.93
专用设备制造业	Manufacture of Special Purpose Machinery	6.10	0.03		0.59
交通运输设备制造业	Manufacture of Transport Equipment	16.52		0.10	1.29
电气机械及器材制造业	Manufacture of Electrical Machinery and Equipment	5.73			0.45
通信设备计算机及其他电子设备制造业	Manufacture of Communication Equipment, Computers and Other Electronic Equipment	1.02			0.39
仪器仪表及文化办公用机械制造业	Manufacture of Measuring Instruments and Machinery for Cultural Activity and Office Work	0.06			0.11
工艺品及其他制造业	Manufacture of Artwork and Other Manufacturing	3.79			0.18
废弃资源和废旧材料回收加工业	Recycling and Disposal of Waste		0.24		0.02
电力热力的生产和供应业	Production and Supply of Electric Power and Heat Power	15.36			0.46
燃气生产和供应业	Production and Supply of Gas				0.08
水的生产和供应业	Production and Supply of Water	0.18			0.06

7-10 续表 1 Continued

行业	Sector	柴油(万吨) Diesel Oil (10 000 tons)	燃料油(万吨) Fuel Oil (10 000 tons)	天然气(亿立方米) Natural Gas (100 million cu. m.)
总计	**Total**	**41.82**	**9.23**	**12.79**
煤炭开采和洗选业	Mining and Washing of Coal			
石油和天然气开采业	Extraction of Petroleum and Natural Gas	27.43		1.20
黑色金属矿采选业	Mining and Processing of Ferrous Metal Ores			
非金属矿采选业	Mining and Processing of Nonmetal Ores	0.13		
农副食品加工业	Processing of Food from Agricultural Products	0.24		0.07
食品制造业	Manufacture of Food	0.09		0.13
饮料制造业	Manufacture of Beverage	0.18		0.02
烟草制品业	Manufacture of Tobacco			0.01
纺织业	Manufacture of Textile	0.05	0.04	0.08
纺织服装鞋帽制造业	Manufacture of Textile Wearing Apparel, Footwear and Caps	0.08		0.03
皮革毛皮羽毛(绒)及其制品业	Manufacture of Leather, Fur, Feather and Related Products	0.01		
木材加工及木、竹、藤、棕、草制品业	Processing of Timber, Manufacture of Wood, Bamboo, Rattan, Palm and Straw Products	0.06		0.02
家具制造业	Manufacture of Furniture	0.06		0.01
造纸及纸制品业	Manufacture of Paper and Paper Products	0.18	0.16	0.04
印刷业和记录媒介的复制	Printing, Reproduction of Recording Media	0.03		0.03
文教体育用品制造业	Manufacture of Articles for Culture, Education and Sport Activity	0.03		0.08
石油加工炼焦及核燃料加工业	Processing of Petroleum, Coking, Processing of Nuclear Fuel	0.24	6.96	2.63
化学原料及化学制品制造业	Manufacture of Raw Chemical Materials and Chemical Products	1.08	0.01	1.76
医药制造业	Manufacture of Medicines	0.10		0.09
化学纤维制造业	Manufacture of Chemical Fibers			
橡胶制品业	Manufacture of Rubber	0.07	0.57	0.28
塑料制品业	Manufacture of Plastics	0.19		0.09
非金属矿物制品业	Manufacture of Non-Metallic Mineral Products	3.05	0.76	0.98
黑色金属冶炼及压延加工业	Smelting and Pressing of Ferrous Metals	1.51	0.42	2.94
有色金属冶炼及压延加工业	Smelting and Pressing of Non-Ferrous Metals	0.24	0.08	0.19
金属制品业	Manufacture of Metal Products	1.09	0.09	0.51
通用设备制造业	Manufacture of General Purpose Machinery	0.43		0.22
专用设备制造业	Manufacture of Special Purpose Machinery	2.55	0.03	0.10
交通运输设备制造业	Manufacture of Transport Equipment	1.13	0.05	0.51
电气机械及器材制造业	Manufacture of Electrical Machinery and Equipment	0.40		0.10
通信设备计算机及其他电子设备制造业	Manufacture of Communication Equipment, Computers and Other Electronic Equipment	0.18	0.04	0.40
仪器仪表及文化办公用机械制造业	Manufacture of Measuring Instruments and Machinery for Cultural Activity and Office Work	0.01		0.02
工艺品及其他制造业	Manufacture of Artwork and Other Manufacturing	0.25		0.01
废弃资源和废旧材料回收加工业	Recycling and Disposal of Waste	0.25	0.02	
电力热力的生产和供应业	Production and Supply of Electric Power and Heat Power	0.42		0.01
燃气生产和供应业	Production and Supply of Gas	0.02		0.23
水的生产和供应业	Production and Supply of Water	0.04		

7-10 续表 2 Continued

行　业	Sector	热　力(万百万千焦) Heat (10 000 million kJ)	电　力(亿千瓦时) Electricity (100 million kW · h)	其他石油制品(万吨) Other Petroleum Products (10 000 tons)
总　计	**Total**	**7486.22**	**456.86**	**175.41**
煤炭开采和洗选业	Mining and Washing of Coal		0.73	
石油和天然气开采业	Extraction of Petroleum and Natural Gas	125.73	11.37	
黑色金属矿采选业	Mining and Processing of Ferrous Metal Ores		0.06	
非金属矿采选业	Mining and Processing of Nonmetal Ores	353.56	1.50	
农副食品加工业	Processing of Food from Agricultural Products	285.56	3.63	
食品制造业	Manufacture of Food	173.99	4.29	
饮料制造业	Manufacture of Beverage	87.45	3.23	
烟草制品业	Manufacture of Tobacco		0.19	
纺织业	Manufacture of Textile	79.71	6.56	
纺织服装鞋帽制造业	Manufacture of Textile Wearing Apparel, Footwear and Caps	6.72	1.35	
皮革毛皮羽毛(绒)及其制品业	Manufacture of Leather, Fur, Feather and Related Products	0.35	0.39	
木材加工及木、竹、藤、棕、草制品业	Processing of Timber, Manufacture of Wood, Bamboo, Rattan, Palm and Straw Products	0.38	0.50	
家具制造业	Manufacture of Furniture	0.42	1.44	
造纸及纸制品业	Manufacture of Paper and Paper Products	63.81	7.92	
印刷业和记录媒介的复制	Printing, Reproduction of Recording Media	12.28	1.13	
文教体育用品制造业	Manufacture of Articles for Culture, Education and Sport Activity	4.39	0.90	
石油加工炼焦及核燃料加工业	Processing of Petroleum, Coking, Processing of Nuclear Fuel	1609.25	22.88	1.47
化学原料及化学制品制造业	Manufacture of Raw Chemical Materials and Chemical Products	3563.39	73.97	173.02
医药制造业	Manufacture of Medicines	186.86	5.48	
化学纤维制造业	Manufacture of Chemical Fibers	3.08	0.17	
橡胶制品业	Manufacture of Rubber	59.85	5.58	
塑料制品业	Manufacture of Plastics	13.93	11.87	
非金属矿物制品业	Manufacture of Non-Metallic Mineral Products	1.78	13.34	0.38
黑色金属冶炼及压延加工业	Smelting and Pressing of Ferrous Metals	68.99	127.43	0.03
有色金属冶炼及压延加工业	Smelting and Pressing of Non-Ferrous Metals	16.79	3.66	
金属制品业	Manufacture of Metal Products	19.17	20.07	0.01
通用设备制造业	Manufacture of General Purpose Machinery	39.57	19.83	0.24
专用设备制造业	Manufacture of Special Purpose Machinery	62.50	7.55	0.01
交通运输设备制造业	Manufacture of Transport Equipment	212.72	21.49	0.21
电气机械及器材制造业	Manufacture of Electrical Machinery and Equipment	38.45	8.48	0.04
通信设备计算机及其他电子设备制造业	Manufacture of Communication Equipment, Computers and Other Electronic Equipment	37.79	20.97	
仪器仪表及文化办公用机械制造业	Manufacture of Measuring Instruments and Machinery for Cultural Activity and Office Work	11.73	1.23	
工艺品及其他制造业	Manufacture of Artwork and Other Manufacturing	4.07	1.76	
废弃资源和废旧材料回收加工业	Recycling and Disposal of Waste	0.01	0.35	
电力热力的生产和供应业	Production and Supply of Electric Power and Heat Power	341.90	41.93	
燃气生产和供应业	Production and Supply of Gas		0.23	
水的生产和供应业	Production and Supply of Water	0.04	3.40	

主要统计指标解释
Explanatory Notes on Main Statistical Indicators

能源生产总量

指一定时期内全市一次能源生产量的总和。该指标是观察全市能源生产水平、规模、构成和发展速度的总量指标。一次能源生产量包括原煤、原油、天然气、水电、核能及其他动力能（如风能、地热能等）发电量，不包括低热值燃料生产量、生物质能、太阳能等的利用和由一次能源加工转换而成的二次能源产量。

能源消费总量

指一定时期内全市物质生产部门、非物质生产部门和生活消费的各种能源的总和。该指标是观察能源消费水平、构成和增长速度的总量指标。能源消费总量包括原煤和原油及其制品、天然气、电力，不包括低热值燃料、生物质能和太阳能等的利用。能源消费总量分为终端能源消费量、能源加工转换损失量和能源损失量三部分。

终端能源消费量

指一定时期内全市生产和生活消费的各种能源在扣除了用于加工转换二次能源消费量和损失量以后的数量。

能源加工转换损失量

指一定时期内全市投入加工转换的各种能源数量之和与产出各种能源产品之和的差额。该指标是观察能源在加工转换过程中损失量变化的指标。

能源损失量

指一定时期内能源在输送、分配、储存过程中发生的损失和由客观原因造成的各种损失量，不包括各种气体能源放空、放散量。

能源生产弹性系数

是研究能源生产增长速度与国民经济增长速度之间关系的指标。计算公式为：

$$能源生产弹性系数 = \frac{能源生产总量年平均增长速度}{国民经济年平均增长速度}$$

国民经济年平均增长速度，可根据不同的目的或需要，用生产总值等指标来计算，本年鉴是采用生产总值指标计算的。

电力生产弹性系数

是研究电力生产增长速度与国民经济增长速度之间关系的指标。一般来说，电力的发展应当快于国民经济的发展，也就是说电力应超前发展。计算公式为：

$$电力生产弹性系数 = \frac{电力生产量年平均增长速度}{国民经济年平均增长速度}$$

能源消费弹性系数

反映能源消费增长速度与国民经济增长速度之间比例关系的指标。计算公式为：

$$能源消费弹性系数 = \frac{能源消费量年平均增长速度}{国民经济年平均增长速度}$$

电力消费弹性系数

反映电力消费增长速度与国民经济增长速度之间比例关系的指标。计算公式为：

$$电力消费弹性系数 = \frac{电力消费量年平均增长速度}{国民经济年平均增长速度}$$

主要统计指标解释
Explanatory Notes on Main Statistical Indicators

Total Energy Production

refers to the total production of primary energy by all energy producing enterprises in the city in a given period of time. It is a comprehensive indicator to show the capacity, scale, composition and development of energy production of the country. The production of primary energy includes that of coal, crude oil, natural gas, hydropower and electricity generated by nuclear energy and other means such as wind power and geothermal power. However, it excludes the production of fuels of low calorific value, bio-energy, solar energy and the secondary energy converted from the primary energy.

Total Energy Consumption

refers to the total consumption of energy of various kinds by material production sectors, non material production sectors and households in the city in a given period of time. It is a comprehensive indicator to show the scale, composition and development of energy consumption. The total energy consumption includes that of coal, crude oil and their products, natural gas and electricity; however, it excludes the consumption of fuel of low calorific value, bio-energy and solar energy. Total domestic energy consumption can be divided into three parts: final energy consumption, loss during the process of energy conversion, and energy loss.

Final Consumption of Energy

refers to the total energy consumption by material production sectors, non material production sectors and households in the city in a given period of time, but excludes the consumption in conversion of the primary energy into the secondary energy and the loss in the process of energy conversion.

Loss during the Process of Energy Conversion

refers to the total input of various kinds of energy for conversion, minus the total output of various kinds of energy in the city in a given period of time. It is an indicator to show the loss that occurs during the process of energy conversion.

Energy Loss

refers to the total of the loss of energy during the course of energy transport, distribution and storage and the loss caused by any objective reason in a given period of time. The loss of various kinds of gas due to gas discharges and stocktaking is excluded.

Elasticity Ratio of Energy Production

is an indicator to show the relationship between the growth rate of energy production and the growth rate of the national economy. The formula is:

$$\text{Elasticity Ratio of Energy Production} = \frac{\text{Average Annual Growth Rate of Energy Production}}{\text{Average Annual Growth Rate of National Economy}}$$

The average annual growth rate of the national economy can be measured by indicators such as the Gross National Product and the Gross Domestic Product, depending on the purposes or needs. The Gross Domestic Product has been used in the calculation of the ratio in this Yearbook.

Elasticity Ratio of Electricity Production

is an indicator to show the relationship between the growth rate of electricity production and the growth rate of the national economy. Generally speaking, the growth rate of the electricity production should be higher than that of the national economy. Its formula is:

$$\text{Elasticity Ratio of Electricity Production} = \frac{\text{Average Annual Growth Rate of Electricity Production}}{\text{Average Annual Growth Rate of National Economy}}$$

Elasticity Ratio of Energy Consumption

is an indicator to show the relationship between the growth rate of energy consumption and the growth rate of the national economy. The formula is:

$$\text{Elasticity Ratio of Energy Consumption} = \frac{\text{Average Annual Growth Rate of Energy Consumption}}{\text{Average Annual Growth Rate of National Economy}}$$

Elasticity Ratio of Electricity Consumption

is an indicator to show the relationship between the growth rate of electricity consumption and the growth rate of the national economy. The formula is:

$$\text{Elasticity Ratio of Electricity Consumption} = \frac{\text{Average Annual Growth Rate of Electricity}}{\text{Average Annual Growth Rate of National Economy}}$$

8 财政 Government Finance

8-1 地方一般预算财政收入(1994—2010年)
Local General Budgetary Government Revenue, 1994-2010

年 份 Year	地方一般预算收入 Local General Budgetary Government Revenue	# 增值税(25%) Value-added Tax (25%)	# 营业税 Business Tax	# 企业所得税 Income Tax of Enterprises	# 个人所得税 Individual Income Tax
绝 对 数(亿元) Value (100 million yuan)					
1994	46.83	14.26	15.17	11.21	2.41
1995	58.94	16.66	19.86	12.67	3.77
1996	76.02	17.25	24.67	19.06	5.30
1997	89.91	17.30	27.60	21.48	6.49
1998	101.40	18.99	30.71	20.34	7.91
1999	112.81	20.83	33.88	24.02	8.86
2000	133.61	26.12	38.16	29.25	11.34
2001	163.64	34.87	42.99	39.38	16.58
2002	171.83	38.73	51.65	26.24	13.20
2003	204.53	45.19	64.32	23.80	12.53
2004	246.18	35.17	78.39	32.12	15.98
2005	331.85	64.24	96.45	41.11	18.82
2006	417.05	80.67	115.92	53.20	21.21
2007	540.44	94.81	146.38	76.41	29.36
2008	675.62	109.68	179.85	103.70	32.17
2009	821.99	99.08	223.62	95.56	35.66
2010	1068.81	119.20	283.87	125.89	42.96
比上年增长(%) Increase Rate over Preceding Year (%)					
1995	16.0	28.8	42.6	13.0	56.5
1996	29.0	3.6	24.2	50.4	40.4
1997	18.3	0.3	11.9	12.7	22.5
1998	12.8	9.8	11.3	-5.3	21.9
1999	11.3	9.7	10.3	18.1	12.1
2000	18.4	25.4	12.6	21.8	27.9
2001	22.5	33.5	12.7	34.6	46.2
2002	16.9	11.1	20.1	9.6	23.1
2003	24.8	16.7	24.5	13.6	18.7
2004	28.9	16.7	21.9	34.8	27.5
2005	28.2	21.8	23.0	27.8	17.5
2006	25.7	25.6	20.2	29.8	12.7
2007	29.7	17.5	26.3	44.4	38.4
2008	25.1	15.7	22.9	36.2	9.6
2009	21.6	-9.7	24.3	-8.4	10.8
2010	30.1	20.3	26.9	32.6	20.5

资料来源：天津市财政局。
Source: Tianjin Municipal Finance Bureau.
注：1. 本表中增长速度均按可比口径计算，表8-2至8-3同。2. 2002年开始中央与地方实施所得税收入分享改革，所得税中央与地方分享比例2002年为5：5，2003年以来为6：4，下表同。
Note: a) Increase rate is calculated on the basis of constant coverage, same as following table 8-2 to 8-3. b) The distribution of income tax reformed in 2002, central government and local government share the income tax at equal share of 50% each in 2002, central government shares 60% and local government shares 40% since 2003, same as following next.

8-2 财政收入 Government Revenue

单位：万元 (10 000 yuan)

项目	Item	2009	2010	2010比2009年增长(%) Increase Rate in 2010 over 2009 (%)
一、地方一般预算收入	**Local General Budgetary Government Revenue**	**8219916**	**10688093**	**30.1**
按科目分	**By Subject**			
税收收入	Revenue from Taxes	6142718	7766475	26.6
#增值税(25%)	Value-added Tax (25%)	990817	1191975	20.3
营业税	Business Tax	2236211	2838717	26.9
企业所得税	Income Tax of Enterprises	955594	1258896	32.6
个人所得税	Individual Income Tax	356579	429620	20.5
非税收入	Non-tax Income	2077198	2921618	40.7
专项收入	Special Project Income	164356	207301	26.1
行政事业性收费收入	Income from Administrative Fees	1006928	1412891	40.3
罚没收入	Penalty and Confiscatory Income	81565	87995	7.9
国有资本经营收入	State-owned Capital Operation Income	237500	70829	-70.2
国有资源(资产)有偿使用收入	Paid Use of State-owned Resources (assets) Income	427671	833662	94.9
其他非税收入	Others	159178	308940	94.1
按级次分	**By Level**			
市级一般预算收入	General Budgetary Government Revenue at City Level	3261637	4214888	29.5
区县级一般预算收入	General Budgetary Government Revenue at District & County Level	4958279	6473205	30.6
二、政府性基金收入	**Governmental Fund Revenue**	**3913523**	**9096433**	**61.5**
市级政府性基金收入	Governmental Fund Revenue at City Level	1704584	3285941	75.5
区县级政府性基金收入	Governmental Fund Revenue at District & County Level	2208939	5810492	54.5
三、地方上划中央收入	**Revenue Transferred to Central Government**	**5959397**	**6959479**	**17.0**

8-3 财政支出 Government Expenditure

单位：万元 (10 000 yuan)

项目	Item	2009	2010	2010比2009年增长(%) Increase Rate in 2010 over 2009 (%)
一、地方一般预算支出	**Local General Budgetary Government Expenditure**	**11242778**	**13768395**	**23.1**
按科目分	**By Subject**			
#一般公共服务	General Public Service	1105867	980718	11.7
国　防	National Defense	10170	8826	-13.2
公共安全	Public Safety	734905	849197	15.8
教　育	Education	1736062	2295648	25.4
科学技术	Science and Technology	339953	432530	27.3
文化体育与传媒	Culture, Sports and Media	198073	242788	20.4
社会保障和就业	Social Security and Employment	1158990	1377424	20.2
医疗卫生	Health Care	542235	700719	28.6
环境保护	Environmental Protection	133551	270990	87.8
城乡社区事务	Urban & Rural Community Affairs	2610739	3552871	38.9
农林水事务	Agriculture, Forestry and Irrigation Affairs	636906	671405	23.2
交通运输	Transportation	494369	469525	19.1
按级次分	**By Level**			
市级一般预算支出	General Budgetary Government Expenditure at City Level	5482694	6314336	16.1
区县级一般预算支出	General Budgetary Government Expenditure at District & County Level	5760084	7454059	29.4
二、政府性基金支出	**Governmental Fund Expenditure**	**3428281**	**7925827**	**60.8**
市级政府性基金支出	Governmental Fund Expenditure at City Level	1489779	3225808	116.9
区县级政府性基金支出	Governmental Fund Expenditure at District & County Level	1938502	4700019	36.6

8-4 区县级一般预算财政收入(2010年)
General Budgetary Government Revenue at District & County Level, 2010

单位：万元 (10 000 yuan)

地 区	Region	一般预算财政收入 General Budgetary Government Revenue	税收收入 Revenue from Taxes	增值税 Value-added Tax	营业税 Business Tax	企业所得税 Income Tax of Enterprises
总 计	**Total**	**6473205**	**5036325**	**742279**	**1421382**	**837742**
区级合计	**Total at District Level**	**6134338**	**4782481**	**698724**	**1365242**	**810027**
和平区	Heping District	300658	245747	16584	89542	36630
河东区	Hedong District	210589	180384	13825	60552	24279
河西区	Hexi District	306476	287746	17935	123063	26080
南开区	Nankai District	270037	251940	20011	80509	27039
河北区	Hebei District	185677	138058	8372	43392	14332
红桥区	Hongqiao District	100041	81207	5129	27454	6433
东丽区	Dongli District	401922	308359	51654	71162	48052
西青区	Xiqing District	376566	336643	57770	88824	55191
津南区	Jinnan District	361840	287719	31571	76697	41176
北辰区	Beichen District	266911	246980	63561	49623	40331
武清区	Wuqing District	328368	291827	53187	54442	57998
宝坻区	Baodi District	168366	137117	21669	28820	10216
滨海新区	Binhai New Area					
#塘 沽	Tanggu	600147	390302	20594	129238	52435
汉 沽	Han'gu	95947	82628	5279	25783	5456
大 港	Dagang	163571	138921	20896	41420	12820
天津经济技术开发区	TEDA	1290484	846701	192550	224649	211850
天津港保税区	TPFTZ	488021	351037	59126	105740	93227
天津新技术产业园区	THIP	218717	179165	39011	44332	46482
县级合计	**Total at County Level**	**338867**	**253844**	**43555**	**56140**	**27715**
宁河县	Ninghe County	80190	49079	6042	12933	5964
静海县	Jinghai County	149669	125834	29255	21032	10821
蓟 县	Jixian County	109008	78931	8258	22175	10930

8-4 续表 1 Continued

单位：万元 (10 000 yuan)

地　区	Region	个人所得税 Individual Income Tax	城市维护建设税 Tax on Urban Maintenance and Construction	契　税 Deed Tax	其他各项税收收入 Other Kinds of Taxes	非税收入 Non-tax Income
总　计	**Total**	**208189**	**316495**	**693882**	**816356**	**1436880**
区级合计	**Total at District Level**	**202128**	**297402**	**654869**	**754089**	**1351857**
和平区	Heping District	10611	16910	40409	35061	54911
河东区	Hedong District	7496	13676	37761	22795	30205
河西区	Hexi District	12395	22083	43316	42874	18730
南开区	Nankai District	9046	14963	49491	50881	18097
河北区	Hebei District	4835	8593	36646	21888	47619
红桥区	Hongqiao District	2556	6565	19627	13443	18834
东丽区	Dongli District	6654	31422	55074	44341	93563
西青区	Xiqing District	9382	22169	41061	62246	39923
津南区	Jinnan District	5009	18729	73616	40921	74121
北辰区	Beichen District	8301	21249	16817	47098	19931
武清区	Wuqing District	8223	18317	31890	67770	36541
宝坻区	Baodi District	2781	19819	17630	36182	31249
滨海新区	Binhai New Area					
#塘　沽	Tanggu	8346	23141	98597	57951	209845
汉　沽	Han'gu	1178	5354	28895	10683	13319
大　港	Dagang	5269	12879	16164	29473	24650
天津经济技术开发区	TEDA	63048	20934	28003	105667	443783
天津港保税区	TPFTZ	21724	12674	11725	46821	136984
天津新技术产业园区	THIP	15274	7925	8147	17994	39552
县级合计	**Total at County Level**	**6061**	**19093**	**39013**	**62267**	**85023**
宁河县	Ninghe County	1159	3178	8338	11465	31111
静海县	Jinghai County	2641	11213	15853	35019	23835
蓟　县	Jixian County	2261	4702	14822	15783	30077

8-4 续表 2 *Continued*

单位：万元 (10 000 yuan)

地　区	Region	专项收入 Special Project Income	行政事业性收费收入 Income from Administrative Fees	罚没收入 Penalty and Confiscatory Income	国有资源(资产)有偿使用收入 Paid Use of State-owned Resources (assets) Income	其他各项非税收入 Other Kinds of Non-tax Income
总　计	**Total**	**150281**	**652408**	**56989**	**213568**	**363634**
区级合计	**Total at District Level**	**136709**	**602047**	**40289**	**210009**	**362803**
和平区	Heping District	7323	2136	5372	517	39563
河东区	Hedong District	6288	17995	826	3605	1491
河西区	Hexi District	9884	5050	604	192	3000
南开区	Nankai District	6496	3629	208	114	7650
河北区	Hebei District	3800	5082	1553	8437	28747
红桥区	Hongqiao District	2896	2734	799	1082	11323
东丽区	Dongli District	14443	77283	1165	304	368
西青区	Xiqing District	10000	27352	1224	377	970
津南区	Jinnan District	8409	54569	621	1958	8564
北辰区	Beichen District	9627	8842	1241	221	
武清区	Wuqing District	8439	19187	8716	199	
宝坻区	Baodi District	9380	12429	8713	725	2
滨海新区	Binhai New Area					
#塘　沽	Tanggu	11383	179252	6115	2036	11059
汉　沽	Han'gu	3250	8011	1936	122	
大　港	Dagang	7100	16653	558	109	230
天津经济技术开发区	TEDA	9132	98165	523	189438	146525
天津港保税区	TPFTZ	5464	45805	85	319	85311
天津新技术产业园区	THIP	3395	17873	30	254	18000
县级合计	**Total at County Level**	**13572**	**50361**	**16700**	**3559**	**831**
宁河县	Ninghe County	2275	21575	3967	2463	831
静海县	Jinghai County	7196	10347	6085	207	
蓟　县	Jixian County	4101	18439	6648	889	

8-5 区县级一般预算财政支出(2010年)
General Budgetary Government Expenditure at District & County Level, 2010

单位：万元 (10 000 yuan)

地　区	Region	一般预算财政支出 General Budgetary Government Expenditure	一般公共服务 General Public Service	公共安全 Public Safety	教　育 Education
总　计	**Total**	**7454059**	**593884**	**418783**	**1550217**
区级合计	**Total at District Level**	**6837609**	**522312**	**378835**	**1336066**
和平区	Heping District	300447	32078	28059	93146
河东区	Hedong District	242094	25126	23951	77756
河西区	Hexi District	256994	34428	24925	83122
南开区	Nankai District	271973	30977	33377	83414
河北区	Hebei District	252786	24811	21399	84946
红桥区	Hongqiao District	171198	19935	18024	71004
东丽区	Dongli District	402198	30808	33897	75518
西青区	Xiqing District	426752	32747	29563	71694
津南区	Jinnan District	455988	33881	18713	83840
北辰区	Beichen District	280974	30523	20707	60228
武清区	Wuqing District	467714	28676	19439	130912
宝坻区	Baodi District	293619	46188	16256	98226
滨海新区	Binhai New Area				
#塘　沽	Tanggu	598212	46842	39868	142048
汉　沽	Han'gu	142742	16562	10567	36087
大　港	Dagang	223528	24810	18339	101712
天津经济技术开发区	TEDA	1292586	35895	13898	32328
天津港保税区	TPFTZ	571378	17086	5731	6576
天津新技术产业园区	THIP	186426	10939	2122	3509
县级合计	**Total at County Level**	**616450**	**71572**	**39948**	**214151**
宁河县	Ninghe County	160272	16709	8839	47069
静海县	Jinghai County	246842	31598	14514	70025
蓟　县	Jixian County	209336	23265	16595	97057

8-5 续表 1 Continued

单位：万元 (10 000 yuan)

地　区	Region	科学技术 Science and Technology	文化体育与传媒 Culture, Sports and Media	社会保障和就业 Social Security and Employment	医疗卫生 Health Care
总　计	**Total**	**160186**	**93367**	**388555**	**366011**
区级合计	**Total at District Level**	**153056**	**87185**	**332543**	**328355**
和平区	Heping District	3908	5388	22766	18128
河东区	Hedong District	3232	2526	32860	17357
河西区	Hexi District	3569	2844	23665	20380
南开区	Nankai District	3491	2756	27475	23957
河北区	Hebei District	3786	1713	25632	23724
红桥区	Hongqiao District	2333	2002	16849	13836
东丽区	Dongli District	5899	19186	28637	22155
西青区	Xiqing District	9703	6461	23394	46181
津南区	Jinnan District	10507	3073	13132	13760
北辰区	Beichen District	6237	3291	15080	17413
武清区	Wuqing District	6951	2829	32623	23147
宝坻区	Baodi District	2380	2727	21614	12263
滨海新区	Binhai New Area				
#塘　沽	Tanggu	7632	5917	21711	40681
汉　沽	Han'gu	2704	2558	12969	11916
大　港	Dagang	1331	9807	9663	16701
天津经济技术开发区	TEDA	21925	13905	3785	6570
天津港保税区	TPFTZ	10676		523	
天津新技术产业园区	THIP	46792	202	165	186
县级合计	**Total at County Level**	**7130**	**6182**	**56012**	**37656**
宁河县	Ninghe County	2387	1505	11930	8457
静海县	Jinghai County	2295	2939	19829	16175
蓟　县	Jixian County	2448	1738	24253	13024

8-5 续表 2 Continued

单位：万元 (10 000 yuan)

地　区	Region	环境保护 Environmental Protection	城乡社区事务 Urban & Rural Community Affairs	工业商业金融等事务 Industry, Commerce and Finance Affairs	其他支出 Others
总　计	**Total**	**40670**	**2438568**	**749073**	**654745**
区级合计	**Total at District Level**	**38459**	**2350218**	**741719**	**568861**
和平区	Heping District	928	43905	21779	30362
河东区	Hedong District	633	23340	15252	20061
河西区	Hexi District	736	38723	966	23636
南开区	Nankai District	573	26134	9388	30431
河北区	Hebei District	737	26477	37724	1837
红桥区	Hongqiao District	380	13848	10674	2313
东丽区	Dongli District	2100	56396	51461	76141
西青区	Xiqing District	8631	159018	18750	20610
津南区	Jinnan District	2053	161280	46496	69253
北辰区	Beichen District	1584	29483	59105	37323
武清区	Wuqing District	841	168888	3108	50300
宝坻区	Baodi District	1399	27024	8392	57150
滨海新区	Binhai New Area				
#塘　沽	Tanggu	1406	175773	54761	61573
汉　沽	Han'gu	962	19840	11736	16841
大　港	Dagang	1662	12046	2648	24809
天津经济技术开发区	TEDA	13511	1016566	93406	40797
天津港保税区	TPFTZ	120	300455	227964	2247
天津新技术产业园区	THIP	203	51022	68109	3177
县级合计	**Total at County Level**	**2211**	**88350**	**7354**	**85884**
宁河县	Ninghe County	395	24452	1599	36930
静海县	Jinghai County	996	60034	3734	24703
蓟　县	Jixian County	820	3864	2021	24251

8-6 天津市国家税务局各项税收情况（2007—2010年）
Tax Revenue of Tianjin National Tax Bureau, 2007-2010

单位：万元 (10 000 yuan)

项目	Item	2007	2008	2009	2010
总计	**Total**	**11067888**	**14402815**	**14203479**	**20104114**
税收合计	**Total Tax**	**12865081**	**16227934**	**15763553**	**21587616**
#增值税	Value-added Tax	8815333	10604260	10413844	13671644
消费税	Consumption Tax	1081220	1467808	2184359	3345653
营业税	Business Tax	57213	68444	87503	99375
企业所得税	Income Tax of Enterprises	818469	3733337	2738768	4046928
#国有企业	State-owned Enterprises	94285	320411	121562	93713
集体企业	Collective-owned Enterprises	7739	6172	3539	2718
股份合作企业	Cooperative Enterprises	9271	14697	13764	9479
联营企业	Joint Ownership Enterprises	7906	12295	4952	6204
股份公司	Share-holding Corporations Ltd.	571145	707067	565702	864773
私营企业	Private Enterprises	126984	142776	171555	213478
外商投资企业和外国企业	Foreign and Foreign-funded Enterprises	1905366	2527374	1854322	2853412
个人所得税	Individual Income Tax	170605	151775	125994	101476
城市维护建设税	Tax on Urban Maintenance and Construction	10073	7098	6343	13123
房产税	Real Estate Property Tax	1020	1102	1131	1160
印花税	Stamp Tax	5610	7447	10039	10441
城镇土地使用税	Tax on the Use of Urban Land	138	103	357	449
车船使用和牌照税	Vehicle and Vessel License Tax	34	1	1	1
出口退税合计	**Total Export Rebates**	**-1870900**	**-1902900**	**-1660689**	**-1800325**
其他收入合计	**Total of Others**	**73707**	**77781**	**100615**	**316823**
#教育费附加收入	Revenue from Extra-charges for Education	4312	3042	2717	5624

主要统计指标解释
Explanatory Notes on Main Statistical Indicators

财政收入

指国家可直接支配的财力，主要包括税收收入和其他收入两大类。1994年我国统一实行分税制财政体制，按税种分为上划中央收入和地方财政收入。上划中央收入包括：增值税的75%和消费税的100%等；地方财政收入包括：增值税的25%、营业税（不含银行总行、铁道、保险总公司的营业税）、地方企业交纳的企业所得税、外商投资企业和外国企业所得税、个人所得税、土地使用税、固定资产投资方向调节税、城市维护建设税（不含银行总行、铁道、保险总公司集中交纳的部分）、资源税（不包括海洋石油资源税）、房产税、车船使用税、印花税、屠宰税、农牧业税、耕地占用税、契税、遗产和赠与税、土地增值税、国有土地有偿使用收入以及基金收入等。地方财政收入加上划中央收入为全市财政收入。需要指出的是1994年以后地方财政收入与以前实行的总额分成财政体制下的地方财政收入在内容和范围上有一定差别，历年数据不完全可比。

一般预算财政收入

是通过一定的形式和程序，由各级财政部门组织并纳入预算管理的各项收入，也就是会计制度改革以前所称的“预算收入”。

基金政府性收入 是按规定收取，转入或通过当年财政安排，由财政管理并具有指定用途的政府性基金预算收入等。

一般预算财政支出

是各级财政部门对集中的一般预算收入有计划地分配和使用而安排的支出。

基金政府性支出 是各级财政部门用基金预算收入安排的支出。

主要统计指标解释
Explanatory Notes on Main Statistical Indicators

Government Revenue

refers to the revenue of the government directly disposable finance, including various tax revenue and other revenue. In accordance with the classification of the structure of the government finance in 1994 on the basis of the classification of channels for collection of tax revenue, the revenue of the central government and the revenue of the local governments have different coverage. Revenue of the central government includes 75% of the value added tax and 100% of the value consumption tax, etc. The revenue of the local governments includes 25% of the value added tax, business tax (excluding business taxes of head offices of bank, profits of railways, head office of insurance company), income tax of the local enterprises subordinated to the local government, income tax of foreign, Hong Kong, Macao and Taiwan funded enterprises, personal income tax, tax on the use of urban land, tax on the adjustment of the investment in fixed assets, tax on town maintenance and construction, tax on resources (excluding tax on ocean petroleum resources), tax on real estates, tax on the use of vehicles and ships, stamp tax, slaughter tax, tax on agriculture and animal husbandry, tax on the occupancy of cultivated land, contract tax, inheritance tax, gift tax, land value added tax, income of non-gratuitous use on the state-owned land and income of funds. Total of government revenue included the revenue of the central government and the revenue of the local governments. Now the content and coverage of the local financial revenue is difference from that before 1994, the figures in 2002 are not comparable with the previous years, please pay attention to distinguish when you use.

General Budgetary Government Revenue

refers to financial revenue with budgetary management through certain form and procedure by financial departments at each level, also called "budgetary revenue" before reformation of accounting system.

Governmental Fund Revenue refers to government fund budgetary revenue with financial management and assigned uses gathered by rules or through financial arrangement.

General Budgetary Government Expenditure

refers to expenditure distributed and used from general budgetary financial revenue by financial departments at each level.

Governmental Fund Expenditure refers to expenditure arranged from fund budgetary revenue by financial departments at each level.

9

价格指数
Price Indices

9-1 城市物价总指数(1978—2010年) Urban General Price Indices, 1978-2010

年 份 Year	上年=100 Preceding Year = 100		1978年=100 Year of 1978 = 100		1990年=100 Year of 1990 = 100	
	商品零售价格指数 Retail Price Index	居民消费价格指数 Consumer Price Index	商品零售价格指数 Retail Price Index	居民消费价格指数 Consumer Price Index	商品零售价格指数 Retail Price Index	居民消费价格指数 Consumer Price Index
1978	100.0	100.0	100.0	100.0		
1979	101.1	101.0	101.1	101.0		
1980	105.5	105.1	106.7	106.2		
1981	101.5	101.3	108.3	107.5		
1982	100.5	100.5	108.8	108.1		
1983	100.5	100.5	109.3	108.6		
1984	101.8	101.8	111.3	110.6		
1985	113.9	113.1	126.8	125.0		
1986	107.2	106.8	135.9	133.6		
1987	106.9	106.8	145.3	142.6		
1988	117.7	116.9	171.0	166.7		
1989	115.1	114.7	196.8	191.2		
1990	102.7	103.0	202.1	197.0	100.0	100.0
1991	108.0	110.2	218.3	217.1	108.0	110.2
1992	109.4	111.4	238.8	241.8	118.2	122.8
1993	114.3	117.6	273.0	284.4	135.0	144.4
1994	115.6	124.0	315.6	352.6	156.1	179.0
1995	110.6	115.3	349.0	406.6	172.7	206.4
1996	105.1	109.0	366.8	443.2	181.5	225.0
1997	100.7	103.1	369.4	456.9	182.7	232.0
1998	96.6	99.5	356.8	454.6	176.5	230.8
1999	97.5	98.9	347.9	449.6	172.1	228.3
2000	98.6	99.6	343.1	447.8	169.7	227.3
2001	98.6	101.2	338.2	453.2	167.3	230.1
2002	97.4	99.6	329.5	451.4	163.0	229.2
2003	97.4	101.0	320.9	455.9	158.7	231.4
2004	100.8	102.3	323.5	466.4	160.0	236.8
2005	99.9	101.5	323.1	473.4	159.8	240.3
2006	100.4	101.5	324.4	480.5	160.5	243.9
2007	103.2	104.2	334.8	500.7	165.6	254.2
2008	105.1	105.4	351.9	527.7	174.1	267.9
2009	98.9	99.0	348.0	522.4	172.2	265.2
2010	103.4	103.5	359.8	540.7	178.1	274.5

9-2 城市居民消费价格分类指数(2007—2010年) Urban Consumer Price Indices by Category, 2007-2010

上年=100 (Preceding Year = 100)

项 目 Item	2007	2008	2009	2010
居民消费价格总指数 General Consumer Price Index	**104.2**	**105.4**	**99.0**	**103.5**
#服务项目价格指数 Services	101.6	100.6	95.2	101.3
1.食 品 Food	**111.6**	**112.1**	**101.2**	**108.0**
粮 食 Grain	106.3	105.5	107.5	117.5
淀 粉 Starches	111.1	98.1	104.2	108.6
干豆类及豆制品 Bean and Related Products	109.9	139.9	102.2	113.6
油 脂 Oil or Fat	126.8	128.9	84.7	105.2
肉禽及其制品 Meat, Poultry and Related Products	129.8	118.9	93.3	103.9
蛋 Eggs	122.4	103.8	101.9	108.0
水产品 Aquatic Products	108.6	102.9	96.8	110.9
菜 Vegetables	101.5	107.2	114.5	114.7
调味品 Flavoring	102.1	108.5	108.7	105.2
糖 Sugar	103.0	105.9	105.3	105.9
茶及饮料 Tea and Drink	101.4	106.1	101.9	100.7
干鲜瓜果 Dried and Fresh Melons and Fruits	97.8	115.1	101.1	111.5
糕点饼干面包 Pasty, Biscuit and Bread	105.5	114.4	101.6	102.4
液体乳及乳制品 Liquid Dairy and Related Products	102.0	131.6	100.7	104.8
在外用膳食品 Catering Trade	113.1	109.4	103.3	106.6
其他食品 Other Food	112.0	107.4	101.4	102.9
2.烟酒及用品 Tobacco, Liquor and Related Goods	**102.7**	**108.0**	**104.7**	**104.3**
烟 草 Tobacco	100.5	102.3	105.0	103.9
酒 Liquor	109.2	120.3	106.8	106.1
吸烟饮酒用品 Related Goods	97.4	99.0	99.2	101.9
3.衣 着 Clothing	**98.9**	**99.9**	**97.3**	**102.8**
服 装 Garments	99.8	100.3	98.0	102.9

9-2 续表 Continued

上年=100 (Preceding Year = 100)

项 目 Item	2007	2008	2009	2010
衣着材料 Clothing Materials	102.1	100.6	102.5	101.4
鞋袜帽 Shoes, Socks and Hats	95.7	98.6	94.9	102.4
衣着加工服务 Processing Services	102.3	106.6	100.0	117.6
4. 家庭设备用品及维修服务 Household Appliances, Articles and Repair Services	**102.1**	**106.8**	**99.7**	**99.5**
耐用消费品 Durable Consumer Goods	103.4	107.1	99.0	95.4
室内装饰品 Indoors Decorations	95.9	103.6	97.8	100.5
床上用品 Bed Articles	90.2	104.6	94.3	110.2
家庭日用杂品 Daily Use Household Articles	101.3	105.4	101.4	100.0
家庭服务及加工维修服务 Household Services and Repair Services	112.1	114.6	106.9	115.5
5. 医疗保健和个人用品 Medical, Health Care and Individual Goods	**100.0**	**102.3**	**102.6**	**103.7**
医疗保健 Medicine and Medical Services	99.5	102.4	104.2	104.1
个人用品及服务 Individual Goods and Services	101.6	102.2	98.0	102.8
6. 交通和通信 Transportation and Communications	**97.5**	**97.8**	**96.3**	**98.1**
交 通 Transportations	100.8	101.2	97.3	101.9
通 信 Communications	94.5	94.4	95.1	92.6
7. 娱乐教育文化用品及服务 Recreational, Educational & Cultural Articles and Services	**98.6**	**97.6**	**96.1**	**98.8**
文娱用耐用消费品及服务 Durable Consumer Goods & Services for Recreational Use	88.8	83.1	83.2	88.0
教 育 Education	99.9	100.8	101.2	101.8
文化娱乐 Recreation and Culture	99.6	99.3	102.0	100.5
旅 游 Tourism	106.9	102.6	88.2	101.3
8. 居 住 Residence	**103.5**	**105.3**	**94.9**	**102.3**
建房及装修材料 Building and Decoration Materials	103.6	113.3	106.5	101.7
租 房 Rent	100.0	100.3	100.0	103.6
自有住房 Individual Housing	104.2	101.8	85.2	102.4
水、电、燃料 Water, Electricity and Fuel	103.9	107.6	104.0	101.4

9-3 城市商品零售价格分类指数（2007—2010年）
Urban Retail Price Indices by Category, 2007-2010

上年=100 (Preceding Year = 100)

项　　目　　Item	2007	2008	2009	2010
商品零售价格总指数				
General Retail Price Index	**103.2**	**105.1**	**98.9**	**103.4**
1. 食　品				
Food	**111.9**	**112.2**	**101.3**	**108.3**
粮　食				
Grain	106.3	105.5	107.6	117.5
淀　粉				
Starches	111.1	98.1	104.2	108.6
干豆类及豆制品				
Bean and Related Products	109.9	139.9	102.2	113.6
油　脂				
Oil or Fat	126.8	129.0	84.9	105.2
肉禽及其制品				
Meat, Poultry and Related Products	129.9	118.9	93.1	103.9
蛋				
Eggs	122.4	103.6	102.0	108.0
水产品				
Aquatic Products	108.6	102.6	97.1	110.9
菜				
Vegetables	101.5	107.1	114.5	114.7
调味品				
Flavoring	102.1	108.5	108.7	105.2
糖				
Sugar	103.0	105.9	105.3	105.9
干鲜瓜果				
Dried and Fresh Melons and Fruits	97.8	115.2	101.2	111.5
糕点饼干面包				
Pasty, Biscuit and Bread	105.5	114.5	101.5	102.4
液体乳及乳制品				
Milk and Related Products	102.3	132.8	100.8	104.8
在外用膳食品				
Catering Trade	113.1	109.3	103.3	106.6
其他食品				
Other Food	112.0	107.4	101.4	102.9
2. 饮料烟酒				
Beverage, Tobacco and Liquor	**103.3**	**108.5**	**104.7**	**103.8**
茶及饮料				
Tea and Beverage	101.4	105.9	101.8	100.7
烟　草				
Tobacco	100.5	102.3	105.0	103.9
酒				
Liquor	109.2	119.8	106.8	106.1

9-3 续表 1 *Continued*

上年=100 (Preceding Year = 100)

项　目 Item	2007	2008	2009	2010
3. 服装鞋帽				
Garments, Shoes and Hats	**98.8**	**99.8**	**97.2**	**102.7**
服　装				
Garments	99.9	100.3	98.0	102.9
鞋袜帽				
Shoes, Socks and Hats	95.7	98.6	94.9	102.4
其　他				
Others	103.0	98.1	101.3	99.9
4. 纺织品				
Textiles	**93.9**	**103.3**	**96.5**	**108.6**
衣着材料				
Clothing Materials	102.1	100.6	102.5	101.4
床上用品				
Bed Articles	90.1	104.6	94.3	110.2
5. 家用电器及音像器材				
Household Appliances and Stereo Sets & Camera Facilities	**94.7**	**93.6**	**90.7**	**93.8**
家庭设备				
Household Facilities	101.7	102.3	98.2	96.8
文娱用耐用消费品				
Durable Consumer Goods for Recreational Use	85.0	80.5	78.8	88.4
音像器材				
Stereo Sets & Camera Facilities	98.0	99.9	99.8	99.5
6. 文化办公用品				
Culture and Office Articles	**93.2**	**90.2**	**91.5**	**90.8**
7. 日用品				
Articles for Daily Use	**102.5**	**103.8**	**100.9**	**100.5**
日用百货				
General Merchandise for Daily Use	104.6	101.3	104.3	101.1
日用杂品				
Sundry Articles	100.2	100.3	99.4	100.2
洗涤用品				
Washing Articles	103.4	112.4	102.0	97.9
其他日用品				
Other Articles for Daily Use	100.7	104.5	96.5	101.2
8. 体育娱乐用品				
Sport and Recreation Articles	**97.5**	**98.0**	**96.0**	**94.9**
体育用品				
Sport Articles	96.8	108.5	104.9	101.3
娱乐用品				
Recreation Articles	97.8	94.6	92.8	92.3
9. 交通、通信用品				
Transportation and Communication Articles	**89.2**	**89.2**	**89.0**	**96.1**

9-3 续表 2 Continued

上年=100 (Preceding Year = 100)

项 目 Item	2007	2008	2009	2010
交通运输机械 Transportation Machinery	99.7	100.0	96.3	100.1
通信器材 Communication Facilities	64.9	65.9	67.0	68.6
10. 家 具 Furniture	**105.5**	**112.5**	**99.5**	**93.4**
11. 化妆品 Cosmetics	**102.1**	**99.1**	**100.6**	**102.5**
12. 金银珠宝 Gold, Silver and Jewelry	**109.8**	**120.2**	**86.2**	**125.4**
13. 中西药品及医疗保健用品 Traditional Chinese & Western Medicine and Medical, Health Care Goods	**99.3**	**103.7**	**106.5**	**106.4**
医疗器具及用品 Medical Facilities and Goods	94.4	95.1	100.6	101.9
中药材及中成药 Traditional Chinese Raw Medicine and Medicine	100.2	109.3	114.7	113.3
西 药 Western Medicine	99.3	101.5	102.6	102.3
保健器具及用品 Health Care Facilities and Goods	97.2	97.3	100.1	103.6
14. 书报杂志及电子出版物 Books, Newspapers and Magazines, Electronic Publications	**97.0**	**100.9**	**108.0**	**100.0**
教材及参考书 Teaching Materials and Reference Books	94.2	102.4	100.8	100.0
书报杂志 Books, Newspapers and Magazines	100.0	100.2	122.5	100.0
电子音像制品 Electronics Stereo Goods	96.5	98.2	99.3	100.0
15. 燃 料 Fuel	**104.8**	**109.8**	**96.1**	**106.8**
煤炭及制品 Coal and Related Products	105.8	145.8	102.3	109.9
石油及制品 Petroleum and Related Products	104.5	106.7	95.0	106.9
16. 建筑材料及五金电料 Construction Materials and Hardware Materials	**104.0**	**112.2**	**105.5**	**101.4**
建筑装潢材料 Construction and Decoration Materials	104.5	114.6	106.4	101.6
五金电料类 Hardware Materials	101.9	101.3	100.9	100.5

9-4 工业品出厂价格指数(2007—2010年) Ex-factory Price Indices of Industrial Products, 2007-2010

上年=100 (Preceding Year = 100)

项　目　Item	2007	2008	2009	2010
工业品出厂价格总指数 General Ex-factory Price Index of Industrial Products	**101.5**	**104.1**	**92.5**	**105.1**
按轻重工业分 Grouped by Light or Heavy Industries				
轻工业 Light Industry	100.3	102.0	97.7	99.7
以农产品为原料 Using Farm Products as Raw Materials	106.2	106.8	98.3	103.2
以非农产品为原料 Using Non-farm Products as Raw Materials	98.2	100.5	97.5	98.5
重工业 Heavy Industry	102.2	105.2	90.0	107.4
采掘业 Mining and Quarrying Industry	106.6	119.5	69.1	146.8
原料工业 Raw Materials Industry	108.1	116.4	90.4	111.0
加工工业 Processing Industry	98.2	97.3	93.1	99.2
按用途分 Grouped by Use				
生产资料 Production Goods	101.5	105.0	90.6	106.6
采掘业 Mining and Quarrying Industry	107.0	121.0	70.2	142.8
原料工业 Raw Materials Industry	107.6	114.1	92.2	112.1
加工工业 Processing Industry	98.6	100.2	92.7	99.8
生活资料 Consumer Goods	101.4	100.8	99.6	99.3
食　品 Food	108.7	108.7	98.3	101.7
衣　着 Clothing	104.0	99.9	102.8	101.6
一般日用品 Daily Use Articles	102.0	104.9	99.0	100.9
耐用消费品 Durable Consumer Goods	96.7	95.8	100.0	97.3

9-5 按行业分工业品出厂价格指数（2007—2010年）
Ex-factory Price Indices of Industrial Products by Sector, 2007-2010

上年=100 (Preceding Year = 100)

行 业 Sector	2007	2008	2009	2010
煤炭开采和洗选业 Mining and Washing of Coal	113.0	144.6	84.6	106.2
石油和天然气开采业 Extraction of Petroleum and Natural Gas	106.9	119.3	68.6	147.6
有色金属矿采选业 Mining and Processing of Non-ferrous Metal Ores	109.2			
非金属矿采选业 Mining and Processing of Nonmetal Ores	80.3	127.0	94.3	107.3
农副食品加工业 Processing of Food from Agricultural Products	120.9	117.5	92.4	106.5
食品制造业 Manufacture of Food	103.1	115.9	101.9	97.5
饮料制造业 Manufacture of Beverage	101.1	102.1	98.2	100.7
烟草制品业 Manufacture of Tobacco	100.2	100.0	101.2	100.9
纺织业 Manufacture of Textile	100.6	100.6	97.2	111.9
纺织服装、鞋、帽制造业 Manufacture of Textile Wearing Apparel, Footwear and Caps	101.8	97.8	103.4	100.9
皮革、毛皮、羽毛(绒)及其制品业 Manufacture of Leather, Fur, Feather and Related Products	110.7	102.0	101.8	103.4
木材加工及木、竹、藤、棕、草制品业 Processing of Timber, Manufacture of Wood, Bamboo, Rattan, Palm and Straw Products	103.9	106.3	100.9	105.5
家具制造业 Manufacture of Furniture	97.6	96.9	101.9	102.2
造纸及纸制品业 Manufacture of Paper and Paper Products	101.4	109.3	94.2	101.7
印刷业和记录媒介的复制 Printing and Record Medium Reproduction	106.8	100.8	101.4	99.6
文教体育用品制造业 Cultural, Educational and Sports Goods	101.3	99.5	103.2	100.3
石油加工、炼焦及核燃料加工业 Processing of Petroleum, Coking, Processing of Nuclear Fuel	103.5	121.1	97.4	115.0
化学原料及化学制品制造业 Manufacture of Raw Chemical Materials and Chemical Products	103.5	106.2	91.7	109.0

9-5 续表 Continued

上年=100 (Preceding Year = 100)

行业 Sector	2007	2008	2009	2010
医药制造业 Manufacture of Medicines	99.8	103.7	101.2	100.8
化学纤维制造业 Manufacture of Chemical Fibers	103.3	95.8	92.9	107.2
橡胶制品业 Manufacture of Rubber	104.6	100.1	98.3	101.4
塑料制品业 Manufacture of Plastics	101.4	102.2	96.0	101.5
非金属矿物制品业 Manufacture of Non-metallic Mineral Products	102.1	109.1	97.8	100.6
黑色金属冶炼及压延加工业 Smelting and Pressing of Ferrous Metals	114.3	125.4	80.4	113.5
有色金属冶炼及压延加工业 Smelting and Pressing of Non-ferrous Metals	104.0	94.5	88.0	137.4
金属制品业 Manufacture of Metal Products	107.4	116.6	92.0	101.7
通用设备制造业 Manufacture of General Purpose Machinery	100.2	103.7	100.1	99.6
专用设备制造业 Manufacture of Special Purpose Machinery	99.7	100.9	100.5	98.4
交通运输设备制造业 Manufacture of Transport Equipment	97.0	98.0	101.4	98.5
电气机械及器材制造业 Manufacture of Electrical Machinery and Equipment	103.5	100.3	95.3	106.5
通信设备、计算机及其他电子设备制造业 Manufacture of Communication Equipment, Computers and Other Electronic Equipment	89.4	85.4	93.2	85.1
仪器仪表及文化、办公用机械制造业 Manufacture of Measuring Instruments and Machinery for Cultural Activity and Office Work	94.2	83.9	96.6	96.7
工艺品及其他制造业 Manufacture of Artwork and Other Manufacturing	103.5	104.6	99.1	99.4
废弃资源和废旧材料回收加工业 Recycling and Disposal of Waste	101.9	98.2	97.9	105.6
电力、热力的生产和供应业 Production and Supply of Electric Power and Heat Power	104.3	102.0	105.6	102.1
煤气生产和供应业 Production and Supply of Gas	107.7	108.7	103.3	105.3
水的生产和供应业 Production and Supply of Water	108.2	104.5	105.4	111.1

9-6 工业主要原材料、燃料及动力购进价格指数（2007—2010年）
Main Raw Materials, Fuel and Motive Power Purchasing Price Indices of Industry, 2007-2010

上年=100 (Preceding Year = 100)

项　目 Item	2007	2008	2009	2010
原材料、燃料及动力购进价格总指数				
General Purchasing Price Index of Raw Materials, Fuel and Power	**105.7**	**112.9**	**90.2**	**110.0**
燃料、动力类				
Fuel and Power	106.2	128.0	93.1	111.5
黑色金属材料类				
Ferrous Metals	110.6	132.6	82.2	110.2
有色金属材料及电线类				
Non-ferrous Metals and Wires	110.8	92.7	80.9	134.3
化工原料类				
Chemical Raw Materials	103.8	109.9	83.5	112.6
木材及纸浆类				
Wood and Paper Pulps	106.3	109.1	96.3	107.5
建筑材料及非金属矿类				
Construction Materials and Non-mental Ores	93.8	115.6	98.8	103.8
其他工业原材料及半成品类				
Other Industrial Raw Materials and Semi-products	105.5	105.9	92.3	103.9
农副产品类				
Farm and Sideline Products	104.4	108.5	94.7	120.2
纺织原料类				
Textile Raw Materials	100.8	100.0	99.6	109.1

9-7 固定资产投资价格指数（2007—2010年）
Price Indices of Investment in Fixed Assets, 2007-2010

上年=100 (Preceding Year = 100)

项　目 Item	2007	2008	2009	2010
固定资产投资价格总指数				
General Price Index of Investment in Fixed Assets	**102.6**	**109.2**	**97.6**	**102.6**
建筑安装、装饰工程				
Building Installation	103.5	114.0	96.4	104.2
# 人工费				
Labour Cost	105.5	109.6	106.7	105.8
材料费				
Materials Expense	103.4	116.3	93.5	104.2
机械费				
Machinery Charge	101.6	106.3	102.1	101.9
设备工器具购置				
Purchase of Equipment, Tools and Instruments	99.1	99.6	98.5	100.2
其他费用				
Others	103.6	104.2	100.2	100.5

9-8 房地产价格指数(2007—2010年)
Price Indices of Real Estate, 2007-2010

上年=100 (Preceding Year = 100)

项　目　Item	2007	2008	2009	2010
房屋销售价格指数 Price Index of Real Estate Sales	**107.0**	**105.8**	**103.2**	**109.3**
新建房 Newly Built House	107.1	105.8	103.5	110.9
经济适用房 Economically Affordable House	104.3	100.9	100.7	100.9
普通住宅 Common Residence	108.3	108.0	104.6	114.2
高档住宅 High-grade Residence	106.0	103.5	102.9	106.8
二手房 Second-hand House	106.7	105.8	102.3	104.6
房屋租赁价格指数 Price Index of Real Estate Rent	**100.3**	**100.4**	**102.4**	**104.7**
住　宅 Residence	100.5	100.0	102.2	106.6
办公楼 Office	99.2	101.0	103.0	99.6
商业营业用房 Business Housing	100.9	100.6	103.0	101.0
其　他 Others	100.0	101.3	102.2	103.4
土地交易价格指数 Price Index of Land Transaction	**122.1**	**111.1**	**107.0**	**117.0**

9-9 居民货币购买力指数(1991—2010年)
Indices of Monetary Purchasing Power of Residents, 1991-2010

年　份 Year	上年=100 Preceding Year = 100	年　份 Year	1990年=100 Year of 1990 = 100
1991	90.7	1991	90.7
1992	89.8	1992	81.4
1993	85.0	1993	69.3
1994	80.6	1994	55.9
1995	86.7	1995	48.4
1996	91.7	1996	44.4
1997	97.0	1997	43.1
1998	100.5	1998	43.3
1999	101.1	1999	43.8
2000	100.4	2000	44.0
2001	98.8	2001	43.5
2002	100.4	2002	43.6
2003	99.0	2003	43.2
2004	97.8	2004	42.2
2005	98.5	2005	41.6
2006	98.5	2006	41.0
2007	96.0	2007	39.3
2008	94.9	2008	37.3
2009	101.0	2009	37.7
2010	96.6	2010	36.4

主要统计指标解释
Explanatory Notes on Main Statistical Indicators

商品零售价格指数

是反映一定时期内城乡商品零售价格变动趋势和程度的相对数。商品零售价格的变动直接影响到城乡居民的生活支出和国家的财政收入，影响居民购买力和市场供需的平衡，影响到消费与积累的比例关系。因此，该指数可以从一个侧面对上述经济活动进行观察和分析。

城市居民消费价格指数

是反映一定时期内城市居民家庭所购买的生活消费品价格和服务项目价格变动趋势和程度的相对数。该指数可以观察和分析消费品的零售价格和服务项目价格变动对城镇职工货币工资的影响，作为研究职工生活和确定工资政策的依据。

固定资产投资价格指数

反映一定时期内固定资产投资额价格变动趋势和程度的相对数。固定资产投资额是由建筑安装工程投资完成额、设备、工器具购置投资完成额和其他费用投资完成额三部分组成的。编制固定资产投资价格指数首先分别编制上述三部分投资的价格指数，然后采用加权算术平均法求出固定资产投资价格总指数。该指数可以准确地反映固定资产投资中涉及的各类商品和取费项目价格变动趋势和变动幅度，消除按现价计算的固定资产投资指标中的价格变动因素，真实地反映固定资产投资的规模、速度、结构和效益，为国家科学地制定、检查固定资产投资计划并提高宏观调控水平，为完善国民经济核算体系提供科学的、可靠的依据。

工业品出厂价格指数

反映一定时期内全部工业产品出厂价格总水平的变动趋势和程度的相对数，包括工业企业售给本企业以外所有单位的各种产品和直接售给居民用于生活消费的产品。通过工业品出厂价格指数能观察出厂价格变动对工业总产值的影响。

工业原材料、燃料及动力购进价格指数

反映一定时期内全部工业企业作为生产投入，从物资交易市场和能源、原材料生产企业购买原材料、燃料和动力产品时，所支付的价格水平变动趋势和程度的相对数，是扣除工业企业物质消耗成本中的价格变动影响的重要依据。

房地产价格指数

是反映一定时期内房地产价格变动趋势和程度的相对数，包括房屋销售价格指数、房屋租赁价格指数、土地交易价格指数和物业管理价格指数。

土地交易价格指数

反映一定时期内房地产开发商或其他建设单位在进行商品房、生产和商业用房及其他生产经营用地开发前为取得土地使用权而实际支付的价格的变动趋势和程度的相对数。

房屋销售价格指数

反映一定时期内房屋销售价格总水平变动趋势和程度的相对数。

房屋租赁价格指数

反映一定时期内房屋租赁价格总水平变动趋势和程度的相对数。

主要统计指标解释
Explanatory Notes on Main Statistical Indicators

Retail Price Index

reflect the trend and degree of change in retail prices of commodities during a given period. The change in retail prices of commodities directly affect the living expenses of urban and rural residents, government revenue, purchasing power of residents and the equilibrium of market supply and demand, and the ratio of consumption to accumulation. Therefore, the retail price indices are useful from an oblique perspective for observing and analyzing the changes of the above economic activities.

Urban Consumer Price Index

reflect the trend and degree of changes in prices of consumer goods and services purchased by urban households during a given period. It can be used to observe and analyze the impact of price changes in consumer goods and services on wages (in monetary terms) of urban staff and workers, and provide a basis for research on the livelihood of staff and workers and policy-making concerning wages.

Price Index of Investment in Fixed Assets

reflects the trend and degree of changes in prices of investment in fixed assets during a given period. The investment in fixed assets consists of three components, namely the investment in construction and installation, the investment in purchases of equipment and instrument, and the investment in other items. Price index of investment in fixed assets is calculated as the weighted arithmetic mean of the price indices of the three components of investment in fixed assets. Removing the factor of price change in the aggregates of investment at current prices, this indicator shows the changes in the prices of commodities and fees involved in the investment of fixed assets, and can be used to observe the actual size, growth, structure, and efficiency of investment in fixed assets and provides reliable and scientific data for government planning, management, decision making, and further improving the current national accounting system.

Ex-factory Price Index of Industrial Products

reflects the trend and degree of changes in general ex-factory prices of all industrial products during a given period, including sales of industrial products by an industrial enterprise to all units outside the enterprise, as well as sales of consumer goods to residents. It can be used to analyze the impact of ex-factory prices on gross industrial output value.

Purchasing Price Index of Raw Material, Fuel and Power

reflects the trend and degree of changes in purchasing price of raw material, fuel and power paid by industrial enterprises when they purchase production as input from the market or other energy and raw material producers during a given period, and provide basis for measuring the material consumption of industrial enterprises after removing influence of price from cost.

Price Index of Real Estate

reflect the trend and degree of changes in prices of real estate during a given period, including sale price indices for houses, price indices for renting houses, price indices for land transactions and price indices for management of properties.

Price Index of Land Transaction

reflects the trend and degree changes in land transaction price which paid actually by developing enterprises or construction units to get land use rights before development of commodity buildings during a given period.

Price Index of Real Estate Sales

reflects the trend and degree changes in real estate sales during a given period.

Price Index of Real Estate Leasing

reflects the trend and degree changes in real estate leasing during a given period.

10

人民生活

People's Life

10-1 城乡居民物质文化生活水平提高情况（2007—2010年）
Improvement in Urban and Rural Residents' Material and Cultural Life, 2007-2010

项目	Item	2007	2008	2009	2010
居民收入支出(元)	**Income and Expenditure of Urban and Rural Residents (yuan)**				
城镇单位从业人员人均劳动报酬	Per Capita Annual Remuneration of Employment Personnel in Urban Units	33312	39990	43937	51489
城市居民人均可支配收入	Per Capita Annual Disposable Income of Urban Residents	16357	19423	21402	24293
城市居民人均消费性支出	Per Capita Annual Expenditures for Consumption of Urban Residents	12029	13422	14801	16562
农村居民人均纯收入	Per Capita Annual Net Income of Rural Residents	8752	9670	10675	11801
农村居民人均生活消费支出	Per Capita Annual Living Expenditures of Rural Residents	4118	4593	4926	5606
储　蓄(万元)	**Savings (10 000 yuan)**				
人均年末储蓄存款余额	Year-end per Capita Saving Deposit Balance	2.84	3.45	4.05	4.34
住　房(平方米)	**Floor Space of Residential Buildings (sq. m.)**				
城市人均住宅建筑面积	Per Capita Floor Space of Urban Residential Buildings	27.09	28.53	29.89	31.28
农村人均住房面积	Per Capita Living Floor Space of Rural Residents	26.60	27.29	28.48	28.75
交通和通信	**Transportation and Communications**				
城市每万人拥有公共交通车辆(标台)	Number of Public Transportation Vehicles per 10 000 Persons in City (standard vehicles)	13.2	14.3	14.6	14.9
城市每万人拥有铺装道路长度(公里)	Length of Paved Roads per 10 000 Persons in City (km)	8.70	9.41	9.03	8.84
每人每年函件交寄(件)	Per Capita Annual Letters Delivered (piece)	8.52	8.41	9.36	8.35
全市每百人拥有电话机(含移动)(部)	Telephones Owned per 100 Persons (Include Mobile) (set)	111.1	112.3	112.2	112.1
电、水、燃气、供热	**Electricity, Water, Gas and Heating**				
全市人均生活用电量(千瓦小时)	Per Capita Electric Consumption for Living of All Residents (kW · h)	434	467	537	533
城市人均生活用水量(吨)	Per Capita Water Consumption for Living of Urban Households (ton)	44.7	47.2	48.6	48.2
城市用气普及率(%)	Percentage with Access to Gas of Urban House-holds (%)	100	100	100	100
城市住宅集中供热面积(万平方米)	Heating Area of Urban Residential Buildings (10 000 sq. m.)	12768	14445	15651	18186

10-1 续表 Continued

项　目	Item	2007	2008	2009	2010
文　化	**Culture**				
平均每百户城市居民家庭拥有(台)	Per 100 Urban Households Possession (set)				
彩色电视机	Color TV Sets	135.0	131.0	127.3	130.8
家用电脑	Personal Computers	67.0	72.4	80.3	91.2
平均每百户农村居民家庭拥有(台)	Per 100 Rural Households Possession (set)				
彩色电视机	Color TV Sets	124	125	129	131
家用电脑	Personal Computers	16	19	23	29
平均每人每年有图书(册)	Annual Per Capita Owned Books (copy)	4.1	3.4	3.5	3.0
平均每百人每天有报纸(份)	Newspapers Owned per 100 Persons per Day (copy)	23.1	22.6	21.8	20.4
教　育	**Education**				
每万人口中有各级学校在校学生(人)	Number of Students Enrollment per 10 000 Population (person)	1461	1384	1285	1210
# 大学生	University Students	339	337	338	340
卫　生	**Public Health**				
每万人拥有医院、卫生院床位(张)	Number of Hospital, Health Care Center Beds per 10 000 Persons (bed)	34.1	33.4	32.1	32.0
每万人拥有医生(人)	Number of Doctors per 10 000 Persons (person)	24.0	22.6	22.7	22.5
赡养人口(人)	**Persons Supported by Others (person)**				
城镇每一就业者赡养人口	Number of Persons Supported by Each Urban Employee	1.98	1.93	1.92	1.88
农村每一劳动力负担人口	Number of Persons Supported by Each Rural Labour	1.41	1.40	1.42	1.41
城市绿化	**City Afforestation**				
建成区绿化覆盖率(%)	Coverage Rate of Afforestation in Developed Area (%)	37.5		30.3	32.1
环境卫生与保护	**Environment Sanitation and Protection**				
年末拥有公共厕所(座)	Year-end Public Lavatories (unit)	1557	1426	1411	1237
环境空气质量优良率(%)	Ambient Air Quality Fine Rate (%)	87.7	88.2	84.1	84.4

注：城镇每一就业者赡养人口数据来自城镇居民住户调查。
Note: Number of persons supported by each urban employee are citizen sample survey data.

10-2 城市居民家庭人均收支及增幅（1995—2010年）
Per Capita Income & Expenditures and Increase Rate of Urban Households, 1995-2010

年 份 Year	人均可支配收入(元) Per Capita Annual Disposable Income (yuan)	人均消费性支出(元) Per Capita Annual Expenditures for Consumption (yuan)	人均可支配收入增幅(%) Increase Rate of per Capita Annual Disposable Income (%)		人均消费性支出增幅(%) Increase Rate of per Capita Annual Expenditures for Consumption (%)	
			扣除物价 Deducting Price Factor	未扣除物价 Including Price Factor	扣除物价 Deducting Price Factor	未扣除物价 Including Price Factor
1995	4929.53	4064.10	7.4	23.8	6.8	23.1
1996	5967.71	4679.61	11.1	21.1	5.6	15.1
1997	6608.56	5204.29	7.4	10.7	7.9	11.2
1998	7110.54	5471.01	8.1	7.6	5.6	5.1
1999	7649.83	5851.53	8.8	7.6	8.1	7.0
2000	8140.55	6121.07	6.8	6.4	5.0	4.6
2001	8958.70	6987.22	8.7	10.1	12.8	14.2
2002	9337.54	7191.97	12.1	11.6	5.8	5.4
2003	10312.91	7867.53	9.4	10.4	8.3	9.4
2004	11467.16	8802.44	8.7	11.2	9.4	11.9
2005	12638.55	9653.26	8.6	10.2	8.0	9.7
2006	14283.09	10548.05	11.3	13.0	7.7	9.3
2007	16357.35	12028.88	9.9	14.5	9.4	14.0
2008	19422.53	13422.47	12.6	18.7	5.9	11.6
2009	21402.01	14801.35	11.3	10.2	11.4	10.3
2010	24292.60	16561.77	9.7	13.5	8.1	11.9

注：本表数据为城市居民抽样调查数据，表10-3至10-9同。
Note: The data of this table are collected from sample survey of urban households, same as table 10-3 to 10-9.

10-3 城市居民家庭生活基本情况（1995—2010年）
Basic Statistics on Urban Households, 1995-2010

年 份 Year	调查户数(户) Number of Households Surveyed (household)	平均每户家庭人口(人) Average Persons per Household (person)	平均每户就业人口(人) Average Employees per Household (person)	平均每户就业面(%) Percentage of Employment per Household (%)	平均每一就业者负担人数(人) Persons Supported by Each Employee (person)
1995	500	3.14	1.74	55.4	1.80
1996	500	3.11	1.73	55.6	1.80
1997	500	3.10	1.70	54.8	1.82
1998	500	3.06	1.72	56.2	1.78
1999	500	3.09	1.68	54.4	1.84
2000	500	3.08	1.63	52.9	1.89
2001	500	3.09	1.59	51.5	1.94
2002	1500	3.02	1.44	47.7	2.11
2003	1500	2.99	1.41	47.2	2.12
2004	1500	2.96	1.47	49.7	2.01
2005	1500	2.92	1.45	49.7	2.01
2006	1500	2.88	1.42	49.3	2.03
2007	1500	2.89	1.46	50.5	1.98
2008	1500	2.89	1.50	51.9	1.93
2009	1500	2.88	1.50	52.1	1.92
2010	1500	2.86	1.52	53.1	1.88

10-4 城市不同收入水平居民家庭基本情况（2010年）（按平均每人每年可支配收入分组）Basic Statistics on Urban Households of Different Income Level, 2010 (Grouped by Annual per Capita Disposable Income)

单位：人 (person)

项目	Item	调查户数（户）Number of Households Surveyed (household)	平均每户人口 Average Persons per Household	平均每户就业人口 Average Employees per Household	平均每一就业者负担人口 Persons Supported by Each Employee
全市	**Total**	**1500**	**2.86**	**1.52**	**1.88**
1. 最低收入户 (11387.04元以下)	Lowest Income Households (Below 11387.04 yuan)	150	3.07	1.51	2.03
# 更低收入户 (9082.55元以下)	Even More Lowest Income Households (Below 9082.55 yuan)	75	3.04	1.48	2.05
2. 低收入户 (11405.20—14428.33元)	Low Income Households (11405.20-14428.33 yuan)	150	3.09	1.62	1.91
3. 中等偏下收入户 (14447.27—19049.00元)	Lower Middle Income Households (14447.27-19049.00 yuan)	300	2.96	1.48	2.00
4. 中等收入户 (19075.20—24567.80元)	Middle Income Households (19075.20-24567.80 yuan)	300	2.83	1.45	1.95
5. 中等偏上收入户 (24569.99—33306.31元)	Upper Middle Income Households (24569.99-33306.31 yuan)	300	2.82	1.54	1.83
6. 高收入户 (33382.96—41163.33元)	High Income Households (33382.96-41163.33 yuan)	150	2.63	1.44	1.83
7. 最高收入户 (41189.50元以上)	Highest Income Households (Over 41189.50 yuan)	150	2.62	1.65	1.59

单位：元 (yuan)

项目	Item	人均总收入 Per Capita Annual Income	# 人均可支配收入 Per Capita Annual Disposable Income	人均消费性支出 Per Capita Annual Expenditures for Consumption	# 人均服务性消费支出 Per Capita Annual Expenditures for Services
全市	**Total**	**26942.00**	**24292.60**	**16561.77**	**4300.11**
1. 最低收入户 (11387.04元以下)	Lowest Income Households (Below 11387.04 yuan)	10230.50	9018.59	8368.01	2374.89
# 更低收入户 (9082.55元以下)	Even More Lowest Income Households (Below 9082.55 yuan)	8707.58	7535.83	7363.52	1974.63
2. 低收入户 (11405.20—14428.33元)	Low Income Households (11405.20-14428.33 yuan)	14605.77	12948.40	10842.80	2868.40
3. 中等偏下收入户 (14447.27—19049.00元)	Lower Middle Income Households (14447.27-19049.00 yuan)	18724.83	16747.25	12563.02	3212.62
4. 中等收入户 (19075.20—24567.80元)	Middle Income Households (19075.20-24567.80 yuan)	23952.68	21704.48	15408.32	4138.58
5. 中等偏上收入户 (24569.99—33306.31元)	Upper Middle Income Households (24569.99-33306.31 yuan)	31397.97	28310.89	18887.24	4852.20
6. 高收入户 (33382.96—41163.33元)	High Income Households (33382.96-41163.33 yuan)	40759.87	36980.53	23715.83	5588.90
7. 最高收入户 (41189.50元以上)	Highest Income Households (Over 41189.50 yuan)	61604.99	55883.23	31765.02	8447.48

10-5 城市居民家庭人均收入和支出及构成（2007—2010年）
Composition of per Capita Income & Expenditures of Urban Households, 2007-2010

项　目	Item	2007	2008	2009	2010
家庭人均总收入（元）	**Per Capita Annual Income (yuan)**	**17828.15**	**21174.04**	**23565.67**	**26942.00**
#可支配收入	Per Capita Disposable Income	16357.35	19422.53	21402.01	24292.60
工资性收入	Wages and Salaries	10882.24	12849.73	14389.10	16780.41
#工资及补贴收入	Wage and Subsidies	10766.61	12740.31	14281.10	16686.50
经营净收入	Net Business Income	800.82	863.52	847.23	931.81
财产性收入	Property Income	233.01	256.87	305.31	333.17
转移性收入	Transferred Income	5912.08	7203.93	8024.04	8896.61
#养老金或离退休金	Pensions and Retirement Pay	4686.60	5470.26	6226.50	7104.10
家庭人均总收入构成（%）	**Composition of Per Capita Annual Income (%)**	**100.0**	**100.0**	**100.0**	**100.0**
工资性收入	Wages and Salaries	61.0	60.7	61.1	62.3
#工资及补贴收入	Wage and Subsidies	60.4	60.2	60.6	61.9
经营净收入	Net Business Income	4.5	4.1	3.6	3.5
财产性收入	Property Income	1.3	1.2	1.3	1.2
转移性收入	Transferred Income	33.2	34.0	34.0	33.0
#养老金或离退休金	Pensions and Retirement Pay	26.3	25.8	26.4	26.4
家庭人均总支出（元）	**Per Capita Annual Expenditures (yuan)**	**17028.65**	**18855.20**	**22136.64**	**24345.19**
消费性支出	Consumption Expenditures	12028.88	13422.47	14801.35	16561.77
#服务性消费支出	Service Consumption Expenditure	3354.81	3646.05	3886.11	4300.11
购房与建房支出	Buying and Building House Expenditure	1947.74	1813.06	2990.20	2331.05
转移性支出	Transferred Expenditure	1615.39	1925.24	2223.51	2863.00
财产性支出	Property Expenditure	98.55	122.60	195.72	237.69
社会保障支出	Social Security Expenditure	1338.09	1571.84	1925.87	2351.68
家庭人均总支出构成（%）	**Composition of Per Capita Annual Expenditures (%)**	**100.0**	**100.0**	**100.0**	**100.0**
消费性支出	Consumption Expenditures	70.6	71.2	66.9	68.0
#服务性消费支出	Service Consumption Expenditure	20.9	19.3	17.6	17.7
购房与建房支出	Buying and Building House Expenditure	11.4	9.6	13.5	9.6
转移性支出	Transferred Expenditure	9.5	10.2	10.0	11.8
财产性支出	Property Expenditure	0.6	0.7	0.9	1.0
社会保障支出	Social Security Expenditure	7.9	8.3	8.7	9.6

10-6 城市居民家庭人均消费性支出及构成（2007—2010年）
Composition of per Capita Consumption Expenditures of Urban Residents, 2007-2010

项　目	Item	2007	2008	2009	2010
人均消费性支出（元）	**Per Capita Annual Consumption Expenditures (yuan)**	**12028.88**	**13422.47**	**14801.35**	**16561.77**
#服务性消费支出	Service Consumption Expenditure	3354.81	3646.05	3886.11	4300.11
食　品	Food	4249.31	5005.09	5404.53	5940.44
衣　着	Clothing	1024.15	1153.66	1362.56	1567.58
居　住	Residence	1417.45	1528.28	1505.70	1615.57
家庭设备、用品及服务	Household Facilities, Articles and Services	760.56	817.18	911.92	1119.93
医疗保健	Medicine and Medical Services	1163.98	1220.92	1273.38	1275.64
交通和通信	Transportation and Communication Services	1309.94	1567.87	1968.37	2454.38
娱乐、教育、文化服务	Recreation, Education and Cultural Services	1639.83	1608.97	1740.85	1899.50
杂项商品和服务	Miscellaneous Commodities and Services	463.64	520.49	634.05	688.73
人均消费性支出构成（%）	**Composition of Per Capita Annual Consumption Expenditures (%)**	**100.0**	**100.0**	**100.0**	**100.0**
#服务性消费支出	Service Consumption Expenditure	27.9	27.2	26.3	26.0
食　品	Food	35.3	37.3	36.5	35.9
衣　着	Clothing	8.5	8.6	9.2	9.4
居　住	Residence	11.8	11.4	10.2	9.8
家庭设备、用品及服务	Household Facilities, Articles and Services	6.3	6.0	6.1	6.8
医疗保健	Medicine and Medical Services	9.7	9.1	8.6	7.7
交通和通信	Transportation and Communication Services	10.9	11.7	13.3	14.8
娱乐、教育、文化服务	Recreation, Education and Cultural Services	13.6	12.0	11.8	11.5
杂项商品和服务	Miscellaneous Commodities and Services	3.9	3.9	4.3	4.1

10-7 城市居民家庭人均消费性支出分类（2010年）
Classification of per Capita Annual Consumption Expenditures of Urban Households, 2010

单位：元 (yuan)

项　目	Item	总平均 Average	最低收入 10% Lowest Income 10 percent	低收入 10% Low Income 10 percent	中等偏下收入 20% Lower Middle Income 20 percent
人均消费性支出	**Per Capita Consumption Expenditures**	**16561.77**	**8368.01**	**10842.80**	**12563.02**
一、食　品	Food	5940.44	3873.06	4713.68	5303.91
(一) 粮油类	Grain and Oil	627.52	496.72	536.90	606.27
1. 粮　食	Grain	385.73	310.99	338.14	371.84
2. 淀粉及薯类	Starches and Yams	51.34	43.16	41.35	49.82
3. 干豆类及豆制品	Bean and Bean Products	59.61	46.39	44.84	57.53
4. 油脂类	Oil and Fats	130.85	96.18	112.57	127.08
(二) 肉禽蛋水产品类	Meat, Poultry, Egg and Aquatic Products	1468.27	1051.18	1220.77	1370.24
1. 肉　类	Meat	716.84	530.18	615.65	686.90
2. 禽　类	Poultry	148.86	106.94	132.68	140.65
3. 蛋　类	Eggs	158.77	121.78	136.96	152.84
4. 水产品类	Aquatic Products	443.79	292.27	335.49	389.85
(三) 蔬菜类	Vegetables	521.49	389.72	432.32	511.91
(四) 调味品	Flavouring	98.08	73.22	80.57	93.62
(五) 糖烟酒饮料类	Sugar, Tobacco, Liquor and Beverage	635.04	381.51	512.48	578.90
1. 糖　类	Sugar	44.08	29.32	33.12	38.77
2. 烟草类	Tobacco	235.43	141.72	206.37	242.56
3. 酒　类	Liquor	215.30	126.35	161.03	181.36
4. 饮　料	Beverage	140.23	84.12	111.96	116.21
(六) 干鲜瓜果类	Dry and Fresh Melons and Fruits	539.06	361.44	420.41	485.56
(七) 糕点、奶及奶制品	Cake, Milk and Related Products	421.67	291.76	332.00	371.94
(八) 其他食品	Other Food	128.83	80.13	91.20	116.81
(九) 饮食服务	Dining	1500.49	747.37	1087.03	1168.66
# 在外饮食	Dining Out	1500.26	747.17	1086.99	1168.48
二、衣　着	Clothing	1567.58	664.08	1056.17	1122.60
# 服　装	Garments	1122.04	454.30	734.01	784.70
衣着材料	Clothing Materials	15.26	5.07	7.77	10.07
鞋　类	Shoes	355.95	166.40	255.25	276.89
衣着加工服务费	Tailoring and Laundering Service Fees	11.00	4.41	5.69	7.16
三、居　住	Residence	1615.57	794.72	929.02	1202.56
# 燃　料	Fuel	113.59	89.07	98.34	107.71
四、家庭设备、用品及服务	Household Facilities, Articles and Services	1119.93	310.19	542.90	818.10
# 耐用消费品	Durable Consumer Goods	628.07	88.32	235.00	469.89
室内装饰品	Room Decorations	37.24	4.04	10.36	11.86
家庭服务	Household Services	55.87	9.37	20.97	27.52
五、医疗保健	Medicine and Medical Services	1275.64	470.62	851.88	935.23
六、交通与通信	Transportation and Communication Services	2454.38	830.89	1201.04	1408.70
七、娱乐、教育、文化服务	Recreation, Education and Cultural Services	1899.50	1241.09	1238.44	1311.29
# 文化娱乐用品	Cultural and Recreational Articles	567.58	162.28	309.64	352.63
八、杂项商品与服务	Miscellaneous Commodities and Services	688.73	183.35	309.67	460.63

10-7 续表 Continued

单位：元 (yuan)

项　目	Item	中等收入20% Middle Income 20 percent	中等偏上收入20% Upper Middle Income 20 percent	高收入10% High Income 10 percent	最高收入10% Highest Income 10 percent
人均消费性支出	**Per Capita Consumption Expenditures**	**15408.32**	**18887.24**	**23715.83**	**31765.02**
一、食　品	Food	5772.09	6491.33	7404.61	8850.44
(一) 粮油类	Grain and Oil	648.73	641.90	736.71	743.94
1. 粮　食	Grain	402.89	390.26	456.65	439.81
2. 淀粉及薯类	Starches and Yams	53.06	51.54	60.02	62.94
3. 干豆类及豆制品	Bean and Bean Products	61.59	62.15	72.31	74.18
4. 油脂类	Oil and Fats	131.19	137.95	147.74	167.02
(二) 肉禽蛋水产品类	Meat, Poultry, Egg and Aquatic Products	1509.21	1540.00	1791.32	1884.66
1. 肉　类	Meat	738.91	746.83	860.15	858.80
2. 禽　类	Poultry	154.57	159.35	172.06	175.74
3. 蛋　类	Eggs	160.44	164.53	188.91	193.42
4. 水产品类	Aquatic Products	455.29	469.29	570.20	656.70
(三) 蔬菜类	Vegetables	527.40	537.71	637.59	633.16
(四) 调味品	Flavouring	100.78	103.83	120.06	116.66
(五) 糖烟酒饮料类	Sugar, Tobacco, Liquor and Beverage	634.98	669.51	746.93	1003.93
1. 糖　类	Sugar	42.26	46.55	59.93	68.22
2. 烟草类	Tobacco	246.54	237.25	253.70	313.32
3. 酒　类	Liquor	208.95	228.86	245.64	408.68
4. 饮　料	Beverage	137.24	156.86	187.66	213.71
(六) 干鲜瓜果类	Dry and Fresh Melons and Fruits	548.87	593.33	674.07	726.60
(七) 糕点、奶及奶制品	Cake, Milk and Related Products	422.99	462.87	545.67	569.96
(八) 其他食品	Other Food	126.20	141.90	172.44	188.92
(九) 饮食服务	Dining	1252.93	1800.29	1979.82	2982.61
# 在外饮食	Dining Out	1252.78	1799.92	1979.59	2982.15
二、衣　着	Clothing	1506.78	1839.53	2333.84	2961.14
# 服　装	Garments	1064.01	1327.61	1656.28	2232.49
衣着材料	Clothing Materials	16.51	24.31	22.69	17.84
鞋　类	Shoes	349.72	406.63	545.18	580.28
衣着加工服务费	Tailoring and Laundering Service Fees	12.27	13.88	16.51	18.88
三、居　住	Residence	1676.48	1799.28	2360.78	3000.34
# 燃　料	Fuel	121.20	117.38	133.40	128.16
四、家庭设备、用品及服务	Household Facilities, Articles and Services	1058.53	1320.27	1793.13	2413.60
# 耐用消费品	Durable Consumer Goods	582.34	785.74	1090.13	1351.06
室内装饰品	Room Decorations	24.86	41.50	70.99	146.13
家庭服务	Household Services	60.16	40.75	105.45	185.49
五、医疗保健	Medicine and Medical Services	1512.70	1600.95	1710.57	1806.48
六、交通与通信	Transportation and Communication Services	1631.50	2895.70	4271.12	7078.34
七、娱乐、教育、文化服务	Recreation, Education and Cultural Services	1686.86	2033.76	2642.41	4148.90
# 文化娱乐用品	Cultural and Recreational Articles	464.05	650.71	981.60	1434.85
八、杂项商品与服务	Miscellaneous Commodities and Services	563.37	906.44	1199.37	1505.77

10-8 城市居民家庭平均每百户耐用消费品年末拥有量(2006—2010年) Per 100 Urban Households Year-end Possessions of Major Durable Consumer Goods, 2006-2010

商品名称	Item	2006	2007	2008	2009	2010
摩托车(辆)	Motorcycle (unit)	6.3	3.8	2.3	2.3	1.7
助力车(辆)	Mini-motorcycle (unit)	15.5	16.5	25.1	27.3	28.5
家用汽车(辆)	Automobile (unit)	4.6	5.6	7.7	11.7	16.1
洗衣机(台)	Washing Machine (unit)	96.8	97.8	99.4	100.3	100.2
电冰箱、柜(台)	Refrigerator (unit)	112.2	106.0	108.7	107.3	107.5
彩色电视机(台)	Color TV Set (unit)	135.9	134.8	130.5	127.3	130.8
家用电脑(台)	Personal-computer (unit)	59.2	66.6	72.4	80.3	91.2
组合音响(台)	Hi-Fi Stereo Component System (unit)	27.7	29.5	29.5	25.9	26.0
摄像机(台)	Vidicon (unit)	7.9	9.5	11.3	11.7	14.1
照相机(架)	Camera (unit)	59.5	62.8	59.5	58.9	63.2
钢　琴(架)	Piano (unit)	1.3	1.2	1.5	1.5	1.7
其他中高档乐器(件)	Other Instrument (unit)	3.2	1.7	1.7	2.1	2.8
微波炉(台)	Microwave Oven (unit)	77.9	82.2	85.3	86.3	88.5
空调器(台)	Air-conditioner (unit)	115.7	123.0	125.7	129.7	143.0
淋浴热水器(台)	Shower (unit)	87.1	88.6	90.5	93.9	96.4
消毒碗柜(台)	Dish-sterilization Boxes (unit)	2.4	1.4	1.7	1.1	1.5
洗碗机(台)	Dish-Washer (unit)	0.3	0.3	0.1	0.1	0.3
健身器材(套)	Gymnastic Equipment (set)	4.3	3.0	2.7	2.2	2.3
固定电话(部)	Telephone (unit)	91.5	87.4	84.9	82.9	80.5
移动电话(部)	Mobile Telephone (unit)	143.7	162.3	179.1	190.4	205.2

10-9 城市居民家庭住房基本情况构成（2007—2010年）
Composition of Basic Living Condition of Urban Households, 2007-2010

单位：%（%）

指　标	Item	2007	2008	2009	2010
建筑式样	**Style of Building**	**100.0**	**100.0**	**100.0**	**100.0**
单栋住宅	Single Building	0.2	0.1	0.1	0.1
四居室	Four-room	0.9	0.9	0.4	0.5
三居室	Three-room	10.3	10.5	10.9	10.7
二居室	Two-room	62.5	62.5	64.0	65.6
一居室	One-room	18.8	22.1	22.1	19.5
普通楼房	Common Building	5.6	3.3	2.1	2.4
平房及其他	Cottage and Others	1.6	0.6	0.4	1.2
用水情况	**Water Supply**	**100.0**	**100.0**	**100.0**	**100.0**
独用自来水	Private Tap Water	98.9	98.9	99.5	99.2
公用自来水	Public Tap Water	1.1	1.1	0.5	0.8
卫生设备	**Sanitary Facilities**	**100.0**	**100.0**	**100.0**	**100.0**
有厕所浴室	Restroom & Bathroom	90.1	91.1	92.1	95.5
有厕所无浴室	Restroom without Bathroom	4.7	5.8	6.5	2.2
公　用	Public Facilities	5.2	3.1	1.4	2.3
取暖设备	**Heating Facilities**	**100.0**	**100.0**	**100.0**	**100.0**
空调设备	Air-conditioner	0.3	0.5	0.6	0.7
暖　气	Central Heating	89.1	93.3	93.9	95.9
其　他	Others	10.6	6.2	5.5	3.4
炊用燃料使用情况	**Fuel Used for Cooking**	**100.0**	**100.0**	**100.0**	**100.0**
管道煤气	Pipeline Gas	92.1	94.1	95.0	96.6
液化石油气	Liquefied Petroleum Gas	7.6	5.7	4.7	3.3
煤	Coal	0.3	0.1	0.1	0.1
其　他	Others		0.1	0.2	

10-10 农村居民家庭基本情况（2007—2010年）
Basic Statistics on Rural Households, 2007-2010

项　目	Item	单　位	Unit	2007	2008	2009	2010
户均常住人口	Average Permanent Residents per Household	人	person	3.48	3.44	3.42	3.35
# 劳动力	Labour Force	人	person	2.48	2.45	2.41	2.38
整劳动力	Full Labour Force	人	person	1.63	1.56	1.52	1.45
半劳动力	Semi Labour Force	人	person	0.85	0.89	0.89	0.93
平均每个劳动力负担人口	Dependents per Labour	人	person	1.41	1.40	1.42	1.41
年末户均生产性固定资产原值	Year-end Original Value of Productive Fixed Assets per Household	元	yuan	11724	12987	14697	15091
户均经营耕地面积	Cultivated Land Areas per Household	公　顷	hectare	0.30	0.30	0.34	0.33
年内人均新建住房面积	New Living Space per Capita in Current Year	平方米	sq. m.	0.37	0.28	0.10	0.54
年内新建（购）住房价值	Value of Houses Newly Built (Bought) in Current Year	元/平方米	yuan/sq. m.	748	804	933	944
年末人均住房面积	Year-end Living Space per Capita	平方米	sq. m.	26.60	27.29	28.48	28.75
全年人均纯收入	Annual Net Income per Capita	元	yuan	8752	9670	10675	11801
全年人均生活消费支出	Annual per Capita Living Expenditures	元	yuan	4118	4593	4926	5606

注：本表数据为农村住户抽样调查数，表10-11至10-19同。
Note: The data of this table are collected from sample survey on rural households, same as table 10-11 to 10-19.

10-11 农村居民家庭劳动力文化程度（2007—2010年）
Education Level of Labours in Rural Households, 2007-2010

单位：人 (person)

项　目	Item	2007	2008	2009	2010
每百个劳动力中：	In per 100 Labours:				
不识字或识字很少	Illiterate or Semi-illiterate	1.60	1.60	1.60	1.60
小　学	Primary School	18.10	18.18	17.08	17.08
初　中	Junior Secondary School	59.76	59.43	60.44	60.62
高　中	Senior Secondary School	13.47	13.17	12.99	13.03
中　专	Specialized Secondary School	5.12	5.31	5.12	4.41
大专及以上	Junior College and Above	1.95	2.31	2.77	3.26

10-12 农村居民人均纯收入(2008—2010年)
Per Capita Net Income of Rural Residents, 2008-2010

单位：元 (yuan)

项　目	Item	2008	2009	2010
人均纯收入	**Per Capita Annual Net Income**	**9670**	**10675**	**11801**
1. 工资性收入	Rewards of Labours	5209	5768	6401
# 在非企业组织中劳动得到	From Non-enterprise Organizations	760	811	876
在本地企业中劳动得到	From Local Enterprises	2896	3197	3553
2. 家庭经营纯收入	Net Income from Family Business	3771	4039	4277
# 农　业	Farming	1549	1614	1794
畜牧业	Animal Husbandry	260	262	257
采矿业和制造业	Minerals Mining and Manufacturing	80	95	99
建筑业	Construction	223	236	218
交通运输、仓储和邮政业	Transportation, Storage and Post Services	639	691	746
批发和零售业	Wholesale and Retail Trade	327	381	407
住宿和餐饮业	Accommodation and Catering Services	79	89	72
3. 转移性、财产性纯收入	Transferred and Property Net Income	690	868	1123
# 退休金或养老金	Pension	168	231	316
土地征用补偿	Compensation for Land Expropriation	134	179	227

10-13 农村居民人均纯收入构成(2008—2010年)
Composition of per Capita Net Income of Rural Residents, 2008-2010

单位：% (%)

项　目	Item	2008	2009	2010
人均纯收入	**Per Capita Annual Net Income**	**100.0**	**100.0**	**100.0**
1. 工资性收入	Rewards of Labours	53.9	54.0	54.2
# 在非企业组织中劳动得到	From Non-enterprise Organizations	7.9	7.6	7.4
在本地企业中劳动得到	From Local Enterprises	29.9	29.9	30.1
2. 家庭经营纯收入	Net Income from Family Business	39.0	37.9	36.2
# 农　业	Farming	16.0	15.1	15.2
畜牧业	Animal Husbandry	2.7	2.5	2.2
采矿业和制造业	Minerals Mining and Manufacturing	0.8	0.9	0.8
建筑业	Construction	2.3	2.2	1.8
交通运输、仓储和邮政业	Transportation, Storage and Post Services	6.6	6.5	6.3
批发和零售业	Wholesale and Retail Trade	3.4	3.6	3.4
住宿和餐饮业	Accommodation and Catering Services	0.8	0.8	0.6
3. 转移性、财产性纯收入	Transferred and Property Net Income	7.1	8.1	9.6
# 退休金或养老金	Pension	1.7	2.2	2.7
土地征用补偿	Compensation for Land Expropriation	1.4	1.7	1.9

10-14 农村居民人均生活消费支出（2008—2010年）
Per Capita Annual Living Expenditures of Rural Residents, 2008-2010

单位：元 (yuan)

项　目	Item	2008	2009	2010
人均生活消费支出	**Per Capita Annual Living Expenditures**	**4593**	**4926**	**5606**
食　品	Food	1833	1944	2184
衣　着	Clothing	414	457	502
居　住	Residence	1111	1184	1432
家庭设备、用品及服务	Household Facilities, Articles and Services	131	151	181
医疗保健	Medicine and Medical Services	330	342	351
交通通讯	Transportation and Communications	335	380	406
文教娱乐用品及服务	Culture, Education and Recreation Articles and Services	264	270	320
其他商品和服务	Other Commodities and Services	175	198	230

10-15 农村居民人均生活消费支出构成（2008—2010年）
Composition of per Capita Living Expenditures of Rural Residents, 2008-2010

单位：% (%)

项　目	Item	2008	2009	2010
人均生活消费支出	**Per Capita Annual Living Expenditures**	**100.0**	**100.0**	**100.0**
食　品	Food	39.9	39.5	39.0
衣　着	Clothing	9.0	9.3	9.0
居　住	Residence	24.2	24.0	25.5
家庭设备、用品及服务	Household Facilities, Articles and Services	2.9	3.1	3.2
医疗保健	Medicine and Medical Services	7.2	6.9	6.3
交通通讯	Transportation and Communications	7.3	7.7	7.2
文教娱乐用品及服务	Culture, Education and Recreation Articles and Services	5.7	5.5	5.7
其他商品和服务	Other Commodities and Services	3.8	4.0	4.1

10-16 农村居民家庭每百户耐用消费品年末拥有量（2006—2010年）
Per 100 Rural Households Year-end Possessions of Durable Consumer Goods, 2006-2010

商品名称	Item	2006	2007	2008	2009	2010
自行车(辆)	Bicycle (unit)	181	184	188	191	185
电动自行车(辆)	Electric Bicycle (unit)	16	27	30	33	38
摩托车(辆)	Motorcycle (unit)	48	51	51	51	52
生活用汽车(辆)	Car (unit)	7	8	9	11	14
空调器(台)	Air-Conditioner (set)	50	57	61	69	77
洗衣机(台)	Washing Machine (set)	96	98	99	100	101
电冰箱(台)	Refrigerator (set)	88	92	96	99	103
微波炉(台)	Microwave Oven (set)	20	25	30	32	37
吸尘器(台)	Dust Catcher (set)	7	7	7	7	7
热水器(台)	Shower (set)	38	44	47	50	58
抽油烟机(台)	Smoke Absorber (set)	22	22	23	24	28
普通电话(部)	Telephone (unit)	86	86	80	76	71
移动电话(部)	Mobile Telephone (unit)	108	130	146	162	182
家用电脑(台)	Personal-computer (unit)	12	16	19	23	29
彩色电视机(台)	Color TV Set (set)	120	124	125	129	131
照相机(架)	Camera (set)	20	20	20	22	25
影碟机(台)	Video Disc Player (set)	38	39	40	37	33
摄像机(台)	Vidicon (set)	1	1	1	2	2

10-17 农村居民人均食品消费量（2006—2010年）
Per Capita Annual Consumption on Food of Rural Households, 2006-2010

单位：千克 (kg)

商品名称	Item	2006	2007	2008	2009	2010
粮　食	Grain	165.5	160.9	157.8	152.1	147.5
蔬菜及其制品	Vegetables and Related Products	132.2	134.9	139.2	146.6	140.3
食用植物油	Edible Vegetable Oil	9.3	9.8	10.6	11.3	10.7
食用动物油	Edible Animal Oil	0.4	0.2	0.2	0.2	0.1
猪　肉	Pork	11.2	8.3	8.6	10.3	10.8
牛　肉	Beef	0.8	1.0	0.7	0.8	0.8
羊　肉	Mutton	1.4	1.5	1.1	1.6	1.6
家　禽	Poultry	0.6	1.1	1.3	1.2	1.3
肉禽制品	Related Products of Meat and Poultry	1.3	1.1	1.2	1.5	1.8
蛋类及其制品	Eggs and Related Products	17.6	17.6	18.2	21.3	21.7
奶及其制品	Milk and Related Products	5.7	6.2	6.5	7.7	8.6
水产品	Aquatic Products	14.8	16.4	17.1	19.1	19.9
水果及其制品	Fruits and Related Products	32.0	32.1	33.3	36.5	36.1
食　糖	Sugar	0.7	0.7	0.7	0.7	0.8
白　酒	Liquor	3.5	3.1	3.5	3.8	3.6
啤　酒	Beer	6.9	7.7	6.4	9.9	9.2

10-18 农村居民家庭户均生产性固定资产原值（2007—2010年）
Original Value of Productive Fixed Assets per Rural Household, 2007-2010

单位：元 (yuan)

项　目	Item	2007	2008	2009	2010
年末户均生产性固定资产原值	**Year-end Original Value of Productive Fixed Assets per Household**	**11724**	**12987**	**14697**	**15091**
1. 农、林、牧、渔业	Farming, Forestry, Animal Husbandry and Fishery	5433	5990	6324	6380
#役畜、产品畜	Draught Animals and Commodity Animals	517	530	536	359
大中型铁木农具	Large and Medium-sized Wood & Iron Farm Tools	162	242	256	250
农林牧渔业机械	Machinery for Farming, Forestry, Animal Husbandry and Fishery	2056	2605	2754	2936
2. 制造业	Manufacturing	1524	1583	2012	2091
3. 批发和零售业	Wholesale and Retail Trade	720	1073	1366	1384
4. 住宿和餐饮业	Accommodation and Catering Services	33	79	16	25
5. 其　他	Others	4014	4262	4979	5211

10-19 农村居民家庭每百户生产性固定资产拥有量（2007—2010年）
Possessions of Productive Fixed Assets per 100 Rural Households, 2007-2010

项　目	Item	2007	2008	2009	2010
汽　车(辆)	Motor Vehicles (set)	6.50	7.00	7.33	9.50
大中型拖拉机(台)	Large and Medium-sized Tractors (set)	1.67	1.67	2.17	2.03
小型和手扶拖拉机(台)	Mini-tractors (set)	17.83	18.50	18.67	17.00
机动脱粒机(台)	Motorized Threshing Machines (set)	1.33	1.33	1.33	1.50
胶轮大车(辆)	Carts with Rubber Tires (set)	4.00	4.00	2.33	2.17
水　泵(台)	Pumps (set)	19.00	20.83	21.67	21.83
役　畜(头)	Draught Animals (head)	6.17	6.33	6.33	6.83
产品畜(头)	Commodity Animals (head)	27.00	27.00	29.33	24.50

主要统计指标解释
Explanatory Notes on Main Statistical Indicators

城市居民家庭就业人口

指从事社会劳动并取得报酬或经营收入的人口，不论在全民、集体和其他所有制单位工作或从事个体劳动，不论有固定性职业或临时性职业都是就业人口。

城市居民家庭总收入

指调查户中生活在一起的所有家庭成员在调查期得到的工资性收入、经营性收入、财产性收入、转移性收入的总和，不包括出售财物和借贷收入。收入的统计标准以实际发生的数额为准，无论收入是补发还是预发，只要是调查期得到的都应如实计算，原则上不作分摊。考虑到对样本量小的市县影响较大，大笔收入可以分摊记入，但要尽量减少分摊次数，并要在本年度内分摊完毕。

城市居民家庭可支配收入

指调查户可用于最终消费支出和其他非义务性支出以及储蓄的总和，即居民家庭可以用来自由支配的收入。它是家庭总收入扣除交纳的个人所得税、个人交纳的社会保障费以及调查户的记账补贴后的收入。计算公式为：

可支配收入＝家庭总收入－交纳个人所得税－个人交纳的社会保障支出－记账补贴

城市居民工薪收入 指就业人员通过各种途径得到的全部劳动报酬，包括所从事的主要职业的工资以及从事第二职业、其他兼职和零星劳动得到的其他劳动收入。

城市居民经营净收入 指家庭成员从事生产经营活动所获得的净收入。是全部生产经营收入中扣除生产成本和税金后所得的收入。

城市居民财产性收入 指家庭所拥有的动产（如银行存款、有价证券）、不动产（如房屋、车辆、土地、收藏品等）所获得的收入。包括出让财产使用权所获得的利息、租金、专利收入；财产运营所获得的红利收入、财产增值收益等。

城市居民转移性收入 指国家、单位、社会团体对居民家庭的各种转移支付和居民家庭间的收入转移。包括政府对个人收入转移的离退休金、失业救济金、赔偿等；单位对个人收入转移的辞退金、保险索赔、住房公积金、家庭间的赠送和赡养等。

城市居民家庭消费性支出

指调查户用于本家庭日常生活的全部支出，包括食品、衣着、居住、家庭设备用品及服务、医疗保健、交通和通信、娱乐教育文化服务、其他商品和服务八大类等。包括用于赠送的商品或服务。

城市居民家庭服务性消费支出

指调查户用于本家庭支付社会提供的各种文化和生活方面的非商品性服务费用。包括为别人付款的服务。服务消费与商品消费不同，其特点在于其劳动过程和消费过程在时间与空间上的统一。

服务性消费支出＝食品加工服务费用＋在外饮食×50%＋衣着加工服务费＋家庭服务＋医疗费＋交通工具服务支出＋交通费＋通信服务＋文化娱乐服务费＋教育费用＋房租＋住房装潢支出×40%＋居住服务费＋其他服务费

农村居民常住人口

指全年经常在家或在家居住六个月以上，而且经济和生活与本户连成一体的人口。外出从业人员在外居住时间虽然在六个月以上，但收入主要带回家中，经济与本户连成一体，仍视为家庭常住人口；在家居住、生活和本户连成一体的国家职工、退休人员也视为家庭常住人口。但是现役军人、中专及以上（走读生除外）的在校学生以及常年在外（不包括探亲、看病等）且已有稳定的职业与居住场所的外出从业人员，不应当作为家庭常住人口。

农村居民家庭整半劳动力

整劳动力指男子 18 周岁到 50 周岁，女子 18 周岁到 45 周岁；半劳动力指男子 16 周岁到 17 周岁，51 周岁到 60 周岁；女子 16 周岁到 17 周岁，46 周岁到 55 周岁，同时具有劳动能力的人。虽然在劳动年龄之内，但已丧失劳动能力的人，不应算为劳动力；超过劳动年龄，

主要统计指标解释
Explanatory Notes on Main Statistical Indicators

但能经常参加劳动，计入半劳动力数内。常住人口中的职工，若这些职工为劳动力，就包括在本户的整半劳动力中。

农村居民纯收入

指农村住户当年从各个来源得到的总收入相应地扣除所发生的费用后的收入总和。纯收入主要用于再生产投入和当年生活消费支出，也可用于储蓄和各种非义务性支出。计算公式为：

农村居民纯收入=总收入－家庭经营费用支出－税费支出－生产性固定资产折旧－农村亲友赠送

农村居民工资性收入 指农村住户成员受雇于单位或个人，靠出卖劳动而获得的收入。包括：

1. 在非企业组织中劳动得到的收入：指农村住户成员在不具备企业性质的行政事业单位和各种组织中劳动得到的收入。包括村干部和民办教师的工资（奖金、补贴），乡及以上行政、事业单位工作人员的工资（奖金、补贴）等。

2. 在本地劳动得到的收入：指农村住户成员在所属乡（镇）地域范围内受雇于单位或个人，靠出卖劳动而获得的收入。

3. 常住人口外出从业得到的收入：指农村住户成员到住户所属乡镇地域范围以外从业得到的收入。

农村居民家庭经营收入 指农村住户以家庭为生产经营单位进行生产筹划和管理而获得的收入。家庭经营活动按行业划分为农业、林业、畜牧业、渔业、工业、建筑业、交通运输和邮电业、批发和零售贸易餐饮业、社会服务业、文教卫生业和其他家庭经营。

农村居民财产性收入 指金融资产或有形非生产性资产的所有者向其他机构单位提供资金或将有形非生产性资产供其支配，作为回报而从中获得的收入。包括利息收入、股息收入、租金收入、土地征用补偿收入等。

农村居民转移性收入 指农村住户和住户成员无须付出任何对应物而获得的货物、服务、资金或资产所有权等，不包括无偿提供的用于固定资本形成的资金。一般情况下，指农村住户在二次分配中的所有收入。包括家庭非常住人口寄回或带回、城市亲友赠送、农村亲友赠送等。

农村居民生活消费支出

指农村住户用于物质生活和精神生活方面的支出。包括食品，衣着，居住，家庭设备、用品及服务，医疗保健，交通和通讯，文化教育娱乐用品及服务，其他商品和服务等消费支出。

恩格尔系数

指食物支出金额在消费性总支出金额中所占的比例。计算公式为：

$$恩格尔系数=\frac{食品支出金额}{消费性总支出金额}\times 100\%$$

主要统计指标解释
Explanatory Notes on Main Statistical Indicators

Employment Personnel of Urban Households

refer to the persons who are engaged in social labour and receive payment or earn business income, including the staff and workers in the state-owned, the staff and workers in collective-owned, other employed, employed persons individual business, etc. No matter he is permanent or temporary.

Total Income of Urban Households

refers to the total income of all the members of the sample households, including wage, income from business, income from property, transfer income, excluding proceeds from sales of belongings and credit income. It is calculated on real income, no matter the income is supplied again or beforehand. Accounting for the greater impact on small-sample-sized cities and counties, large revenue-sharing can be credited, but the number of assessments should be minimized and shared before the end of year.

Disposable Income of Urban Households

refers to the disposable income of the sample households, including those which can be used for final expenditure and other non-obligation expenditure and savings. It refers to the difference of total income minus income tax, expenditure for social security and subsidies of account. The following formula is used :

Disposable Income of Urban Households = Total Income - Income Tax - Expenditure for Social Security - Survey Subsidies

Wages and Salaries of Urban Households refer to all labour compensation from working units, including the wage of major career and the subsidies from the second career and other job.

Net Business Income of Urban Households refer to net income earned by household members from production and management activities, which equals total income from production and management activities minus cost and taxes.

Property Income of Urban Households refer to income from movables (savings, securities) and non-movables (houses, vehicle, land, collection, etc.), including interest income dividends and bonuses, income from leasing houses and intellectual property income, etc.

Transferred Income of Urban Households refer to income transferred from state, unit, social organization to households or between different households, including income, parental support, boarding fees paid by relatives and friends and housing accumulation funds, etc.

Consumption Expenditures of Urban Households

refer to total expenditures of the sample households in daily life. It is classified into 8 categories: food, clothing, household facilities and articles service, medicine and medical service, transportation and communication, recreation, education and culture service, residence, miscellaneous commodities services, including commodities and service as gift.

Service Consumption Expenditures of Urban Households

refers to total non-commodity expenditures of the sample households for consumption in culture and life, including service expenditure paid for other persons. Service expenditure is different from commodity expenditure, with the character of uniform of labour process and consumes process in time and space.

Service Expenditure for Consumption of Urban Households = Food Processing Service Fees + Dining Out Fees × 50% + Tailoring and Laundering Service Fees + Household Services Expenditures + Medical Services Expenditures + Transportation Tools Service Fees + Transportation Expenditures + Communications Service Expenditures + Cultural and Recreation Service Expenditures + Education Expenditures + Rent + Room Decorations Expenditures × 40% + Residence Service Expenditures + Other Service Expenditures

Rural Permanent Population

refers to population staying at home permanently or for over 6 months during a year and sharing life economically with the household. Members of the household staying away from the household for over 6 months but keeping a close economic life with the household by sending the majority of income to the household are regarded as resident population of the household. Government staff and workers or retirees living as close members of the household are also considered as resident population. However, servicemen, students of secondary technical schools or schools of higher education and persons with stable jobs and residence outside the household (excluding those visiting relatives or seeking medical service) are not included as resident population of the household.

Full/Semi Labour Force of Rural Households

Full labour force refers to persons capable of work, aged 18-50 for males and 18-45 for females. Semi labour force refers to persons capable of work, aged 16-17 and 51-60 for males and 16-17 and 46-55 for females. Persons at their working ages but not capable of work are not to be included as labour force. Persons not at working ages but participating regularly

主要统计指标解释
Explanatory Notes on Main Statistical Indicators

in work are included in semi labour force. For staff and workers who are usual residents, are included as full or semi labour force of the household if they are in the labour force.

Net Income of Rural Residents

refers to the total income of the rural households after the deduction of the expenses for the various cost, which can then be spent for investment in reproduction, expenditure for living consumption, saving, non-productive construction. The formula for calculating is as follows:

Net Income of Rural Households = Total Income - Expenses for Productive Operation - Taxes - Depreciation of Fixed Assets for Production - Gifts to Relatives

Rewards of Labours of Rural Residents refers to income from labour earned by members of rural households employed by other units or individuals. It includes:

1. Income by members of rural households employed by administration business units and social organizations, including wages (Cash awards and subsidy) of village staff and teachers in schools run by the local people, ages (Cash awards and subsidy) of staff employed by administration business units at township and higher level.

2. Income earned at local region income from labour earned by members of rural households employed by other units or individuals at local township.

3. Income of permanent residence outside the household income from labour earned by members of rural households employed by other units or individuals at outside local region.

Income from Family Business of Rural Households refers to income obtained from family productive operation. Family productive operation cover farming, forestry, animal husbandry, fishery, industry, construction, transport, post, telecommunication, wholesale and retail trade, catering, social services, culture, education, health care and other household operation.

Property Income of Rural Residents refers to the income received as returns by owners of financial assets or tangible non-productive assets by providing capital or tangible non-productive assets to other institutional units. It includes interest income, bonus stock income, rent income, compensatory income of collected land.

Transferred Income of Rural Residents refers to the receipt by rural households and their members of goods, services, capitals or rights of assets without giving or repaying accordingly, excluding capitals provided to them for the formation of fixed assets. In general, it refers to all income received by rural household through redistribution. It includes income receipt by non-permanent residents, gifts of urban & rural relatives.

Living Expenditure of Rural Residents

is use on material life and cultural life by rural households, including food expenditure, clothing expenditure, residence, household facilities, articles and services, medicines and medical services, transportation and communications, cultural, education and recreation articles and services, other commodity and services.

Engel's Coefficient

refers to the percentage of expenditure on food in the total consumption expenditure, using the following formula:

$$\text{Engel's Coefficient} = \frac{\text{expenditure on food}}{\text{total consumption expenditure}} \times 100\%$$

城市建设和环境保护

Urban Construction and Environment Protection

11-1 城市建设用地(2008—2010年) City Construction Land, 2008-2010

单位：平方公里 (sq. km)

指　标	Item	2008	2009	2010
总　计	**Total**	**640.85**	**662.25**	**686.71**
按行政区域分	**By Administrative Area**			
市中心区	Central Districts	279.96	280.72	280.83
西青区	Xiqing District	15.49	15.49	15.49
津南区	Jinnan District	19.27	22.02	23.39
武清区	Wuqing District	42.93	42.93	44.74
宝坻区	Baodi District	15.82	17.34	17.82
滨海新区	Binhai New Area	267.38	283.75	304.44
按建设用途分	**By Use of Construction**			
居住用地	Dwelling	181.87	185.07	186.53
公共设施用地	Public Facilities	79.05	78.47	81.54
工业用地	Industry	144.64	149.14	155.66
仓储用地	Warehouse	42.81	45.26	23.46
对外交通用地	Traffic	22.51	27.89	61.98
道路广场用地	Road and Square	65.37	69.81	70.00
市政公用设施用地	Public Facilities of Municipal Administration	20.31	20.70	19.88
绿　地	Green Land	73.63	75.25	77.01
特殊用地	Special Land	10.66	10.66	10.65

资料来源：天津市城乡建设和交通委员会，表11-3，11-4，11-6，11-8，11-9同。
Source: Tianjin Urban and Rural Construction and Transportation Administration Committee, same as table 11-3, 11-4, 11-6, 11-8, 11-9.

11-2 城市房屋建筑面积(2008—2010年) Floor Space of Buildings in City, 2008-2010

单位：万平方米 (10 000 sq. m.)

项　目	Item	2008	2009	2010
年末实有房屋建筑面积	**Total Floor Space of Buildings (year-end)**	**27913.18**	**29494.81**	**31315.75**
# 房管部门直管产	Under House Management Department	3378.31	3343.69	3230.88
私　产	Private Property	14122.75	15552.03	17225.63
年末实有住宅建筑面积	**Floor Space of Residential Buildings (year-end)**	**16790.56**	**17888.64**	**18907.45**
# 房管部门直管产	Under House Management Department	1762.63	1718.84	1608.45
私　产	Private Property	12428.79	13558.40	14845.14
人均住宅建筑面积(平方米/人)	**Per Capita Floor Space of Residential Buildings (sq. m./person)**	**28.53**	**29.89**	**31.28**

资料来源：天津市国土资源和房屋管理局。
Source: Bureau of Land Resources and Housing Management of Tianjin.

11-3 城市市政设施情况（2008—2010年）
Municipal Facilities in City, 2008-2010

指　标	Item	单　位	Unit	2008	2009	2010
年末实有道路	**Road (year-end)**					
铺装道路长度	Length of Paved Roads	公　里	km	6012	5482	5439
铺装道路面积	Area of Paved Roads	万平方米	10 000 sq. m.	9196	8357	9159
#人行道面积	Area of Footway	万平方米	10 000 sq. m.	1759	1907	2095
人均拥有道路面积	Per Capita Area of Paved Roads	平方米	sq. m.	14.39	13.76	14.89
年末实有桥梁	**Bridges (year-end)**					
桥梁座数	Number of Bridges	座	unit	428	460	530
#立交桥	Flyovers	座	unit	70	64	77
年末实有路灯盏数	**Number of Road Lamps (year-end)**	**万　盏**	**10 000 units**	**16.2**	**18.6**	**26.7**
排泄污水能力	**Capacity of Sewage Drainage**					
污水年排放量	Annual Volume of Sewage Drainage	万　吨	10 000 tons	68175	68325	65235
排水管道长度	Length of Drainpipe	公　里	km	13452	14531	15140
污水处理厂	Sewage Treatment Works	座	set	19	23	30
污水处理厂能力	Disposal Capacity of Sewage Treatment Works	万吨/日	10 000 tons/day	197.4	197.7	204.8
建成区排水管道密度	Density of Drainpipe in Developed Area	公里/平方公里	km/sq. km.	6.0	6.5	22.1
污水处理率	**Percentage of Disposed Sewage Treatment**	**%**	**%**	**72.4**	**80.1**	**85.3**

注：本表建成区排水管道密度2010年前为全市口径。
Note: Density of drainpipe adopted the coverage of whole city before 2010.

11-4 城市自来水（2008—2010年）
Urban Tap Water, 2008-2010

指　标	Item	单　位	Unit	2008	2009	2010
综合生产能力	Production Capacity	万吨／日	10 000 tons/day	365.42	393.86	405.18
供水管道	Length of Water Supply Pipelines	公　里	km	8248	8847	10744
供水总量	Total Annual Volume of Water Supply	万　吨	10 000 tons	68525	70138	68970
售水总量	Total Annual Volume of Water Sold	万　吨	10 000 tons	60461	59930	59559
#生活用水	For Residential Use	万　吨	10 000 tons	19494	20897	20797
生产用水	For Productive Use	万　吨	10 000 tons	29444	25066	25662
用水人口	Number of Residents with Access to Tap Water	万　人	10 000 persons	639.02	607.26	615.29
人均日生活用水量	Per Capita Daily Living Consumption of Tap Water	公　斤	kg	129.25	133.15	132.04

11-5 城市燃气基本情况（2008—2010年）
Basic Statistics on Gas in City, 2008-2010

项　目	Item	2008	2009	2010
液化石油气	**Liquefied Petroleum Gas**			
储气能力(吨)	Storage Capacity (ton)	5073	11070	6618
销售量(吨)	Volume of Gas Sold (ton)	87403	58963	53368
工业用	For Industrial Use	51509	26367	19521
民　用	For Residential Use	35894	32596	33847
用气户数(户)	Gas Users (household)	181056	93483	82649
工业用	For Industrial Use	3202	4505	10097
民　用	For Residential Use	177854	88978	72552
天 然 气	**Natural Gas**			
储气能力(万立方米)	Storage Capacity (10 000 cu. m.)	111.0	111.4	126.0
管道长度(公里)	Length of Pipelines (km)	9826	10233	10791
销售量(万立方米)	Volume of Gas Sold (10 000 cu. m.)	125109	128080	158032
工业用	For Industrial Use	73540	77874	108200
福利用	For Welfare Use	31410	29067	26800
民　用	For Residential Use	20159	21140	23000
用气户数(户)	Gas Users (household)	2216523	2333544	2525308
工业用	For Industrial Use	857	952	969
福利用	For Welfare Use	10069	10314	10545
民　用	For Residential Use	2205597	2322278	2513794
用气普及率(%)	**Percentage of Population with Access to Gas (%)**	**100.0**	**100.0**	**100.0**

注：工业用液化石油气数据含福利、商业和其他用。
Note: Volume of liquefied petroleum gas sold for industrial use include those for welfare, commerce and other use.

11-6 城市集中供热（2008—2010年）
Heating in City, 2008-2010

项　目	Item	单　位	Unit	2008	2009	2010
供热能力	Heating Capacity					
蒸　汽	Steam	吨/小时	ton/hour	3469	3579	3167
热　水	Hot Water	兆瓦/小时	mega Watts/hour	16011	16158	18054
供热总量	Volume Supplied					
蒸　汽	Steam	万吉焦/年	10 000 gigajoules/year	1846	1721	1568
热　水	Hot Water	万吉焦/年	10 000 gigajoules/year	8436	9151	9991
管道长度	Length of Pipelines	公　里	km	11623	12490	14071
供热面积	Heating Area	万平方米	10 000 sq. m.	19245	20614	24034
#住　宅	Residential Buildings	万平方米	10 000 sq. m.	14445	15651	18186

11-7 城市公共交通(2008—2010年)
Public Traffic in City, 2008-2010

指　标	Item	单　位	Unit	2008	2009	2010
公共汽车	**Public Transportation Vehicles**					
运营车辆	Operation Vehicles	辆	unit	7886	7897	7928
线路条数	Number of Routes	条	route	478	499	523
线路长度	Length of Routes	公　里	km	11499	11832	12322
客运总量	Passenger Volume	万人次	10 000 person-times	112137	116425	108810
日均乘客人数	Average Daily Passengers	万人次	10 000 person-times	311	323	302
每万人拥有公共交通车辆	Number of Public Transportation Vehicles per 10 000 Persons	标　台	unit	14.3	14.6	14.9
营运出租汽车	**Operating Taxis**	**辆**	**unit**	**31940**	**31940**	**31940**
轨道交通	**Subway**					
地　铁	Metro					
运营车辆	Operation Vehicles	节	car	116	116	116
运营线路长度	Length of Operation lines	公　里	km	26.7	26.7	26.7
客运总量	Passenger Volume	万人次	10 000 person-times	3185	3555	4181
津滨轻轨	Binhai Mass Trains					
运营车辆	Operation Vehicles	节	car	116	112	152
运营线路长度	Length of Operation lines	公　里	km	45.6	44.5	45.6
客运总量	Passenger Volume	万人次	10 000 person-times	1593	1716	2251

11-8 城市环境卫生事业发展情况(2008—2010年)
Development of Urban Environmental Sanitation, 2008-2010

指　标	Item	单　位	Unit	2008	2009	2010
清运垃圾粪便工作量	**Volume of Garbage, Excrement and Urine Disposal**					
道路清扫保洁面积	Area of Road Cleaned	万平方米	10 000 sq. m.	6414	6915	7322
清运生活垃圾	Volume of Living Garbage Disposal	万　吨	10 000 tons	174	188	184
清运粪便	Volume of Excrement and Urine Disposal	万　吨	10 000 tons	26	30	25
垃圾无害化处理量	Volume of Garbage Innocuous Disposal	万　吨	10 000 tons	163	178	184
生活垃圾无害化处理率	**Innocuous Disposal Rate of Living Garbage**	**%**	**%**	**93.5**	**94.3**	**100**
环境卫生设施	**Environmental Sanitation Facilities**					
公共厕所	Lavatories	座	unit	1426	1411	1237
垃圾无害化处理厂	Garbage Innocuous Disposal Plant	座	unit	7	7	7
无害化处理厂能力	Capacity of Innocuous Disposal Plant	吨/日	ton/day	7600	7600	8000
环卫职工人数	**Number of Environment Sanitation Staff & Workers**	**人**	**person**	**17561**	**18119**	**22169**

11-9 城市园林绿化情况
Parks, Gardens and Green Area in City

指　标	Item	2009	2010
公　园(个)	Parks (unit)	68	76
花　圃(个)	Gardens (unit)	13	13
建成区园林绿地面积(公顷)	Total Area of Parks, Gardens and Green Area in Developed Areas (hectare)	17369	19221
公园绿地	Park Green Area	5219	5266
生产绿地	Production Green Area	1123	1008
防护绿地	Protection Green Area	1053	1632
附属绿地	Accessorial Green Area	6788	8700
其他绿地	Other Green Area	3187	2615
年末实有树木(万株)	Trees (year-end) (10 000 trees)	2593	3946
#行道树	Roadside Trees	95.05	86.58
建成区绿化覆盖率(%)	Coverage Rate of Afforestation in Developed Area (%)	30.3	32.1
建成区绿地率(%)	Coverage Rate of Green Area in Developed Area (%)	26.2	28.0
人均公园面积(平方米)	Per Capita Area of Parks (sq. m.)	8.59	8.56

11-10 公园分布(2010年)
Distribution of Parks, 2010

地　区	Region	公园个数(个) Number of Parks (unit)	地　区	Region	公园面积(公顷) Area of Parks (hectare)
合　计	**Total**	**76**	**合　计**	**Total**	**1666.20**
河东区	Hedong District	4	河东区	Hedong District	53.80
河西区	Hexi District	10	河西区	Hexi District	56.14
南开区	Nankai District	7	南开区	Nankai District	297.15
河北区	Hebei District	5	河北区	Hebei District	65.35
红桥区	Hongqiao District	8	红桥区	Hongqiao District	55.52
东丽区	Dongli District	3	东丽区	Dongli District	15.20
津南区	Jinnan District	2	津南区	Jinnan District	75.95
北辰区	Beichen District	3	北辰区	Beichen District	10.50
武清区	Wuqing District	7	武清区	Wuqing District	83.25
宝坻区	Baodi District	3	宝坻区	Baodi District	49.93
滨海新区	Binhai New Area	24	滨海新区	Binhai New Area	903.41

11-11 水资源情况(2002—2010年)
Water Resources, 2002-2010

年 份 Year	水资源总量 (亿立方米) Total Amount of Water Resources (100 million cu. m.)	地表水 Surface Water	地下水 Underground Water	地表水与地下水资源重复量 Duplicated Measurement of Surface and Underground	人均水资源量 (立方米/人) Per Capita Water Resources (cu. m./person)
2002	3.67	1.85	2.09	0.27	36.49
2003	10.60	6.15	4.82	0.37	105.03
2004	14.31	9.79	5.16	0.64	140.64
2005	10.63	7.13	4.44	0.94	102.87
2006	10.11	6.62	4.46	0.97	95.47
2007	11.31	7.50	4.76	0.95	103.29
2008	18.30	13.61	5.91	1.22	159.76
2009	15.24	10.59	5.60	0.95	126.80
2010	9.20	5.58	4.45	0.83	

11-12 供水用水情况(2002—2010年)
Water Supply and Water Use, 2002-2010

单位：万立方米 (10 000 cu. m.)

年 份 地 区	Year Region	供用水总量 Water Supply & Use	地表水 Surface Water	地下水 Underground Water	#农业用水 Agricultural Use
	2002	199610	117421	82189	106244
	2003	205118	133713	71405	114072
	2004	219623	148932	70691	121529
	2005	225193	160224	64969	135267
	2006	224996	161001	63995	133965
	2007	230060	164917	65143	138408
	2008	214274	154793	59481	120603
	2009	229204	172135	57069	128400
	2010	217258	161585	55673	109653
东丽区	Dongli District	1491		1491	327
西青区	Xiqing District	11091	9176	1915	9855
津南区	Jinnan District	3338	1566	1772	1043
北辰区	Beichen District	3451	1830	1621	2320
武清区	Wuqing District	12589	4125	8464	10042
宝坻区	Baodi District	45702	35300	10402	43336
滨海新区	Binhai New Area				
#塘 沽	Tanggu	2102	843	1259	149
汉 沽	Han'gu	2083	100	1983	703
大 港	Dagang	3632		3632	193
宁河县	Ninghe County	15047	10100	4947	11548
静海县	Jinghai County	4217		4217	2895
蓟 县	Jixian County	15266	1545	13721	10742

资料来源：天津市水务局。
Source: Tianjin Municipal Water Conservancy Bureau.

11-13 水、大气、声、生态环境情况（2008—2010年）
Water, Atmospheric, Acoustic and Ecological Environment, 2008-2010

指　标	Item	2008	2009	2010
水 环 境	**Water Environment Conditions**			
废水排放总量(万吨)	Volume of Waste Water Discharged (10 000 tons)	60715	59647	68195
工业废水	Industrial Waste Water	20443	19441	19679
生活污水	Residential Waste Water	40272	40206	48516
工业废水排放达标量(万吨)	Total Meeting Standard Volume of Industrial Waste Water Discharged (10 000 tons)	20423	19440	19671
废水化学需氧量排放总量(万吨)	COD of Waste Water Discharged (10 000 tons)	13.31	13.30	13.20
工业废水	Industrial Waste Water	2.78	2.35	2.22
生活污水	Residential Waste Water	10.53	10.95	10.98
城市饮用水源地水质达标率(%)	Urban Drinking Water Sources Quality Rate (%)	100	100	100
近海海域功能区水质达标率(%)	Inshore Area Water Quality Rate (%)	58.3	61.1	38.9
大气环境	**Atmospheric Environment Conditions**			
空气质量状况	Ambient Air Quality			
可吸入颗粒物(毫克/立方米)	(PM_{10}) Particulate Matters (milligram/cu. m.)	0.088	0.100	0.096
二氧化硫(毫克/立方米)	(SO_2) Sulphur Dioxide (milligram/cu. m.)	0.061	0.055	0.054
二氧化氮(毫克/立方米)	(NO_2) Nitrogen Dioxide (milligram/cu. m.)	0.041	0.040	0.045
空气质量达到及好于二级的天数(天)	Days of Air Quality Equal to or Above Grade II (day)	322	307	308
环境空气质量优良率(%)	Ambient Air Quality Fine Rate (%)	88.2	84.1	84.4
主要污染物排放情况	Major Pollutant Emission			
工业废气排放总量(亿标立方米)	Volume of Industrial Waste Gas Emission (100 million cu.m.)	6005	5983	7686
废气中二氧化硫排放量(万吨)	Sulphur Dioxide in Waste Gas (10 000 tons)	24.01	23.67	23.51
工业二氧化硫	Industrial SO_2	20.98	17.30	21.76
生活二氧化硫	Residential SO_2	3.03	6.37	1.75
工业二氧化硫排放达标量(万吨)	Total Meeting Standard Volume of Industrial SO_2 (10 000 tons)	20.90	17.25	21.73
烟尘排放量(吨)	Volume of Fumes Emission (ton)	70202	71323	64552
工业烟尘	Industrial Fumes	58465	58687	53831
生活烟尘	Residential Fumes	11737	12636	10721
工业烟尘排放达标量(吨)	Total Meeting Standard Volume of Industrial Fumes (ton)	58465	58687	53830
工业粉尘排放量(吨)	Volume of Industrial Dust Emission (ton)	7439	7946	7970
工业粉尘排放达标量(吨)	Total Meeting Standard Volume of Industrial Dust Emission (ton)	7439	7946	7969
声 环 境 (分贝)	**Acoustic Environment Conditions (decibel)**			
道路交通噪声平均声级	Equivalent Sound Level of City Traffic Noise	67.8	67.7	67.7
中心城区区域环境噪声平均声级	Central Urban Area Average Environmental Noise Level	54.6	54.7	54.6
生态环境	**Ecological Environment Conditions**			
自然保护区(个)	Nature Reserves (unit)	8	8	8
# 国家级自然保护区	State-level Nature Reserves	3	3	3
自然保护区面积(万公顷)	Nature Reserves Area (10 000 hectares)	15.42	9.11	9.11

11-14 工业固体废物利用与处置情况（2008—2010年）
Utilization and Disposal of Industrial Waste Residue, 2008-2010

单位：万吨 (10 000 tons)

指　标 Item	2008	2009	2010
工业固体废物产生量 Amount of Industrial Waste Residue Produced	1479	1516	1862
# 危险废物 Dangerous Waste	14.79	7.84	10.21
工业固体废物综合利用量 Volume of Comprehensive Utilization of Industrial Waste Residue	1471	1498	1845
# 危险废物 Dangerous Waste	11.64	2.61	1.64
工业固体废物综合利用率(%) Rate of Comprehensive Utilization of Industrial Waste Residue (%)	98.21	98.31	98.57
工业固体废物处置量 Volume of Industrial Solid Waste Disposed	26.84	25.67	27.02
# 危险废物 Dangerous Waste	3.16	5.23	8.66
工业固体废物处置率(%) Disposal Rate of Industrial Waste Residue (%)	1.81	1.69	1.45
"三废" 综合利用产品产值(万元) The Value of Comprehensive Utilization of Waste Water, Waste Gas, Waste Residue and Dust (10 000 yuan)	113838	187882	192650

11-15 环境保护系统人员构成（2008—2010年）
Composition of Environment Protection Personnel, 2008-2010

指　标	Item	2008	2009	2010
年末实有人数(人)	Persons (year-end) (person)	1931	1949	1918
# 环科院	Academy of Environmental Sciences	177	171	161
监测站	Monitoring Station	788	797	825
监察机构	Monitoring Organization	242	247	239
行政干部	Administrative Personnel	450	449	476
科技业务人员占全部人员比重(%)	Percentage of Science and Technology Personnel in Total (%)	45	47	43

11-16 建设项目环境管理情况(2008—2010年)
Implementation of Environmental Management on Construction Project, 2008-2010

指　　标	Item	2008	2009	2010
办理建设项目环境影响评比审批(项)	Approval of Assessment of Environment Effect of Construction Projects (unit)	1992	2212	
编制环境影响报告书(项)	Statements of Environment Effect (unit)	211	294	
办理环保竣工验收项目(个)	Projects with Completed Environmental Protection Check and Acceptance (unit)	893	1037	1087
应执行"三同时"项目数(个)	Number of Projects Executing "Three Meantime" (unit)	893	1037	1087
实际执行"三同时"项目(个)	Number of Actual Executed Projects (unit)	893	1037	1087
项目实际投资额(亿元)	Actual Investment of Projects (100 million yuan)	375.5	570.3	842.9
# 环保工程实际投资额	Actual Investment of Protecting Environment Projects	15.98	29.63	27.43
"三同时"执行率(%)	Rate of Executing "Three Meantime" (%)	100	100	100
"三同时"合格率(%)	Qualified Rate of Executing "Three Meantime" (%)	100	100	100

注:"三同时"指同时设计、同时施工、同时使用。
Note: "Three Meantime" refers to design, construction, and use at the same time.

11-17 排污费征收、工业污染治理情况(2008—2010年)
Collection of Discharge Fee and Industrial Pollution Treatment Condition, 2008-2010

单位:个、万元 (unit, 10 000 yuan)

指　　标	Item	2008	2009	2010
排污费收支情况	**Income And Expenditure of Discharge Fee**			
排污费交纳单位	Unit of Paying Discharge Fee	4567	4608	3693
排污费征收额	Collection of Discharge Fee	20183	22148	20410
工业污染治理情况	**Industrial Pollution Treatment Condition**			
本年完成投资	Investment Completed in Current Year	168270	180054	164684
治理废水	Treating Waste Water	38951	40867	47139
治理废气	Treating Waste Gas	99041	75921	34856
治理固体废物	Treating Waste Residue	1001	545	1226
治理噪声	Treating Noise Pollution	612	399	155
其　他	Others	28665	62322	81308
本年安排治理项目	Number of Treating Projects in Current Year	206	190	124
本年竣工项目	Number of Projects Completed in Current Year	192	174	99
治理废水	Treating Waste Water	74	41	34
治理废气	Treating Waste Gas	86	101	40
治理固体废物	Treating Waste Residue	9	7	9
治理噪声	Treating Noise Pollution	2	5	1
其　他	Others	21	20	15

主要统计指标解释
Explanatory Notes on Main Statistical Indicators

建成区面积

指城市行政区内实际已成片开发建设、市政公用设施和公共设施基本具备的区域。对核心城市，它包括集中连片的部分以及分散的若干个已经成片建设起来的市政公用设施和公共设施基本具备的地区；对一城多镇来说，它包括由几个连片开发建设起来的市政公用设施和公共设施基本具备的地区组成。因此建成区范围，一般是指建成区外轮廓线所能包括的地区，也就是这个城市实际建设用地所达到的范围。

水资源总量

指评价区内降水形成的地表和地下产水总量，即地表产流量与降水入渗补给地下水量之和，不包括过境水量。

化学需氧量 (COD)

指用化学氧化剂氧化水中有机污染物时所需的氧量。COD 值越高，表示水中有机污染物污染越重。

工业废水排放量

指经过企业厂区所有排放口排到企业外部的工业废水量。包括生产废水、外排的直接冷却水、超标排放的矿井地下水和与工业废水混排的厂区生活污水，不包括外排的间接冷却水（清污不分流的间接冷却水应计算在内）。

工业废水排放达标率

指工业废水排放达标量占工业废水排放量的百分率，计算公式为：

$$\text{工业废水排放达标率}=\frac{\text{工业废水排放达标量}}{\text{工业废水排放量}}\times 100\%$$

工业废气排放量

指报告期内企业厂区内燃料燃烧和生产工艺过程中产生的各种排入大气的含有污染物的气体的总量，以标准状态 (273K，101325Pa) 计算。测算公式为：

工业废气排放量 ＝ 燃料燃烧过程中废气排放量 ＋ 生产工艺过程中废气排放量

工业粉尘排放量

指企业在生产工艺过程中排放的能在空气中悬浮一定时间的固体颗粒物排放量。如钢铁企业的耐火材料粉尘、焦化企业的筛焦系统粉尘、烧结机的粉尘、石灰窑的粉尘、建材企业的水泥粉尘等。不包括电厂排入大气的烟尘。

工业固体废物产生量

指报告期内企业在生产过程中产生的固体状、半固体状和高浓度液体状废弃物的总量，包括危险废物、冶炼废渣、粉煤灰、炉渣、煤矸石、尾矿、放射性废物和其他废物等；不包括矿山开采的剥离废石和掘进废石（煤矸石和呈酸性或碱性的废石除外）。酸性或碱性废石指采掘的废石其流经水、雨淋水的 pH 值小于 4 或 pH 值大于 10.5 者。

工业固体废物综合利用量

指报告期内企业通过回收、加工、循环、交换等方式，从固体废物中提取或者使其转化为可以利用的资源、能源和其他原材料的固体废物量（包括当年利用往年的工业固体废物贮存量），如用作农业肥料、生产建筑材料、筑路等。

工业固体废物综合利用率

指工业固体废物综合利用量占工业固体废物产生量（包括综合利用往年贮存量）的百分率。计算公式为：

$$\text{工业固体废物综合利用率}=\frac{\text{工业固体废物综合利用量}}{\text{工业固体废物产生量}+\text{综合利用往年贮存量}}\times 100\%$$

噪声等效声级（LEQ）

指在规定的时间内，某一连续稳态声的 A〔计权〕声压，具有与时变的噪声相同的均方 A〔计权〕声压，则这一连续稳态声的声级，就是此时变噪声的等效声级。噪声等效声级（分贝）数值越小越好。

自然保护区

指对有代表性的自然生态系统、珍稀濒危野生动植物物种的天然分布区、水源涵养区、有特殊意义的自然历史遗迹等保护对象所在的陆地、陆地水体或海域，依法划出一定面积进行特殊保护和管理的区域。以县及县以上各级人民政府正式批准建立的自然保护区为准（包括“六五”以前由部门或“革委会”批准且现仍存在的自然保护区）。风景名胜区、文物保护区不计在内。

主要统计指标解释
Explanatory Notes on Main Statistical Indicators

Developed Areas

refer to the land in administrative areas having been developed concentratedly with municipal public facilities. For core city, developed areas include concentrated areas and decentralized areas, having basic perfect municipal public facilities; for the city with several towns, developed areas are composed of several concentrated areas with municipal public facilities. Therefore, the scope of developed areas refers to actual construction land of a city.

Water Resources

refers to gross water supply by supply systems from sources to consumers, including losses during distribution.

Chemical Oxygen Demand (COD)

refers to the amount of oxygen required when chemical oxidants are used to oxidize organic pollutants in water. A higher value of COD corresponds to more serious pollution by organic pollutants.

Industrial Waste Water Discharged

refers to the volume of waste water discharged by industrial enterprises through all their outlets, including waste water from production process, directly cooled water, groundwater from mining wells which does not meet discharge standards and sewage from households mixed with waste water produced by industrial activities, but excluding indirectly cooled water discharged (It should be included if the discharge is not separated with waste water).

Ratio of Meeting Standard of Industrial Waste Water Discharged

refers to percentage of industrial waste water meeting discharge standards over total industrial waste water discharge. It is calculated as:

$$\text{Ratio of Reaching the Standard of Industrial Waste Water} = \frac{\text{Industrial Waste Water Meeting Discharge Standards}}{\text{Total Industrial Waste Water Discharge}} \times 100\%$$

Industrial Waste Gas Emission

refers to discharge into atmosphere of waste air containing pollutants generated from fuel burning and production process in enterprises within a given period of time. It is calculated at standard status (273K, 101325Pa) as:

Industrial Waste Gas Emission = Emission through Fuel Burning + Emission through Production Process

Industrial Dust Emission

refers to volume of dust emitted by production process of enterprises and suspended in the air for a given period of time, including dust from refractory material of iron and steel works, dust from coke-screening systems and sintering machines of coke plants, dust from lime kilns and dust from cement production in building material enterprises, but excluding soot and dust emitted from power plants.

Industrial Waste Residue Produced

refers to total volume of solid, semi-solid and high concentration liquid residues produced by industrial enterprises from production process in a given period of time, including hazardous wastes, slag, coal ash, gangue, tailings, radioactive residues and other wastes, but excluding stones stripped or dug out in mining (gangue and acid or alkaline stones not included). A stone is acid or alkaline depending on the pH value of the water below 4 or above 10.5 when the stone is in, or soaked by, the water.

Comprehensive Utilization of Industrial Waste Residue

refers to volume of solid wastes from which useful materials can be extracted or which can be converted into usable resources, energy or other materials by means of reclamation, processing, recycling and exchange (including utilizing in the year the stocks of industrial solid wastes of the previous year). Examples of such utilizations include fertilizers, building materials and road materials.

Ratio of Comprehensive Utilization of Industrial Waste Residue

refers to the percentage of industrial solid wastes utilized over industrial solid wastes produced (including stocks of the previous years). It is calculated as:

$$\text{Ratio of Comprehensive Using Industrial Waste Residue} = \frac{\text{Volume of Industrial Solid Wastes Utilized}}{\text{Industrial Solid Wastes Produced+Stock of Previous Years}} \times 100\%$$

Level of Equivalent Noise (LEQ)

refer to the A sound pressure of a continuous steady state sound, in the specified time interval with the same mean square A sound pressure as the time variant noise. This sound level of a continuous steady state sound is the equivalent sound level of the time variant noise. The smaller of the value of noise equivalent sound level (dB), the better.

Natural Reserves

refer to certain areas of land, waters or sea that are representative in natural ecological systems, or are natural habitats for rare or endangered wild animals or plants, or water conservation zones, or the location of important natural or historic relics, which are marked by law and put under special protection and management. Natural reserves are designated by the formal approval of governments at and above county level (including those approved by relevant departments or "revolutionary committees" before 1980). Scenic spots and cultural preservation zones are not included.

12 农业

Agriculture

12-1 农村经济主要指标
Major Indicators of Rural Economy

项　目	Item	2009	2010	2010比2009年增长(%) Increase Rate in 2010 over 2009 (%)
农林牧渔业总产值(亿元)	**Gross Output Value of Farming, Forestry, Animal Husbandry and Fishery (100 million yuan)**	**281.65**	**317.33**	**3.5**
农　业	Farming	139.70	168.25	4.6
林　业	Forestry	2.22	2.36	3.1
牧　业	Animal Husbandry	83.57	87.49	2.4
渔　业	Fishery	47.53	50.26	2.2
农林牧渔服务业	FFAF Services	8.64	8.97	2.8
农林牧渔业增加值(亿元)	**Value Added of Farming, Forestry, Animal Husbandry and Fishery (100 million yuan)**	**128.85**	**145.58**	**3.3**
农业机械及灌溉	**Agricultural Machinery and Irrigation**			
农机总动力(万千瓦)	Total Power of Agricultural Machinery (10 000 kW)	595.00	587.79	-1.2
大中型拖拉机(台)	Large and Medium-sized Tractors (set)	12800	13000	1.6
小型拖拉机(万台)	Mini-tractors (10 000 sets)	3.18	3.12	-1.9
年末实有机电井(眼)	Motor-pumped Well (year-end) (unit)	26645	26753	0.4
有效灌溉面积(万公顷)	Effective Irrigated Areas (10 000 hectares)	34.76	34.46	-0.9
节水灌溉面积(万公顷)	Water-saving Irrigated Areas (10 000 hectares)	24.87	26.26	5.6
农作物总播种面积(万公顷)	**Total Sown Areas of Farm Crops (10 000 hectares)**	**45.52**	**45.93**	**0.9**
#粮　食	Grain	30.66	31.18	1.7
蔬　菜	Vegetables	8.08	8.49	4.6
总产量(万吨)	**Yield of Farm Crops (10 000 tons)**			
#粮　食	Grain	156.29	159.74	2.2
蔬　菜	Vegetables	373.85	419.31	12.2
水果产量(万吨)	**Yield of Fruits (10 000 tons)**	**67.05**	**60.04**	**-10.5**
#果用瓜	Melon-Fruits	35.25	28.77	-18.4
年末实有林地面积(万公顷)	**Forest Area (year-end) (10 000 hectares)**	**21.26**		
#当年造林面积	Afforested Area in Current Year	1.62	1.81	

注：农林牧渔业增长速度按可比价格计算，下表同。
Note: Increase rate of gross output value of farming, forestry, animal husbandry and fishery is calculated based on constant prices, same as following next.

12-1 续表 Continued

项　目	Item	2009	2010	2010 比 2009 年增长 (%) Increase Rate in 2010 over 2009 (%)
畜牧业生产	**Production of Animal Husbandry**			
生猪年末存栏(万头)	Pigs in Hand (year-end) (10 000 heads)	180.96	186.94	3.3
生猪当年出栏(万头)	Number of Slaughtered Pigs (10 000 heads)	328.93	358.23	8.9
牛年末存栏(万头)	Cattle in Hand (year-end) (10 000 heads)	26.78	28.80	7.5
#乳　牛	Cows	15.80	15.67	-0.8
牛当年出栏(万头)	Number of Slaughtered Cattle (10 000 heads)	21.01	18.12	-13.8
羊年末存栏(万只)	Sheep & Goats in Hand (year-end) (10 000 heads)	38.07	37.38	-1.8
羊当年出栏(万只)	Number of Slaughtered Sheep and Goats (10 000 heads)	65.58	66.84	1.9
家禽年末存栏(万只)	Poultry in Hand (year-end) (10 000 heads)	1978.43	2105.32	6.4
#产蛋鸡	Hens	1050.57	1188.87	13.2
家禽当年出栏(万只)	Number of Slaughtered Poultry (10 000 heads)	6184.00	6951.10	12.4
畜禽产品产量(万吨)	**Output of Animal and Poultry (10 000 tons)**			
肉类总产量	Output of Meat	39.50	42.60	7.8
#猪　肉	Pork	25.66	27.98	9.0
牛羊肉	Beef and Mutton	5.03	4.63	-8.0
禽　肉	Poultry	8.42	9.62	14.3
禽蛋产量	Output of Poultry Eggs	19.60	19.92	1.6
奶类产量	Output of Milk	68.70	69.30	0.9
渔业生产	**Production of Fishery**			
水产养殖面积(万公顷)	Culture Areas of Aquatic Products (10 000 hectares)	4.31	4.16	-3.5
#淡　水	Fresh Water	3.88	3.76	-3.1
水产品产量(万吨)	Output of Aquatic Products (10 000 tons)	34.17	34.49	0.9
#淡　水	Fresh Water	30.23	30.59	1.2

12-2 农业生产条件情况（1995—2010年）
Conditions of Agricultural Production, 1995-2010

年 份 Year	年末实有常用耕地面积（万公顷） Cultivated Area (year-end) (10 000 hectares)	年末实有林地面积（万公顷） Forest Area (year-end) (10 000 hectares)	# 当年造林面积 Afforested Area in Current Year	水产养殖面积（万公顷） Culture Area of Aquatic Products (10 000 hectares)	有效灌溉面积（万公顷） Effective Irrigated Area (10 000 hectares)
1995	42.61	8.70	0.48	3.12	33.24
1996	42.58	9.26	0.62	3.41	33.26
1997	42.52	9.85	0.90	3.81	33.28
1998	42.49	11.14	0.91	3.71	33.29
1999	42.46	12.74	0.94	3.76	34.39
2000	42.43	13.69	0.93	3.64	35.32
2001	42.39	14.19	0.50	3.67	35.43
2002	42.28	17.53	0.85	3.82	35.44
2003	41.85	18.21	0.69	3.83	35.41
2004	41.53	18.75	0.53	4.04	35.34
2005	41.45	19.05	0.36	4.17	35.52
2006		19.35	0.30	4.34	34.96
2007	40.60	18.73	0.51	4.19	34.93
2008	40.44	19.64	1.50	4.08	34.80
2009	40.26	21.26	1.62	4.31	34.76
2010	39.88		1.81	4.16	34.46

年 份 Year	农用机械总动力（万千瓦） Total Power of Agricultural Machinery (10 000 kW)	机耕面积（万公顷） Cultivated Area Using Machinery (10 000 hectares)	机播面积（万公顷） Sown Area Using Machinery (10 000 hectares)	化肥施用量（折纯）（万吨） Consumption of Chemical Fertilizers (Pureness) (10 000 tons)	农村用电量（万千瓦小时） Rural Electricity Consumption (10 000 kW · h)
1995	364.08	38.08	19.50	45.29	325482
1996	384.22	39.85	22.28	48.82	358184
1997	417.37	39.66	25.00	49.15	330249
1998	440.57	40.13	24.99	51.48	337565
1999	481.54	39.62	24.93	47.24	343667
2000	593.40	39.62	25.73	16.64	354946
2001	603.32	37.26	24.11	17.31	377823
2002	612.72	38.17	23.95	17.59	402785
2003	601.66	37.05	23.57	17.80	423157
2004	608.13	37.35	27.66	22.85	484221
2005	611.94	37.62	28.94	23.29	522492
2006	603.39	37.74	29.91		
2007	604.90	37.71	34.32	25.82	525220
2008	596.60	36.04	36.31	25.88	457875
2009	595.00	36.14	36.69	25.96	513898
2010	587.79	37.65	40.23	25.54	509920

注：化肥施用量2000年以前为实物量。
Note: Consumption of chemical fertilizers referred to full-scale quantity before 2000.

12-3 农林牧渔业总产值和增长速度（1995—2010年）
Gross Output Value and Increase Rate of Farming, Forestry, Animal Husbandry and Fishery, 1995-2010

年份 Year	合计 Total	农业 Farming	林业 Forestry	牧业 Animal Husbandry	渔业 Fishery	农林牧渔服务业 FFAF Services
总产值(亿元) Gross Output Value (100 million yuan)						
1995	125.44	85.25	0.85	28.76	10.58	
1996	133.53	90.17	0.96	30.27	12.13	
1997	140.47	89.77	1.00	33.99	15.71	
1998	156.16	98.83	1.19	38.09	18.05	
1999	150.11	91.58	1.42	38.95	18.16	
2000	156.30	83.42	1.37	51.75	19.76	
2001	169.51	86.73	1.46	60.76	20.56	
2002	181.07	86.06	1.52	69.21	24.28	
2003	193.44	88.20	1.61	77.22	26.41	
2004	221.35	95.29	1.66	92.55	31.85	
2005	238.34	97.49	1.89	102.71	36.25	
2006	225.04	110.05	2.01	70.52	35.32	7.14
2007	240.74	117.60	2.08	76.93	36.13	8.00
2008	268.11	127.67	2.22	86.03	43.81	8.38
2009	281.65	139.70	2.22	83.57	47.53	8.64
2010	317.33	168.25	2.36	87.49	50.26	8.97
比上年增长(%) Increase Rate over Preceding Year (%)						
1995	13.0	13.5	-1.0	5.1	33.4	
1996	7.5	8.5	10.3	3.5	10.6	
1997	7.6	5.1	2.6	10.5	15.7	
1998	11.8	8.2	39.7	15.4	21.2	
1999	0.4	-6.3	15.1	13.7	3.1	
2000	4.2	-4.4	-5.7	19.6	6.1	
2001	8.0	4.1	7.2	15.9	3.0	
2002	6.0	-8.9	13.7	14.9	36.2	
2003	6.6		3.8	13.6	6.7	
2004	5.2	3.1	2.6	5.8	10.5	
2005	4.8	0.2	13.6	7.5	10.6	
2006	3.6	4.0	4.6	2.9	4.8	1.4
2007	1.5	2.1	4.6	-1.1	4.0	3.7
2008	3.3	3.1	6.2	3.5	3.4	2.0
2009	3.7	4.8	1.3	3.0	2.2	2.1
2010	3.5	4.6	3.1	2.4	2.2	2.8

12-4 农林牧渔业总产值结构（1995—2010年）
Structure of Gross Output Value of Farming, Forestry, Animal Husbandry and Fishery, 1995-2010

单位：% (%)

年 份 Year	合 计 Total	农 业 Farming	林 业 Forestry	牧 业 Animal Husbandry	渔 业 Fishery	农林牧渔服务业 FFAF Services
1995	100	68.0	0.7	22.9	8.4	
1996	100	67.5	0.7	22.7	9.1	
1997	100	63.9	0.7	24.2	11.2	
1998	100	63.3	0.8	24.4	11.5	
1999	100	61.0	0.9	25.9	12.2	
2000	100	53.4	0.9	33.1	12.6	
2001	100	51.2	0.9	35.8	12.1	
2002	100	47.5	0.8	38.3	13.4	
2003	100	45.6	0.8	39.9	13.7	
2004	100	43.1	0.7	41.8	14.4	
2005	100	40.9	0.8	43.1	15.2	
2006	100	48.9	0.9	31.3	15.7	3.2
2007	100	48.8	0.9	32.0	15.0	3.3
2008	100	47.6	0.8	32.1	16.3	3.2
2009	100	49.6	0.8	29.7	16.9	3.0
2010	100	53.0	0.7	27.6	15.8	2.9

12-5 农作物播种面积（1995—2010年）
Sown Areas of Farm Crops, 1995-2010

单位：万公顷 (10 000 hectares)

年 份 Year	合 计 Total	粮 食 Grain	棉 花 Cotton	油 料 Oil-bearing Crops	蔬 菜 Vegetables	其他农作物 Others
1995	54.91	43.78	1.00	1.69	7.50	0.94
1996	56.44	45.57	0.38	1.37	8.08	1.04
1997	55.73	43.99	0.28	1.61	8.82	1.03
1998	56.32	44.45	0.35	1.69	8.64	1.19
1999	56.29	43.10	0.60	1.62	9.86	1.11
2000	53.31	34.59	1.51	2.63	12.83	1.75
2001	54.45	32.85	4.50	2.05	12.95	2.10
2002	52.28	31.13	4.48	1.89	12.84	1.94
2003	50.15	25.81	7.06	1.58	13.46	2.24
2004	50.43	26.35	8.69	0.61	13.19	1.59
2005	49.94	28.77	6.12	0.51	12.97	1.57
2006	42.98	28.43	6.89	0.20	6.38	1.08
2007	43.40	29.20	6.75	0.18	6.34	0.93
2008	44.63	29.35	6.92	0.18	7.22	0.96
2009	45.52	30.66	5.56	0.20	8.08	1.02
2010	45.93	31.18	5.18	0.22	8.49	0.86

12-6 主要农产品产量情况（1995—2010年） Yield of Major Farm Crops, 1995-2010

单位：万吨 (10 000 tons)

年份 Year	粮食 Grain	#小麦 Wheat	#玉米 Corn	棉花 Cotton	油料 Oil-bearing Crops	蔬菜 Vegetables
1995	207.46	65.40	80.50	1.12	4.01	434.17
1996	207.00	67.35	75.41	0.51	3.13	452.71
1997	206.16	77.41	65.45	0.39	3.01	486.23
1998	210.12	76.06	75.51	0.63	3.76	505.35
1999	174.85	71.60	56.30	0.57	2.34	486.07
2000	124.05	59.91	40.95	1.75	3.31	530.60
2001	143.33	45.09	75.19	6.36	3.90	564.50
2002	137.82	44.11	71.05	6.24	3.40	584.31
2003	119.29	35.91	64.81	9.47	3.08	602.78
2004	125.27	37.81	70.71	12.03	1.55	585.43
2005	137.50	47.42	73.16	8.36	1.29	542.74
2006	141.90	49.90	79.70	9.50	0.50	275.50
2007	147.15	50.59	85.08	9.31	0.46	274.37
2008	148.93	52.47	84.29	8.29	0.48	314.16
2009	156.29	54.03	88.74	7.09	0.54	373.85
2010	159.74	53.20	92.74	6.27	0.64	419.31

年份 Year	肉类 Meat	#猪肉 Pork	#牛羊肉 Beef and Mutton	禽蛋 Poultry Eggs	奶类 Milk	水产品 Aquatic Products
1995	15.86	9.59	3.09	16.94	10.47	15.35
1996	16.94	10.50	3.30	16.65	10.69	16.99
1997	18.70	11.77	3.44	17.71	12.13	18.98
1998	21.74	13.88	3.74	22.68	11.69	21.38
1999	23.53	14.59	4.24	23.56	12.94	23.03
2000	29.49	17.96	4.76	25.60	16.52	24.22
2001	36.40	21.92	5.97	26.00	24.06	26.46
2002	44.88	26.09	7.39	24.47	33.59	28.56
2003	52.41	30.56	8.53	24.25	43.23	29.83
2004	53.73	33.05	8.73	24.38	54.24	31.00
2005	57.78	35.63	9.28	23.47	63.41	33.81
2006	34.95	21.80	5.20	19.04	65.77	31.40
2007	33.76	20.45	5.25	19.43	67.21	32.50
2008	37.13	23.48	5.12	19.69	70.12	33.67
2009	39.50	25.66	5.03	19.60	68.70	34.17
2010	42.60	27.98	4.63	19.92	69.30	34.49

12-7 各区县农林牧渔业总产值和增加值(2010年)
Gross Output Value and Value-added of Farming, Forestry, Animal Husbandry and Fishery by District and County, 2010

单位：万元 (10 000 yuan)

地　　区	Region	合　计 Total	农　业 Farming	林　业 Forestry	牧　业 Animal Husbandry	渔　业 Fishery
总 产 值	**Gross Output Value**					
东丽区	Dongli District	79453	37263	1859	11163	29168
西青区	Xiqing District	207110	124264	745	40958	41142
津南区	Jinnan District	100276	27119	265	31844	41048
北辰区	Beichen District	175311	65951	905	92015	16440
武清区	Wuqing District	637147	387028	11432	189440	49247
宝坻区	Baodi District	503196	265175	1990	185613	50418
滨海新区	Binhai New Area					
#塘　沽	Tanggu	36270	9778		6928	19564
汉　沽	Han'gu	115428	34864	96	17356	63112
大　港	Dagang	52354	14488	193	24544	13129
宁河县	Ninghe County	431035	193914	9287	173916	53918
静海县	Jinghai County	319442	167776	13731	115183	22752
蓟　县	Jixian County	440566	215202	3959	194734	26671
增 加 值	**Value-added**					
东丽区	Dongli District	36300	17364	817	4264	13855
西青区	Xiqing District	98044	60946	432	18398	18267
津南区	Jinnan District	42497	12854	115	14288	15240
北辰区	Beichen District	85560	38252	449	40119	6740
武清区	Wuqing District	290721	187476	6861	75211	21173
宝坻区	Baodi District	210936	103429	869	90113	16525
滨海新区	Binhai New Area					
#塘　沽	Tanggu	13007	3617		2453	6937
汉　沽	Han'gu	48966	18666	63	5623	24614
大　港	Dagang	19487	3051	66	10609	5761
宁河县	Ninghe County	210869	95987	4365	83828	26689
静海县	Jinghai County	148249	85493	7173	47834	7749
蓟　县	Jixian County	212568	114707	2573	83406	11882

12-8 各区县主要农作物播种面积(2010年)
Sown Areas of Major Farm Crops by District and County, 2010

单位：公顷 (hectare)

地区	Region	粮食作物 Grain Crops	#小麦 Wheat	#稻谷 Rice	#玉米 Corn
东丽区	Dongli District	3116.9		54.5	2441.3
西青区	Xiqing District	6531.4	1187.9	276.6	4673.6
津南区	Jinnan District	3782.2	12.9	72.7	2940.5
北辰区	Beichen District	9113.3	745.3	30.8	7071.9
武清区	Wuqing District	98029.5	39051.5	24.4	58121.9
宝坻区	Baodi District	92172.7	36216.5	7504.6	46795.7
滨海新区	Binhai New Area				
#塘沽	Tanggu	924.6	4.5		623.7
汉沽	Han'gu	1124.2		99.1	915.0
大港	Dagang	13588.3	2134.3		9352.5
宁河县	Ninghe County	18858.3	410.3	4033.5	12714.5
静海县	Jinghai County	53889.0	6183.9		40828.6
蓟县	Jixian County	77091.5	29889.6	1163.5	45113.4

地区	Region	油料作物 Oil-bearing Crops	#花生 Peanuts	棉花 Cotton	蔬菜 Vegetables
东丽区	Dongli District			2004.7	2674.1
西青区	Xiqing District	166.7	66.7	3328.3	10945.3
津南区	Jinnan District			3255.5	1524.7
北辰区	Beichen District	188.9	89.5	2999.6	5833.4
武清区	Wuqing District	466.3	285.1	4268.0	22944.6
宝坻区	Baodi District	292.6	103.0	6409.5	10923.3
滨海新区	Binhai New Area				
#塘沽	Tanggu			1430.8	818.6
汉沽	Han'gu			309.3	486.3
大港	Dagang	57.1	55.1	1045.7	388.2
宁河县	Ninghe County	1.8		13485.5	9290.5
静海县	Jinghai County	317.4	126.7	13052.8	5905.8
蓟县	Jixian County	673.7	673.7	182.4	6701.1

12-9 各区县主要农作物产量（2010年）
Yield of Major Farm Crops by District and County, 2010

地 区	Region	粮食作物 Grain Crops	#小 麦 Wheat	#稻 谷 Rice	#玉 米 Corn
产 量(吨)	**Total Yield (ton)**				
东丽区	Dongli District	17620		409	14362
西青区	Xiqing District	40730	5556	2000	31904
津南区	Jinnan District	22420	48	465	18466
北辰区	Beichen District	50676	3979	208	43227
武清区	Wuqing District	650118	221916	183	425389
宝坻区	Baodi District	632500	208469	62856	352575
滨海新区	Binhai New Area				
#塘 沽	Tanggu	3920	20		2785
汉 沽	Han'gu	7987		703	6808
大 港	Dagang	65290	4105		54502
宁河县	Ninghe County	156369	2182	39243	107606
静海县	Jinghai County	320207	27703		273622
蓟 县	Jixian County	486998	160830	9351	313499
单 产(公斤/公顷)	**Unit Yield (kg/hectare)**				
东丽区	Dongli District	5653		7505	5883
西青区	Xiqing District	6236	4677	7231	6826
津南区	Jinnan District	5928	3721	6396	6280
北辰区	Beichen District	5548	5339	6753	6113
武清区	Wuqing District	6632	5683	7500	7319
宝坻区	Baodi District	6862	5756	8376	7534
滨海新区	Binhai New Area				
#塘 沽	Tanggu	4240	4444		4465
汉 沽	Han'gu	7025		7094	7440
大 港	Dagang	4805	1923		5828
宁河县	Ninghe County	8292	5318	9729	8463
静海县	Jinghai County	5942	4480		6702
蓟 县	Jixian County	6317	5381	8037	6949

12-9 续表 Continued

地　区	Region	油料作物 Oil-bearing Crops	#花　生 Peanuts	棉　花 Cotton	蔬　菜 Vegetables
产　量(吨)	**Total Yield (ton)**				
东丽区	Dongli District			1884	145676
西青区	Xiqing District	410	200	3836	550002
津南区	Jinnan District			3888	73896
北辰区	Beichen District	429	244	2938	269512
武清区	Wuqing District	1377	1011	4981	1314858
宝坻区	Baodi District	561	334	10493	536597
滨海新区	Binhai New Area				
#塘　沽	Tanggu			1087	32096
汉　沽	Han'gu			475	26662
大　港	Dagang	53	52	796	23423
宁河县	Ninghe County	5		15639	475320
静海县	Jinghai County	784	343	16353	323498
蓟　县	Jixian County	2818	2818	340	421578
单　产(公斤/公顷)	**Unit Yield (kg/hectare)**				
东丽区	Dongli District			940	54477
西青区	Xiqing District	2460	2999	1153	50250
津南区	Jinnan District			1194	48466
北辰区	Beichen District	2271	2726	979	46202
武清区	Wuqing District	2953	3546	1167	57306
宝坻区	Baodi District	1917	3243	1637	49124
滨海新区	Binhai New Area				
#塘　沽	Tanggu			760	39208
汉　沽	Han'gu			1536	54826
大　港	Dagang	928	944	761	60337
宁河县	Ninghe County	2778		1160	51162
静海县	Jinghai County	2470	2707	1253	54776
蓟　县	Jixian County	4183	4183	1861	62912

12-10 各区县畜牧业生产情况（2010年）
Production of Animal Husbandry by District and County, 2010

地 区	Region	猪出栏（万头）Slaughtered Pigs (10 000 heads)	牛出栏（万头）Slaughtered Cattle (10 000 heads)	羊出栏（万只）Slaughtered Sheep and Goats (10 000 heads)	家禽出栏（万只）Slaughtered Poultry (10 000 heads)	# 鸡 Cocks and Hens	产蛋鸡存栏（万只）Hens in Hand (10 000 heads)	乳牛存栏（头）Cows in Hand (head)
东丽区	Dongli District	6.44	0.08	0.44	71.91	69.38	8.20	1212
西青区	Xiqing District	19.42	0.03	0.92	766.69	728.86	41.18	3484
津南区	Jinnan District	13.20	0.08	0.66	1111.32	1111.22	14.92	423
北辰区	Beichen District	22.76	1.12	8.13	506.16	506.03	85.67	29786
武清区	Wuqing District	39.93	2.43	10.56	1359.51	1326.36	205.82	50329
宝坻区	Baodi District	71.67	3.88	11.11	926.95	778.34	241.07	5595
滨海新区	Binhai New Area							
# 塘 沽	Tanggu	3.64	0.02	0.14	3.62	2.64	1.84	
汉 沽	Han'gu	8.62	0.03	0.28	66.27	66.10	4.68	1205
大 港	Dagang	8.98	0.14	2.64	223.05	223.05	22.94	
宁河县	Ninghe County	80.58	0.60	3.31	1616.63	1616.41	112.88	18821
静海县	Jinghai County	33.99	0.37	11.78	1794.25	1786.44	70.57	22430
蓟 县	Jixian County	66.72	9.39	16.03	658.61	574.91	375.46	3776

地 区	Region	肉类总产量（吨）Output of Meat (ton)	# 猪 肉 Pork	# 牛羊肉 Beef & Mutton	# 禽 肉 Poultry	禽蛋产量（吨）Output of Poultry Eggs (ton)	# 鸡 蛋 Eggs	牛奶产量（吨）Output of Milk (ton)
东丽区	Dongli District	6953	5214	288	1451	933	915	3641
西青区	Xiqing District	26076	15222	226	10627	6496	4924	8533
津南区	Jinnan District	23955	9903	287	13765	1658	1555	1685
北辰区	Beichen District	27663	15956	4074	7535	14979	14471	129118
武清区	Wuqing District	58080	29892	7434	20581	32415	26462	244380
宝坻区	Baodi District	78089	53759	9419	14889	48606	47289	33742
滨海新区	Binhai New Area							
# 塘 沽	Tanggu	2719	2549	100	70	487	308	
汉 沽	Han'gu	8003	6458	115	1309	818	790	2585
大 港	Dagang	10598	6821	866	2911	2645	2577	8500
宁河县	Ninghe County	90134	62074	2024	26019	18013	17749	78713
静海县	Jinghai County	59167	25721	3740	29575	10553	10427	96786
蓟 县	Jixian County	80289	50242	18782	11047	48666	46966	19456

12-11 林业生产、果园面积及产量（2008—2010年）
Forestry Production, Orchard Areas and Output, 2008-2010

项　目	Item	2008	2009	2010
年末实有林地面积(万公顷)	**Forestry Areas (year-end) (10 000 hectares)**	**19.64**	**21.26**	
#当年造林面积	Afforested Areas in Current Year	1.50	1.62	1.81
封山育林面积(万公顷)	**Afforested Areas on Sealed Mountain (10 000 hectares)**	**2.60**	**2.61**	**2.60**
#育苗面积	Areas Used for Cultivating Sapling	0.37	0.49	0.55
年末实有果园面积(万公顷)	**Areas of Orchards (year-end) (10 000 hectares)**	**3.38**	**3.30**	**3.44**
干果产量(吨)	**Output of Dry Fruits (ton)**	**1160**	**1269**	**1507**
#核　桃	Walnuts	546	654	814
栗　子	Chestnuts	577	615	693
园林水果产量(吨)	**Output of Fruits in Orchards (ton)**	**294695**	**317991**	**312713**
#苹　果	Apples	62946	63405	55512
梨	Pears	29774	33131	35701
桃	Peaches	53254	61544	60025
鲜　枣	Fresh Jujubes	23649	31134	33037
葡　萄	Grapes	99959	104560	103322
柿　子	Persimmons	15401	13843	8392

12-12 各区县渔业生产情况（2010年）
Fishery Production by District and County, 2010

地　区	Region	水产品总产量(吨) Total Aquatic Products (ton)	海水产品 Seawater Aquatic Products	淡水产品 Freshwater Aquatic Products	水产养殖面积(公顷) Culture Areas of Aquatic Products (hectare)	海水养殖 Seawater Cultured	淡水养殖 Freshwater Cultured
东丽区	Dongli District	11078		11078	2296		2296
西青区	Xiqing District	45157		45157	4094		4094
津南区	Jinnan District	19198		19198	3236		3236
北辰区	Beichen District	12134		12134	1932		1932
武清区	Wuqing District	50699		50699	6204		6204
宝坻区	Baodi District	38040		38040	3575		3575
滨海新区	Binhai New Area						
#塘　沽	Tanggu	14487	10976	3511	2858	1037	1821
汉　沽	Han'gu	25953	15109	10844	1129	691	438
大　港	Dagang	8237	2986	5251	4671	2021	2650
宁河县	Ninghe County	44200	895	43305	7288	233	7055
静海县	Jinghai County	22166		22166	2018		2018
蓟　县	Jixian County	26547		26547	1540		1540

12-13 农垦集团总公司主要指标（2008—2010年）
Major Indicators of State Farms Agribusiness Group Company, 2008-2010

项　目	Item	2008	2009	2010
直属企事业单位(个)	Number of Directly Subordinate Enterprises and Institutions (unit)	45	45	44
#农场个数	Farms	15	15	15
工业企业个数	Industrial Enterprises	15	15	15
商业企业个数	Commercial Enterprises	2	2	2
土地面积(公顷)	Land Areas (hectare)	8263	8212	7835
#耕地面积	Cultivated Areas	3151	3138	3191
工农业总产值 (万元)	Gross Output Value of Agriculture and Industry (10 000 yuan)	286573	270871	285971
#农业总产值	Gross Output Value of Agriculture	47987	47512	60841
增加值 (万元)	Value-added (10 000 yuan)	96911	112408	126817
第一产业	Primary Industry	10316	11631	13107
第二产业	Secondary Industry	65523	44959	54810
第三产业	Tertiary Industry	21072	55818	58900
种植业生产情况	Production of Planting			
农作物播种面积(公顷)	Sown Areas of Farm Crops (hectare)	3187	2979	3330
#粮　食	Grain	2116	2146	2567
商品蔬菜	Vegetables for Sale	31	31	17
农作物总产量(吨)	Total Yield of Farm Crops (ton)			
#粮　食	Grain	13619	14803	16864
商品蔬菜	Vegetables for Sale	1810	1828	922
水果生产情况	Production of Fruits			
果园面积(公顷)	Areas of Orchards (hectare)	156	152	145
水果总产量(吨)	Total Yield of Fruits (ton)	1783	1656	1781
畜牧水产生产情况	Production of Animal Husbandry and Fishery			
奶牛年末存栏(头)	Cows in Hand (year-end) (head)	23249	19426	18114
#成母牛	Female Cows	13251	9816	9965
牛奶总产量(吨)	Output of Milk (ton)	100789	94752	90706

12-13 续表 Continued

项　目	Item	2008	2009	2010
鸡年末存栏(万只)	Cocks and Hens in Hand (year-end) (10 000 heads)		3.30	5.03
#产蛋鸡	Hens		3.30	5.03
鸡蛋总产量(吨)	Total Output of Eggs (ton)	980	45	620
肉类总产量(吨)	Total Output of Meat (ton)	1016	1161	2027
养殖水面(公顷)	Culture Water Areas (hectare)	779	793	706
水产品产量(吨)	Total Aquatic Products (ton)	8480	7875	7439
农业机械总动力(万千瓦)	Total Power of Agricultural Machinery (10 000 kW)	1.37	0.96	1.05
#大中型拖拉机(台)	Large and Medium-sized Tractors (set)	15	19	19
小型拖拉机(台)	Mini-tractors (set)	7		
汽　车(辆)	Number of Motor Vehicles (set)	375	386	351
#载重汽车(辆)	Trucks (set)	62	59	64
用电量(万千瓦小时)	Electricity Consumption (10 000 kW · h)	8948	9528	10409
农用化肥施用量(折纯)(吨)	Consumption of Chemical Fertilizers (pureness) (ton)	1230	826	928
主要工业产品产量(吨)	Output of Major Industrial Products (ton)			
葡萄酒	Wine	39229	40558	55363
奶　粉	Milk Powder	2940	433	456
消毒牛奶	Sterilized Milk	97384	84236	52023
饲料添加剂	Added Preparation for Feed	177	157	76
固定资产投资总额(万元)	Total Investment in Fixed Assets (10 000 yuan)	75756	81511	60071
新增固定资产	Newly Increased Fixed Assets	1269	19473	30423
外贸出口总额(万元)	Total Value of Exports (10 000 yuan)	5888	3728	4438
利润总额(万元)	Total Pre-tax Profits (10 000 yuan)	26791	53165	63818
年末职工人数(人)	Number of Staff and Workers (year-end) (person)	5841	5895	5686
工资总额(万元)	Total Wages (10 000 yuan)	18330	20860	21498
职工年平均工资(元)	Annual Average Wage (yuan)	30248	35398	37809
年末固定资产原值(万元)	Original Value of Fixed Assets (year-end) (10 000 yuan)	239746	254994	280317
年末固定资产净值(万元)	Net Value of Fixed Assets (year-end) (10 000 yuan)	169880	175012	193336

12-14 大型水库基本情况（2010年） Large Reservoirs of Tianjin, 2010

项　目	Item	于桥水库 Yuqiao Reservoir	北大港水库 Beidagang Reservoir	团泊洼水库 Tuanbowa Reservoir
坐落地点	Site	蓟　县	大　港	静海县
		Jixian County	Dagang	Jinghai County
所属河系	Located River	蓟运河	大清河	独流减河
		Ji Canal	Daqing River	Duliujian River
总库容(万立方米)	Total Capacity of Reservoir (10 000 cu. m.)	155900	50000	18000
设计灌溉面积(万公顷)	Designed Irrigated Areas (10 000 hectares)	6.70	1.38	3.00
有效灌溉面积(万公顷)	Effective Irrigated Areas (10 000 hectares)	3.00	0.66	2.60

12-15 中型水库基本情况（2010年） Medium Reservoirs of Tianjin, 2010

水库名称 Name of Reservoir	坐落地点 Site	所属河系 Located River	总库容(万立方米) Total Capacity of Reservoir (10 000 cu. m.)	灌溉面积(万公顷) Irrigated Areas (10 000 hectares)	
				设　计 Designed Areas	有　效 Effective Areas
七里海水库	宁河县	潮白新河			
Qilihai Reservoir	Ninghe County	Chaobaixin River	2400	1.00	0.35
新地河水库	东丽区	金钟河			
Xindihe Reservoir	Dongli District	Jinzhong River	1680		
鸭淀水库	西青区	津港运河			
Yadian Reservoir	Xiqing District	Jin'gang Canal	3360	0.27	0.27
黄港一库	塘　沽	黑猪河			
Huanggang I Reservoir	Tanggu	Heizhu River	1792	0.09	0.05
黄港二库	塘　沽	黑猪河			
Huanggang II Reservoir	Tanggu	Heizhu River	4615	0.21	0.21
北塘水库	塘　沽	永定新河			
Beitang Reservoir	Tanggu	Yongdingxin River	3977	0.09	0.09
营城水库	汉　沽	蓟运河			
Yingcheng Reservoir	Han'gu	Ji Canal	3043		
上马台水库	武清区	北运河			
Shangmatai Reservoir	Wuqing District	North Canal	2730	0.87	0.87
津南水库	津南区	海　河			
Jinnan Reservoir	Jinnan District	Haihe River	2019	0.13	0.07
尔王庄水库	宝坻区	潮白新河			
Erwangzhuang Reservoir	Baodi District	Chaobaixin River	4530		
杨庄水库	蓟　县	洵　河			
Yangzhuang Reservoir	Jixian County	Juhe River	2700		

主要统计指标解释
Explanatory Notes on Main Statistical Indicators

农林牧渔业总产值

指以货币表现的农、林、牧、渔业全部产品和对农林牧渔业生产活动进行的各种支持性服务活动的价值总量，它反映一定时期内农林牧渔业生产总规模和总成果。从2003年起，执行新的国民经济行业分类标准，农林牧渔业总产值中包括了农林牧渔服务业产值。

农林牧渔业总产值的计算方法通常是按农、林、牧、渔业产品及其副产品的产量分别乘以各自单位产品价格求得；少数生产周期较长，当年没有产品或产品产量不易统计的，则采用间接方法匡算其产值；然后将四业产品产值相加即为农林牧渔业总产值。

农林牧渔业增加值

指各种经济类型的农业生产单位和农户从事农业生产经营活动所提供的社会最终产品的货币表现。其计算方法有两种，一是生产法：农林牧渔业增加值=农林牧渔业总产值－农林牧渔业中间消耗；二是分配法：农林牧渔业增加值=固定资产折旧+劳动者报酬+生产税净额（生产税－生产补贴）+营业盈余。

农用化肥施用量

指本年内实际用于农业生产的化肥数量，包括氮肥、磷肥、钾肥和复合肥。化肥施用量要求按折纯量计算数量。折纯量是指把氮肥、磷肥、钾肥分别按含氮、含五氧化二磷、含氧化钾的百分之百成份进行折算后的数量。复合肥按其所含主要成分折算。公式为：

折纯量＝实物量×某种化肥有效成份含量的百分比

农业机械总动力

指主要用于农、林、牧、渔业的各种动力机械的动力总和。包括耕作机械、排灌机械、收获机械、农用运输机械、植物保护机械、牧业机械、林业机械、渔业机械和其他农业机械。不包括专门用于乡、镇、村、组办工业、基本建设、非农业运输、科学试验和教学等非农业生产方面用的动力机械与作业机械。

有效灌溉面积

指灌溉工程或设备已基本配套，有一定水源，土地比较平整，在一般年景可以进行正常灌溉的耕地面积。在一般情况下，有效灌溉面积应等于灌溉工程或设备已经配套，能够进行灌溉的水田和水浇地面积之和。

当年出栏头数

指农林牧渔企业生产单位饲养的，供屠宰并已出栏的全部牲畜头数。包括交售给国家，集市上出售的部分。

肉类总产量

指当年出栏并已屠宰的猪、牛、羊、马、骡、驴、家禽、兔等肉产量。即屠宰后除去头、蹄、下水后带骨肉的重量，也叫胴体重。

水产品产量

指本年度内捕捞的水产品（包括人工养殖并捕捞的水产品和捕捞天然生长的水产品）产量。不论自食或出售的，都应计算在内。用作继续扩大再生产的水产品（如鱼苗、鱼种、鱼饵及转塘鱼、存塘鱼等）不作水产品产量统计。在淡水生长的各种水生植物，如莲藕、菱角等，因属农作物范畴，均不包括在水产品产量之内。

园林水果产量

指本年度内从果树上收获的全部水果产量，不论自食的或出售的，都应计算在内。不包括果用瓜（如西瓜、甜瓜、白兰瓜、哈密瓜、脆瓜等）和主要作蔬菜食用的藕、西红柿等。也不包括采集的野生水果。水果的产量按鲜果计算，干枣、葡萄干、柿饼、桔饼等应统一折成鲜果计算。

主要统计指标解释
Explanatory Notes on Main Statistical Indicators

Gross Output Value of Farming, Forestry, Animal Husbandry and Fishery

refers to the total value of products of farming, forestry, animal husbandry and fishery, and total value of services rendered to support farming, forestry, animal husbandry and fishery activities. It reflects the total scale and results of agricultural production during a given period. A new industrial classification of economic activities was introduced in 2003. Under the new classification, value of services to farming, forestry, animal husbandry and fishery is included in the gross output value of agriculture.

Gross output value of agriculture is obtained by first multiplying the output of each product or by product by its price, resulting in the output value of each single item. For a small number of products, annual output of which is not available or difficult to get due to the long production (growing) process involved, the output value is estimated through an indirect approach. The sum of output value of all products of farming, forestry, animal husbandry and fishery is then equal to the gross output value of agriculture.

Value-added of Farming, Forestry, Animal Husbandry and Fishery

refers to the final results of various agricultural production and trade units in money terms. It is calculated with two approaches. First, production approach, *value-added of farming, forestry, animal husbandry and fishery = gross output value of farming, forestry, animal husbandry and fishery intermediate input of farming, forestry, animal husbandry and fishery*. Second, distribution approach, *value-added of farming, forestry, animal husbandry and fishery = depreciation of fixed assets + Labourers remuneration + net taxes on production (taxes on production subsidies production) + operating surplus.*

Consumption of Chemical Fertilizers in Agriculture

refers to the quantity of chemical fertilizers applied in agriculture in the year, including nitrogenous fertilizer, phosphate fertilizer, potash fertilizer, and compound fertilizer. The consumption of chemical fertilizers is required in calculation to convert the gross weight into weight containing 100% effective component (e.g. 100% nitrogen content in nitrogenous fertilizer, 100% phosphorous pent oxide contents in phosphate fertilizer, 100% potassium oxide contents in potash fertilizer). Compound fertilizer is converted with its major component. The formula is:

Volume of effective component = physical quantity x effective component of certain chemical fertilizer (%)

Total Power of Agricultural Machinery

refers to total mechanical power of machinery used in farming, forestry, animal husbandry, and fishery, including ploughing, irrigation and drainage, harvesting, transport, plant protection, stock breeding, forestry and fishery and other agricultural machineries. Machinery employed for non-agricultural purposes, such as the machines used in township run and village-run industry, construction, non-agricultural transport, scientific experiments and teaching, is excluded.

Effective Irrigated Area

refers to areas that are effectively irrigated, i.e. level land which has water source and complete sets of irrigation facilities to lift and move adequate water for irrigation purpose under normal conditions. In general, irrigated area equal sum area of paddy fields and irrigated land for irrigated engineering or complete sets.

Number of Livestock Slaughtered

refers to the total number of animals for butchering by farming, forestry, animal husbandry and fishery, including parts of selling to country and markets.

Output of Meat

refers to output of having butchered of pork, beef, mutton, horse, mule, donkey, fowls, and rabbit in the current year, namely the heaviness minus head, hoof, offal.

Output of Aquatic Products

refer to amount of fishing (including artificially cultured, naturally grown), in respective consumption by peasants themselves or sold. It excludes aquatic (i.e. fish fry, fish grows, fish bait and transferred fish from piscine, leave fish) for continuing expanded reproduction aquatic. Various fresh water plants (i.e. lotus roots, water chestnut) are not included.

Yield of Fruits in Orchards

refer to total output of fruits harvested from fruit trees in current year, not only for eating but also for sale, but not include melon-fruits (for example, watermelon, melon, honey dew melon, crisp melon, etc.) , vegetables such as lotus root, tomatoes and so on, and collection of wild fruits. Output of fruits is calculated as fresh fruits. Dried dates, raisins, persimmon, orange cake, etc. should be unified into fresh fruits in the calculation.

13 工业 Industry

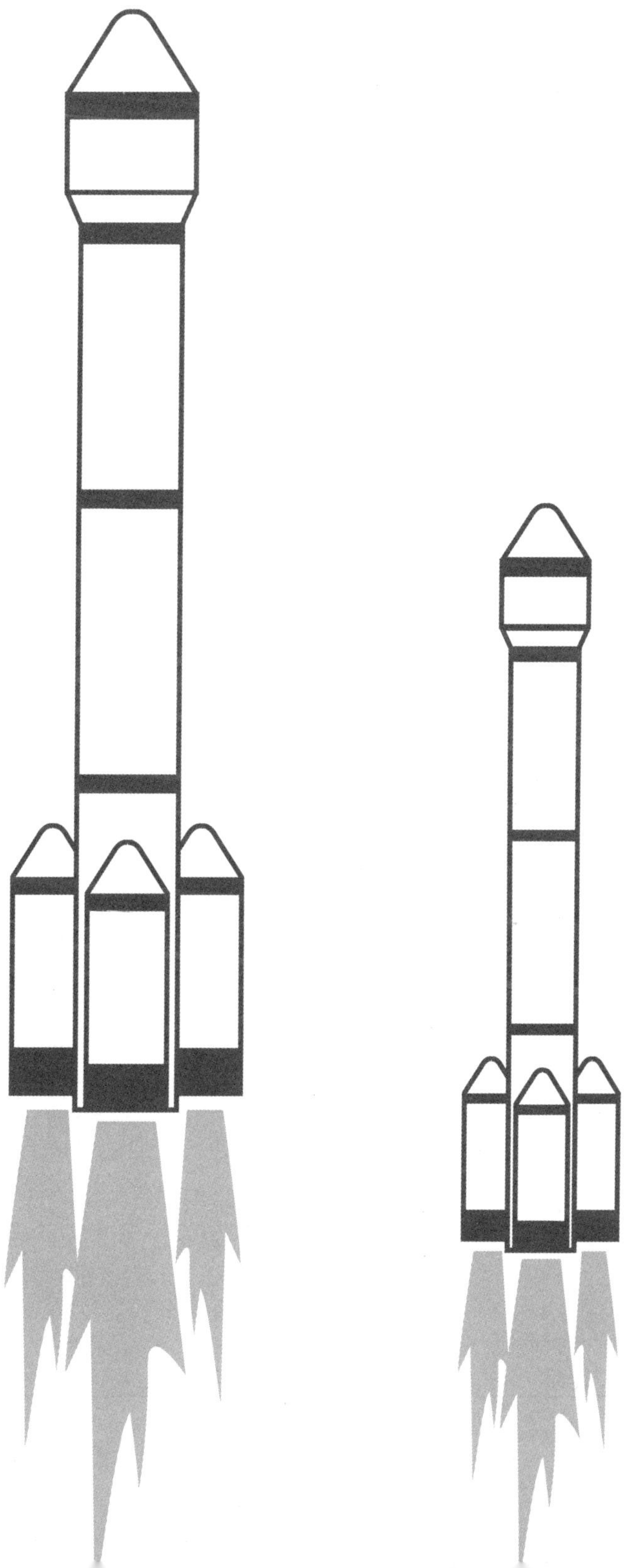

13-1 工业总产值及增长速度（1995—2010年）
Gross Output Value and Increase Rate of Industry, 1995-2010

年 份 Year	全部工业 Gross Industry			全部国有及规模以上工业 All State-owned and above Designated Size Industry		
	合 计 Total	轻工业 Light Industry	重工业 Heavy Industry	合 计 Total	轻工业 Light Industry	重工业 Heavy Industry
绝对数(亿元) Gross Output Value (100 million yuan)						
1995	1879.65	752.03	1127.62	1382.43	536.06	816.37
1996	2177.42	1014.46	1162.96	1666.26	678.68	987.58
1997	2450.21	1130.04	1320.17	1782.35	675.23	1107.21
1998	2562.62	1157.09	1405.53	2068.51	767.01	1301.50
1999	2751.37	1128.47	1622.90	2264.55	838.30	1426.25
2000	3080.74	1263.10	1817.64	2606.38	895.24	1711.14
2001	3366.53	1153.73	2212.80	2940.40	942.37	1998.03
2002	3717.72	1207.88	2509.84	3323.12	1012.41	2310.71
2003	4370.76	1254.68	3116.08	4049.61	1095.39	2954.22
2004	6186.04	1398.65	4787.39	5853.72	1265.73	4587.98
2005	7169.62	1569.06	5600.56	6774.10	1372.88	5401.23
2006	8907.45	1664.03	7243.42	8527.70	1475.67	7052.03
2007	10502.91	1967.37	8535.54	10075.07	1755.16	8319.91
2008	13042.91	2190.54	10852.37	12503.25	2099.90	10403.34
2009	13384.25	2290.38	11093.87	13083.63	2238.93	10844.70
2010	17107.19	2800.45	14306.74	16751.82	2731.22	14020.60
比上年增长(%) Increase Rate over Preceding Year (%)						
1995	23.5	11.2	34.8	16.4	11.6	20.3
1996	24.7	31.8	19.5	19.3	20.0	18.8
1997	12.9	13.6	12.2	13.2	8.8	16.5
1998	8.5	9.9	7.2	8.3	5.0	10.6
1999	13.0	5.9	19.4	16.3	21.8	12.7
2000	17.5	19.7	16.0	17.7	15.3	19.3
2001	14.0	-6.6	28.4	17.7	7.6	23.1
2002	19.6	13.3	23.7	22.8	17.1	26.0
2003	24.1	18.5	27.0	26.1	20.8	28.7
2004	31.0	19.4	35.5	31.8	19.2	36.3
2005	19.5	9.3	22.8	20.8	9.6	24.0
2006	25.1	6.1	29.3	25.3	12.4	28.3
2007	20.1	19.4	20.2	20.4	20.1	20.4
2008	23.7	25.1	23.4	24.6	27.0	24.1
2009	8.6	5.8	9.2	8.8	5.9	9.4
2010	31.4	23.5	33.1	31.7	23.6	33.4

注：工业总产值增长速度按可比口径计算，下同。
Note: Increase rate of gross output value of industry is calculated at constant prices, same as following next.

13-2 全部国有及规模以上工业总产值
Gross Output Value of All State-owned and above Designated Size Industry

单位：亿元 (100 million yuan)

项　目	Item	2009	2010	2010比2009年增长(%) Increase Rate in 2010 over 2009 (%)
全市总计	**Total**	**13083.63**	**16751.82**	**31.7**
#国有及国有控股企业	State-owned and State-holding Enterprises	5180.42	6712.45	36.8
按登记注册类型分	**Grouped by Status of Registration**			
内资企业	Domestic-funded Enterprises	7633.96	9703.34	34.7
国有企业	State-owned Enterprises	1470.72	2093.38	53.8
集体企业	Collective-owned Enterprises	159.98	125.74	-13.9
股份合作企业	Cooperative Enterprises	85.53	90.12	32.9
私营企业	Private Enterprises	1871.05	2458.44	31.2
股份有限公司	Share-holding Corporations Ltd.	1103.06	1784.68	59.5
有限责任公司	Limited Liability Corporations	2910.51	3106.49	19.8
#国有独资	Sole State-funded Corporations	965.14	999.48	8.5
联营企业	Joint Ownership Enterprises	5.58	8.66	69.8
#国有与国有联营企业	State Joint Ownership Enterprises	1.29	2.27	122.0
集体与集体联营企业	Collective Joint Ownership Enterprises	1.15	2.58	92.2
其他内资企业	Other Domestic-funded Enterprises	27.50	35.83	25.1
港澳台商投资企业	Enterprises with Investment from Hong Kong, Macao and Taiwan	895.97	1455.47	39.4
外商投资企业	Foreign Funded Enterprises	4553.70	5593.01	25.4
按经济类型分	**Grouped by Ownership**			
国有经济	State-owned	2437.15	3095.13	35.2
集体经济	Collective-owned	246.67	218.44	-11.4
私有经济	Private and Individual	1871.05	2458.44	31.2
港澳台商投资经济	Hong Kong, Macao and Taiwan Funded	895.97	1455.47	39.4
外商投资经济	Foreign Funded	4553.70	5593.01	25.4
其　他	Others	3079.08	3931.33	39.2

注：因滨海新区行政建制调整，市管工业和乡镇管工业口径范围有调整，速度按可比口径计算。表13-3同。
Note: Because the administrative divisions of Binhai New Area adjusted, the coverages of city, town and country industry have adjusted accordingly, and increase rate is calculated at constant price. Same as table 13-3.

13-2 续表 1 Continued

单位：亿元 (100 million yuan)

项　目	Item	2009	2010	2010比2009年增长(%) Increase Rate in 2010 over 2009 (%)
按隶属关系分	**Grouped by Administrative Relationship**			
中央工业	Central Industry	1532.32	2708.61	73.8
地方工业	Local Industry	11551.31	14043.21	25.9
# 市管工业	City Industry	7279.03	5239.11	19.9
# 工业系统	Industry System	4255.88	4746.29	19.1
区县管工业	District & County Industry	2262.14	1861.31	26.6
街管工业	Neighbour Industry	54.60	84.44	54.6
乡镇管工业	Town and Country Industry	2938.41	6272.51	31.2
按轻重工业分	**Grouped by Light & Heavy Industry**			
轻工业	Light Industry	2238.93	2731.22	23.6
重工业	Heavy Industry	10844.70	14020.60	33.4
按企业规模分	**Grouped by Size of Enterprises**			
大　型	Large-sized	4930.15	7197.54	46.0
中　型	Medium-sized	4484.17	5316.08	30.1
小　型	Small-sized	3669.31	4238.20	45.3
按行业分	**Grouped by Sector**			
煤炭开采和洗选业	Mining and Washing of Coal	264.89	642.56	95.0
石油和天然气开采业	Extraction of Petroleum and Natural Gas	910.58	1431.32	54.0
黑色金属矿采选业	Mining and Processing of Ferrous Metal Ores	1.64	47.53	2798.4
非金属矿采选业	Mining and Processing of Nonmetal Ores	12.10	11.75	-0.9
农副食品加工业	Processing of Food from Agricultural Products	328.94	381.90	21.8
食品制造业	Manufacture of Food	233.18	333.13	39.8
饮料制造业	Manufacture of Beverage	98.48	107.42	19.4
烟草制品业	Manufacture of Tobacco	19.04	26.43	38.8
纺织业	Manufacture of Textile	60.67	82.00	23.1
纺织服装鞋帽制造业	Manufacture of Textile Wearing Apparel, Footwear, and Caps	160.15	184.14	16.0
皮革毛皮羽毛(绒)及其制品业	Manufacture of Leather, Fur, Feather and Related Products	20.31	21.95	13.9
木材加工及木、竹、藤、棕、草制品业	Processing of Timber, Manufacture of Wood, Bamboo, Rattan, Palm, and Straw Products	17.35	16.78	-3.3

13-2 续表 2 Continued

单位：亿元 (100 million yuan)

项　目	Item	2009	2010	2010比2009年增长(%) Increase Rate in 2010 over 2009 (%)
家具制造业	Manufacture of Furniture	39.36	50.46	28.7
造纸及纸制品业	Manufacture of Paper and Paper Products	83.11	128.11	58.0
印刷业和记录媒介的复制	Printing, Reproduction of Recording Media	34.63	38.45	22.2
文教体育用品制造业	Manufacture of Articles for Culture, Education and Sport Activity	40.00	49.05	23.5
石油加工炼焦及核燃料加工业	Processing of Petroleum, Coking, Processing of Nuclear Fuel	465.57	943.67	104.3
化学原料及化学制品制造业	Manufacture of Raw Chemical Materials and Chemical Products	568.40	909.06	57.6
医药制造业	Manufacture of Medicines	248.27	293.48	19.8
化学纤维制造业	Manufacture of Chemical Fibers	6.29	6.64	52.0
橡胶制品业	Manufacture of Rubber	109.73	129.29	18.1
塑料制品业	Manufacture of Plastics	229.13	271.65	19.7
非金属矿物制品业	Manufacture of Non-metallic Mineral Products	195.17	258.64	35.9
黑色金属冶炼及压延加工业	Smelting and Pressing of Ferrous Metals	2617.55	2740.86	4.7
有色金属冶炼及压延加工业	Smelting and Pressing of Non-Ferrous Metals	247.99	454.09	77.0
金属制品业	Manufacture of Metal Products	522.00	679.05	30.2
通用设备制造业	Manufacture of General Purpose Machinery	634.83	728.83	20.3
专用设备制造业	Manufacture of Special Purpose Machinery	474.56	504.02	6.2
交通运输设备制造业	Manufacture of Transport Equipment	1498.06	1924.43	29.3
电气机械及器材制造业	Manufacture of Electrical Machinery and Equipment	623.07	663.85	17.3
通信设备计算机及其他电子设备制造业	Manufacture of Communication Equipment, Computers and Other Electronic Equipment	1485.34	1721.31	16.4
仪器仪表及文化办公用机械制造业	Manufacture of Measuring Instruments and Machinery for Cultural Activity and Office Work	119.09	150.75	21.8
工艺品及其他制造业	Manufacture of Artwork and Other Manufacturing	58.56	73.51	43.2
废弃资源和废旧材料回收加工业	Recycling and Disposal of Waste	140.43	75.64	-47.8
电力热力的生产和供应业	Production and Supply of Electric Power and Heat Power	464.04	594.94	27.9
燃气生产和供应业	Production and Supply of Gas	30.68	48.60	39.2
水的生产和供应业	Production and Supply of Water	20.42	26.51	30.9

13-3 地方全部国有及规模以上工业总产值
Gross Output Value of Local All State-owned and above Designated Size Industry

单位：亿元 (100 million yuan)

项 目	Item	2009	2010	2010 比2009年 增长(%) Increase Rate in 2010 over 2009 (%)
全市总计	**Total**	**11551.31**	**14043.21**	**25.9**
按登记注册类型分	**Grouped by Status of Registration**			
内资企业	Domestic-funded Enterprises	6101.63	7005.74	14.8
国有企业	State-owned Enterprises	892.20	1051.27	17.8
集体企业	Collective-owned Enterprises	159.52	125.74	-21.2
股份合作企业	Cooperative Enterprises	85.53	90.12	5.4
私营企业	Private Enterprises	1871.05	2455.37	31.2
股份有限公司	Share-holding Corporations Ltd.	337.31	439.18	30.2
有限责任公司	Limited Liability Corporations	2722.93	2799.57	2.8
# 国有独资	Sole State-funded Corporations	896.18	934.60	4.3
联营企业	Joint Ownership Enterprises	5.58	8.66	55.2
# 国有与国有联营企业	State Joint Ownership Enterprises	1.29	2.27	76.3
集体与集体联营企业	Collective Joint Ownership Enterprises	1.15	2.58	124.4
其他内资企业	Other Domestic-funded Enterprises	27.50	35.83	30.3
港澳台商投资企业	Enterprises with Investment from Hong Kong, Macao and Taiwan	895.97	1454.91	62.4
外商投资企业	Foreign Funded Enterprises	4553.70	5582.56	22.6
按经济类型分	**Grouped by Ownership**			
国有经济	State-owned	1789.67	1988.15	11.1
集体经济	Collective-owned	246.20	218.44	-11.3
私有经济	Private and Individual	1871.05	2455.37	31.2
港澳台商投资经济	Hong Kong, Macao and Taiwan Funded	895.97	1454.91	62.4
外商投资经济	Foreign Funded	4553.70	5582.56	22.6
其 他	Others	2194.71	2343.78	6.8

13-3 续表 1 Continued

单位：亿元 (100 million yuan)

项　目	Item	2009	2010	2010 比 2009 年 增长 (%) Increase Rate in 2010 over 2009 (%)
按隶属关系分	**Grouped by Administrative Relationship**			
# 市管工业	City Industry	7279.03	5239.11	19.9
# 工业系统	Industry System	4255.88	4746.29	19.1
区县管工业	District & County Industry	2262.14	1861.31	26.6
街管工业	Neighbour Industry	54.60	84.44	13.7
乡镇管工业	Town and Country Industry	2938.41	6272.51	31.2
按轻重工业分	**Grouped by Light & Heavy Industry**			
轻工业	Light Industry	2211.35	2683.56	21.4
重工业	Heavy Industry	9339.96	11359.65	21.6
按企业规模分	**Grouped by Size of Enterprises**			
大　型	Large-sized	4095.83	4928.07	20.3
中　型	Medium-sized	3846.95	4956.90	28.9
小　型	Small-sized	3608.53	4158.24	15.2
按行业分	**Grouped by Sector**			
煤炭开采和洗选业	Mining and Washing of Coal	264.89	642.56	142.6
石油和天然气开采业	Extraction of Petroleum and Natural Gas	244.92	169.88	-30.6
黑色金属矿采选业	Mining and Processing of Ferrous Metal Ores	1.64	47.53	2798.4
非金属矿采选业	Mining and Processing of Nonmetal Ores	12.03	11.63	-3.3
农副食品加工业	Processing of Food from Agricultural Products	328.94	373.18	13.5
食品制造业	Manufacture of Food	233.18	333.01	42.8
饮料制造业	Manufacture of Beverage	98.48	107.42	9.1
纺织业	Manufacture of Textile	60.67	80.09	32.0
纺织服装鞋帽制造业	Manufacture of Textile Wearing Apparel, Footwear and Caps	160.15	184.14	15.0
皮革毛皮羽毛(绒)及其制品业	Manufacture of Leather, Fur, Feather and Related Products	20.31	21.95	8.1
木材加工及木、竹、藤、棕、草制品业	Processing of Timber, Manufacture of Wood, Bamboo, Rattan, Palm and Straw Products	17.35	16.78	-3.3

13-3 续表 2 Continued

单位：亿元 (100 million yuan)

项　目	Item	2009	2010	2010比2009年增长(%) Increase Rate in 2010 over 2009 (%)
家具制造业	Manufacture of Furniture	39.36	50.46	28.2
造纸及纸制品业	Manufacture of Paper and Paper Products	83.11	125.71	51.3
印刷业和记录媒介的复制	Printing, Reproduction of Recording Media	34.55	36.98	7.0
文教体育用品制造业	Manufacture of Articles for Culture, Education and Sport Activity	40.00	49.05	22.6
石油加工炼焦及核燃料加工业	Processing of Petroleum, Coking, Processing of Nuclear Fuel	108.15	132.52	22.5
化学原料及化学制品制造业	Manufacture of Raw Chemical Materials and Chemical Products	551.51	890.03	61.4
医药制造业	Manufacture of Medicines	243.81	289.08	18.6
化学纤维制造业	Manufacture of Chemical Fibers	6.29	6.64	5.6
橡胶制品业	Manufacture of Rubber	109.73	129.29	17.8
塑料制品业	Manufacture of Plastics	229.13	271.65	18.6
非金属矿物制品业	Manufacture of Non-metallic Mineral Products	195.17	253.52	29.9
黑色金属冶炼及压延加工业	Smelting and Pressing of Ferrous Metals	2617.55	2722.35	4.0
有色金属冶炼及压延加工业	Smelting and Pressing of Non-Ferrous Metals	247.99	454.09	83.1
金属制品业	Manufacture of Metal Products	519.77	677.03	30.3
通用设备制造业	Manufacture of General Purpose Machinery	634.43	728.47	14.8
专用设备制造业	Manufacture of Special Purpose Machinery	429.89	456.34	6.2
交通运输设备制造业	Manufacture of Transport Equipment	1465.79	1879.71	28.2
电气机械及器材制造业	Manufacture of Electrical Machinery and Equipment	571.92	659.42	15.3
通信设备计算机及其他电子设备制造业	Manufacture of Communication Equipment, Computers and Other Electronic Equipment	1484.83	1720.34	15.9
仪器仪表及文化办公用机械制造业	Manufacture of Measuring Instruments and Machinery for Cultural Activity and Office Work	117.09	149.23	27.4
工艺品及其他制造业	Manufacture of Artwork and Other Manufacturing	58.10	73.20	26.0
废弃资源和废旧材料回收加工业	Recycling and Disposal of Waste	140.43	75.64	-46.1
电力热力的生产和供应业	Production and Supply of Electric Power and Heat Power	129.03	149.16	15.6
燃气生产和供应业	Production and Supply of Gas	30.68	48.60	58.4
水的生产和供应业	Production and Supply of Water	20.42	26.51	29.8

13-4 主要工业产品生产能力
Production Capacity of Major Industrial Products

产品名称	Product	单位	Unit	生产能力 Production Capacity
2009年	Year of 2009			
天然原油	Crude Petroleum Oil	万吨	10 000 tons	2676.76
原油加工量	Crude Oil Processed	万吨	10 000 tons	1750.70
发电量	Electricity	亿千瓦小时	100 million kW · h	850.60
生铁	Pig Iron	万吨	10 000 tons	2385.34
粗钢	Crude Steel	万吨	10 000 tons	2765.26
钢材	Rolled Steel	万吨	10 000 tons	6135.47
水泥	Cement	万吨	10 000 tons	934.84
农用化肥	Chemical Fertilizer	万吨	10 000 tons	14.04
焦炭	Coke	万吨	10 000 tons	423.00
化学纤维	Chemical Fiber	万吨	10 000 tons	13.64
平板玻璃	Plate Glass	万重量箱	10 000 weight cases	640.00
卷烟	Cigarettes	亿支	100 million pieces	245.70
金属切削机床	Metal-cutting Machines	台	unit	3381.00
汽车	Motor Vehicles	万辆	10 000 units	68.02
#轿车	Cars	万辆	10 000 units	68.00
彩色电视机	Color Television Sets	万台	10 000 units	195.00
家用电冰箱	Household Refrigerators	万台	10 000 units	80.00
房间空气调节器	Air Conditioners	万台	10 000 units	652.00
移动电话机	Mobile phones	万部	10 000 units	13400.00
微型电子计算机	Micro-computers	万部	10 000 units	2.56
2010年	Year of 2010			
天然原油	Crude Petroleum Oil	万吨	10 000 tons	2975.76
原油加工量	Crude Oil Processed	万吨	10 000 tons	1750.00
发电量	Electricity	亿千瓦小时	100 million kW · h	1019.64
生铁	Pig Iron	万吨	10 000 tons	2562.66
粗钢	Crude Steel	万吨	10 000 tons	2990.52
钢材	Rolled Steel	万吨	10 000 tons	6372.73
水泥	Cement	万吨	10 000 tons	1046.42
农用化肥	Chemical Fertilizer	万吨	10 000 tons	0.05
焦炭	Coke	万吨	10 000 tons	455.00
化学纤维	Chemical Fiber	万吨	10 000 tons	12.02
平板玻璃	Plate Glass	万重量箱	10 000 weight cases	640.00
卷烟	Cigarettes	亿支	100 million pieces	296.53
金属切削机床	Metal-cutting Machines	台	unit	2617.00
汽车	Motor Vehicles	万辆	10 000 units	75.50
#轿车	Cars	万辆	10 000 units	74.50
彩色电视机	Color Television Sets	万台	10 000 units	216.00
家用电冰箱	Household Refrigerators	万台	10 000 units	85.00
房间空气调节器	Air Conditioners	万台	10 000 units	600.00
移动电话机	Mobile phones	万部	10 000 units	11800.00
微型电子计算机	Micro-computers	万部	10 000 units	2.00

13-5 主要工业产品产量(1995—2010年)
Output of Major Industrial Products, 1995-2010

年 份 Year	布 (万米) Cloth (10 000 m)	纱 (万吨) Yarn (10 000 tons)	机制纸及纸板 (万吨) Machine-made Paper and Paperboards (10 000 tons)	合成洗涤剂 (万吨) Synthetic Detergent (10 000 tons)	饮料酒 (万千升) Alcoholic Beverage (10 000 kiloliter)	家用电冰箱 (万台) Household Refrigerators (10 000 units)	电视机 (万台) Television Sets (10 000 units)	#彩 色 电视机 Color Television Sets
1995	49803	12.35	41.42	11.95	12.34	3.70	160.82	109.54
1996	39662	10.51	45.89	12.07	10.72	0.29	157.34	117.80
1997	49845	13.61	40.56	10.28	13.73	0.69	84.36	59.16
1998	33326	8.37	33.64	9.65	15.25	2.29	82.94	47.87
1999	27308	8.45	25.50	8.75	14.21	9.93	84.67	50.34
2000	29217	8.80	25.18	7.19	15.75	8.42	94.27	72.28
2001	25861	8.13	20.63	5.68	20.71	3.85	66.24	51.42
2002	27082	9.18	27.98	5.41	20.64	19.14	87.06	76.35
2003	25114	7.47	17.76	5.09	24.72	29.17	121.09	112.41
2004	30805	7.51	36.03	5.04	23.65	28.25	110.99	109.42
2005	25850	7.32	18.89	1.40	20.81	19.30	66.01	64.90
2006	28346	7.62	26.71	0.74	29.80	9.34	98.51	98.11
2007	27782	7.28	33.90	0.58	35.27	50.03	153.75	153.75
2008	28934	4.95	41.38	0.83	31.62	59.38	203.58	203.58
2009	25819	4.32	33.06	0.67	41.02	53.87	140.50	140.50
2010	26352	3.81	91.82	0.58	43.57	62.84	212.67	212.67

13-5 续表 Continued

年 份 Year	天然原油 (万吨) Crude Petroleum Oil (10 000 tons)	发电量 (亿千瓦小时) Electricity (100 million kW · h)	粗 钢 (万吨) Crude Steel (10 000 tons)	水 泥 (万吨) Cement (10 000 tons)	硫 酸 (万吨) Sulfuric Acid (10 000 tons)	烧 碱 (万吨) Caustic Soda (10 000 tons)	农用化肥 (万吨) Chemical Fertilizer (10 000 tons)	化学农药原 药 (万吨) Raw Chemical Pesticide (10 000 tons)
1995	620.82	133.65	171.57	200.62	5.58	32.57	9.74	1.69
1996	646.60	146.04	200.99	207.88	8.11	50.75	11.31	2.95
1997	645.90	166.53	236.79	209.00	11.33	44.15	10.91	3.27
1998	691.28	172.51	255.27	250.00	10.36	39.90	10.26	3.38
1999	686.72	182.56	317.69	240.51	11.47	47.04	26.82	3.68
2000	763.99	211.49	356.76	267.81	11.17	49.28	17.04	2.79
2001	970.29	217.43	395.30	338.99	11.27	49.39	14.91	0.71
2002	1215.94	268.83	482.58	377.75	12.15	63.65	16.03	3.30
2003	1316.30	319.95	565.95	449.31	10.96	79.89	16.40	2.10
2004	1446.21	339.76	788.48	520.52	9.99	81.14	15.96	0.44
2005	1782.89	365.70	955.28	519.15	11.95	80.45	16.94	1.26
2006	1943.09	359.24	1285.34	607.33	13.76	88.86	16.33	1.23
2007	1924.28	393.13	1602.13	611.44	26.90	134.49	21.62	1.60
2008	1993.86	382.12	1686.40	549.72	19.70	146.47	16.16	1.18
2009	2296.96	415.77	2124.20	690.87	29.16	109.32	15.19	0.67
2010	3332.73	589.08	2162.11	809.71	32.34	123.30	1.49	0.80

13-6 主要工业产品产量（2010年）
Output of Major Industrial Products, 2010

产品名称	Product	单 位	Unit	数 值 Statistics	2010 比2009年增长(%) Increase Rate in 2010 over 2009 (%)
天然原油	Crude Petroleum Oil	万 吨	10 000 tons	3332.73	45.1
原油加工量	Crude Oil Processed	万 吨	10 000 tons	1534.56	87.4
发电量	Electricity	亿千瓦小时	100 million kW · h	589.08	39.7
天然气	Natural Gas	亿立方米	100 million cu. m.	17.19	20.2
原 盐	Salt	万 吨	10 000 tons	207.60	-8.0
精制食用植物油	Purified Edible Vegetable Oil	万 吨	10 000 tons	277.02	26.0
饮料酒	Alcoholic Beverage	万千升	10 000 kiloliter	43.57	5.9
#啤 酒	Beer	万千升	10 000 kiloliter	31.97	0.9
方便主食品	Staple Food	万 吨	10 000 tons	30.47	41.6
软饮料	Soft Drinks	万 吨	10 000 tons	448.57	16.6
卷 烟	Cigarettes	万 支	10 000 pieces	2205000	6.5
家 具	Furniture	万 件	10 000 pieces	676.23	11.1
化学纤维	Chemical Fiber	万 吨	10 000 tons	12.80	28.2
纱	Yarn	万 吨	10 000 tons	3.81	6.7
布	Cloth	万 米	10 000 m	26352.23	-1.2
毛 线	Knitting Wool	万 吨	10 000 tons	1286.00	-3.3
呢 绒	Woolen Piece Goods	万 米	10 000 m	451.49	21.4
服 装	Garments	万 件	10 000 pieces	17672.19	8.4
人造板	Artificial Board	万立方米	10 000 cu. m.	5.46	43.9
机制纸及纸板	Machine-made Paper & Paperboards	万 吨	10 000 tons	91.82	254.9
硫 酸	Sulfuric Acid	万 吨	10 000 tons	32.34	10.9
纯 碱	Soda Ash	万 吨	10 000 tons	46.82	-43.6
烧 碱	Caustic Soda	万 吨	10 000 tons	123.30	9.5
合成氨	Synthetic Ammonia	万 吨	10 000 tons	2.59	-82.9
农用化肥	Chemical Fertilizer	万 吨	10 000 tons	1.49	-81.5
化学农药原药	Raw Chemical Pesticide	吨	ton	7973.02	-18.8
乙 烯	Ethene	万 吨	10 000 tons	109.26	477.9
涂 料	Paint	吨	ton	250608.85	38.3
染 料	Dyestuff	吨	ton	48917.24	4.9
轮胎外胎	Tires	万 条	10 000 units	3401.63	40.9

13-6 续表 *Continued*

产品名称	Product	单　位	Unit	数　值 Statistics	2010 比2009 增长(%) Increase Rate in 2010 over 2009(%)
农用塑料薄膜	Plastic Film for Farm Use	吨	ton	28656.96	17.4
合成洗涤剂	Synthetic Detergents	万　吨	10 000 tons	0.58	-15.0
化学药品原药	Raw Chemical Medicines	吨	ton	11744.54	-13.3
中成药	Traditional Chinese Medicines	吨	ton	4750.77	16.9
水　泥	Cement	万　吨	10 000 tons	809.71	21.9
平板玻璃	Plate Glass	万重量箱	10 000 weight cases	686.83	1.1
生　铁	Pig Iron	万　吨	10 000 tons	1926.36	12.8
粗　钢	Crude Steel	万　吨	10 000 tons	2162.11	11.4
钢　材	Rolled Steel	万　吨	10 000 tons	4483.71	12.8
#无缝钢管	Seamless Steel Pipe	万　吨	10 000 tons	348.40	2.3
黄　金	Gold	千　克	kg	69.00	-23.3
焦　炭	Coke	万　吨	10 000 tons	222.69	-23.1
发动机	Engines	万千瓦	10 000 kW	3348.51	13.7
金属切削机床	Metal-cutting Machine	台	unit	1738.00	43.4
汽　车	Motor Vehicles	万　辆	10 000 units	73.81	22.5
#轿　车	Cars	万　辆	10 000 units	63.52	20.1
摩托车	Motorcycles	万　辆	10 000 units	34.19	88.3
自行车	Bicycles	万　辆	10 000 units	2240.92	21.6
家用电冰箱	Household Refrigerators	万　台	10 000 units	62.84	16.7
房间空气调节器	Air Conditioners	万　台	10 000 units	405.13	7.9
微波炉	Microwave Ovens	万　台	10 000 units	833.96	-8.3
移动电话机	Mobile Telephones	万　部	10 000 units	9107.90	7.0
锂离子电池	Lithium-ion Battery	万　只	10 000 units	50802.37	8.0
微型计算机	Micro-computers	万　部	10 000 units	1.02	-4.2
半导体集成电路	Semiconductor Integrated Circuits	亿　块	100 million pieces	8.90	38.9
电子元件	Electronic Components	亿　只	100 million pieces	4655.89	45.5
彩色电视机	Color Television Sets	万　台	10 000 units	212.67	51.4
显示器	Display	万　台	10 000 units	588.56	-22.1
吸尘器	Vacuum Cleaners	万　台	10 000 units	267.28	-13.2
照相机	Cameras	万　台	10 000 units	1227.07	14.7

13-7 主要工业产品销售量和产销率
Sales Volume and Sales Ratio of Major Industrial Products

产品名称	Item	单 位	Unit	2009 销售量 Sales Volume	2009 产销率(%) Sales Ratio (%)	2010 销售量 Sales Volume	2010 产销率(%) Sales Ratio (%)
生 铁	Pig Iron	万 吨	10 000 tons	1111.32	63.0	636.57	37.3
钢 材	Rolled Steel	万 吨	10 000 tons	3932.87	96.4	4074.83	103.8
# 无缝钢管	Seamless Steel Pipe	万 吨	10 000 tons	317.80	98.0	330.32	100.2
硫 酸	Sulfuric Acid	万 吨	10 000 tons	29.37	100.7	29.37	100.7
烧 碱	Caustic Soda	万 吨	10 000 tons	106.10	95.9	108.62	96.5
纯 碱	Soda Ash	万 吨	10 000 tons	78.94	95.2	76.76	92.5
轮胎外胎	Tires	万 条	10 000 units	1809.10	100.8	2341.08	97.0
水 泥	Cement	万 吨	10 000 tons	689.97	100.0	565.37	100.1
平板玻璃	Plate Glass	万重量箱	10 000 weight cases	733.84	108.0	772.29	113.6
焦 炭	Coke	万 吨	10 000 tons	162.48	51.7	149.66	51.7
天然原油	Crude Petroleum Oil	万 吨	10 000 tons	2269.69	98.8	2269.69	98.8
汽 车	Motor Vehicle	万 辆	10 000 units	60.02	99.6	59.86	99.4
彩色电视机	Color Television Sets	万 台	10 000 units	140.19	99.8	140.19	99.8
家用电冰箱	Household Refrigerators	万 台	10 000 units	53.26	98.9	53.26	98.9
吸尘器	Vacuum Cleaners	万 台	10 000 units	312.06	101.3	312.06	101.3
房间空气调节器	Air Conditioners	万 台	10 000 units	375.67	100.0	356.40	94.9
微波炉	Microwave Ovens	万 台	10 000 units	932.92	102.5	932.92	102.5
移动电话机	Mobile Phones	万 部	10 000 units	8610.31	100.6	8540.99	100.3
纱	Yarn	万 吨	10 000 tons	3.99	92.3	3.11	88.5
布	Cloth	万 米	10 000 m	27921.79	109.7	27971.36	104.9
毛 线	Knitting Wool	吨	ton	49929.00	100.0	1329.00	99.9
呢 绒	Woolen Piece Goods	万 米	10 000 m	442.26	110.3	415.05	111.6
合成洗涤剂	Synthetic Detergents	万 吨	10 000 tons	0.70	102.2	0.67	98.1
照相机	Cameras	万 台	10 000 units	1070.01	100.0	1070.01	100.0
服 装	Garments	万 件	10 000 pieces	19049.71	98.7	15525.83	101.0
自行车	Bicycles	万 辆	10 000 units	1863.44	97.8	1850.45	101.1
微型计算机	Micro-computers	万 部	10 000 units	1.55	102.0	3.60	91.0
人造板	Artificial Board	万立方米	10 000 cu. m.	3.59	102.1	3.62	95.3
摩托车	Motorcycles	万 辆	10 000 units	41.84	97.0	34.19	100.0

13-8 各区县工业企业主要指标(2010年)
Main Indicators of Industrial Enterprises by District and County, 2010

单位：亿元 (100 million yuan)

地　区	Region	企业单位数(个) Number of Enterprises (unit)	从业人员年平均人数(万人) Annual Average Employment personnel (10 000 persons)	资产总计 Total Assets	固定资产合计 Total Fixed Assets	流动资产合计 Total Working Capital
和平区	Heping District	22	0.64	196.84	116.19	46.36
河东区	Hedong District	91	1.73	273.61	86.28	96.82
河西区	Hexi District	126	3.34	632.04	174.90	402.70
南开区	Nankai District	222	3.22	198.93	35.31	131.87
河北区	Hebei District	110	2.30	588.20	453.43	122.88
红桥区	Hongqiao District	48	0.54	30.20	8.67	17.04
东丽区	Dongli District	806	14.75	2121.95	834.95	932.02
西青区	Xiqing District	1448	26.86	1583.68	448.96	988.61
津南区	Jinnan District	905	9.09	451.65	142.96	246.51
北辰区	Beichen District	1071	13.62	1095.94	258.87	713.84
武清区	Wuqing District	537	13.16	556.84	181.27	337.34
宝坻区	Baodi District	437	7.86	134.71	55.06	71.96
滨海新区	Binhai New Area	1215	35.84	5372.50	2486.58	2534.69
宁河县	Ninghe County	217	3.98	241.24	93.85	133.71
静海县	Jinghai County	519	6.83	495.50	127.54	344.33
蓟　县	Jixian County	172	2.71	102.75	63.18	35.25

注：此表为在地口径数据，不包含天津天铁冶金集团有限公司数据。
Note: Data in this table are calculated by local operation unit, excluding data of Tianjin Tiantie Metallurgical Group Co., Ltd.

13-8 续表 Continued

单位：亿元 (100 million yuan)

地区	Region	主营业务收入 Revenue from Principal Business	主营业务税金及附加 Sales Tax and Extra Charge of Principal Business	利税总额 Total Profits and Taxes	#利润总额 Total Pre-tax Profits	工业总产值 Gross Output Value of Industry
和平区	Heping District	39.21	0.14	2.73	1.33	32.70
河东区	Hedong District	186.24	0.31	9.97	3.76	121.86
河西区	Hexi District	644.25	0.68	52.60	23.46	436.40
南开区	Nankai District	177.05	0.51	20.25	14.16	137.23
河北区	Hebei District	368.84	1.18	27.06	11.69	358.16
红桥区	Hongqiao District	30.80	0.67	4.36	2.58	26.72
东丽区	Dongli District	2021.84	15.51	190.94	59.53	1768.53
西青区	Xiqing District	2502.77	6.65	260.60	167.98	2455.35
津南区	Jinnan District	590.91	1.98	83.53	64.02	609.91
北辰区	Beichen District	1213.18	4.33	163.06	121.84	1222.05
武清区	Wuqing District	746.33	0.99	140.87	125.78	759.57
宝坻区	Baodi District	298.02	0.94	24.21	16.02	303.83
滨海新区	Binhai New Area	6665.39	175.71	1304.38	847.09	6731.03
宁河县	Ninghe County	341.04	0.85	36.32	32.44	340.02
静海县	Jinghai County	925.57	0.68	48.66	40.69	874.01
蓟　县	Jixian County	106.45	0.78	13.52	7.67	114.99

13-9 工业企业主要经济指标（1995—2010年）
Main Economic Indicators of Industrial Enterprises, 1995-2010

单位：亿元 (100 million yuan)

年 份 Year	从业人员年平均人数(万人) Annual Average Employment personnel (10 000 persons)	固定资产合 计 Total Fixed Assets	流动资产合 计 Total Working Capital	主 营 业务收入 Revenue from Principal Business	利税总额 Total Profits and Taxes
全 市 Total					
1995	173.58	923.98	1010.93	1376.70	133.51
1996	165.56	1079.69	1118.55	1498.67	139.73
1997	158.52	1340.47	1315.05	1668.15	139.96
1998	142.99	1596.71	1444.03	1943.89	148.69
1999	128.75	1719.14	1585.97	2182.17	175.66
2000	120.19	1808.84	1787.41	2656.98	274.27
2001	122.15	1916.13	1832.18	2983.26	326.55
2002	120.95	1935.51	1931.09	3437.46	325.07
2003	115.28	1953.25	2175.95	4202.02	401.35
2004	122.85	2275.69	2783.13	5861.43	608.91
2005	122.21	2476.97	3254.23	7125.93	815.63
2006	116.33	2807.39	3646.97	8794.35	1003.39
2007	118.62	3205.59	4263.61	10180.91	1097.50
2008	133.12	3939.05	5179.23	12914.20	1143.80
2009	135.74	4969.79	6339.47	13243.49	1445.36
2010	148.91	5732.66	7471.09	17319.62	2412.55
# 国有经济 State-owned					
1995	90.70	644.15	493.89	625.98	44.91
1996	83.05	720.50	545.79	594.08	37.06
1997	78.99	865.91	602.74	625.22	39.26
1998	69.34	1130.86	615.95	587.69	29.63
1999	56.84	1021.01	652.22	594.55	26.88
2000	48.12	928.80	665.45	667.84	18.70
2001	42.99	841.84	605.22	649.26	17.08
2002	36.42	784.44	607.63	629.86	22.63
2003	30.71	779.60	610.92	817.42	52.83
2004	23.52	682.00	604.64	738.40	40.14
2005	20.61	703.92	623.51	841.32	50.27
2006	18.20	763.41	697.03	1133.61	78.97
2007	18.71	925.60	808.14	1470.25	113.70
2008	18.25	1034.09	905.25	1905.27	0.98
2009	23.10	1555.16	1679.53	2700.85	182.80
2010	21.54	1206.42	869.78	3484.69	285.77

注：1. 本表统计范围1998年以前为街乡及以上工业，以后为全部国有及规模以上工业。2. 从业人员年平均人数1998年以前为职工平均人数。
Note: a) Data before 1998 of this table refer to industrial enterprises at township and higher level. Since 1998, data refer to all the enterprises of state-owned and above designated size. b) Annual average employment personnel before 1998 refer to average staff and workers.

13-10 全部国有及规模以上工业企业主要经济指标（2010年）
Main Economic Indicators of All State-owned and above Designated Size Industrial Enterprises, 2010

项　目	Item	企业单位数（个）Number of Enterprises (unit)	从业人员年平均人数(人) Annual Average Employment Personnel (person)
全市总计	**Total**	**7947**	**1489052**
#国有及国有控股企业	State-owned and State-holding Enterprises	801	387727
按轻重工业分	**Grouped by Light & Heavy Industry**		
轻工业	Light Industry	2551	475623
重工业	Heavy Industry	5396	1013429
按企业规模分	**Grouped by Size of Enterprises**		
大　型	Large-sized	74	419482
中　型	Medium-sized	721	504058
小　型	Small-sized	7152	565512
按登记注册类型分	**Grouped by Status of Registration**		
内资企业	Domestic-funded Enterprises	5611	867692
国有企业	State-owned Enterprises	272	85665
集体企业	Collective-owned Enterprises	257	24884
股份合作企业	Cooperative Enterprises	117	11723
私营企业	Private Enterprises	3676	342518
股份有限公司	Share-holding Corporations Ltd.	126	82984
有限责任公司	Limited Liability Corporations	1068	311654
#国有独资	Sole State-funded Corporations	43	129256
联营企业	Joint Ownership Enterprises	22	2763
#国有与国有联营企业	State Joint Ownership Enterprises	4	527
集体与集体联营企业	Collective Joint Ownership Enterprises	8	1405
其他内资企业	Other Domestic-funded Enterprises	73	5501
港澳台商投资企业	Enterprises with Investment from Hong Kong, Macao and Taiwan	453	157079
外商投资企业	Foreign Funded Enterprises	1883	464281
按隶属关系分	**Grouped by Administrative Relationship**		
中央工业	Central Industry	87	89871
地方工业	Local Industry	7860	1399181
#市管工业	City Industry	968	345843
#工业系统	Industry System	735	290307
区县管工业	District & County Industry	1424	229538
街管工业	Neighbour Industry	128	11409
乡镇管工业	Town and Country Industry	5113	762258

单位：万元 (10 000 yuan)

资产总计 Total Assets	流动资产合计 Total Working Capital	固定资产合计 Total Fixed Assets	主营业务收入 Revenue from Principal Business	利税总额 Total Profits and Taxes	# 利润总额 Total Pre-tax Profits
145843060	**74710864**	**57326557**	**173196169**	**24125455**	**15520534**
74600043	29835169	37045950	72344282	12645986	7209921
25231062	14221539	8024178	27914079	3282649	2231652
120611998	60489325	49302379	145282091	20842806	13288882
64304248	26743534	31128899	74534643	13877006	8455886
43149847	23650056	15782275	54406748	6577006	4588259
38388966	24317274	10415383	44254779	3671443	2476389
97244154	44614834	41761632	102066844	15135722	9867178
23348729	8697752	12064247	24954014	2257964	315608
820412	600944	143653	1241498	151653	123285
548292	378241	119183	889307	117535	87140
15219398	9402211	3571005	24648241	2545393	2008821
19122948	4170690	13188093	17769467	7309719	5840755
37773195	21128509	12578145	32147492	2726493	1477386
16432670	8888375	5654530	9871949	599055	186224
79013	43302	17705	82627	5566	2391
27628	17219	9680	20979	657	219
11561	8586	2886	24923	2921	1201
332166	193186	79602	334198	21400	11792
11786066	7870443	3319577	14681338	2296238	1519152
36812841	22225588	12245348	56447988	6693495	4134204
26731808	5710043	19662136	26892985	8145604	5718358
119111253	69000822	37664421	146303185	15979851	9802176
48998356	25919837	17403267	58354648	5485332	2260992
40678118	21922464	13879880	52886144	5112960	2062231
18380591	10445508	5550987	19172749	2470234	1861032
500506	368792	94787	833940	129928	114734
46588972	29752672	13038363	62470675	6943523	4901180

13-11 地方全部国有及规模以上工业企业主要经济指标（2010年）
Main Economic Indicators of Local All State-owned and above Designated Size Industrial Enterprises, 2010

项 目	Item	企业单位数(个) Number of Enterprises (unit)	从业人员年平均人数(人) Annual Average Employment Personnel (person)
全市总计	**Total**	**7860**	**1399181**
按轻重工业分	**Grouped by Light & Heavy Industry**		
轻工业	Light Industry	2534	472238
重工业	Heavy Industry	5326	926943
按企业规模分	**Grouped by Size of Enterprises**		
大 型	Large-sized	66	361023
中 型	Medium-sized	690	477564
小 型	Small-sized	7104	560594
按登记注册类型分	**Grouped by Status of Registration**		
内资企业	Domestic-funded Enterprises	5533	778463
国有企业	State-owned Enterprises	234	53698
集体企业	Collective-owned Enterprises	257	24884
股份合作企业	Cooperative Enterprises	116	11723
私营企业	Private Enterprises	3672	342094
股份有限公司	Share-holding Corporations Ltd.	118	59171
有限责任公司	Limited Liability Corporations	1041	278629
# 国有独资	Sole State-funded Corporations	37	109734
联营企业	Joint Ownership Enterprises	22	2763
# 国有与国有联营企业	State Joint Ownership Enterprises	4	527
集体与集体联营企业	Collective Joint Ownership Enterprises	8	1405
其他内资企业	Other Domestic-funded Enterprises	73	5501
港澳台商投资企业	Enterprises with Investment from Hong Kong, Macao and Taiwan	451	156948
外商投资企业	Foreign Funded Enterprises	1876	463770
按隶属关系分	**Grouped by Administrative Relationship**		
# 市管工业	City Industry	968	345843
# 工业系统	Industry System	735	290307
区县管工业	District & County Industry	1424	229538
街管工业	Neighbour Industry	128	11409
乡镇管工业	Town and Country Industry	5113	762258

单位：万元 (10 000 yuan)

资产总计 Total Assets	流动资产合计 Total Working Capital	固定资产合计 Total Fixed Assets	主营业务收入 Revenue from Principal Business	利税总额 Total Profits and Taxes	# 利润总额 Total Pre-tax Profits
119111253	**69000822**	**37664421**	**146303185**	**15979851**	**9802176**
24996148	14243209	7809678	27271433	3104998	2197260
94115104	54757613	29854744	119031752	12874853	7604916
42999900	23016028	14529771	52309342	6187726	2849064
38810864	22080956	13313631	50636604	6188302	4531988
37300488	23903838	9821019	43357238	3603822	2421125
70647166	38966827	22124332	75246909	7001169	4158507
12844623	5974092	4948766	14133108	1029057	101498
820412	600944	143653	1241498	151653	123285
548292	378241	119183	889307	117535	87140
15202800	9390717	3566095	24617799	2542467	2006502
7019820	3281893	2469626	4837689	518100	361326
33800039	19104453	10779703	29110683	2615392	1464572
15279379	8245127	5206366	9210387	624747	230040
79013	43302	17705	82627	5566	2391
27628	17219	9680	20979	657	219
11561	8586	2886	24923	2921	1201
332166	193186	79602	334198	21400	11792
11763191	7862519	3306734	14674009	2296572	1519773
36700895	22171476	12233355	56382267	6682110	4123896
48998356	25919837	17403267	58354648	5485332	2260992
40678118	21922464	13879880	52886144	5112960	2062231
18380591	10445508	5550987	19172749	2470234	1861032
500506	368792	94787	833940	129928	114734
46588972	29752672	13038363	62470675	6943523	4901180

13-12 分行业全部国有及规模以上工业企业主要经济指标（2010年）
Main Economic Indicators of All State-owned and above Designated Size Industrial Enterprises by Sector, 2010

项　目	Item	从业人员年平均人数(人) Annual Average Employment Personnel (person)	工　业总产值 Gross Output Value of Industry
总　计	**Total**	**1489052**	**167518155**
煤炭开采和洗选业	Mining and Washing of Coal	9473	6425639
石油和天然气开采业	Extraction of Petroleum and Natural Gas	70895	14313150
黑色金属矿采选业	Mining and Processing of Ferrous Metal Ores	3301	475331
非金属矿采选业	Mining and Processing of Nonmetal Ores	8621	117486
农副食品加工业	Processing of Food from Agricultural Products	19831	3818963
食品制造业	Manufacture of Food	32035	3331279
饮料制造业	Manufacture of Beverage	15685	1074184
烟草制品业	Manufacture of Tobacco	883	264320
纺织业	Manufacture of Textile	26028	820016
纺织服装鞋帽制造业	Manufacture of Textile Wearing Apparel, Footwear and Caps	98043	1841446
皮革毛皮羽毛(绒)及其制品业	Manufacture of Leather, Fur, Feather and Related Products	9682	219527
木材加工及木、竹、藤、棕、草制品业	Processing of Timber, Manufacture of Wood, Bamboo, Rattan, Palm and Straw Products	4724	167765
家具制造业	Manufacture of Furniture	19567	504584
造纸及纸制品业	Manufacture of Paper and Paper Products	22142	1281143
印刷业和记录媒介的复制	Printing, Reproduction of Recording Media	11714	384486
文教体育用品制造业	Manufacture of Articles for Culture, Education and Sport Activity	16474	490483
石油加工炼焦及核燃料加工业	Processing of Petroleum, Coking, Processing of Nuclear Fuel	16283	9436743
化学原料及化学制品制造业	Manufacture of Raw Chemical Materials and Chemical Products	69272	9090570
医药制造业	Manufacture of Medicines	44516	2934830
化学纤维制造业	Manufacture of Chemical Fibers	1411	66427
橡胶制品业	Manufacture of Rubber	27310	1292930
塑料制品业	Manufacture of Plastics	52213	2716490
非金属矿物制品业	Manufacture of Non-metallic Mineral Products	34737	2586418
黑色金属冶炼及压延加工业	Smelting and Pressing of Ferrous Metals	104641	27408618
有色金属冶炼及压延加工业	Smelting and Pressing of Non-Ferrous Metals	12715	4540890
金属制品业	Manufacture of Metal Products	89769	6790475
通用设备制造业	Manufacture of General Purpose Machinery	101382	7288283
专用设备制造业	Manufacture of Special Purpose Machinery	80602	5040237
交通运输设备制造业	Manufacture of Transport Equipment	160160	19244267
电气机械及器材制造业	Manufacture of Electrical Machinery and Equipment	71946	6638544
通信设备计算机及其他电子设备制造业	Manufacture of Communication Equipment, Computers and Other Electronic Equipment	168285	17213109
仪器仪表及文化办公用机械制造业	Manufacture of Measuring Instruments and Machinery for Cultural Activity and Office Work	19506	1507518
工艺品及其他制造业	Manufacture of Artwork and Other Manufacturing	21900	735093
废弃资源和废旧材料回收加工业	Recycling and Disposal of Waste	3905	756377
电力热力的生产和供应业	Production and Supply of Electric Power and Heat Power	29376	5949448
燃气生产和供应业	Production and Supply of Gas	5596	486005
水的生产和供应业	Production and Supply of Water	4429	265087

单位：万元 (10 000 yuan)

资产总计 Total Assets	流动资产合计 Total Working Capital	固定资产合计 Total Fixed Assets	主营业务收入 Revenue from Principal Business	利税总额 Total Profits and Taxes	# 利润总额 Total Pre-tax Profits
145843060	**74710864**	**57326557**	**173196169**	**24125455**	**15520534**
4292661	3557873	654368	6411236	949042	441701
15215731	2993749	11306943	13488150	6482763	5432012
776671	231161	27535	478620	122568	115318
778948	469243	116304	104013	28772	18907
2497956	1986194	419843	4019954	200055	116146
1981953	1080916	708217	3315414	572966	501458
1035802	436128	489745	1138119	131865	48322
20886	-140030	145013	266109	156163	19143
1064235	442550	560136	883310	49344	28934
1181360	965129	181973	1823764	425341	356449
202857	156110	30091	221635	19674	13968
138252	87148	34570	164708	13783	9229
473671	298518	147037	487150	29725	20312
1302954	654537	579215	1253666	91203	59339
503768	240301	173472	386825	33621	20474
326121	209112	96645	478270	42963	32057
4541194	2301935	1710095	9803128	1468775	296483
8906437	3821985	4444686	9096428	749056	620740
5498812	2785695	1340627	3146630	619492	404819
52886	31928	19679	68845	7459	4278
1200048	550646	598628	1312192	90938	55980
2374785	1360617	906595	2711493	193015	122729
2718330	1603433	865391	2587859	321036	215135
24137945	12896695	8354835	31059506	2763361	1390118
1802041	1368448	321335	4735792	361135	202754
5013186	3215939	1283789	7037991	624872	425590
7561320	4580060	2015113	7681877	1081430	852463
6441957	4235528	1582133	4968494	514084	345248
12506697	7856396	3545051	19319332	3264880	1773560
6154387	4173296	1372558	6566298	836427	647694
9127741	6271112	2388362	17401060	1141917	672263
1099586	784530	214185	1617719	136214	90995
482923	301042	138364	780475	66708	45474
466162	392143	40990	1661214	128625	17294
10851145	1791569	8503123	5933912	349052	83033
1167989	279237	731383	510907	38713	20190
1943669	439995	1278528	274079	18420	-75

13-13 分行业国有大中型工业企业主要经济指标（2010年）
Main Economic Indicators of Large and Medium-sized State-owned Industrial Enterprises by Sector, 2010

项目	Item	从业人员年平均人数(人) Annual Average Employment Personnel (person)	工业总产值 Gross Output Value of Industry
总计	**Total**	**67435**	**19410049**
石油和天然气开采业	Extraction of Petroleum and Natural Gas	3199	164793
非金属矿采选业	Mining and Processing of Nonmetal Ores	357	5905
农副食品加工业	Processing of Food from Agricultural Products	692	38887
食品制造业	Manufacture of Food	505	2809
饮料制造业	Manufacture of Beverage	564	2691
烟草制品业	Manufacture of Tobacco	883	264320
纺织业	Manufacture of Textile	453	3636
印刷业和记录媒介的复制	Printing, Reproduction of Recording Media	324	2818
石油加工炼焦及核燃料加工业	Processing of Petroleum, Coking, Processing of Nuclear Fuel	8926	6099587
化学原料及化学制品制造业	Manufacture of Raw Chemical Materials and Chemical Products	976	59510
医药制造业	Manufacture of Medicines	1090	59757
橡胶制品业	Manufacture of Rubber	1236	102810
塑料制品业	Manufacture of Plastics	331	30827
非金属矿物制品业	Manufacture of Non-metallic Mineral Products	609	26744
黑色金属冶炼及压延加工业	Smelting and Pressing of Ferrous Metals	16064	6185062
有色金属冶炼及压延加工业	Smelting and Pressing of Non-Ferrous Metals	650	1762069
金属制品业	Manufacture of Metal Products	1385	160383
通用设备制造业	Manufacture of General Purpose Machinery	2586	128264
专用设备制造业	Manufacture of Special Purpose Machinery	3425	195034
交通运输设备制造业	Manufacture of Transport Equipment	2428	64601
通信设备、计算机及其他电子设备	Manufacture of Communication Equipment, Computers and Other Electronic Equipment	2284	67027
仪器仪表及文化办公用机械制造业	Manufacture of Measuring Instruments and Machinery for Cultural Activity and Office Work	1773	27392
电力热力的生产和供应业	Production and Supply of Electric Power and Heat Power	16252	3945730
燃气生产和供应业	Production and Supply of Gas	443	9396

单位：万元 (10 000 yuan)

资产总计 Total Assets	流动资产合计 Total Working Capital	固定资产合计 Total Fixed Assets	主营业务收入 Revenue from Principal Business	利税总额 Total Profits and Taxes	# 利润总额 Total Pre-tax Profits
20592645	**7302513**	**11131924**	**23131102**	**2135173**	**242443**
470369	313739	113693	198301	21333	13196
23380	7316	15256	3499	519	101
37164	28607	7584	42428	1109	537
6153	1496	3480	4104	572	381
12725	5185	5923	3175	1059	98
20886	-140030	145013	266109	156163	19143
18778	6773	9472	3515	-903	-968
5016	1747	3100	3251	495	218
3187172	1563457	1155480	6337291	770396	96639
34786	29562	2852	62868	3295	1486
56630	28361	16807	63949	11254	7037
19179	6991	12188	106760	3622	3550
14330	5878	8363	37122	233	227
69584	32275	24049	26762	-4922	-4926
8247276	3645206	3268947	9363926	721177	-3332
483276	419033	62395	1882031	107905	6056
221559	165599	36350	323913	21324	5015
166628	88274	51339	127594	19682	11130
225157	149187	40099	214028	30741	20987
90104	64012	15070	60599	8066	5242
76276	13098	21990	61776	-301	-369
68244	41498	26746	28176	6132	4908
6972357	799584	6046028	3901097	255963	55892
65617	25667	39701	8828	263	198

13-14 全部国有及规模以上工业企业主要经济效益指标(1995—2010年)
Main Indicators of Economic Benefit of All State-owned and above Designated Size Industrial Enterprises, 1995-2010

年 份 Year	产销率(%) Sales Ratio (%)	资金利税率(%) Ratio of Profits and Taxes to Total Assets (%)	总资产贡献率(%) Ratio of Total Assets to Industrial Output Value (%)	成本费用利润率(%) Ratio of Pre-tax Profits to Industrial Cost (%)	万元产值耗能源(现价、吨标准煤) Energy Consumption per 10 000 yuan Output Value (current price, ton of SCE)	工 业 增加值率(%) Ratio of Value Added to Gross Industrial Output Value (%)	全员劳动生产率(元/人) Overall Labour Productivity (yuan/person)
全市合计 Total							
1995	86.4	8.8	9.6	4.5	0.91	21.9	20084
1996	91.6	7.2	8.3	5.0	0.83	21.3	20993
1997	96.4	6.0	7.1	3.7	0.69	20.4	23073
1998	97.9	5.6	6.6	2.9	0.66	20.1	29055
1999	98.6	6.0	6.5	3.6	0.58	20.7	35730
2000	98.4	9.0	8.9	6.5	0.58	24.2	52425
2001	96.7	9.5	9.3	6.6	0.55	24.8	59605
2002	99.1	9.0	8.7	5.8	0.53	25.4	69728
2003	98.9	10.6	9.9	6.0	0.48	26.5	93235
2004	99.0	12.8	12.8	7.5	0.39	26.1	124367
2005	100.6	15.6	14.5	8.5	0.38	27.1	150260
2006	99.2	17.5	15.9	8.7	0.34	28.7	210084
2007	99.7	16.6	15.0	8.1	0.31	29.3	248912
2008	98.4	12.5	12.1	6.3	0.26	29.0	297019
2009	98.2	12.8	12.1	6.8	0.30		
2010	98.9	18.3	17.3	9.8	0.28		
# 国有经济 State-owned							
1995	107.5	5.6	6.5	0.5		27.3	20536
1996	98.2	3.3	5.0	0.3		27.3	18365
1997	95.8	3.2	4.7			25.0	19587
1998	99.2	2.2	4.1			25.8	21340
1999	101.0	1.9	3.2			28.4	26743
2000	100.0	1.3	1.3			28.0	32545
2001	99.0	1.3	2.4			23.2	29470
2002	100.5	1.7	2.4			22.5	32058
2003	100.2	4.1	4.2	1.6		28.9	56402
2004	101.0	3.5	3.3	0.4		28.0	85329
2005	102.0	4.3	3.7	1.5		22.3	80057
2006	99.9	6.6	7.1	2.6		28.7	152738
2007	99.5	8.2	6.9	3.4		34.1	255122
2008	97.2	5.9	5.4	1.5		34.9	357688
2009	100.0	5.7	5.6	0.1			
2010	99.2	8.1	8.2	1.5			

13-15 全部国有及规模以上工业企业主要经济效益指标（2010年）
Main Indicators of Economic Benefit of All State-owned and above Designated Size Industrial Enterprises, 2010

项　目	Item	单　位	Unit	全　市 Total	#地　方 Local
全　市	**Total**				
总资产贡献率	Ratio of Total Assets to Industrial Output Value	%	%	17.3	14.1
产销率	Sales Ratio	%	%	98.9	98.8
资产负债率	Ratio of Debts to Assets	%	%	60.5	60.9
流动资产周转次数	Number of Times of Turnover of Circulating Funds	次	time	2.3	2.1
亏损企业个数	Number of Loss-suffering Enterprises	个	unit	1422	1400
亏损企业亏损额	Total Loss of Loss-suffering Enterprises	亿　元	100 million yuan	75.3	61.1
国有及国有控股经济	**State-owned and State-holding**				
总资产贡献率	Ratio of Total Assets to Industrial Output Value	%	%	17.8	10.3
产销率	Sales Ratio	%	%	99.0	98.7
资产负债率	Ratio of Debts to Assets	%	%	62.9	65.3
流动资产周转次数	Number of Times of Turnover of Circulating Funds	次	time	2.4	1.9
亏损企业个数	Number of Loss-suffering Enterprises	个	unit	196	176
亏损企业亏损额	Total Loss of Loss-suffering Enterprises	亿　元	100 million yuan	33.7	19.5
国有经济	**State-owned**				
总资产贡献率	Ratio of Total Assets to Industrial Output Value	%	%	8.2	6.9
产销率	Sales Ratio	%	%	99.2	98.6
资产负债率	Ratio of Debts to Assets	%	%	67.0	69.5
流动资产周转次数	Number of Times of Turnover of Circulating Funds	次	time	2.0	1.6
亏损企业个数	Number of Loss-suffering Enterprises	个	unit	91	80
亏损企业亏损额	Total Loss of Loss-suffering Enterprises	亿　元	100 million yuan	17.2	7.1
集体经济	**Collective-owned**				
总资产贡献率	Ratio of Total Assets to Industrial Output Value	%	%	20.5	20.5
产销率	Sales Ratio	%	%	98.9	98.9
资产负债率	Ratio of Debts to Assets	%	%	60.9	60.9
流动资产周转次数	Number of Times of Turnover of Circulating Funds	次	time	2.2	2.2
亏损企业个数	Number of Loss-suffering Enterprises	个	unit	62	62
亏损企业亏损额	Total Loss of Loss-suffering Enterprises	亿　元	100 million yuan	0.5	0.5
“三资”经济	**Foreign, Hong Kong, Macao and Taiwan Funded**				
总资产贡献率	Ratio of Total Assets to Industrial Output Value	%	%	19.0	19.0
产销率	Sales Ratio	%	%	99.2	99.3
资产负债率	Ratio of Debts to Assets	%	%	54.4	54.5
流动资产周转次数	Number of Times of Turnover of Circulating Funds	次	time	2.4	2.4
亏损企业个数	Number of Loss-suffering Enterprises	个	unit	655	654
亏损企业亏损额	Total Loss of Loss-suffering Enterprises	亿　元	100 million yuan	37.0	37.0
股份制经济	**Share-holding**				
总资产贡献率	Ratio of Total Assets to Industrial Output Value	%	%	18.3	8.4
产销率	Sales Ratio	%	%	98.3	98.0
资产负债率	Ratio of Debts to Assets	%	%	61.5	63.3
流动资产周转次数	Number of Times of Turnover of Circulating Funds	次	time	2.0	1.5
亏损企业个数	Number of Loss-suffering Enterprises	个	unit	228	217
亏损企业亏损额	Total Loss of Loss-suffering Enterprises	亿　元	100 million yuan	21.6	12.1

13-16 国有及国有控股大中型工业企业主要经济指标及占全市比重
Main Economic Indicators of Large & Medium-sized State-owned and State-holding Industrial Enterprises as Percentage of Whole Industry

单位：亿元 (100 million yuan)

指　标	Item	绝对数 Number	占全市比重(%) As Percentage of Whole Industry (%)
2009年	Year of 2009		
企业单位数(个)	Number of Enterprises (unit)	175	2.1
从业人员年平均人数(万人)	Annual Average Employment Personnel (10 000 persons)	32.99	24.3
工业总产值	Gross Output Value of Industry	4646.40	35.5
资产总计	Total Assets	6126.04	48.6
#流动资产合计	Total Working Capital	2355.95	37.2
固定资产合计	Total Fixed Assets	2998.14	60.3
主营业务收入	Revenue from Principal Business	4936.82	37.3
主营业务成本	Cost of Principal Business	4170.89	36.4
主营业务税金及附加	Tax and Extra Charges of Principal Business	120.34	80.8
利税总额	Total Profits and Taxes	745.17	51.6
总资产贡献率(%)	Ratio of Total Assets to Industrial Output Value (%)	12.95	
产销率(%)	Sales Ratio (%)	98.9	
亏损企业个数(个)	Number of Loss-suffering Enterprises (unit)	52	2.9
亏损企业亏损额	Total Loss of Loss-suffering Enterprises	42.09	38.6
2010年	Year of 2010		
企业单位数(个)	Number of Enterprises (unit)	187.00	2.4
从业人员年平均人数(万人)	Annual Average Employment Personnel (10 000 persons)	32.82	22.0
工业总产值	Gross Output Value of Industry	6152.78	36.7
资产总计	Total Assets	6669.02	45.7
#流动资产合计	Total Working Capital	2569.23	34.4
固定资产合计	Total Fixed Assets	3434.97	59.9
主营业务收入	Revenue from Principal Business	6538.51	37.8
主营业务成本	Cost of Principal Business	5483.08	37.1
主营业务税金及附加	Tax and Extra Charges of Principal Business	183.56	86.4
利税总额	Total Profits and Taxes	1217.21	50.5
总资产贡献率(%)	Ratio of Total Assets to Industrial Output Value (%)	17.3	
产销率(%)	Sales Ratio (%)	98.9	
亏损企业个数(个)	Number of Loss-suffering Enterprises (unit)	41	2.9
亏损企业亏损额	Total Loss of Loss-suffering Enterprises	27.09	36.0

13-17 大中型工业企业主要经济指标及占全市比重
Main Economic Indicators of Large & Medium-sized Industrial Enterprises and as Percentage of Whole Industry

单位：亿元 (100 million yuan)

指 标	Item	大中型 Large & Medium-sized		# 国有大中型 State-owned	
		绝对数 Number	占全市比重 (%) As Percentage of Whole Industry (%)	绝对数 Number	占全市比重 (%) As Percentage of Whole Industry (%)
2009年	Year of 2009				
企业单位数(个)	Number of Enterprises (unit)	683	8.2	55	0.7
从业人员年平均人数(万人)	Annual Average Employment Personnel (10 000 persons)	79.22	58.4	8.06	5.9
工业总产值	Gross Output Value of Industry	9414.33	72.0	1363.40	9.7
资产总计	Total Assets	9187.44	72.8	1890.21	14.0
# 流动资产合计	Total Working Capital	4297.44	67.8	694.6	10.3
固定资产合计	Total Fixed Assets	3907.81	78.6	867.75	17.2
主营业务收入	Revenue from Principal Business	9569.42	72.3	1635.53	10.7
主营业务成本	Cost of Principal Business	8150.51	71.1	1505.22	12.0
主营业务税金及附加	Tax and Extra Charges of Principal Business	136.92	92.0	36.32	14.0
利税总额	Total Profits and Taxes	1212.92	83.9	118.29	
总资产贡献率(%)	Ratio of Total Assets to Industrial Output Value (%)	13.88		7.32	
产销率(%)	Sales Ratio (%)	98.0		99.2	
亏损企业个数(个)	Number of Loss-suffering Enterprises (unit)	135	7.5	19	1.2
亏损企业亏损额	Total Loss of Loss-suffering Enterprises	58.15	53.3	26.63	38.2
2010年	Year of 2010				
企业单位数(个)	Number of Enterprises (unit)	796	10.0	59	0.7
从业人员年平均人数 (万人)	Annual Average Employment Personnel (10 000 persons)	92.35	62.0	6.74	4.5
工业总产值	Gross Output Value of Industry	12513.62	74.7	1941.00	11.6
资产总计	Total Assets	10745.40	73.7	2059.26	14.1
# 流动资产合计	Total Working Capital	5039.36	67.5	730.25	9.8
固定资产合计	Total Fixed Assets	4691.12	81.8	1113.19	19.4
主营业务收入	Revenue from Principal Business	12894.13	74.4	2313.11	13.4
主营业务成本	Cost of Principal Business	10863.36	73.5	2158.19	14.6
主营业务税金及附加	Tax and Extra Charges of Principal Business	193.17	91.0	67.96	32.0
利税总额	Total Profits and Taxes	2045.40	84.8	213.52	8.9
总资产贡献率(%)	Ratio of Total Assets to Industrial Output Value (%)	19.77		11.81	
产销率(%)	Sales Ratio (%)	98.81		100.30	
亏损企业个数(个)	Number of Loss-suffering Enterprises (unit)	112	7.9	15	1.1
亏损企业亏损额	Total Loss of Loss-suffering Enterprises	40.8	54.2	8.5	11.2

13-18 高新技术产业主要经济指标(2010年) Main Economic Indicators of High & New Technology Industry, 2010

单位：亿元 (100 million yuan)

项　目 Item	工业总产值 Gross Output Value of Industry	主营业务收入 Revenue from Principal Business	利税总额 Total Profits and Taxes
全市总计 Total	**4781.84**	**4869.45**	**506.18**
按企业规模分 Grouped by Size of Enterprises			
大型企业 Large-sized	1690.65	1738.35	121.63
中型企业 Medium-sized	2074.92	2099.05	282.15
小型企业 Small-sized	1016.27	1032.05	102.40
按经济类型分 Grouped by Ownership			
国有经济 State-owned	265.73	262.77	18.20
集体经济 Collective-owned	38.29	37.59	3.96
私有经济 Private and Individual	263.97	283.80	28.16
外商及港澳台商投资经济 Foreign, Hong Kong, Macao and Taiwan Funded	3560.39	3579.97	353.31
其他经济 Others	653.46	705.33	102.54
按技术领域分 Grouped by Technical Field			
电子信息 Electronics and Information	1981.66	2013.15	157.52
航空航天 Aviation and Spaceflight	147.24	146.97	2.76
光机电一体化 Photoelectric Mechanical Electron Incorporated	1600.22	1610.22	212.22
生物技术和医药 Biology Technology and Pharmaceutical	317.12	339.31	64.18
新材料 New Materials	539.58	561.03	51.32
新能源和节能材料 New Energy and Energy Saving Materials	175.06	175.44	16.14
环境保护 Environmental Protection	20.96	23.34	2.03

13-19 优势产业主要经济指标（2010年）
Main Economic Indicators of Competitive Industry, 2010

单位：亿元 (100 million yuan)

项　　目　　Item	工业总产值 Gross Output Value of Industry	主营业务收入 Revenue from Principal Business	利税总额 Total Profits and Taxes
全市总计 Total	**15198.06**	**15767.54**	**2238.56**
按企业规模分 Grouped by Size of Enterprises			
大型企业 Large-sized	6503.58	6761.74	1275.26
中型企业 Medium-sized	4999.61	5133.09	632.04
小型企业 Small-sized	3694.87	3872.71	331.27
按经济类型分 Grouped by Ownership			
国有经济 State-owned	2603.82	3000.35	254.17
集体经济 Collective-owned	209.37	207.26	26.10
私有经济 Private and Individual	2373.25	2382.29	241.48
外商及港澳台商投资经济 Foreign, Hong Kong, Macao and Taiwan Funded	6436.85	6494.80	791.89
其他经济 Others	3574.77	3682.85	924.93
按行业分 Grouped by Sector			
航空航天产业 Aerospace Industry	147.48	152.66	3.50
石油化工产业 Petrochemical Industry	3095.81	3056.92	853.05
装备制造业 Equipment Manufacturing Industry	6880.77	7337.65	867.19
电子信息产业 Electronic Information Industry	2064.73	2073.66	157.66
生物医药产业 Biomedical Industry	457.77	474.62	105.36
新能源新材料 New Energy and New Material	611.54	697.87	58.18
轻纺工业 Light and Textile Industry	1939.96	1974.15	193.63

主要统计指标解释
Explanatory Notes on Main Statistical Indicators

工　业

指从事自然资源的开采，对采掘品和农产品进行加工和再加工的物质生产部门。具体包括：(1) 对自然资源的开采，如采矿、晒盐等（但不包括禽兽捕猎和水产捕捞）；(2) 对农副产品的加工、再加工，如粮油加工、食品加工、缫丝、纺织、制革等；(3) 对采掘品的加工、再加工，如炼铁、炼钢、化工生产、石油加工、机器制造、木材加工等，以及电力、自来水、煤气的生产和供应等；(4) 对工业品的修理、翻新，如机器设备的修理、交通运输工具（包括小卧车）的修理等。

1984 年以前农村的村及村以下办工业归属农业，1984 年以后划归工业。工业统计调查单位为独立核算法人工业企业。

独立核算法人工业企业指从事工业生产经营活动的单位。独立核算法人工业企业应同时具备以下条件：(1) 依法成立，有自己的名称、组织机构和场所，能够承担民事责任；(2) 独立拥有和使用资产，承担负债，有权与其他单位签订合同；(3) 独立核算盈亏，并能够编制资产负债表。

轻工业

指主要提供生活消费品和制作手工工具的工业。按其所使用的原料不同，可分为两大类：(1) 以农产品为原料的轻工业，是指直接或间接以农产品为基本原料的轻工业。主要包括食品制造、饮料制造、烟草加工、纺织、缝纫、皮革和毛皮制作、造纸以及印刷等工业；(2) 以非农产品为原料的轻工业，是指以工业品为原料的轻工业。主要包括文教体育用品、化学药品制造、合成纤维制造、日用化学制品、日用玻璃制品、日用金属制品、手工工具制造、医疗器械制造、文化和办公用机械制造等工业。

重工业

指为国民经济各部门提供物质技术基础的主要生产资料的工业。按其生产性质和产品用途，可以分为下列三类：(1) 采掘（伐）工业，是指对自然资源的开采，包括石油开采、煤炭开采、金属矿开采、非金属矿开采等工业；(2) 原材料工业，指向国民经济各部门提供基本材料、动力和燃料的工业。包括金属冶炼及加工、炼焦及焦炭、化学、化工原料、水泥、人造板以及电力、石油和煤炭加工等工业；(3) 加工工业，是指对工业原材料进行再加工制造的工业。包括装备国民经济各部门的机械设备制造工业、金属结构、水泥制品等工业，以及为农业提供的生产资料如化肥、农药等工业。根据上述划分原则，修理业中以重工业产品为修理作业对象的划为重工业，反之划为轻工业。

规模以上工业法人企业

指年主营业务收入 500 万元及以上的工业法人企业。

大、中、小型企业

根据 2003 年国家统计局制定的《统计上大中小型企业划分办法（暂行）》，以从业人员数、销售额和资产总额三项指标为依据，将工业企业划分为大、中、小型，而不再按照企业产品的年生产能力和生产用固定资产原值划分。划分标准如下：

指标名称	单 位	大 型	中 型	小 型
从业人员数	人	2000 及以上	300–2000	300 以下
销售额	万元	30000 及以上	3000–30000	3000 以下
资产总额	万元	40000 及以上	4000–40000	4000 以下

工业总产值

是指以货币形式表现的，工业企业在一定时期内生产的工业最终产品和提供工业性劳务活动的总价值量。它反映一定时间内工业生产的总规模和总水平。

资产总计

指企业拥有或控制的能以货币计量的经济资源，包括各种财产、债权和其他权利。资产按流动性分为流动资产、长期投资、固定资产、无形资产、递延资产和其他资产。

流动资产合计

指企业可以在一年内或者超过一年的一个生产周期内变现或者耗用的资产，包括现金及各种存款、短期投资，应收及预付款项、存货等。

主要统计指标解释
Explanatory Notes on Main Statistical Indicators

固定资产合计

指企业使用期限超过一年的房屋、建筑物、机器、机械、运输工具以及其他与生产、经营有关的设备、器具、工具等。不属于生产经营主要设备的物品，单位价值在 2000 元以上，并且使用年限超过 2 年的，也应当作为固定资产。

主营业务收入

指企业在销售商品、提供劳务及让渡资产使用权等日常活动中所发生的收入。

主营业务成本

指企业因销售商品、提供劳务或让渡资产使用权等日常活动而发生的实际成本。

主营业务税金及附加

反映企业经营主营业务应负担的营业税、消费税、城市维护建设税、资源税、土地增值税和教育费附加等。

利润总额

指企业在生产经营过程中各种收入扣除各种耗费后的盈余，反映企业在报告期内实现的亏盈总额，包括营业利润、补贴收入、投资净收益和营业外收支净额。

利税总额

指利润总额、产品销售税金及附加和本期应交增值税之和。

产品销售率

反映工业产品已实现销售的程度，是分析工业产销衔接情况，研究工业产品满足社会需求的指标。计算公式为：

$$产品销售率(\%)=\frac{工业销售产值}{工业总产值(现价)}\times100\%$$

总资产贡献率

反映企业全部资产的获利能力，是企业经营业绩和管理水平的集中体现，是评价和考核企业盈利能力的核心指标。计算公式为：

$$总资产贡献率(\%)=\frac{利润总额+税金总额+利息支出}{平均资金总额}\times100\%$$

公式中：税金总额为产品销售税金及附加与应交增值税之和；平均资产总额为期初期末资产之和的算术平均值。

资产负债率

该指标既反映企业经营风险的大小，也反映企业利用债权人提供的资金从事经营活动的能力。计算公式为：

$$资产负债率(\%)=\frac{负债总额}{资产总额}\times100\%$$

流动资产周转次数

指一定时期内流动资产完成的周转次数，反映投入工业企业流动资金的周转速度。计算公式为：

$$流动资产周转次数=\frac{产品销售收入}{全部流动资产平均余额}$$

公式中：全部流动资产平均余额为期初和期末的流动资产之和的算术平均值。

成本费用利润率

反映企业投入的生产成本及费用的经济效益，同时也反映企业降低成本所取得的经济效益。计算公式为:

$$成本费用利润(\%)=\frac{利润总额}{成本费用总额}\times100\%$$

公式中: 成本费用总额为产品销售成本、销售费用、管理费用、财务费用之和。

主要统计指标解释
Explanatory Notes on Main Statistical Indicators

Industry

refers to the material production sector which is engaged in extraction of natural resources and processing and reprocessing of minerals and agricultural products, including: (1) extraction of natural resources, such as mining, salt production (but not including hunting and fishing); (2) processing and reprocessing of farm and sideline produces, such as rice husking, flour milling, wine making, oil pressing, silk reeling, spinning and weaving, and leather making; (3) manufacture of industrial products, such as steel making, iron smelting, chemicals manufacturing, petroleum processing, machine building, timber processing; water and gas production and electricity generation and supply; (4) repairing of industrial products such as the repairing of machinery and means of transport (including cars).

Prior to 1984, the rural industry run by villages and cooperative organizations under village was classified into agriculture. Since 1984, it has been grouped into industry. Units of industrial statistics survey corporate industrial enterprises with independent accounting system.

Corporate industrial enterprises with independent accounting system refer to enterprises engaging in industrial production activities, which meet the following requirements: they are established legally, having their own names, organizations, location, able to take civil liability; they possess and use their assets independently, assume liabilities, and are entitled to sign contracts with other units; they are financially independent and compile their own balance sheets.

Light Industry

refers to the industry that produces consumer goods and hand tools. It consists of two categories, depending on the materials used: (1) Industries using farm products as raw materials. These are branches of light industry which directly or indirectly use farm products as basic raw materials, including the manufacture of food and beverages, tobacco processing, textile, clothing, fur and leather manufacturing, paper making, printing, etc. (2) Industries using non farm products as raw materials. These are branches of light industry which use manufactured goods as raw materials, including the manufacture of cultural, educational articles and sports goods, chemicals, synthetic fiber, chemical products for daily use, glass products for daily use, metal products for daily use, hand tools, medical apparatus and instruments, and the manufacture of cultural and clerical machinery.

Heavy Industry

refers to the industry which produces capital goods, and provides various sectors of the national economy with necessary material and technical basis. It consists of the following three branches according to the purpose of production or the use of products: (1) Mining, quarrying and logging industry refers to the industry that extracts natural resources, including extraction of petroleum, coal, metal and non-metal ores. (2) Raw materials industry refers to the industry that provides various sectors of the national economy with raw materials, fuels and power. It includes smelting and processing of metals, coking and coke chemistry, chemical materials and building materials such as cement, plywood, and power, petroleum refining and coal dressing. (3) Manufacturing industry refers to the industry that processes raw materials. It includes machine building industry which equips sectors of the national economy, industries of metal structure and cement products, industries producing means of agricultural production, such as chemical fertilizers and pesticides. According to the above principle of classification, the repairing trades which are engaged primarily in repairing products of heavy industry are classified into heavy industry while these engaged in repairing products of light industry are classified into light industry.

Industrial Enterprises above Designated Size

refer to industrial enterprises as legal person with annual business revenue of over 5 million yuan.

Large, Medium, Small-sized Enterprises

Industrial enterprises are classified into large, medium, small-sized enterprises according to employment personnel, sales revenue and total assets in accordance with the regulation of *Classification (temporary) of Large, Medium, Small-sized Enterprises on Statistics*, are not classified according to production capacity and original value of fixed assets. The standard of classification as following:

Indicator	Unit	Large-sized	Medium-sized	Small-sized
Employment Personnel	person	2 000 and over	300-2 000	below 300
Sales Revenue	10 000 yuan	30 000 and over	3 000-30 000	below 3 000
Total Assets	10 000 yuan	40 000 and over	4 000-40 000	below 4 000

Gross Output Value of Industry

refers to total volume of final industrial products produced and industrial services provided during a given period. It reflects the total achievements and overall scale of industrial production during a given period.

主要统计指标解释
Explanatory Notes on Main Statistical Indicators

Total Assets

refer to all economic resources, in monetary term, these are owned or controlled by enterprises, including properties, creditor's equity and other economic rights of all forms. Classified by the degree of liquidity, total assets include working capitals, long-term investment, fixed assets, intangible assets, deferred assets and other assets.

Total Working Capital

refers to capital that an enterprise can cash or use during one year or one production cycle that may exceed one year, including cash and savings deposits of various forms, short-term investment, money receivable and prepaid money, inventories, etc.

Total Fixed Assets

refer to the assets with high unit value can keep its original body in use and last for a long period. Refers to the use of more than one year of housing, buildings, machines, machinery, transport equipment and other production and business-related equipment, apparatus, tools, etc. Some items which are not belong to the production and operation of major equipment, but the unit value of more than 2,000 yuan, and the use of more than two years, should also be as fixed assets.

Revenue from Principal Business

refers to revenues from the sales of products, labour services provided, alienation of using asset right and etc.

Cost of Principal Business

refers to real costs from the sales of products, labour services provided, alienation of using asset right and etc.

Tax and Extra Charges of Principal Business

refer to the tax and charges including the business tax, consumption tax, city maintenance and construction tax, resources tax, land increasing value tax and extra charges for education and etc.

Total Pre-tax Profits

refer to the profits gained from the revenues after deducting the costs, which means the final achievements in the reference period, including business profit, subsidies, net income of investment and net income of other business.

Total Profits and Taxes

refers to the sum of the total net profits, products sales tax & surcharges and the value added tax payable of industrial enterprises, namely pre-tax profits.

Sales Ratio of Products

reflects the actual sale of industrial products, analyzing the production-selling and supply-demand relations. It is calculated as:

$$\text{Sales Ratio of Products (\%)} = \frac{\text{Value of Industrial Sales}}{\text{Gross Industrial Output Value (Current Prices)}} \times 100\%$$

Ratio of Total Assets to Industrial Output Value

reflects the profit-making capability of all assets of the enterprise and is a key indicator manifesting the performance and management and evaluating the profit-making potential of the enterprise. It is calculated as follows:

$$\text{Ratio of Total Assets to Industrial Output Value (\%)} = \frac{\text{Total Pre-tax Profits} + \text{Total Taxes} + \text{Interest Payment}}{\text{Average Assets}} \times 100\%$$

In the above formula, total taxes is the sum of tax and extra charges on the sales of products and value-added tax payable; and average assets is the arithmetic mean of the sum of beginning assets and ending assets.

Ratio of Debts to Assets

reflects both the operation risk and the capability of the enterprise in making use of the capital from the creditors. It is calculated as follows:

$$\text{Ratio of Debts to Assets (\%)} = \frac{\text{Total Debts}}{\text{Total Assets}} \times 100\%$$

Number of Times of Turnover of Working Capital

refers to the number of times of turnover of circulating funds in a given period of time, which reflects the speed of the turnover of circulating funds of industrial enterprises, and is calculated as follows:

$$\text{Turnover of Circulating Funds} = \frac{\text{Sales Revenue of Products}}{\text{Average Balance of Total Working Capital}}$$

In the above formula, average balance of total circulating funds refers to the arithmetic mean of the sum of circulating funds at the beginning and at the end of the reference period.

主要统计指标解释
Explanatory Notes on Main Statistical Indicators

Ratio of Profits to Total Industrial Costs

refers to the ratio of profits realized in a given period to the total costs in the same period, which reflects the economic efficiency of input cost and is calculated as follows:

$$\text{Ratio of Profits to Total Industrial Cost (\%)} = \frac{\text{Total Pre-tax Profits}}{\text{Total Costs}} \times 100\%$$

Total costs in the above formula is the sum of cost of products sold, marketing cost, management cost and financial cost.

14

建筑业

Construction

14-1 建筑企业基本情况（1995—2010年）
Basic Statistics on Construction Enterprises, 1995-2010

年 份 Year	企业个数 (个) Number of Enterprises (unit)	从业人员平均人数 (万人) Annual Average Employment Personnel (10 000 persons)	建筑业总产值 (亿元) Gross Output Value of Construction (100 million yuan)	房屋建筑施工面积 (万平方米) Floor Space of Building under Construction (10 000 sq. m.)	房屋建筑竣工面积 (万平方米) Floor Space of Building Completed (10 000 sq. m.)	#住 宅 Residential Buildings
1995	693	31.53	165.67	1604.10	640.25	328.40
1996	461	29.06	173.57	1579.53	567.98	285.82
1997	477	29.26	191.00	1752.13	727.61	398.82
1998	500	29.34	211.12	2059.23	868.00	527.98
1999	491	28.71	222.74	2087.01	901.88	637.85
2000	456	27.44	238.10	2253.99	1056.40	658.85
2001	420	25.96	288.68	2140.04	924.92	562.40
2002	925	34.56	406.16	2817.84	1332.10	726.87
2003	900	35.55	520.84	3395.94	1465.75	797.72
2004	1155	38.27	655.20	3547.76	1644.90	758.00
2005	1108	39.10	754.37	3940.56	1484.38	728.58
2006	1103	38.57	983.93	4555.08	1735.58	815.52
2007	1113	45.34	1221.94	5447.39	2101.38	1020.12
2008	1362	49.62	1453.79	5947.56	1643.66	687.62
2009	1371	59.31	1911.48	6572.69	2240.10	1010.85
2010	1448	65.47	2424.49	7564.29	2419.16	1168.62

14-2 建筑企业主要经济效益指标和工程质量（1995—2010年）
Main Indicators of Economic Benefit and Engineering Quality of Construction Enterprises, 1995-2010

年 份 Year	全员劳动生产率 (元/人) Overall Labour Productivity (yuan/person)	平均每一从业人员竣工面积(平方米) Floor Space of Building Completed per Employment Personnel (sq. m.)	产值利润率 (%) Ratio of Pre-tax Profit to Gross Output Value (%)	产值利税率 (%) Ratio of Profits and Taxes to Gross Output Value (%)	按面积计算竣工率(%) Percentage of Building Completed in Terms of Floor Space (%)
1995	52545	19.6	0.6	3.4	37.2
1996	59724	19.5	1.0	3.6	36.0
1997	65274	24.9	1.1	3.7	41.5
1998	71958	29.6	1.4	3.9	42.2
1999	77583	31.4	1.0	3.6	43.2
2000	86771	38.5	1.1	4.0	46.9
2001	111194	35.6	1.3	4.2	43.2
2002	117536	38.5	1.8	4.7	47.3
2003	146499	41.2	1.9	4.8	43.2
2004	171190	43.0	1.9	4.9	46.4
2005	192931	38.0	2.3	5.3	37.7
2006	255108	45.0	2.6	5.8	38.1
2007	269502	46.3	3.1	6.3	38.6
2008	292999	33.1	3.3	6.5	27.6
2009	322264	37.8	2.8	6.0	34.1
2010	370312	36.9	2.7	6.0	32.0

14-3 建筑企业基本情况（按登记注册类型和经济类型分）
Basic Statistics on Construction Enterprises (Grouped by Status of Registration and Ownership)

项 目 Item	企业个数（个）Number of Enterprises (unit)		从业人员平均人数（万人）Average Employment Personnel (10 000 persons)		从业人员劳动报酬（万元）Remuneration of Employment Personnel (10 000 yuan)		建筑业总产值（万元）Gross Output Value of Construction (10 000 yuan)	
	2009	2010	2009	2010	2009	2010	2009	2010
总 计 Total	**1371**	**1448**	**59.31**	**65.47**	**1054923**	**1196877**	**19114753**	**24244933**
按登记注册类型分 Grouped by Status of Registration								
内资企业 Domestic-funded Enterprises	1340	1415	58.76	64.91	1043357	1186706	18962685	24064454
国有企业 State-owned Enterprises	107	109	9.28	12.40	243446	306324	3983882	6028904
集体企业 Collective-owned Enterprises	66	63	2.70	4.41	38576	48274	683368	1014453
股份合作企业 Cooperative Enterprises	13	14	0.26	0.49	10284	8107	121265	117828
私营企业 Private Enterprises	692	757	8.52	9.85	120633	166557	1858958	2506360
股份有限公司 Share-holding Corporations Ltd.	41	45	3.04	3.05	59911	69897	1367363	1211337
有限责任公司 Limited Liability Corporations	387	394	34.50	34.33	559320	579792	10837253	13092485
# 国有独资 Sole State-funded Corporations	16	12	4.52	3.50	95956	68717	2127550	1659643
联营企业 Joint Ownership Enterprises	9	7	0.24	0.18	4901	3623	55527	28228
# 国有与国有联营企业 State Joint Ownership Enterprises	3	2	0.01	0.02	546	391	19796	4164
集体与集体联营企业 Collective Joint Ownership Enterprises	3	2	0.22	0.15	4245	3098	34129	22809
其他内资企业 Other Domestic-funded Enterprises	25	26	0.22	0.21	6286	4132	55069	64859
港澳台商投资企业 Enterprises with Investment from Hong Kong, Macao and Taiwan	17	18	0.34	0.40	4748	5209	81866	103704
外商投资企业 Foreign Funded Enterprises	14	15	0.21	0.15	6818	4962	70202	76775
按经济类型分 Grouped by Ownership								
国有经济 State-owned	126	123	13.81	15.92	339948	375432	6131228	7692711
集体经济 Collective-owned	82	79	3.18	5.05	53105	59480	838762	1155090
私有经济 Private and Individual	692	757	8.52	9.85	120633	166557	1858958	2506360
港澳台商投资经济 Hong Kong, Macao and Taiwan Funded	17	18	0.34	0.40	4748	5209	81866	103704
外商投资经济 Foreign Funded	14	15	0.21	0.15	6818	4962	70202	76775
其 他 Others	440	456	33.25	34.10	529671	585237	10133737	12710293

14-3 续表 Continued

项目 Item	竣工产值(万元) Gross Output Value Completed (10 000 yuan)		房屋建筑施工面积(万平方米) Floor Space of Building under Construction (10 000 sq. m.)		房屋建筑竣工面积(万平方米) Floor Space of Building Completed (10 000 sq. m.)		#住宅 Residential Buildings	
	2009	2010	2009	2010	2009	2010	2009	2010
总计 Total	**10625302**	**12141280**	**6572.69**	**7564.29**	**2240.10**	**2419.16**	**1010.85**	**1168.62**
按登记注册类型分 Grouped by Status of Registration								
内资企业 Domestic-funded Enterprises	10553161	12075267	6477.57	7494.01	2191.10	2388.76	1009.93	1168.62
国有企业 State-owned Enterprises	2076499	2789162	1382.49	1949.35	379.22	328.95	211.45	253.29
集体企业 Collective-owned Enterprises	469738	538387	405.07	492.11	198.40	191.47	117.18	64.86
股份合作企业 Cooperative Enterprises	82626	81606	25.64	4.75	15.60	4.75	2.50	3.00
私营企业 Private Enterprises	1068556	1476492	597.87	810.24	264.82	428.28	106.51	212.38
股份有限公司 Share-holding Corporations Ltd.	1214700	464045	298.03	276.82	113.37	72.83	71.45	51.88
有限责任公司 Limited Liability Corporations	5580318	6676962	3754.51	3951.98	1206.13	1355.00	494.94	580.92
#国有独资 Sole State-funded Corporations	658028	486528	369.64	218.96	61.87	81.94	42.25	23.49
联营企业 Joint Ownership Enterprises	21725	20694	11.06	5.58	11.06	5.18	4.82	0.78
#国有与国有联营企业 State Joint Ownership Enterprises		53						
集体与集体联营企业 Collective Joint Ownership Enterprises	20406	19663	11.06	5.58	11.06	5.18	4.82	0.78
其他内资企业 Other Domestic-funded Enterprises	38999	27920	2.90	3.20	2.50	2.30	1.08	1.50
港澳台商投资企业 Enterprises with Investment from Hong Kong, Macao and Taiwan	44916	38003	68.21	35.04	34.72	23.54	0.92	
外商投资企业 Foreign Funded Enterprises	27225	28010	26.91	35.23	14.28	6.86		
按经济类型分 Grouped by Ownership								
国有经济 State-owned	2734527	3275743	1752.13	2168.31	441.09	410.89	253.70	276.78
集体经济 Collective-owned	572770	639656	441.77	502.44	225.06	201.40	124.50	68.64
私有经济 Private and Individual	1068556	1476492	597.87	810.24	264.82	428.28	106.51	212.38
港澳台商投资经济 Hong Kong, Macao and Taiwan Funded	44916	38003	68.21	35.04	34.72	23.54	0.92	
外商投资经济 Foreign Funded	27225	28010	26.91	35.23	14.28	6.86		
其他 Others	6177308	6683376	3685.80	4013.03	1260.13	1348.19	525.22	610.82

14-4 建筑企业基本情况（按行业和资质等级分）
Basic Statistics on Construction Enterprises (Grouped by Sector and Qualification Grade)

项 目 Item	企业个数 (个) Number of Enterprises (unit)		从业人员平均人数 (万人) Average Employment Personnel (10 000 persons)		从业人员劳动报酬 (万元) Remuneration of Employment Personnel (10 000 yuan)		建筑业总产值 (万元) Gross Output Value of Construction (10 000 yuan)	
	2009	2010	2009	2010	2009	2010	2009	2010
按行业类别分								
Grouped by Sector								
房屋工程建筑业								
Building Engineering	214	204	22.49	25.86	341551	388451	6256304	7963054
土木工程建筑业								
Civil Engineering	231	241	22.44	24.89	406236	462898	8700150	11902681
建筑安装业								
Building Installation	470	501	9.21	9.32	217932	237635	2233835	2582528
建筑装饰业								
Building Decoration	239	247	2.54	2.18	42109	29651	1079293	506916
其他建筑业								
Others	217	255	2.63	3.22	47095	78242	845171	1289754
按资质等级分								
Grouped by Qualification Grade								
施工总承包								
General Contractor	314	347	47.71	52.81	834540	931989	15641917	20468706
特 级								
Super Grade	6	6	11.08	10.83	133981	139870	4054122	5429994
一 级								
First Grade	88	94	24.04	27.32	448999	528457	8270239	11025822
二 级								
Second Grade	109	118	9.43	10.78	204161	204394	2710874	3196301
三 级								
Third Grade	111	129	3.16	3.89	47399	59268	606682	816589
专业承包								
Specialized Contractor	1057	1101	11.60	12.66	220383	264888	3472836	3776227
一 级								
First Grade	76	90	2.74	3.00	59686	75337	1471988	1414662
二 级								
Second Grade	237	259	3.06	3.56	54377	71175	825659	1040655
三 级								
Third Grade	701	706	5.42	5.69	99159	109631	1104978	1235525
不分等级								
Ungraded	43	46	0.38	0.40	7161	8745	70211	85385

14-4 续表 Continued

项　目 Item	竣工产值（万元）Gross Output Value Completed (10 000 yuan)		房屋建筑施工面积（万平方米）Floor Space of Building under Construction (10 000 sq. m.)		房屋建筑竣工面积（万平方米）Floor Space of Building Completed (10 000 sq. m.)		#住宅 Residential Buildings	
	2009	2010	2009	2010	2009	2010	2009	2010
按行业类别分								
Grouped by Sector								
房屋工程建筑业								
Building Engineering	3677782	4003182	5435.90	6253.28	1824.21	1952.61	922.86	1020.02
土木工程建筑业								
Civil Engineering	4005832	5574398	818.49	1037.68	291.31	332.83	59.05	92.72
建筑安装业								
Building Installation	1448775	1633446	265.11	196.44	85.48	69.01	24.27	18.19
建筑装饰业								
Building Decoration	1203843	341381	0.02		0.02			
其他建筑业								
Others	289070	588873	53.17	76.89	39.08	64.71	4.67	37.69
按资质等级分								
Grouped by Qualification Grade								
施工总承包								
General Contractor	8125271	10061486	6288.49	7359.36	2112.93	2278.24	1000.70	1132.52
特　级								
Super Grade	1852152	2237934	1103.49	1462.32	207.36	234.76	48.16	60.99
一　级								
First Grade	4470037	5651722	3674.50	4388.40	1203.07	1302.67	593.53	655.59
二　级								
Second Grade	1326464	1570522	1241.84	1222.94	516.91	547.15	271.33	320.65
三　级								
Third Grade	476618	601308	268.66	285.70	185.59	193.66	87.68	95.30
专业承包								
Specialized Contractor	2500031	2079794	284.20	204.93	127.17	140.92	10.15	36.10
一　级								
First Grade	1345867	710290	149.29	104.82	68.82	60.26	4.00	
二　级								
Second Grade	424283	522047	56.74	61.21	28.54	46.93	1.08	14.94
三　级								
Third Grade	692298	793920	75.34	38.35	26.98	33.18	3.85	20.96
不分等级								
Ungraded	37583	53537	2.83	0.55	2.83	0.55	1.22	0.20

14-5 建筑企业主要财务指标（2010年）
Main Financial Indicators of Construction Enterprises, 2010

单位：万元 (10 000 yuan)

指　　标	Item	全市总计 Total	# 国有经济 State-owned	# 地　方 Local
资本金	**Capital**			
资本金合计	Total Capital	4250174	750793	325936
年末资产负债	**Assets and Liabilities at Year-end**			
流动资产合计	Total Working Capital	18321388	4881267	1619195
固定资产合计	Total Fixed Assets	3521831	575404	138415
固定资产原价	Original Value of Fixed Assets	4348691	883950	225586
# 生产经营用	Used in Production and Operation	3693356	764396	175332
累计折旧	Accumulative Depreciation	1612843	387018	95054
资产总计	Total Assets	24037945	5942229	1902244
损益及分配	**Profit, Loss and Distribution**			
工程结算收入	Revenue of Project Settle Accounts	26486317	7863915	2002447
工程结算成本	Costs of Project Settle Accounts	24090197	7243249	1832636
工程结算税金及附加	Taxes & Extra Charges of Project Settle Accounts	755947	234118	58480
工程结算利润	Profits of Project Settle Accounts	1553009	368318	96523
其他业务收入	Other Revenue from Business	521104	165931	97257
其他业务利润	Other Profits from Business	82753	17948	9592
管理费用	Management Expenses	892915	242829	86652
# 税　金	Taxes	24882	6975	4463
利润总额	Total Pre-tax Profits	664071	138630	25725
应交所得税	Income Taxes Payable	169618	28557	6264
应付利润	Profits Payable	319053	63582	8176
利税总额	Total Profits and Taxes	1444900	379723	88668
工资、福利费	**Wage and Welfare Expenses**			
应付工资总额	Total Wage Payable	1149598	360160	87589
应付福利费总额	Total Welfare Expenses Payable	47279	15273	3630

注：本表按原经济类型分组，下同。
Note: Data are grouped by original ownership in this table, same as following next.

14-5 续表 Continued

单位：万元 (10 000 yuan)

指　标	Item	#集体经济 Collective-owned	#私有经济 Private	#港澳台投资经济 Hong Kong, Macao and Taiwan Funded	#外商投资经济 Foreign Funded
资本金	**Capital**				
资本金合计	Total Capital	149878	900262	46443	19762
年末资产负债	**Assets and Liabilities at Year-end**				
流动资产合计	Total Working Capital	1011335	2118037	122211	70685
固定资产合计	Total Fixed Assets	47421	506462	34450	10171
固定资产原价	Original Value of Fixed Assets	73608	563801	46544	14061
#生产经营用	Used in Production and Operation	45109	335886	27400	3196
累计折旧	Accumulative Depreciation	28091	185312	17385	5934
资产总计	Total Assets	1097994	2871236	165181	87866
损益及分配	**Profit, Loss and Distribution**				
工程结算收入	Revenue of Project Settle Accounts	1180798	2674969	144221	74882
工程结算成本	Costs of Project Settle Accounts	1060152	2377079	133229	64519
工程结算税金及附加	Taxes & Extra Charges of Project Settle Accounts	41059	73479	1952	1225
工程结算利润	Profits of Project Settle Accounts	74878	188860	6657	5087
其他业务收入	Other Revenue from Business	8969	60026	12172	27372
其他业务利润	Other Profits from Business	4533	10957	1993	6513
管理费用	Management Expenses	40418	117115	6776	5459
#税　金	Taxes	1766	4455	928	172
利润总额	Total Pre-tax Profits	40038	61614	1483	11414
应交所得税	Income Taxes Payable	16237	23066	470	2947
应付利润	Profits Payable	22140	36515	1513	1928
利税总额	Total Profits and Taxes	82862	139549	4362	12812
工资、福利费	**Wage and Welfare Expenses**				
应付工资总额	Total Wage Payable	55997	161485	5086	4940
应付福利费总额	Total Welfare Expenses Payable	3483	5072	123	22

14-6 建筑企业年末自有机械设备总功率和净值(1995—2010年)
Total Capacity and Net Value of Machinery and Equipment Owned by Construction Enterprises (Year-end), 1995-2010

年 份 Year	年末自有机械设备总功率(万千瓦) Total Capacity of Machinery and Equipment Owned (Year-end) (10 000 kW)	# 国有经济 State-owned	# 地 方 Local	年末自有机械设备净值(万元) Net Value of Machinery and Equipment Owned (Year-end) (10 000 yuan)	# 国有经济 State-owned	# 地 方 Local
1995	138.36	110.17	43.77	179888	164162	60526
1996	137.98	109.22	40.47	384677	178790	47006
1997	151.18	119.22	43.87	207571	173245	54521
1998	173.03	111.19	39.28	206033	163854	49153
1999	185.54	146.77	38.00	214052	174687	67470
2000	157.27	102.26	36.14	217748	122519	45433
2001	168.83	87.31	32.16	231546	126407	51157
2002	221.56	85.37	33.03	529838	166556	83098
2003	227.81	86.32	34.65	582022	208634	79305
2004	258.80	96.86	42.66	622763	223307	63141
2005	246.33	93.87	29.07	694990	230140	53538
2006	297.62	97.08	50.98	782820	195335	52195
2007	293.46	114.79	78.94	854785	192498	55747
2008	316.85	79.20	28.60	1103985	307514	88287
2009	440.64	75.92	26.93	1722188	306172	50707
2010	418.90	92.99	33.97	1980473	287408	50869

14-7 建筑企业技术装备率和动力装备率(1995—2010年)
Value and Power of Machines per Labourer of Construction Enterprises, 1995-2010

年 份 Year	全部职工技术装备率(元/人) Value of Machines per Labour (yuan/person)	# 国有经济 State-owned	# 地 方 Local	全部职工动力装备率(千瓦/人) Power of Machines per Labour (kW/person)	# 国有经济 State-owned	# 地 方 Local
1995	6281	6622	4299	4.83	4.44	3.11
1996	13237	7677	3647	4.75	4.69	3.14
1997	7094	7680	4300	5.17	5.28	3.46
1998	7022	7908	4134	5.90	5.37	3.30
1999	8774	11542	10233	7.61	9.70	5.76
2000	10714	9483	9008	7.74	7.92	7.17
2001	12881	14697	11768	9.39	10.15	7.40
2002	19423	18366	16571	8.12	9.41	6.59
2003	24203	27824	24187	9.47	11.51	10.57
2004	27354	33064	25506	11.37	14.34	17.23
2005	26064	26376	16793	9.24	10.76	9.12
2006	25420	21640	22518	9.66	10.75	22.00
2007	24470	18726	18829	8.40	11.17	26.66
2008	30390	28355	30203	8.72	7.30	9.78
2009	41336	29156	13936	10.58	7.23	7.40
2010	41373	19162	10569	8.75	6.20	7.06

14-8 建筑企业机械设备情况及经济效益指标
Machinery & Equipment and Economic Benefit Indicators of Construction Enterprises

指 标 Item	全 市 Total	# 国有经济 State-owned	# 地 方 Local
2009年 Year of 2009			
建筑业机械设备情况 Machinery and Equipment of Construction Enterprises			
自有机械设备总台数(台) Number of Machinery and Equipment Owned (set)	116658	20622	8848
自有机械设备总功率(万千瓦) Power of Machinery and Equipment Owned (10 000 kW)	440.64	75.92	26.93
自有机械设备净值(万元) Net Value of Machinery and Equipment Owned (10 000 yuan)	1722188	306172	50707
技术装备率(元/人) Value of Machines per Labour (yuan/person)	41336	29156	13936
动力装备率(千瓦/人) Power of Machines per Labour (kW/person)	10.58	7.23	7.40
建筑业经济效益指标 Economic Benefit Indicators of Construction Enterprises			
全员劳动生产率(元/人) Overall Labour Productivity (yuan/person)	322264	444002	354476
房屋竣工率(%) Percentage of Buildings Completed (%)	34.1	25.2	21.5
平均每一从业人员竣工面积(平方米/人) Per Capita Floor Space of Buildings Completed (sq. m./person)	37.8	31.9	20.5
每百元产值实现利税(元) Ratio of Profits and Taxes to per 100 yuan Output Value (yuan)	6.0	4.9	4.2
百元产值占用流动资产(元) Ratio of Working Capital to per 100 yuan Output Value (yuan)	78.4	68.5	85.2
全员资金占有率(元/人) Per Capita Owned Capital (yuan/person)	304334	349358	333460
2010年 Year of 2010			
建筑业机械设备情况 Machinery and Equipment of Construction Enterprises			
自有机械设备总台数(台) Number of Machinery and Equipment Owned (set)	128525	23068	8324
自有机械设备总功率(万千瓦) Power of Machinery and Equipment Owned (10 000 kW)	418.90	92.99	33.97
自有机械设备净值(万元) Net Value of Machinery and Equipment Owned (10 000 yuan)	1980473	287408	50869
技术装备率(元/人) Value of Machines per Labour (yuan/person)	41373	19162	10569
动力装备率(千瓦/人) Power of Machines per Labour (kW/person)	8.75	6.20	7.06
建筑业经济效益指标 Economic Benefit Indicators of Construction Enterprises			
全员劳动生产率(元/人) Overall Labour Productivity (yuan/person)	370312	483204	396840
房屋竣工率(%) Percentage of Buildings Completed (%)	32.0	18.9	50.4
平均每一从业人员竣工面积(平方米/人) Per Capita Floor Space of Buildings Completed (sq. m./person)	36.9	25.8	16.5
每百元产值实现利税(元) Ratio of Profits and Taxes to per 100 yuan Output Value (yuan)	6.0	4.9	4.5
百元产值占用流动资产(元) Ratio of Working Capital to per 100 yuan Output Value (yuan)	75.6	63.5	81.4
全员资金占有率(元/人) Per Capita Owned Capital (yuan/person)	333629	342751	350463

14-9 建筑业企业房屋建筑完成情况 Building Construction of Construction Enterprises

单位：万平方米 (10 000 sq. m.)

指　标	Item	2009	2010
房屋建筑施工面积	Floor Space of Buildings under Construction	6572.69	7564.29
# 本年新开工面积	New Floor Space of Buildings in Current Year	2645.99	3606.71
# 实行投标承包面积	Contracted Bidding Floor Space	5968.94	6557.62
房屋建筑竣工面积	Floor Space of Buildings Completed	2240.10	2419.16
厂房、仓库	Factory Buildings and Warehouses	613.31	677.64
住　宅	Residential Buildings	1010.85	1168.62
办公用房	Office Buildings	145.19	125.67
批发和零售用房	Wholesale and Retail Trade Buildings	51.32	38.50
住宿和餐饮用房	Hotels and Restaurants	33.18	23.99
居民服务业用房	Residential Service Buildings	14.16	18.56
教育用房	Educational Buildings	57.60	87.26
文化、体育和娱乐用房	Cultural, Sports and Entertainment Buildings	55.04	56.95
卫生医疗用房	Health Care and Medical Buildings	29.15	28.58
科研用房	Scientific and Research Buildings	8.50	15.05
其他用房	Other Buildings	221.80	178.34

14-10 劳务分包建筑企业生产经营情况 Main Indicators of Subcontracted Construction Enterprises

单位：万元 (10 000 yuan)

指　标	Item	2009	2010
建筑业总产值	Gross Output Value of Construction	284913	496017
# 装饰装修产值	Gross Output Value of Decoration	44118	93158
企业个数(个)	Number of Enterprises (unit)	291	323
年末从业人员(人)	Number of Employment Personnel (person)	62919	91776
# 工程技术人员	Engineering	3406	4635
企业总收入	Total Revenue	299266	495787
# 工程结算收入	Revenue of Project Settle Accounts	297423	493518
税　金	Taxes	10857	18063
利润总额	Total Pre-tax Profits	3235	5791
从业人员劳动报酬	Remuneration of Employment Personnel	95381	199717

主要统计指标解释
Explanatory Notes on Main Statistical Indicators

建筑业总产值

是以货币形式表现的建筑业企业在一定时期内生产的建筑业产品和提供的服务的总和。建筑业总产值包括：

1. 建筑工程产值：指列入建筑工程预算内的各种工程价值；

2. 安装工程产值：指设备安装工程价值，不包括被安装设备本身的价值；

3. 其他产值：建筑业总产值中除建筑工程、安装工程以外的产值。包括房屋构筑物修理产值、非标准设备制造产值、总包企业向分包企业收取的管理费以及不能明确划分的施工活动所完成的产值。

劳务分包企业建筑业总产值指劳务分包企业与总承包企业或专业承包企业签定劳务分包合同后，从事建筑安装工程取得的所有劳务收入。

房屋建筑施工面积

指在报告期内施过工的全部房屋建筑面积，包括本期新开工的房屋面积、上期施工跨入本期继续施工的房屋面积、上期停缓建在本期恢复施工的房屋面积、本期竣工的房屋面积及本期施工后又停缓建的房屋面积。

房屋建筑竣工面积

指在报告期内房屋建筑按照设计要求全部完工，达到了住人和使用条件，经验收鉴定合格，正式移交使用单位的房屋建筑面积。

年末自有机械设备总台数

指归本企业所有，属于本企业固定资产的生产性机械设备年末总台数。包括施工机械、生产设备、运输设备以及其他设备。

年末自有机械设备总功率

指本企业自有施工机械、生产设备、运输设备以及其他设备等列为在册固定资产的生产性机械设备年末总功率，按设定能力或查定能力计算。包括机械本身的动力和为该机械服务的单独动力设备，如电动机等。计算单位用千瓦，动力换算可按 1 马力 = 0.735 千瓦折合成千瓦数。电焊机、变压器、锅炉不计算动力。

主要统计指标解释
Explanatory Notes on Main Statistical Indicators

Gross Output Value of Construction

refers to total of construction products and services, expressed in money terms, produced or rendered by construction and installation enterprises during a given period of time. It includes:

1. Output value of construction projects, that is the value of projects covered by the project budgets;

2. Output value of installation projects, that is the value of the installation of equipment, (excluding the value of the equipment to be installed);

3. Output value of others, that is the output value of construction industry excluding that of construction projects and installation projects. It includes: output value of repair of buildings and structures; output value of non-standard equipment manufacturing; overhead expenses received by contracted enterprises to the sub-contracted enterprises and the completed output value of construction activities that have no clear definition.

Output value of sub-contracted construction enterprises refers to the total labour income of installation projects earned by sub-contracted enterprises after signed sub-contracted labour contracts with general of specialized contractors.

Floor Space of Buildings Under Construction

refers to floor space of buildings under construction during the reference period, including newly started buildings, buildings started earlier and continued during the reference period, and buildings suspended earlier but restarted during the reference period, buildings completed during the reference period, and buildings under construction and then suspended during the reference period.

Floor Space of Buildings Completed

refers to the floor space of buildings that are completed in the reference period in accordance with the requirements of the design, up to the standard for putting them into use, and have been checked and accepted by concerned departments as qualified ones.

Total Number of Machinery and Equipment Owned by the End of Year

refers to the number of machines and equipment owned by the enterprises, and listed as the fixed assets of the enterprises by the end of the year, including machinery and equipment for construction, production and transportation.

Total Capacity of Machinery and Equipment Owned by the End of Year

refers to the total power of machinery and equipment owned by the enterprises, and listed as the fixed assets of the enterprises by the end of the year, including machinery and equipment for construction, production and transportation. The power of the machinery is calculated on basis of the designed or verified capacity, covering the power of the machinery/equipment and the separate power equipment serving the machinery/equipment (such as electric motors), but excluding welders, transformers and boilers. The unit used for the calculation of power is kilowatt, with horsepower converted to kilowatt by 1 horsepower = 0.735 kilowatt.

15

运输和邮电

Transportation, Post and Telecommunications

15-1 社会客、货运输量和周转量（1995—2010年）
Passenger & Freight Traffic and Turnover Volume of Passenger & Freight Traffic, 1995-2010

年 份 Year	客运量 (万人) Passenger Traffic (10 000 persons)	#铁 路 Railways	#公 路 Highways	#水 运 Waterways	旅客周转量 (百万人公里) Turnover Volume of Passenger Traffic (million passenger-km)	#铁 路 Railways	#公 路 Highways	#水 运 Waterways
1995	3308	1802	1464	5	7927	5437	1680	41
1996	3125	1580	1496	5	7599	4917	1772	43
1997	3136	1449	1640	5	7921	5050	2017	41
1998	3207	1511	1651	4	7950	5280	1914	33
1999	3259	1546	1671	3	8277	5780	1782	25
2000	3474	1594	1820	2	8845	6022	1864	26
2001	3302	1456	1780	6	9197	5996	2205	34
2002	3457	1498	1870	5	9255	5782	2272	33
2003	3507	1281	2109	2	9274	5526	2158	23
2004	4103	1491	2457	2.5	11713	7112	2404	30
2005	4679	1550	2961	3.2	14210	9070	2646	36
2006	5670	1632	3807	3.5	16341	9651	3564	38
2007	7104	1573	5253	3.1	18380	10228	4470	37
2008	8753	1907	6579	2.4	19612	10426	5671	29
2009	25299	2384	22566	1.2	29766	12482	13122	19
2010	24873	2654	21822	1.0	32312	14066	13196	18

年 份 Year	货运量 (万吨) Freight Traffic (10 000 tons)	#铁 路 Railways	#公 路 Highways	#水 运 Waterways	货物周转量 (亿吨公里) Turnover Volume of Freight Traffic (100 million ton-km)	#铁 路 Railways	#公 路 Highways	#水 运 Waterways
1995	24040	2722	19323	1517	1412	230	41	1139
1996	24133	2668	19491	1489	1052	224	41	784
1997	25090	2548	20515	1390	1031	219	44	765
1998	24505	2467	18584	2867	3710	198	60	3449
1999	27052	2380	20049	3884	4759	200	60	4497
2000	26400	3079	18764	4165	4674	275	63	4334
2001	28608	3727	19382	5037	5166	230	65	4870
2002	31016	4519	19554	6452	6484	228	66	6188
2003	35252	5662	20072	8944	8169	259	68	7840
2004	37934	6108	19560	11613	11473	286	72	11112
2005	40263	7241	19850	12375	12461	353	74	12031
2006	42863	8409	20290	13313	12184	353	76	11751
2007	51338	11288	23500	15671	15221	355	88	14774
2008	55065	12161	27000	15096	14479	343	103	14029
2009	43554	11284	19800	11656	10102	297	206	9595
2010	41611	7597	20855	11911	9859	298	231	9324

注：因交通部方法制度变化，2009年公路和水运数据与2008年以前数据不可比。

Note: Data of highways and waterways in 2009 are changed according to the statistics measure of Ministry of Transport, which can't be compared with data of 2008 and before.

15-2 社会客、货运输量和周转量(2008—2010年)
Passenger & Freight Traffic and Turnover Volume of Passenger & Freight Traffic, 2008-2010

指　标	Item	2008	2009	2010
客 运 量(万人)	**Passenger Traffic (10 000 persons)**	**8753**	**25299**	**24873**
铁　路	Railways	1907	2384	2654
公　路	Highways	6579	22566	21822
水　运	Waterways	2.4	1.2	1.0
民　航	Civil Aviation	264	334	396
旅客周转量	**Turnover Volume of Passenger Traffic**			
(百万人公里)	**(million passenger-km)**	**19612**	**29766**	**32312**
铁　路	Railways	10426	12482	14066
公　路	Highways	5671	13122	13196
水　运	Waterways	29	19	18
民　航	Civil Aviation	3486	4142	5031
货 运 量(万吨)	**Freight Traffic (10 000 tons)**	**55065**	**43554**	**41611**
铁　路	Railways	12161	11284	7597
公　路	Highways	27000	19800	20855
水　运	Waterways	15096	11656	11911
民　航	Civil Aviation	3	4	4
管道输油气量	Traffic of Petroleum & Gas Pipelines	805	810	1243
货物周转量	**Turnover Volume of Freight Traffic**			
(亿吨公里)	**(100 million ton-km)**	**14479**	**10102**	**9859**
铁　路	Railways	343	297	298
公　路	Highways	103	206	231
水　运	Waterways	14029	9595	9324
民　航	Civil Aviation	0.4	0.5	0.6
管道输油气量	Traffic of Petroleum & Gas Pipelines	4.0	3.8	4.9

15-3 运输线路长度(2008—2010年)
Length of Transport Routes, 2008-2010

单位：公里 (km)

指　标	Item	2008	2009	2010
公路通车里程	Length of Highways with Transport Service	12059	14315	14832
#等级公路	Expressway and Class I to IV Highway	11225	13431	13851
#高速公路	Expressway	835	884	982
内河航道里程	Length of Navigable Inland Waterways	412	412	412
民航航线里程	Length of Civil Aviation Routes	35494	40341	68488
输油气管道里程	Length of Petroleum & Gas Pipelines	730	608	542

注：内河航道里程为内河清淤里程。民用航空航线里程为国航天津分公司在天津滨海国际机场起降飞机的里程。
Note: Length of navigable inland waterways refers to length of inland waterways with slit cleaned up. Length of civil aviation refers to the length of Air China Tianjin Company flights at Tianjin Binhai International Airport.

15-4 港口客、货吞吐量（1995—2010年）
Volume of Passenger & Freight Handled in Ports, 1995-2010

年 份 Year	港口旅客吞吐量 (万人次) Volume of Passenger Handled in Ports (10 000 person-times)	港口货物吞吐量 (万吨) Volume of Freight Handled in Ports (10 000 tons)	出 港 Out-port	比 重(%) Proportion (%)	进 港 In-port	比 重(%) Proportion (%)	集装箱吞吐量 (万国际标准箱) Handled Containers (10 000 TEU)
1995	50.4	5787	4551	78.6	1236	21.4	70
1996	58.7	6188	4839	78.2	1349	21.8	82
1997	52.7	6789	5198	76.6	1591	23.4	94
1998	45.3	6818	5124	75.2	1694	24.8	102
1999	48.7	7298	5280	72.4	2018	27.6	130
2000	40.2	9582	6936	72.4	2646	27.6	171
2001	37.1	11369	8086	71.1	3283	28.9	201
2002	33.0	12906	8802	68.2	4104	31.8	241
2003	22.7	16182	10912	67.4	5270	32.6	302
2004	32.5	20619	13217	64.1	7402	35.9	382
2005	31.6	24069	14700	61.1	9369	38.9	480
2006	34.0	25760	15285	59.3	10475	40.7	595
2007	34.0	30946	19073	61.6	11873	38.4	710
2008	8.7	35593	20462	57.5	15131	42.5	850
2009	15.9	38111	16591	43.5	21520	56.5	870
2010	23.4	41325	20048	48.5	21277	51.5	1008

注：货物吞吐量为包括货主码头的全港数据。
Note: Volume of freight handled in ports refers to the figure of ports, including those of docks.

15-5 港口设施（2008—2010年）
Ports Facilities, 2008-2010

指 标	Item	2008	2009	2010
码头长度(米)	Length of Quay Line (m)	27715	28004	31915
港口泊位(个)	Number of Berths (unit)	139	134	151
天津港(集团)有限公司	Tianjin Port Group Corporation Ltd.	94	88	93
货主码头	Docks	45	46	58
# 万吨级泊位	Class of 10 000-ton Level	76	81	96
# 天津港(集团)有限公司	Tianjin Port Group Corporation Ltd.	72	75	81
铁路专用线长度(米)	Length of Railways (m)	124794	119919	120509
仓库总面积(平方米)	Area of Store Houses (sq. m.)	349339	309227	333545
堆场总面积(平方米)	Area of Goods Pile (sq. m.)	7762448	8617228	9213530
集装箱堆场堆存能力(TEU)	Capacity of Piling Containers (TEU)	420151	490514	602319
装卸机械台数(台)	Number of Loading & Unloading Machines (unit)	2101	2642	2726

注：本表除港口泊位含货主码头数据外，其余设施均为天津港(集团)有限公司数据。
Note: Number of berths include docks, other ports facilities refer to those owned by Tianjin Port Group Corporation Ltd.

15-6 港口分货类吞吐量
Volume of Freight Handled in Ports by Category

单位：万吨 (10 000 tons)

指　标　Item	合　计 Total		出港量 Out-port		进港量 In-port	
	2009	2010	2009	2010	2009	2010
港口货物吞吐量 Volume of Freight Handled in Ports	**38111**	**41325**	**16591**	**20048**	**21520**	**21277**
国　外 Abroad	19633	20709	5166	6293	14467	14416
国　内 Domestic	18478	20616	11425	13754	7053	6862
分品种货物吞吐量 Volume of Freight Handled by Category						
煤炭及制品 Coal and Related Products	6499	8259	6206	7981	293	278
石油、天然气及制品 Petroleum, Natural Gas and Related Products	4876	6151	2454	3236	2422	2915
金属矿石 Metal Ores	9351	7921	28	29	9323	7892
钢　铁 Steel and Iron	3106	2811	2744	2494	362	317
矿建材料 Mineral Building Materials	4210	3632	141	142	4069	3490
水　泥 Cement	8	13	4	4	4	9
木　材 Timber	45	137	7	7	38	130
非金属矿石 Nonmetal Ores	182	274	103	195	79	79
化学肥料及农药 Chemical Fertilizers and Pesticides	12	27	4	11	8	16
盐 Salt	14	14	6	9	8	5
粮　食 Grain	466	608	98	46	368	562
机械、电器、设备 Machine, Electric Machinery, Equipment	2690	3199	1505	1810	1185	1389
化工原料及制品 Chemical Materials and Related Products	982	1436	559	883	423	553
有色金属 Nonferrous Metals	152	285	61	117	91	168
轻工、医药产品 Light Industry, Medical and Pharmaceutical Products	2674	3547	1444	1943	1230	1604
农林牧渔产品 Agricultural Products	525	603	225	273	230	330
其　他 Others	2318	2407	1003	867	1315	1540
集装箱吞吐量(万国际标准箱) Handled Containers (10 000 TEU)	**870**	**1008**	**447**	**512**	**423**	**496**

15-7 公路及民航运输主要技术经济指标（2008—2010年）
Main Technical and Economic Indicators of Highway and Civil Aviation Transport, 2008-2010

指　标	Item	2008	2009	2010
公　路	Highway			
载货汽车里程利用率(%)	Utilization Rate of Length of Trucks in Operation (%)	50.2	56.0	62.5
载客汽车里程利用率(%)	Utilization Rate of Length of Passenger Vehicles in Operation (%)	96.0	88.4	95.0
载货汽车每百吨公里耗汽油(升)	Gasoline Consumption of Trucks (L/100 ton-km)	19.0	5.3	7.6
载客汽车每百吨公里耗汽油(升)	Gasoline Consumption of Passenger Vehicles (L/100 ton-km)	25.1	8.1	7.8
载货汽车每百吨公里耗柴油(升)	Diesel Oil Consumption of Trucks (L/100 ton-km)	5.8	4.7	5.9
载客汽车每百吨公里耗柴油(升)	Diesel Oil Consumption of Passenger Vehicles (L/100 ton-km)	28.6	7.8	6.5
载货汽车实载率(%)	Utilization Rate of Capacity of Freight Trucks (%)	52.1	53.9	57.0
载客汽车实载率(%)	Utilization Rate of Capacity of Passenger Vehicles (%)	96.0	74.6	75.0
民　航	Civil Aviation			
飞行小时(小时)	Flying Time (hour)	62048	71650	80102
平均每可用机飞行时间(小时)	Flying Time per Available Aircraft (hour)	3426	3456	3311
正班飞行距离(万公里)	Distance under Normal Conditions (10 000 km)	3575.8	15667.4	4596.5
平均每可用机日生产飞行时间(小时)	Average Daily Flying Time per Available Aircraft (hour)	9.3	9.4	9.0
正班平均载运率(%)	Average Utilization Rate of Capacity under Normal Conditions (%)	73.9	72.6	73.4

注：1. 本表民航数据为国航天津分公司数据。2. 2009年汽车每百吨公里耗油计算方法有调整，与2008年以前数据不可比。
Note: a) In this table, data of civil aviation are provided by Air China Tianjin Company. b) Data of gasoline consumption of vehicles are adjusted in 2009, which can't be compared with data of 2008 and before.

15-8 民用航空机场主要指标（2008—2010年）
Main Indicators of Civil Aviation Airport, 2008-2010

指　标	Item	2008	2009	2010
旅客吞吐量(万人)	**Passenger Traffic (10 000 persons)**	**463.7**	**578.0**	**727.7**
国内旅客	Domestic Passenger Traffic	414.1	524.2	654.9
国际旅客	International Passenger Traffic	39.1	42.9	55.3
港、澳、台地区旅客	Hong Kong, Macao & Taiwan Passenger Traffic	10.5	10.9	17.5
货(邮)吞吐量(万吨)	**Freight Traffic (10 000 tons)**	**16.7**	**16.8**	**20.2**
国内货邮	Domestic Routes	5.7	5.6	6.8
国际货邮	International Routes	10.8	11.0	12.6
港、澳、台地区货邮	Hong Kong, Macao & Taiwan Regional Routes	0.2	0.2	0.8
起、降架次(万架次)	**Times of Ascend and Descend (10 000 times)**	**7.0**	**7.5**	**8.5**

15-9 民用车辆拥有量（2010年）
Number of Civil Motor Vehicles Owned, 2010

单位：辆 (set)

指　　标	Item	合　计 Total	#个　人 Private-owned	#当年新注册 Registered in 2010
总　　计	**Total**	**1794850**	**1417611**	**318396**
民用汽车	Civil Motor Vehicles	1585982	1260479	310991
1. 载客汽车	Passenger Vehicles	1376396	1129865	273846
#轿　车	Cars	1001053	849973	205888
大　型	Large-sized	20123	1077	2767
中　型	Medium-sized	26703	11724	1304
小　型	Small-sized	1224476	1018772	265011
微　型	Minisize	105094	98292	4764
2. 载货汽车	Trucks	191466	123800	35388
#普通载货	Ordinary Trucks	117069	85842	19256
重　型	Heavy Trucks	35737	12016	8437
中　型	Medium-sized Trucks	18886	9342	1946
轻　型	Light Trucks	136768	101500	24969
微　型	Minisize Trucks	1075	942	36
3. 其他汽车	Other Civil Motor Vehicles	18120	6814	1757
摩托车	Motorcycles	154610	151642	2844
拖拉机	Tractor	33813		
挂　车	Trailer	18406	4939	4313
其他类型车	Other Vehicles	2039	551	248

15-10 邮电业基本情况（1995—2010年）
Basic Statistics on Post and Telecommunication Services, 1995-2010

年　份 Year	邮电业务总量（万元） Business Value of Post and Telecommunication Services (10 000 yuan)	邮电局所数（处） Number of Post and Telecommunication Offices (unit)	局用电话交换机容量（门） Capacity of Office Telephone Exchanges (line)	电话机（含移动、小灵通）（万部） Telephone (Include Mobile and Handphone) (10 000 sets)	平均每百人拥有电话机数(含移动)(部/百人) Telephone per 100 persons (Include Mobile) (set/100 persons)
1995	187195	300	1522493	135.61	15.2
1996	256978	314	1694092	174.65	19.4
1997	342848	328	1945020	207.82	23.1
1998	474067	399	2447630	259.58	28.7
1999	567242	470	2761633	329.30	36.2
2000	753669	563	3182465	431.28	46.6
2001	702206	543	3645600	511.57	56.0
2002	903296	597	3865700	601.45	65.4
2003	1157060	619	4024500	761.91	82.3
2004	1467836	700	4237700	835.01	89.5
2005	1763477	827	6288300	939.82	90.1
2006	2277902	818	6190300	1147.17	106.7
2007	3006714	842	6232700	1238.25	111.1
2008	3517682	1089	5704300	1320.91	112.3
2009	3866682	823	4242600	1377.75	112.2
2010	4351563	833	4253200	1456.39	112.1

15-11 邮电通信业务基本情况（2008—2010年）
Basic Statistics on Post and Telecommunication Services, 2008-2010

指　标　Item	单　位 Unit	2008	2009	2010	2010比2009年增长(%) Increase Rate in 2010 over 2009 (%)
通信业务量					
Business Value of Communication Services					
邮电业务总量	万　元				
Business Value of Post and Telecommunication Services	10 000 yuan	3517682	3866682	4351562	12.5
函　件	万　件				
Letters	10 000 pcs	9633	11246	10552	-6.2
特快专递	万　件				
Pieces of Express Mail Services	10 000 pcs	2066	1289	3909	203.3
订销报刊期发数	万　份				
Number of Newspapers and Magazines Subscribed	10 000 pcs	361	303	268	-11.6
集邮业务	万　枚				
Philately	10 000 pcs	5707	5740	5339	-7.0
长途电话通话量	万　次				
Long Distance Calls	10 000 times	120701	133758	119000	-11.0
国内长途电话	万　次				
Domestic	10 000 times	118680	131330	117000	-10.9
国际电话及港澳台电话	万　次				
International and Hong Kong, Macao & Taiwan	10 000 times	2021	2428	2000	-17.6
短信业务发送量	万　条				
Number of Messages Send Out	10 000 pcs	1065043	1174625	1260500	7.3
移动电话年末用户	万　户				
Number of Mobile Telephone Subscribers at Year-end	10 000 subscribers	817.45	992.52	1089.56	9.8
固定电话年末用户	万　户				
Number of Fixed Telephone Subscribers at Year-end	10 000 subscribers	396.15	385.23	366.83	-4.8
住宅电话年末用户	万　户				
Number of Residential Telephone Subscribers at Year-end	10 000 subscribers	300.07	287.05	246.53	-14.1
公用电话	万　部				
Number of Public Telephone Sets	10 000 sets	26.44	25.92	19.91	-23.2
数字数据用户	户				
Digital and Data Users	subscriber	4011	3518		
国际互联网络用户	万　户				
Number of Subscriber of Internet Services	10 000 subscribers	461.18	533.39	622.20	16.7
邮政及通信网络					
Post & Communication Facilities					
邮电局所数	处				
Number of Post & Telecommunications Offices	unit	1089	823	833	1.2
# 邮政局所数	处				
Number of Post Offices	unit	479	479	468	-2.3
信筒信箱	处				
Number of Post Boxes	unit	1428	1422	2093	47.2
邮路总长度	公　里				
Length of Postal Routes	km	37758	83919	16601	-80.2
# 汽车邮路长度	公　里				
Length of Postal Routes by Highway	km	13099	11845	10644	-10.1
铁路邮路长度	公　里				
Length of Postal Routes by Railway	km	5754	5957	5957	
邮政汽车	辆				
Automobile for Post Business	unit	1789	1797	1139	-36.6
农村投递线路长度	公　里				
Rural Delivery Routes	km	17744	16919	16872	-0.3

资料来源：天津市邮政公司、各类电信公司。
Sources: Tianjin Post Office, different kinds of Telecom Companies.

注：国际互联网络用户包括互联网拨号上网用户、专线用户和宽带用户。2008年以前不包括专线用户和宽带用户。
Note: Subscriber of Internet Services includes subscriber of dial-up, adsl and broadband, and excludes subscriber of adsl and broadband before 2008.

15-12 电信主要通信能力（2008—2010年）
Main Communication Capacity of Telecommunication Services, 2008-2010

指　标　Item	2008	2009	2010
长途电话业务电路(2M) Number of Long-distance Telephones (2M)	9257	10332	
数据通信网长途电路(2M) Digital Long-distance Communication (2M)	227871	461870	
长途电话交换机容量(路端) Capacity of Long-distance Telephone Exchanges (circuit)	137826	137246	137000
局用电话交换机容量(万门) Capacity of Office Telephone Exchanges (10 000 lines)	570.43	424.26	525.32
移动电话交换机容量(万户) Capacity of Mobile Telephone Exchanges (10 000 subscribers)	1560	1840	1790
长途光缆线路长度(公里) Length of Long-distance Optical Cable Lines (km)	3045	3110	3106

15-13 邮政电信服务水平（2008—2010年）
Level of Post and Telecommunication Services, 2008-2010

指　标　Item	2008	2009	2010
平均每一邮电局所服务面积(平方公里) Average Area Served by Every Post & Telecommunications Office (sq. km)	10.8	14.3	14.1
# 平均每一邮政局所服务面积 Average Area Served by Every Post Office	24.6	24.6	25.1
平均每一邮电局所服务人口(万人) Average People Served by Every Post & Telecommunications Office (10 000 persons)	1.08	1.49	1.55
# 平均每一邮政局所服务人口 Average People Served by Every Post Office	2.5	2.5	2.7
平均每人每年发函件数(件) Annual Average Number of Letters Mailed per Capita (piece)	8.41	9.36	8.12
平均每百人每年订销报刊期发数(件) Annual Average Number of Newspaper and Magazine Subscribed and Bought per 100 Persons (piece)	31.5	25.2	20.6
平均每百人拥有电话机(含移动)(部) Telephone Owned per 100 Persons (include mobile telephone) (set)	112.3	112.2	112.1
平均每百人拥有移动电话(部) Mobile Telephone Owned per 100 Persons (set)	69.5	80.8	83.9
平均每千人拥有公用电话(部) Public Telephone Owned per 1 000 Persons (set)	23.1	21.1	15.4

15-14 邮政、电信局(所、厅)数(2008—2010年)
Number of Post and Telecommunication Offices by Region, 2008-2010

单位：处 (unit)

地　区	Region	2008	2009	2010
全　市	**Total**	**1089**	**823**	**833**
#邮政局	Post Offices	479	479	468
市辖区	**Districts under City Administration**	**854**	**693**	**700**
#市内六区	Six Urban Districts	367	326	329
和平区	Heping District	53	47	49
河东区	Hedong District	69	63	63
河西区	Hexi District	69	63	62
南开区	Nankai District	69	64	61
河北区	Hebei District	63	55	55
红桥区	Hongqiao District	44	34	39
东丽区	Dongli District	45	35	35
西青区	Xiqing District	41	35	37
津南区	Jinnan District	30	28	27
北辰区	Beichen District	32	31	31
武清区	Wuqing District	95	47	49
宝坻区	Baodi District	71	43	46
滨海新区	Binhai New Area			146
塘　沽	Tanggu	78	71	71
汉　沽	Han'gu	34	28	26
大　港	Dagang	61	49	49
市辖县	**Counties under City Administration**	**233**	**125**	**133**
宁河县	Ninghe County	79	38	40
静海县	Jinghai County	90	43	44
蓟　县	Jixian County	64	44	49

主要统计指标解释
Explanatory Notes on Main Statistical Indicators

货(客)运量

指在一定时期内，各种运输工具实际运送的货物(旅客)数量。该指标是反映运输业为国民经济和人民生活服务的数量指标，也是制定和检查运输生产计划、研究运输发展规模和速度的重要指标。货运按吨计算，客运按人计算。货物不论运输距离长短、货物类别，均按实际重量统计。旅客不论行程远近或票价多少，均按一人一次客运量统计；半价票、小孩票也按一人统计。

货物(旅客)周转量

指在一定时期内，由各种运输工具运送的货物(旅客)数量与其相应运输距离的乘积之总和。该指标可以反映运输业生产的总成果，也是编制和检查运输生产计划，计算运输效率、劳动生产率以及核算运输单位成本的主要基础资料。计算货物周转量通常按发出站与到达站之间的最短距离，也就是计费距离计算。计算公式为：

货物(旅客)周转量 = ∑〔货物(旅客)运输量 × 运输距离〕

港口货物吞吐量(又称港口吞吐量)

指经由水路运进、出港区范围，并经过装卸的货物数量。按货物流向分为进港吞吐量和出港吞吐量；按货物的贸易性质分为内贸和外贸吞吐量；按货物的类别分，可根据现行的交通行业标准《运输货物分类和代码》分类。

国际标准集装箱吞吐量

凡经过水运进、出港区范围，并经过装卸的集装箱箱数和重量(含集装箱自重)，通常是按进港和出港分别统计。TEU 是"折合 20 英尺标准箱"的英文缩写。它是指各种尺寸的国际标准集装箱的自然箱数，按各自的换算比例，折算为 20 英尺标准箱数。其换算比例为：40 英尺箱 1∶2；35 英尺箱 1∶1.75；20 英尺箱 1∶1；10 英尺箱 1∶0.5。

邮电业务总量

指以价值量形式表现的邮电通信企业为社会提供各类邮电通信服务的总数量。邮电业务量按专业分类包括函件、包件、汇票、报刊发行、邮政快件、特快专递、邮政储蓄、集邮、公众电报、用户电报、传真、长途电话、出租电路、无线寻呼、移动电话、分组交换数据通信、出租代维等。计算方法为各类产品乘以相应的平均单价(不变价)之和，再加上出租电路和设备、代用户维护电话交换机和线路等的服务收入。该指标综合反映了一定时期邮电业务发展的总成果，是研究邮电业务量构成和发展趋势的重要指标。计算公式为：

邮电业务总量 = ∑(各类邮电业务量 × 不变单价) + 出租代维及其他业务收入 = 邮政业务总量 + 电信业务总量

民用汽车拥有量

指报告期末，在公安交通管理部门按照《机动车注册登记工作规范》，已注册登记领有民用车辆牌照的全部汽车数量。汽车拥有量统计的主要分类：根据汽车结构分为载客汽车、载货汽车及其他汽车；根据汽车所有者不同分为个人(私人)汽车、单位汽车；根据汽车的使用性质分为营运汽车、非营运汽车和特种汽车；根据汽车大小规格不同载客汽车分为大型、中型、小型和微型，载货汽车分为重型、中型、轻型和微型。

局用电话交换机容量

指安装在电信运营企业内用于接续本地固定电话的电话交换机容量，包括现用和备用的人工或自动交换机的全部容量。不包括用户交换机容量。

移动电话交换机容量

指移动电话交换机根据一定话务模型和交换机处理能力计算出来的最大同时服务用户的数量。

主要统计指标解释
Explanatory Notes on Main Statistical Indicators

Freight (Passenger) Traffic

refers to the volume of freight (passenger) transported with various means within a specific period of time. This indicator reflects the service of the transport industry towards the national economy and people's living conditions, as well as an important indicator used in formulating and monitoring transport production plans and research into the scale and pace of transport development. Freight transport is calculated in tons and passenger traffic is calculated in terms of number of persons. Freight transport is calculated in terms of the actual weight of the goods and takes no account of the type of freight and distance of travel. Passenger traffic is calculated by the principle that one person can be counted only once in one trip and takes no account of the travelling distance and ticket price. The passengers who travel with a half price ticket or a child's ticket is also calculated as one person.

Turnover Volume of Freight (Passenger) Traffic

refers to the sum of the product of the volume of transported cargo (passengers) multiplied by the transport distance. It is an important indicator to reflect the achievement of the transportation industry. This is an important indicator to show the total results of the transport industry; to prepare and examine the transport plan; and to serve as the main basic data for calculating the efficiency, labour productivity and unit cost of transport. Normally, the shortest distance between the departure station and the destination station (i.e., the payable distance) is the basis in calculating the freight ton-kilometres. The formula is as followed:

Turnover Volume of Freight (Passenger) Traffic = ∑ Freight (Passenger) Traffic × Distance of Transportation

Freight Handled in Port

refers to the volume of cargo passing in and out the harbor area and having been loaded and unloaded. The volume of freight handled may be classified as in-port & out-port. It can also be classified as national trade and international trade by the attribute of trade or be classified by the classification of cargo according to the standard of traffic in use *The Classification and Code of Transported Cargo.*

International Container Handled in Port

refers to number and weight of containers which are loaded or unloaded within port area via water carriage. It is often calculated by entering and leaving port, respectively. TEU was the abbreviation of twenty foot equivalent unit, which refers to converted number of all kinds of containers. The conversion method is based on respective conversion ratio and the number of all kinds of container is converted to the standard number of 20-foot equivalent unit. The conversion ratio is 40-foot container 1 : 2, 35-foot container 1 : 1.75, 20-foot container 1 : 1, 10-foot container 1 : 0.5.

Business Value of Post and Telecommunication Services

refers to the total amount of post and telecommunication services, expressed in value terms, provided by the post and telecommunications departments for the society. Post and telecommunication services can be classified as letters, parcels, remittance, issue of newspapers and magazines, fast mail service, express mail service, savings deposits, stamps for collection, public and individual telegraph service, facsimiles, long-distance telephone service, leasing of telephone lines, urban paging service, mobile telephone service, data transfer and transmission, etc. The accounting approach is to multiply the service products of all types with their average unit price (constant price) to get sum of business value, plus income from other services such as leasing of telephone lines and equipment, maintenance of telephone switchboards and lines on behalf of customers. This indicator reflects the overall results of post and telecommunications service during a given period, and is important to study the composition of business service and the development of post and telecommunications service. The formula is as followed:

Business Value of Post and Telecommunication Services = ∑ (Transaction of Post and Telecommunication Service × Constant Price) + Income from leasing, Maintenance and Other Services = Business Volume of Post + Business Volume of Telecommunication

Civil Motor Vehicles Owned

refers to the total number of vehicles that are registered and received vehicles license tags according to *the Work Standard for Motor Vehicles Registration* formulated by transport management office under department of public security at the end of reference period. They are divided into following categories according to the structure of motor vehicles: passenger vehicles, trucks and others; and private vehicles and vehicles for units use according to ownerships; working vehicles, non-working vehicles and special motor vehicles according to kind of usage; large passenger vehicles, medium passenger vehicles, small passenger vehicles and mini passenger vehicle, heavy trucks, light-heavy trucks, light trucks and mini trucks according to sizes of vehicles.

Capacity of Office Telephone Exchanges

refers to the capacity (measured in gate) of telephone exchanges installed in the offices of telecommunication service providers for communication between fixed telephones. It includes the capacity of both manual and automatic exchanges in use and for stand-by purpose, excluding the capacity of subscribers' exchanges.

Capacity of Mobile Telephone Exchanges

refers to the capacity of the maximum services provided to subscribers at one time basing on a certain model and transacting capacity of the mobile telephone exchanges.

16

批发和零售业与住宿和餐饮业

Wholesale and Retail Trade, Accommodation and Catering Services

16-1 社会消费品零售额（1995—2010年）
Total Retail Sales of Consumer Goods, 1995-2010

单位：亿元 (100 million yuan)

年 份 Year	总 计 Total	按行业分 Grouped by Sector #批发零售贸易业 Wholesale and Retail Trade	按销售地区分 Grouped by Region 城 镇 Urban Areas	#城 区 Districts of City	乡 村 Rural Areas	增长速度(%)(比上年) Increase Rate (%) (Over Preceding Year)
1995	375.64	237.19	314.73	24.09	36.82	23.8
1996	470.04	267.14	391.36	30.08	48.60	25.1
1997	535.02	295.26	449.59	37.36	48.07	13.8
1998	587.12	326.07	476.68	42.99	67.45	10.2
1999	657.28	350.59	499.24	52.08	105.96	12.0
2000	736.63	379.19	564.52	58.64	113.47	12.1
2001	832.70	441.79	651.23	62.38	119.09	13.0
2002	941.36	514.67	739.43	71.11	130.82	13.1
2003	922.27	727.10	859.19	35.26	27.82	10.9
2004	1044.78	825.64	975.47	39.05	30.25	14.1
2005	1190.06	1007.34	1112.95	42.19	34.92	13.9
2006	1356.79	1143.04	1275.38	44.27	37.13	14.0
2007	1603.74	1350.56	1505.20	53.59	44.95	18.2
2008	2078.70	1756.72	1955.84	69.63	53.23	24.5
2009	2430.83	2049.84	2280.08	86.75	64.00	16.9
2010	2902.55	2564.09	2749.59	2407.03	152.96	19.4

注：1. 2003年以后社会消费品零售总额中不包括"制造业"、"农业生产者"的零售额。2. 2010年前按销售地区分组中城镇栏为市、城区栏为县、乡村栏为县以下。3. 增长速度为可比口径。

Note: a) After 2003, total retail sales of consumer goods exclude those of manufacturing and agricultural producers. b) In data grouped by region before 2010, urban areas refer to city, districts of city refer to county, and rural areas refer to under county level. c) Increase rates are calculated at constant coverage.

16-2 限额以上批发和零售业商品购、销、存总额（1998—2010年）
Total Purchases, Sales and Inventory of Wholesale and Retail Trade above Designated Size, 1998-2010

单位：亿元 (100 million yuan)

年 份 Year	购进总额 Total Purchases	#进 口 Imports	销售总额 Total Sales	#批 发 Wholesale	年末库存总额 Inventory (year-end)
1998	633.69	32.78	695.37	575.34	102.24
1999	660.10	26.24	724.06	600.29	95.24
2000	1011.30	35.75	1059.03	906.70	100.32
2001	1343.64	49.89	1408.13	1167.82	137.96
2002	1356.68	57.27	1438.33	1215.56	105.87
2003	1858.19	92.81	1915.05	1678.86	107.93
2004	3578.89	238.89	3636.22	3199.33	221.68
2005	4192.39	197.44	4316.01	3897.80	204.52
2006	4912.09	267.56	5109.00	4640.25	245.87
2007	6639.77	298.80	6061.70	5518.56	323.18
2008	9183.67	442.79	10216.70	9262.70	453.39
2009	8940.76	343.15	9718.19	8651.55	575.76
2010	12346.01	514.07	13642.49	12392.62	624.38

16-3 限额以上批发和零售业商品购进总额
Total Purchases of Wholesale and Retail Trade above Designated Size

单位：万元 (10 000 yuan)

项 目 Item	商品购进总额 Total Goods Purchases		#进 口 Imports	
	2009	2010	2009	2010
总 计 Total	**89407605**	**123460144**	**3431549**	**5140685**
#国有及国有控股企业 State-owned and State-holding Enterprises	55004804	75090753	1093471	3249236
按登记注册类型分 Grouped by Registered Status				
内资企业 Domestic-funded Enterprises	83566514	116578798	2482030	4201035
国有企业 State-owned Enterprises	39333169	56815386	597762	2852712
集体企业 Collective-owned Enterprises	775601	738756	989	1316
股份合作企业 Cooperative Enterprises	491741	494831	4	1383
私营企业 Private Enterprises	20582766	27191532	1078398	832683
股份有限公司 Share-holding Corporations Ltd.	1256534	2637847	45729	54415
有限责任公司 Limited Liability Corporations	20868636	28220031	759148	441867
#国有独资 Sole State-funded Corporations	2658552	3126937	180635	12330
联营企业 Joint Ownership Enterprises	117499	186849		1694
#国有与国有联营企业 State Joint Ownership Enterprises	20316	31293		
集体与集体联营企业 Collective Joint Ownership Enterprises	7436	1188		
其他内资企业 Other Domestic-funded Enterprises	127158	293566		14965
港澳台商投资企业 Enterprises with Investment from Hong Kong, Macao and Taiwan	2265856	3741353	316603	478239
外商投资企业 Foreign Funded Enterprises	3575236	3139993	632916	461412
按经济类型分 Grouped by Ownership				
国有经济 State-owned	42012037	59973616	778396	2865042
集体经济 Collective-owned	1274778	1234775	994	2699
股份制经济 Share-holding	19466619	27730941	624242	483952
私有经济 Private and Individual	20582766	27191532	1078398	832683
"三资"经济 Hong Kong, Macao, Taiwan and Foreign Funded	5841092	6881346	949519	939650
其 他 Others	230315	447934		16659

16-3续表 Continued

单位：万元 (10 000 yuan)

项　目　Item	商品购进总额 Total Goods Purchases		#进　口 Imports	
	2009	2010	2009	2010
按国民经济行业分 Grouped by Sector				
批发业 Wholesale Trade	**80743532**	**110625305**	**3232586**	**4743824**
农畜产品批发 Farm & Livestock Products	370582	443236	17480	32907
食品、饮料及烟草制品批发 Food, Beverage and Tobacco	2396417	4352836	49881	75201
纺织、服装及日用品批发 Textile, Garments and Daily Articles	1239334	1858711	85324	155458
文化、体育用品及器材批发 Cultural and Sports Goods & Equipment	235139	329164	1561	1576
医药及医疗器械批发 Medicine and Medical Appliances	2078226	2044890	58484	70057
矿产品、建材及化工产品批发 Mineral Products, Building Material and Chemical Products	65031996	91157753	1844226	3405417
机械设备、五金交电及电子产品批发 Machinery Equipment, Hardware, Transport, Electric and Electronic Product	7149127	7376981	985760	755126
贸易经济与代理 Trade Broker and Agent	443990	503268	51473	57070
其他批发 Others	1798722	2558467	138399	191013
零售业 Retail Trade	**8664073**	**12834839**	**198962**	**396861**
综合零售 Comprehensive Retail	2003110	2336547	8336	
食品、饮料及烟草制品专门零售 Special Retail of Food, Beverage and Tobacco	103714	146717		981
纺织、服装及日用品专门零售 Special Retail of Textile, Garments and Daily Articles	576841	837687	499	
文化、体育用品及器材专门零售 Special Retail of Cultural and Sports Goods & Equipment	111139	130789		2355
医药及医疗器械专门零售 Special Retail of Medicine and Medical Appliances	83384	255304	3597	
汽车、摩托车、燃料及零配件专门零售 Special Retail of Automobile, Autobike, Parts, Fittings and Fuel	4782323	8069324	169904	383205
家用电器及电子产品专门零售 Special Retail of Household Appliances and Electronic Products	707136	664224	2	4337
五金、家具及室内装修材料专门零售 Special Retail of Hardware, Furniture and Decoration Materials for Indoors	114111	130727	2618	
无店铺及其他零售 Non-shop and Other Retail	182314	263521	14007	5984

16-4 限额以上批发和零售业商品销售和库存总额
Total Sales and Inventory of Wholesale and Retail Trade above Designated Size

单位：万元 (10 000 yuan)

项 目 Item	商品销售总额 Total Sales		# 批 发 Wholesale		年末库存总额 Inventory (year-end)	
	2009	2010	2009	2010	2009	2010
总 计 Total	**97181903**	**136424934**	**86515493**	**123926168**	**5757573**	**6243751**
# 国有及国有控股企业 State-owned and State-holding Enterprises	57896141	77836797	54354976	73946491	2646517	2947085
按登记注册类型分 Grouped by Registered Status						
内资企业 Domestic-funded Enterprises	90116744	125464183	80980209	114717150	4895802	5481970
国有企业 State-owned Enterprises	41074149	58820857	39010706	56243561	1834517	1934187
集体企业 Collective-owned Enterprises	840855	812401	688137	631843	48039	88164
股份合作企业 Cooperative Enterprises	614726	666733	274894	229717	14866	17549
私营企业 Private Enterprises	23145975	30923700	20488567	28065979	1636699	1742656
股份有限公司 Share-holding Corporations Ltd.	1386012	2832162	1016902	2375452	75327	86156
有限责任公司 Limited Liability Corporations	22690815	30887378	19228614	26778909	1265694	1588754
# 国有独资 Sole State-funded Corporations	3051857	3161247	3051642	3138143	292419	289241
联营企业 Joint Ownership Enterprises	151975	198377	131328	173893	9737	8531
# 国有与国有联营企业 State Joint Ownership Enterprises	26802	41109	24610	38918	2084	2376
集体与集体联营企业 Collective Joint Ownership Enterprises	6990	1856	6990	595	715	179
其他内资企业 Other Domestic-funded Enterprises	172756	322575	101580	217796	8669	15973
港澳台商投资企业 Enterprises with Investment from Hong Kong, Macao and Taiwan	2567866	4004330	1922596	3238081	287112	433930
外商投资企业 Foreign Funded Enterprises	4497293	6956421	3612689	5970937	574658	327851
按经济类型分 Grouped by Ownership						
国有经济 State-owned	44152808	62023213	42086957	59420622	2129019	2225805
集体经济 Collective-owned	1462571	1480990	970021	862156	63620	105892
股份制经济 Share-holding	21024969	30558293	17193874	26016218	1048602	1385669
私有经济 Private and Individual	23145975	30923700	20488567	28065979	1636699	1742656
"三资"经济 Hong Kong, Macao, Taiwan and Foreign Funded	7065160	10960751	5535285	9209019	861771	761781
其 他 Others	330420	477987	240789	352174	17861	21948

16-4续表 Continued

单位：万元 (10 000 yuan)

项　目　Item	商品销售总额 Total Sales		#批　发 Wholesale		年末库存总额 Inventory (year-end)	
	2009	2010	2009	2010	2009	2010
按国民经济行业分 Grouped by Sector						
批发业 Wholesale Trade	**87026976**	**121506833**	**84930012**	**120754640**	**4906360**	**5209322**
农畜产品批发 Farm & Livestock Products	379165	449262	372343	445961	235658	248199
食品、饮料及烟草制品批发 Food, Beverage and Tobacco	2743845	4861246	2692995	4790724	311532	289438
纺织、服装及日用品批发 Textile, Garments and Daily Articles	1426076	2165206	1334360	2145045	75736	107969
文化、体育用品及器材批发 Cultural and Sports Goods & Equipment	267469	384367	252938	378086	40659	50537
医药及医疗器械批发 Medicine and Medical Appliances	2226456	2236057	1974123	2224431	156511	168565
矿产品、建材及化工产品批发 Mineral Products, Building Material and Chemical Products	68924827	96399696	67866444	96122376	3041373	3437117
机械设备、五金交电及电子产品批发 Machinery Equipment, Hardware, Transport, Electric and Electronic Products	8215966	11428913	7663746	11104193	819340	736327
贸易经济与代理 Trade Broker and Agent	563767	645106	554244	640296	51443	23905
其他批发 Others	2279405	2936979	2218818	2903527	174106	147266
零售业 Retail Trade	**10154928**	**14918101**	**1585482**	**3171529**	**851213**	**1034429**
综合零售 Comprehensive Retail	2436905	2924384	37120	95675	239355	206601
食品、饮料及烟草制品专门零售 Special Retail of Food, Beverage and Tobacco	123400	175339	15463	54550	16923	14308
纺织、服装及日用品专门零售 Special Retail of Textile, Garments and Daily Articles	1020000	1301772	11210	275742	55586	65980
文化、体育用品及器材专门零售 Special Retail of Cultural and Sports Goods & Equipment	138835	141335	8372	3164	34036	40994
医药及医疗器械专门零售 Special Retail of Medicine and Medical Appliances	85111	294606	11891	157655	28071	32126
汽车、摩托车、燃料及零配件专门零售 Special Retail of Automobile, Autobike, Parts, Fittings and Fuel	5221359	8672580	1413603	2434849	384232	534362
家用电器及电子产品专门零售 Special Retail of Household Appliances and Electronic Products	760865	919407	28080	31390	64988	86424
五金、家具及室内装修材料专门零售 Special Retail of Hardware, Furniture and Decoration Materials for Indoors	134055	162271	18852	22748	12945	10929
无店铺及其他零售 Non-shop and Other Retail	234398	326406	40891	95757	15079	42707

16-5 限额以上国有及国有控股批发和零售业主要指标（2010年）
Main Indicators of State-owned & State-holding Wholesale and Retail Trade above Designated Size, 2010

单位：万元 (10 000 yuan)

项　目 Item	机　构（个）Organization (unit)	商品购进总额 Total Purchases	商品销售总额 Total Sales
总　计 Total	**428**	**75090753**	**77836797**
批发业 Wholesale Trade	**324**	**69643893**	**71886230**
农畜产品批发 Farm & Livestock Products	15	287117	280870
食品、饮料及烟草制品批发 Food, Beverage and Tobacco	23	1274984	1574891
纺织、服装及日用品批发 Textile, Garments and Daily Articles	21	1024238	1094484
文化、体育用品及器材批发 Cultural and Sports Goods & Equipment	6	93191	87694
医药及医疗器械批发 Medicine and Medical Appliances	21	1451578	1556458
矿产品、建材及化工产品批发 Mineral Products, Building Material and Chemical Products	161	62615816	64099718
机械设备、五金交电及电子产品批发 Machinery Equipment, Hardware, Transport, Electric and Electronic Products	46	2223931	2375564
贸易经济与代理 Trade Broker and Agent	12	57569	149491
其他批发 Others	19	615468	667061
零售业 Retail Trade	**104**	**5446861**	**5950567**
综合零售 Comprehensive Retail	11	601310	796015
食品、饮料及烟草制品专门零售 Special Retail of Food, Beverage and Tobacco	12	52274	63985
纺织、服装及日用品专门零售 Special Retail of Textile, Garments and Daily Articles	3	7286	13350
文化、体育用品及器材专门零售 Special Retail of Cultural and Sports Goods & Equipment	26	51898	52764
医药及医疗器械专门零售 Special Retail of Medicine and Medical Appliances	4	10240	13227
汽车、摩托车、燃料及零配件专门零售 Special Retail of Automobile, Autobike, Parts, Fittings and Fuel	36	4694422	4961360
家用电器及电子产品专门零售 Special Retail of Household Appliances and Electronic Products	5	10912	24743
五金、家具及室内装修材料专门零售 Special Retail of Hardware, Furniture and Decoration Materials for Indoors	3	6496	12205
无店铺及其他零售 Non-shop and Other Retail	4	12023	12917

16-6 限额以上住宿业基本情况（2010年）
Basic Statistics on Accommodation Services above Designated Size, 2010

项　目	Item	门店总数(个) Number of Stores (unit)	从业人员(人) Employment Personnel (person)	餐饮营业面积(平方米) Operation Area of Catering Services (sq. m.)	床位数(个) Number of Beds (unit)
总　计	**Total**	**222**	**24133**	**269070**	**51499**
#国有及国有控股企业	State-owned and State-holding Enterprises	71	9336	111415	17560
按登记注册类型分	**Grouped by Status of Registration**				
内资企业	Domestic-funded Enterprises	199	20936	230723	46037
国有企业	State-owned Enterprises	61	7129	82083	14575
集体企业	Collective-owned Enterprises	16	1028	21018	3155
有限责任公司	Limited Liability Corporations	49	7231	65418	14206
私营企业	Private Enterprises	65	4814	56173	12324
#私营独资	Private-funded Enterprises	7	452	14350	1264
私营有限责任公司	Private Limited Liability Corporations	55	4022	40823	10496
私营股份有限公司	Private Share-holding Corporations Ltd.	2	66		261
其他内资企业	Other Enterprises	8	734	6031	1777
港澳台商投资企业	Enterprises with Funds from Hong Kong, Macao and Taiwan	8	884	12412	2127
#合资经营	Joint-venture Enterprises	3	476	8219	1124
合作经营	Cooperative Enterprises	2	330	4143	460
外商投资企业	Foreign Funded Enterprises	15	2313	25935	3335
#中外合资经营	Joint-venture Enterprises	5	1011	5929	1123
中外合作经营	Cooperative Enterprises	5	381	1450	1152
外商独资企业	Enterprises with Sole Investment	4	519	4849	770
按行业分	**Grouped by Sector**				
旅游饭店	Tourism Restaurant	105	15210	191496	27586
一般旅馆	Hotel	90	5920	46345	16648
其他住宿服务	Other Accommodation Services	27	3003	31229	7265

16-6续表　Continued

单位：万元 (10 000 yuan)

项　目	Item	资产总计 Total Assets	负债合计 Total Liabilities	营业收入 Business Revenue	主营业务成本 Cost of Principal Business
总　计	**Total**	**1247150**	**851659**	**335165**	**111889**
#国有及国有控股企业	State-owned and State-holding Enterprises	467832	350668	123691	46531
按登记注册类型分	**Grouped by Status of Registration**				
内资企业	Domestic-funded Enterprises	1061795	695396	283355	95168
国有企业	State-owned Enterprises	185709	166257	79600	26576
集体企业	Collective-owned Enterprises	41512	26444	15507	6667
有限责任公司	Limited Liability Corporations	529107	261857	111921	37781
私营企业	Private Enterprises	296207	234876	66013	21274
#私营独资	Private-funded Enterprises	3593	2275	4555	2617
私营有限责任公司	Private Limited Liability Corporations	291205	228843	57969	18094
私营股份有限公司	Private Share-holding Corporations Ltd.	678	1097	932	156
其他内资企业	Other Enterprises	9260	5963	10313	2871
港澳台商投资企业	Enterprises with Funds from Hong Kong, Macao and Taiwan	106068	86176	9057	3219
#合资经营	Joint-venture Enterprises	72149	58144	3786	2323
合作经营	Cooperative Enterprises	24427	23780	3636	385
外商投资企业	Foreign Funded Enterprises	79287	70086	42753	13502
#中外合资经营	Joint-venture Enterprises	25387	17324	19345	4580
中外合作经营	Cooperative Enterprises	20760	12826	11071	3760
外商独资企业	Enterprises with Sole Investment	2998	4745	6667	3242
按行业分	**Grouped by Sector**				
旅游饭店	Tourism Restaurant	992370	672010	225968	83361
一般旅馆	Hotel	176510	117743	73497	16774
其他住宿服务	Other Accommodation Services	78270	61907	35700	11754

16-7 天津市四星级以上饭店一览表（2010年）
List of Four, Five-star Level Hotels, 2010

宾馆名称 Name of Hotel	客房数(间) Number of Guest Rooms (unit)	床位数(个) Number of Beds (unit)	地 址 Address
五 星 级(9个)			
Five-star Level (nine units)			
喜来登大酒店			天津市河西区紫金山路
Sheraton Hotel	347	452	Zijinshan Road, Hexi Dist., Tianjin
泰达国际酒店暨会馆			天津经济技术开发区第二大街8号
TEDA International Hotel	231	319	No.8 Second Avenue, TEDA, Tianjin
天津泰达国际会馆			天津市南开区复康路7号增2号
Tianjin TEDA International Club	128	290	No.7-2 Fukang Road, Nankai Dist., Tianjin
天津天保国际酒店			天津港保税区京门大道368号
Tianjin Tianbao International Hotel	396	515	No.368 Jingmen Avenue, TPFTZ
天津金皇大酒店			天津市河西区南京路18号
Tianjin Golden Crown Hotel	293	410	No.18 Nanjing Road, Hexi Dist., Tianjin
天津万丽泰达酒店及会议中心			天津经济技术开发区第二大街29号
Renaissance Tianjin TEDA Hotel & Convention Centre	543	735	No.29 Second Avenue, TEDA, Tianjin
天津瑞湾酒店			天津市滨海新区塘沽新港一号路2527号
Tianjin Ruiwan Hotel	304	344	No.2527 Xin'gang Yihao Road, Binhai New Area Dist., Tianjin
天津滨海假日酒店			天津经济技术开发区第一大街86号
Tianjin Binhai Holiday Inn	240	325	No.86 First Avenue, TEDA, Tianjin
天津赛象酒店			天津华苑产业园区梅苑路8号
Tianjin Saixiang Hotel	370	502	No.8 Meiyuan Road, Huayuan Industry Park, Tianjin
四 星 级(32个)			
Four-star Level (thirty two units)			
凯悦酒店			天津市和平区解放北路219号
Hyatt Regency Tianjin	450	450	No.219 Jiefangbei Road, Heping Dist., Tianjin
水晶宫饭店			天津市河西区友谊路28号
The Crystal Palace Hotel	320	640	No.28 Youyi Road, Hexi Dist., Tianjin
利顺德大饭店			天津市和平区台儿庄路33号
Astor Hotel	152	170	No.33 Tai'erzhuang Road, Heping Dist., Tianjin
津利华大酒店			天津市河西区友谊路32号
Geneva Hotel	233	275	No.32 Youyi Road, Hexi Dist., Tianjin
天宇大酒店			天津市和平区电台道19号
Tianyu Hotel	134	231	No.19 Diantai Road, Heping Dist., Tianjin
天津万笑饭店			天津市河北区中山路290号
Tianjin Vansho Hotel	260	342	No.290 Zhongshan Road, Hebei Dist., Tianjin
美都大酒店			天津市河西区围堤道117号
Meidu Hotel	158	250	No.117 Weidi Road, Hexi Dist., Tianjin
泰达中心酒店			天津经济技术开发区第三大街16号
TEDA Central Hotel	238	332	No.16 Third Avenue, TEDA, Tianjin
君悦酒店			天津市和平区贵州路16号
Junyue Hotel	172	220	No.16 Guizhou Road, Heping Dist., Tianjin
天鹅湖温泉度假村			天津市武清开发区福源道20号
Swan Lake Spring Vacation Village	450	852	No.20 Fuyuan Road, Wuqing Development Area, Tianjin

16-7续表 Continued

宾馆名称 Name of Hotel	客房数(间) Number of Guest Rooms (unit)	床位数(个) Number of Beds (unit)	地址 Address
天津利顺德大厦 Tianjin Astor Plaza	85	125	天津市和平区台儿庄路32号 No.32 Tai'erzhuang Road, Heping Dist., Tianjin
舒泊花园大酒店 Super Garden Hotel	101	162	天津市和平区荣业大街2号 No.2 Rongye Avenue, Heping Dist., Tianjin
胜利宾馆 Victory Hotel	309	459	天津市滨海新区津塘公路11号 No.11 Jintang Highway, Binhai New Area Dist., Tianjin
凯德大酒店 Kind Hotel	195	344	天津市河北区自由道15号 No.15 Ziyou Road, Hebei Dist., Tianjin
天津世纪酒店 Tianjin Century Hotel	140	176	天津市河西区黑牛城道179号 No.179 Heiniucheng Road, Hexi Dist., Tianjin
天津惠中酒店 Tianjin Elegance Hotel	151	193	天津经济技术开发区第三大街芳林泰达园A座 Building A, TEDA Fanglin Garden, Third Avenue, TEDA, Tianjin
渔阳宾馆 Yuyang Hotel	636	720	天津市蓟县城内迎宾路12号 No.12 Yingbin Road, Jixian County, Tianjin
水上会宾园饭店 Huibinyuan Hotel	154	255	天津市南开区水上公园路46号 No.46 Water Park Road, Nankai Dist., Tianjin
天津美华酒店 Tianjin Mayfair Hotel	251	400	天津经济技术开发区黄海路10号 No.10 Huanghai Road, TEDA, Tianjin
天津君汇度假大酒店 Tianjin Junhui Holiday Hotel	142	214	天津市滨海新区学府路88号 No.88 Xuefu Road, Binhai New Area Dist., Tianjin
天津市政协俱乐部 Tianjin PPCC Club	94	143	天津市河西区解放南路273号 No.273 Jiefangnan Road, Hexi Dist., Tianjin
天津君豪酒店 Tianjin King Hall Hotel	205	360	天津市河西区环湖中路22号 No.22 Huanhuzhong Road, Hexi Dist., Tianjin
天津巨川国际商务酒店 Tianjin Juchuan Holiday Hotel	112	146	天津市滨海新区津塘公路1155号 No.1155 Jintang Road, Binhai New Area Dist., Tianjin
天津财富豪为酒店 Tianjin Hopeway Business Hotel	215	356	天津市河东区津塘路79号 No.79 Jintang Road, Hedong Dist., Tianjin
天津戴斯碧海湾酒店 Tianjin Days Hotel	136	176	天津市滨海新区广州道688号 No.688 Guangzhou Road, Binhai New Area Dist., Tianjin
天津鑫茂天财酒店 Tianjin Xinmao Tiancai Convenient Hotel	197	395	天津华苑产业园区榕苑路1号 No.1 Rongyuan Road, Huayuan Industry Park, Tianjin
晋滨国际大酒店 Jinbin International Hotel	250	360	天津市和平区鞍山道135号 No.135 Anshan Road, Heping Dist., Tianjin
天津海景花园酒店 Tianjin Sea View Garden Hotel	142	202	天津市河西区黑牛城道19号 No.19 Heiniucheng Road, Hexi Dist., Tianjin
天津瑞湾南苑酒店 Tianjin Ruiwan Nanyuan Hotel	127	176	天津市津南区双桥河镇 Shuangqiaohe Town, Jinnan Dist., Tianjin
天津市团泊湖温泉酒店 Tianjin Tuanbo Lake Hot Spring Resorts & Spa	125	296	天津市静海县团泊新城东区 East District, Tuanbo New Town, Jinghai County, Tianjin
天津滨海建国大酒店 Binhai Jianguo Hotel Tianjin	367	375	天津经济技术开发区第二大街1号 No.1 Second Avenue, TEDA, Tianjin
天津瑞景大酒店 Rich View Hotel Tianjin	190	347	天津市北辰区辰昌路1260号 No.1260 Chenchang Road, Beichen Dist., Tianjin

16-8 限额以上餐饮业基本情况（2010年）
Basic Statistics on Catering Services Enterprises above Designated Size, 2010

项目	Item	门店总数(个) Number of Stores (unit)	从业人员(人) Employment Personnel (person)	营业面积(平方米) Operation Area (sq. m.)	餐位数(位) Number of Seats (unit)
总计	**Total**	**391**	**55836**	**827696**	**176955**
#国有及国有控股企业	State-owned and State-holding Enterprises	21	2179	50512	10708
按登记注册类型分	**Grouped by Status of Registration**				
内资企业	Domestic-funded Enterprises	346	29445	695714	134885
国有企业	State-owned Enterprises	10	1281	27110	7849
集体企业	Collective-owned Enterprises	14	810	25061	4513
股份合作企业	Cooperative Enterprises	2	505	1720	920
有限责任公司	Limited Liability Corporations	56	7668	139934	25664
国有独资公司	Sole State-funded Corporations	2	95	1850	480
其他有限责任公司	Other Limited Liability Corporations	54	7573	138084	25184
股份有限公司	Share-holding Corporations Ltd.	8	743	21613	2977
私营企业	Private Enterprises	223	16598	432088	84298
私营独资	Private-funded Enterprises	45	2329	81348	20083
私营合伙企业	Private Joint-venture Enterprises	5	193	5450	1910
私营有限责任公司	Private Limited Liability Corporations	165	13490	331731	58831
私营股份有限公司	Private Share-holding Corporations Ltd.	8	586	13559	3474
其他内资企业	Other Enterprises	33	1840	48188	8664
港澳台商投资企业	Enterprises with Funds from Hong Kong, Macao and Taiwan	17	2105	18657	4348
合资经营	Joint-venture Enterprises	4	214	2720	419
独资经营企业	Enterprises with Sole Investment	13	1891	15937	3929
外商投资企业	Foreign Funded Enterprises	28	24286	113325	37722
中外合资经营	Joint-venture Enterprises	5	459	4780	1133
外商独资企业	Enterprises with Sole Foreign Investment	23	23827	108545	36589
按行业分	**Grouped by Sector**				
正餐服务业	Dinner Services	347	29355	701345	132872
快餐服务业	Snack Services	20	23682	97585	35404
饮料及冷饮服务业	Beverage and Cold Drink	4	241	2380	965
其他餐饮服务业	Others	20	2558	26386	7714

16-8续表 Continued

单位：万元 (10 000 yuan)

项　目	Item	资产总计 Total Assets	负债合计 Total Liabilities	营业收入 Business Revenue	主营业务成本 Cost of Principal Business
总　计	**Total**	**643151**	**450136**	**765576**	**345552**
# 国有及国有控股企业	State-owned and State-holding Enterprises	42297	35407	33265	21011
按登记注册类型分	**Grouped by Status of Registration**				
内资企业	Domestic-funded Enterprises	570563	398796	419064	227019
国有企业	State-owned Enterprises	30800	24966	15680	9235
集体企业	Collective-owned Enterprises	29377	16094	6348	3576
股份合作企业	Cooperative Enterprises	7735	1741	8495	2258
有限责任公司	Limited Liability Corporations	125539	98727	113318	56633
国有独资公司	Sole State-funded Corporations	267	29	1253	1133
其他有限责任公司	Other Limited Liability Corporations	125272	98698	112065	55500
股份有限公司	Share-holding Corporations Ltd.	70035	56071	14871	3723
私营企业	Private Enterprises	282760	184852	240595	140057
私营独资	Private-funded Enterprises	31964	12928	34665	18614
私营合伙企业	Private Joint-venture Enterprises	452	217	1610	1029
私营有限责任公司	Private Limited Liability Corporations	206209	147941	184397	105394
私营股份有限公司	Private Share-holding Corporations Ltd.	44136	23766	19924	15021
其他内资企业	Other Enterprises	24318	16345	19756	11538
港澳台商投资企业	Enterprises with Funds from Hong Kong, Macao and Taiwan	10791	8901	23221	10562
合资经营	Joint-venture Enterprises	2804	1777	4577	2159
独资经营企业	Enterprises with Sole Investment	7987	7125	18645	8403
外商投资企业	Foreign Funded Enterprises	61797	42439	323292	107971
中外合资经营	Joint-venture Enterprises	2107	3602	3296	1736
外商独资企业	Enterprises with Sole Foreign Investment	59690	38837	319996	106235
按行业分	**Grouped by Sector**				
正餐服务业	Dinner Services	549465	388256	405630	212498
快餐服务业	Snack Services	59671	37033	324364	111720
饮料及冷饮服务业	Beverage and Cold Drink	501	686	1525	549
其他餐饮服务业	Others	33514	24162	34057	20785

16-9 按登记注册类型分限额以上批发和零售企业财务状况(2010年)
Main Financial Indicators of Enterprises above Designated Size of Wholesale and Retail Trade by Status of Registration, 2010

项　目	Item	主营业务收入 Revenue from Principal Business	主营业务成本 Cost of Principal Business	主营业务税金及附加 Taxes and Other Charge on Principal Business
总　计	**Total**	**118645990**	**113715262**	**155945**
批发企业	**Wholesale Trade**	**105859244**	**102315613**	**127359**
#国有及国有控股企业	State-owned and State-holding Enterprises	62489815	61056549	67150
内资企业	Domestic-funded Enterprises	97804017	95110666	110486
国有企业	State-owned Enterprises	47336911	46279281	55547
集体企业	Collective-owned Enterprises	548654	536668	1861
股份合作企业	Cooperative Enterprises	211768	202854	180
联营企业	Joint Ownership Enterprises	136967	131027	51
有限责任公司	Limited Liability Corporations	23126205	22378616	28453
股份有限公司	Share-holding Corporations Ltd.	2073155	2008200	3486
私营企业	Private Enterprises	24170036	23380441	20765
其他企业	Others	200322	193578	143
港澳台商投资企业	Enterprises with Investment from Hong Kong, Macao and Taiwan	2804113	2590149	959
外商投资企业	Foreign Funded Enterprises	5251113	4614798	15914
零售企业	**Retail Trade**	**12786746**	**11399649**	**28586**
#国有及国有控股企业	State-owned and State-holding Enterprises	5035857	4654864	10267
内资企业	Domestic-funded Enterprises	11244935	10091046	24821
国有企业	State-owned Enterprises	3887637	3644822	5923
集体企业	Collective-owned Enterprises	155798	139955	383
股份合作企业	Cooperative Enterprises	297806	241668	2056
联营企业	Joint Ownership Enterprises	36883	34270	55
有限责任公司	Limited Liability Corporations	3779763	3193771	7606
股份有限公司	Share-holding Corporations Ltd.	413036	364808	2458
私营企业	Private Enterprises	2581339	2385880	6163
港澳台商投资企业	Enterprises with Investment from Hong Kong, Macao and Taiwan	674559	589126	2704
外商投资企业	Foreign Funded Enterprises	867252	719477	1062

单位：万元 (10 000 yuan)

主营业务利润 Profits from Principal Business	资产总计 Total Assets	# 流动资产 Working Capital	负债合计 Total Liabilities	所有者权益合计 Total Owners' Equities
4757954	**39447658**	**33181977**	**30294098**	**9153560**
3399443	**33993393**	**29444825**	**26411952**	**7581441**
1355869	15287463	12811621	11984980	3302483
2566037	30275519	25997523	23637644	6637874
992012	10182063	8154001	7810628	2371435
10038	245532	194256	137779	107753
8734	71822	64531	59925	11897
5888	53707	48939	48628	5079
713384	8784129	7961721	7229578	1554551
60588	630902	295292	279692	351210
768793	10199648	9173756	7984476	2215172
6600	107716	105028	86938	20778
213006	1408795	1312839	1036320	372475
620401	2309080	2134464	1737988	571092
1358511	**5454265**	**3737152**	**3882146**	**1572119**
370726	1842210	865264	1092009	750201
1129068	4764336	3259110	3465775	1298561
236892	1058746	458918	581233	477512
15461	89679	53025	78126	11553
54082	263820	88432	183852	79968
2557	9542	7765	6654	2888
578385	1675833	1382985	1341281	334553
45771	437021	225995	329720	107301
189296	1185791	1009904	911210	274581
82729	241843	177830	183543	58300
146714	448085	300212	232827	215259

16-10 按国民经济行业分限额以上批发和零售业财务状况（2010年）
Main Financial Indicators of Enterprises above Designated Size of Wholesale and Retail Trade by Sector, 2010

项　目	Item	主营业务收入 Revenue from Principal Business	主营业务成本 Cost of Principal Business
总　计	**Total**	**118645990**	**113715262**
批发企业	**Wholesale Trade**	**105859244**	**102315613**
农畜产品批发业	Wholesale of Farm & Livestock Product	417357	414009
食品、饮料及烟草制品批发业	Wholesale of Food, Beverage and Tobacco	4188793	3784755
纺织、服装及日用品批发业	Wholesale of Textiles, Garments and Daily Articles	1936551	1739738
文化、体育用品及器材批发业	Wholesale of Culture, Sports Appliances and Equipment	327869	288812
医药及医疗器材批发业	Wholesale of Medicines and Medical Appliances	1920636	1788866
矿产品、建材及化工产品批发业	Wholesale of Mineral Products, Building Material and Chemical Products	83813815	82050344
机械设备、五金交电及电子产品批发	Wholesale of Machinery, Hardware, Transport, Electric and Electronic Equipment	10015611	9221460
贸易经济与代理	Trade Broker and Agency	622905	586197
其他批发业	Other Wholesales	2615708	2441432
零售企业	**Retail Trade**	**12786746**	**11399649**
综合零售业	Comprehensive Retail	2441315	2086519
食品、饮料及烟草制品专门零售业	Special Retail of Food, Beverage and Tobacco	157802	123096
纺织、服装及日用品专门零售业	Special Retail of Textiles, Garments and Daily Articles	1116398	716918
文化、体育用品及器材专门零售业	Special Retail of Culture, Sports Appliances and Equipment	126661	99149
医药及医疗器材专门零售业	Special Retail of Medicine and Medical Appliances	253595	232073
汽车、摩托车、燃料及零配件	Special Retail of Automobile, Autobike, Parts Fittings and Fuel	7480799	7036260
家用电器及电子产品专门零售业	Special Retail of Household Electric Appliances and Electronic Products	781590	715709
五金、家具及室内装修材料专门零售业	Special Retail of Hardware, Furniture and Decoration Materials for Indoors	141111	121838
无店铺及其他零售业	Non-shop and Other Retails	287476	268087

单位：万元(10 000 yuan)

主营业务税金及附加 Taxes and Other Charge on Principal Business	主营业务利润 Profits from Principal Business	资产总计 Total Assets	#流动资产 Working Capital	负债合计 Total Liabilities	所有者权益合计 Total Owners' Equities
155945	**4757954**	**39447658**	**33181977**	**30294098**	**9153560**
127359	**3399443**	**33993393**	**29444825**	**26411952**	**7581441**
250	3098	464497	414490	284267	180231
60541	343497	1455207	1239389	857361	597846
4140	192673	741044	600883	508670	232374
236	38820	231757	115273	183294	48462
2957	128813	918578	827033	703120	215458
38054	1708652	23180310	19918824	18212871	4967439
11875	782276	5222045	4710116	4316069	905976
593	36053	353633	302447	235467	118166
8714	165561	1426323	1316371	1110833	315490
28586	**1358511**	**5454265**	**3737152**	**3882146**	**1572119**
11938	342858	1724346	1020140	1404490	319856
787	33919	91042	51515	38213	52829
717	398763	383824	352064	281597	102227
1826	25686	125123	91981	72869	52254
451	21071	197221	170270	141361	55860
9662	434878	2329372	1527646	1511142	818230
1614	64267	409675	360956	297188	112487
878	18395	66751	54349	60169	6582
715	18674	126911	108233	75116	51794

16-11 连锁零售企业基本情况(2010年) Basic Conditions of Chain Retail Enterprises, 2010

项目 Item	门店总数(个) Number of Stores (unit)	营业面积(平方米) Operation Area (sq. m.)	从业人数(人) Employment Personnel (person)	商品销售额(万元) Total Sales of Commodities (10 000 yuan)	#零售额 Retail Sales
总计 Total	**1883**	**2551357**	**35360**	**6133640**	**3992370**
按登记注册类型分 By Status of Registration					
内资企业 Domestic Funded Enterprises	1583	2089494	23076	5312695	3236092
国有企业 State-owned Enterprises	584	1379515	8081	4213997	2171020
私营有限责任公司 Private Limited Liability Corporations	251	143953	3241	93574	93574
其他有限责任公司 Other Limited Liability Corporations	716	559026	11192	981953	948327
其他企业 Other Enterprises	32	7000	562	23171	23171
港、澳、台商投资企业 Enterprises with Funds from Hong Kong, Macao and Taiwan	253	354768	7997	353701	289034
合资经营企业 Joint-venture Enterprises	232	73957	2576	63321	17272
独资经营企业 Enterprises with Sole Investment	21	280811	5421	290380	271762
外商投资企业 Foreign Funded Enterprises	47	107095	4287	467244	467244
中外合资经营企业 Joint-venture Enterprises	40	53971	2976	392979	392979
外资企业 Enterprises with Sole Foreign Investment	7	53124	1311	74265	74265

16-11续表 Continued

项　目 Item	门店总数 (个) Number of Stores (unit)	营业面积 (平方米) Operation Area (sq. m.)	从业人数 (人) Employment Personnel (person)	商品销售额 (万元) Total Sales of Commodities (10 000 yuan)	# 零售额 Retail Sales
按业态分					
By Business Categories					
便利店					
Convenience Store	101	15300	870	35659	35659
超　市					
Supermarket	677	140728	6009	196548	150572
大型超市					
Hypermarket	13	164621	3234	226321	220505
百货店					
Department Store	23	4651	995	19313	19313
专业店					
Specialty Store	322	748357	10905	1006741	974130
加油站					
Gas Station	588	1394200	9609	4490048	2447588
专卖店					
Exclusive Store	155	41400	3022	104718	90311
家居建材商店					
Building Material Store	4	42100	716	54292	54292
按行业分					
By Status of Registration					
综合零售					
Comprehensive Retail	812	601460	15534	748908	678498
食品、饮料及烟草制品专门零售					
Special Retail of Food, Beverage and Tobacco	121	20316	2718	83470	69136
纺织、服装及日用品专门零售					
Special Retail of Textiles, Garments and Daily Articles	76	27850	1444	44253	43745
医药及医疗器材专门零售					
Special Retail of Medicine and Medical Appliances	205	124967	1796	35296	35296
汽车、摩托车、燃料及零配件专门零售					
Special Retail of Automobile, Autobike, Parts, Fittings and Fuel	590	1397667	9633	4490971	2448511
家用电器及电子产品专门零售					
Special Retail of Household Electric Appliances and Electronic Products	75	336997	3519	676451	662892
五金、家具及室内装修材料专门零售					
Special Retail of Hardware, Furniture and Decoration Materials for Indoors	4	42100	716	54292	54292

16-12 限额以上连锁餐饮企业基本情况(2010年)
Basic Conditions of Chain Catering Enterprises above Designated Size, 2010

项目 Item	门店总数(个) Number of Stores (unit)	营业面积(平方米) Operation Area (sq. m.)	从业人数(人) Employment Personnel (person)	餐位数(个) Number of Dining-seats (unit)	营业额(万元) Business Revenue (10 000 yuan)
总计 Total	**307**	**67363**	**23500**	**32798**	**310324**
按登记注册类型分 Grouped by Registered Status					
内资企业 Domestic-funded Enterprises	61	11756	1041	3259	17401
国有企业 State-owned Enterprises	4	300	161	280	3346
其他有限责任公司 Limited Liability Corporations	44	8385	588	1728	10773
私营有限责任公司 Private Limited Liability Corporations	13	3071	292	1251	3282
港、澳、台商投资企业 Enterprises with Funds from Hong Kong, Macao and Taiwan	11	3085	187	1291	3791
合资经营企业 Joint-venture Enterprises	4	650	38	240	326
独资经营企业 Enterprises with Sole Investment	7	2435	149	1051	3464
外商投资企业 Foreign Funded Enterprises	235	52522	22272	28248	289133
中外合资经营企业 Joint-venture Enterprises	2	400	52	298	283
外资企业 Enterprises with Sole Foreign Investment	233	52122	22220	27950	288850
按业态分 By Business Categories					
正餐 Dinner	4	300	161	280	3346
快餐 Snack	271	61578	22960	31540	301338
其他餐饮 Others	32	5485	379	978	5640

16-13 亿元以上商品交易市场基本情况(2010年)
Basic Statistics on Commodity Exchange Markets with Transaction Value over 100 Million Yuan, 2010

市　场	Market	市场数量(个) Number of Markets (unit)	摊位数(个) Number of Booths (unit)
总　计	**Total**	**81**	**50499**
综合市场	**Comprehensive Markets**	**17**	**17317**
生产资料综合市场	Comprehensive Market of Capital Goods	1	426
工业消费品综合市场	Comprehensive Market of Industrial Consumables	4	6704
农产品综合市场	Comprehensive Market of Agricultural Products	7	6068
其他综合市场	Other Comprehensive Markets	5	4119
专业市场	**Special Markets**	**64**	**33182**
生产资料市场	Market of Capital Goods	24	5859
煤炭市场	Coal Market	4	681
建材市场	Building Materials Market	3	2267
化工材料及制品市场	Chemical Materials and Products Market	3	401
金属材料市场	Metal Materials Market	14	2510
农产品市场	Agricultural Products Market	16	14621
粮油市场	Foodstuff and Oil Market	3	487
肉禽蛋市场	Meat, Poultry and Egg Market	1	485
水产品市场	Aquatic Product Market	4	1695
蔬菜市场	Vegetable Market	6	10810
棉麻土畜、烟叶市场	Cotton, Linen, Local and Livestock Product, and Tobacco Leaf Market	1	650
其他农产品市场	Other Agricultural Product Market	1	494
食品、饮料及烟酒市场	Food, Beverage and Tobacco Market	5	2697
食品饮料市场	Food and Beverage Market	4	2418
其他食品、饮料及烟酒市场	Other Food, Beverage and Tobacco Market	1	279
纺织、服装、鞋帽市场	Textile, Garments, Shoes and Caps Market	6	4204
服装市场	Garments Market	4	3338
鞋帽市场	Shoes and Caps Market	1	613
其他纺织服装鞋帽市场	Other Textile, Garments, Shoes and Caps Market	1	253
家具、五金及装饰材料市场	Furniture, Hardware and Decoration Materials Market	9	4051
家具市场	Furniture Market	1	468
装饰材料市场	Decoration Materials Market	3	1170
五金材料市场	Hardware Market	4	2356
其他装修市场	Other Fitment Market	1	57
汽车、摩托车及零配件市场	Automobile, Autobike, Parts and Fittings Market	3	1150
汽车市场	Automobile Market	3	1150
花、鸟、鱼、虫市场	Flowers, Birds, Fish and Insects Market	1	600

16-13续表 Continued

市　场	Market	营业面积(万平方米) Operation Area (10 000 sq. m.)	成交额(亿元) Transaction Value (100 million yuan)	#批　发 Whole-sale
总　计	**Total**	**537.0**	**2671.86**	**2424.48**
综合市场	**Comprehensive Markets**	**138.2**	**257.80**	**235.79**
生产资料综合市场	Comprehensive Market of Capital Goods	6.5	11.99	11.99
工业消费品综合市场	Comprehensive Market of Industrial Consumables	18.3	45.16	39.81
农产品综合市场	Comprehensive Market of Agricultural Products	71.1	143.09	137.50
其他综合市场	Other Comprehensive Markets	42.4	57.55	46.48
专业市场	**Special Markets**	**398.8**	**2414.06**	**2188.69**
生产资料市场	Market of Capital Goods	173.1	1656.85	1656.85
煤炭市场	Coal Market	11.3	561.28	561.28
建材市场	Building Materials Market	64.3	69.84	69.84
化工材料及制品市场	Chemical Materials and Products Market	1.7	119.32	119.32
金属材料市场	Metal Materials Market	95.8	906.41	906.41
农产品市场	Agricultural Products Market	88.7	328.28	324.46
粮油市场	Foodstuff and Oil Market	11.9	99.02	99.02
肉禽蛋市场	Meat, Poultry and Egg Market	10.0	3.82	
水产品市场	Aquatic Product Market	10.4	52.56	52.56
蔬菜市场	Vegetable Market	41.7	58.29	58.29
棉麻土畜、烟叶市场	Cotton, Linen, Local and Livestock Product, and Tobacco Leaf Market	2.0	30.56	30.56
其他农产品市场	Other Agricultural Product Market	12.6	84.03	84.03
食品、饮料及烟酒市场	Food, Beverage and Tobacco Market	7.7	36.49	29.89
食品饮料市场	Food and Beverage Market	6.9	34.70	29.89
其他食品、饮料及烟酒市场	Other Food, Beverage and Tobacco Market	0.8	1.79	
纺织、服装、鞋帽市场	Textile, Garments, Shoes and Caps Market	13.1	45.07	42.88
服装市场	Garments Market	9.8	42.88	41.88
鞋帽市场	Shoes and Caps Market	2.5	1.00	1.00
其他纺织服装鞋帽市场	Other Textile, Garments, Shoes and Caps Market	0.7	1.19	
家具、五金及装饰材料市场	Furniture, Hardware, and Decoration Materials Market	98.8	148.15	134.60
家具市场	Furniture Market	4.5	1.50	
装饰材料市场	Decoration Materials Market	5.3	14.66	8.28
五金材料市场	Hardware Market	87.5	130.17	126.32
其他装修市场	Other Fitment Market	1.5	1.82	
汽车、摩托车及零配件市场	Automobile, Autobike, Parts and Fittings Market	13.5	198.13	
汽车市场	Automobile Market	13.5	198.13	
花、鸟、鱼、虫市场	Flowers, Birds, Fish and Insects Market	4.0	1.08	

16-14 实际利用内资额(2006—2010年)
Domestic Capital Actually Used, 2006-2010

单位：亿元 (100 million yuan)

地　区	Region	2006	2007	2008	2009	2010
全市总计	**Total**	**431.85**	**612.05**	**920.13**	**1242.87**	**1633.82**
中心城区	**Central Districts**	**168.64**	**235.19**	**275.25**	**355.94**	**438.85**
和平区	Heping District	42.60	54.11	34.53	48.90	76.19
河东区	Hedong District	18.79	21.79	36.93	51.22	65.58
河西区	Hexi District	20.54	33.53	61.99	77.77	93.34
南开区	Nankai District	39.92	46.81	60.90	75.56	75.60
河北区	Hebei District	19.26	45.58	60.20	74.92	93.93
红桥区	Hongqiao District	27.52	33.36	20.69	27.57	34.20
滨海新区	**Binhai New Area**	**96.00**	**135.82**	**211.42**	**273.18**	**352.20**
塘　沽	Tanggu	15.05	32.56	56.69	71.36	89.43
汉　沽	Han'gu	5.00	7.00	10.03	14.00	18.26
大　港	Dagang	28.17	36.60	47.03	58.78	73.52
经济技术开发区	TEDA	14.99	17.35	37.04	48.47	60.79
天津港保税区	TPFTZ	18.80	25.61	36.53	47.52	60.22
滨海高新区	BHHIP	13.99	16.70	24.10	32.00	40.00
东疆港区	Dongjiang Port Zone				1.05	2.17
中新天津生态城	Sino-Singapore Tianjin Eco-city					7.81
其他区县	**Other Districts and Counties**	**167.21**	**241.05**	**433.46**	**613.75**	**842.78**
东丽区	Dongli District	23.13	47.29	72.88	94.11	121.05
西青区	Xiqing District	19.02	21.96	28.70	76.35	95.69
津南区	Jinnan District	18.58	37.75	100.14	126.84	159.47
北辰区	Beichen District	11.88	13.68	29.00	38.80	76.52
武清区	Wuqing District	26.70	38.84	73.84	92.84	116.59
宝坻区	Baodi District	38.87	48.01	70.27	88.25	111.17
宁河县	Ninghe County	7.52	7.90	11.80	14.73	25.98
静海县	Jinghai County	10.47	12.40	16.20	33.00	42.28
蓟　县	Jixian County	11.04	13.20	30.61	48.85	94.03

注：滨海新区数据不含东丽区无瑕街、津南区葛沽镇数据。
Note: Data of Binhai New Area exclude figures of Wuxia Street, Dongli District and Gegu Town, Jinnan District.

16-15 外省市在津投资情况 Domestic Capital from Other Provinces and Municipalities

地区	Region	项目数(个) Number of Contracts (unit)		实际利用内资额 (万元) Total Capital Actually Used (10 000 yuan)	
		2009	2010	2009	2010
总计	**Total**	**2428**	**2607**	**12428693**	**16338205**
北京市	Beijing	364	425	4041677	5972518
河北省	Hebei	460	521	1180309	1030548
山西省	Shanxi	67	59	83628	171646
内蒙古自治区	Inner Mongolia	48	61	40621	96661
辽宁省	Liaoning	57	70	203487	419156
吉林省	Jilin	75	82	49705	81850
黑龙江省	Heilongjiang	112	120	374143	291688
上海市	Shanghai	94	96	1100174	1276445
江苏省	Jiangsu	90	95	266641	421564
浙江省	Zhejiang	154	165	667533	953667
安徽省	Anhui	49	44	21638	46435
福建省	Fujian	282	217	658591	656388
江西省	Jiangxi	20	39	14418	22428
山东省	Shandong	133	130	208788	484920
河南省	Henan	101	112	209028	416377
湖北省	Hubei	36	47	35776	54260
湖南省	Hunan	25	19	9838	8348
广东省	Guangdong	118	154	2620895	3116625
广西壮族自治区	Guangxi	9	5	50330	21443
海南省	Hainan	13	16	166671	144909
重庆市	Chongqing	9	15	10653	115013
四川省	Sichuan	30	30	21392	49993
贵州省	Guizhou	7	8	19570	58247
云南省	Yunnan	4	9	284600	315706
陕西省	Shaanxi	40	30	58725	44998
甘肃省	Gansu	9	16	9015	11500
青海省	Qinghai	1	4	100	14350
宁夏回族自治区	Ningxia	8	7	9472	8930
新疆维吾尔自治区	Xinjiang	13	11	11275	31592

主要统计指标解释
Explanatory Notes on Main Statistical Indicators

社会消费品零售总额

指企业(单位、个体户)通过交易直接售给个人、社会集团非生产、非经营用的实物商品金额，以及提供餐饮服务所取得的收入金额。个人包括城乡居民和入境人员。社会集团包括机关、社会团体、部队、学校、企业事业单位、居委会或村民委员会。

商品购进总额

指从本企业(单位)以外的单位和个人购进(包括从境外直接进口)作为转卖或加工后转卖的商品总额。它反映批发零售贸易业从国内、国外市场上购进商品的总量。商品购进总额包括：(1) 从工农业生产者购进的商品;(2) 从出版社、报社的出版发行部门购进的图书、杂志和报纸；(3) 从各种登记注册类型的批发零售贸易企业(单位)购进的商品；(4) 从其他单位购进的商品，如从机关、团体、企业等单位购进的剩余物资，从餐饮业、服务业购进的商品，从海关、市场管理部门购进的缉私和没收的商品，从居民手中收购的废旧商品等；(5) 从国(境)外直接进口的商品。不包括企业(单位)为自身经营用和未通过买卖行为而收入的商品以及销售退回、商品升溢等。

商品销售总额

指对本企业(单位)以外的单位和个人出售(包括对境外直接出口)的商品总额。它反映批发零售贸易业在国内市场上销售商品以及出口商品的总量。商品销售总额包括：(1) 售给城乡居民和社会集团消费用的商品；(2) 售给工业、农业、建筑业、运输邮电业、批发零售贸易业、餐饮业、服务业等作为生产、经营使用的商品;(3) 售给批发零售贸易业作为转卖或加工后转卖的商品；(4) 对国(境)外直接出口的商品。不包括出售本企业(单位)自用的废旧包装用品、未通过买卖行为付出的商品、经本单位介绍，由买卖双方直接结算，本单位只收取手续费的业务、购货退出的商品以及商品损耗和损失等。

年末库存总额

指期末各种登记注册类型的批发零售贸易企业(单位)已取得所有权的商品。它反映批发零售贸易企业(单位)的商品库存情况和对市场商品供应的保证程度。期末库存包括：(1) 存放在批发零售贸易业经营单位(如门市部、批发站、经营处)仓库、货场、货柜和货架中的商品；(2) 挑选、整理、包装中的商品；(3) 已记入购进而尚未运到本单位的商品，即发货单或银行承兑凭证已到而货未到的部分；(4) 寄放他处的商品，如因购货方拒绝承付而暂时存放在购货方的商品和已办完加工成品收回手续而未提回的商品；(5) 委托其他单位代销(未作销售或调出)尚未售出的商品；(6) 代其他单位购进尚未交付的商品。不包括所有权不属于本单位的商品、拨付除批发零售贸易业以外的其他行业所属独立核算加工厂等加工生产尚未收回成品的商品、代国家物资储备部门保管的商品等。

营业收入

指企业(单位)在生产经营活动中通过销售商品或提供劳务等取得的收入。营业收入包括主营业务收入和其他业务收入。主营业务收入是指企业在销售商品、提供劳务等主要业务活动所产生的收入总额。其他业务收入是指各类企业主营业务以外其他业务或不独立核算的附营业务所发生的收入。

主营业务成本

指企业因销售商品、提供劳务或让渡资产使用权等日常活动而发生的实际成本。

住宿和餐饮业营业额

指住宿和餐饮业法人企业(单位)在经营活动中因提供服务或销售商品等取得的收入。包括：客房收入、餐费收入、商品销售额和其他收入。客房收入指住宿和餐饮业法人企业(单位)在经营活动中因提供住宿服务取得的收入。餐费收入指住宿和餐饮业法人企业、(单位)因为顾客提供就餐服务取得的收入，包括经烹饪、调制加工后出售的各种食品，如主食、炒菜、凉拌菜等的收入。商品销售额指住宿和餐饮业法人企业(单位)伴随服务而出售商品所取得的收入(含增值税)。其他收入指营业收入中除客房收入、餐费收入、商品销售额以外的其他收入，包括娱乐、健身和商务服务等。

限额以上批发和零售业、住宿和餐饮业企业划分标准

批发业是指年主营业务收入 2000 万元及以上；零售业是指年主营业务收入 500 万元及以上；住宿业和餐饮业是指年主营业务收入 200 万元及以上。

主要统计指标解释
Explanatory Notes on Main Statistical Indicators

Total Retail Sales of Consumer Goods

refers to the sum of retail sales of commodities sold by enterprise (units and individuals) to individuals and social groups for non-production and non-business use, and the income from catering services provided. Among of which, individuals refer to residents of urban and rural households and entering persons; social groups refer to government agencies, social organization, military, schools, institution, enterprises, neighbourhood committees and village committees.

Total Purchases of Commodities

refer to the total value of purchases of commodities by the enterprises (establishments) from other establishments or individuals (including direct import from abroad) for the purpose of re-selling, either with or without further processing of the commodities purchased. This indicator is used to show the total value of purchases of commodities by wholesale and retail establishments from domestic and overseas markets. The total purchases include: (1) agricultural and industrial products purchased from producers; (2) books, magazines and newspapers purchased from distribution departments of the publishers; (3) commodities purchased from wholesale and retail establishments of different status of registration; (4) commodities purchased from other units, such as surplus materials purchased from government agencies, enterprises or institutions, commodities purchased from catering and service establishments, confiscated goods purchased from customs authorities or market management agencies, second-hand goods and wastes purchased from residents; (5) commodities directly imported from abroad. Excluded are commodities purchased by enterprises (establishments) for use in their own business operation, commodities obtained without buying or selling procedures, rejected commodities, etc.

Total Sales of Commodities

refer to value of commodities sold by the establishments to other establishments and individuals (including direct export). This indicator is used to show the total value of sales of commodities at domestic markets and export. The total sales include: (1) commodities sold to urban and rural residents and social groups for their consumption; (2) commodities sold to establishments in industry, agriculture, construction, transportation, post and telecommunications, wholesale and retail trades, catering trade and public utility for their production and operation; (3) commodities sold to wholesale and retail establishments for reselling, with or without further processing; (4) commodities for direct export to other countries. Excluded are selling of waste packaging materials used by the establishments (units) themselves, commodities transferred without buying or selling procedures, commission income from brokerage in transactions whose settlement is directly handled by buyers and sellers, rejected commodities in the purchase, loss in commodities, etc.

Year-end Inventory

refers to total commodities possessed by wholesale and retail enterprises (units) of various types of registration status at the end of the year, which reflects the commodity stock level of various wholesale and retail enterprises and the potential for market supply. It includes: (1) commodities located in storage, garages, counters, and shelves of operating units (such as sale stores, wholesale centers, and operating offices) of wholesale and retail enterprises; (2) commodities in the process of selecting, sorting, and packing; (3) commodities not arrived but recorded as purchase in the account, i.e. commodities not arrived but payment receipts for the commodities from the sellers or the banks arrived; (4) commodities deposited in other places rather than places mentioned above, for instance: commodities in the hold of purchasers temporarily due to the refusal of payment and commodities not taken back after going through the formalities; (5) commodities entrusted to other units to sell but not sold yet; (6) commodities purchased for other units but not delivered yet. Commodities not included as stock are those not owned by the enterprises (units), those allocated to financially independent factories rather than wholesale and retail enterprises for processing but not taken back yet, and finally those put in stock by wholesale and retail enterprises on behalf of the state material reserves units.

Business Revenue

refers to revenue of enterprises through selling commodities or providing services. It includes income of principal business and other business income. Income of principal business refers to income of main business activities. Other business income refers to income of other business or attached business not including main business.

Cost of Principal Business

refers to real costs from the sales of products, labour services provided, alienation of using asset right and etc.

Business Revenue of Accommodation and Catering Services

refers to revenue received from providing services or selling commodities by corporate enterprises and establishments

主要统计指标解释
Explanatory Notes on Main Statistical Indicators

engaged in hotels and catering services, including income from hotels, from catering services, from selling of commodities and from other services. Income from hotels refers to income of corporate enterprises and establishments engaged in hotels and catering services by providing lodging services. Income from catering services refers to income of corporate enterprises and establishments engaged in hotels and catering services by providing catering services, including selling of cooked or prepared foods such as staple food, cooked dishes or cold dishes. Income from selling of commodities refers to income of corporate enterprises and establishments engaged in hotels and catering services by selling commodities (including value-added tax) that accompany the services they provide. Income from other activities refers to income received other than income from hotels, catering services or selling of commodities, such as income from providing recreation, fitness or business services.

Classified Standard of Wholesale, Retail Trade, Accommodation and Catering Enterprises above Designated Size

Wholesale enterprises refer to enterprises with revenue from principal business over 20 million yuan. Retail enterprises refer to enterprises with revenue from principal business over 5 million yuan. Accommodation and catering enterprises refer to enterprises with revenue from principal business over 2 million yuan.

17

金融业

Financial Intermediation

17-1 各类金融机构
Financial Institutions

单位：个 (unit)

项　目	Item	2009	2010
总　计	**Total**	**3200**	**3343**
银 行 类	**Banking Institutions**	**2140**	**2247**
中央银行	Central Banks	2	2
政策性银行	Policy Banks	10	12
商业银行	Commercial Banks	2106	2211
国有独资商业银行	State-owned Sole Commercial Banks	1175	1177
股份制商业银行	Share-holding Commercial Banks	139	204
天津市商业银行	Commercial Banks of Tianjin	183	189
其他城商行	Other City's Commercial Banks	29	49
中德住房储蓄银行	Sino-German Bausparkasse	1	3
农村合作金融机构	Rural Cooperative Financial Institutions	579	589
外资银行	Foreign Funded Banks	22	22
非银行类	**Non-banking Institutions**	**1060**	**1096**
保险公司	Insurance Companies	520	531
信托投资公司	Trust Investment Companies	2	2
证券经营公司	Securities Business Companies	87	98
财务公司	Financial Companies	4	4
金融租赁公司	Financial Leasing Companies	2	3
典当公司	Mortgage Companies	58	58
产业基金公司	Industry Fund Management Companies	2	2
邮政储蓄银行	Postal Savings Bank	381	394
金融资产管理公司	Financial Assets Supervision Corporations	4	4

资料来源：天津市银监局、证监局、保监局、典当协会等。
Source: Tianjin Banking Regulatory Bureau, Tianjin Securities Regulatory Bureau, Tianjin Insurance Regulatory Bureau, Tianjin Mortgage Association, etc.

17-2 中资金融机构人民币存贷款余额（1978—2010年）
RMB Saving Deposits and Loans of Chinese Financial Institutions, 1978-2010

单位：亿元 (100 million yuan)

年 份 Year	存款合计 Total Deposits	企业存款 Deposits of Enterprises	财政性存款 Treasury Deposits	储蓄存款 Saving Deposits	农业存款 Agricultural Deposits	信托及其他类存款 Trust Deposits and Others	贷款合计 Total Loans	#中长期贷款 Medium-term & Long-term Loans
1978	33.24	15.80	11.02	4.02	2.40		80.14	0.28
1979	44.59	19.34	12.63	5.77	3.10		88.74	0.43
1980	44.92	23.83	8.99	7.96	3.55	0.59	102.66	2.82
1981	53.25	25.08	10.23	9.70	4.70	3.54	107.73	5.64
1982	68.05	32.97	11.73	12.50	6.18	4.67	112.61	8.70
1983	75.83	35.62	11.58	16.67	7.85	4.11	125.38	10.70
1984	95.52	45.76	10.98	22.19	6.87	9.72	138.99	14.21
1985	114.25	58.48	13.82	29.38	4.52	8.05	191.04	19.63
1986	129.14	63.22	11.32	40.52	5.61	8.48	224.49	26.59
1987	156.48	70.41	12.65	54.95	6.77	11.70	260.12	32.35
1988	176.44	72.77	14.35	62.72	9.45	17.16	296.18	35.47
1989	203.44	70.24	16.20	89.71	8.51	18.79	341.60	37.55
1990	263.21	86.66	19.15	126.92	9.42	21.07	415.91	50.00
1991	336.56	106.84	24.73	163.18	13.15	28.67	487.43	73.88
1992	467.81	157.39	23.50	202.66	18.51	65.75	624.82	105.67
1993	586.12	193.71	23.78	269.70	21.75	77.19	768.57	143.93
1994	800.56	301.12	24.26	394.50	18.26	62.43	927.05	210.87
1995	1079.97	385.21	37.59	549.97	22.87	84.33	1113.95	262.01
1996	1399.06	527.68	28.54	724.91	25.82	98.64	1357.38	305.50
1997	1634.95	638.88	26.22	863.36	28.76	77.73	1502.91	298.81
1998	1860.84	655.38	12.53	1020.14	34.28	138.50	1629.12	302.69
1999	2060.02	736.03	45.78	1130.19	37.94	110.08	1825.26	405.04
2000	2281.55	871.31	53.97	1172.40	44.10	139.76	1863.60	431.27
2001	2562.55	946.89	63.82	1284.95	56.32	210.56	2159.86	637.76
2002	3018.26	1115.35	102.30	1486.38	73.86	240.37	2519.04	846.93
2003	4033.51	1542.75	136.89	1825.32	164.72	363.83	3426.02	1468.35
2004	4729.61	1823.00	182.03	2116.73	157.14	450.71	3821.38	1789.78
2005	5684.40	2185.23	234.75	2462.41	163.66	638.35	4417.45	2203.93
2006	6531.94	2661.96	250.26	2811.02	189.50	619.20	5106.94	2756.82
2007	7856.65	3344.20	387.05	3078.72	237.47	809.21	6131.63	3473.96
2008	9490.11	3617.14	401.85	3956.86	288.59	1225.67	7277.46	4235.22
2009	13390.21	5879.48	664.82	4860.12	425.77	1560.02	10513.44	6950.44
2010	15912.21	6695.81	1072.78	5525.28	558.47	2059.86	12864.75	8856.51

注：1. 中长期贷款1994年以前为固定资产贷款，1998年起中长期贷款中含中期流动资金贷款。2. 农业存款1996年以前为农村存款。3. 信托类贷款及其他含票据融资款及垫款。4. 表17-3同。

Note: a) Before 1994, medium-term & long-term loans referred to fixed assets loans, and including medium-term circulating capital loans since 1998. b) Agricultural deposits referred to rural deposits before 1996. c) Trust loans and others include bill financing and all advanced money. d) Same as table 17-3.

17-3 中资银行机构人民币存贷款余额（1978—2010年）
RMB Saving Deposits and Loans of Chinese Banking Institutions, 1978-2010

单位：亿元 (100 million yuan)

年份 Year	存款合计 Total Deposits	企业存款 Deposits of Enterprises	财政性存款 Treasury Deposits	储蓄存款 Saving Deposits	农业存款 Agricultural Deposits	信托及其他类存款 Trust Deposits and Others	贷款合计 Total Loans	#中长期贷款 Medium-term & Long-term Loans
1978	32.85	15.80	11.02	3.64	2.40		80.14	0.28
1979	40.30	19.34	12.63	5.23	3.10		88.74	0.43
1980	44.05	23.83	8.99	7.10	3.55	0.59	102.66	2.82
1981	51.93	25.08	10.23	8.39	4.70	3.54	107.73	5.64
1982	66.12	32.97	11.73	10.57	6.18	4.67	112.61	8.70
1983	72.70	35.62	11.58	13.54	7.85	4.11	125.38	10.70
1984	91.38	45.76	10.98	18.06	6.87	9.72	138.99	14.21
1985	111.14	58.48	13.82	23.77	7.03	8.05	181.00	19.63
1986	122.55	63.31	11.08	32.48	9.58	6.10	217.77	26.59
1987	143.36	69.84	12.38	43.81	10.61	6.71	247.39	32.35
1988	157.55	70.71	14.82	49.83	12.83	9.35	277.08	35.47
1989	180.08	68.11	16.20	72.30	11.80	11.68	320.59	37.55
1990	236.31	83.78	19.15	101.88	18.58	12.92	387.72	50.00
1991	297.65	103.33	24.73	130.31	22.86	16.43	449.95	73.88
1992	376.19	141.99	23.50	160.47	24.27	25.96	539.53	105.67
1993	461.52	158.42	23.77	215.28	28.74	35.29	655.99	143.93
1994	596.96	250.75	24.26	317.46	2.31	2.18	788.51	203.97
1995	812.45	321.99	37.59	445.14	2.89	4.83	898.43	257.00
1996	1071.75	443.35	28.54	593.35	2.59	3.93	1147.90	303.03
1997	1415.43	630.45	26.22	741.43	2.70	14.62	1334.79	297.02
1998	1605.63	648.00	12.53	880.82	2.78	61.50	1427.53	301.56
1999	1801.79	728.74	45.69	975.06	2.89	49.41	1606.22	404.36
2000	2000.58	861.62	53.88	1011.47	2.54	71.07	1635.99	430.05
2001	2255.95	934.36	63.67	1117.34	3.76	136.83	1918.86	634.26
2002	2672.47	1090.57	102.16	1308.25	3.69	167.80	2233.48	841.14
2003	3482.63	1466.20	136.63	1593.74	4.33	281.73	2973.90	1460.80
2004	4096.92	1763.90	175.18	1815.25	7.60	334.99	3301.60	1782.72
2005	5006.21	2118.82	234.58	2117.56	5.06	530.19	3887.17	2198.34
2006	6022.91	2624.63	249.77	2528.18	88.08	532.25	4776.70	2744.97
2007	7094.80	3280.46	386.15	2492.63	126.89	808.67	5783.67	3462.90
2008	8836.65	3534.82	369.84	3735.31	257.53	939.15	6854.00	4197.48
2009	12999.61	5809.04	664.11	4621.53	367.87	1440.07	9830.72	6912.26
2010	15774.35	6606.59	1072.78	5525.28	558.47	2011.21	11968.88	8818.14

17-4 中资金融机构现金收支与投放（1995—2010年）
Cash Income, Payout and Issuance of Chinese Financial Institutions, 1995-2010

单位：亿元 (100 million yuan)

年 份 Year	现金收入 Cash Income	现金支出 Cash Payout	投 放 Currency Issuance
1995	1285.46	1275.46	-10.00
1996	1696.42	1704.67	8.25
1997	2637.49	2636.20	-1.29
1998	3209.96	3218.63	8.67
1999	3673.32	3689.52	16.20
2000	4277.52	4268.38	-9.14
2001	4782.14	4793.23	11.09
2002	5081.47	5126.79	45.32
2003	6561.94	6651.99	90.05
2004	8689.80	8779.70	89.90
2005	9675.45	9779.48	104.03
2006	11120.24	11267.11	146.87
2007	13068.67	13252.20	183.53
2008	12460.05	12757.17	296.79
2009	13196.44	13505.31	308.87
2010	15012.95	15454.77	441.82

注：投放栏中的负数表示现金回笼。
Note: A negative amount in currency issue indicates cash withdrawn.

17-5 中外资金融机构存贷款余额（2007—2010年）
Saving Deposits and Loans Balance of Chinese & Foreign Financial Institutions, 2007-2010

单位：亿元 (100 million yuan)

项 目		2007	2008	2009	2010
存款余额（折人民币）	**Saving Deposits Balance (as RMB)**	**8242.07**	**9954.16**	**13887.11**	**16499.25**
中资金融机构	Chinese Financial Institutions	8116.19	9726.64	13637.31	16179.94
人民币	RMB	7856.65	9490.11	13390.21	15912.21
外汇(亿美元)	Foreign Exchange (USD 100 million)	35.54	34.62	36.19	40.43
外资金融机构	Foreign-funded Financial Institutions	125.88	227.52	249.80	319.31
外汇(亿美元)	Foreign Exchange (USD 100 million)	7.15	16.28	13.39	13.41
人民币	RMB	73.67	116.25	158.35	230.49
贷款余额（折人民币）	**Loans Balance (as RMB)**	**6543.83**	**7689.12**	**11152.19**	**13774.11**
中资金融机构	Chinese Financial Institutions	6345.25	7501.98	10937.95	13422.51
人民币	RMB	6131.63	7277.46	10513.44	12864.75
外汇(亿美元)	Foreign Exchange (USD 100 million)	29.25	32.84	62.17	84.22
外资金融机构	Foreign-funded Financial Institutions	198.57	187.15	214.24	351.60
外汇(亿美元)	Foreign Exchange (USD 100 million)	12.20	11.89	12.06	15.82
人民币	RMB	109.44	105.83	131.88	246.81

17-6 中外资金融机构本外币信贷资金平衡表
RMB & Foreign Currency Credit Funds Balance Sheet of Chinese & Foreign Financial Institutions

单位：亿元 (100 million yuan)

项　目	Item	2009	2010	2010比2009年增长(%) Increase Rate in 2010 over 2009 (%)
资金来源合计	**All Sources**	**11695.02**	**14845.87**	**22.9**
各项存款余额总计	Total Deposits Balance	13887.11	16499.25	18.8
企事业存款	Deposits of Enterprises and Institutions	6240.66	7139.55	14.4
活期存款	Current Deposits	4449.87	5408.79	21.5
定期存款	Fixed Deposits	1790.79	1730.75	-3.4
储蓄存款	Saving Deposits	4973.05	5634.34	13.3
活期存款	Current Deposits	1571.82	1894.53	20.5
定期存款	Fixed Deposits	3401.22	3739.81	10.0
委托存款	Entrust Deposits	101.98	120.86	18.5
其他存款	Other Deposits	2571.42	3604.51	40.2
所有者权益	Owner's Equity	499.88	663.71	32.8
其　他	Others	-2691.97	-2317.09	0.4
资金运用合计	**All Uses**	**11695.02**	**14845.87**	**22.9**
各项贷款余额总计	Total Loans Balance	11152.19	13774.11	23.5
短期贷款	Short-term Loans	2777.18	3016.51	8.6
中长期贷款	Medium-term and Long-term Loans	7256.78	9264.71	27.7
委托贷款	Entrust Loans	2.92	12.37	260.0
其他贷款	Other Loans	568.74	1027.33	80.6
票据融资	Bill Financing	541.21	450.24	-16.8
各项垫款	Money Advanced	5.36	2.94	-45.1
有价证券及投资	Securities & Investment	542.83	1071.26	15.7

注：表中增长速度按可比口径计算。表17-7、17-8、17-9、17-17同。
Note: The increase rates are calculated at constant coverage. Same as following table 17-7, 17-8, 17-9, 17-17.

17-7 中资金融机构人民币各项存贷款余额(2010年)
RMB Saving Deposits and Loans Balance of Chinese Financial Institutions, 2010

单位：亿元 (100 million yuan)

项　目	Item	2010	2010比2009年增长(%) Increase Rate in 2010 over 2009 (%)
各项存款总计	**Total Deposits**	**15912.21**	**18.8**
企业存款	Deposits of Enterprises	6695.81	13.9
财政性存款	Treasury Deposits	1072.78	61.4
储蓄存款	Saving Deposits	5525.28	13.7
# 定期储蓄	Fixed Deposits	3659.06	10.4
农业存款	Agricultural Deposits	558.47	31.2
信托类存款	Trust Deposits	118.63	18.7
其他类存款	Other Deposits	1941.23	35.2
各项贷款总计	**Total Loans**	**12864.75**	**22.4**
境内贷款	Domestic Loans	12864.73	22.4
短期贷款	Short-term Loans	2774.81	7.1
个人贷款及透支	Personal Loans and Overdraft	126.07	-1.2
# 个人消费贷款	Personal Consumption Loans	20.74	60.0
单位贷款及透支	Units Loans and Overdraft	2377.00	-1.9
# 经营贷款	Business Loans	2311.15	
固定资产贷款	Investment in Fixed Assets Loans	65.17	
普通并购贷款	Merge Loans	0.85	
银团贷款	Syndicated Loans	23.36	
贸易融资	Trade Financing	247.53	520.0
中长期贷款	Medium-term & Long-term Loans	8856.51	27.4
个人贷款	Personal Loans	1296.25	35.7
# 个人消费贷款	Personal Consumption Loans	1196.64	35.2
单位贷款	Units Loans	6763.85	21.9
# 经营贷款	Business Loans	1577.70	
固定资产贷款	Investment in Fixed Assets Loans	5186.14	
普通并购贷款	Merge Loans	18.46	
银团贷款	Syndicated Loans	775.95	74.5
贸易融资	Trade Financing	2.00	
信托贷款	Trust Loans	1.80	
融资租赁	Financing Lease	798.53	87.1
委托贷款	Entrust Loans	10.57	260.0
票据融资	Bill Financing	420.13	-21.9
各项垫款	Money Advanced	2.38	-50.1
境外贷款	Overseas Loans	0.02	

注：根据人民银行统计制度，自2010年始各项贷款指标分组有调整，部分增长率不可比，表17-8同。
Note: According to the statistical system of People's Bank, group of loans has adjusted since 2010, and some increase rates are not comparable. Same as table 17-8.

17-8 中资银行机构人民币各项存贷款余额(2010年)
RMB Saving Deposits and Loans Balance of Chinese Banking Institutions, 2010

单位：亿元 (100 million yuan)

项　目	Item	2010	2010比2009年增长(%) Increase Rate in 2010 over 2009 (%)
各项存款总计	**Total Deposits**	**15774.35**	**21.3**
企业存款	Deposits of Enterprises	6606.59	13.7
财政性存款	Treasury Deposits	1072.78	61.5
储蓄存款	Saving Deposits	5525.28	13.7
# 定期储蓄	Fixed Deposits	3659.06	10.4
农业存款	Agricultural Deposits	558.47	31.2
其他类存款	Other Deposits	2011.21	30.9
各项贷款总计	**Total Loans**	**11968.88**	**21.8**
境内贷款	Domestic Loans	11968.86	21.8
短期贷款	Short-term Loans	2743.05	9.9
个人贷款及透支	Personal Loans and Overdraft	126.07	-1.2
# 个人消费贷款	Personal Consumption Loans	20.74	60.0
单位贷款及透支	Units Loans and Overdraft	2345.24	
# 经营贷款	Business Loans	2279.39	
固定资产贷款	Investment in Fixed Assets Loans	65.17	
普通并购贷款	Merge Loans	0.85	
银团贷款	Syndicated Loans	23.36	
贸易融资	Trade Financing	247.53	520.0
中长期贷款	Medium-term & Long-term Loans	8818.14	25.9
个人贷款	Personal Loans	1296.25	35.7
# 个人消费贷款	Personal Consumption Loans	1196.64	35.2
单位贷款	Units Loans	6725.48	
# 经营贷款	Business Loans	1577.70	
固定资产贷款	Investment in Fixed Assets Loans	5147.77	
普通并购贷款	Merge Loans	18.46	
银团贷款	Syndicated Loans	775.95	74.5
贸易融资	Trade Financing	2.00	
票据融资	Bill Financing	405.29	
各项垫款	Money Advanced	2.38	-50.1
境外贷款	Overseas Loans	0.02	

注：根据人民银行统计制度，自2010年始各项贷款指标分组有调整，部分增长率不可比。

Note: According to the statistical system of People's Bank, the division of total loans from 2010 adjusted, and some increase rates are incomparable.

17-9 中资金融机构现金收入和支出
Cash Income and Payout of Chinese Financial Institutions

单位：亿元 (100 million yuan)

项　目	Item	2009	2010	2010比2009年增长(%) Increase Rate in 2010 over 2009 (%)
现金收入总计	**Total Cash Income**	**13196.44**	**15012.95**	**13.8**
商品销售收入	Income from Commodity Sales	1374.32	1592.14	15.8
服务事业收入	Income from Services	371.19	411.06	10.7
税款收入	Income from Taxes	109.40	88.49	-19.1
城乡个体经营收入	Income from Urban and Rural Individual Business	320.11	339.62	6.1
储蓄存款收入	Income from Saving Deposits	10223.67	11647.95	13.9
其他金融机构收入	Income from Other Financial Institutions	41.56	47.32	13.9
居民归还贷款收入	Income from Repayment of Loans by Residents	116.54	71.36	-38.8
汇兑收入	Income from Remittances	78.10	69.62	-10.9
有价证券收入	Income from Securities	5.33	3.47	-35.0
其他收入	Others	556.20	741.94	33.4
现金支出总计	**Total Cash Payout**	**13505.31**	**15454.77**	**14.4**
工资性支出	Wages	643.47	622.48	-3.3
农副产品采购支出	Purchases of Agricultural and Sideline Products	128.73	130.16	1.1
工矿及其他产品采购支出	Expenditure for Purchases of Industrial and Mineral Products	115.00	107.90	-6.2
行政企事业管理费支出	Government and Enterprises Overhead	501.32	600.62	19.8
城乡个体经营支出	Expenditure for Individual Business	596.75	615.24	3.1
储蓄存款支出	Expenditure for Saving Deposits	10932.78	12791.29	17.0
其他金融机构支出	Expenditure for Other Financial Institutions	26.36	24.70	-6.3
居民提取贷款支出	Expenditure for Loans to Residents	38.70	19.35	-50.0
汇兑支出	Expenditure for Remittances	36.45	39.36	8.0
有价证券支出	Expenditure for Securities	3.87	4.99	28.8
其他支出	Others	481.89	498.67	3.5
货币投放(+)或回笼(-)	**Currency Issuance (+) and Cash Withdrawn (-)**	**+308.87**	**+441.82**	**43.0**

17-10 金融机构法定存款利率表（2007—2010年）
Official Interest Rates on Deposits of Financial Institutions, 2007-2010

单位：年利率%（% p. a.）

项　目	Item	2007年3月18日 Mar. 18, 2007	2007年5月19日 May 19, 2007	2007年7月21日 July 21, 2007	2007年8月22日 Aug. 22, 2007
个人人民币储蓄存款	RMB Personal Saving Deposits				
活　期	Current Deposits	0.72	0.72	0.81	0.81
定　期	Fixed Deposits				
三个月	3 Months	1.98	2.07	2.34	2.60
半　年	6 Months	2.43	2.61	2.88	3.15
一　年	1 Year	2.79	3.06	3.33	3.60
二　年	2 Years	3.33	3.69	3.96	4.23
三　年	3 Years	3.96	4.41	4.68	4.95
五　年	5 Years	4.41	4.95	5.22	5.49
存本取息、零存整取、整存零取	Three Convenient & Flexible Ways of Saving Deposits				
一　年	1 Year	1.98	2.07	2.34	2.61
三　年	3 Years	2.43	2.61	2.88	3.15
五　年	5 Years	2.79	3.06	3.33	3.60
企业单位存款	Enterprise Deposits				
活　期	Current Deposits	0.72	0.72	0.81	0.81
定　期	Fixed Deposits				
三个月	3 Months	1.98	2.07	2.34	2.60
半　年	6 Months	2.43	2.61	2.88	3.15
一　年	1 Year	2.79	3.06	3.33	3.60
二　年	2 Years	3.33	3.69	3.96	4.23
三　年	3 Years	3.96	4.41	4.68	4.95
五　年	5 Years	4.41	4.95	5.22	5.49

项　目	Item	2007年9月15日 Sept. 15, 2007	2007年12月21日 Dec. 21, 2007	2008年9月16日 Sept. 16, 2008	2008年10月9日 Oct. 9, 2008
个人人民币储蓄存款	RMB Personal Saving Deposits				
活　期	Current Deposits	0.81	0.72	0.72	0.72
定　期	Fixed Deposits				
三个月	3 Months	2.88	3.33	3.33	3.15
半　年	6 Months	3.42	3.78	3.78	3.51
一　年	1 Year	3.87	4.14	4.14	3.87
二　年	2 Years	4.50	4.68	4.68	4.41
三　年	3 Years	5.22	5.40	5.40	5.13
五　年	5 Years	5.76	5.85	5.85	5.58
存本取息、零存整取、整存零取	Three Convenient & Flexible Ways of Saving Deposits				
一　年	1 Year	2.88	3.33	3.33	3.15
三　年	3 Years	3.42	3.78	3.78	3.51
五　年	5 Years	3.87	4.14	4.14	3.87
企业单位存款	Enterprise Deposits				
活　期	Current Deposits	0.81	0.72	0.72	0.72
定　期	Fixed Deposits				
三个月	3 Months	2.88	3.33	3.33	3.15
半　年	6 Months	3.42	3.78	3.78	3.51
一　年	1 Year	3.87	4.14	4.14	3.87
二　年	2 Years	4.50	4.68	4.68	4.41
三　年	3 Years	5.22	5.40	5.40	5.13
五　年	5 Years	5.76	5.85	5.85	5.58

17-10 续表 *Continued*

单位：年利率% (% p. a.)

项　目 Item	2008年10月30日 Oct. 30, 2008	2008年11月27日 Nov. 27, 2008	2008年12月23日 Dec. 23, 2008	2010年10月20日 Oct. 20, 2008	2010年12月26日 Dec. 26, 2010
个人人民币储蓄存款 **RMB Personal Saving Deposits**					
活　期 **Current Deposits**	**0.72**	**0.36**	**0.36**	**0.36**	**0.36**
定　期 **Fixed Deposits**					
三个月 3 Months	2.88	1.98	1.71	1.91	2.25
半　年 6 Months	3.24	2.25	1.98	2.20	2.50
一　年 1 Year	3.60	2.52	2.25	2.50	2.75
二　年 2 Years	4.14	3.06	2.79	3.25	3.55
三　年 3 Years	4.77	3.60	3.33	3.85	4.15
五　年 5 Years	5.13	3.87	3.60	4.20	4.55
存本取息、零存整取、整存零取 **Three Convenient & Flexible Ways of Saving Deposits**					
一　年 1 Year	2.88	1.98	1.71	1.91	2.25
三　年 3 Years	3.24	2.25	1.98	2.20	2.50
五　年 5 Years	3.60	2.52	2.25	2.50	2.75
企业单位存款 **Enterprise Deposits**					
活　期 **Current Deposits**	**0.72**	**0.36**	**0.36**	**0.36**	**0.36**
定　期 **Fixed Deposits**					
三个月 3 Months	2.88	1.98	1.71	1.91	2.25
半　年 6 Months	3.24	2.25	1.98	2.20	2.50
一　年 1 Year	3.60	2.52	2.25	2.50	2.75
二　年 2 Years	4.14	3.06	2.79	3.25	3.55
三　年 3 Years	4.77	3.60	3.33	3.85	4.15
五　年 5 Years	5.13	3.87	3.60	4.20	4.55

17-11 金融机构法定贷款利率表（2007—2010年）
Official Interest Rates on Loans of Financial Institutions, 2007-2010

单位：年利率% (% p. a.)

项　目	Item	2007年3月18日 Mar. 18, 2007	2007年5月19日 May 19, 2007	2007年7月21日 July 21, 2007
短期贷款	**Short-term Loans**			
一般流动资金	General Circulating Funds			
半年以内	Less than 6 Months	5.67	5.85	6.03
一年(六个月至一年)	1 Year (6 months to 1 year)	6.39	6.57	6.84
长期贷款	**Long-term Loans**			
基本建设贷款	Loans to Capital Construction			
一年以上至三年	1-3 Years	6.57	6.75	7.02
三年以上至五年	3-5 Years	6.75	6.93	7.20
五年以上至十年	5-10 Years	7.11	7.20	7.38
住房贷款	**Housing Loans**			
个人住房公积金贷款	Accumulation Fund Loans			
五年以内	Less than 5 Years	4.32	4.41	4.50
五年以上	More than 5 Years	4.77	4.86	4.95

项　目	Item	2007年8月22日 Aug. 22, 2007	2007年9月15日 Sept. 15, 2007	2007年12月21日 Dec. 21, 2007
短期贷款	**Short-term Loans**			
一般流动资金	General Circulating Funds			
半年以内	Less than 6 Months	6.21	6.48	6.57
一年(六个月至一年)	1 Year (6 months to 1 year)	7.02	7.29	7.47
长期贷款	**Long-term Loans**			
基本建设贷款	Loans to Capital Construction			
一年以上至三年	1-3 Years	7.20	7.47	7.56
三年以上至五年	3-5 Years	7.38	7.65	7.74
五年以上至十年	5-10 Years	7.56	7.83	7.83
住房贷款	**Housing Loans**			
个人住房公积金贷款	Accumulation Fund Loans			
五年以内	Less than 5 Years	4.59	4.77	4.77
五年以上	More than 5 Years	5.04	5.22	5.22

17-11 续表 *Continued*

项　目	Item	2008年9月16日 Sept. 16, 2008	2008年10月9日 Oct. 9, 2008	2008年10月30日 Oct. 30, 2008
短期贷款	**Short-term Loans**			
一般流动资金	General Circulating Funds			
半年以内	Less than 6 Months	6.21	6.12	6.03
一年(六个月至一年)	1 Year (6 months to 1 year)	7.20	6.93	6.66
长期贷款	**Long-term Loans**			
基本建设贷款	Loans to Capital Construction			
一年以上至三年	1-3 Years	7.29	7.02	6.75
三年以上至五年	3-5 Years	7.56	7.29	7.02
五年以上至十年	5-10 Years	7.74	7.47	7.20
住房贷款	**Housing Loans**			
个人住房公积金贷款	Accumulation Fund Loans			
五年以内	Less than 5 Years	4.59	4.32	4.05
五年以上	More than 5 Years	5.13	4.86	4.59

项　目	Item	2008年11月27日 Nov. 27, 2008	2008年12月23日 Dec. 23, 2008	2010年10月20日 Oct. 20, 2010	2010年12月26日 Dec. 26, 2010
短期贷款	**Short-term Loans**				
一般流动资金	General Circulating Funds				
半年以内	Less than 6 Months	5.04	4.86	5.10	5.35
一年(六个月至一年)	1 Year (6 months to 1 year)	5.58	5.31	5.56	5.81
长期贷款	**Long-term Loans**				
基本建设贷款	Loans to Capital Construction				
一年以上至三年	1-3 Years	5.67	5.40	5.60	5.85
三年以上至五年	3-5 Years	5.94	5.76	5.96	6.22
五年以上至十年	5-10 Years	6.12	5.94	6.14	6.40
住房贷款	**Housing Loans**				
个人住房公积金贷款	Accumulation Fund Loans				
五年以内	Less than 5 Years	3.51	3.33	3.50	3.75
五年以上	More than 5 Years	4.05	3.87	4.05	4.3

17-12 个人贷款总额(2007—2010年)
Total Amount of Personal Loans, 2007-2010

单位：亿元 (100 million yuan)

指　标	Item	2007	2008	2009	2010
个人贷款总额	**Total Amount of Personal Loans**	**921.83**	**994.22**	**1386.82**	**1895.53**
# 个人消费贷款	Personal Consumption Loans	575.09	622.18	912.03	1246.23
# 个人住房贷款	Housing Mortgage Loans	531.00	565.17	832.69	1116.00
汽车消费贷款	Car Consumption Loans	9.61	10.41	10.36	10.28
公积金贷款	Accumulation Fund Loans	261.20	289.37	389.73	473.63
个人住房贷款占个人消费贷款额比重(%)	**Percentage of Housing Mortgage Loans In Personal Consumption Loans (%)**	**92.3**	**90.8**	**91.3**	**89.6**

注：“个人贷款总额”取自“贷款分行业”报表。
Note: Total amount of personal loans are collected from statement of "loans by sector".

17-13 国内上市公司首发股票情况(1993—2010年)
Number of IPO of Domestic Listed Companies, 1993-2010

单位：个 (unit)

年 份 Year	全市总计 Total	发行地 Place of IPO		股票类别 Share Category			
		上交所 Shanghai Stock Exchange	深交所 Shenzhen Stock Exchange	仅发A股公司 A Share Only	仅发B股公司 B Share Only	发A、B股公司 A&B Share	创业板 GEM
1993	2	1	1	2			
1994	1	1		1			
1995	1	1		1			
1996	5	3	2	3		2	
1997	4	2	2	4			
1998	1	1		1			
1999	2		2	2			
2000	2	1	1	2			
2001	5	5		5			
2002	2	2		2			
2003	1	1		1			
2004							
2005							
2006							
2007	4	2	2	4			
2008							
2009	1			1			1
2010	6		6	6			2

17-14 天津股份制企业国内首次发行股票一览表
Domestic List of IPO of Tianjin Enterprises

名　称	Name	股票面值 (元) Par Value of Stocks (yuan)	发行价 (元) Issued Price (yuan)	总股本 (万股) General Capitalization (10 000 shares)	发行量 (万股) Issued Volume (10 000 shares)	筹资额 (万元) Capital Raised (10 000 yuan)
1993年	**Year of 1993**					
广宇发展	Guangyu Development	1.00	3.68	51271.76	3340.00	11957.20
ST磁卡	ST Global Magnetic Card	1.00	3.10	61127.10	2610.00	
1994年	**Year of 1994**					
津劝业	Tianjin Quanyechang	1.00	1.50	41626.82	4050.00	
1995年	**Year of 1995**					
创业环保	Capital Environmental Protection	1.00	2.50	142722.84	6898.00	16000.00
1996年	**Year of 1996**					
国恒铁路	Guoheng Railway	1.00	1.00	124480.99	1400.00	
泰达股份	TEDA	1.00	2.80	147557.39	2630.88	
天津港	Tianjin Port	1.00	1.40	167476.91	9977.98	13800.00
SST天海	SST Tianhai	1.00	1.50	49264.88	4756.00	
ST天海B	ST Tianhai B	1.00	0.26	49264.88	9000.00	
1997年	**Year of 1997**					
滨海能源	Binhai Energy	1.00	2.20	22214.75	5000.00	10932.00
鑫茂科技	Xinmao Tech	1.00	5.04	22499.83	3000.00	14400.00
中储股份	China National Materials Storage & Transportation	1.00	4.10	84010.28	1900.00	7433.00
海泰发展	Hitech Development	1.00	5.18	64611.58	3000.00	15036.00
1998年	**Year of 1998**					
中体产业	China Sport Industry	1.00	5.80	80355.75	4500.00	25075.00
1999年	**Year of 1999**					
津滨发展	Jinbin Development	1.00	4.65	161727.22	7000.00	31413.10
一汽夏利	Faw Xiali	1.00	6.00	159517.40	21800.00	128142.90
2000年	**Year of 2000**					
天保基建	Tianbao Construction	1.00	4.60	46155.81	7000.00	31088.00
天津松江	Tianjin Songjiang	1.00	5.30	59298.12	4500.00	22590.00
2001年	**Year of 2001**					
天房发展	Tianfang Development	1.00	5.00	110570.00	12100.00	53762.50
中新药业	Zhongxin Pharmaceuticals	1.00	10.00	36965.44	4000.00	38410.00
鼎盛天工	Dingsheng Tianjin Industry	1.00	6.00	27595.72	3500.00	20000.00
百利电气	Benefo Electric	1.00	6.60	31680.00	3000.00	18620.00
天药股份	Tianyao Share	1.00	11.25	54289.00	4500.00	49214.79
2002年	**Year of 2002**					
天士力	Tasly	1.00	14.70	48800.00	5000.00	71125.68
海油工程	Offshore Oil Engineering	1.00	9.60	324120.00	8000.00	75038.00
2003年	**Year of 2003**					
中金黄金	Zhongjin Gold	1.00	4.05	79060.60	10000.00	38829.25
2007年	**Year of 2007**					
中环股份	Zhonghuan Share	1.00	5.81	48282.96	10000.00	55659.63
天津普林	Tianjin Printronics	1.00	8.28	24584.98	5000.00	39070.67
中海油服	China Offshore Oil Service	1.00	13.48	449532.00	50000.00	659875.54
中国远洋	China Ocean Shipping	1.00	8.48	1021627.44	178386.74	1488114.51
2009年	**Year of 2009**					
红日药业	Chase Sun Pharmaceuticals	1.00	60.00	5034.20	1259.00	72075.93
2010年	**Year of 2010**					
赛象科技	Saixiang Technology	1.00	31.00	12000.00	3000.00	93000.00
力生制药	Lisheng Pharmaceuticals	1.00	45.00	18245.50	4600.00	207000.00
九安医疗	Andon Health	1.00	19.38	12400.00	3100.00	60100.00
经纬电材	Jingwei Electric Wire	1.00	21.00	11310.00	2200.00	46200.00
瑞普生物	Ringpu Bio-technology	1.00	60.00	14829.60	1860.00	111600.00
天汽模	TQM Automobile Part	1.00	17.50	20576.00	5200.00	91000.00

注：总股本为截至2010年12月31日的数据。
Note: Data of general capitalization are figures until Dec. 31, 2010.

17-15 保险机构
Insurance Institutions

单位：个 (unit)

项　目	Item	2009	2010
合　计	**Total**	**605**	**613**
保险公司机构	**Insurance Companies**	**520**	**531**
# 总公司	Parent Companies	4	4
# 中外合资、外资公司	Joint-venture and Sole Foreign Investment Companies	3	3
分公司	Divisions	38	42
支公司	Sub-divisions	163	168
营销服务部	Operation & Service Offices	315	317
专业保险中介机构	**Professional Insurance Intermediary Institutions**	**83**	**81**
保险代理公司	Insurance Agent Companies	54	50
保险公估公司	Insurance Assessment Companies	9	9
保险经纪公司	Insurance Broker Companies	20	22
外资保险公司代表处	**Agencies of Foreign-founded Insurance Companies**	**2**	**1**

注：本表中支公司包含中心支公司和营业部。
Note: In this table, sub-divisions insurance companies include sub-divisions insurance center companies and sales departments.

17-16 保险业务主要指标（1995—2010年）
Main Indicators of Insurance Business, 1995-2010

年　份 Year	保险金额 (亿元) Amount Insured (100 million yuan)	保　费 (万元) Premium (10 000 yuan)	# 人身险 Personal Insurance	# 财产险 Property Insurance	赔款及给付 (万元) Claim and Payment (10 000 yuan)	# 人身险 Personal Insurance	# 财产险 Property Insurance
1995	2274.74	123655	31588	61338	52985	6545	30973
1996	2488.21	171768	63373	74399	62613	10186	33257
1997	3306.04	243377	125327	112401	83528	18334	61900
1998	3949.15	271654	161097	110557	70075	14206	55869
1999	4848.10	291382	175804	115578	69163	14703	54460
2000	3696.19	314663	191786	122877	71950	7714	64236
2001	5176.91	417049	276050	140999	119062	56364	62698
2002	5632.35	649698	505966	143732	114818	46513	68305
2003	6497.87	753098	597450	155648	173608	72493	101115
2004	9852.79	809874	622284	187590	174178	77905	96273
2005	12141.02	906391	688629	217762	174637	67284	107353
2006	16690.02	1051842	785664	266178	218608	92220	126388
2007	20068.17	1509092	1154858	354234	413417	242197	171221
2008	26065.40	1756212	1338017	418195	510252	300335	209917
2009	29295.34	1512873	1054914	457959	599226	304282	294944
2010	30410.48	2140074	1488739	651335	541885	222606	319278

17-17 保险业务情况
Basic Statistics on Insurance Business

项　目	Item	2009	2010	2010比2009年增长(%) Increase Rate in 2010 over 2009 (%)
保险金额(亿元)	**Amount Insured (100 million yuan)**	**29295.34**	**30410.48**	**3.8**
财产保险	Property Insurance	15665.13	20966.73	33.8
人身保险	Personal Insurance	13630.21	9443.75	-30.7
保　费(万元)	**Premium (10 000 yuan)**	**1512872.70**	**2140074.43**	**41.5**
财产保险	Property Insurance	457959.19	651335.45	42.2
#机动车辆保险	Motor Vehicle Insurance	316655.85	475451.06	50.1
人寿保险	Life Insurance	924958.80	1339098.16	44.8
人身意外伤害保险	Unforeseen Human Injury Insurance	26842.00	33782.72	25.9
健康保险	Health Insurance	103112.71	115858.1	12.4
赔款及给付额 (万元)	**Claim and Payment (10 000 yuan)**	**599225.95**	**541884.66**	**-9.6**
财产保险	Property Insurance	294943.67	319278.33	8.3
#机动车辆保险	Motor Vehicle Insurance	205315.08	211027.47	2.8
人寿保险	Life Insurance	262056.50	176605.89	-32.6
人身意外伤害保险	Unforeseen Human Injury Insurance	6131.29	6807.34	11.0
健康保险	Health Insurance	36094.48	39193.10	8.6
保险密度(元)	**Insurance Density (yuan)**	**1231.82**	**1682.45**	**36.6**
财产保险	Property Insurance	372.88	512.06	37.3
人身保险	Personal Insurance	858.94	1170.39	36.3
保险深度(%)	**Insurance Depth (%)**	**2.02**	**2.35**	
财产保险	Property Insurance	0.61	0.72	
人身保险	Personal Insurance	1.41	1.63	
赔付率(%)	**Claim and Payment Rate (%)**	**39.61**	**25.32**	
财产保险	Property Insurance	64.40	49.02	
人身保险	Personal Insurance	28.84	14.95	

注：人身保险金额为期末有效保险金额。
Note: Amount insured of personal insurance is the efficiency amount insured at the end of term.

17-18 外资（合资）银行、保险公司在津分行、代表处一览（2010年）
Branches or Offices of Foreign Investment (Joint Venture) Banks and Insurance Companies in Tianjin, 2010

名称 Name	行长、首席代表 Director	办公地址 Address
渣打银行(中国)有限公司天津分行 Standard Chartered Bank (China) Limited Tianjin Branch	石新宇 Edward	天津津汇广场1号楼1层、36层 Floor 1&36, Building 1, Exchange Office Tower of Tianjin
法国巴黎银行（中国)有限公司天津分行 BNP Paribas (China) Limited Tianjin Branch	宋宝成 Victor Song	天津津汇广场写字楼2座1102室 Rm. 1102, 11 Floor, Building 2, Exchange Office Tower of Tianjin
汇丰银行(中国)有限公司天津分行 HSBC Bank (China) Company Limited Tianjin Branch	辛 明 Xin Ming	天津远洋广场1层 Floor 1, Ocean Shipping Plaza of Tianjin
法国东方汇理银行股份有限公司天津分行 CALYON Tianjin Branch	许 燕 Jennifer Xu	天津国际大厦710室 Rm. 710, International Building of Tianjin
法国兴业银行(中国)有限公司天津分行 Societe Generale (China) Limited Tianjin Branch	刘洪涛 Harry Liu	天津国际大厦112室、508室、901室 Rm. 112, 508, 901, International Building of Tianjin
华侨银行(中国)有限公司天津分行 OCBC Bank (China) Limited Tianjin Branch	孙富杰 Sun Fujie	天津津汇广场2座28层 Floor 28, Building 2, Exchange Office Tower of Tianjin
摩根大通银行(中国)有限公司天津分行 JPMorgan Chase (China) Bank Tianjin Branch	魏玉琨 Wei Yukun	天津国际大厦1401室 Rm. 1401, International Building of Tianjin
韩国外换银行股份有限公司天津分行 Korea Exchange Bank Tianjin Branch	李彦基 Lee Eon Kee	天津市南京路92号增1号1层 Floor 1, 92-1 Nanjing Road, Tianjin
新韩银行(中国)有限公司天津分行 Shinhan Bank (China) Limited Tianjin Branch	宋永徽 Song Young Huy	天津国际大厦1901-1906室 Rm. 1901-1906, International Building of Tianjin
日本三井住友银行股份有限公司天津分行 Sumitomo Mitsui Banking Corporation Tianjin Branch	伊藤贵夫 Takao Ito .	天津津汇广场2座12层、1303室 Rm. 1303 & Floor 12, Building 2, Exchange Office Tower of Tianjin
三菱东京日联银行(中国)有限公司天津分行 Bank of Tokyo-Mitsubishi UFJ (China) Ltd., Tianjin Branch	宇佐美孝 Takashi Usami	天津国际大厦2110 Rm. 2110, International Building of Tianjin
企业银行(中国)有限公司天津分行 Industrial Bank of Korea (China) Limited. Tianjin Branch	李根燮 Lee Keun SuP	天津国际大厦911室 Rm. 911, International Building of Tianjin
瑞穗实业银行(中国)有限公司天津分行 Mizuho Corporate Bank (China) Ltd., Tianjin Branch	铃木完 Kan Suzuki	天津滨海金融街(东区)写字楼E2座ABC楼5层 Floor 5, Building E2-ABC, Financial Street, Binhai New Area Dist., Tianjin
花旗银行(中国)有限公司天津分行 Citibank (China) Co., Ltd., Tianjin Branch	滕红军 Teng Hongjun	天津津汇广场1号楼1801室 Rm. 1801, Building 1, Exchange Office Tower of Tianjin

17-18 续表 Continued

名　称 Name	行长、首席代表 Director	办公地址 Address
中德住房储蓄银行 Sino-German Bausparkasse	黄　皓 Huang Hao	天津市南京路19号增1号 No. 19-1, Nanjing Road, Tianjin
星展银行(中国)有限公司天津分行 DBS Bank (China) Limited Tianjin Branch	刘海勇 Liu Haiyong	天津津汇广场2座8层以及1层01-03A单元 Floor 8/01-03A of Floor 1, Building 2 Exchange Office Tower of Tianjin
东亚银行(中国)有限公司天津分行 The Bank of East Asia (China) Limited, Tianjin Branch	栗艳冰 Judy	天津市友谊北路47号 No. 47, Youyibei Road, Tianjin
恒生银行(中国)有限公司天津分行 Hang Seng Bank (China) Limited Tianjin Branch	宋伟光 Sung Waik Wong	天津国际大厦1601室 Rm. 1601, International Building of Tianjin
荷兰银行有限公司天津代表处 ABN AMRO Bank N. V., Tianjin Rep. Office	穆仁辉 Mu Renhui	天津国际大厦718室 Rm. 718, International Building of Tianjin
印度国家银行天津代表处 State Bank of India Tianjin Representative Office	戴文娟 Susan Dai	天津滨海金融街E4-C-215室 E4-C-215, Financial Street, Binhai New Area Dist., Tianjin
友利银行(中国)有限公司天津分行 Woori Bank (China) Limited Tianjin Branch	李性原 Lee Seong Won	天津市奥城商业广场1号楼 Building 1, Aocheng Commercial Square, Tianjin
华一银行天津分行 First Sino Bank, Tianjin Branch	黄永财 Huang Yung Tsai	天津市卫津路16号 No. 16, Weijin Road, Tianjin
德国商业银行股份有限公司天津分行 Commerzbank A. G., Tianjin Branch	Martin Miller	天津津汇广场2座34层 Floor 34, Building 2, Exchange Office Tower of Tianjin
大华银行(中国)有限公司天津分行 United Overseas Bank (China) Limited, Tianjin Branch	Ku Nyetfan	天津市河北路236号和238号 No. 236 & 238, Hebei Road, Tianjin
德意志银行(中国)有限公司天津分行 Deutsche Bank (China) Limited, Tianjin B.R.	熊　伟 Xiong Wei	天津津汇广场2座26层 Floor 26, Building 2, Exchange Office Tower of Tianjin
企业银行(中国)有限公司 Industrial Bank of Korea (China) Limited	文浩成 Wen Haocheng	天津津汇广场2座30、31层 Floor 30 & 31, Building 2, Exchange Office Tower of Tianjin
外换银行(中国)有限公司筹备组 Korean Exchange Bank (China) Limited, Preparatory Committee	郑尚铉 Zheng Shangxuan	天津市南京路92号增1号 No. 92-1, Nanjing Road, Tianjin
日本三井住友海上火灾保险公司天津代表处 Mitsui Sumitomo Insurance Co., Ltd., Tianjin Representative Office	今井孝行 Takayuki Imai	天津国际大厦2408室 Rm. 2408, International Building of Tianjin
日本东京海上日动火灾保险公司天津代表处 The Tokio Marine and Nichido Fire Insurance Co., Ltd. Tianjin Representative Office	唐金才 Tang Jincai	天津国际大厦1408室 Rm. 1408, International Building of Tianjin

主要统计指标解释
Explanatory Notes on Main Statistical Indicators

信贷资金

指金融机构以信用方式积聚和分配的货币资金。金融机构信贷资金的来源有各项存款、金融债券、对国际金融机构负债、流通中现金、其他项目等；信贷资金的运用有各项贷款、有价证券及投资、金银占款、外汇占款、财政借款及在国际金融机构中的资产等。

存　款

指企业、机关、团体或居民根据资金必须收回的原则，把货币资金存入金融机构保管并取得一定利息的一种信用活动形式。根据存款对象的不同可划分为企业存款、财政性存款、城乡储蓄存款、农村存款、信托及其他存款等，它是银行信贷资金的主要来源。

贷　款

指金融机构根据资金必须归还的原则，按一定利率，为企业、个人等提供资金的一种信用活动形式。我国银行贷款分为工业贷款、农业贷款、商业贷款、建筑业贷款、私营和个体贷款、乡镇企业贷款、中长期贷款、信托及其他贷款等。

保险公司

指在中国境内的、经过保险监督管理部门批准设立，并依法登记注册的各类商业保险公司。

保险金额

指保险人承担赔偿或者给付保险金责任的最高限额。

保　费

指投保人为取得保险人在约定范围内所承担赔偿责任而支付给保险人的费用。

赔　款

指保险人根据保险合同的规定，向被保险人支付的赔偿保险责任损失的金额。

给　付

包括死伤医疗给付和满期给付。死伤医疗给付是指保险人根据人寿保险及长期健康保险合同的规定，因被保险人在保险期内发生保险责任范围内的保险事故支付给被保险人（或受益人）的金额。满期给付是指被保险人生存期满，保险人按人寿保险合同规定支付给被保险人的满期保险金额。

保险密度

为按常住人口计算的人均保费收入。

保险深度

指保费收入相当于生产总值的比例。

主要统计指标解释
Explanatory Notes on Main Statistical Indicators

Credit Funds

refer to the monetary funds accumulated and distributed in the means of credit by the financial institutions. The sources of credit funds include various deposits, financial bonds, liabilities to international financial institutions, currency in circulation, other items. The uses of credit funds include loans, securities and investment, position for bullion and silver purchase, position for foreign exchange purchase, advances to treasury, and assets with international financial institutions.

Deposits

are a form of credit by which enterprises, institutions, organizations or households can put money into banks and other credit institutions for safekeeping and interest earning under the principle of free withdrawal. According to different depositors, deposits are divided into enterprise deposits, treasury deposits, urban and rural savings deposits, rural deposits, entrust and other deposits. Deposits are major sources of credit funds of banks.

Loans

are a form of credit by which banks and other credit institutions provide funds at certain interest rate to enterprises and individuals in the light of the principle of unconditional repayment. Loans from Chinese banks include industry loans, agriculture loans, commerce loans, construction loans, loans to private and individuals, township enterprises loans, medium & long term loans, entrust and other loans.

Insurance Companies

refer to commercial insurance companies of various forms registered by law and established in China with the approval of insurance regulatory agencies.

Amount Insured

refers to the maximum that the insurant will get for the claim of the case insured.

Premium

is the fee paid by the insurant to the insurer to obtain the obligation of compensation from the insurance within the agreed terms.

Claim

is the compensation paid by the insurer to insurant in accordance with the insurance contract.

Payment

includes payment for death, injury or medical treatment and mature payment. Payment for death, injury or medical treatment refers to the money paid to insurant (or the beneficiary) in accordance with the life or health insurance contract when the insurant encounters accidents within the insured period covered in the contract. Mature payment refers to the mature payment to the insurant in accordance with the life insurance contract at the end of the insured period.

Insurance Density

refers to per capita premiums which is based on permanent resident population.

Insurance Depth

refers to the proportion of premiums to gross domestic product.

18 教育和科技

Education, Science and Technology

18-1 各级各类学校基本情况（1995—2010年）
Basic Statistics by Level and Type of School, 1995-2010

单位：人 (person)

年份 Year	学校数(所) Number of Schools (unit)			毕业生数 Graduates			招生数 New Students Enrollment		
	高等学校 Institutions of Higher Education	中等学校 Secondary Schools	小学 Primary Schools	高等学校 Institutions of Higher Education	中等学校 Secondary Schools	小学 Primary Schools	高等学校 Institutions of Higher Education	中等学校 Secondary Schools	小学 Primary Schools
1995	25	1059	3216	20203	151024	156641	22055	229589	148922
1996	20	1098	3185	18429	156924	145705	22664	227918	144438
1997	20	1108	3030	19535	191798	133616	22016	230692	133012
1998	20	1091	2841	18342	219593	166618	23678	273472	115988
1999	21	1041	2642	19292	216950	156584	31670	254033	104452
2000	21	1006	2323	19022	220099	155253	45468	251777	100453
2001	33	1012	1307	19103	233427	147639	56066	249761	95492
2002	37	978	1208	27295	234711	133301	69453	244181	92955
2003	37	897	1136	40221	244398	132022	86115	259174	84963
2004	40	848	1099	51666	252596	114771	96182	250591	81603
2005	42	803	1062	69211	243305	106447	103616	234837	78373
2006	45	746	1023	81983	247421	106075	107920	230246	82102
2007	45	718	1003	92288	235801	105340	109474	219249	86424
2008	45	707	993	101728	235031	88171	118458	196703	89027
2009	55	690	983	101369	234663	91481	125183	193610	81303
2010	55	659	956	105354	218032	87178	133059	190535	82550

年份 Year	在校学生数 Students Enrollment			教职工数 Teachers, Staff and Workers			# 专任教师数 Full-time Teachers		
	高等学校 Institutions of Higher Education	中等学校 Secondary Schools	小学 Primary Schools	高等学校 Institutions of Higher Education	中等学校 Secondary Schools	小学 Primary Schools	高等学校 Institutions of Higher Education	中等学校 Secondary Schools	小学 Primary Schools
1995	68080	600243	884476	27421	74887	62499	10490	47196	51401
1996	71354	662873	879772	26203	76640	62207	9811	48771	51202
1997	73630	692918	877554	20775	77045	62054	9589	51309	51048
1998	78651	735764	826732	20349	77569	60500	9496	51643	49420
1999	90450	761741	773064	21001	79345	59002	9647	53012	48293
2000	117690	712762	717146	25952	80321	56948	10137	53844	46697
2001	153998	785891	665495	29953	77277	55311	12552	52732	45651
2002	196892	792772	627242	32019	76590	54237	14175	53386	44922
2003	245213	801680	585446	33371	75531	52603	15553	53706	43829
2004	286145	775673	554844	36400	73720	50989	18973	52270	42122
2005	331553	755915	533003	39434	72009	49629	21670	51835	41076
2006	357382	714146	516823	42229	70815	47916	24464	51920	39951
2007	371136	713839	514284	42391	69409	46304	25166	51930	38725
2008	386437	677772	520997	43447	69563	45850	26169	52806	38474
2009	405968	631117	507385	44611	67897	44999	27118	51466	37942
2010	429224	594309	505895	45194	65808	43990	28094	50149	37317

注：自2009年起高等院校数含独立学院。
Note: Data of Institutions of higher education include independent institutes, since 2009.

18-2 各级各类学校数、学生数和教职工数
Schools, Students and Teachers by Level and Type of School

单位：人 (person)

学校类别	Item	学校数(所) Number of Schools (unit)		毕业生数 Graduates		招生数 New Students Enrollment	
		2009	2010	2009	2010	2009	2010
合　计	**Total**	**1728**	**1670**	**427513**	**410564**	**400096**	**406144**
高等学校	Institutions of Higher Education	55	55	101369	105354	125183	133059
中等专业学校	Specialized Secondary Schools	41	43	36219	32906	23936	24948
技工学校	Secondary Technical Schools	44	39	14629	14095	9979	9823
职业中学	Vocational Secondary Schools	34	31	16318	11616	11771	9812
普通中学	Regular Secondary Schools	571	546	167497	159415	147924	145952
高　中	Senior Secondary Schools	218	214	70624	65951	60871	62061
初　中	Junior Secondary Schools	353	332	96873	93464	87053	83891
小　学	Primary Schools	983	956	91481	87178	81303	82550

学校类别	Item	在校学生数 Students Enrollment		教职工数 Teachers, Staff and Workers		# 专任教师数 Full-time Teachers	
		2009	2010	2009	2010	2009	2010
合　计	**Total**	**1544470**	**1529428**	**157507**	**154992**	**116526**	**115560**
高等学校	Institutions of Higher Education	405968	429224	44611	45194	27118	28094
中等专业学校	Specialized Secondary Schools	81070	74802	7003	7252	4642	4832
技工学校	Secondary Technical Schools	39513	30054	3762	3409	2368	2092
职业中学	Vocational Secondary Schools	35949	30892	4053	3369	2992	2507
普通中学	Regular Secondary Schools	474585	458561	53079	51778	41464	40718
高　中	Senior Secondary Schools	187554	185153	30553		14993	14819
初　中	Junior Secondary Schools	287031	273408	22526		26471	25899
小　学	Primary Schools	507385	505895	44999	43990	37942	37317

18-3 平均每万人口拥有学生数（2007—2010年）
Number of Student Enrollment per 10 000 Persons, 2007-2010

单位：人 (person)

项目	Item	2007	2008	2009	2010
合计	**Total**	**1461**	**1384**	**1285**	**1210**
高等学校	Institutions of Higher Education	339	337	338	340
中等学校	Secondary Schools	654	592	525	470
中等专业学校	Specialized Secondary Schools	80	78	67	59
技工学校	Secondary Technical Schools	44	38	33	24
职业中学	Vocational Secondary Schools	44	41	30	24
普通中学	Regular Secondary Schools	484	435	395	363
高中	Senior Secondary Schools	191	170	156	147
初中	Junior Secondary Schools	293	265	239	216
小学	Primary Schools	470	455	422	400

18-4 平均每一教师负担学生数（2007—2010年）
Student-teacher Ratio, 2007-2010

单位：人 (person)

项目	Item	2007	2008	2009	2010
合计	**Total**	**14**	**14**	**13**	**13**
高等学校	Institutions of Higher Education	15	15	15	15
中等学校	Secondary Schools	13	13	10	12
中等专业学校	Specialized Secondary Schools	24	20	17	15
技工学校	Secondary Technical Schools	13	12	17	14
职业中学	Vocational Secondary Schools	16	15	12	12
普通中学	Regular Secondary Schools	13	12	11	11
高中	Senior Secondary Schools	14	13	13	12
初中	Junior Secondary Schools	12	12	11	11
小学	Primary Schools	13	14	13	14

18-5 各级学校学生升入学率（2007—2010年）
Percentage of Graduate Students and Enrollment in All Schools by Level, 2007-2010

单位：% (%)

指标	Item	2007	2008	2009	2010
初中毕业生升学率	Percentage of Graduates in Junior Secondary Schools Entering Senior Secondary Schools	99.85	100.00	104.99	110.26
初中学生净入学率	Net Percentage of Graduates in Primary Schools Entering Junior Secondary Schools	99.94	97.78	99.47	99.43
学龄儿童毛入学率	Percentage of School-age Children Enrolled	109.86	108.52	107.24	122.95

18-6 研究生在校、毕业、招生及指导教师人数(2007—2010年)
Enrolled, Graduated and Recruited Students for Master & Doctor Degree and Their Teachers, 2007-2010

单位：人 (person)

指标	Item	2007	2008	2009	2010
总计	Total				
在校生数	Students Enrollment	30601	33753	37650	41022
毕业生数	Graduates	11196	9563	10968	11447
招生人数	New Students Enrollment	11778	12665	14919	15213
指导教师	Teachers	5215	5624	5977	6147
攻读博士学位	Postgraduate for Doctor Degree				
在校生数	Students Enrollment	6904	7303	7319	7523
毕业生数	Graduates	1584	1482	1793	1679
招生人数	New Students Enrollment	1904	1920	1914	1981
攻读硕士学位	Postgraduate for Master Degree				
在校生数	Students Enrollment	23697	26450	30331	33499
毕业生数	Graduates	9612	8081	9175	9768
招生人数	New Students Enrollment	9874	10745	13005	13232

18-7 分学科在校研究生人数(2008—2010年)
Number of Enrolled Students for Master & Doctor Degree by Subject, 2008-2010

单位：人 (person)

学科	Item	博士生 Doctor			硕士生 Master		
		2008	2009	2010	2008	2009	2010
总计	**Total**	**7303**	**7319**	**7523**	**26450**	**30331**	**33499**
学术学位	**Academic Degree**	**7303**	**7250**	**7480**	**26450**	**27243**	**27836**
哲学	Philosophy	161	167	157	171	154	154
经济学	Economics	799	766	777	1967	2078	2068
法学	Law	351	376	373	1150	1156	1202
教育学	Education	51	59	63	981	1111	1067
文学	Literature	307	305	324	2492	2745	3020
历史学	History	259	278	307	300	310	385
理学	Science	945	963	981	2660	3197	2942
工学	Engineering	2819	2875	3071	9293	9994	10042
医学	Medicine	34	24	25	50	74	67
农学	Agriculture	508	452	511	3527	3618	3921
军事学	Strategics				12	12	16
管理学	Management	1069	985	891	3847	2794	2952
专业学位	**Professional Degree**		**69**	**43**		**3088**	**5663**

18-8 各类高等学校基本情况
Basic Statistics on Institutions of Higher Education

单位：人 (person)

项　目	Item	学校数(所) Number of Schools (unit)		在校学生数 Students Enrollment		毕业生数 Graduates	
		2009	2010	2009	2010	2009	2010
总　计	**Total**	**56**	**56**	**405968**	**429224**	**101369**	**105354**
综合大学	Comprehensive Universities	16	16	104469	112686	27072	30822
理工院校	Science and Engineering	15	15	154978	162014	38951	38993
农林院校	Agriculture and Forestry	1	1	10077	10658	2994	2653
医药院校	Medicine	5	5	25311	26251	5529	6750
师范院校	Teacher Training	2	2	37091	38406	7689	7957
语文院校	Linguistics and Literary	3	3	15682	16194	3936	4185
政法院校	Political Science and Law	1	1	2989	2594	1155	1072
财经院校	Economics and Finance	5	5	40949	45014	9294	9364
体育院校	Physical Education	2	2	5484	6023	1800	1272
艺术院校	Art	5	5	8004	8732	2077	2034
成人院校	Adult Higher Education Schools	1	1	934	652	872	252

项　目	Item	招生数 New Students Enrollment		教职工数 Teachers, Staff and Workers		# 专任教师数 Full-time Teachers	
		2009	2010	2009	2010	2009	2010
总　计	**Total**	**125183**	**133059**	**44611**	**45194**	**27118**	**28094**
综合大学	Comprehensive Universities	33798	36702	11830	12178	6999	7497
理工院校	Science and Engineering	49260	51464	16716	16589	10262	10365
农林院校	Agriculture and Forestry	3020	3354	988	988	583	588
医药院校	Medicine	6989	7744	3702	3752	2240	2335
师范院校	Teacher Training	10187	9890	3705	3685	2329	2358
语文院校	Linguistics and Literary	4337	4783	1455	1501	1035	1063
政法院校	Political Science and Law	1062	701	354	4015	173	2443
财经院校	Economics and Finance	12319	13706	3749	350	2278	174
体育院校	Physical Education	1550	1890	654	682	410	452
艺术院校	Art	2349	2825	1458	1454	809	819
成人院校	Adult Higher Education Schools	312					

18-9 高等学校分科学生数
Number of Students Enrollment in Institutions of Higher Education by Subject

单位：人 (person)

学科	Item	本科 Undergraduate 2009	本科 Undergraduate 2010	专科 Junior College 2009	专科 Junior College 2010
在校学生总计	**Total Students Enrollment**	**255643**	**273616**	**150325**	**155608**
#师范	Teacher Training	15897	16419	61	82
哲学	Philosophy	201	207		
经济学	Economics	18625	19592	6520	6551
法学	Law	7498	7693	3980	3597
教育学	Education	10568	11030	807	913
文学	Literature	47968	51317	11518	11884
历史学	History	708	729		
理学	Science	23252	23131		
工学	Engineering	84490	93110	82157	84286
农学	Agriculture	2618	2862	737	813
医学	Medicine	14299	14611	6486	7051
管理学	Management	45416	49334	38120	40513

学科	Item	本科 Undergraduate 2009	本科 Undergraduate 2010	专科 Junior College 2009	专科 Junior College 2010
毕业生总计	**Total Graduates**	**53377**	**55698**	**47992**	**49656**
#师范	Teacher Training	2881	3019	43	27
哲学	Philosophy	30	47		
经济学	Economics	3846	4374	2336	2165
法学	Law	2167	1905	1463	1480
教育学	Education	2455	2013	482	355
文学	Literature	10502	10377	4061	3821
历史学	History	191	161		
理学	Science	4357	4534		
工学	Engineering	16271	18213	26312	27420
农学	Agriculture	769	598	315	209
医学	Medicine	2780	3212	1957	2068
管理学	Management	10009	10264	11066	12138

学科	Item	本科 Undergraduate 2009	本科 Undergraduate 2010	专科 Junior College 2009	专科 Junior College 2010
招生总计	**Total New Students Enrollment**	**70865**	**76379**	**54318**	**56680**
#师范	Teacher Training	3433	3544	34	48
哲学	Philosophy	55	57		
经济学	Economics	4883	5250	2231	2279
法学	Law	1907	2173	1378	1122
教育学	Education	2716	2679	418	476
文学	Literature	13776	14081	3964	4254
历史学	History	197	200		
理学	Science	7063	6562		
工学	Engineering	23395	26302	29491	30679
农学	Agriculture	770	927	251	284
医学	Medicine	3185	3548	2323	2645
管理学	Management	12918	14600	14262	14941

18-10 高等学校分科专任教师数（按职称分）
Number of Full-time Teachers in Institutions of Higher Education (By Professional Title)

单位：人 (person)

学科	Item	合计 Total		正高级 Senior Title		副高级 Asst. Senior Title	
		2009	2010	2009	2010	2009	2010
总计	**Total**	**27118**	**28094**	**3865**	**3990**	**8832**	**9190**
哲学	Philosophy	644	617	91	92	247	225
经济学	Economics	1820	1857	294	277	593	619
法学	Law	866	886	93	93	275	293
教育学	Education	1727	1757	145	146	530	542
文学	Literature	5505	5634	594	614	1524	1533
历史学	History	324	302	92	88	107	105
理学	Science	3228	3391	610	632	1167	1216
工学	Engineering	8946	9422	1178	1234	3092	3239
农学	Agriculture	274	290	62	65	94	101
医学	Medicine	1627	1807	427	457	495	597
管理学	Management	2157	2131	279	292	708	720

学科	Item	中级 Middle Title		初级 Junior Title		无职称 No Title	
		2009	2010	2009	2010	2009	2010
总计	**Total**	**9385**	**10126**	**4160**	**3957**	**876**	**831**
哲学	Philosophy	204	217	83	69	19	14
经济学	Economics	583	607	285	282	65	72
法学	Law	302	335	165	143	31	22
教育学	Education	636	652	347	354	69	63
文学	Literature	2021	2210	1180	1104	186	173
历史学	History	98	84	19	21	8	4
理学	Science	1060	1173	307	302	84	68
工学	Engineering	3105	3410	1285	1259	286	280
农学	Agriculture	105	114	13	7		3
医学	Medicine	494	595	181	113	30	45
管理学	Management	777	729	295	303	98	87

18-11 中等职业教育基本情况
Basic Statistics on Secondary Vocational Education

单位：人 (person)

学科	Item	在校学生数 Students Enrollment		毕业生数 Graduates	
		2009	2010	2009	2010
总计	**Total**	**130478**	**116107**	**56138**	**51481**
农林类	Agriculture and Forestry	8315	5961	1295	2131
资源与环境类	Resources and Environment	483	215	495	57
能源类	Energy	728	369	422	437
土木水利工程类	Civil and Hydraulic Engineering	4507	4369	2154	1959
加工制造类	Processing and Manufacturing	39135	30863	16016	17701
交通运输类	Communication and Transportation	6932	6811	2912	2901
信息技术类	Information Technology	32549	29893	16613	12273
医药卫生类	Medicine and Health	5204	5190	2766	1770
财经商贸与旅游类	Finance Economics, Trade and Tourism	24768	23723	10625	10248
文化艺术与体育类	Culture, Arts and Physical Education	4884	4967	1843	1335
社会公共事业类	Public Affairs	345	140	123	39
师范类	Teacher Training	1918	3128	512	523
其他	Others	710	478	362	107

学科	Item	招生数 New Students Enrollment		专业课教师数 Special Course Teachers	
		2009	2010	2009	2010
总计	**Total**	**41830**	**38731**	**4009**	**4000**
农林类	Agriculture and Forestry	4536	2728	76	105
资源与环境类	Resources and Environment	117	71	48	41
能源类	Energy	99	55	10	11
土木水利工程类	Civil and Hydraulic Engineering	1197	1348	141	124
加工制造类	Processing and Manufacturing	9096	8743	697	824
交通运输类	Communication and Transportation	2245	3225	190	151
信息技术类	Information Technology	10996	9806	821	881
医药卫生类	Medicine and Health	1905	1856	310	332
财经商贸与旅游类	Finance Economics, Trade and Tourism	8541	7540	714	693
文化艺术与体育类	Culture, Arts and Physical Education	1561	1605	352	333
社会公共事业类	Public Affairs	171	14	10	17
师范类	Teacher Training	873	1477	151	156
其他	Others	493	263	489	332

注：此表中等职业学校包括普通中专、职业高中、成人中专，不包括技工学校。
Note: Secondary vocational schools in this table refer to regular specialized secondary schools, vocational senior secondary schools and specialized secondary schools for adults, excluding secondary technical schools.

18-12 普通中学基本情况（2010年）
Basic Statistics on Regular Secondary Schools, 2010

单位：人 (person)

项　目	Item	学校数(所) Number of Schools (unit)	在校学生数 Students Enrollment	招生数 New Students Enrollment	毕业生数 Graduates	专任教师数 Full-time Teachers
总　计	**Total**	**546**	**458561**	**145952**	**159415**	**40718**
按城乡分组	**By Urban and Rural**					
城　市	City	210	186965	60439	65497	17306
县　镇	County	182	175885	58649	59319	13979
农　村	Rural	154	95711	26864	34599	9433
按部门分组	**By Department**					
教育部门	Education Department	489	413379	131028	143094	38964
其他部门	Other Departments	9	3385	1080	2221	293
民　办	Private Units	48	41797	13844	14100	1461
按学校性质分组	**By School Type**					
完全中学	Whole Secondary Schools	137	180381	59167	62901	16546
#高　中	Senior		97139	32323	35792	
高级中学	Senior Secondary Schools	77	87694	29607	30005	6268
初级中学	Junior Secondary Schools	297	178777	53303	62095	16796
九年一贯制学校	Whole Primary and Junior Secondary Schools	35	11002	3638	3109	1108
其他学校附设中学班	Appendent Secondary Schools of Other Institutions		707	237	1305	

18-13 幼儿园基本情况（2007—2010年）
Basic Statistics on Kindergartens, 2007-2010

指　标	Item	2007	2008	2009	2010
幼儿园所数(所)	Number of Kindergartens (unit)	1573	1614	1621	1607
在园(班)儿童数(人)	Children Enrollment (person)	190679	192864	206447	217866
三岁及以上儿童	Children aged 3 and over	180588	182396	196032	207686
三岁以下儿童	Children aged 3 below	10091	10468	10415	10180
教职工数(人)	Teachers, Staff and Workers (person)	14631	15000	15654	16586
#教养员	Teachers and Health Workers	9814	9519	10069	10838

18-14 普通中小学分布情况(2010年)
Distribution of Regular Secondary Schools and Primary Schools, 2010

地　区	Region	学校数(所) Number of Schools (unit)		在校学生数(人) Students Enrollment (person)		专任教师(人) Full-time Teachers (person)	
		普通中学 Regular Secondary Schools	小　学 Primary Schools	普通中学 Regular Secondary Schools	小　学 Primary Schools	普通中学 Regular Secondary Schools	小　学 Primary Schools
全　市	**Total**	**546**	**956**	**458561**	**505895**	**40718**	**37317**
市辖区	**Districts under City Administration**	**400**	**671**	**348165**	**391897**	**31304**	**29686**
和平区	Heping District	26	27	25061	23416	2241	1915
河东区	Hedong District	20	22	20473	19887	1918	1765
河西区	Hexi District	28	42	27264	29153	2378	1914
南开区	Nankai District	26	37	25436	26064	2703	2110
河北区	Hebei District	27	26	22083	19968	1881	1589
红桥区	Hongqiao District	22	28	14091	12885	1365	1676
东丽区	Dongli District	20	40	15167	23245	1313	1901
西青区	Xiqing District	13	32	13099	24426	1269	1837
津南区	Jinnan District	16	39	18774	26091	1253	1642
北辰区	Beichen District	21	39	14955	27698	1223	1581
武清区	Wuqing District	48	121	45156	58538	3917	3666
宝坻区	Baodi District	48	126	44532	29648	4103	2606
滨海新区	Binhai New Area	83	89	60484	69479	5585	5309
天津铁厂	Tianjin Iron Works	2	3	1590	1399	155	175
市辖县	**Counties under City Administration**	**146**	**285**	**110396**	**113998**	**9414**	**7631**
宁河县	Ninghe County	30	59	20921	22865	2269	1757
静海县	Jinghai County	51	98	36912	50143	2691	2775
蓟　县	Jixian County	65	128	52563	40990	4454	3099

注：1.专任教师数中不包括民办教师数。2.滨海新区数据不含东丽区无瑕街、津南区葛沽镇数据。
Note: a) Number of full-time teachers excludes citizen-managed teachers. b) Data of Binhai New Area exclude figures of Wuxia Street, Dongli District and Gegu Town, Jinnan District.

18-15 普通中学、小学及幼儿园校舍情况（2010年）
Statistics on Schoolhouses in Regular Secondary Schools, Primary Schools and Kindergartens, 2010

地区	Region	占地面积(万平方米) Areas (10 000 sq. m.)	校舍建筑面积(万平方米) Floor Space of Schoolhouses (10 000 sq. m.)			学生人均建筑面积(平方米) Average Floor Space of Students (sq. m.)		
			普通中学 Regular Secondary Schools	小学 Primary Schools	幼儿园 Kindergartens	普通中学 Regular Secondary Schools	小学 Primary Schools	幼儿园 Kindergartens
全市	**Total**	**3002.74**	**597.54**	**363.30**	**105.59**	**13.03**	**7.18**	**4.85**
市辖区	**Districts under City Administration**	**2179.87**	**480.84**	**283.40**	**93.08**	**13.81**	**7.23**	**5.86**
和平区	Heping District	50.25	31.15	14.96	4.63	12.43	6.39	8.86
河东区	Hedong District	80.47	24.34	13.24	6.26	11.89	6.66	7.06
河西区	Hexi District	99.69	42.14	19.94	8.36	15.46	6.84	6.96
南开区	Nankai District	112.76	45.37	24.13	7.55	17.84	9.26	7.38
河北区	Hebei District	85.83	32.21	13.21	5.68	14.58	6.62	6.87
红桥区	Hongqiao District	56.17	19.85	12.20	3.98	14.09	9.46	7.48
东丽区	Dongli District	142.15	36.43	16.72	4.65	24.02	7.19	5.30
西青区	Xiqing District	110.61	17.86	18.49	4.31	13.64	7.57	4.51
津南区	Jinnan District	131.80	23.70	19.04	7.50	12.62	7.30	5.39
北辰区	Beichen District	145.98	28.10	20.26	8.72	18.79	7.32	5.70
武清区	Wuqing District	381.97	48.79	37.78	9.37	10.80	6.45	3.65
宝坻区	Baodi District	300.64	38.44	21.95	3.96	8.63	7.40	3.24
滨海新区	Binhai New Area	475.66	90.58	50.65	17.37	14.97	7.29	7.69
天津铁厂	Tianjin Iron Works	5.89	1.87	0.84	0.72	11.74	5.97	8.40
市辖县	**Counties under City Administration**	**822.87**	**116.71**	**79.90**	**12.51**	**10.57**	**7.01**	**2.12**
宁河县	Ninghe County	146.52	20.16	16.02	2.15	9.64	7.01	2.98
静海县	Jinghai County	322.98	36.85	30.49	8.44	9.98	6.08	3.12
蓟县	Jixian County	353.36	59.70	33.39	1.92	11.36	8.15	0.77

注：占地面积包括中等师范学校、幼儿园教师进修学校、特殊教育学校及其他。
Note: Areas of schools include middle teacher training, kindergarten teacher training, special education and other schools.

18-16 其他教育基本情况（2007—2010年）
Basic Statistics on Other Education, 2007-2010

单位：所、人 (unit, person)

指　标	Item	2007	2008	2009	2010
成人教育	**Adult Education**				
成人高等学校	Adult Higher Education Schools				
学校数	Number of Schools	16	14	15	15
在校学生数	Students Enrollment	92810	85372	77533	71659
成人中等学校	Secondary Schools for Adults				
学校数	Number of Schools	16	23	27	25
在校学生数	Students Enrollment	2759	10610	13669	10614
特殊教育	**Specific Education**				
盲聋哑学校	Blind and Deaf-Mute Schools				
学校数	Number of Schools	7	4	3	3
在校学生数	Students Enrollment	700	699	327	535
初　中	Junior Secondary Schools	186	184	112	173
小　学	Primary Schools	514	515	215	362
教职工人数	Teachers, Staff and Workers	309	169	197	171
#专任教师数	Full-time Teachers	230	123	144	116
弱智学校	Schools for Low Intelligent Student				
学校数	Number of Schools	13	13	13	13
在校学生数	Students Enrollment	1745	1676	874	1821
#初　中	Junior Secondary Schools	390	380	336	327
小　学	Primary Schools	1332	1296	515	1438
教职工人数	Teachers, Staff and Workers	280	435	306	436
#专任教师数	Full-time Teachers	200	329	223	334
工读学校	Reformatory Schools				
学校数	Number of Schools	3	3	3	3
教职工人数	Teachers, Staff and Workers	75	114	131	129
#专任教师数	Full-time Teachers	19	44	58	31

18-17 网络教育学生情况 Statistics on Network Education Students

单位：人 (person)

类　别	Types	毕业生人数 Graduates		招生人数 New Students Enrollment		在校学生人数 Students Enrollment	
		2009	2010	2009	2010	2009	2010
本　科	**Undergraduate**	**2359**	**1976**	**5711**	**7237**	**9758**	**16637**
#女　生	Female	1270	1154	2695	3836	5569	7702
经济学	Economics	204	150	374	384	749	956
法　学	Law	228	115	852	780	1382	1657
文　学	Literature	18	0	131	150	157	264
工　学	Engineering	359	271	510	390	716	750
管理学	Management	1550	1440	3844	5533	6754	13010
医　学	Medicine						
专　科	**Junior College**	**2501**	**1996**	**7764**	**10812**	**11278**	**17590**
#女　生	Female	1285	969	4187	4740	6273	10395
经济学	Economics	84	108	276	291	535	674
法　学	Law			378	280	415	694
工　学	Engineering	221	298	1255	1729	1720	2813
管理学	Management	2196	1590	5855	8512	8608	13409

18-18 外国留学生情况 Statistics on Foreign Students

单位：人 (person)

项　目	Item	毕(结)业生数 Graduates (Complete)		招生数 New Students Enrollment		在校学生数 Students Enrollment	
		2009	2010	2009	2010	2009	2010
总　计	**Total**	**2690**	**2746**	**3684**	**2723**	**6407**	**5541**
按层次分	**By Degree**						
博　士	Doctor	12	21	24	21	94	88
硕　士	Master	51	78	237	210	443	469
本　科	Undergraduate	464	528	886	606	3083	2877
专　科	Junior College	5	8	12	9	14	12
培　训	Training	2158	2111	2525	1877	2773	2095
按经费来源分	**By Fund Provided**						
自　费	Self-supporting	2333	27	3184	71	5506	80
中国政府资助	Chinese Government Sustentation	251	676	359	442	633	765
本国政府资助	Native Government Sustentation	1	4	21	18	67	73
学校间交换	Inter-school Communion	105	162	118	171	189	195
国际组织资助	International Organization Sustentation		1877	2	2021	12	4428

18-19 专业技术人员（2008—2010年）
Special Technical Personnel, 2008-2010

单位：人 (person)

项　目 Item	全　市　Total 2008	2009	2010	平均每万人口有科技人员 Scientific and Technological Personnel per 10 000 Persons (2010)	平均每万名城镇单位从业人员有科技人员 Scientific and Technological Personnel per 10 000 Persons Employed in Urban Units (2010)
合　计 Total	**418937**	**417702**	**419373**	**333**	**2039**
自然科学专业技术人员 Natural Science	**213092**	**213953**	**218431**	**173**	**1062**
# 工程技术人员 Engineering	113109	112902	116860	93	568
农业技术人员 Agriculture	3049	3150	3246	3	16
科学研究人员 Scientific Research	4062	4216	4290	3	21
卫生技术人员 Health Care	59003	59433	59227	47	288
教学人员 Teaching	33869	34252	34808	28	169
社会科学专业技术人员 Social Science	**205845**	**203749**	**200942**	**159**	**977**
# 科学研究人员 Scientific Research	742	755	822	1	4
教学人员 Teaching	94266	94006	93080	74	453
经济人员 Economics	41293	41205	40774	32	198
财会人员 Accountant	32706	31857	31274	25	152
统计人员 Statistician	2852	2661	2484	2	12
翻译人员 Translator	557	571	623	1	3
图书、档案、资料人员 Librarian and Archivist	4992	4940	4868	4	24
编辑、记者、播音员 Editor, Reporter and Broadcaster	2701	2638	2625	2	13
体育教练人员 Coach	552	551	528		3
工艺美术人员 Arts and Craft	252	249	261		1
文艺人员 Literature and Art	2155	2162	2103	2	10

注：专业技术人员统计范围为公有制企事业单位。
Note: The coverage of special technical personnel refers to public-owned units.

18-20 专业技术人员构成（2010年）
Composition of Special Technical Personnel, 2010

单位：人 (person)

项 目 Item	按性别分 By Sex	按受教育程度分 By Education Status		按职称分 By Title	
	#女专业技术人员数 Female	#受过高等专业教育人数 Having Higher Special Education Background	#受过中等专业教育人数 Having Special Secondary School Background	#高级职称人数 Senior Professional Certification	#中级职称人数 Medium Professional Certification
合计 Total	**208717**	**337845**	**60294**	**68301**	**152677**
自然科学专业技术人员 Natural Science	**97024**	**179190**	**32176**	**38536**	**69887**
#工程技术人员 Engineering	32773	96339	15473	18204	31273
农业技术人员 Agriculture	1184	2223	887	530	933
科学研究人员 Scientific Research	1922	4254	27	1610	1602
卫生技术人员 Health Care	41078	43526	14068	6597	19966
教学人员 Teaching	20067	32848	1721	11595	16113
社会科学专业技术人员 Social Science	**111693**	**158655**	**28118**	**29765**	**82790**
#科学研究人员 Scientific Research	388	804	11	202	377
教学人员 Teaching	61047	83307	8406	19354	54340
经济人员 Economics	15218	26039	8372	1497	7304
财会人员 Accountant	19699	21076	7193	1033	6191
统计人员 Statistician	1763	1600	526	215	670
翻译人员 Translator	372	611	11	145	187
图书、档案、资料人员 Librarian and Archivist	3374	4120	459	845	1998
编辑、记者、播音员 Editor, Reporter and Broadcaster	1242	2506	52	962	893
体育教练人员 Coach	144	480	34	199	180
工艺美术人员 Arts and Craft	92	202	35	47	60
文艺人员 Literature and Art	808	948	890	788	799

18-21 自然科学专业技术人员构成（2010年）（按国民经济行业分）
Composition of Special Technical Personnel of Natural Science, 2010 (Grouped by Sector)

单位：人 (person)

行业 Sector	合计 Total	#工程技术人员 Engineering	#卫生技术人员 Health Care	#教学人员 Teaching
总计 **Total**	**218431**	**116860**	**59227**	**34808**
农、林、牧、渔业 Farming, Forestry, Animal Husbandry and Fishery	4077	1269	38	7
采矿业 Minerals Mining	7091	6998	34	26
制造业 Manufacturing	32680	30986	1560	111
电力、燃气及水的生产和供应业 Production and Supply of Electricity, Gas and Water	6601	6488	79	34
建筑业 Construction	22887	22571	286	27
交通运输、仓储及邮政业 Transportation, Storage and Post Services	5703	5609	79	7
信息传输、计算机服务和软件业 Information Transmitting, Computer Services & Software	2671	2665	2	3
批发和零售业 Wholesale and Retail Trade	2250	881	1358	1
住宿和餐饮业 Accommodation and Catering Services	49	43	6	
金融业 Finance Intermediation	1419	1405	6	
房地产业 Real Estate	2815	2786	17	4
租赁和商务服务业 Leasing and Business Services	591	575	6	
科学研究、技术服务和地质勘察业 Scientific Research, Technical Services and Geological Prospecting	21390	19470	389	45
水利、环境和公共设施管理业 Management for Water Conservancy, Environment and Public Facilities	7104	6972	36	2
居民服务和其他服务业 Resident Services and Other Social Services	741	696	33	2
教育 Education	42630	5214	625	34299
卫生、社会保障和社会福利业 Health Care, Social Security and Social Welfare	56364	1227	54530	217
文化、体育和娱乐业 Culture, Sports and Recreational Services	686	626	29	15
公共管理和社会组织 Public Management and Social Organizations	682	379	114	8

18-22 社会科学专业技术人员构成（2010年）（按国民经济行业分） Composition of Special Technical Personnel of Social Science, 2010 (Grouped by Sector)

单位：人 (person)

行业 Sector	合计 Total	#教学人员 Teaching	#经济人员 Economics	#财会人员 Accountant	#图书、档案、资料人员 Librarian and Archivist
总计 Total	**200942**	**93080**	**40774**	**31274**	**4868**
农、林、牧、渔业 Farming, Forestry, Animal Husbandry and Fishery	1145	54	278	474	11
采矿业 Minerals Mining	4594	599	1390	976	160
制造业 Manufacturing	16057	977	6016	4012	251
电力、燃气及水的生产和供应业 Production and Supply of Electricity, Gas and Water	3018	52	897	895	75
建筑业 Construction	6345	126	1661	2490	106
交通运输、仓储及邮政业 Transportation, Storage and Post Services	9083	64	5928	1353	54
信息传输、计算机服务和软件业 Information Transmitting, Computer Services & Software	793	8	307	168	19
批发和零售业 Wholesale and Retail Trade	6489	27	3459	1873	57
住宿和餐饮业 Accommodation and Catering Services	348	3	118	139	2
金融业 Finance Intermediation	26962	19	15873	9812	60
房地产业 Real Estate	3360	27	1698	931	64
租赁和商务服务业 Leasing and Business Services	1391	11	494	384	21
科学研究、技术服务和地质勘察业 Scientific Research, Technical Services and Geological Prospecting	2986	93	618	1056	206
水利、环境和公共设施管理业 Management for Water Conservancy, Environment and Public Facilities	2437	5	359	919	82
居民服务和其他服务业 Resident Services and Other Social Services	1160	108	386	319	13
教育 Education	99977	90585	234	2116	1423
卫生、社会保障和社会福利业 Health Care, Social Security and Social Welfare	5955	192	722	2590	304
文化、体育和娱乐业 Culture, Sports and Recreational Services	7953	49	130	528	1923
公共管理和社会组织 Public Management and Social Organizations	889	81	206	239	37

18-23 独立科学研究和技术开发机构情况
Basic Statistics on Independent Institutions of Scientific Research and Technological Development

指 标 Indicator	自然科学研究与技术开发机构 Institutions of Natural Scientific Research and Technological Development		社会、人文科研与开发机构 Institutions of Social Science and Humanities of Research and Development		科学技术情报和文献机构 Institutions of Scientific and Technological Information and Documents	
	2009	2010	2009	2010	2009	2010
机构数(个) **Number of Institutions (unit)**	**126**	**125**	**3**	**3**	**11**	**11**
科技活动人员(人) **Number of Persons Engaged in Scientific and Technological Activities (person)**	**12400**	**12235**	**308**	**313**	**672**	**681**
高级职称 Senior Professional Certification	4088	3693	143	142	230	218
中级职称 Medium Professional Certification	3201	3591	114	106	226	197
初级职称 Junior Professional Certification	3094	2769	24	4	148	45
其 他 Others	2017	2182	27	61	68	221
经费支出总额(万元) **Total Expenditures of Operating Expense (10 000 yuan)**	**313529**	**409173**	**6522**	**6052**	**15862**	**22871**

18-24 独立自然科学研究机构课题开展和投入(按课题类型分)
Projects and Input of Independent Institutions of Natural Science Research (Grouped by Type of Projects)

项 目 Item	课题数(项) Number of Projects (item)		投入人力(人年) Labour Force Input (person-year)		投入经费(万元) Funds Input (10 000 yuan)	
	2009	2010	2009	2010	2009	2010
合 计 **Total**	**3084**	**3149**	**10377**	**10582**	**199543**	**229058**
基础研究 Basic Research	192	171	351	349	3663	4657
应用研究 Application Research	405	514	1108	1277	20405	26766
试验发展 Experiment and Development	1338	1338	6117	5849	112579	134210
R&D成果应用 R&D Achievements Used	448	437	1158	952	31643	29973
科技服务 Services of Science and Technology	701	689	1643	2154	31252	33451

18-25 专利申请受理数和授权数
Patent Applications Examined and Granted

单位：件 (item)

项　目	Item	申请受理数 Patent Applications Examined 2009	2010	申请授权数 Patent Applications Granted 2009	2010	年末有效专利数 Year-end Patent in Force 2009	2010
合　计	**Total**	**19187**	**25142**	**7216**	**10998**	**20515**	**29672**
按种类分	**Grouped by Type**						
发　明	Inventions	6578	7656	1793	1933	4919	6516
实用新型	Utility Models	8075	10234	4031	6749	11542	17341
外观设计	Designs	4534	7252	1392	2316	4054	5815
按对象分	**Grouped by Applicator**						
职　务	Official	13468	17887	5766	8983	15574	23360
#工矿企业	Industrial and Mineral Enterprises	10289	13950	4634	7189	12721	18941
大专院校	Universities and Colleges	2140	2772	756	1244	1800	2856
科研单位	Scientific Research Institutions	924	1035	324	468	871	1331
机关团体	Government Agencies and Organizations	115	130	52	82	182	232
非职务	Non-Official	5719	7255	1450	2015	4941	6312

18-26 科学技术成果（2008—2010年）
Achievements in Science and Technology, 2008-2010

单位：项 (item)

项　目	Item	2008	2009	2010
市级科学技术成果登记数	**Number of City Level Major Achievements in Science and Technology**	**2010**	**2020**	**2010**
国际领先	Leading Level in the World	81	94	119
国际先进	Advanced World Standard	425	451	406
国内领先	Leading Level in China	1001	1038	985
国内先进	Advanced National Standard	415	352	314
其　他	Others	88	85	186
获天津市科学技术奖	**Number of Tianjin Scientific and Technological Prizes Awarded**	**220**	**210**	**214**
#自然科学奖	Awards for Natural Science	15	6	8
技术发明奖	Invention Prizes Awarded	10	12	7
科技进步奖	Scientific and Technological Progress Prize	195	190	198
获国家科学技术奖	**Number of National Scientific and Technological Prizes Awarded**	**14**	**11**	**13**
#自然科学奖	Awards for Natural Science			1
技术发明奖	Invention Prizes Awarded	3		2
科技进步奖	Scientific and Technological Progress Prize	11	11	10

18-27 天津市获国家科学技术奖科技成果一览（2010年）
List of National Scientific and Technological Prizes Awarded in Tianjin, 2010

获奖项目和等级 Project and Grade Awarded
科技进步一等奖(1项)
Winner of the First Prize of Science and Technology Advancement Award (one item)
1. 遂渝线无砟轨道关键技术研究与应用
Research and Application of the Key Technology for Ballastless Track on Suining-Chongqing Railway
科技进步二等奖(9项)
Winners of the Second Prize of Science and Technology Advancement Award (nine items)
1. 复杂配电系统综合技术评价方法研究、系统开发及工程应用
Evaluation Method Research, System Development, and Engineering Application of the Comprehensive Technology for Complex Power Distribution System
2. 卷烟危害性评价与控制系统建立及其应用
The Establishment and Application of the Assessment and Control System for the Hazards of Cigarette
3. 核电厂地基及防护构筑物的抗震安全评价及其工程实践
Anti-seismic Safety Assessment and Engineering Practice of Nuclear Power Plants' Foundation and their Safeguarding Structures
4. 洋山深水港（外海岛礁超大型集装箱深水港口）工程建设关键技术
The Key Technology for the Construction of Yangshan Deepwater Port (I.E. A Deep-Water Ultra-large Container Port on Offshore Islands and Reefs)
5. 大功率中速船用柴油机关键技术研究及产业化
Research on the Key Technology and Industrialization of High Power Medium Speed Marine Diesel Engine
6. 美洛西林钠及其复方制剂的技术创新与产业化
Technological Innovation and Industrialization of Mezlocillin Sodium and its Compound Preparation
7. 肝移植的临床研究与应用
Clinical Research on and Application of Liver Transplantation
8. 大跨空间钢结构预应力施工技术研究与应用
Research on and Application of Construction Techniques for Prestressing Long-span Steel Structure
9. 细菌农药新资源及产业化新技术新工艺研究
Research on New Resource of Bacterial Pesticide and on New Technology and Process in its Industrialization
自然科学二等奖(1项)
Winner of the Second Prize of National Science Award (one item)
1. 环糊精的分子识别与组装
The Molecular Recognition and Assembly of Cyclodextrins
技术发明二等奖（2项）
Winners of the Second Prize of Technology Innovation Award (two items)
1. 耐高温相变材料微胶囊、高储热量储热调温纤维及其设备技术
High Temperature Resistant MicroPCM, Thermo-regulated Fiber with a High Heat Storage Capacity and Technology for Preparation Thereof
2. 柴油机混合率与化学反应率协同控制技术及应用
Coordinative Control Technology of Diesel Engine's Premixing Ratio and Chemical Reaction Rate and the Application of this Technology

18-28 高等学校科研课题开展与投入(2010年)(理、工、农、医类)
Projects of Development and Input of Scientific Research in Universities and Colleges, 2010 (Science, Engineering, Agriculture and Medicine)

项目	Item	课题数(项) Number of Projects (item)	投入人力(人年) Labour Force Input (person-year)	#科学家和工程师 Scientists and Engineers	投入经费(万元) Funds Input (10 000 yuan)
总计	**Total**	**8654**	**7017.2**	**6890.7**	**208718**
按课题活动类型分	**Grouped by Type of Projects**				
基础研究	Basic Research	3128	2629	2588.1	56645.3
应用研究	Application Research	3996	3418.9	3354.9	88266.1
试验发展	Experiment Development	752	580.7	570.3	34708.6
R&D成果应用	R&D Achievement Used	367	194.8	192.1	11210
科技服务	Service of Science and Technology	411	193.8	185.3	17888
按(课题)项目类别分	**Grouped by Project**				
国家“973”项目	State "973" Project	159	170.5	167.7	10313.8
国家科技攻关项目	State S&T Strategical Project	128	152.6	152.3	6636.1
国家“863”项目	State "863" Project	188	220.1	211.8	6187
科技部重大专项	Major Project from Ministry of Science and Technology	52	73.7	73.3	8354.7
国家自然科学基金项目	State Natural Scientific Fund Project	1508	1518.3	1492.6	24244.5
主管部门科技项目	S&T Project from Administrative Department	895	728	719.3	11251.5
国家部委其他科技项目	S&T Project from Ministry	381	398.7	391.7	13283.5
省、市、自治区科技项目	S&T Project from Province, Municipality, Autonomous Region	1392	1349.4	1328.1	29249.2
企事业单位委托科技项目	S&T Project from Enterprise, Institution	3020	1751.5	1711.4	95361.5
国际合作项目	International Cooperate Project	42	32.4	31.7	1690.5
自选项目	Self-choosing Project	870	595.3	585.6	1912.4
其他项目	Other Project	19	26.7	25.2	233.3

18-29 高等学校科技专著和论文(2007—2010年)(理、工、农、医类)
S&T Works and Papers in Universities and Colleges, 2007-2010 (Science, Engineering, Agriculture and Medicine)

项　目	Item	单　位 Unit	2007	2008	2009	2010
科技专著	**Scientific and Technological Works**	**部 copy**	**77**	**67**	**79**	**83**
		万字 10 000 words	**2225**	**1502**	**1208**	**1821**
# 自然科学	Natural Science	部 copy	7	6	14	9
		万字 10 000 words	93	291	44	176
工程科学	Engineering	部 copy	31	19	21	31
		万字 10 000 words	980	525	619	631
医学科学	Medicine	部 copy	32	37	43	43
		万字 10 000 words	1044	665	537	1014
农业科学	Agriculture	部 copy	7	5	1	
		万字 10 000 words	108	21	8	
科学论文	**Scientific Papers**	**篇 piece**	**16024**	**15969**	**14700**	**16055**
# 国外发表	Published Abroad	篇 piece	5154	5066	5612	5897

18-30 特种设备监督监察情况
Supervision of Special Equipment

项　目	Item	单　位	Unit	2009	2010
在用的特种设备	**Special Equipment in Use**				
锅　炉	Boiler	台	set	13078	12736
压力容器	Pressure Vessel	台、套	set, series	47655	50235
压力管道	Pressure Conduit	单　元	unit	6524	7470
电　梯	Elevator	台	set	26768	31758
起重机械	Hoisting Machinery	台	set	33697	37302
厂内机动车辆	Automobiles Used in Factories	辆	set	8750	8097
客运索道	Cableway Transport	条	strip	9	10
大型游乐设施	Large Entertainment Facilities	台、套	set, series	549	462
监督监察情况	**Supervision Condition**				
监督监察特种设备	Supervision of Special Equipment	台、套	set, series	46197	55093
发现隐患	Hidden Danger Found	项	unit	4730	5155
下达安全监察指令书	Safety Supervision Order Issued	份	unit	1442	2135
取得设计、制造、安装、改造、维修许可证	**Design, Manufacture, Installation, Rebuild and Maintenance Licence Acquired**	**个**	**unit**	**782**	**794**

资料来源：天津市质量技术监督局，表18-31同。
Source: Tianjin Municipal Quality & Technology Supervision Bureau, same as table 18-31.

18-31 技术质量监督检验情况（2008—2010年）
Check and Administration on Quality & Technique, 2008-2010

类　别	Sort	2008	2009	2010
计量仪器检定(台、件)	**Measuring Implements Test (set) (piece)**			
总　计	**Total**	**608228**	**691335**	**1483162**
长　度	Length	63116	67093	75762
温　度	Temperature	68409	69258	25244
力　学	Mechanics	355713	327644	387460
#衡　器	Weighing Apparatus	59974	72605	26680
电　学	Electrology	74257	179203	782173
光　学	Optics	1331	1685	1132
声　学	Acoustics	1223	1351	1451
化　学	Chemistry	6352	6584	10401
电离辐射	Ionization Radiation	767	867	952
无线电	Radio	634	764	1331
时间频率	Time Frequency	3236	2651	2811
其　他	Others	33190	34235	194445
商品质量专项监督检验	**Special Check and Administration of Commodities**			
检查商业企业数(个)	Number of Commercial Enterprises Checked (unit)	890	1964	
检查商品批次(批次)	Checked-times of Commodities (batch/times)	1252	2200	
合格批次(批次)	Number of Checked-times Qualified (batch/times)	991	1883	
批次合格率(%)	Rate of Batch-times Qualified (%)	79.15	85.59	
产品质量定期监督检验	**Fixed-period Check and Administration of Products**			
检查企业(个)	Number of Enterprises Checked (unit)	3592	2769	896
检查批次(批次)	Checked-times of Products (batch/times)	4118	3169	934
合格批次(批次)	Number of Checked-times Qualified (batch/times)	3710	2906	892
批次合格率(%)	Rate of Batch-times Qualified (%)	90.1	91.7	95.5
食品及相关产品质量监督抽查	**Food and Related Products Quality Supervision**			
监督抽查企业数(个)	Number of Enterprises Checked (unit)			1393
食品及相关产品抽查批次(批次)	Checked-times of Food and Related Products (batch/times)			3729
合格批次(批次)	Number of Checked-times Qualified (batch/times)			3449
批次合格率(%)	Rate of Batch-times Qualified (%)			92.5

18-32 科学技术协会和所属学会科技活动(2010年)
Scientific and Technological Activities of Science and Technology Associations and Affiliated Institutions, 2010

项　目	Item	合　计 Total	市及区、县科协 Science Association of City, District and County	市级学会 Institution of City Level
机构与人员	**Institutions and Personnel**			
机　构(个)	Institutions (unit)	159	19	140
人　员(人)	Personnel (person)	131309	194	131115
学术交流情况	**Academic Activities of Exchange**			
学术会议(次)	Academic Meetings (time)	622	69	553
国　内	Domestic	597	69	528
国　际	International	25		25
参加人数(人次)	Number of Participants (person-time)	86095	21693	64402
国　内	Domestic	83770	21693	62077
国　际	International	2325		2325
交流论文(篇)	Number of Papers Presented (piece)	14565	6	14559
国　内	Domestic	13817	6	13811
国　际	International	748		748
科技交流(个)	Exchange of Science and Technology (unit)	108	10	98
接　待	Received	70	10	60
外　派	Sent Abroad	38		38
交流人数(人次)	Number of Exchange Persons (person-time)	417	12	405
接　待	Received	311	12	299
外　派	Sent Abroad	106		106
科学普及	**Activities for Popular Science**			
科普讲座(次)	Lectures of Popular Science (time)	4389	3582	807
参加人数(万人次)	Number of Participants (10 000 person-times)	130	108	21
科普展览(次)	Exhibitions of Popular Science (time)	2200	2061	139
参加人数(万人次)	Number of Participants (10 000 person-times)	197	178	20
科技培训	**Science and Technological Training**			
培训班数[个(期)]	Number of Training Classes (unit <period>)	1903	1651	252
培训人数(人次)	Number of Persons in Training Classes (person-time)	208926	170302	38624
科技咨询服务(项)	**Service of Consultative Activities (item)**			
无偿咨询项目	Gratis Consultative Projects	1095	446	649
完成技术合同数	Number of Consultative Contracts Completed	110	21	89
青少年科技活动	**Scientific and Technology Activities of Teenagers**			
科技夏(冬)令营(次)	Scientific and Technological Summer (Winter) Camp (time)	56	51	5
参加人数(人次)	Number of Participants (person-time)	6824	6354	470
青少年科技竞赛(次)	Number of Teenagers' Science and Technology Competition (time)	200	192	8
科技出版物	**Science and Technology Publication**			
出版科技期刊(种)	Science and Technology Magazine (kind)	37	4	33
年发行总数(万册)	Volume of Issue (10 000 volumes)	123.5	12.5	111
年发表学术论文(篇)	Number of Papers Presented (piece)	4168		4168

18-33 大中型工业企业科技活动基本情况（按经济类型分）
S&T Activities in Large and Medium-sized Enterprises (Grouped by Ownership)

项 目 Item	合 计 Total	# 国有经济 State-owned	# "三资"经济 Hong Kong, Macao, Taiwan and Foreign Funded	# 其他经济 Others
2009年 Year of 2009				
1. 有R&D活动企业数(个) Number of Enterprises with R&D Activities (unit)	203	33	61	109
2. 从事R&D活动人员(人) Employees Engaged in R&D Activities (person)	31673	8639	7098	15936
# 参加项目人员 Engaged in Projects	23948	6685	5530	11733
管理和服务人员 Engaged in Management and Service	7725	1954	1568	4203
3. R&D经费内部支出(亿元) Expenditures of R&D Activities (100 million yuan)	107.73	41.87	21.54	44.32
# 基础研究支出 Cost of Basic Research	0.007			0.007
应用研究支出 Cost of Application Research	8.63	3.04	2.84	2.75
试验发展支出 Cost of Experiment Development	99.03	38.84	18.71	41.48
# 政府资金 Government Funds	1.71	0.68	0.005	1.025
企业资金 Enterprise Funds	103.3	40.94	19.4	42.96
境外资金 Offshore Funds	2.03	0.07	1.67	0.29
其他资金 Other Funds	0.70	0.20	0.42	0.08
4. 全部R&D项目（课题）数(项) Number of R&D Activities (item)	5412	1462	881	3069
项目经费内部支出（亿元） Interior Expenditures of Project Fund (100 million yuan)	90.09	34.57	17.73	37.79
5. 企业办科技机构数(个) Scientific and Technological Institutions Set by Enterprise (unit)	290	51	74	165
科技机构人员数(人) Persons in Scientific and Technological Institutions (person)	23441	5462	5585	12394
科技机构经费支出(亿元) Expenditures of Scientific and Technological Institutions (100 million yuan)	55.81	10.22	17.52	28.07
科技机构科研用仪器设备原价(亿元) S&T Equipment Original Cost of Scientific and Technological Institutions (100 million yuan)	76.44	17.06	39.06	20.32
6. 新产品产值(亿元) Output Value of New Products (100 million yuan)	2708.51	500.36	1726.76	481.39
新产品销售收入(亿元) Sales Revenue of New Products (100 million yuan)	2621.59	484.29	1666.73	470.57
# 出口销售收入 Sales Revenue of Exports	751.59	16.19	682.22	53.18
7. 专利申请数(件) Number of Patent Applications (piece)	4719	576	1448	2695
# 发明专利数(件) Number of Inventions (piece)	1854	109	631	1114
8. 技术改造经费支出(亿元) Expenditures of Technology Innovation (100 million yuan)	106.03	62.50	17.72	25.81
9. 技术引进经费支出(亿元) Expenditures of Technology Introduction (100 million yuan)	20.43	2.99	16.50	0.94

18-33 续表 *Continued*

项　目 Item	合　计 Total	# 国有经济 State-owned	# "三资" 经济 Hong Kong, Macao, Taiwan and Foreign Funded	# 其他经济 Others
2010年 Year of 2010				
1. 有R&D活动企业数(个) Number of Enterprises with R&D Activities (unit)	245	38	87	120
2. 从事R&D活动人员(人) Employees Engaged in R&D Activities (person)	38805	9181	11120	18504
# 参加项目人员 Engaged in Projects	33177	8090	9365	15722
管理和服务人员 Engaged In Management and Service	5628	1091	1755	2782
3. R&D经费内部支出(亿元) Expenditures of R&D Activities (100 million yuan)	139.22	41.60	34.71	62.91
# 基础研究支出 Cost of Basic Research	0.004			0.004
应用研究支出 Cost of Application Research	15.81	0.40	0.96	14.45
试验发展支出 Cost of Experiment Development	123.41	41.20	33.76	48.45
# 政府资金 Government Funds	4.05	1.05	0.05	2.95
企业资金 Enterprise Funds	127.63	40.46	27.90	59.27
境外资金 Offshore Funds	6.49	0.003	5.86	0.63
其他资金 Other Funds	1.05	0.08	0.90	0.07
4. 全部R&D项目（课题）数(项) Number of R&D Activities (item)	5665	1095	1181	3389
项目经费内部支出（亿元） Interior Expenditures of Project Fund (100 million yuan)	108.92	36.05	25.58	47.29
5. 企业办科技机构数(个) Scientific and Technological Institutions Set by Enterprise(unit)	320	53	81	186
科技机构人员数(人) Persons in Scientific and Technological Institutions (person)	25813	6283	5691	13839
科技机构经费支出(亿元) Expenditures of Scientific and Technological Institutions (100 million yuan)	68.58	10.47	21.94	36.17
科技机构科研用仪器设备原价(亿元) S&T Equipment Original Cost of Scientific and Technological Institutions (100 million yuan)	74.92	18.08	29.63	27.21
6. 新产品产值(亿元) Output Value of New Products (100 million yuan)	3224.46	513.19	1834.15	877.12
新产品销售收入(亿元) Sales Revenue of New Products (100 million yuan)	3170.50	495.45	1830.75	844.30
# 出口销售收入 Sales Revenue of Exports	840.51	15.02	659.72	165.77
7. 专利申请数(件) Number of Patent Applications (piece)	5951	867	1420	3664
# 发明专利数(件) Number of Inventions (piece)	2543	182	589	1772
8. 技术改造经费支出(亿元) Expenditures of Technology Innovation (100 million yuan)	85.97	44.87	11.38	29.72
9. 技术引进经费支出(亿元) Expenditures of Technology Introduction (100 million yuan)	23.31	3.55	16.02	3.74

18-34 按行业分大中型工业企业科学研究与试验发展(R&D)活动情况 R&D Activities in Large and Medium-sized Enterprises Grouped by Sector

项目	Item	有R&D活动企业数(个) Enterprises with R&D Activities (unit)		R&D人员折合全时当量 R&D Personnel as Full-time Equivalent	
		2009	2010	2009	2010
总计	**Total**	**203**	**245**	**16524**	**28164**
石油和天然气开采业	Extraction of Petroleum and Natural Gas	5	6	2048	1608
非金属矿采选业	Mining and Processing of Nonmetal Ores	2	2	292	555
农副食品加工业	Processing of Food from Agricultural Products	2	3	276	446
食品制造业	Manufacture of Food	3	9	45	315
饮料制造业	Manufacture of Beverage	5	2	154	108
纺织业	Manufacture of Textile	2	3	515	641
纺织服装、鞋、帽制造业	Manufacture of Textile Wearing Apparel, Footwear and Caps	2	1	121	4
皮革、毛皮、羽毛(绒)及其制品业	Manufacture of Leather, Fur, Feather and Related Products	2	1	19	15
家具制造业	Manufacture of Furniture	1	1		88
造纸及纸制品业	Manufacture of Paper and Paper Products	4	2	38	25
印刷业和记录媒介的复制	Printing, Reproduction of Recording Media	2	2	29	27
文教体育用品制造业	Manufacture of Articles for Culture, Education and Sport Activity	1	3	53	86
石油加工、炼焦及核燃料加工业	Processing of Petroleum, Coking, Processing of Nuclear Fuel	3	5	115	564
化学原料及化学制品制造业	Manufacture of Raw Chemical Materials and Chemical Products	17	15	1313	1993
医药制造业	Manufacture of Medicines	23	22	1192	1802
橡胶制品业	Manufacture of Rubber	6	6	205	290
塑料制品业	Manufacture of Plastics	2	9	69	206
非金属矿物制品业	Manufacture of Non-metallic Mineral Products	4	2	271	41
黑色金属冶炼及压延加工业	Smelting and Pressing of Ferrous Metals	8	9	2065	3773
有色金属冶炼及压延加工业	Smelting and Pressing of Non-Ferrous Metals	2	2	25	145
金属制品业	Manufacture of Metal Products	9	11	661	602
通用设备制造业	Manufacture of General Purpose Machinery	21	28	1101	2852
专用设备制造业	Manufacture of Special Purpose Machinery	15	21	1626	2498
交通运输设备制造业	Manufacture of Transport Equipment	16	27	999	2622
电气机械及器材制造业	Manufacture of Electrical Machinery and Equipment	13	14	1347	1859
通信设备计算机及其他电子设备制造业	Manufacture of Communication Equipment, Computers and Other Electronic Equipment	26	29	1728	4580
仪器仪表及文化办公用机械制造业	Manufacture of Measuring Instruments and Machinery for Cultural Activity and Office Work	4	5	216	363
电力、热力的生产和供应业	Production and Supply of Electric Power and Heat Power	2	4	1	52
燃气生产和供应业	Production and Supply of Gas	1	1		6

18-34 续表 Continued

项　目	Item	企业R&D活动经费内部支出总额(亿元) Interior Expenditure on R&D Activities (100 million yuan)		企业R&D活动项目数(项) Enterprise R&D Projects (item)	
		2009	2010	2009	2010
总　计	**Total**	**107.73**	**139.22**	**5412**	**5665**
石油和天然气开采业	Extraction of Petroleum and Natural Gas	14.46	18.03	214	217
非金属矿采选业	Mining and Processing of Nonmetal Ores	0.52	0.57	62	62
农副食品加工业	Processing of Food from Agricultural Products	1.43	1.35	52	108
食品制造业	Manufacture of Food	0.08	3.31	18	298
饮料制造业	Manufacture of Beverage	0.64	0.32	66	28
纺织业	Manufacture of Textile	1.44	1.17	708	172
纺织服装、鞋、帽制造业	Manufacture of Textile Wearing Apparel, Footwear and Caps	0.18	0.01	50	1
皮革、毛皮、羽毛(绒)及其制品业	Manufacture of Leather, Fur, Feather and Related Products	0.09	0.03	72	1
家具制造业	Manufacture of Furniture	0.31	0.43	3	172
造纸及纸制品业	Manufacture of Paper and Paper Products	0.40	0.01	43	3
印刷业和记录媒介的复制	Printing, Reproduction of Recording Media	0.09	0.08	13	5
文教体育用品制造业	Manufacture of Articles for Culture, Education and Sport Activity	0.10	0.15	70	28
石油加工、炼焦及核燃料加工业	Processing of Petroleum, Coking, Processing of Nuclear Fuel	2.46	3.29	70	97
化学原料及化学制品制造业	Manufacture of Raw Chemical Materials and Chemical Products	4.66	6.66	220	207
医药制造业	Manufacture of Medicines	3.82	4.90	537	429
橡胶制品业	Manufacture of Rubber	0.66	0.82	57	170
塑料制品业	Manufacture of Plastics	0.41	0.86	32	97
非金属矿物制品业	Manufacture of Non-metallic Mineral Products	0.27	0.10	35	22
黑色金属冶炼及压延加工业	Smelting and Pressing of Ferrous Metals	40.90	43.69	382	355
有色金属冶炼及压延加工业	Smelting and Pressing of Non-Ferrous Metals	0.15	0.97	7	11
金属制品业	Manufacture of Metal Products	2.90	3.46	111	130
通用设备制造业	Manufacture of General Purpose Machinery	3.02	6.32	659	478
专用设备制造业	Manufacture of Special Purpose Machinery	6.41	9.00	429	822
交通运输设备制造业	Manufacture of Transport Equipment	4.00	6.90	383	314
电气机械及器材制造业	Manufacture of Electrical Machinery and Equipment	5.43	8.61	318	451
通信设备计算机及其他	Manufacture of Communication Equipment, Computers and Other Electronic Equipment	12.30	16.64	686	791
仪器仪表及文化办公用机械制造业	Manufacture of Measuring Instruments and Machinery for Cultural Activity and Office Work	0.62	1.00	111	148
电力、热力的生产和供应业	Production and Supply of Electric Power and Heat Power	0.01	0.53	3	46
燃气生产和供应业	Production and Supply of Gas	0.003	0.004	1	2

18-35 按行业分大中型工业企业科技机构和专利情况
Research Institutions and Patents of Large and Medium-sized Enterprises Grouped by Sector

项　目	Item	科技机构数(个) S&T Research Institutions (unit)		科技机构R&D活动经费支出(亿元) Expenditure on R&D Activities in S&T Research Institutions (100 million yuan)	
		2009	2010	2009	2010
总　计	**Total**	**290**	**320**	**37.31**	**49.61**
石油和天然气开采业	Extraction of Petroleum and Natural Gas	6	5	5.56	2.76
非金属矿采选业	Mining and Processing of Nonmetal Ores	2	2	0.27	0.21
农副食品加工业	Processing of Food from Agricultural Products	7	9	0.20	1.39
食品制造业	Manufacture of Food	2	15	0.02	1.94
饮料制造业	Manufacture of Beverage	3	1	0.40	0.03
纺织业	Manufacture of Textile	10	10	0.53	0.47
纺织服装、鞋、帽制造业	Manufacture of Textile Wearing Apparel, Footwear and Caps	5	3	0.13	
皮革、毛皮、羽毛(绒)及其制品业	Manufacture of Leather, Fur, Feather and Related Products				
家具制造业	Manufacture of Furniture		1		0.45
造纸及纸制品业	Manufacture of Paper and Paper Products	4	3	0.16	0.004
印刷业和记录媒介的复制	Printing, Reproduction of Recording Media	2	1	0.11	0.01
文教体育用品制造业	Manufacture of Articles for Culture, Education and Sport Activity	5	6	0.11	0.04
石油加工、炼焦及核燃料加工业	Processing of Petroleum, Coking, Processing of Nuclear Fuel	3	3	0.14	0.44
化学原料及化学制品制造业	Manufacture of Raw Chemical Materials and Chemical Products	28	31	4.47	5.65
医药制造业	Manufacture of Medicines	36	31	3.48	3.26
橡胶制品业	Manufacture of Rubber	9	5	0.43	0.26
塑料制品业	Manufacture of Plastics	9	15	0.11	0.22
非金属矿物制品业	Manufacture of Non-metallic Mineral Products	6	1	0.05	0.02
黑色金属冶炼及压延加工业	Smelting and Pressing of Ferrous Metals	20	19	7.04	10.06
有色金属冶炼及压延加工业	Smelting and Pressing of Non-Ferrous Metals	1	3	0.14	0.79
金属制品业	Manufacture of Metal Products	8	8	0.13	0.20
通用设备制造业	Manufacture of General Purpose Machinery	26	26	1.58	3.12
专用设备制造业	Manufacture of Special Purpose Machinery	18	39	2.04	3.08
交通运输设备制造业	Manufacture of Transport Equipment	24	26	0.82	2.66
电气机械及器材制造业	Manufacture of Electrical Machinery and Equipment	26	22	2.70	4.94
通信设备计算机及其他	Manufacture of Communication Equipment, Computers and Other Electronic Equipment	25	22	2.70	4.94
仪器仪表及文化办公用机械制造业	Manufacture of Measuring Instruments and Machinery for Cultural Activity and Office Work	3	4	0.16	0.56
电力、热力的生产和供应业	Production and Supply of Electric Power and Heat Power	1	3	0.002	0.10

18-35 续表 Continued

项目	Item	专利申请数(件) Patent Applications (piece) 2009	2010	#发明专利数(件) Invention Patents(piece) 2009	2010
总计	**Total**	**4719**	**5951**	**1854**	**2543**
石油和天然气开采业	Extraction of Petroleum and Natural Gas	64	118	10	30
非金属矿采选业	Mining and Processing of Nonmetal Ores	26	21	9	9
农副食品加工业	Processing of Food from Agricultural Products	6	30	5	28
食品制造业	Manufacture of Food	10	265	6	156
饮料制造业	Manufacture of Beverage	55	59	5	2
纺织业	Manufacture of Textile	138	205	19	34
纺织服装、鞋、帽制造业	Manufacture of Textile Wearing Apparel, Footwear and Caps	8	1	4	1
皮革、毛皮、羽毛(绒)及其制品业	Manufacture of Leather, Fur, Feather and Related Products	60		6	
家具制造业	Manufacture of Furniture				
造纸及纸制品业	Manufacture of Paper and Paper Products	36		29	
印刷业和记录媒介的复制	Printing, Reproduction of Recording Media	16	5	1	2
文教体育用品制造业	Manufacture of Articles for Culture, Education and Sport Activity	71	80	20	23
石油加工、炼焦及核燃料加工业	Processing of Petroleum, Coking, Processing of Nuclear Fuel	8	20	5	17
化学原料及化学制品制造业	Manufacture of Raw Chemical Materials and Chemical Products	158	197	63	86
医药制造业	Manufacture of Medicines	1042	1062	703	792
橡胶制品业	Manufacture of Rubber	37	131	31	98
塑料制品业	Manufacture of Plastics	87	96	15	20
非金属矿物制品业	Manufacture of Non-metallic Mineral Products	28	61	9	24
黑色金属冶炼及压延加工业	Smelting and Pressing of Ferrous Metals	125	134	48	51
有色金属冶炼及压延加工业	Smelting and Pressing of Non-Ferrous Metals	1	3	1	3
金属制品业	Manufacture of Metal Products	46	188	13	33
通用设备制造业	Manufacture of General Purpose Machinery	272	496	62	127
专用设备制造业	Manufacture of Special Purpose Machinery	264	420	68	136
交通运输设备制造业	Manufacture of Transport Equipment	186	439	39	114
电气机械及器材制造业	Manufacture of Electrical Machinery and Equipment	1086	818	523	455
通信设备计算机及其他	Manufacture of Communication Equipment, Computers and Other Electronic Equipment	693	747	138	263
仪器仪表及文化办公用机械制造业	Manufacture of Measuring Instruments and Machinery for Cultural Activity and Office Work	195	288	21	24
电力、热力的生产和供应业	Production and Supply of Electric Power and Heat Power	1	67	1	15

18-36 技术市场基本情况(2010年)
Basic Statistics on Technology Market, 2010

项　目	Item	签订合同数(项) Number of Contracts Signed (item)	合同金额(亿元) Value of Contracts Signed (100 million yuan)	#技术交易额 Transaction Value of Technology
合　计	Total	**9541**	**119.79**	**97.66**
按技术合同类别分	**Grouped by the Type of Technical Contract**			
技术开发合同	Technology Development Contracts	5115	48.23	41.89
技术转让合同	Technology Transfer Contracts	366	7.95	6.74
技术咨询合同	Technology Inquiry Contracts	1006	7.19	6.67
技术服务合同	Technology Services Contracts	3054	56.42	42.36
按合同卖方类别分	**Grouped by the Type of Sellers**			
机关法人	Agencies as Legal Persons	18	12.22	12.13
事业法人	Institutions as Legal Persons	3627	21.24	17.21
社团法人	Social Organizations as Legal Persons	358	0.28	0.28
企业法人	Enterprises as Legal Persons	5530	85.12	67.11
自然人	Persons	6	0.93	0.93
其他组织	Other Organizations	2	0.0008	0.0008
按合同买方类别分	**Grouped by the Type of Buyers**			
机关法人	Agencies as Legal Persons	878	27.07	16.00
事业法人	Institutions as Legal Persons	1809	9.24	7.89
社团法人	Social Organizations as Legal Persons	22	0.02	0.02
企业法人	Enterprises as Legal Persons	6735	82.98	73.31
自然人	Persons	36	0.17	0.16
其他组织	Other Organizations	61	0.31	0.28
按社会经济目标分	**Grouped by the Social and Economic Activities**			
农业、林业与渔业的发展	Development of Farming, Forestry & Fishery	153	3.63	3.35
促进工业的发展	Promoting the Development of Industry	1361	29.75	23.64
能源的生产和合理利用	Energy Production & Rational Use	434	4.32	3.71
基础设施的发展	Development of Infrastructure Facilities	886	17.87	11.20
环境治理与保护	Environmental Improvement & Protection	392	3.04	2.87
卫生(不包括污染)	Health (Excluded Pollutions)	344	4.84	3.29
社会发展和社会服务	Social Development & Social Service	1754	12.89	11.67
地球和大气层的探索与利用	Exploration and Utilization of Earth and Atmosphere	16	0.32	0.30
知识的发展	Development of Knowledge	207	1.00	0.93
民用空间	Civilian Space	1196	4.52	4.28
国　防	National Defense	177	5.08	3.45
其　他	Others	2621	32.53	28.97
按技术流向分类	**Grouped by the Buyer's Region**			
天　津	Tianjin	5096	64.18	49.39
外省市	Other Provinces and Cities	3893	50.57	43.86
技术出口	Technology Export	552	5.04	4.41

主要统计指标解释
Explanatory Notes on Main Statistical Indicators

初中学生净入学率

指初级中学（普通初中和职业初中）在校学生总数占初中学龄人口数的比重。

学龄儿童毛入学率

指调查范围内已入小学学习的在校生数与全部小学学龄儿童人口数之比（包括弱智儿童，不包括盲聋哑儿童）的比重。计算公式为：

$$\text{学龄儿童毛入学率} = \frac{\text{小学在校生数}}{\text{小学学龄人口数}} \times 100\%$$

网络教育

指经教育部批准的现代远程教育试点学校设立的网络教育，基于互联网招收普通和成人本科、专科学生实施高等学历教育。

科技活动

指在自然科学、农业科学、医药科学、工程与技术科学、人文与社会科学领域（简称科学技术领域）中与科技知识的产生、发展、传播和应用密切相关的有组织的活动。为核算科技投入的需要，科技活动可分为科学研究与试验发展（R&D）、科学研究与试验发展成果应用及相关的科技服务三类活动。

专　利

是专利权的简称，是对发明人的发明创造经审查合格后，由专利局依据专利法授予发明人和设计人对该项发明创造享有的专有权。包括发明、实用新型和外观设计。反映拥有自主知识产权的科技和设计成果情况。

研究与试验发展（R&D）

指在科学技术领域，为增加知识总量以及运用这些知识去创造新的应用进行的系统的创造性的活动，包括基础研究、应用研究、试验发展三类活动。在工业企业开展的科学研究与试验发展（R&D）活动中，较为普遍的和大量的活动属于试验发展活动。

R&D 人员

指参与研究与试验发展项目研究、管理和辅助工作的人员，包括项目（课题）组人员，企业科技行政管理人员和直接为项目（课题）活动提供服务的辅助人员。反映投入从事拥有自主知识产权的研究开发活动的人力规模。

R&D 人员全时当量

指全时人员数加非全时人员按工作量折算为全时人员数的总和。例如：有两个全时人员和三个非全时人员（工作时间分别为 20%、30% 和 70%），则全时当量为 2+0.2+0.3+0.7=3.2 人年。为国际上比较科技人力投入而制定的可比指标。

技术市场

从狭义看，是指在一定时间、地点进行技术转让和技术商品交易的场所。目前统计反映的是企业购买技术开发、技术转让、技术咨询、技术服务项目的合同数和成交额。

主要统计指标解释
Explanatory Notes on Main Statistical Indicators

Percentage of Graduates in Primary Schools Entering Junior Secondary Schools

refers to the proportion of students in junior secondary schools to the total number of junior school-age students.

Percentage of School-age Children Enrolled

refers to the proportion of children enrolled at primary schools to the total number of primary school-age children (including retarded children, but excluding blind, deaf and mute children). The formula is:

$$\text{Percentage of School-age Children Enrolled} = \frac{\text{Total Primary School-age Children at School}}{\text{Total Primary School-age Children}} \times 100\%$$

Network Education

refers to the net education implemented by modern distance education selected institute approved by the Ministry of Education, who recruit the regular and adult undergraduate students and junior college students base on Internet to give high level education.

Science and Technology Activities

refer to organizational activity aimed at developing, spreading and applying the scientific technology about natural science, agriculture science, medicine science, engineering and technology science, human and social science. In order to calculate the input of science and technology, science and technology activities are divided into R&D, Achievements Applying on Researches & Experiments Developing and Science and Technique Services.

Patent

is an abbreviation for the patent right and refers to the exclusive right of ownership of the inventors or designers for the creation or inventions, given from the patent offices after due process of assessment and approval in accordance with the Patent Law. Patents are granted for inventions, utility models and designs. This indicator reflects the achievements of S&T and design with independent intellectual property.

Research and Experimental Development(R&D)

refers to systematic and creative endeavor aimed at expanding the overall volume of knowledge and applying the knowledge to invent new uses. It includes basic studies, application research and experimental development. For industrial enterprises, their R&D mainly belongs to experimental development activities.

R&D Personnel

refer to persons engaged in research, management and supporting activities of R&D, including persons in the project teams, persons engaged in the management of S&T activities of enterprises and supporting staff providing direct service to the research projects. This indicator reflects the size of personnel engaged in R&D activities with independent intellectual property.

Full-time Equivalent of R&D Personnel

refers to the sum of the full-time persons and the full-time equivalent of part-time persons converted by workload. For instance, if there are 2 full-time persons and 3 part-time workers (20%, 30% and 70% of working hours respectively on R&D activities), the full-time equivalent are 2+0.2+0.3+0.7=3.2 person-years. This is an internationally comparable indicator of S&T manpower input.

Technique Market

can be regarded narrowly as technical-dealings office where technique transfer is made or technology-related good traded at certain time. As shown in statistical datum presently, turnovers are resulting either from purchase or from transfer of techniques, together with numbers related to the inquiry or services involved in technologies.

19

文化、体育和卫生

Culture, Sports and Public Health

19-1 文化事业机构和人员情况(2004—2010年)
Basic Statistics on Cultural Institutions and Personnel, 2004-2010

单位：个、人 (unit, person)

年 份 Year	艺术事业 Art	电影事业 Movie	公 共 图书馆 Public Library	档案机构 Archives Institution	群众文化 活动事业 Mass Culture	文 物 保护单位 Agency of Historic Relics Preservation	博物馆 Museums
机构数 Institutions							
2004	70	239	32	481	19	8	17
2005	61	190	32	410	19	8	18
2006	61	190	32	329	19	8	19
2007	61	187	32	341	19	8	18
2008	46	181	32	386	19	8	18
2009	43	172	31	399	19	8	18
2010	44	243	31	385	19	8	18
人员数 Personnel							
2004	2937	1959	1082	1144	706	117	658
2005	2663	1118	1057	913	710	133	679
2006	2686	842	1086	784	707	132	724
2007	2509	767	1074	553	679	130	728
2008	2276	767	1098	1154	681	137	711
2009	2287	1257	1087	1175	682	123	699
2010	2262	1738	1077	1180	656	119	719

19-2 图书报纸杂志出版情况(2008—2010年)
Books, Newspapers and Magazines Publication, 2008-2010

项 目	Item	种 类(种) Number of Publications (kind)			总印数(万册) Total Copies (10 000 volumes)		
		2008	2009	2010	2008	2009	2010
图书出版总计	**Total Publication of Books**	**3625**	**4310**	**4747**	**3921**	**4253**	**3774**
本 版	Local Publications	3441	4125	4550	2798	3239	2810
租 型	Rent Copies	184	185	197	1123	1014	964
报纸出版总计	**Total Publication of Newspapers**	**43**	**43**	**43**	**94536**	**95821**	**94210**
综合报	Comprehensive Newspapers	27	27	27	83819	85637	85731
专业报	Professional Newspapers	16	16	16	10717	10184	8479
省、直辖市级报纸合计	Newspapers at Provincial or Municipal Level	27	27	27	94385	95671	94065
区(市)级报纸合计	Newspapers at District (City) Level	16	16	16	151	150	145
杂志出版总计	**Total Publication of Magazines**	**245**	**247**	**243**	**3603**	**3342**	**3713**
综 合	Comprehensive	1	3	2	1	4	13
哲学、社会科学	Philosophy and Social Sciences	44	44	43	853	818	896
自然科学、技术	Natural Sciences and Technology	142	143	140	975	856	798
文化、教育	Culture and Education	36	37	38	694	730	1112
文学、艺术	Literature and Art	13	14	14	788	696	631
少年儿童读物	Juvenile and Children's Book	8	6	6	291	238	263
画 刊	Pictorial	1			1		

19-3 图书出版分类情况（2008—2010年）
Publication of Books by Category, 2008-2010

类别 Item	种类(种) Number of Publication (kind)			总印数(万册) Total Copies (10 000 volumes)		
	2008	2009	2010	2008	2009	2010
总计 Total	**3625**	**4310**	**4747**	**3921**	**4253**	**3774**
马列主义、毛泽东思想 Marxism-Leninism, Mao Zedong Thought		5	5		3	2
哲学 Philosophy	73	145	137	39	69	70
社会科学总论 General Social Sciences	67	97	80	26	54	34
政治、法律 Politics and Law	83	121	109	26	40	39
军事 Military Affairs	8	7	4	4	4	2
经济 Economics	243	330	314	90	116	109
文化、科学、教育、体育 Culture, Science, Education and Sports	1056	1154	1024	2541	2644	1251
语言、文字 Languages	334	300	328	152	123	123
文学 Literature	386	631	578	358	462	529
艺术 Art	486	494	658	256	334	533
历史、地理 History and Geography	132	163	301	60	69	644
自然科学总论 General Natural Sciences	8	11	7	4	3	2
数理科学、化学 Mathematics and Chemistry	69	66	76	24	27	29
天文学、地球科学 Astronomy and Geology	13	13	14	6	5	10
生物科学 Biology	12	9	21	3	3	8
医药、卫生 Medicine and Health Care	275	297	471	67	63	92
农业科学 Agricultural Science	11	33	108	3	11	33
工业技术 Industrial Technology	321	370	432	140	182	164
交通运输 Transportation	6	6	14	1	1	3
环境科学 Environmental Science	7	6	21	2	1	13
综合性图书 Comprehensive Books	21	42	31	18	12	42
其他 Others	14	10	14	101	27	42

19-4 录像和录音制品出版情况（2008—2010年）
Publication of Video Products, 2008-2010

项目	Item	种数(种) Number of Category (kind)			数量(万盒、万张) Volume (10 000 cassettes, pieces)		
		2008	2009	2010	2008	2009	2010
数码激光视盘	VCD	13	23	12	4	11	4
高密度激光视盘	DVD	41	163	137	10	30	27
录音带	Audio-tapes	36	19	6	126	117	5
激光唱盘	CD	69	120	70	39	59	18

19-5 广播和电视节目制作情况（2010年）
Production of Broadcasting and Television, 2010

单位：小时 (hour)

项目 Item	全年制作节目时间 Annual Production of Programs	新闻资讯类 News	专题服务类 Special Topic Service	综艺益智类 Variety Show and Wise Improvement	广播/影视剧类 Broadcasting, Film and Teleplay	广告类 Advertisement	其他类 Others
广播电台 Broadcasting Stations	**76124**	**12244**	**14538**	**27524**	**198**	**17763**	**3857**
电视台 Television Stations	**21818**	**4286**	**9520**	**5670**	**160**	**1764**	**418**
# 天津电视台 Tianjin	11261	2187	7337	1609	92	36	
武清区 Wuqing District	823	164	315	228		96	20
宝坻区 Baodi District	513	95	190	38		190	
滨海新区 Binhai New Area	3202	781	348	1101		916	56
塘沽 Tanggu	1917	611	228	328		748	2
汉沽 Han'gu	378	73	17	288			
大港 Dagang	907	97	103	485		168	54
宁河县 Ninghe County	625	245	185			195	
静海县 Jinghai County	1571	135	78	1334		24	
蓟县 Jixian County	2120	365	760	600		152	243

19-6 广播和电视节目播出情况（2010年）
Programs of Broadcasting and Television, 2010

单位：小时 (hour)

项目 Item	全年播出节目时间 Annual Broadcasting of Programs	新闻资讯类 News	专题服务类 Special Topic Service	综艺益智类 Variety Show and Wise Improvement	广播/影视剧类 Broadcasting, Film and Teleplay	广告类 Advertisement	其他类 Others
广播电台 Broadcasting Stations	**133283**	**20495**	**26300**	**47481**	**1801**	**21886**	**15320**
电视台 Television Stations	**151736**	**11362**	**35874**	**11058**	**62339**	**21496**	**9607**
# 天津电视台 Tianjin	71049	4789	26612	4363	18951	16334	
武清区 Wuqing District	6902	289	1347	1050	2661	815	740
宝坻区 Baodi District	3830	280	420	270	2300	400	160
滨海新区 Binhai New Area	38195	2869	4897	1963	19829	3038	5599
塘沽 Tanggu	26018	2256	4775	1190	13086	2220	2491
汉沽 Han'gu	7300	405	18	288	3277	360	2952
大港 Dagang	4877	208	104	485	3466	458	156
宁河县 Ninghe County	1257	314	124		624	195	
静海县 Jinghai County	6161	623	78	1582	3829	49	
蓟县 Jixian County	5405	365	760	600	3285	152	243

19-7 广播电台和电视台情况(2007—2010年)
Statistics on Broadcasting and Television Stations, 2007-2010

单位：套、时：分、% (set, hour：minute, %)

项 目	Item	2007	2008	2009	2010
广播电台	**Broadcasting Stations**				
节目套数	Number of Programs	12	22	21	22
平均每日播音时间	Broadcasting Hours per Day	235:53	385:35	349:06	365:16
广播覆盖率	Listener Rating	100	100	100	100
电视台	**Television Stations**				
节目套数	Number of Programs	28	34	31	33
平均每周播出时间	Program Hours per Week	2852:59	3062:50	2875:19	2918:00
电视覆盖率	Viewer Rating	99.83	99.83	100.00	100.00

注：从2008年起，广播电台各项数据为全市口径，电视台节目包含付费频道。
Note: Since 2008, the data of broadcasting stations are statistics of the whole city, and programs of television stations include paid channels.

19-8 有线电视基本情况(2007—2010年)
Basic Statistics on Cable Television, 2007-2010

指 标 Item	2007	2008	2009	2010
有线电视总用户数(万户) Subscribers (10 000 households)	213	222	246	262
有线电视入户率(%) Popularity Rate (%)	64.90	66.71	75.07	77.98
有线广播电视传输网络干线总长(公里) Lines Total (kilometer)	3632	3962	6148	6500

19-9 电影放映单位基本情况(2007—2010年)
Basic Statistics on Film Projecting Units, 2007-2010

单位：个 (unit)

指 标	Item	2007	2008	2009	2010
电影放映单位	Film Projecting Units	187	181	172	243
电影院	Cinema	9	9	12	22
影剧院	Theater	12	12	10	10
开放礼堂俱乐部	Opening Auditorium	6	6	10	18
电影放映队	Projecting Team	139	139	139	192
对内俱乐部	Internal Club	15	15	1	1
拥有坐席数	Seats	28035	28035	32513	38569
放映场次(场次)	Projecting Performances (time)	22067	17500	12548	254543
观众人次(万人次)	Audience (10 000 person-times)	35	25	27	928

注：2010 年电影放映场次和观众人次为全行业口径。
Note: Projecting Performances and Audience adopt the coverage of whole industry.

19-10 艺术事业基本情况（2007—2010年）
Basic Statistics on Art, 2007-2010

指　标	Item	2007	2008	2009	2010
艺术表演团体	**Art Performance Troupes**				
机构数(个)	Institutions (unit)	15	15	15	16
话剧团、儿童剧团	Drama and Children Troupes	2	2	2	2
歌舞剧团	Song and Dance Troupes	1	1	1	1
文工团、文宣队	Cultural and Performance Troupes	1	1	1	1
戏曲剧团	Local Opera Troupes	7	7	7	8
#京　剧	Local Beijing Opera Troupes	2	2	2	2
曲剧团、杂技团、木偶团	Recitation and Ballad Troupes, Acrobatic and Circus Troupes, Puppet Show Troupes	3	3	3	3
乐团、合唱团	Philharmonic Troupes and Chorus	1	1	1	1
工作人员数(人)	Employment (person)	1875	1860	1901	1893
演出场次(场)	Number of Performances (time)	2480	2383	2774	3411
#到农村演出	Shows in Rural Areas	528	499	602	460
观众人次(万人次)	Number of Spectators (10 000 person-times)	179	156	213	242
艺术表演场所	**Art Performance Places**				
机构数(个)	Institutions (unit)	28	29	39	37
剧场、音乐厅	Theaters and Concert Halls	27	28	28	27
书场、曲艺厅	Storytelling Places, Folk Art Forms	1	1	3	3
综合性、其他场所	Comprehensive Places and Others			8	6
音乐厅	Concert Hall				1
坐席数(个)	Seats (unit)	15190	16130	30171	24641
工作人员数(人)	Employment (person)	395	409	1044	503
演出场次(场)	Number of Performances (time)	27793	22853	19785	20400
观众人次(万人次)	Number of Spectators (10 000 person-times)	122	168	222	234

19-11 档案事业基本情况（2007—2010年）
Basic Statistics on Archives, 2007-2010

单位：个、人 (unit, person)

项　　目	Item	2007	2008	2009	2010
机构数	**Number of Institutions**	**341**	**386**	**399**	**385**
档案馆(含档案局)	Archives	15	55	55	52
机关事业单位档案室	Archives in Government and Institutions	151	149	148	135
大型工业企业档案馆	Archives in Large Industrial Enterprises	175	182	196	198
专职工作人员	**Full-time Personnel**	**553**	**1154**	**1175**	**1180**
档案馆(含档案局)	Archives	182	694	682	680
机关事业单位档案室	Archives in Government and Institutions	160	166	158	159
大型工业企业档案馆	Archives in Large Industrial Enterprises	211	294	335	341
兼职工作人员	**Part-time Personnel**	**1378**	**1399**	**1504**	**1638**
机关事业单位档案室	Archives in Government and Institutions	456	556	785	819
大型工业企业档案馆	Archives in Large Industrial Enterprises	922	843	719	819

19-12 档案馆档案资料馆藏与开发利用情况（2007—2010年）
Collection, Development and Utilization of Materials in Archives, 2007-2010

项　　目	Item	2007	2008	2009	2010
馆藏档案	**Collection of Archives**				
全　宗(个)	Full-records (unit)	2905	2973	2999	3099
案　卷(万卷)	Files (10 000 volumes)	524	541	578	603
录音、录像、影片(万盘)	Sounds and Movies Files (10 000 cassettes)	0.92	1.13	1.34	1.48
照　片(万张)	Photo Files (10 000 sheets)	35.41	36.81	39.65	41.82
保存资料	**Collection of Materials**				
资料数量(万册)	Materials (10 000 volumes)	27	28	28	28
利用档案资料	**Utilization**				
利用人次(万人次)	Users (10 000 person-times)	6	6	8	8
利用档案(万卷次)	Access to Files (10 000 volume-times)	13.78	15.51	21.80	29.60
利用资料(册次)	Materials (volume-time)	5800	7339	5472	6203
复制档案资料(万页)	Copy Materials (10 000 pages)	83	117	19	72
编研档案资料	**Materials and Archives Edited**				
公开出版(种)	Public Publication (kind)	9	11	11	10
(万字)	(10 000 words)	250	451	414	318
内部参考(种)	Internal Reference (kind)	60	59	64	41
(万字)	(10 000 words)	337	405	490	300

19-13 机关事业单位档案资料保存与开发利用情况（2007—2010年） Keeping, Development and Utilization of Government and Institution Archives and Materials, 2007-2010

项　目	Item	2007	2008	2009	2010
保存档案	Keeping Archives				
全　宗(个)	Full-records (unit)	194	194	196	175
案　卷(万卷)	Files (10 000 volumes)	85	100	99	160
底　图(万张)	Chart (10 000 pictures)	71	71	0.84	0.57
缩微胶片(万张)	Compressed Film (10 000 pictures)	11	10	10	10
保存资料数量(万册)	Number of Keeping Materials (10 000 volumes)	8	8	8	8
借阅利用人次(万人次)	Borrowers (10 000 person-times)	3	3	3	4
借阅资料数量(万卷册数)	Access to Files (10 000 volumes)	6	6	11	10
编研档案资料	Materials and Archives Edited				
公开出版(种)	Public Publication (kind)	17	10	7	1
(万字)	(10 000 words)	412	292	237	100
内部参考(种)	Internal Reference (kind)	196	175	145	80
(万字)	(10 000 words)	858	1815	575	1013

19-14 大型工业企业档案资料保存与开发利用情况（2007—2010年） Keeping, Development and Utilization of Archives Materials in Large-sized Industrial Enterprises, 2007-2010

项　目	Item	2007	2008	2009	2010
保存档案	Keeping Archives				
全　宗(个)	Full-records (unit)	322	345	381	358
案　卷(万卷)	Files (10 000 volumes)	103	106	120	125
底　图(万张)	Chart (10 000 pictures)	63	63	38	128
缩微胶片(万张)	Compressed Film (10 000 pictures)	3	3	3	3
保存资料数量(万册)	Number of Keeping Materials (10 000 volumes)	3	4	5	5
借阅利用人次(万人次)	Borrowers (10 000 person-times)	3	3	3	3
借阅资料数量(万卷册数)	Access to Files (10 000 volumes)	7	9	46	21
编研档案资料	Materials and Archives Edited				
公开出版(种)	Public Publication (kind)	1	62	6	35
(万字)	(10 000 words)	1	4	23	143
内部参考(种)	Internal Reference (kind)	148	154	237	236
(万字)	(10 000 words)	334	290	460	465

19-15 公共图书馆情况（2007—2010年）
Basic Statistics on Public Libraries, 2007-2010

项　目	Item	单　位	Unit	2007	2008	2009	2010
公共图书馆	Public Libraries	个	unit	32	32	31	31
工作人员	Employment	人	person	1074	1098	1087	1077
藏　书	Collections	万　册	10 000 volumes	1030	1107	1192	1258
书刊文献外借人次	Person-times of Borrowing-out	万人次	10 000 person-times	221	221	252	254
书刊文献外借册次	Book-times of Borrowing-out	万册次	10 000 volume-times	428	429	637	572
建筑面积	Floor Space of Buildings	平方米	sq. m.	128968	139307	127610	133406
阅览室坐席	Seating Capacity of Reading Room	次	unit	9330	9826	9486	9072

19-16 博物馆和文物保护单位基本情况（2007—2010年）
Basic Statistics on Museums and Cultural Relic Protection Units, 2007-2010

项　目	Item	单　位	Unit	2007	2008	2009	2010
博 物 馆	**Museums**						
单位数	Units	个	unit	18	18	18	18
工作人员数	Employment	人	person	728	711	699	719
文物藏品	Collection	万　件	10 000 pieces	57	58	58	58
举办陈列展览	Displays and Exhibitions	次	time	77	107	133	127
参观人次	Visitors	万人次	10 000 person-times	564	341	377	401
文物保护单位	**Cultural Relic Protection Units**						
单位数	Units	个	unit	8	8	8	8
工作人员数	Employment	人	person	130	137	123	119
藏　品	Collection	件	piece	2738	2642	2698	2733

19-17 群众文化事业基本情况（2007—2010年）
Basic Statistics on Mass Art, 2007-2010

项　目	Item	单　位	Unit	2007	2008	2009	2010
单 位 数	**Units**	个	unit	**19**	**19**	**19**	**19**
群众艺术馆	Mass Art Centers	个	unit	1	1	1	1
文化馆	Cultural Centers	个	unit	18	18	18	18
工作人员数	**Employment**	人	person	**679**	**681**	**682**	**656**
文化活动情况	**Cultural Activities**						
举办展览	Exhibitions	次	time	194	229	141	142
组织文艺活动次数	Art Performances	次	time	957	879	1076	1020
举办训练班	Training Courses						
班　次	Classes	次	time	848	642	631	991
结业人数	Persons Completed Course	人	person	61598	64537	62530	73896

19-18 体委系统体育工作者(2007—2010年)
Personnel in Sports Commissions System, 2007-2010

单位：人 (person)

指　　标	Item	2007	2008	2009	2010
体育工作者人数	Personnel of Sports	3123	3870	3200	3362
专职教练员	Full-time Coaches	452	464	523	508
国家级教练员	National Coaches	10	18	27	24
每十万人口中有体育工作者	Number of Physical Personnel per 100 000 Persons	45	33	31	32

19-19 等级裁判员和运动员人数(2008—2010年)
Number of Athletes and Referees in Grades, 2008-2010

单位：人 (person)

指　　标	Item	裁判员 Referees			运动员 Athletes		
		2008	2009	2010	2008	2009	2010
总人数	**Total**	**467**	**439**	**210**	**726**	**1131**	**660**
一　级	First Grade	186	252	118	273	112	292
二　级	Second Grade	281	187	102	453	1019	368
#女　性	**Female**	**182**	**124**	**68**	**326**	**474**	**395**
一　级	First Grade	74	73	44	98	51	171
二　级	Second Grade	108	51	24	228	423	224

19-20 国际国内体育比赛获奖牌情况(2010年)
Statistics on Medals Won in International & National Competitions, 2010

单位：块 (piece)

项　　目	Item	合计 Total	金牌 Gold Medal	银牌 Silver Medal	铜牌 Bronze Medal
总　　计	**Total**	**75**	**35**	**27**	**13**
国际比赛	**International Competitions**	**30**	**19**	**5**	**6**
世界比赛	World Competitions	12	8	3	1
亚洲比赛	Asian Competitions	18	11	2	5
女子排球	Women Volleyball	1	1		
击　剑	Fencing	4	2		2
跆拳道	Taekwondo	1			1
曲棍球	Hockey	1	1		
体　操	Gymnastics	2	2		
柔　道	Judo	2		1	1
网　球	Tennis	5	3	1	1
游　泳	Swim	1	1		
水　球	Water Polo	1	1		
国内比赛(全国)	**Domestic Competitions (National)**	**45**	**16**	**22**	**7**

19-21 卫生事业基本情况（1995—2010年）
Statistics on Public Health, 1995-2010

年 份 Year	卫生事业机构(个) Number of Health Care Institutions (unit)	# 医院、卫生院 Hospitals and Health Care Centers	卫生机构床位数(张) Beds (unit)	# 医院、卫生院 Hospitals and Health Care Centers	卫生技术人员数(人) Medical Technical Personnel (person)	# 执业及助理医师 Certified and Assistant Doctors	# 注册护士 Registered Nurses
1995	3182	416	39092	37280	71806	33693	23177
1996	4171	476	39612	38284	71014	32975	23156
1997	3571	483	40758	39467	70431	32475	23045
1998	3190	482	40471	39134	68070	31482	22209
1999	2969	487	39779	38579	65901	30273	21977
2000	2983	488	40039	38842	65145	30031	21667
2001	2665	495	41637	40394	63475	29215	21298
2002	2636	486	40090	38837	56705	23888	19257
2003	2671	485	40194	38074	55629	22780	19173
2004	2577	474	40994	38876	60722	25299	19602
2005	2489	461	41556	39491	61284	25088	19624
2006	2384	401	43643	38893	62258	25358	20030
2007	2352	411	44335	39708	63900	26228	21339
2008	2784	428	46124	41212	65115	25865	21967
2009	2617	437	46353	41921	67560	27261	23081
2010	2687	438	48828	44080	70040	28478	24193

19-22 卫生事业机构数（2007—2010年）
Number of Health Care Institutions, 2007-2010

单位：个 (unit)

名 称	Item	2007	2008	2009	2010
总 计	**Total**	**2352**	**2784**	**2617**	**2687**
医院、卫生院	Hospitals and Health Care Centers	411	428	437	438
疗养院	Sanatoriums	3	3	3	3
社区卫生服务中心(站)	Community Health Care Centers		776	764	877
门诊部	Outpatient Departments	195	214	222	258
诊所、卫生所、医务室	Clinics	1382	1221	1046	964
妇幼保健院(所、站)	Maternity and Children Care Centers	23	23	23	23
专科疾病防治院(所、站)	Specialized Prevention Stations	16	16	16	16
疾病预防控制中心	Disease Prevention and Control Centers	24	24	24	24
卫生监督所	Health Supervision Offices	14	16	17	17
医学科学研究机构	Research Institutes of Medical Science	8	8	8	8
高等医学教育机构	High Education Institutions of Medicine	3	3	3	16
其他卫生事业机构	Other Health Care Institutions	45	52	54	43
平均每个医院负担人口(人)	Average Burden Population of Each Hospital (person)	27129	27477	28104	28847

19-23 卫生事业基本情况(2010年) Statistics on Public Health, 2010

项　目	Item	卫生机构(个) Health Care Institutions (unit)	卫生机构床位(张) Number of Institution Beds (unit)	卫生技术人员(人) Medical Technical Personnel (person)	执业及助理医师 Certified and Assistant Doctors
总　计	**Total**	**2687**	**48828**	**70040**	**28478**
按市县分	**Grouped by City & County**				
市	City	2291	44821	63269	25564
县	County	396	4007	6771	2914
按经济类型分	**Grouped by Ownership**				
国有经济	State-owned	1389	42663	59835	23131
集体经济	Collective-owned	308	2020	2533	1519
联营经济	Joint Ownership	124	65	586	76
私营经济	Private	763	3035	5592	2928
其　他	Others	103	1045	1494	824
按设置主办单位分	**Grouped by Management**				
政府办	Run by Government	1135	38316	55007	21273
社会办	Run by Community	830	7989	10210	4732
其　他	Others	722	2523	4823	2473

项　目	Item	注册护士 Registered Nurses	药　师(士) Pharmacists	技　师(士) Technicians	其他人员 Others
总　计	**Total**	**24193**	**4561**	**4139**	**8669**
按市县分	**Grouped by City & County**				
市	City	22697	4261	3833	6914
县	County	1496	300	306	1755
按经济类型分	**Grouped by Ownership**				
国有经济	State-owned	22039	3821	3650	7194
集体经济	Collective-owned	335	167	101	411
联营经济	Joint Ownership	22	11	6	471
私营经济	Private	1375	491	313	485
其　他	Others	422	71	69	108
按设置主办单位分	**Grouped by Management**				
政府办	Run by Government	20053	3524	3374	6783
社会办	Run by Community	2940	627	475	1436
其　他	Others	1200	410	290	450

19-24 卫生技术人员数（2010年）
Number of Medical Technical Personnel, 2010

单位：人 (person)

项　目	Item	总　计 Total	#执业及助理医师 Certified and Assistant Doctors	#注　册护　士 Registered Nurses	#药　师(士) Pharmacists	#技　师(士) Technicians
总　计	**Total**	**70040**	**28478**	**24193**	**4561**	**4139**
医　院	Hospitals	50897	19201	20217	3315	2924
#综合医院	Comprehensive Hospitals	31259	12021	12412	1877	1842
中医医院	Hospitals Specialized in Traditional Chinese Medicine	6293	2784	2034	550	301
专科医院	Special Hospitals	11570	3698	5209	672	644
#口腔医院	Stomatology Hospitals	813	397	253	17	20
眼科医院	Eye Hospitals	383	151	146	24	18
耳鼻喉科医院	E. N. T. Hospitals	76	19	43	4	4
肿瘤医院	Tumour Hospitals	1448	434	744	78	44
心血管病医院	Cardiovascular Disease Hospitals	417	111	232	13	29
胸科医院	Chest Hospitals	856	233	426	49	36
血液病医院	Blood Disease Hospitals	616	186	308	31	89
妇产科医院	Gynecology Hospitals	1272	401	622	78	84
儿童医院	Children Hospitals	1162	372	509	84	73
精神病医院	Mental Disease Hospitals	1401	337	633	73	41
传染病医院	Infectious Disease Hospitals	490	150	177	38	29
皮肤病医院	Skin Disease Hospitals	25	13	8	2	2
骨科医院	Orthopedics Hospitals	1124	368	489	78	66
疗养院	Sanatoriums	169	46	94	9	8
社区卫生服务中心(站)	Community Health Care Centers	5778	2272	1527	590	333
卫生院	Health Care Centers	4284	2473	709	281	199
门诊部	Outpatient Departments	1866	1088	407	159	84
诊所、卫生所、医务室	Clinics	2117	1429	365	77	30
急救中心(站)	First-aid Centers	276	231	32	2	0
采供血机构	Blood Collection and Supplying Institutions	210	30	76	1	58
妇幼保健院	Maternity and Children Care Centers	1523	671	523	64	139
专科疾病防治院	Specialized Prevention Centers	424	180	129	32	42
疾病预防控制中心(防疫站)	Disease Prevention and Control Centers (Epidemic Prevention Stations)	1366	684	75	12	273
卫生监督所	Sanitation Supervision Institutions	708				
其他卫生机构	Other Health Care Institutions	422	173	39	19	49

19-25 卫生机构的床位数（2007—2010年） Number of Beds in Health Care Institutions, 2007-2010

单位：张 (unit)

名　称	Item	2007	2008	2009	2010
总　计	**Total**	**44335**	**46124**	**46353**	**48828**
医　院	Hospitals	37302	38248	38596	40387
疗养院	Sanatoriums	491	475	401	401
社区卫生服务中心(站)	Community Health Care Centers	2689	3168	2895	3124
卫生院	Health Care Centers	2406	2964	3325	3693
门诊部	Outpatient Departments	225	200	106	153
妇幼保健院	Maternity and Children Care Centers	834	819	702	742
专科疾病防治院	Specialized Prevention Centers	388	250	328	328
平均每千人口有医院床位	Hospital Beds per 1000 Population	3.41	3.34	3.21	3.20

19-26 医疗机构诊疗和病床使用情况（2007—2010年） Diagnosis, Treatment and Used Beds of Medical Institutions, 2007-2010

项　目	Item	2007	2008	2009	2010
诊疗情况(万人次)	**Diagnosis and Treatment (10 000 person-times)**				
诊疗人次数	Patients Treated	4531	5190	5691	6715
#门、急诊人次数	Out-patients and Emergency	3695	4984	5486	6524
入院人数	In-patients	80	96	103	109
平均每月门诊诊疗人数	Number of Out-patients per Month	308	433	474	560
平均每月入院诊疗人数	Number of In-patients per Month	7	8	9	9
病床使用情况	**Sickbeds Used**				
住院病人治愈率(%)	Recovering Rate of In-patients (%)	50	49	47	44
病床周转次数(次)	Turnover of Beds (time)	20	21	23	23
病床使用率(%)	Utilization Rate (%)	72	72	76	78
病床工作日(日)	Working Days of Beds (day)	263	261	278	285
出院者平均住院日数(日)	Average Hospitalization Period (day)	12	12	11	12

19-27 医院、卫生院运营情况
Operation of Hospitals, Health Care Centers

指 标	Item	医 院 Hospitals		卫生院 Health Care Centers	
		2009	2010	2009	2010
机构数(个)	Number of Institutions (unit)	255	277	182	161
总诊疗人次数(万人次)	Patients Treated (10 000 person-times)	3716.8	4447.3	641.4	512.7
#门、急诊人次数	Out-patients and Emergency	3683.0	4428.5	618.8	488.6
观察室收容人数(人)	Observation Room (person)	1208115	1455889	33034	34178
健康检查人数(人)	Health Check (person)	1551246	1536029	177411	160605
入院人数(人)	In-patients (person)	884244	959715	140444	116948
出院人数(人)	Leaving Hospital (person)	880315	958567	142160	117093
住院病人手术(万人次)	In-patients Surgery Trips (10 000 person-times)	30.0	43.6		
住院病人治愈率(%)	Rate of Fully Recovery of In-patients(%)	40.9	39.1	87.0	83.5
住院病人好转率(%)	Rate of Turning Better of In-patients (%)	54.3	56.4	12.5	15.7

19-28 社区卫生服务中心(站)基本情况
Basic Statistics on Community Health Care Centers

项 目	Item	单 位	Unit	2009	2010
机构数	Number of Institutions	个	unit	764	877
总诊疗人次数	Patients Treated	万人次	10 000 person-times	892.2	1226.0
#门、急诊人次数	Out-patients and Emergency	万人次	10 000 person-times	756.2	1093.4
观察室收容人数	Observation Room	人	person	295811	393574
健康检查人数	Health Check	人	person	237878	385503
入院人数	In-patients	人	person	7202	13929
出院人数	Leaving Hospital	人	person	7254	13875
住院病人治愈率	Rate of Fully Recovery of In-patients	%	%	14.4	54.3
住院病人好转率	Rate of Turning Better of In-patients	%	%	82.4	43.8

19-29 村卫生室基本情况(2007—2010年)
Basic Statistics on Village Health Room, 2007-2010

项 目	Item	2007	2008	2009	2010
机构总数(个)	Number of Institutions (unit)	1893	1653	1616	1870
执业助理医师(人)	Certified Assistant Doctors (person)	401	332	171	414
乡村医生和卫生员(人)	Rural Doctors & Hygienists (person)	4681	3921	3949	4287
乡村医生	Rural Doctors	4617	3820	3882	4238
卫生员	Hygienists	64	101	67	49
诊疗人次数(万人次)	Number of Patients Treated (10 000 person-times)		815.2	78.8	79.3

19-30 妇女儿童卫生保健状况（2007—2010年）
Basic Statistics on Maternity and Children Care, 2007-2010

指标	Item	2007	2008	2009	2010
妇幼保健经费(万元)	Expenses for Maternity and Children Care (10 000 yuan)	7188	9817	7742	5613
计划生育事业费(万元)	Operating Expenses for Children Planning (10 000 yuan)	22552	25026	32840	38506
户籍人口(万人)	Registered Population (10 000 persons)	959.1	968.9	979.8	984.9
#女　性	Female	475.9	481.0	486.7	489.6
0-4岁人口	Age 0-4	33.4	37.5	39.0	40.5
#女　性	Female	15.7	17.6	18.4	19.1
0-17岁人口	Age 0-17	145.2	140.8	140.6	139.7
#女　性	Female	68.9	66.7	66.5	66.1
育龄妇女人口(15-49岁)	Women of Child-bearing Age (Age 15-49)	262.9	260.3	260.1	258.2
婴儿死亡率(‰)	Death Rate of Infants (‰)	5.3	5.2	5.1	5.6
5岁以下儿童死亡率(‰)	Death Rate of Children at Age 5 and below (‰)	6.2	6.0	6.2	6.8
孕产妇死亡率(1/10万)	Death Rate of Pregnant and Lying-in Women (1/100 000)	8.6	7.3	9.6	9.6
卡介苗接种率(%)	BCG Vaccination Rate (%)	99.6	99.9	100.0	99.9
脊灰疫苗接种率(%)	Poliovirus Vaccination Rate (%)	99.4	99.7	99.1	99.7
白百破三联制剂接种率(%)	Pertussis, Diphtheria & Tetanus Vaccination Rate (%)	99.3	99.4	100.0	99.7
麻疹疫苗接种率(%)	Measles Virus Vaccination Rate (%)	99.8	98.9	100.0	99.7
乙肝疫苗接种率(%)	Hepatitis B Vaccination Rate (%)	99.7	99.8	99.9	99.8
5岁以下儿童中、重度营养不良患病率(%)	Incidence Disease Rate from Medium and Serious Malnutrition of Children at Age 5 and below (%)	0.13	0.10	0.22	0.18
7岁以下儿童保健管理率(%)	Management Rate of Children Health Care System at Age 7 and below (%)	84.8	91.1	91.1	98.2

19-31 全市居民前十位疾病死亡专率及死因构成
Death Rate of Top 10 Diseases and Proportion

序位及死因	Position and Cause of Death	死亡专率(1/100 000) Mortality		占全部死亡人数的% Proportion (%)	
		2009	2010	2009	2010
1. 心脏病	Heart Disease	193.93	208.54	29.14	30.00
2. 脑血管病	Cerebrovascular Disease	161.07	168.98	24.21	24.31
3. 恶性肿瘤	Malignant Tumour	157.42	158.98	23.66	22.87
4. 呼吸系统疾病	Respiratory Disease	58.30	60.99	8.76	8.77
5. 损伤和中毒外部原因	Trauma and Toxicosis	30.72	32.29	4.62	4.64
6. 内分泌、营养和代谢的其他疾病	Internal System, Nutrition, Metabolism and Immunity Disease	18.74	19.60	2.82	2.82
7. 消化系统疾病	Digestive Disease	12.45	12.03	1.87	1.73
8. 神经系统疾病	Neuropathy	7.40	7.34	1.11	1.06
9. 泌尿生殖系统病	Urinary Disease	6.36	5.87	0.96	0.84
10. 传染病和寄生虫病	Infectious & Parasitic Diseases	2.65		0.40	
先天畸形、变性和染色体异常	Congenital Malformation, Denaturalization and Chromosome Abnormality		2.90		0.42

19-32 卫生总费用及构成（1995—2010年）
Total Expenditure on Health and Composition, 1995-2010

年 份 Year	卫生总费用(亿元) Total Expenditure on Health (100 million yuan)	人均卫生费用(元) Per Capita Expenditure on Health (yuan)	卫生总费用占地区生产总值比重(%) Total Expenditure on Health as Percentage of GDP (%)	卫生总费用筹资构成(%) Composition by Source (%)		
				政府卫生支出 Government Health Appropriation	社会卫生支出 Social Health Expenditure	居民个人现金卫生支出 Out-of-pocket Payment
1995	32.45	344.51	3.5	18.3	57.9	23.8
1996	39.71	418.85	3.5	18.5	54.1	27.4
1997	46.40	487.04	3.7	20.4	51.2	28.4
1998	46.65	487.61	3.4	18.9	45.4	35.7
1999	53.27	555.21	3.5	17.2	42.8	40.0
2000	66.75	666.74	3.9	15.1	41.5	43.4
2001	71.21	709.25	3.7	16.6	38.0	45.4
2002	96.97	962.83	4.5	17.0	36.0	47.0
2003	117.60	1162.84	4.6	19.1	39.3	41.5
2004	129.94	1269.38	4.2	18.8	37.1	44.1
2005	152.24	1459.63	4.1	16.9	36.7	46.3
2006	171.73	1597.45	3.9	19.1	36.2	44.8
2007	225.88	2025.80	4.5	19.7	37.4	43.0
2008	264.13	2246.02	4.2	20.3	37.3	42.4
2009	315.45	2568.46	4.2	20.6	41.0	38.3
2010	355.65	2737.28	3.9	23.3	41.0	35.7

19-33 主要年份卫生总费用机构流向构成
Composition of Total Expenditure on Health by Flow

单位：% (%)

指 标	Indicators	1995	2000	2009	2010
费用总额	**Total Expenditure**	**100.0**	**100.0**	**100.0**	**100.0**
医 院	Hospitals	67.2	67.7	70.6	70.8
城市医院	City Hospitals	53.2	54.2	56.9	56.9
县医院	County Hospitals	3.9	4.3	4.6	5.2
社区卫生服务中心	Community Health Care Centers			6.8	6.5
卫生院	Health Care Centers	4.1	4.1	2.0	1.9
其他医院	Other Hospitals	6.1	5.1	0.3	0.3
门诊机构	Ambulatory Health Facilities	10.2	6.2	6.0	5.0
药品零售机构	Retail Sales of Medical Goods	12.3	17.0	10.3	10.7
公共卫生机构	Public Health Facilities	7.7	4.9	6.6	6.5
卫生行政管理	Health Administration	0.2	0.2	0.9	1.1
其他卫生	Others	2.4	4.0	5.7	6.0

19-34 各区县卫生情况（2010年）
Basic Statistics on Public Health Care Institution by District and County, 2010

区　县 Region	卫生机构数(个) Health Care Institutions (unit)	#医院、卫生院 Hospitals and Health Care Centers	#社区卫生服务中心(站) Community Health Care Centers	卫生机构床位数(张) Beds (unit)	#医院、卫生院 Hospitals and Health Care Centers
和平区 Heping District	122	23	28	5739	5549
河东区 Hedong District	213	40	73	2872	2084
河西区 Hexi District	226	33	63	7440	7129
南开区 Nankai District	220	32	80	6014	5160
河北区 Hebei District	202	27	66	3820	3395
红桥区 Hongqiao District	128	15	60	2708	2203
东丽区 Dongli District	86	6	35	1316	1175
西青区 Xiqing District	79	25		1599	1599
津南区 Jinnan District	85	20		1537	1509
北辰区 Beichen District	86	6	13	1226	1114
武清区 Wuqing District	117	40		2777	2638
宝坻区 Baodi District	260	39	192	1741	1573
滨海新区 Binhai New Area	467	51	146	6032	5211
宁河县 Ninghe County	44	22		1011	1011
静海县 Jinghai County	80	28		1330	1109
蓟　县 Jixian County	272	31	121	1666	1621

注：滨海新区数据不含东丽区无瑕街、津南区葛沽镇数据。
Note: Data of Binhai New Area exclude figures of Wuxia Street, Dongli District and Gegu Town, Jinnan District.

主要统计指标解释
Explanatory Notes on Main Statistical Indicators

电视人口覆盖率

指用普通的电视接收机，室外天线在离地面 4 米高处能在晚上正常收看电视节目的人数与全市总人口数之比。

广播人口覆盖率

指用普通的收音机在中午能正常收听广播节目的人数与全市总人口数之比。

文化事业机构

指从事专业文化工作和为专业文化工作服务的单独核算、独立建制的单位，不包括文化主管部门直属单位举办的其他行业和各部门的业余文化组织。

艺术表演团体

指从事戏曲、音乐、舞蹈、杂技等专业艺术表演，有独立账户、实行单独核算的团体。

电影放映单位

指具有放映机器设备，固定或不固定的放映场所与专职或兼职的放映技术人员，经文化部门登记批准，经常为一定的观众对象映出电影的机构。包括经批准对外开放进行营业并与电影发行放映管理机构分账的专用放映单位或军委系统租片在内。

等级运动员人数

指经考核正式批准授予等级运动员称号的人数。分为国际级运动健将，运动健将，一、二、三级运动员和少年级运动员。

等级裁判员人数

指经考核正式批准授予等级裁判员称号的人数。分为国际裁判、国家级裁判、一级裁判、二级裁判、三级裁判。

社区卫生服务中心（站）

指为本社区居民提供预防、医疗、保健、康复、健康教育、计划生育技术服务等的基层卫生机构。包括社区卫生服务中心和社区卫生服务站。

卫生技术人员

指卫生事业机构支付工资的全部固定职工和合同制职工中现任职务为卫生技术工作的人员。包括中医师、西医师、中西医结合高级医师、护师、中药师、西药师、检验师、其他技师、中医士、西医士、护士、助产士、中药剂士、西药剂士、检验士、其他技士、其他中医、护理员、中药剂员、西药剂员、检验员和其他初级卫生技术人员。不包括从事管理工作的卫生技术人员。

执业（助理）医师

指具有《医师执业证》及其“级别”为“执业（助理）医师”且实际从事医疗、预防保健工作的人员，不包括实际从事管理工作的执业（助理）医师。执业（助理）医师类别分为临床、中医、口腔和公共卫生。

卫生总费用

是反映一个国家或地区在一定时期内（通常为 1 年）用于医疗卫生保健服务所消耗的资金总量。用筹资来源法测算，分为政府卫生支出、社会卫生支出、个人现金卫生支出三部分。

政府卫生支出

指各级政府用于医疗卫生服务、医疗保障补助、卫生和医疗保险行政管理事务、人口与计划生育事务支出等各项事业的经费。

社会卫生支出

指政府支出外的社会各界对卫生事业的资金投入。包括社会医疗保障支出、商业健康保险费、社会办医支出、社会捐赠援助、行政事业性收费收入等。

个人现金卫生支出

指城乡居民在接受各类医疗卫生服务时的现金支付，包括享受多种医疗保险制度的居民就医时自付的费用。

主要统计指标解释
Explanatory Notes on Main Statistical Indicators

卫生总费用占 GDP%

指某年卫生总费用与同期国内生产总值（GDP）之比。是用来反映一定时期国家对卫生事业的资金投入力度，以及政府和全社会对居民健康的重视程度。

计划生育事业费

包括九个部分，即计划生育手术减免经费、避孕药具经费、基层计划生育专职干部经费、独生子女保健费、宣传经费、服务站经费、流动人口计划生育管理费、干部培训费、其他计划生育事业费。

婴儿死亡率

指一年内未满周岁死亡的婴儿数与当年活产数之比。计算公式为：

$$\text{婴儿死亡率} = \frac{\text{一年内未满周岁的婴儿死亡数}}{\text{当年活产数}} \times 1000‰$$

孕产妇死亡率

指年内孕产妇死亡人数与活产数之比。孕产妇死亡一般指从妊娠开始至产后 42 天内死亡者，包括外科原因、计划生育手术、宫外孕、葡萄胎死亡者，但不包括意外原因死亡者。

卡介苗、脊灰疫苗、百白破三联制剂、麻疹、乙肝疫苗接种率

指按照儿童免疫程度进行合格接种的人数占全部应接种人数的百分比。应接种人数包括禁忌症人数和外地寄居 3 个月及以上的适龄人数，不包括外出 3 个月及以上的适龄人数。计算公式为：

$$\text{单项疫苗接种率} = \frac{\text{合格接种该疫苗人数}}{\text{应接种人数}} \times 100\%$$

分子：按“合格接种判断”标准，判定当年实际完成合格接种的儿童数。

分母：按免疫程序规定当年应在 12 月龄内完成该项疫苗接种的儿童数。

主要统计指标解释
Explanatory Notes on Main Statistical Indicators

Viewer Rate

refers to the ratio of the number of watching TV to the total population using normal television sets with outdoor antenna four meters apart from ground in the evening.

Listener Rate

refers to the ratio of the number of listening radio to the total population using normal radiogram at noon.

Cultural Institutions

refer to units which have their own organizational system and independent accounting system and specialize in or serve cultural development. They exclude other establishments run by these cultural institutions and amateur cultural groups established by various departments.

Art Troupe

refers to the troupe which is engaged in drama, opera, music, dance, acrobatics or other art performance, opens independent accounts with banks and has self-supporting accounting system.

Film Projection Units

refer to these units with film projection equipment, full or part-time projectionists, permanent or non-permanent places, approved by related administrative departments to show films regularly for certain groups of audience, including those film projection units which have been approved to give commercial shows and run business with independent accounting system as well as those film-renting units of the military system.

Number of Athletes in Grades

refers to the number of athletes who have been given titles through examination. The titles of athletes include international masters of sports, masters of sports, first grade, second-grade and third-grade sportsmen and young athletes.

Number of Referees in Grades

refers to the number of referees who have been given titles after examination. They are classified as international referees, national referees and referees of the first, second and third grades.

Community Health Service Centres (Stations)

refer to the primary units that provide the health care for community residents, such as disease prevention and control, medical treatment, health care, rehabilitation, health education, family planning technical services, including community health service centres and community health service stations.

Medical Technical Personnel

refer to all medical staff and workers employed by medical institutions, including doctors of Chinese and Western medicine, senior doctors who integrate traditional Chinese therapeutics with Western therapeutics in practice, senior nurses, pharmacists of Chinese and Western medicine, laboratory specialists, other specialists, paramedics of Chinese and Western medicine, nurses, midwives, druggists in Chinese and Western medicine, laboratory technicians, other technicians, other practitioners of Chinese medicine, nursing attendants, pharmacological workers of Chinese and Western medicine, laboratory workers, and other primary medical personnel, excluding management personnel.

Licensed (assistant) Doctors

refer to the medical workers who have obtained the licenses of qualified doctors (assistant doctors) and are employed in medical treatment, disease prevention or healthcare institutions, excluding the licensed doctors (assistant doctors) engaged in management job. The classification of licensed doctors (assistant doctors) is clinician, Chinese medicine, dentist and public health.

Total Expenditure on Public Health

reflects the total expenditure on medical and health care services of a country at certain period (usually in a year), estimated using funding source method. It includes government expenditure, social expenditure and individual cash expenditure.

Government Expenditure on Public Health

refers to the expenditure of the governments at all levels on medical and health care services, health administration and health insurance management and undertakings of family planning.

Social Expenditure on Public Health

refers to all inputs of society except the government in public health including the expenditures on social medical security, and commercial health insurance, private expenditure on operation of medical and health care, social donation and contribution, operating income of administration, etc.

主要统计指标解释
Explanatory Notes on Main Statistical Indicators

Individual Cash Expenditure on Health

refers to expenditure in cash on various health services by rural and urban residents, including self payments of residents within the system of multi-medical insurance.

Ratio of Total Expenditure on Public Health to GDP %

refers to the ratio of total expenditure on public health in a year to GDP, which indicates the capital inputs of the government in the public health in certain period of time, and the attention of the government and society paid on the health of residents.

Operating Expenses for Children Planning

include nine components: namely, expenses for relief or free family planning operation, expenses for birth control medicine & tools, expenses for family planning employee, health care expenses for only son and daughter, expenses for publicity, expenses for service station, expenses for family planning management of fluid population, expenses for personnel training, other operation expenses for family planning.

Death Rate of Infants

refers to the ratio of the number of dead infant below 1 year to the number of living in one year. The following formula is used:

$$\text{The Death Rate of Infant} = \frac{\text{Number of Dead Infant}}{\text{Number of Living}} \times 1000‰$$

Death Rate of Pregnant and Lying-in Women

refers to the ratio of the number of dead pregnant women to the living number. The death of pregnant woman usually refers from gestation to die after give birth to child in 42 days, including surgery reason, family planning operation, pregnancy outside the womb, grape embryo dead women, excluding die due to accident trouble.

The Rate of Vaccine Inoculation of Bcg Vaccine, Poliovirus, Pertussis, Diphtheria & Tetanus, Measles and Hepatitis B

refers to the ratio of the number of children inoculating vaccine to the children on the age to inoculate vaccine. The children on the age to inoculate vaccine include the children avoiding inoculating vaccine and living in some other place for 3 and more than 3 months, but exclude the children on age going out for 3 months. The following formula is used:

$$\text{The Rate of Vaccine Inoculation} = \frac{\text{the Number of Children Inoculating Vaccine}}{\text{the Children on the Age to Inoculate Vaccine}} \times 100\%$$

The molecule: the actual number of children inoculating vaccine according to the standard of vaccine inoculation.

The denominator: the number of children according to the process of immunity should inoculate the vaccine in 12 months.

20

社会服务及其他

Social Services and Others

20-1 天津市历届人代会代表人数性别构成及议案、批评建议数
Number and Sex Composition of Delegacy, Proposal and Suggestion by Tianjin Municipal People's Congress

单位：人、件 (person, unit)

届别 Mark Fall Due		起止年月 The Time of Inauguration and Concluding	代表人数 Number of Delegate			议案立案数 Number of Cases Registered of Proposal	建议批评和意见数 Given Criticism and Advice
			总计 Total	女性 Female	男性 Male		
第一届	First Congress	1954.08-1956.12	519	109	410	1614	
第二届	Second Congress	1956.12-1958.06	568	122	446	1201	
第三届	Third Congress	1958.06-1961.02	535	110	425		
第四届	Fourth Congress	1961.02-1963.12	845	208	637	133	
第五届	Fifth Congress	1963.12-1965.12	675	169	506	104	
第六届	Sixth Congress	1965.12-1966.05	698	171	527	27	
第七届	Seventh Congress						
第八届	Eighth Congress	1977.11-1980.06	959	224	735		
第九届	Ninth Congress	1980.06-1983.04	960	175	785	1958	
第十届	Tenth Congress	1983.04-1988.05	800	179	621	26	5337
第十一届	Eleventh Congress	1988.06-1993.05	719	134	585	65	3762
第十二届	Twelfth Congress	1993.05-1998.05	719	130	589	34	1924
第十三届	Thirteenth Congress	1998.05-2003.01	710	141	569	80	3597
第十四届	Fourteenth Congress	2003.01-2008.01	710	150	560	83	3147
第十五届	Fifteenth Congress	2008.01-2013.01	708	154	554	32	1633

注：1. 资料来源：天津市人民代表大会常务委员会。2. 天津市第一届至第九届人民代表大会期间代表所提出的议案、建议统称为"提案"。
Note: a) Source: Tianjin Municipal People's Congress (MPC) Standing Committee. b) The Registered Cases and Advice Proposed from Tianjin First Congress until Ninth Congress are calculated to Proposals as total.

20-2 天津市历届政协委员会委员人数及提案立案数
Number of Delegacy, Proposal and Resolution Put on Record by Tianjin Political Consultative Conference

单位：人、件 (person, unit)

届别 Mark Fall Due		起止年月 The Time of Inauguration and Concluding	委员人数 Number of Commissary			提案立案数 Number of Resolution Put on Record
			总计 Total	女性 Female	男性 Male	
第一届	First Congress	1955.03-1960.03	188	42	146	
第二届	Second Congress	1960.03-1963.12	498	76	422	
第三届	Third Congress	1963.12-1965.11	432	73	359	
第四届	Fourth Congress	1965.11-1977.11	457	81	376	
第五届	Fifth Congress	1977.11-1980.06	615	132	483	
第六届	Sixth Congress	1980.06-1983.03	723	142	581	5028
第七届	Seventh Congress	1983.03-1988.04	739	162	577	4410
第八届	Eighth Congress	1988.04-1993.05	743	177	566	4869
第九届	Ninth Congress	1993.05-1998.05	757	179	578	3800
第十届	Tenth Congress	1998.05-2003.01	780	185	595	4563
第十一届	Eleventh Congress	2003.01-2008.01	780	200	580	5181
第十二届	Twelfth Congress	2008.01-2013.01	780	210	570	2177

资料来源：中国人民政治协商会议天津市委员会。
Source: Tianjin Municipal Committee of CPPCC.

20-3 基层工会组织情况（2007—2010年）
Statistics on Grassroots Unions, 2007-2010

项　目	Item	2007	2008	2009	2010
机 构 数(个)	**Institutions (unit)**	**24037**	**26999**	**28352**	**37553**
# 国有企业	State-owned Enterprises	2081	2121	2068	1678
集体企业	Collective-owned Enterprises	1475	1352	1283	677
私营企业	Private Enterprises	8297	10313	10852	26554
港澳台商投资企业	Enterprises with Investment from Hong Kong, Macao and Taiwan	517	511	540	584
外商投资企业	Foreign Funded Enterprises	2256	2638	2383	2186
事　业	Institutions	3846	4684	3364	4190
机　关	Government Agencies	1215	1308	1226	1684
# 建立职代会制度的单位	Units with Employee Congress System Founded	6173	6655	8416	
工会会员人数(万人)	**Number of Union Members (10 000 persons)**	**338.60**	**367.75**	**383.25**	**269.07**
# 工会专职干部	Full-time Personnel	0.13	0.72	0.67	
女　性	Female	110.59	129.39	132.92	
农民工	Migrant Worker	78.29	99.06	106.75	
# 国有企业	State-owned Enterprises	84.35	83.83	81.69	72.19
集体企业	Collective-owned Enterprises	23.49	18.83	19.52	6.43
私营企业	Private Enterprises	61.62	82.59	80.90	94.38
港澳台商投资企业	Enterprises with Investment from Hong Kong, Macao and Taiwan	6.27	5.80	7.37	7.81
外商投资企业	Foreign Funded Enterprises	39.00	46.81	42.69	38.22
事　业	Institutions	49.39	61.65	53.49	35.72
机　关	Government Agencies	12.54	12.70	17.04	14.31
个体经济组织	Individual Economic Organizations	4.88	2.84	29.30	

注：2010年数据为全国总工会普查数据，其中“机构数”为“基层工会涵盖单位数”，“机构数”、“工会会员人数”中“企业”指正常生产经营企业。
Note: Data of 2010 are from ACFTU census. “Institutions” refers to number of units contained in grass-root unions, number of enterprises in “Institutions” and “Number of Union Members” refer to enterprises in operation.

20-4 妇联组织情况（2007—2010年）
Statistics on Women's Federation Organizations, 2007-2010

项　目	Item	2007	2008	2009	2010
妇联组织机构(个)	**Woman Organizations (unit)**	**269**	**259**	**257**	**255**
区妇联	District Woman Organizations	15	15	15	13
县妇联	County Woman Organizations	3	3	3	3
乡妇联	Township Woman Organizations	154	136	136	136
街妇联	Street Woman Organizations	97	105	103	103
妇联干部总数(人)	**Cadres in Woman Organizations (person)**	**492**	**446**	**474**	**472**
市妇联	Municipal Woman Organizations	60	61	61	59
区妇联	District Woman Organizations	121	127	120	119
县妇联	County Woman Organizations	17	17	22	24
乡镇、街道妇联	Township and Street Woman Organizations	294	241	271	270

20-5 劳动争议处理情况(2007—2010年)
The Disposal of Labour Disputes, 2007-2010

单位：件 (case)

项　　目 Item	2007	2008	2009	2010
上期未结案数 Number of Cases Left Over from Last Period	**918**	**717**	**2044**	**3071**
案件受理情况 Cases Accepted				
当期案件受理数 Number of Cases	6610	16912	19133	15139
#集体劳动争议数 Number of Collective Labour Disputes	133	189	85	99
#劳动者申诉案件数 Number of Cases Appealed by Labourers	6526	16232	18489	14349
按争议原因分 By Cause of Disputes				
变更劳动合同 Change the Labour Contract	61	154	78	61
解除劳动合同 Relieve the Labour Contract	494	1331	1146	768
终止劳动合同 End the Labour Contract	187	304	346	114
其　他 Others	5868	15123	10963	
劳动者当事人数(人) Number of Persons Involved (person)	8871	23614	23835	17003
#集体争议劳动者当事人数 Number of Persons Involved in Collective Disputes	2332	6708	4787	1963
案件处理情况 Cases Settled				
结案数 Number of Cases Settled	5893	13813	18106	15096
按处理方式分 By Manners of Settlement				
仲裁调解 Mediation	2271	4643	7213	7405
仲裁裁决 Arbitration Lawsuit	2336	5770	6859	4639
其他方式 Others	1286	3400	4034	3052
按处理结果分 By Results of Settlement				
用人单位胜诉 Won by Units	1289	3150	3522	2218
劳动者胜诉 Won by Labours	3073	6698	7245	5722
双方部分胜诉 Partly by Both Parties	1531	3965	7339	7256
本期未结案数 Number of Cases Unsettled	**1635**	**3099**	**3071**	**3114**

资料来源：天津市人力资源和社会保障局。
Source: Tianjin Municipal Human Resources & Social Security Bureau.

20-6 调解工作基本情况（2007—2010年）
Basic Statistics on Mediation, 2007-2010

项　目 Item	单　位 Unit	2007	2008	2009	2010
司法助理员 Judicial Assistants	人 person	484	562	568	565
人民调解委员会 People's Mediation Committees	个 unit	5944	5776	5674	5710
调解民间纠纷 Civil Disputes	件 case	30465	35838	33403	66144
调解成功案件 Success	件 case	29480	34787	32182	63287
防止民事案件转化为刑事案件数 Prevent Intensification from Civil Disputes	件 case	177	174	191	108
防止民间纠纷引起自杀案件数 Avoid Suicide of Civil Disputes	件 case	24	33	34	22

20-7 律师工作基本情况（2007—2010年）
Basic Statistics on Lawyers, 2007-2010

项　目 Item	单　位 Unit	2007	2008	2009	2010
律师事务所 Law Offices	所 unit	256	275	307	350
执业律师 Certified Lawyers	人 person	2121	2363	2687	3134
# 专职律师 Full-time Lawyers	人 person	1913	2126	2376	2807
兼职律师 Part-time Lawyers	人 person	154	169	190	204
担任常年法律顾问 As Permanent Legal Advisers	家 unit	5024	4067	4183	4555
民商事务 Civil and Economic Cases	件 case	17362	14838	20310	20533
刑事辩护 Criminal Defense Cases	件 case	3292	4268	3376	3326
行政诉讼代理 Agent of Administrative Actions	件 case	283	360	355	651
非诉讼事务 Off-court Cases	件 case	5743	4785	5686	6377
解答法律咨询 Legal Advisory Services	人次 person-time	27233	24411	23574	25205
代写法律文书 Legal Document Written on Behalf of Clients	件 case	6523	3843	4108	5945

20-8 公证工作基本情况(2008—2010年)
Basic Statistics on Notarization, 2008-2010

单位：件 (case)

项　目	Item	2008	2009	2010
公证机构(个)	**Notary Offices (unit)**	**21**	**21**	**21**
公证员(人)	**Notarial Personnel (person)**	**270**	**279**	**285**
办理公证(件)	**Notarized Documents (case)**	**139056**	**154623**	**149228**
国内公证总计	**Total Domestic Affairs**	**65932**	**82544**	**82242**
民事公证	**Civil Legal Relations Notarized**	**43147**	**48146**	**52321**
#收　养	Children Adoptions	11	91	211
解除收养	Adoption Renouncements	1		4
继承权	Rights of Inheritance	9222	10778	10534
遗　嘱	Testaments	1469	1409	1530
亲属关系	Kinship Confirmations	1609	1275	2468
房屋买卖	Purchases and Sales of House	625	393	273
房屋租赁	House Leases	26	11	9
委托书	Certificates of Entrustment	4818	11600	12476
赠予书	Presentation Documents	2502	2626	2457
声明书	Declarations	2049	4839	5202
经济公证	**Business Notarized**	**22785**	**34398**	**29921**
#购　销	Purchases and Sales of Contracts	149	83	4256
联　营	Joint Ownership Contracts	22	35	
贷　款	Loans Contracts	4122	5467	5573
招标投标	Biddings	1261	1187	1441
劳务合同	Labour Contracts	8	13	
建筑工程承包	Construction Project Contracts	703	694	1507
农林牧副渔业承包	Farming, Forestry, Animal Husbandry, Sideline Contracts	40	1	119
财产租赁	Property Leases	787	54	833
法人资格	Legal Person Identifications	44	24	408
法人委托书	Legal Person Certificates of Entrustment	1090	1459	924
涉外公证总计	**Total Concerned Foreign Affairs**	**72254**	**71065**	**66037**
#出　生	Births	9794	10046	9140
学　历	Schooling	9049	8074	7313
经　历	Personal Histories	458	429	378
生存、居住	Survival and Residence	170	183	43
死　亡	Deaths	207	149	136
亲属关系	Kinships	6116	5710	6307
婚姻状况	Marriages	2353	2124	1649
继承权	Rights of Inheritance	2	83	2
委托书	Trust Deeds	340	331	397
声明书	Declarations	641	663	1123
受、未受刑事处分	Criminal Records & Uncriminal Records	7182	7674	6992
文本相符	Confirmation of Copies and Photo-offset Copies to Originals	4033	4796	4459
其　他	Others	15969	15345	13220
涉港澳台公证小计	**Total Concerned Hong Kong, Macao and Taiwan Affairs**	**870**	**1014**	**949**

20-9 检察机关立案侦查经济案件情况（2010年）
Economic Cases under Investigation by Procuratorial Organs, 2010

项　目 Item	侦查经济案件 Economic Cases Investigated	#贪　污 Corruption	#挪用公款 Misappropriate of Public Funds	#贿赂案 Bribery	#受　贿 Accepting Bribe
立　案(件)					
Cases Registered (case)	**298**	**165**	**43**	**86**	**67**
#5万元至10万元					
50－100 thousand yuan	107	79	1	27	23
10万元至50万元					
100－500 thousand yuan	87	36	23	28	18
50万元至100万元					
500－1 000 thousand yuan	20	10	6	2	1
100万元以上					
Over 1 000 thousand yuan	25	6	11	6	5
犯罪嫌疑人(人)					
Criminal in Cases Registered (person)	**377**	**222**	**48**	**101**	**78**
机关工作人员					
Civil Servant	28	12	5	11	10
国有公司企业工作人员					
Personnel of State-owned Enterprises	193	124	33	35	30
国有事业单位工作人员					
Personnel of State-owned Institutions	53	21	3	24	24
委派到非国有单位从事公务人员					
Functionary Appointed to Non-state Units	2		1	1	1
人民团体从事公务人员					
Functionary Appointed to Mass Organizations					
其他依法从事公务人员					
Other Personnel Line of Duty	71	58	5	8	8
其　他					
Others	30	7	1	22	5
结　案					
Cases Settled					
件　数(件)					
Number of Cases (case)	272	151	47	71	56
人　数(人)					
Number of Persons (person)	332	194	51	82	63
#移送起诉					
Handover to Suit					
件　数(件)					
Number of Cases (case)	265	146	46	70	56
人　数(人)					
Number of Persons (person)	323	187	50	81	63
撤销案件					
Cases Withdrawn					
件　数(件)					
Number of Cases (case)	2	1		1	
人　数(人)					
Number of Persons (person)	4	3		1	
侦结认定金额(万元)					
Value Approved by Procuratorial Organs in Cases Settled (10 000 yuan)	**64595.18**	**3357.94**	**53844.58**	**6225.55**	**5646.18**
挽回经济损失(万元)					
Retrieve Pecuniary Losses (10 000 yuan)	**49555.28**	**2772.42**	**43068.81**	**2574.25**	**2504.78**

20-10 法院民事案件收案和结案情况(2010年)
Civil Cases Accepted & Settled by Courts, 2010

单位：件 (case)

项目	Item	收案 Cases Accepted	结案 Cases Settled	#调解 Mediation	#判决 Judgement
合同纠纷案件	**Contracts Disputes**	**58126**	**58335**	**12817**	**20651**
#买卖合同纠纷	Buying and Selling Contracts	8703	8589	2622	2975
房地产合同纠纷	Real Estate Contracts	1873	2015	430	1135
借款合同纠纷	Debts Contracts	11799	11993	3582	5664
建设工程合同纠纷	Construction Project Contracts	1350	1326	368	514
劳动争议案件	Labour Disputes	5764	5787	1416	2501
运输合同纠纷	Transportation Contracts	351	340	108	113
婚姻家庭案件	**Marriages and Family Affairs**	**15524**	**15520**	**5868**	**5068**
#离婚	Divorce	12125	12160	4428	4067
抚育	Foster	827	828	338	264
赡养	Support	537	543	152	198
继承纠纷案件	**Inheritance Disputes**	**933**	**926**	**358**	**332**
继承	Inheritance	582	555	218	193
遗嘱	Testament	112	124	48	49
继承权	Inheritance Right	7	6	2	1
抚养	Bring-up	6	6	3	2
其他	Others	226	235	87	87

20-11 法院行政案件收案和结案情况(2010年)
Administrative Cases Accepted and Settled by Courts, 2010

单位：件 (case)

项目	Item	收案 Cases Accepted	结案 Cases Settled	#维持 Affirmation of Original Judgement	#撤消 Cancel Settled	#撤诉 Withdrawn	未结 Cases Unsettled
合计	**Total**	**1499**	**1500**	**264**	**97**	**541**	**237**
公安	Public Security	94	90	34	2	24	11
资源	Resources	47	50	2	4	15	3
城建	City Construction	1043	1020	147	60	412	190
工商	Industry and Commerce	26	24	9	1	6	4
卫生	Health Care	7	7	1		2	
药品	Medicine		1				
环保	Environment Protection	1	1				
交通	Transportation	14	13	6		4	2
专利	Patent	1	1	1			
税务	Tax	5	6	3	1	1	3
财政	Finance	1	1				
劳动和社会保险	Labour & Social Security	120	117	41	26	26	10
水利	Water Conservancy	1	1			1	
司法行政	Judicature	1					1
民政	Civil Affairs	9	10			4	
教育	Education	5	5	1		1	
乡政府	Township Government	10	10			2	
其他	Others	114	143	19	3	43	13

20-12 社会福利事业、企业单位和工作人员数
Number of Social Welfare Institutions, Enterprises, Persons Engaged

部 门	Department	机 构(个) Institutions or Enterprises (unit)		职工人数(人) Staff and Workers (person)	
		2009	2010	2009	2010
收养性事业单位	Adoptive Social Welfare Institutions	286	293	5245	5755
# 优抚事业单位	Subsidy Institutions	9	9	390	384
福利企业单位	Social Welfare Enterprises	356	336	20705	22894
烈士纪念建筑物管理单位	Martyr Memorial Building Management Units	20	11	267	158
救助管理单位	Collecting and Repatriation Units	11	11	207	214
殡仪服务单位	Funeral and Interment Units	28	29	910	1011
福利彩票发行单位	Welfare Lottery Issuing Units	10	22	84	107
城镇社区服务中心	Urban Community Service Institutions	141	586	1112	2438

20-13 收养性社会福利事业单位基本情况(2010年)
Basic Statistics on Social Adoptive Welfare Institutions, 2010

指 标	Item	单位数(个) Institutions (unit)	职工人数(人) Staff and Workers (person)	床位数(张) Number of Beds (unit)	年末在院收养人员(人) Adopted Personnel at Year-end (person)	# 女 性 Female
总 计	**Total**	**284**	**5371**	**25812**	**17547**	**6920**
社会福利机构	Social Welfare Homes	5	338	1180	1162	441
儿童福利机构	Welfare Homes for Children	2	134	839	761	288
社会福利医院	Social Welfare Hospitals	2	381	750	625	198
城镇老年福利机构	Urban Senile Welfare Homes	166	3901	19732	12838	5695
农村老年福利机构	Rural Senile Welfare Homes	109	617	3311	2161	298

20-14 社会救济情况（2007—2010年）
Basic Statistics on Social Relief, 2007-2010

指 标 Item	2007	2008	2009	2010
社会救济总人数(人)				
Total Persons Receiving Relief Funds (person)	**203534**	**221927**	**282986**	**310003**
城乡居民最低生活保障人数				
Rural and Urban Areas Persons Receiving Lowest Cost-of-living	192431	208562	252132	284048
城镇居民最低生活保障人数				
Urban Persons Receiving Lowest Cost-of-living	148669	156305	179441	197908
# 老年人				
Senile	11150	15877	20546	22101
登记失业人员				
Registered Unemployed	32339	39620	46923	54358
未登记失业人员				
Unregistered Unemployed	14898	28369	34923	39068
在校生				
Students Enrollment	30002	31714	35038	38539
农村居民最低生活保障人数				
Rural Persons Receiving Lowest Cost-of-living	43762	52257	72691	86140
农村五保供养人数				
Number of Persons Receiving Livelihood Guaranteed in Five Aspects in Rural Areas	10536	12941	30494	13605
其他救济				
Others	567	424	360	12350
临时救济人次数(人次)				
Total Persons Receiving Temporary Almsgiving (person-time)	**25968**	**24022**	**30494**	**33513**
城市临时救济人次数				
Urban Persons Receiving Temporary Almsgiving	14538	15941	25378	29828
农村临时救济人次数				
Rural Persons Receiving Temporary Almsgiving	11430	8081	5116	3685
社会救济费(万元)				
Relief Funds (10 000 yuan)	**66054**	**74395**	**94352**	**112685**
# 农村低保费				
Rural Relief Funds	3500	6314	10992	13587
城镇低保费				
Urban Relief Funds	37732	57763	73975	93061
五保供养支出				
Expenses of Receiving Livelihood Guaranteed in Five Aspects in Rural Areas	2595	4290	5564	6037
自然灾害救济费(万元)				
Relief for Natural Disasters (10 000 yuan)	**740**	**740**	**706**	**605**

20-15 优抚事业单位情况（2007—2010年）
Situation of Administration Agencies for Martyrs, 2007-2010

指　标	Item	2007	2008	2009	2010
优抚对象(人)	**Martyrs and Disabled Veterans (person)**	**29390**	**31171**	**31901**	**29921**
#烈　属	Members of Revolutionary Martyr's Family	769	676	666	605
因公牺牲病故军人家属	Families of Soldiers Sacrificed or Died of Illness in Work	442	445	430	448
革命伤残人员	Revolutionary Disabled	7028	7088	7163	7221
在乡红军老战士	Demobilized Old Red Army Men in Hometown	1	1	1	
在乡复员军人	Demobilized Soldiers in Hometown	6494	5797	4778	4483
在乡退伍军人	Veterans in Hometown	5780	5957	7702	8719
参战参试退役人员	Ex-servicemen Attended in War or Nuclear Test		6288	6842	7347
优抚安置费(万元)	**Martyrs Settlement Allowance (10 000 yuan)**	**49661**	**61260**	**72706**	**97052**
抚恤事业费	Comport Operating Expenses	17692	27549	34082	38994
安置事业费	Settlement Operating Expenses	31969	33711	38624	58058

20-16 各区县社会服务情况（2010年）
Basic Statistics on Social Services by District and County, 2010

区　县	Region	社区服务中心机构(个) Urban Community Service Institutions (unit)	城镇社区服务设施数(个) Number of Urban Welfare Facilities (unit)	便民利民服务网点(个) Urban Service Points for Civilian (unit)	养老院床位数(张) Number of Beds in Old People's Home (unit)	城乡居民最低生活保障人数(人) Persons Receiving Lowest Cost-of-living (person)
全市总计	**Total**	**587**	**707**	**13569**	**23043**	**284048**
和平区	Heping District	7	41	728	921	6083
河东区	Hedong District	12	92	1325	3681	37845
河西区	Hexi District	14		810	2513	30438
南开区	Nankai District	7	167	701	3082	22322
河北区	Hebei District	112		3015	2436	32369
红桥区	Hongqiao District	148	110	933	1366	24757
东丽区	Dongli District	75	41	300	850	9002
西青区	Xiqing District	59	1	59	605	5997
津南区	Jinnan District	42			1656	9095
北辰区	Beichen District	5	113	247	1279	13715
武清区	Wuqing District	2		4102	1081	10986
宝坻区	Baodi District	3		45	340	12956
滨海新区	Binhai New Area	15	76	1059	1473	25172
宁河县	Ninghe County	85	18	14	112	12594
静海县	Jinghai County				462	12855
蓟　县	Jixian County	1	48	231	1186	17862

20-17 社会保障事业发展情况(2007—2010年) Basic Statistics on Social Security, 2007-2010

指　标　Item	计量单位 Unit	2007	2008	2009	2010
基本医疗保险参保情况 Basic Medical Insurance					
参加基本医疗保险人数 Personnel Participated in Medical Insurance	万人 10 000 persons	382.46	399.13	444.06	469.98
#职工人数 Staff and Workers	万人 10 000 persons	249.27	257.32	293.46	312.51
基本医疗保险基金收入 Revenue of Basic Medical Insurance Programme	亿元 100 million yuan	62.19	79.70	98.30	120.84
基本医疗保险基金支出 Expenditure of Basic Medical Insurance Programme	亿元 100 million yuan	49.09	67.28	98.99	108.36
基本医疗保险基金累计结余 Balance of Basic Medical Insurance Programme	亿元 100 million yuan	32.12	49.70	38.98	51.47
失业保险参保情况 Unemployment Insurance					
参加失业保险职工人数 Personnel Participated in Unemployment Insurance	万人 10 000 persons	221.50	232.50	239.22	246.09
领取失业保险金人数 Personnel Drawing Unemployment Insurance Programme	万人 10 000 persons	3.33	3.21	3.10	3.52
#本年新增 Newly Increased in Current Year	万人 10 000 persons	2.15	2.89	2.68	3.09
失业保险基金收入 Revenue of Unemployment Insurance Programme	亿元 100 million yuan	12.38	15.18	17.05	21.08
失业保险基金支出 Expenditure of Unemployment Insurance Programme	亿元 100 million yuan	9.22	4.59	14.93	13.93
失业保险基金累计结余 Balance of Unemployment Insurance Programme	亿元 100 million yuan	23.09	33.68	35.93	48.67
基本养老保险参保情况 Basic Pension Insurance					
参加基本养老保险人数 Personnel Participated in Pension Insurance	万人 10 000 persons	344.76	376.53	401.53	431.45
#职工人数 Staff and Workers	万人 10 000 persons	225.60	247.20	265.00	287.88
基本养老保险实际缴费人数 Personnel Paying for Pension Insurance	万人 10 000 persons	212.22	235.06	242.22	251.36
基本养老保险基金收入 Revenue of Pension Insurance Programme	亿元 100 million yuan	196.90	239.23	250.32	279.04
基本养老保险基金支出 Expenditure of Pension Insurance Programme	亿元 100 million yuan	151.97	195.58	230.35	272.03
基本养老保险基金累计结余 Balance of Pension Insurance Programme	亿元 100 million yuan	132.27	176.02	195.99	203.01
社会保障标准 Social Security Standard					
职工工资最低标准 Minimum Standard of Wages of Staff and Workers	元/月 yuan per month	740	820	820	920
城镇居民生活保障最低标准 Minimum Standard of Urban Living Security	元/月 yuan per month	330	400	430	450

资料来源：天津市人力资源和社会保障局、天津市民政局。
Source: Tainjin Municipal Human Resources & Social Security Bureau, Tianjin Municipal Civil Affairs Bureau.

20-18 老年事业基本情况（2007—2010年）
Basic Statistics on Senile Citizen Undertakings, 2007-2010

指　标	Item	2007	2008	2009	2010
老年法律援助中心(个)	Senile Legal Aid Center (unit)	192	180	111	109
涉老案件数(件)	Senile Case (case)	6952	5819	6658	5762
维权协调组织数(个)	Safeguard and Mediation Organization (unit)	2012	1878	1894	2200
老年活动站、中心、室(个)	Senile Activity Station, Center, Room (unit)	2543	2385	2578	2753
老年人参与活动人数(万人)	Senile Activity Participant (10 000 persons)	40.3	45.4	48.2	57.5
老年医院(个)	Hospital for Senior (unit)	31	31	31	33
老年医院病床数(张)	Senile Sick Beds in Hospital (bed)	1666	1666	1666	1766
老年人协会个数(个)	Senile Union (unit)	4061	3980	3975	3992
老年基金会个数(个)	Senile Fund (unit)	3	3	3	2
老年事业投入经费(万元)	Expenditures for Senile Undertakings (10 000 yuan)	997	1033	1024	912
老年学校个数(个)	Senile School (unit)	371	387	400	425
老年学校在校人数(万人)	Students Enrollment in Senile School (10 000 persons)	14.53	16.31	17.98	19.34
享受高龄补贴的老年人数(人)	Citizen with Senile Subsidy (person)	10232	16264	17567	23706

资料来源：天津市民政局。
Source: Tianjin Municipal Civil Affairs Bureau.

20-19 医疗救助情况（2007—2010年）
Situation of Medical Aid, 2007-2010

指　标	Item	2007	2008	2009	2010
医疗救助总人数(人)	**Total Number of Persons Attained Medical Aid (person)**	**63399**	**101683**	**98853**	**110466**
城市(镇)医疗救助	Urban Medical Aid	22772	38239	41957	79038
医疗救助人数	Persons Attained Medical Aid		32523	40709	120105
资助参保医疗人数	Persons Participating in Medical Insurance with Aid		5716	1248	66933
农村医疗救助	Rural Medical Aid	40627	63444	56896	31428
医疗救助人数	Persons Attained Medical Aid	2937	21315	14901	12466
资助参保医疗人数	Persons Participating in Medical Insurance with Aid	37690	42129	41995	18962
医疗救助支出(万元)	**Expenditure of Medical Aid (10 000 yuan)**	**3190.9**	**4078.4**	**6478.9**	**6208.3**
城　镇	Urban	2539.6	3112.8	4736.4	4447.8
农　村	Rural	651.3	965.6	1742.5	1760.5

资料来源：天津市民政局。
Source: Tainjin Municipal Civil Affairs Bureau.

20-20 残疾人事业基本情况 Basic Statistics on Persons with Disabilities

项　目	Item	单　位	Unit	2009	2010
康　复	**Rehabilitation**				
白内障复明手术	Sight-restoring Cataract Surgeries	例	case	13000	3918
# 贫困白内障患者免费手术	Free Surgeries for Poor Cataract Patients	例	case	960	913
低视力者配用助视器	Vision-aids Provided for Persons of Low-vision	人	person	140	122
聋儿语训年收训数	Children with Hearing Disability Trained for Hearing and Speech	人	person	94	82
精神病人数	Patients with Psychiatric Diseases	人	person	59128	54706
# 监护率	Guardianship Rate	%	%	98.13	96.65
显好率	Significant Improvement Rate	%	%	77.97	76.83
社会参与率	Social Involvement Rate	%	%	68.21	66.25
肢体残疾康复训练人数	Rehabilitation of Persons with Physical Disability	人	person	1828	976
# 肢体残疾儿童机构康复训练	Children Rehabilitated at Institutions	人	person	253	152
贫困智力残疾儿童康复训练数	Rehabilitation of Poor Children with Intellectual Disability	人	person	233	137
教　育	**Education**				
在校学生数	Students Enrollment				
接受义务特教	Compulsory Special Education	人	person	2638	2495
特教普通高中	Special Education in Regular Senior Secondary Schools	人	person	126	164
中等职业教育	Middle Vocational Educational Institutions	人	person	106	21
高等院校录取残疾人数	Handicapped Students Matriculated by Institutions of Higher Education	人	person	27	49
学龄残疾儿童少年入学率	Schooling Rate of School-age Disabled Children	%	%	94.4	98.0
残疾人职业培训人次	Vocational Training for Disabled Persons	人　次	person-time	4800	4154
就　业	**Employment**				
当年安排城镇残疾人就业	Employment of Urban Disabled Persons in Current Year	人	person	2922	2636
# 集中安排就业	Employed at Welfare Enterprises	人	person	372	308
按比例安排就业	Employed by Quota Scheme	人	person	1987	1981
农村残疾人就业人数	Employment of Rural Disabled Persons	人	person	60632	65011
社会保障	**Social Security**				
参加社会保险残疾人数	Disabled Persons Participating in Social Insurance	人	person	33953	30688
残疾人就业保障金补贴金额	Subsidies for Employment of Disabled Persons	万　元	10 000 yuan	7.7	19.6
享受城乡最低生活保障残疾人数	Disabled Persons Enjoying Subsidies for the Lowest Cost-of-living	人	person	40685	48662
扶　贫	**Poverty Alleviation**				
扶持贫困残疾人	Poverty Alleviation for Disabled Persons	人　次	person-time	9152	22482
实用技术培训人次	Training of Practical Technique	人　次	person-time	3131	1703
帮扶物资折款及资金投入	Amount of Assistance Materials (converted into money) and Funds	万　元	10 000 yuan	602.23	1468.02
残疾人扶贫基地	Bases of Poverty Alleviation for Disabled Persons	个	unit	121	112
维　权	**Rights Protection**				
残疾人法律援助(服务)中心	Legal Aid (Service) Center for Disabled Persons	个	unit	19	19
残疾人法律援助(服务)中心办理的案件	Cases Transacted by Legal Aid (Service) Center for Disabled Persons	件	unit	310	473
组织建设	**Organization Construction**				
持证残疾人总数	Sum of Disabled Persons with Certificates of Disability	万　人	10 000 persons	17	19
各级残联实有人数	Staff and Workers of Disabled Persons' Federations	人	person	747	773
综合服务设施	**Multi-service Facilities**				
残疾人综合服务设施个数	Sum of Multi-service Facilities for Disabled Persons	个	unit	28	30
残疾人综合服务设施占地面积	Area of Multi-service Facilities for Disabled Persons	平方米	sq. m.	54034.38	60836.78

资料来源：天津市残疾人联合会。
Source: Tianjin Disabled Persons' Federation.

20-21 红十字会基本情况(2008—2010年)
Basic Statistics on Red Cross Society, 2008-2010

指 标	Indicators	2008	2009	2010
组织机构(个)	**Institutions of Red Cross Society (unit)**			
基层组织机构	Basic Institutions of Red Cross Society	1965	1965	2187
冠名医疗机构	Institutions Titled with Red Cross Society	8	8	8
会员情况	**Statistics on Red Cross Member**			
团体会员单位(个)	Team Member (unit)	1408	1566	1653
会员人数(万人)	Number of Member (10 000 persons)	53.8	53.9	56.9
# 青少年会员	# Adolescent Member	41.7	41.7	41.7
志愿服务工作	**Voluntary Work**			
志愿者人数(万人)	Volunteers (10 000 persons)			16.6
志愿服务队(个)	Voluntary Team of Red Cross Society (unit)			355
参加各种宣传活动人次数(万人次)	**Person-time Attended Publicizing Activity (10 000 person-times)**			
参加艾滋病预防宣传救助活动	AIDS Prevention Activities	13.4	9.8	22.6
参加普及宣传无偿献血活动	Publicizing Volunteer Blood Donation Activities	74.9	33.0	33.9
参加卫生救护培训人次数(人次)	**Person-time Attended Sanitation Rescue Training (person-time)**			
参加救护普及培训	Rescue Popularization Training	742819	445000	545100
参加救护员培训	Ambulanceman Training	35000	47810	61210
参加救护师资培训	Rescue Teachers Training	238	139	329
造血干细胞捐献工作(人)	**Contributing Trunk Cell (person)**			
入库志愿者人数	Quantity of Subscribers Entered Program in Current Year	5165	4538	7183
供患配型相合人数	Quantity of Matching of Contributing and Transplanting in Current Year	204	613	463
实现捐献人数	Quantity of Transplanting in Current Year	8	14	25
人体器官捐献(人)	**Donation of Human Organ (person)**			
报名登记志愿者人数	Quantity of Registered Subscribers			226
实现捐献者人数	Quantity of Contributing Human Organ			5
接受器官人数	Quantity of Human Organ Transplanted			12
遗体捐献工作(人)	**Contributing Reliquiae (person)**			
捐献遗体登记	Quantity of Contributing Reliquiae	105	82	62
实现生前遗愿人数	Quantity of Realizing Last Wish	27	9	11
社会赈济和社区救助工作	**Working on Social Relieving**			
募捐款数(万元)	Donation (10 000 yuan)	33428	2288	9014
救灾款数(万元)	Disaster Relief (10 000 yuan)			6465
救助款数(万元)	Salvation Relief (10 000 yuan)			1853
社区公益服务站点(个)	Community Public Service Station (unit)	900	1100	1123

20-22 受理消费者投诉情况(2010年)
Basic Statistics on Accepted Cases of Consumer Institution, 2010

项　　目	Item	总　计 Total	质　量 Quality	安　全 Safety	价　格 Price	计　量 Measure
受理投诉件数总计(件)	**Total Number of Accepted Cases (item)**	**1991**	**1377**	**27**	**41**	**10**
家用电子电器类	Household Electric Appliance	547	462		3	1
电视机	Television Set	53	45			
家庭影院	Household Cinema	5	4			
空调器类产品	Air-conditioner	53	37			
洗衣机类产品	Washing Machine	21	15			
电冰箱(冰柜)	Refrigerator (Freezer)	35	25			
厨房电器及相关产品	Kitchen Electric Appliances and Relative Products	35	29			1
照摄像产品	Camera and DV	6	4			
通讯类产品	Telecommunication Products	224	206		2	
计算机类产品	Computer Series	30	25			
#计算机	Computer	24	21			
其　他	Others	85	72		1	
家用机械类	Household Machinery	121	77	1	4	
汽　车	Car	57	31		2	
摩托车	Motorcycle	4	2			
热水器	Water Heater	14	6	1	1	
其　他	Others	46	38		1	
百货类	Daily Using Commodities	688	503	4	12	7
#化妆用品	Cosmetic	16	12			
保健用品	Health Care Goods	1				
家具类产品	Furniture	91	61	1		
服装鞋帽	Garments, Shoes & Hats	231	204		1	
食　品	Food Stuff	152	103		7	6
保健食品	Health Care Food Stuff	20	8	1		
药　品	Medicine	9	2			
医疗辅助用品	Medical Treatment Articles	13	6			
房屋及装修建材	House and Decoration Materials	121	83		2	1
#房　屋	House	48	24		2	1
装饰材料	Decoration Materials	58	48			
农用生产资料类	Agricultural Production Materials	26	23			
#种子苗木、化肥	Seed, Young Plant, Chemical Fertilizer	19	18			
服务类	Service	450	221	22	19	1
#美容、美发、洗浴	Hairdressing and Wash	41	29	4		
电　信	Telecommunications	26	8		4	1
食宿、文化娱乐、庆典	Catering, Accommodation, Culture, Recreation and Party	51	13	8	5	
洗衣业	Laundry	60	52			
教育或培训	Education or Training	15	1	1		
房屋装修与物业管理	Building Decoration and Property Management	40	19		1	
咨询中介	Consulting Agent	7	1	1		
其他服务	Other Service	123	53	4	3	
其他商品类	Other Commodities	38	8		1	
解决件数总计(件)	**Total Cases Solved (item)**	**1967**				
为消费者挽回损失(万元)	**Expense Exempted for Consumers (10 000 yuan)**	**368.50**				

注:本资料为天津市消费者协会系统的统计数据,不含各监测站的统计资料。
Note: Data of this table are provided by Tianjin Municipal Consumer Institution, excluding those data calculated by each monitor station.

20-22 续表 *Continued*

项　　目	Item	广　告 Advertise-ment	假　冒 Counter-feit	营销合同 Business Contract	其　他 Others
受理投诉件数总计(件)	**Total Number of Accepted Cases (item)**	**30**	**10**	**174**	**322**
家用电子电器类	Household Electric Appliance	8	2	22	49
电视机	Television Set			4	4
家庭影院	Household Cinema		1		
空调器类产品	Air-conditioner	2		8	6
洗衣机类产品	Washing Machine			2	4
电冰箱(冰柜)	Refrigerator (Freezer)			2	8
厨房电器及相关产品	Kitchen Electric Appliances and Relative Products	1		3	1
照摄像产品	Camera and DV				2
通讯类产品	Telecommunication Products	2		2	12
计算机类产品	Computer Series	2	1		2
#计算机	Computer	2			1
其　他	Others	1		1	10
家用机械类	Household Machinery	5		14	20
汽　车	Car	4		10	10
摩托车	Motorcycle				2
热水器	Water Heater			4	2
其　他	Others	1			6
百货类	Daily Using Commodities	11	7	28	116
#化妆用品	Cosmetic				4
保健用品	Health Care Goods				1
家具类产品	Furniture	1	3	7	18
服装鞋帽	Garments, Shoes & Hat			6	20
食　品	Food Stuff	3	3	8	22
保健食品	Health Care Food Stuff	1		1	9
药　品	Medicine	2			5
医疗辅助用品	Medical Treatment Articles	2		1	4
房屋及装修建材	House and Decoration Materials	2	1	19	13
#房　屋	House	1		12	8
装饰材料	Decoration Materials	1	1	6	2
农用生产资料类	Agricultural Production Materials				3
#种子苗木、化肥	Seed, Young Plant, Chemical Fertilizer				1
服务类	Service	3		87	97
#美容、美发、洗浴	Hairdressing and Wash			4	4
电　信	Telecommunications			4	9
食宿、文化娱乐、庆典	Catering, Accommodation, Culture, Recreation and Party			16	9
洗衣业	Laundry			4	4
教育或培训	Education or Training			8	5
房屋装修与物业管理	Building Decoration and Property Management			16	4
咨询中介	Consulting Agent			5	
其他服务	Other Service	2		17	44
其他商品类	Other Commodities	1		4	24
解决件数总计(件)	**Total Cases Solved (item)**				
为消费者挽回损失(万元)	**Expense Exempted for Consumers (10 000 yuan)**				

主要统计指标解释
Explanatory Notes on Main Statistical Indicators

城镇居民最低生活保障人数

指在报告期末家庭平均收入在当地规定的最低生活保障线以下的城镇居民数。包括“三无”对象，失业人员和在职、下岗、退休人员等。

农村居民最低生活保障人数

指报告期末在建立农村最低生活保障制度的地区，得到当地政府或集体给予最低生活保障的农业人口家庭人数。

城镇社区服务设施数

指报告期末城镇（街道办事处、居委会）设立的以非盈利为目的，为本社区居民服务，特别是为老年人、残疾人、儿童服务的社区服务中心、活动站、服务站、养老院、老年公寓（托老所），残疾人工疗站、残疾儿童日托所、家务服务站、婚姻介绍所等福利性设施以及职工社会保险管理服务的机构数。几种不同类型的社区服务单位，共用一个场所的，只能统计为一个社区服务设施。成为社区服务设施的条件：(1)是独立核算单位；(2)有固定的从业人员；(3)有一定的服务项目；(4)有一定的场所。

律　师

指依法取得律师执业证书，担任法律顾问、民事（刑事、行政）案件代理人、刑事案件辩护人，办理非诉讼业务，解答法律询问，代写法律事务文书等，为社会提供法律服务的人员。

公证人员

指在公证处工作的人员总称，包括公证处主任、副主任、公证员、公证员助理（助理公证员）和其他从事辅助性工作的人员。

办理公证文书

指公证处根据当事人申请，依照事实和法律，按照法定程序制作的，具有法律效力的司法证明文书。根据公证书用途和使用地，公证书分为国内公证书、国内经济公证书、涉外民事公证书、涉外经济公证书四类。

调解人员

指在人民调解委员会担负调解民间纠纷工作的人员，包括调解委员会的委员和调解小组的调解员。

调解民间纠纷

指调解委员会按照法律规定，根据自愿原则，用说服教育的方法调解民间发生的有关民事权利和义务争执的件数，包括调解成功数和调解未成功数。

受理劳动争议案件数

指劳动争议仲裁委员会根据国家有关规定，对劳动争议当事人的申请予以审查，符合受理条件而正式立案、准备处理的劳动争议案件数。

基本养老保险

1.（参保）职工人数：指报告期末按照国家法律、法规和有关政策规定参加基本养老保险并在社保经办机构已建立缴费记录档案的职工人数，包括中断缴费但未终止养老保险关系的职工人数，不包括只登记未建立缴费记录档案的人数。

2.（参保）离退休人员人数：指报告期末参加基本养老保险的离休、退休和退职人员的人数。

3. 基本养老保险基金收入：指根据国家有关规定，由纳入基本养老保险范围的缴费单位和个人按国家规定的缴费基数和缴费比例缴纳的养老保险基金，以及通过其他方式取得的形成基金来源的收入。包括单位和职工个人缴纳的基本养老保险费、基本养老保险基金利息收入、上级补助收入、下级上解收入、转移收入、财政补贴和其他收入。

4. 基本养老保险基金支出：指按照国家政策规定的开支范围和开支标准从养老保险基金中支付给参加基本养老保险的个人的养老金、丧葬抚恤补助，以及由于保险关系转移、上下级之间调剂资金等原因而发生的支出。包括离休金、退休金、退职金、各种补贴、医疗费、死亡丧葬补助费、抚恤救济费、社会保险经办机构管理费、补助下级支出、上解上级支出、转移支出、其他支出等。

5. 基本养老保险基金累计结余：指截止报告期末基本养老保险基金收支相抵后的累计余额。

主要统计指标解释
Explanatory Notes on Main Statistical Indicators

基本医疗保险

1. 参保人数：指报告期末按国家有关规定参加基本医疗保险的人数。包括参加保险的职工人数和退休人员人数。

2. 基金收入：指根据国家有关规定，由纳入基本医疗保险范围的缴费单位和个人，按国家规定的缴费基数和缴费比例缴纳的基金，以及通过其他方式取得的形成基金来源的款项，包括：单位缴纳的社会统筹基金收入、个人缴纳的个人账户基金收入、财政补贴收入、利息收入、其他收入。

3. 基金支出：指按照国家政策规定的开支范围和开支标准从社会统筹基金中支付给参加基本医疗保险的职工和退休人员的医疗保险待遇支出，和从个人账户基金中支付给参加基本医疗保险的职工和退休人员的医疗费用支出，以及其他支出。包括：住院医疗费用支出、门急诊医疗费用支出、个人账户基金支出、其他支出。

4. 基金累计结余：指截止报告期末基本医疗保险的社会统筹和个人账户基金累计结余金额。包括银行存款、财政专户、债券投资和其他。

失业保险

1. 参保人数：指报告期末按照国家法律、法规和有关政策规定参加了失业保险的城镇企业事业单位的职工及地方政府规定参加失业保险的其他人员的人数。

2. 失业保险基金收入：指按照规定从企业、事业及其他单位筹集的失业保险费及其他并入失业保险基金收入的总额。包括单位和个人缴纳的失业保险费、失业保险基金利息收入、上级补助收入、下级上解收入、转移收入、财政补贴和其他收入。

3. 失业保险基金支出：指报告期内为保障失业人员和下岗职工基本生活、促进其再就业等支出的基金总额。包括失业救济金、医疗费、死亡丧葬补助费、抚恤救济费、转业训练费支出、失业保险经办机构管理费、补助下级支出、上解上级支出、转移支出和其他支出。

4. 基金累计结余：指截止报告期末失业保险基金收支相抵后的累计余额。

主要统计指标解释
Explanatory Notes on Main Statistical Indicators

Urban Residents Receiving Lowest Cast-of-living

refers to the number of those whose average family income is below a minimum local standard by the end of the reporting period, including both the employed and unemployed, laid off and retired, and those jobless people without stable residence or valid IDs.

Rural Residents Receiving Lowest Cast-of-living

refers to the number of those receiving the minimum living allowances from the local government or community in the rural areas where this allowances system is in place as of the end of the reporting period.

Number of Service Facilities in Urban Communities

refers to the number non-profit welfare facilities set up by urban communities (community offices and residents' committees) to serve the community residents, including, among others, community-based centers that serve senior citizens, the handicapped or children, recreational centers, service centers, nursing homes, apartments for the elderly (nursery for the aged), work and treatment stations for the handicapped, day-care centers for handicapped children, domestic help agencies and dating services, as well as social insurance management agencies for the employees. Different types of community service providers that share the same premise are regarded as one community service facility. The requirements for a social service facility of communities include: (1) independent accounting; (2) fixed employees; (3) provision of services; (4) provision of premises.

Lawyers

are certified legal workers according to law, and who are employed by legal counseling firms to act as legal advisers, agents in criminal or civil lawsuits, or defenders in criminal lawsuits, or to handle non-litigious legal affairs, to advise on matters of law or to write legal papers for others, and provide service to the public.

Notarial Personnel

refers to people working for notary offices including: directors, deputy director, notaries, assistant notaries, and other people providing assistance.

Notarized Documents

refer to the judicatory notary documents drawn up by the request of the party and are in accordance with facts and laws and following certain legal proceedings. According to usage and locality, the notary documents are divided into following 4 types: domestic notary documents, domestic economic notary documents, foreign-related civil notary documents and foreign-related economic notary documents.

Mediators

refer to workers on people mediation committees responsible for mediating in civil disputes and cases of slight infraction of the law. They include members of the mediation committees and mediators of mediation groups.

Mediation of Civil Disputes

refers to number of cases made by mediation committees in mediating in civil disputes concerning civil rights and duties through persuasion and education in accordance with the provisions of law on a voluntary basis, so as to solve disputes by helping the parties involved come to an agreement and understanding, including those unsuccessful ones.

Number of Labour Dispute Cases Accepted

refers to the number of cases of labour dispute submitted that, after being reviewed by the labour dispute arbitration committees in line with the relevant national regulations, are accepted and registered for treatment.

Basic Pension Insurance

1. Number of staff and workers covered refer to staff and workers participating in the basic pension insurance programme according to national laws, regulations and related policies at the end of the reference period, who have already had payment records in social security management agencies, including those who have interrupt payment without terminating the insurance programme. Those who have registered in the programme but with no payment records are not included.

2. Number of retirees participating in the basic pension insurance programme refer to the number of retirees participating in basic pension insurance programmes by the end of the reference period.

3. Revenue of the basic pension insurance programme refers to payments made by employers and individuals participating in the pension insurance programme in accordance with the basis and proportion stipulated in State regulations, and income from other sources that become source of pension insurance fund, including the premium paid by employers and staff and workers, interest income, subsidies from higher level agencies, income

主要统计指标解释
Explanatory Notes on Main Statistical Indicators

as transfer from subordinate agencies, transferred income, government financial subsidies and other income.

4. Expenditure of basic pension insurance programme refers to payment made on pensions and funeral subsidies to those retired and resigned people covered in pension insurance programmes according to related national policies on scope and standard of expenditure. Also included are expenditure which arises due to shift of the insurance relationship or adjustment of funds among agencies. More specifically, included are pensions for resigned people, pensions for retired people, pension for people quitting jobs, various subsidies, medical fees, funeral subsidies, compensation payments, management fees for social security agencies, expenses on subsidies to lower subordinates, expenses as transfer to agencies at higher level, transferred expenditure and other expenditure.

5. Balance of basic pension insurance programme refers to the balance of basic pension insurance funds at the end of the reference period after deducting expenses from revenue.

Basic Medical Care Insurance

1. Number of people participating in the insurance programme refers to people participating in the basic medical care insurance programme according to related regulations as at the end of reference period, including number of staff and workers and retirees participating in this insurance programme.

2. Revenue of the insurance programme refers to payments made by employers and individuals participating in the medical care insurance programme in accordance with the basis and proportion stipulated in State regulations, and income from other sources that become source of medical insurance fund, including income of social comprehensive funds paid by employers, income from individual accounts, government financial subsidies, interest income and other income.

3. Expenditure of the insurance programme refers to payment made from social comprehensive funds to those retired and resigned people covered in basic medical care insurance within the scope and standards of expenditure according to related national policies, and medical care payment made from individual accounts to staff and workers and retirees, and other expenses, including medical expenses of hospital inpatients, medical expenses for outpatients and emergency patients, payment from individual accounts and other expenditure.

4. Balance of the basic medical care insurance programme refer to the balance of medical care insurance of social comprehensive funds and individual accounts at the end of the reference period, including bank savings, special fiscal accounts, investment in bonds and others.

Unemployment Insurance

1. Number of people covered refers to staff and workers in urban enterprises or institutions who have participated in unemployment insurance programme in line relevant policies and regulations, and other people who have participated according to local government regulations, by the end of reference period.

2. Revenue of unemployment insurance refer to payments made by employers and individuals participating in unemployment insurance programme in accordance with relevant regulations and other income contributed to this programme, including unemployment insurance premium made by employers and individuals, interest income, subsidies from higher level agencies, income as transfer from subordinate agencies, transferred income, government financial subsidies and other income.

3. Expenses of unemployment insurance refer to total expenses during the reference period to guarantee the basic livelihood of unemployed people and laid-off staff and workers and to encourage their re-employment. Included are unemployment relief, medical fees, funeral subsidies, compensation pension, training expenses, management fees for unemployment insurance agencies, subsidies to lower level agencies, expenses as transfer to higher level agencies, transferred expenditure and other expenditure.

4. Balance of unemployment insurance refer to the balance of unemployment revenue deducting unemployment expenses at the end of the reference period.

企业景气

Enterprises Climate

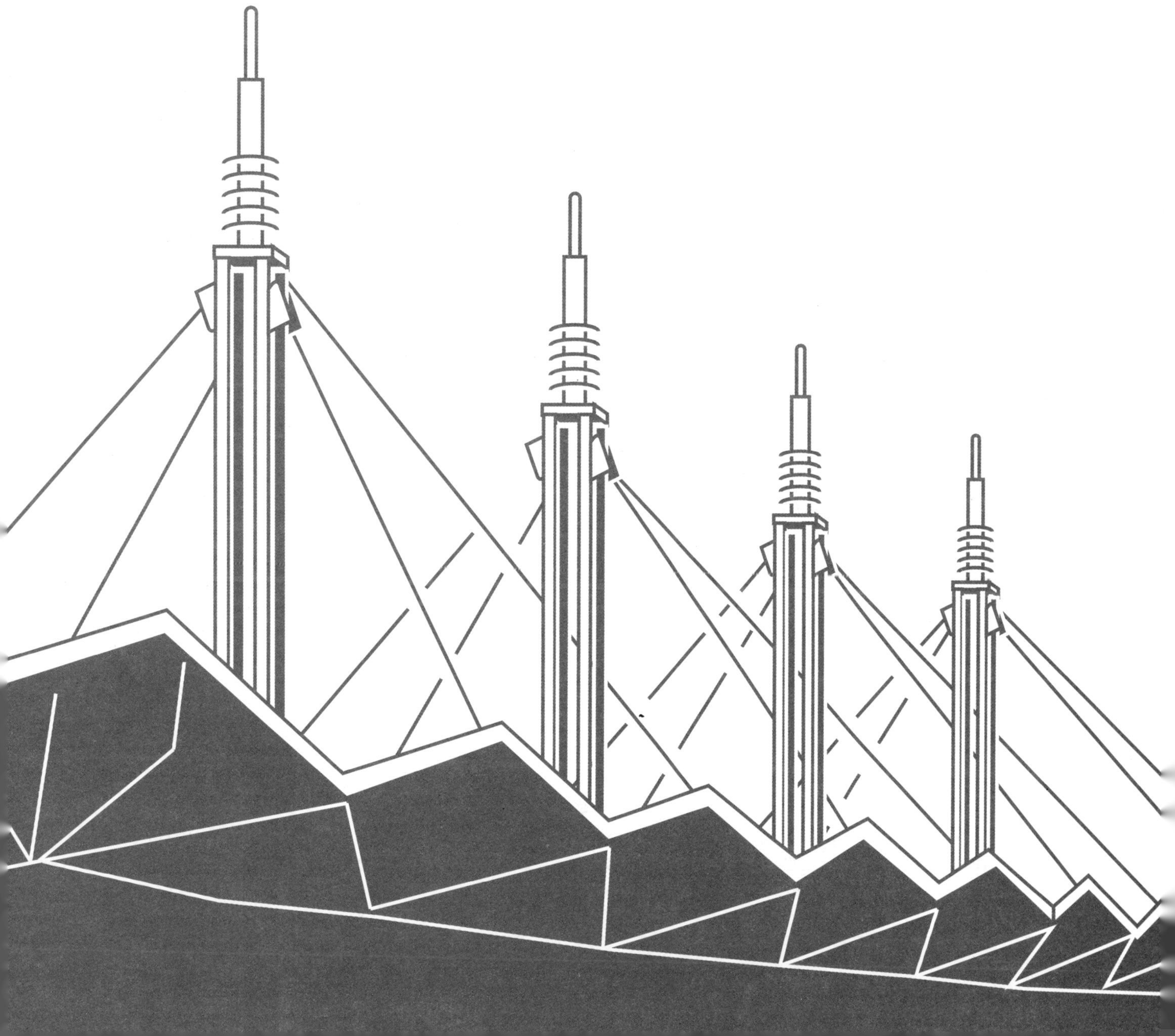

21-1 企业家信心指数（2001—2010年）
Confidence Index of Entrepreneur, 2001-2010

年 份 Year	一季度 First Quarter	二季度 Second Quarter	三季度 Third Quarter	四季度 Fourth Quarter
2001	122.10	111.86	107.01	105.29
2002	112.58	118.92	130.24	132.76
2003	132.71	126.68	124.54	124.32
2004	136.42	132.03	130.41	129.01
2005	137.05	129.92	129.02	131.50
2006	130.38	134.00	132.17	133.18
2007	134.71	136.35	138.16	130.57
2008	132.40	129.00	120.10	96.00
2009	102.60	110.50	124.20	126.50
2010	127.60	125.50	127.70	131.20

21-2 工业企业家信心指数（2001—2010年）
Confidence Index of Industrial Entrepreneur, 2001-2010

年 份 Year	一季度 First Quarter	二季度 Second Quarter	三季度 Third Quarter	四季度 Fourth Quarter
2001	132.80	121.70	110.40	102.80
2002	107.40	120.40	131.40	131.80
2003	134.40	134.20	124.10	122.80
2004	133.87	129.63	128.94	129.39
2005	137.66	126.37	125.02	126.65
2006	128.00	134.50	132.91	138.50
2007	132.66	131.59	134.83	124.96
2008	126.30	122.90	114.50	87.70
2009	100.10	111.70	122.70	123.80
2010	124.70	121.20	124.70	127.40

21-3 企业景气指数（2001—2010年）
Climate Index of Enterprises, 2001-2010

年 份 Year	一季度 First Quarter	二季度 Second Quarter	三季度 Third Quarter	四季度 Fourth Quarter
2001	113.91	121.57	120.64	113.24
2002	112.19	124.49	124.33	128.11
2003	126.93	107.01	122.62	124.44
2004	127.50	126.66	129.26	127.78
2005	131.09	126.29	128.84	128.98
2006	128.95	127.28	124.73	141.96
2007	134.21	137.50	137.72	135.87
2008	132.00	137.20	134.10	109.00
2009	106.80	117.80	125.90	131.50
2010	132.90	132.90	133.30	131.80

21-4 企业家信心指数（2010年）
Confidence Index of Entrepreneur, 2010

指　标	Item	一季度 First Quarter	二季度 Second Quarter	三季度 Third Quarter	四季度 Fourth Quarter
总体状况	**Overall Confidence Index**	**127.60**	**125.50**	**127.70**	**131.20**
按行业门类分	**Grouped by Sector**				
工　业	Industry	124.70	121.20	124.70	127.40
采矿业	Minerals Mining	163.00	163.80	163.00	143.00
制造业	Manufacturing	124.10	118.50	122.10	125.20
电力、燃气及水的生产和供应业	Production and Supply of Electricity, Gas and Water	96.40	144.10	148.50	148.50
建筑业	Construction	135.70	130.40	138.90	136.70
#房屋和土木工程建筑业	Building & Civil Engineering	137.70	130.50	146.40	138.10
建筑安装业	Construction Installation	112.50	124.10	111.60	124.10
交通运输、仓储和邮政业	Transportation, Storage and Post Services	130.50	138.10	132.00	146.60
#铁路运输业	Railway Transport	100.00	100.00	100.00	100.00
公路运输业	Highway Transport	133.30	133.30	100.00	100.00
水上运输业	Waterway Transport	127.70	126.40	115.80	146.40
航空运输业	Civil Aviation Transport	200.00	200.00	200.00	200.00
邮政业	Post Services	100.00	100.00	100.00	100.00
信息传输和计算机服务及软件业	Information Transmitting, Computer Services and Software	140.90	138.70	131.30	138.70
信息传输业	Information Transmitting	149.20	149.20	149.20	149.20
计算机服务业	Computer Services	116.70	116.70	116.70	116.70
软件业	Software	146.70	142.90	128.60	142.90
批发和零售业	Wholesale and Retail Trade	139.50	135.80	138.20	145.70
批发业	Wholesale	135.80	128.20	130.50	136.80
零售业	Retail	136.60	148.50	145.20	156.60
住宿和餐饮业	Accommodation and Catering Services	105.40	116.70	117.70	108.90
住宿业	Accommodation	96.90	106.50	106.90	100.00
餐饮业	Catering Services	160.00	180.00	180.00	160.50
房地产业	Real Estate Trade	132.90	119.20	119.30	120.60

21-4 续表 Continued

指　标	Item	一季度 First Quarter	二季度 Second Quarter	三季度 Third Quarter	四季度 Fourth Quarter
社会服务业	Social Services	123.10	130.80	126.90	119.50
租赁业	Leasing	100.00	100.00	133.30	133.30
商务服务业	Business Services	121.10	126.30	115.80	110.50
居民服务业	Resident Services	100.00	100.00	100.00	100.00
其他服务业	Other Social Services	200.00	200.00	200.00	100.00
按企业登记注册类型分	**Grouped By Status of Registration**				
国有企业	State-owned Enterprises	120.20	117.80	119.60	125.50
集体企业	Collective-owned Enterprises	128.10	121.90	122.60	125.80
股份合作企业	Cooperative Enterprises	175.00	150.00	175.00	175.00
联营企业	Joint Ownership Enterprises	50.00	50.00	100.00	100.00
有限责任公司	Limited Liability Corporations	126.60	128.10	129.20	129.10
股份有限公司	Share-holding Corporations Ltd.	130.00	115.60	130.80	126.30
私营企业	Private Enterprises	128.60	105.90	114.80	122.20
港澳台商投资企业	Enterprises with Investment from Hong Kong, Macao and Taiwan	134.30	132.80	134.30	138.80
外商投资企业	Enterprises with Foreign Investment	140.90	139.70	138.30	143.20
按企业规模分	**Grouped By Size of Enterprises**				
大　型	Large-sized	155.90	147.20	153.10	153.10
中　型	Medium-sized	121.80	125.00	123.80	131.50
小　型	Small-sized	115.20	111.80	113.50	114.70
其他分组	**Others**				
国家重点联系企业	State Key Enterprises	200.00	112.70	112.70	112.30
国家试点企业集团成员	State Experimental Enterprises Groups	146.40	113.10	146.40	133.30
出口企业	Export Enterprises	127.80	127.10	125.50	128.00
上市公司	Corporations Listed in Stock Market	140.40	121.80	120.70	142.00

21-5 企业景气指数(2010年)
Climate Index of Enterprises, 2010

指　标	Item	一季度 First Quarter	二季度 Second Quarter	三季度 Third Quarter	四季度 Fourth Quarter
总体状况	**Overall Climate Index**	**132.90**	**132.90**	**133.30**	**131.80**
按行业门类分	**Grouped by Sector**				
工　业	Industry	130.20	130.30	129.70	127.30
采矿业	Minerals Mining	178.70	178.70	178.70	178.70
制造业	Manufacturing	129.90	128.00	127.20	124.50
电力、燃气及水的生产和供应业	Production and Supply of Electricity, Gas and Water	87.60	148.50	145.20	136.10
建筑业	Construction	134.70	145.40	137.60	139.70
#房屋和土木工程建筑业	Building & Civil Engineering	135.70	150.90	145.80	144.10
建筑安装业	Construction Installation	135.00	122.50	125.00	110.00
交通运输、仓储和邮政业	Transportation, Storage and Post Services	146.20	158.40	160.40	163.90
#铁路运输业	Railway Transport	100.00	100.00	100.00	100.00
公路运输业	Highway Transport	100.00	133.30	100.00	100.00
水上运输业	Waterway Transport	197.70	198.40	197.00	185.20
航空运输业	Civil Aviation Transport	200.00	200.00	200.00	200.00
邮政业	Post Services	100.00	100.00	100.00	100.00
信息传输和计算机服务及软件业	Information Transmitting, Computer Services and Software	122.90	112.60	120.00	131.30
信息传输业	Information Transmitting	105.90	105.90	120.20	163.50
计算机服务业	Computer Services	166.70	150.00	150.00	150.00
软件业	Software	113.30	100.00	107.10	107.10
批发和零售业	Wholesale and Retail Trade	152.50	143.20	147.00	139.70
批发业	Wholesale Trade	152.00	139.20	139.90	135.80
零售业	Retail Trade	147.10	148.00	158.10	144.50
住宿和餐饮业	Accommodation and Catering Services	89.20	102.80	111.80	106.00
住宿业	Accommodation	81.30	93.60	100.00	100.00
餐饮业	Catering Services	140.00	160.00	180.00	140.50
房地产业	Real Estate Trade	129.80	110.40	111.80	113.70

21-5 续表 Continued

指　标	Item	一季度 First Quarter	二季度 Second Quarter	三季度 Third Quarter	四季度 Fourth Quarter
社会服务业	Social Services	123.10	119.20	123.10	134.90
租赁业	Leasing	100.00	133.30	133.30	100.00
商务服务业	Business Services	121.10	110.50	115.80	136.80
居民服务业	Resident Services	100.00	100.00	0.00	100.00
其他服务业	Other Social Services	200.00	200.00	200.00	100.00
按企业登记注册类型分	**Grouped By Status of Registration**				
国有企业	State-owned Enterprises	118.20	125.80	117.80	118.60
集体企业	Collective-owned Enterprises	121.90	112.50	109.70	129.00
股份合作企业	Cooperative Enterprises	175.00	175.00	125.00	100.00
联营企业	Joint Ownership Enterprises	50.00	50.00	100.00	200.00
有限责任公司	Limited Liability Corporations	132.00	128.10	136.10	128.80
股份有限公司	Share-holding Corporations Ltd.	144.50	143.60	144.30	145.70
私营企业	Private Enterprises	139.30	107.40	103.70	111.10
港澳台商投资企业	Enterprises with Investment from Hong Kong, Macao and Taiwan	113.20	123.70	124.90	146.80
外商投资企业	Enterprises with Foreign Investment	147.20	141.70	144.50	147.30
按企业规模分	**Grouped By Size of Enterprises**				
大　型	Large-sized	172.50	173.10	166.50	157.90
中　型	Medium-sized	124.70	125.60	123.20	126.70
小　型	Small-sized	110.50	104.40	112.40	114.30
其他分组	**Others**				
国家重点联系企业	State Key Enterprises	200.00	200.00	199.60	152.30
国家试点企业集团成员	State Experimental Enterprises Groups	146.40	146.40	133.30	100.00
出口企业	Export Enterprises	143.30	139.40	134.30	133.90
上市公司	Corporations Listed in Stock Market	144.80	151.50	135.70	144.80

21-6 工业企业家信心指数（2010年）
Confidence Index of Industrial Entrepreneur, 2010

指　　标	Item	一季度 First Quarter	二季度 Second Quarter	三季度 Third Quarter	四季度 Fourth Quarter
整体状况	**Overall Industrial Confidence Index**	**124.70**	**121.20**	**124.70**	**127.40**
按企业登记注册类型分	**Grouped By Status of Registration**				
国有企业	State-owned Enterprises	114.20	108.20	116.80	120.20
集体企业	Collective-owned Enterprises	118.80	112.50	126.70	133.30
有限责任公司	Limited Liability Corporations	117.90	114.70	115.80	117.30
股份有限公司	Share-holding Corporations Ltd.	118.70	108.90	129.80	119.90
私营企业	Private Enterprises	138.50	130.00	125.00	150.00
港澳台商投资企业	Enterprises with Investment from Hong Kong, Macao and Taiwan	147.00	142.20	147.00	147.00
外商投资企业	Enterprises with Foreign Investment	140.70	139.70	137.60	142.30
按行业门类分	**Grouped By Sector**				
采矿业	Minerals Mining	163.00	163.80	163.00	143.00
#石油和天然气开采业	Extraction of Petroleum and Natural Gas	180.10	180.10	180.10	180.10
制造业	Manufacturing	124.10	118.50	122.10	125.20
#饮料制造业	Manufacture of Beverage	127.30	140.00	140.00	155.60
纺织业	Manufacture of Textile	77.80	66.70	88.90	87.50
纺织服装鞋帽制造业	Manufacture of Textile Wearing Apparel, Footwear and Caps	75.00	87.50	112.50	87.50
造纸及纸制品业	Manufacture of Paper and Paper Products	125.00	150.00	150.00	150.00
化学原料及化学制品制造业	Manufacture of Raw Chemical Materials and Chemical Products	118.10	117.70	122.60	131.80
医药制造业	Manufacture of Medicines	169.70	157.00	157.00	151.10
化学纤维制造业	Manufacture of Chemical Fibers	100.00	100.00	100.00	100.00
塑料制品业	Manufacture of Plastics	107.10	107.70	100.00	115.40
黑色金属冶炼及压延加工业	Smelting and Pressing of Ferrous Metals	120.10	88.10	93.20	78.90
交通运输设备制造业	Manufacture of Transport Equipment	143.80	132.20	137.60	139.50
电气机械及器材制造业	Manufacture of Electrical Machinery and Equipment	115.00	115.00	121.30	121.20
通信设备、计算机及其他电子设备制造业	Manufacture of Communication Equipment, Computers and Other Electronic Equipment	114.40	115.30	117.10	121.10
电力、燃气及水的生产供应业	Production and Supply of Electricity, Gas and Water	96.40	144.10	148.50	148.50
按企业规模分	**Grouped By Size of Enterprises**				
大　型	Large-sized	143.60	135.10	139.40	136.90
中　型	Medium-sized	118.20	121.30	122.20	131.40
小　型	Small-sized	114.10	108.50	113.00	114.80
其他分组	**Others**				
国家重点联系企业	State Key Enterprises	200.00	110.30	110.30	110.30
国家试点企业集团成员	State Experimental Enterprises Groups	100.00	100.00	100.00	100.00
出口企业	Export Enterprises	120.40	125.30	120.90	123.70
上市公司	Corporations Listed in Stock Market	128.90	93.40	104.50	138.50

21-7 工业企业景气指数(2010年)
Climate Index of Industrial Enterprises, 2010

指　　标	Item	一季度 First Quarter	二季度 Second Quarter	三季度 Third Quarter	四季度 Fourth Quarter
整体状况	**Overall Industrial Climate Index**	**130.20**	**130.30**	**129.70**	**127.30**
按企业登记注册类型分	**Grouped By Status of Registration**				
国有企业	State-owned Enterprises	119.30	132.90	112.30	113.90
集体企业	Collective-owned Enterprises	118.80	100.00	113.30	133.30
有限责任公司	Limited Liability Corporations	116.10	118.60	129.60	109.40
股份有限公司	Share-holding Corporations Ltd.	140.10	132.00	147.90	150.10
私营企业	Private Enterprises	153.90	141.70	116.70	141.70
港澳台商投资企业	Enterprises with Investment from Hong Kong, Macao and Taiwan	136.30	141.10	145.00	158.90
外商投资企业	Enterprises with Foreign Investment	146.90	139.80	143.00	148.40
按行业门类分	**Grouped By Sector**				
采矿业	Minerals Mining	178.70	178.70	178.70	178.70
制造业	Manufacturing	129.90	128.00	127.20	124.50
电力、燃气及水的生产供应业	Production and Supply of Electricity, Gas and Water	87.60	148.50	145.20	136.10
按企业规模分	**Grouped By Size of Enterprises**				
大　型	Large-sized	165.50	166.30	154.90	139.50
中　型	Medium-sized	119.10	121.30	118.50	127.60
小　型	Small-sized	109.10	105.90	116.50	115.70
不同观察指标景气指数	**Climate Index on Different Indicators**				
生产成本	Cost	79.90	69.80	67.80	60.50
生产总量	Gross Output	114.50	123.10	122.20	122.90
产品订货情况	Order for Product	107.10	105.50	111.90	124.50
产品销售量	Total Volume of Sales	111.20	119.00	118.60	118.40
产品销售价格	Price of Sales	102.90	99.00	91.50	115.30
产成品库存	Inventory of Product	124.50	126.40	124.30	124.10
税后利润	Profits after Tax	106.00	115.50	110.80	120.70
劳动力需求	Labour Demand	115.50	114.10	119.20	118.90
固定资产投资情况	Investment in Fixed Assets	92.00	109.10	105.20	98.50
科技开发情况	Science and Technology Development	106.90	113.90	111.90	113.60
其他分组	**Others**				
国家重点联系企业	State Key Enterprises	200.00	200.00	200.00	160.30
国家试点企业集团	State Experimental Enterprises Groups	100.00	100.00	100.00	100.00
出口企业	Export Enterprises	138.90	137.40	130.40	131.20
上市公司	Corporations Listed in Stock Market	140.70	116.30	127.40	151.80

21-8 制造业采购经理指数（2010年）
Purchasing Manager's Index（2010）

月份	Month	制造业采购经理指数 PMI	生产 Production	新订单 New Orders	出口订货 Exports	现有订货 Backlog of Orders	产成品库存 Customers' Inventories
一月	January	54.0	57.3	59.3	59.1	52.8	51.3
二月	February	51.0	53.8	54.6	51.5	53.1	47.6
三月	March	54.1	57.5	56.1	50.0	51.8	58.8
四月	April	54.2	57.4	54.3	54.6	55.6	53.1
五月	May	52.0	53.0	53.0	52.0	48.7	55.7
六月	June	51.7	54.0	51.5	52.0	49.3	50.0
七月	July	49.5	49.5	48.2	50.3	47.5	47.4
八月	August	51.5	56.1	56.7	53.3	49.7	43.1
九月	September	54.3	58.2	56.1	52.5	49.1	46.7
十月	October	55.5	58.2	60.5	52.2	49.8	49.3
十一月	November	54.0	59.8	56.2	56.4	51.8	48.1
十二月	December	51.8	55.5	53.2	51.4	52.3	46.2

月份	Month	采购量 Purchase	进口 Imports	购进价格 Prices	主要原材料库存 Inventories of Main Raw Materials	生产经营人员 Employment	供应商配送时间 Supplier Deliveries
一月	January	59.1	57.1	69.9	48.6	47.6	50.0
二月	February	60.0	49.8	62.5	46.0	45.6	49.6
三月	March	54.0	51.0	67.2	51.1	51.7	49.9
四月	April	56.8	43.2	68.7	52.6	54.3	48.7
五月	May	53.0	49.9	63.2	51.8	50.6	49.4
六月	June	52.7	47.9	54.0	50.8	49.3	51.9
七月	July	51.2	48.3	46.9	51.3	50.1	50.0
八月	August	54.3	47.8	52.5	46.1	46.6	43.7
九月	September	54.8	50.4	61.4	54.0	50.5	49.3
十月	October	54.1	51.7	68.2	49.0	50.7	51.4
十一月	November	61.4	50.6	64.5	53.0	48.7	47.4
十二月	December	56.5	44.3	65.4	47.6	48.0	50.6

主要统计指标解释
Explanatory Notes on Main Statistical Indicators

企业家信心指数

是根据企业家对企业外部市场经济环境与宏观政策的认识、看法、判断与预期而编制的指数，用以综合反映企业家对宏观经济环境的感受与信心。分行业企业家信心指数为各行业企业家对本行业企业外部市场经济环境与宏观政策的认识、看法、判断与预期。其表现形式为纯正数，以 100 作为景气指数的临界值，其数值范围在 0–200 之间。

企业景气指数

是根据企业家对本企业综合生产经营情况的判断和预期而编制的指数，用以综合反映企业的生产经营状况。分行业企业景气指数用以反映各行业企业的生产经营状况。其表现形式为纯正数，以 100 作为景气指数的临界值，其数值范围在 0–200 之间。

制造业采购经理指数

是由对制造业企业采购经理进行的月度问卷调查编制的一个综合指数，由 5 个扩散指数（分类指数）加权计算而成。5 个分类指数及其权数是依据其对经济的先行影响程度确定的。具体包括：新订单指数，生产量指数，从业人员指数，供应商配送时间指数，原材料库存指数。

制造业采购经理指数是国际上通行的宏观经济监测指标体系之一，对国家经济活动的监测和预测具有重要作用。通常以 50% 作为经济强弱的分界点，PMI 高于 50% 时，反映制造业经济扩张；低于 50%，则反映制造业经济衰退。

主要统计指标解释
Explanatory Notes on Main Statistical Indicators

Confidence Index of Entrepreneur

is an index made according to the entrepreneur's understanding, view, judgment and forecast of the market economic environment out of the enterprise and macroscopic policy. It reflects the entrepreneur's feeling and confidence in macroeconomic environment comprehensively. The enterprise confidence index by sectors is a reflection of the entrepreneur's understanding, view, judgment and forecast of the market economic environment out of his own sector. It is expressed by a pure positive number between 0 and 200 with 100 as the boundary value of climate index.

Climate Index of Enterprises

is an index made according to the entrepreneur's judgment and forecast of the comprehensive production and management. The climate index by sectors reflects the production and management of each sector comprehensively. It is expressed by a pure positive number between 0 and 200 with 100 as the boundary value.

Purchase Management Index (PMI)

is a comprehensive index made according to the questionnaire survey to purchase management of manufacturing by month, which is weighted calculated by five diffusion indices (sub-index). Those five diffusion indices and weights are made according to their leading effect to economy, including new orders index, production index, employment index, supplier index and inventory index of raw materials.

PMI is one of the international macroeconomic monitoring indicators, which is important to national economic monitoring and forecasting. 50% is dividing point of economic development. PMI which is bigger than 50% means manufacturing is expanding, while smaller means decline.

22

滨海新区

Binhai New Area

22-1 滨海新区建成区面积(2006—2010年)
Developed Area of Binhai New Area, 2006-2010

单位：平方公里 (sq. km)

项目	2006	2007	2008	2009	2010
合计 Total	**194.78**	**221.95**	**267.38**	**283.75**	**304.44**
塘沽管委会小计 Subtotal in Tanggu Management Committee	133.39	150.5	175.93	191.26	209.58
塘沽城区和天津港 Central District of Tanggu and Tianjin Port	95.37	110.39	117.32	118.42	128.07
经济技术开发区 TEDA	32.73	34.82	40.97	49.43	53.52
天津港保税区 TPFTZ	5.29	5.29	17.64	23.41	27.99
汉沽管委会 Han'gu Management Committee	16.16	18.44	18.67	18.80	19.12
大港管委会 Dagang Management Committee	45.23	53.01	72.78	73.69	74.10
高新区 THIP					1.64

注：本表数据均未含东丽区无瑕街、津南区葛沽镇，表22-2同。

Note: Data of the table exclude figures of Wuxia Street, Dongli District and Gegu Town, Jinnan Distrcit. Same as table 22-2.

22-2 主要年份滨海新区人口主要指标
Major Population Statistics on Binhai New Area in Main Years

指标	Item	单位	Unit	2000	2005	2009	2010
常住人口	Permanent Population	万人	10 000 persons			230.17	248.25
户籍人口	Registered Population	万人	10 000 persons	104.58	109.39	109.93	110.79
人口密度	Population Density	人/平方公里	person/sq. km	462	483	484	496
户籍户数	Registered Households	万户	10 000 households	35.8	40.13	39.74	40.25
户规模	Family Size	人/户	person/household	2.91	2.73	2.77	2.75
按户口性质分	By Registered Character						
非农业	Non-agricultural	万人	10 000 persons	78.03	83.38	88.80	89.78
农业	Agricultural	万人	10 000 persons	26.55	26.01	21.13	21.01
按性别分	By Sex						
男性	Male	万人	10 000 persons	54.25	56.37	56.59	56.96
女性	Female	万人	10 000 persons	50.34	53.02	53.35	53.83
性别比	Sex Ratio	女=100	female=100	107.78	106.31	106.07	105.80

22-3 滨海新区主要经济指标
Main Statistics on Binhai New Area

单位：亿元 (100 million yuan)

项　目	Item	2009	2010	2010比2009年增长(%) Increase Rate in 2010 over 2009 (%)
常住人口(万人)	Permanent Population (10 000 persons)	230.17	248.25	7.9
户籍人口(万人)	Registered Population (10 000 persons)	109.93	110.79	0.8
# 非农业人口	Non-agricultural Population	88.80	89.78	1.1
从业人员劳动报酬总额	Total Remuneration of Employment Personnel	346.61	414.74	19.7
从业人员人均劳动报酬(元)	Per Capita Remuneration of Employment Personnel (yuan)	51754	54562	5.4
地区生产总值	Gross Domestic Product	3810.67	5030.11	25.1
第一产业	Primary Industry	7.43	8.17	1.1
第二产业	Secondary Industry	2569.87	3432.81	26.0
# 工　业	Industry	2385.54	3215.39	27.1
第三产业	Tertiary Industry	1233.37	1589.12	23.4
工业总产值	Gross Output Value of Industry	8223.99	10121.10	23.1
全社会固定资产投资额	Total Investment in Fixed Assets	2502.66	3352.71	34.0
# 基础设施投资额	Infrastructure Investment	960.04	1300.74	35.5
市重点项目投资额	Key Projects Investment	1413.19	1213.79	-14.1
财政收入	Government Revenue	739.01	1006.00	36.1
财政支出	Government Expenditures	378.10	484.40	28.1
社会消费品零售总额	Total Retail Sales of Consumer Goods	451.24	743.58	64.8
外贸出口总额(亿美元)	Total Value of Exports in Foreign Trade (USD 100 million)	197.14	232.60	18.0
直接利用外资合同数(个)	Number of Foreign Direct Investment Contracts (unit)	315	346	9.8
直接利用外资合同额(亿美元)	Foreign Direct Investment Contracted (USD 100 million)	104.94	117.78	12.2
实际直接利用外资额(亿美元)	Actual Direct Utilization of Foreign Capital (USD 100 million)	57.64	71.31	23.7
内联资金到位项目数(个)	Number of Actual Utilization of Domestic Capital Projects (unit)	453	396	-12.7
外地在津投资实际到位额	Total Domestic Investment Actually Used in Tianjin	273.18	352.20	28.9

注：1. 滨海新区所有指标除注明外一律为注册口径，下同。2. 从2009年起滨海新区统计数据（除人口数据）均包含滨海高新区的数据，增长速度为可比口径，下同。3. 外地在津投资实际到位数不含东丽区无瑕街、津南区葛沽镇数据。

Note: a) Data of Binhai New Area are calculated by register coverages excepted noted. Same as following next. b) Data of Binhai New Area (excluding population) include figures of Binhai High-tech Industrial Development Area from 2009, and increase rates are calculated at constant prices. Same as following next. c) Data of domestic investment actually used exclude figures of Wuxia Street, Dongli District and Gegu Town, Jinnan District.

22-4 滨海新区主要指标占全市比重(2010年)
Main Statistics on Binhai New Area as Percentage of Municipality, 2010

项　目	Item	滨海新区 Binhai New Area	占全市比重(%) As Percentage of Municipality (%)
常住人口(万人)	Permanent Population (10 000 persons)	248.25	19.1
户籍人口(万人)	Registered Population (10 000 persons)	110.79	11.2
#非农业人口	Non-agricultural Population	89.78	14.9
从业人员劳动报酬总额(亿元)	Total Remuneration of Employment Personnel (100 million yuan)	414.74	39.5
从业人员人均劳动报酬(元)	Per Capita Remuneration of Employment Personnel (yuan)	54562	高3073
地区生产总值(亿元)	Gross Domestic Product (100 million yuan)	5030.11	54.5
第一产业	Primary Industry	8.17	5.6
第二产业	Secondary Industry	3432.81	70.9
#工　业	Industry	3215.39	72.9
第三产业	Tertiary Industry	1589.12	37.5
工业总产值(亿元)	Gross Output Value of Industry (100 million yuan)	10121.10	59.2
全社会固定资产投资额(亿元)	Total Investment in Fixed Assets (100 million yuan)	3352.71	51.5
#基础设施投资额	Infrastructure Investment	1300.74	77.7
市重点项目投资额	Key Projects Investment	1213.79	62.9
财政收入(亿元)	Government Revenue (100 million yuan)	1006.00	37.6
财政支出(亿元)	Government Expenditures (100 million yuan)	484.40	22.3
社会消费品零售总额(亿元)	Total Retail Sales of Consumer Goods (100 million yuan)	743.58	25.6
外贸出口总额(亿美元)	Total Value of Exports (USD 100 million)	232.60	62.0
直接利用外资合同数(个)	Number of Foreign Direct Investment Contracts (unit)	346	58.4
直接利用外资合同额(亿美元)	Foreign Direct Investment Contracted (USD 100 million)	117.78	77.0
实际直接利用外资额(亿美元)	Actual Direct Utilization of Foreign Capital (USD 100 million)	71.31	65.7
内联资金到位项目数(个)	Number of Actual Utilization of Domestic Capital Projects (unit)	396	15.2
外地在津投资实际到位额(亿元)	Total Domestic Investment Actually Used in Tianjin (100 million yuan)	352.20	21.6
医院、卫生院(个)	Hospitals and Health Care Centers (unit)	79	18.0
医院、卫生院床位数(张)	Number of Hospital and Health Care Center Beds (unit)	5288	12.0
各类学校数(个)	Number of Schools (unit)	212	12.7
高等学校在校学生数(人)	Students Enrollment in Institutions of Higher Education (person)	5881	1.4

注：高等学校数据中不含大学在新区的分校数据，表22-11同。
Note: Data of higher education exclude figures of branch schools in Binhai New Area. Same as table 22-11.

22-5 城镇单位从业人员及劳动报酬(2010年)
Number and Remuneration of Employment Personnel in Urban Units, 2010

项　目	Item	年末从业人员(人) Year-end Employment Personnel (person)	劳动报酬总额(千元) Total Remuneration of Employment Personnel (1 000 yuan)	人均劳动报酬(元) Per Capita Remuneration of Employment Personnel (yuan)
总　计	**Total**	**771852**	**41474090**	**54562**
按登记注册类型分	**Grouped by Registration Status**			
国有单位	State-owned Units	154102	9884517	63971
集体单位	Collective-owned Units	7411	237157	30700
其他单位	Others	610339	31352416	52439
#外商及港澳台商投资单位	Units with Funds from Foreign Countries, Hong Kong, Macao & Taiwan	281904	14690476	53257
股份有限公司	Share Holding Corporations Ltd.	44802	3085540	69127
按国民经济行业分	**Grouped by Sector**			
农、林、牧、渔业	Farming, Forestry, Animal Husbandry and Fishery	1138	50449	44099
采矿业	Minerals Mining	81067	4667524	57797
制造业	Manufacturing	363761	17481719	48790
电力、燃气及水的生产和供应业	Production and Supply of Electricity, Gas and Water	8287	556017	69105
建筑业	Construction	52341	3182920	60444
交通运输、仓储及邮政业	Transportation, Storage and Post Services	61649	3855243	62629
信息传输、计算机服务和软件业	Information Transmitting, Computer Services and Software	17725	1143470	66975
批发和零售业	Wholesale and Retail Trade	40708	1916545	48862
住宿和餐饮业	Accommodation and Catering Services	8698	264040	35224
金融业	Finance Intermediation	7026	762383	111427
房地产业	Real Estate	18469	848120	48533
租赁和商务服务业	Leasing and Business Services	8857	498672	60146
科学研究、技术服务和地质勘察业	Scientific Research, Technical Services and Geological Prospecting	19095	1379833	75748
水利、环境和公共设施管理业	Management for Water Conservancy, Environment and Public Facilities	10428	437680	42272
居民服务和其他服务业	Resident Services and Other Social Services	19617	527630	26798
教　育	Education	22061	1726038	78013
卫生、社会保障和社会福利业	Health Care, Social Security and Social Welfare	9134	610368	66926
文化、体育和娱乐业	Culture, Sports and Recreational Services	1949	119303	59002
公共管理和社会组织	Public Management and Social Organizations	19842	1446136	73289

22-6 滨海新区生产总值
Gross Domestic Product of Binhai New Area

项　　目	Item	2009	2010	2010 比2009年 增长(%) Increase Rate in 2010 over 2009 (%)
绝 对 数(亿元)	**Value (100 million yuan)**			
地区生产总值	Gross Domestic Product	3810.67	5030.11	25.1
第一产业	Primary Industry	7.43	8.17	1.1
第二产业	Secondary Industry	2569.87	3432.81	26.0
#工　业	Industry	2385.54	3215.39	27.1
第三产业	Tertiary Industry	1233.37	1589.12	23.4
#交通运输、仓储和邮政业	Transportation, Storage and Post Services	276.73	340.19	20.3
批发和零售业	Wholesale and Retail Trade	392.20	536.89	32.4
住宿和餐饮业	Accommodation and Catering Services	21.67	24.60	7.4
金融业	Finance Intermediation	80.10	106.64	24.2
房地产业	Real Estate	81.28	92.02	5.5
构　成(%)	**Composition (%)**			**(百分点) (Percentage Point)**
地区生产总值	Gross Domestic Product	100.0	100.0	
第一产业	Primary Industry	0.2	0.2	
第二产业	Secondary Industry	67.4	68.2	0.8
#工　业	Industry	62.6	63.9	1.3
第三产业	Tertiary Industry	32.4	31.6	-0.8
#交通运输、仓储和邮政业	Transportation, Storage and Post Services	7.3	6.8	-0.5
批发和零售业	Wholesale and Retail Trade	10.3	10.7	0.4
住宿和餐饮业	Accommodation and Catering Services	0.6	0.5	-0.1
金融业	Finance Intermediation	2.1	2.1	
房地产业	Real Estate	2.1	1.8	-0.3
占全市比重(%)	**As Percentage of Municipal GDP (%)**			**(百分点) (Percentage Point)**
地区生产总值	Gross Domestic Product	50.7	54.5	3.8
第一产业	Primary Industry	5.8	5.6	-0.2
第二产业	Secondary Industry	64.4	70.9	6.5
#工　业	Industry	65.9	72.9	7.0
第三产业	Tertiary Industry	36.2	37.5	1.3
#交通运输、仓储和邮政业	Transportation, Storage and Post Services	58.8	58.1	-0.7
批发和零售业	Wholesale and Retail Trade	46.9	49.2	2.3
住宿和餐饮业	Accommodation and Catering Services	16.4	15.6	-0.8
金融业	Finance Intermediation	17.4	18.6	1.2
房地产业	Real Estate	26.3	24.4	-1.9

22-7 滨海新区城镇固定资产投资
Investment in Fixed Assets in Urban Area of Binhai New Area

单位：万元 (10 000 yuan)

项　目	Item	2009	2010	2010 比2009年 增长(%) Increase Rate in 2010 over 2009 (%)
总　计	**Total**	**22814294**	**29562113**	**29.6**
按三次产业分	**Grouped by Industries**			
第一产业	Primary Industry	44406	79556	79.2
第二产业	Secondary Industry	12073717	12339060	2.2
第三产业	Tertiary Industry	10696171	17143497	60.3
按隶属关系分	**Grouped by Administrative Relationship**			
中　央	Central Government	5837276	4630629	-20.7
地　方	Local Government	16977018	24931484	46.9
按建设性质分	**Grouped by Type of Construction**			
# 新　建	New Construction	12216269	17814216	45.8
扩　建	Expansion	3062555	2939263	-4.0
改　建	Reconstruction	2466094	1873592	-24.0
按构成分	**Grouped by Use of Funds**			
# 建筑工程	Construction	11684134	16623020	42.3
安装工程	Installation	1095009	836600	-23.6
设备工器具购置	Purchases of Equipment and Instruments	5493151	6024243	9.7
按登记注册类型分	**Grouped by Registered Categories**			
内资企业	Domestic-funded Enterprises	21053862	26664686	26.6
国有企业	State-owned Enterprises	8745357	12565297	43.7
集体企业	Collective-owned Enterprises	212592	224764	5.7
股份合作企业	Cooperative Enterprises	75033	39714	-47.1
私营企业	Private Enterprises	866479	1313797	51.6
股份有限公司	Share Holding Corporations Ltd.	3939593	3407382	-13.5
有限责任公司	Limited Liability Corporations	6960727	8920830	28.2
# 国有独资	Sole State-funded Corporations	2010338	2874375	43.0
联营企业	Joint Ownership Enterprises	183180	34748	-81.0
# 国有与国有联营企业	State Joint Ownership Enterprises	181602	31798	-82.5
其他内资企业	Other Domestic-funded Enterprises	70901	158154	123.1
港澳台商投资企业	Enterprises with Investment from Hong Kong, Macao and Taiwan	514288	1400490	172.3
外商投资企业	Foreign Funded Enterprises	1246144	1496937	20.1

注：1. 本表数据不含农村非农户和农户投资。2. 表中按建设性质分组数据不含房地产开发投资。
Note: a) Data in this table exclude rural non-agricultural and agricultural investment. b) Investment grouped by type of construction of this table exclude real estate development.

22-8 滨海新区直接利用外资情况（2010年）
Direct Utilization of Foreign Capital of Binhai New Area, 2010

项　目	Item	直接利用外资合同数(个) Number of Contracts (unit)	直接利用外资合同额(万美元) Foreign Investment Contracted (USD 10 000)	实际直接利用外资额(万美元) Actual Direct Utilization of Foreign Capital (USD 10 000)
总　计	**Total**	**346**	**1177813.44**	**713107.77**
按投资方式分	**By Mode of Investment**			
# 合资企业	Joint Venture Enterprises	87	162369	170777.63
独资企业	Foreign-funded Sole Enterprises	259	884510.92	468418.62
按行业分	**By Sector**			
# 农、林、牧、渔业	Farming, Forestry, Animal Husbandry and Fishery	7	215.00	303.00
采矿业	Minerals Mining	1	5364.73	1784.00
制造业	Manufacturing	58	172882.84	286189.17
电力、燃气及水的生产和供应业	Production and Supply of Electricity, Gas and Water		184.54	1574.00
建筑业	Construction	3	8470.42	8806.53
交通运输、仓储和邮政业	Transportation, Storage and Post Services	22	221893.61	109630.91
信息传输、计算机服务和软件业	Information Transmitting, Computer Services and Software	9	15037.02	6198.56
批发和零售业	Wholesale and Retail Trade	73	215627.87	41132.13
住宿和餐饮业	Accommodation and Catering Services	5	242.62	906.34
金融业	Finance Intermediation	12	38505.34	48216.67
房地产业	Real Estate	7	63684.99	45413.91
租赁和商务服务业	Leasing and Business Services	115	322505.81	95067.27
科学研究、技术服务与地质勘察业	Scientific Research, Technical Services and Geological Prospecting	36	67463.19	9644.75
水利、环境和公共设施管理业	Management for Water Conservancy, Environment and Public Facilities			7641.95
居民服务和其他服务	Resident Services and Other Social Services	8	34582.50	43535.16
文化、体育与娱乐业	Culture, Sports and Recreational Services	1	11364.96	6963.42
按国别、地区分	**By Country (Region)**			
# 中国香港	Hong Kong, China	142	641298.37	318710.62
中国台湾	Taiwan, China	8	683.00	5391.74
韩　国	Republic of Korea	43	15668.44	40856.34
日　本	Japan	19	20641.02	26184.10
美　国	United States	35	103226.88	65976.13
新加坡	Singapore	13	17248.97	42528.65
英　国	United Kingdom	3	291.29	2104.38
德　国	Germany	2	3537.56	2060.10
法　国	France	2	1441.38	5805.46
意大利	Italy	2	62.43	163.20
英属维尔京群岛	British Virgin Islands	38	220339.31	47633.56

22-9 滨海新区分行业规模以上工业总产值(2010年)
Gross Output Value of Industry of Industrial Enterprises above Designated Size by Sector of Binhai New Area, 2010

项目	Item	企业单位数(个) Number of Enterprises (unit)	工业总产值(万元) Gross Output Value of Industry (10 000 yuan)
总计	**Total**	**2262**	**100916910**
煤炭开采和洗选业	Mining and Washing of Coal	3	6425639
石油和天然气开采业	Extraction of Petroleum and Natural Gas	12	14313149
有色金属矿采选业	Mining and Processing of Non-Ferrous Metal Ores	2	446380
非金属矿采选业	Mining and Processing of Nonmetal Ores	4	107647
农副食品加工业	Processing of Food from Agricultural Products	46	2695453
食品制造业	Manufacture of Food	56	972126
饮料制造业	Manufacture of Beverage	17	733386
纺织业	Manufacture of Textile	33	331864
纺织服装鞋帽制造业	Manufacture of Textile Wearing Apparel, Footwear, and Caps	39	93706
皮革毛皮羽毛(绒)及其制品	Manufacture of Leather, Fur, Feather and Related Products	7	36480
木材加工及木、竹、藤、棕、草制品业	Processing of Timber, Manufacture of Wood, Bamboo, Rattan, Palm and Straw Products	19	18681
家具制造业	Manufacture of Furniture	13	196182
造纸及纸制品业	Manufacture of Paper and Paper Products	46	247100
印刷业和记录媒介的复制	Printing, Reproduction of Recording Media	22	171498
文教体育用品制造业	Manufacture of Articles for Culture, Education and Sport Activity	11	115767
石油加工炼焦及核燃料加工业	Processing of Petroleum, Coking, Processing of Nuclear Fuel	34	9097086
化学原料及化学制品制造业	Manufacture of Raw Chemical Materials and Chemical Products	246	6625487
医药制造业	Manufacture of Medicines	64	1881419
化学纤维制造业	Manufacture of Chemical Fibers	4	21674
橡胶制品业	Manufacture of Rubber	30	598716
塑料制品业	Manufacture of Plastics	122	1206580
非金属矿物制品业	Manufacture of Non-metallic Mineral Products	104	962260
黑色金属冶炼及压延加工业	Smelting and Pressing of Ferrous Metals	50	10801966
有色金属冶炼及压延加工业	Smelting and Pressing of Non-Ferrous Metals	32	2409663
金属制品业	Manufacture of Metal Products	200	1766504
通用设备制造业	Manufacture of General Purpose Machinery	172	3756688
专用设备制造业	Manufacture of Special Purpose Machinery	186	2318131
交通运输设备制造业	Manufacture of Transport Equipment	187	13167004
电气机械及器材制造业	Manufacture of Electrical Machinery and Equipment	157	4124213
通信设备计算机及其他电子设备制造业	Manufacture of Communication Equipment, Computers and Other Electronic Equipment	169	12327198
仪器仪表及文化办公用机械制造业	Manufacture of Measuring Instruments and Machinery for Cultural Activity and Office Work	87	1176013
工艺品及其他制造业	Manufacture of Artwork and Other Manufacturing	20	77985
废弃资源和废旧材料回收加工业	Recycling and Disposal of Waste	7	274426
电力热力的生产和供应业	Production and Supply of Electric Power and Heat Power	30	1106550
燃气生产和供应业	Production and Supply of Gas	13	181080
水的生产和供应业	Production and Supply of Water	18	131209

22-10 滨海新区金融机构人民币信贷收支情况
RMB Credit Income & Expenditures of Financial Institutions of Binhai New Area

单位：万元 (10 000 yuan)

项目	Item	2009	2010	2010比2009年增长(%) Increase Rate in 2010 over 2009(%)
各项存款总计	**Total Deposits**	**29831892**	**34932857**	**17.1**
企业存款	Deposits of Enterprises	17261754	17801785	3.1
活期存款	Current Deposits	10999690	12174201	10.7
定期存款	Fixed Deposits	6262064	5627584	-10.0
财政性存款	Treasury Deposits	92260	396722	330.0
机关单位存款	Government Agency Deposits	1549105	2420686	56.3
储蓄存款	Savings Deposits	8680953	9830080	13.2
活期存款	Current Deposits	3301500	3908036	18.4
定期存款	Fixed Deposits	5379453	5922044	10.1
农业存款	Agricultural Deposits	1068948	997017	-6.7
委托存款	Entrust Deposits	-765498	-858178	12.1
其他类存款	Other Deposits	1944370	4344745	123.5
各项贷款总计	**Total Loans**	**27232896**	**32662594**	**19.9**
短期贷款	Short-term Loans	6826856	7701365	12.8
个人贷款及透支	Personal Loans and Overdraft		164261	
#个人短期消费贷款	Personal Short-term Consumption Loans	25229	27690	9.8
单位贷款及透支	Units Loans and Overdraft		6503003	
#经营贷款	Business Loans		6338257	
固定资产贷款	Investment in Fixed Assets Loans		53980	
普通并购贷款	Merge Loans			
银团贷款	Syndicated Loans		2325	
贸易贷款	Trade Financing		1031776	
中长期贷款	Medium-term and Long-term Loans	20132563	24714355	22.8
个人中长期贷款	Personal Loans	1311191	2154687	64.3
#个人中长期消费贷款	Personal Consumption Loans		1895176	
单位贷款	Units Loans		20783354	
#经营贷款	Business Loans		4774154	
固定资产贷款	Investment in Fixed Assets Loans		15660857	
普通并购贷款	Merge Loans		69000	
银团贷款	Syndicated Loans		1707313	
贸易贷款	Trade Financing			
信托贷款	Trust Loans		18000	
融资贷款	Financing Loans			
委托贷款	Entrust Loans	23839	76021	219.6
票据融资	Bill Financing	230041	148717	-35.4
#买断式贴现	Buy-out Discount	230041	148717	-35.4
各项垫款	Money Advanced	19597	3957	-79.9

22-11 滨海新区社会事业基本情况（2008—2010年）
Basic Statistics on Social Service of Binhai New Area, 2008-2010

项　目	Item	2008	2009	2010
各类学校数(个)	Number of Schools (unit)	225	228	212
# 高等学校	Institutions of Higher Education	9	10	1
普通中学	Regular Secondary Schools	96	93	94
小　学	Primary Schools	104	104	113
各类学校在校学生数(人)	Number of Students Enrollment (person)	205465	214257	158472
# 高等学校	Institutions of Higher Education	47275	57655	5881
普通中学	Regular Secondary Schools	67199	65613	66225
小　学	Primary Schools	76804	76084	78519
幼儿园数(所)	Number of Kindergartens (unit)	130	151	135
幼儿园在园儿童数(人)	Children Enrollment in Kindergartens (person)	10610	13174	17255
卫生机构数(个)	Number of Health Care Institutions (unit)	499	454	596
# 医院、卫生院数	Number of Hospitals and Health Care Centers	72	76	79
卫生机构床位数(张)	Number of Institution Beds (unit)	5964	6109	6109
# 医院、卫生院床位数	Number of Beds in Hospital and Health Care Center	5642	5322	5288
卫生技术人员数(人)	Medical Technical Personnel (person)	9777	10462	10849
# 执业及助理医师	Certified and Assistant Doctors	3873	4265	4463
文化馆(个)	Cultural Centers (unit)	3	3	3
公共图书馆数(个)	Public Libraries (unit)	6	6	6
公共图书馆坐席数(个)	Seating Capacity of Public Libraries (unit)	2685	2610	2610
公共图书馆藏书量(万册)	Collections of Public Libraries (10 000 volumes)	184.01	250.50	253.00

22-12 滨海新区工业废水、废气、固体废物排放及处理情况（2008—2010年）
Emission and Treatment of Industrial Waste Water, Waste Gas, Waste Residue and Dust of Binhai New Area, 2008-2010

指　标　Item	2008	2009	2010
工业废水			
Industrial Waste Water			
工业废水排放量(万吨)			
Volume of Waste Water Discharged (10 000 tons)	9992.26	9853.63	11219.40
工业废水排放达标率(%)			
Rate of Reaching the Standard of Industrial Waste Water (%)	100.00	100.00	100.00
工业废气			
Industrial Waste Gas			
工业废气排放总量(亿标立方米)			
Total Volume of Industrial Waste Gas Emission (100 million st.cu.m.)	2000.59	2351.45	2403.71
生产工艺过程中废气排放量			
Volume of Waste Gas from the Process of Production	425.40	545.71	585.65
燃料燃烧过程中废气排放量			
Volume of Waste Gas from the Burning Process of Fuel	1345.26	1805.74	1818.06
二氧化硫排放量(吨)			
SO_2 Discharged (ton)	105824.48	99985.30	115650.90
化学需氧量排放量(吨)			
COD Discharged (ton)	25755.13	19756.96	42149.35
氨氮排放量(吨)			
Ammonia and Nitrogen Discharged (ton)	3927.98	4092.61	4357.25
工业烟尘排放量(吨)			
Volume of Dust Emission (ton)	20366.56	24151.51	22943.90
工业烟尘排放达标量(吨)			
Total Volume of Industrial Dust (ton)	19966.56		
工业粉尘产生量(吨)			
Amount of Industrial Dust Produced (ton)	895407.18	325711.88	423541.59
工业粉尘排放量			
Volume of Industrial Dust Emission	2619.27	2611.08	2916.82
工业粉尘去除量			
Volume of Industrial Dust Removed	892787.91	323100.80	420624.77
工业粉尘去除率(%)			
Rate of Industrial Dust Removed (%)	99.7	99.2	99.4
工业固体废物			
Industrial Waste Residue			
工业固体废物产生量(万吨)			
Amount of Industrial Waste Residue Produced (10 000 tons)	514.09	559.05	711.92
工业固体废物处置量			
Volume of Treatment of Industrial Waste Residue	25.18	22.75	22.73
工业固体废物综合利用量			
Volume of Comprehensive Utilization of Industrial Waste Residue	507.88	544.64	698.92
工业固体废物综合利用率(%)			
Rate of Comprehensive Using Industrial Waste Residue (%)	98.8	97.4	98.2

22-13 经济技术开发区国民经济主要指标
Main Statistics on Economic-Technological Development Area

项　目	Item	2009	2010	2010比2009年增长(%) Increase Rate in 2010 over 2009 (%)
地区生产总值(万元)	Gross Domestic Product (10 000 yuan)	12784851	15458618	25.1
第二产业	Secondary Industry	9917896	11880262	25.6
#工　业	Industry	9712482	11573055	25.4
第三产业	Tertiary Industry	2866955	3578356	22.1
#交通运输、仓储和邮政业	Transportation, Storage and Post Services	275755	464996	65.0
批发和零售业	Wholesale and Retail Trade	872084	1104137	22.4
住宿和餐饮业	Accommodation and Catering Services	48838	52408	1.5
房地产业	Real Estate	348279	266514	-28.7
工业总产值(亿元)	Gross Output Value of Industry (100 million yuan)	4202.10	5101.28	21.4
#外商及港澳台商投资企业	Foreign and Hong Kong, Macao, Taiwan Funded Enterprises	3455.95	4164.21	20.5
工业产品销售收入(亿元)	Sales Revenue of Industrial Products (100 million yuan)	4264.34	5187.95	21.7
#外商及港澳台商投资企业	Foreign and Hong Kong, Macao, Taiwan Funded Enterprises	3472.80	4191.67	20.7
全社会固定资产投资额(亿元)	Total Investment in Fixed Assets (100 million yuan)	334.92	500.63	49.5
社会消费品零售额(亿元)	Total Retail Sales of Consumer Goods (100 million yuan)	111.02	118.07	6.4
出口总额(亿美元)	Total Value of Exports (USD 100 million)	133.41	165.53	24.1
直接利用外资合同数(个)	Number of Foreign Direct Investment Contracts (unit)	116	137	18.1
直接利用外资合同额(亿美元)	Foreign Direct Investment Contracted (USD 100 million)	54.26	57.35	5.6
实际直接利用外资额(亿美元)	Actual Direct Utilization of Foreign Capital (USD 100 million)	30.20	36.24	20.0
单位从业人员期末人数(人)	Number of Year-end Employment Personnel (person)	38.05	41.92	10.2
外商及港澳台商投资企业	Foreign and Hong Kong, Macao, Taiwan Funded Enterprises	22.01	24.88	13.0
内资企业	Domestic Funded Enterprises	16.04	17.04	6.2
单位从业人员人均劳动报酬(元)	Per Capita Remuneration of Employment Personnel (yuan)	47529	51638	8.6

22-14 天津港保税区主要经济指标
Main Statistics on Tianjin Port Free Trade Zone

单位：亿元 (100 million yuan)

指 标 Item	2009	2010	2010比2009年增长(%) Increase Rate in 2010 over 2009 (%)
地区生产总值 Gross Domestic Product	515.23	640.46	31.1
第二产业 Secondary Industry	126.54	173.55	37.2
第三产业 Tertiary Industry	388.69	466.90	20.1
直接利用外资合同数(个) Number of Foreign Direct Investment Contracts (unit)	109	93	-14.7
实际直接利用外资额(亿美元) Actual Direct Utilization of Foreign Capital (USD 100 million)	18.20	21.80	19.8
进出区货物总值 (亿美元) Total Value of Goods from and to the Zone (USD 100 million)	372.97	479.51	28.6
外贸进出口总额(亿美元) Total Value of Imports and Exports in Foreign Trade (USD 100 million)	101.46	145.37	43.3
进 口 Imports	77.55	114.03	47.0
出 口 Exports	23.92	31.34	31.0
财政收入 Government Revenue	92.79	113.80	22.6
各项税收总额 Various Taxes	316.76	444.14	40.2
# 工商税及所得税 Industrial, Commercial and Income Tax	75.31	86.65	15.1
关税及代征税 Tariffs	241.45	357.49	48.1
企业销售(营业)收入 Sales (Business) Revenue of Enterprise	2228.12	3388.97	52.1
工业总产值 Gross Output Value of Industry	601.73	810.75	34.7
固定资产投资总额 Investment in Fixed Assets	230.23	330.36	43.5
# 基础设施投资 Infrastructure Investment	40.60	50.06	23.3

22-15 天津滨海高新区主要经济指标
Main Indicators of Tianjin Binhai High-tech Industrial Development Area

单位：亿元 (100 million yuan)

指　标	Item	2009	2010	2010比2009年增长(%) Increase Rate in 2010 over 2009(%)
地区生产总值	Gross Domestic Product	203.40	280.02	33.2
第二产业	Secondary Industry	110.20	159.96	39.3
#工　业	Industry	85.10	132.86	48.7
第三产业	Tertiary Industry	93.20	120.05	25.9
技工贸总产值	Gross Output Value of Technology, Industry and Trade	1568.50	1845.10	17.6
技工贸总收入	Total Income from Technology, Industry and Trade	2321.90	3017.80	30.0
#技术收入	Income from Technology	260.10	312.00	20.0
全部工业总产值	Gross Output Value of Industry	280.30	305.40	9.0
工业销售产值	Sales Value of Industry	277.50	302.20	8.9
社会消费品零售总额	Total Retail Sales of Consumer Goods	15.48	17.40	12.4
固定资产投资额	Investment in Fixed Assets	140.20	220.20	57.1
进出口总额(亿美元)	Total Value of Imports and Exports (USD 100 million)	16.29	18.13	11.3
进　口	Imports	9.20	10.54	14.6
出　口	Exports	7.08	7.59	7.2
直接利用外资合同金额(亿美元)	Foreign Direct Investment Contracted (USD 100 million)	5.54	6.17	11.3
实际直接利用外资额(亿美元)	Actual Direct Utilization of Foreign Capital (USD 100 million)	3.85	4.61	19.7
从业人员平均人数(万人)	Average Annual Population of Employment Personnel (10 000 persons)	6.32	7.00	10.8
从业人员人均劳动报酬(元)	Per Capita Remuneration of Employment Personnel (yuan)	38956	45500	16.8
财政收入	Government Revenue	48.30	61.90	28.2
国家孵化器在孵企业数(个)	Enterprises Incubating in National Business Incubator (unit)	2315	2562	10.7
市级以上科技项目立项数(个)	Approved S&T Projects of Municipal Level and above (unit)	295	328	11.2
内资企业专利申请数(个)	Patent Applications of Domestic-funded Enterprises (unit)	3144	4590	46.0
高新技术企业个数(个)	Number of High-tech Enterprises (unit)	344	371	7.8
市级以上企业技术中心(个)	Technology Centers of Municipal Level and above in Enterprises (unit)	67	78	16.4

23

区县基本情况

Basic Statistics on Districts and Counties

23-1 各区县主要经济指标（2010年）
Basic Statistics on Districts and Counties, 2010

单位：亿元 (100 million yuan)

区　县	Region	区　县 生产总值 General Domestic Product of District and County	2010 比2009年 增长(%) Increase Rate in 2010 over 2009 (%)	规模以上 工业总产值 Gross Output Value of Industrial Enterprises above Designated Size	2010 比2009年 增长(%) Increase Rate in 2010 over 2009 (%)
和平区	Heping District	504.49	11.8	32.70	12.8
河东区	Hedong District	232.11	12.0	121.86	5.3
河西区	Hexi District	515.05	14.2	436.40	12.8
南开区	Nankai District	350.05	10.1	137.23	12.8
河北区	Hebei District	345.18	12.5	358.16	20.7
红桥区	Hongqiao District	114.68	11.8	26.72	3.5
东丽区	Dongli District	540.14	13.7	1768.53	25.4
西青区	Xiqing District	526.35	11.4	2455.35	26.6
津南区	Jinnan District	290.69	17.2	609.91	23.3
北辰区	Beichen District	464.13	8.9	1222.05	19.8
武清区	Wuqing District	341.17	21.1	759.57	33.9
宝坻区	Baodi District	241.82	25.2	303.83	44.3
滨海新区	Binhai New Area	5030.11	25.1	6731.03	
宁河县	Ninghe County	169.28	13.4	340.02	34.4
静海县	Jinghai County	278.26	11.4	874.01	25.3
蓟　县	Jixian County	215.47	20.2	114.99	29.7

注：1. 区县生产总值增速按可比价格计算。2. 规模以上工业总产值为在地口径数据。3. 滨海新区生产总值为注册口径。
Note: a) General domestic product of district and county is calculated at constant prices. b) Gross output value of industry is calculated by local operation units.
c) GDP of Binhai New Area adopt coverage of register units.

23-1 续表 1 Continued

单位：亿元 (100 million yuan)

区　县	Region	区县级一般预算收入 General Budgetary Government Revenue at District Level	2010比2009年增长(%) Increase Rate in 2010 over 2009 (%)	区县级一般预算财政支出 General Budgetary Government Expenditure at District Level	2010比2009年增长(%) Increase Rate in 2010 over 2009 (%)
和平区	Heping District	30.07	23.6	30.04	25.6
河东区	Hedong District	21.06	23.7	24.21	25.3
河西区	Hexi District	30.65	14.5	25.70	4.6
南开区	Nankai District	27.00	11.1	27.20	14.5
河北区	Hebei District	18.57	38.3	25.28	28.7
红桥区	Hongqiao District	10.00	24.5	17.12	7.3
东丽区	Dongli District	40.19	13.3	40.22	12.5
西青区	Xiqing District	37.66	23.5	42.68	28.9
津南区	Jinnan District	36.18	34.3	45.60	53.0
北辰区	Beichen District	26.69	22.4	28.10	30.1
武清区	Wuqing District	32.84	48.9	46.77	36.6
宝坻区	Baodi District	16.84	56.1	29.36	37.5
滨海新区	Binhai New Area	266.77	38.5	301.49	32.7
宁河县	Ninghe County	8.02	41.6	16.03	36.2
静海县	Jinghai County	14.97	55.6	24.68	34.7
蓟　县	Jixian County	10.90	37.9	20.93	33.8

23-1 续表 2 Continued

单位：亿元 (100 million yuan)

区　县	Region	全社会固定资产投资 Investment in Fixed Assets	2010比2009年增长(%) Increase Rate in 2010 over 2009 (%)	社会消费品零售总额 Retail Sales of Consumer Goods	2010比2009年增长(%) Increase Rate in 2010 over 2009 (%)
和平区	Heping District	124.69	30.2	336.85	13.6
河东区	Hedong District	91.63	27.8	232.83	23.6
河西区	Hexi District	118.33	43.0	294.67	10.9
南开区	Nankai District	90.55	4.4	330.36	20.5
河北区	Hebei District	100.45	15.2	144.28	28.3
红桥区	Hongqiao District	86.92	44.0	112.68	14.8
东丽区	Dongli District	336.97	45.6	134.12	9.7
西青区	Xiqing District	353.76	23.3	114.58	21.4
津南区	Jinnan District	380.12	43.2	111.07	14.0
北辰区	Beichen District	308.10	40.9	132.41	21.7
武清区	Wuqing District	301.33	37.7	157.30	27.8
宝坻区	Baodi District	233.09	60.5	100.76	26.5
滨海新区	Binhai New Area	2900.25	30.6	515.71	23.6
宁河县	Ninghe County	220.86	37.9	56.40	14.5
静海县	Jinghai County	230.35	47.7	55.44	18.8
蓟　县	Jixian County	240.61	64.3	73.11	21.3

注：此表数据为在地统计口径。
Note: Data in this table are calculated by local operation units.

23-1 续表 3 Continued

区　县	Region	外贸出口总额(亿美元) Total Value of Exports in Foreign Trade (USD 100 million)	2010比2009年增长(%) Increase Rate in 2010 over 2009 (%)	实际直接利用外资(万美元) Actual Direct Utilization of Foreign Capital (USD 10 000)	2010比2009年增长(%) Increase Rate in 2010 over 2009 (%)
和平区	Heping District	13.36	31.4	43358	65.6
河东区	Hedong District	2.43	24.2	7550	-10.4
河西区	Hexi District	12.34	29.4	23665	-32.8
南开区	Nankai District	6.10	13.7	8009	17.4
河北区	Hebei District	2.27	56.4	13633	25.9
红桥区	Hongqiao District	0.30	15.7	23	-97.9
东丽区	Dongli District	21.51	33.5	47604	4.2
西青区	Xiqing District	19.45	15.2	59900	22.0
津南区	Jinnan District	10.09	15.1	32070	22.3
北辰区	Beichen District	25.88	17.3	59024	19.9
武清区	Wuqing District	19.03	40.1	40122	21.5
宝坻区	Baodi District	4.02	26.8	12802	27.8
滨海新区	Binhai New Area	230.26	25.6	704152	22.2
宁河县	Ninghe County	0.94	35.2	15012	22.1
静海县	Jinghai County	6.63	28.9	10081	104.1
蓟　县	Jixian County	0.56	115.2	7868	20.9

注：此表数据为在地统计口径。
Note: Data in this table are calculated by local operation units.

23-2 和平区基本情况
Basic Statistics on Heping District

指　标	Item	2009	2010
常住人口(万人)	Permanent Population (10 000 persons)	35.77	27.39
户籍户数(万户)	Registered Households (10 000 households)	13.28	13.41
户籍人口(万人)	Registered Population (10 000 persons)	39.52	39.93
男	Male	19.05	19.22
女	Female	20.47	20.71
人口出生率(‰)	Birth Rate of Population (‰)	2.82	2.70
人口自然增长率(‰)	Natural Growth Rate of Population (‰)	-1.38	-2.57
* 城镇单位从业人员(万人)	Employment Personnel in Urban Units (10 000 persons)	27.15	14.33
# 在岗职工	On-post Staff and Workers	25.38	12.71
新增就业人员(人)	Newly Increased Employment Personnel (person)	35206	38718
* 城镇单位从业人员人均劳动报酬(元)	Per Capita Annual Remuneration of Employment Personnel in Urban Units (yuan)	47885	54997
区县生产总值(亿元)	Gross Domestic Product (100 million yuan)	440.78	504.49
第二产业	Secondary Industry	71.18	73.32
# 工　业	Industry	57.01	56.15
第三产业	Tertiary Industry	369.60	431.16
区县生产总值增速(%)	Increase Rate of Gross Domestic Product (%)	13.9	11.8
* 区县增加值(亿元)	Value Added of District (100 million yuan)	160.18	191.80
* 区县增加值增速(%)	Increase Rate of Value Added of District (%)	16.0	15.7
区级一般预算收入(万元)	General Budgetary Government Revenue at District Level (10 000 yuan)	243266	300658
区级一般预算财政支出(万元)	General Budgetary Government Expenditure at District Level (10 000 yuan)	239144	300447
# 教育经费支出	Operating Expenses for Education	80233	93146
规模以上工业企业	Industrial Enterprises above Designated Size		
单位数(个)	Number of Units (unit)	39	22
从业人员(人)	Employment Personnel (person)	7484	6437
资产总值(亿元)	Total Assets (100 million yuan)	154.23	196.84
主营业务收入(亿元)	Revenue From Principal Business (100 million yuan)	29.72	39.21
利税总额(亿元)	Total Profits and Taxes (100 million yuan)	3.52	2.73
# 利润总额(亿元)	Total Pre-tax Profits (100 million yuan)	2.29	1.33
工业总产值(亿元)	Gross Output Value of Industry (100 million yuan)	29.25	32.70

注：1. "*"为区(县)属数，其余为全区(县)数据。2. 区县在地口径生产总值称为区县生产总值，考核口径生产总值称为区县增加值。3. 表23-2至23-16同。

Note: a) The data with "*" of this table refer to the data of units under the leadership of this district (county), others refer to that of the whole district (county). b) GDP of districts and countries adopt the coverage of location, and value added of districts and countries adopt the coverage of examination. c) Same as following table 23-2 to 23-16.

23-2 续表 Continued

指　标	Item	2009	2010
固定资产投资（亿元）	Investment in Fixed Assets (100 million yuan)	95.76	124.69
社会消费品零售总额（亿元）	Retail Sales of Consumer Goods (100 million yuan)	250.47	336.85
外贸出口（亿美元）	Total Value of Exports in Foreign Trade (USD 100 million)	10.21	13.36
民营企业注册资本（亿元）	Private and Individual Enterprises Registered Capital (100 million yuan)	115.76	230.89
实际直接利用外资（万美元）	Actual Direct Utilization of Foreign Capital (USD 10 000)	26176	43358
实际利用内资（万元）	Domestic Investment Actually Used (10 000 yuan)	489002	761900
星级饭店（个）	Star-level Hotels (unit)	13	12
小学校数（所）	Number of Primary Schools (unit)	28	27
小学在校学生数（人）	Students Enrollment of Primary Schools (person)	24507	23416
普通中学校数（所）	Number of Regular Secondary Schools (unit)	28	26
普通中学在校学生数（人）	Students Enrollment of Regular Secondary Schools (person)	26044	25061
幼儿园数（所）	Number of Kindergartens (unit)	23	23
养老院床位数（张）	Number of Beds in Old People's Home (unit)	836	921
* 卫生机构数（个）	Health Care Institutions (unit)	32	8
# 医院、卫生院	Hospitals and Health Care Centers	9	7
* 卫生机构床位数（张）	Beds (unit)	703	400
# 医院、卫生院	Hospitals and Health Care Centers	643	400
每千人拥有卫生机构床位数（张）	Number of Beds in Health Care Institutions per 1 000 persons (unit)	13.79	14.37
每千人拥有执业医师（人）	Number of Certified Doctors per 1 000 persons (person)	8.07	8.39
每千人拥有注册护士（人）	Number of Registered Nurses per 1 000 persons (person)	8.44	8.47
空气、水、噪声环境质量指数	Atmospheric, Water and Acoustic Environment Quality Rate	96.28	95.55
* 享受低保户数（户）	Number of Households Receiving Lowest Cost-of-Living (household)	3360	3354

23-3 河东区基本情况
Basic Statistics on Hedong District

指　　标	Item	2009	2010
常住人口(万人)	Permanent Population (10 000 persons)	85.32	86.12
户籍户数(万户)	Registered Households (10 000 households)	26.65	26.97
户籍人口(万人)	Registered Population (10 000 persons)	71.27	71.18
男	Male	35.94	35.93
女	Female	35.33	35.25
人口出生率(‰)	Birth Rate of Population (‰)	5.73	5.96
人口自然增长率(‰)	Natural Growth Rate of Population (‰)	1.20	1.05
* 城镇单位从业人员(万人)	Employment Personnel in Urban Units (10 000 persons)	10.94	10.58
# 在岗职工	On-post Staff and Workers	10.03	9.66
新增就业人员(人)	Newly Increased Employment Personnel (person)	33783	38717
* 城镇单位从业人员人均劳动报酬(元)	Per Capita Annual Remuneration of Employment Personnel in Urban Units (yuan)	42760	49894
区县生产总值(亿元)	Gross Domestic Product (100 million yuan)	216.20	232.11
第二产业	Secondary Industry	45.92	43.30
# 工　业	Industry	30.28	26.22
第三产业	Tertiary Industry	170.28	188.81
区县生产总值增速(%)	Increase Rate of Gross Domestic Product (%)	21.2	12.0
* 区县增加值(亿元)	Value Added of District (100 million yuan)	109.35	132.10
* 区县增加值增速(%)	Increase Rate of Value Added of District (%)	20.9	16.9
区级一般预算收入(万元)	General Budgetary Government Revenue at District Level (10 000 yuan)	170230	210589
区级一般预算财政支出(万元)	General Budgetary Government Expenditure at District Level (10 000 yuan)	193288	242094
# 教育经费支出	Operating Expenses for Education	63042	77756
规模以上工业企业	Industrial Enterprises above Designated Size		
单位数(个)	Number of Units (unit)	98	91
从业人员(人)	Employment Personnel (person)	15068	17300
资产总值(亿元)	Total Assets (100 million yuan)	835.96	273.61
主营业务收入(亿元)	Revenue From Principal Business (100 million yuan)	113.97	186.24
利税总额(亿元)	Total Profits and Taxes (100 million yuan)	7.78	9.97
# 利润总额(亿元)	Total Pre-tax Profits (100 million yuan)	5.47	3.76
工业总产值(亿元)	Gross Output Value of Industry (100 million yuan)	100.77	121.86

23-3 续表 *Continued*

指　标	Item	2009	2010
固定资产投资（亿元）	Investment in Fixed Assets (100 million yuan)	71.69	91.63
社会消费品零售总额（亿元）	Retail Sales of Consumer Goods (100 million yuan)	142.84	232.83
外贸出口（亿美元）	Total Value of Exports in Foreign Trade (USD 100 million)	1.95	2.43
民营企业注册资本（亿元）	Private and Individual Enterprises Registered Capital (100 million yuan)	110.00	133.00
实际直接利用外资（万美元）	Actual Direct Utilization of Foreign Capital (USD 10 000)	8428	7550
实际利用内资（万元）	Domestic Investment Actually Used (10 000 yuan)	512222	655816
星级饭店（个）	Star-level Hotels (unit)	13	13
小学校数（所）	Number of Primary Schools (unit)	22	22
小学在校学生数（人）	Students Enrollment of Primary Schools (person)	20485	19887
普通中学校数（所）	Number of Regular Secondary Schools (unit)	20	20
普通中学在校学生数（人）	Students Enrollment of Regular Secondary Schools (person)	21711	20473
幼儿园数（所）	Number of Kindergartens (unit)	43	35
养老院床位数（张）	Number of Beds in Old People's Home (unit)	2847	3681
* 卫生机构数（个）	Health Care Institutions (unit)	20	20
# 医院、卫生院	Hospitals and Health Care Centers	15	15
* 卫生机构床位数（张）	Beds (unit)	928	880
# 医院、卫生院	Hospitals and Health Care Centers	928	880
每千人拥有卫生机构床位数（张）	Number of Beds in Health Care Institutions per 1 000 persons (unit)	4.12	4.04
每千人拥有执业医师（人）	Number of Certified Doctors per 1 000 persons (person)	2.24	2.34
每千人拥有注册护士（人）	Number of Registered Nurses per 1 000 persons (person)	1.81	1.86
空气、水、噪声环境质量指数	Atmospheric, Water and Acoustic Environment Quality Rate	96.93	96.18
* 享受低保户数（户）	Number of Households Receiving Lowest Cost-of-Living (household)	14835	16029

23-4 河西区基本情况 Basic Statistics on Hexi District

指 标	Item	2009	2010
常住人口（万人）	Permanent Population (10 000 persons)	89.29	87.10
户籍户数（万户）	Registered Households (10 000 households)	27.38	27.73
户籍人口（万人）	Registered Population (10 000 persons)	77.97	79.05
男	Male	38.45	38.98
女	Female	39.52	40.07
人口出生率（‰）	Birth Rate of Population (‰)	5.71	5.90
人口自然增长率（‰）	Natural Growth Rate of Population (‰)	0.68	0.71
* 城镇单位从业人员（万人）	Employment Personnel in Urban Units (10 000 persons)	16.54	16.65
# 在岗职工	On-post Staff and Workers	13.75	14.05
新增就业人员（人）	Newly Increased Employment Personnel (person)	41174	42801
* 城镇单位从业人员人均劳动报酬（元）	Per Capita Annual Remuneration of Employment Personnel in Urban Units (yuan)	48384	57567
区县生产总值（亿元）	Gross Domestic Product (100 million yuan)	447.18	515.05
第二产业	Secondary Industry	78.03	99.48
# 工 业	Industry	69.27	88.29
第三产业	Tertiary Industry	369.15	415.58
区县生产总值增速 (%)	Increase Rate of Gross Domestic Product (%)	14.5	14.2
* 区县增加值（亿元）	Value Added of District (100 million yuan)	213.72	257.95
* 区县增加值增速 (%)	Increase Rate of Value Added of District (%)	14.3	16.9
区级一般预算收入（万元）	General Budgetary Government Revenue at District Level (10 000 yuan)	267600	306476
区级一般预算财政支出（万元）	General Budgetary Government Expenditure at District Level (10 000 yuan)	245764	256994
# 教育经费支出	Operating Expenses for Education	68700	83122
规模以上工业企业	Industrial Enterprises above Designated Size		
单位数（个）	Number of Units (unit)	171	126
从业人员（人）	Employment Personnel (person)	30429	33374
资产总值（亿元）	Total Assets (100 million yuan)	269.45	632.04
主营业务收入（亿元）	Revenue From Principal Business (100 million yuan)	270.29	644.25
利税总额（亿元）	Total Profits and Taxes (100 million yuan)	26.77	52.60
# 利润总额（亿元）	Total Pre-tax Profits (100 million yuan)	20.17	23.46
工业总产值（亿元）	Gross Output Value of Industry (100 million yuan)	243.98	436.40

23-4 续表 *Continued*

指　标	Item	2009	2010
固定资产投资（亿元）	Investment in Fixed Assets (100 million yuan)	82.76	118.33
社会消费品零售总额（亿元）	Retail Sales of Consumer Goods (100 million yuan)	318.45	294.67
外贸出口（亿美元）	Total Value of Exports in Foreign Trade (USD 100 million)	9.50	12.34
民营企业注册资本（亿元）	Private and Individual Enterprises Registered Capital (100 million yuan)	133.16	162.14
实际直接利用外资（万美元）	Actual Direct Utilization of Foreign Capital (USD 10 000)	35236	23665
实际利用内资（万元）	Domestic Investment Actually Used (10 000 yuan)	777705	933402
星级饭店（个）	Star-level Hotels (unit)	19	20
小学校数（所）	Number of Primary Schools (unit)	43	42
小学在校学生数（人）	Students Enrollment of Primary Schools (person)	29260	29153
普通中学校数（所）	Number of Regular Secondary Schools (unit)	32	28
普通中学在校学生数（人）	Students Enrollment of Regular Secondary Schools (person)	28494	27264
幼儿园数（所）	Number of Kindergartens (unit)	35	36
养老院床位数（张）	Number of Beds in Old People's Home (unit)	2513	2513
* 卫生机构数（个）	Health Care Institutions (unit)	24	24
# 医院、卫生院	Hospitals and Health Care Centers	18	18
* 卫生机构床位数（张）	Beds (unit)	1285	1141
# 医院、卫生院	Hospitals and Health Care Centers	1285	1141
每千人拥有卫生机构床位数（张）	Number of Beds in Health Care Institutions per 1 000 persons (unit)	8.24	9.41
每千人拥有执业医师（人）	Number of Certified Doctors per 1 000 persons (person)	4.03	4.28
每千人拥有注册护士（人）	Number of Registered Nurses per 1 000 persons (person)	4.62	4.82
空气、水、噪声环境质量指数	Atmospheric, Water and Acoustic Environment Quality Rate	96.18	95.53
* 享受低保户数（户）	Number of Households Receiving Lowest Cost-of-Living (household)	7651	15506

23-5 南开区基本情况
Basic Statistics on Nankai District

指　标	Item	2009	2010
常住人口(万人)	Permanent Population (10 000 persons)	101.15	101.88
户籍户数(万户)	Registered Households (10 000 households)	29.39	29.85
户籍人口(万人)	Registered Population (10 000 persons)	84.41	85.34
男	Male	42.62	43.00
女	Female	41.79	42.34
人口出生率(‰)	Birth Rate of Population (‰)	5.52	5.78
人口自然增长率(‰)	Natural Growth Rate of Population (‰)	1.08	-0.80
* 城镇单位从业人员(万人)	Employment Personnel in Urban Units (10 000 persons)	17.38	17.78
# 在岗职工	On-post Staff and Workers	14.55	14.61
新增就业人员(人)	Newly Increased Employment Personnel (person)	34139	38718
* 城镇单位从业人员人均劳动报酬(元)	Per Capita Annual Remuneration of Employment Personnel in Urban Units (yuan)	43874	51495
区县生产总值(亿元)	Gross Domestic Product (100 million yuan)	311.47	350.05
第二产业	Secondary Industry	51.44	53.76
# 工　业	Industry	39.92	39.69
第三产业	Tertiary Industry	260.03	296.29
区县生产总值增速 (%)	Increase Rate of Gross Domestic Product (%)	14.4	10.1
* 区县增加值(亿元)	Value Added of District (100 million yuan)	137.94	167.77
* 区县增加值增速 (%)	Increase Rate of Value Added of District (%)	16.2	13.7
区级一般预算收入(万元)	General Budgetary Government Revenue at District Level (10 000 yuan)	243006	270037
区级一般预算财政支出(万元)	General Budgetary Government Expenditure at District Level (10 000 yuan)	237584	271973
# 教育经费支出	Operating Expenses for Education	67847	83414
规模以上工业企业	Industrial Enterprises above Designated Size		
单位数(个)	Number of Units (unit)	278	222
从业人员(人)	Employment Personnel (person)	35288	32166
资产总值(亿元)	Total Assets (100 million yuan)	199.46	198.93
主营业务收入(亿元)	Revenue From Principal Business (100 million yuan)	171.43	177.05
利税总额(亿元)	Total Profits and Taxes (100 million yuan)	20.17	20.25
# 利润总额(亿元)	Total Pre-tax Profits (100 million yuan)	13.00	14.16
工业总产值(亿元)	Gross Output Value of Industry (100 million yuan)	139.76	137.23

23-5 续表 Continued

指　标	Item	2009	2010
固定资产投资（亿元）	Investment in Fixed Assets (100 million yuan)	86.70	90.55
社会消费品零售总额（亿元）	Retail Sales of Consumer Goods (100 million yuan)	335.24	330.36
外贸出口（亿美元）	Total Value of Exports in Foreign Trade (USD 100 million)	5.37	6.10
民营企业注册资本（亿元）	Private and Individual Enterprises Registered Capital (100 million yuan)	165.98	232.72
实际直接利用外资（万美元）	Actual Direct Utilization of Foreign Capital (USD 10 000)	6821	8009
实际利用内资（万元）	Domestic Investment Actually Used (10 000 yuan)	755649	755973
星级饭店（个）	Star-level Hotels (unit)	13	14
小学校数（所）	Number of Primary Schools (unit)	36	37
小学在校学生数（人）	Students Enrollment of Primary Schools (person)	25997	26064
普通中学校数（所）	Number of Regular Secondary Schools (unit)	31	26
普通中学在校学生数（人）	Students Enrollment of Regular Secondary Schools (person)	26085	25436
幼儿园数（所）	Number of Kindergartens (unit)	47	46
养老院床位数（张）	Number of Beds in Old People's Home (unit)	2979	3082
*卫生机构数（个）	Health Care Institutions (unit)	28	24
#医院、卫生院	Hospitals and Health Care Centers	19	19
*卫生机构床位数（张）	Beds (unit)	1489	1265
#医院、卫生院	Hospitals and Health Care Centers	1489	1265
每千人拥有卫生机构床位数（张）	Number of Beds in Health Care Institutions per 1 000 persons (unit)	7.07	7.05
每千人拥有执业医师（人）	Number of Certified Doctors per 1 000 persons (person)	3.91	3.62
每千人拥有注册护士（人）	Number of Registered Nurses per 1 000 persons (person)	3.67	3.54
空气、水、噪声环境质量指数	Atmospheric, Water and Acoustic Environment Quality Rate	96.30	96.23
*享受低保户数（户）	Number of Households Receiving Lowest Cost-of-Living (household)	10482	11257

23-6 河北区基本情况
Basic Statistics on Hebei District

指　　标	Item	2009	2010
常住人口（万人）	Permanent Population (10 000 persons)	73.88	78.86
户籍户数（万户）	Registered Households (10 000 households)	23.73	23.84
户籍人口（万人）	Registered Population (10 000 persons)	63.40	63.13
男	Male	31.95	31.82
女	Female	31.45	31.31
人口出生率 (‰)	Birth Rate of Population (‰)	5.67	5.93
人口自然增长率 (‰)	Natural Growth Rate of Population (‰)	0.77	-2.59
* 城镇单位从业人员（万人）	Employment Personnel in Urban Units (10 000 persons)	8.85	9.23
# 在岗职工	On-post Staff and Workers	7.89	7.80
新增就业人员（人）	Newly Increased Employment Personnel (person)	34138	38719
* 城镇单位从业人员人均劳动报酬（元）	Per Capita Annual Remuneration of Employment Personnel in Urban Units (yuan)	47870	55905
区县生产总值（亿元）	Gross Domestic Product (100 million yuan)	281.74	345.18
第二产业	Secondary Industry	84.00	100.85
# 工　业	Industry	76.13	92.50
第三产业	Tertiary Industry	197.74	244.33
区县生产总值增速 (%)	Increase Rate of Gross Domestic Product (%)	6.7	12.5
* 区县增加值（亿元）	Value Added of District (100 million yuan)	100.54	128.32
* 区县增加值增速 (%)	Increase Rate of Value Added of District (%)	25.3	18.0
区级一般预算收入（万元）	General Budgetary Government Revenue at District Level (10 000 yuan)	134290	185677
区级一般预算财政支出（万元）	General Budgetary Government Expenditure at District Level (10 000 yuan)	196440	252786
# 教育经费支出	Operating Expenses for Education	69215	84946
规模以上工业企业	Industrial Enterprises above Designated Size		
单位数（个）	Number of Units (unit)	120	110
从业人员（人）	Employment Personnel (person)	24672	22952
资产总值（亿元）	Total Assets (100 million yuan)	431.14	588.20
主营业务收入（亿元）	Revenue From Principal Business (100 million yuan)	341.23	368.84
利税总额（亿元）	Total Profits and Taxes (100 million yuan)	8.55	27.06
# 利润总额（亿元）	Total Pre-tax Profits (100 million yuan)	-0.53	11.69
工业总产值（亿元）	Gross Output Value of Industry (100 million yuan)	337.92	358.16

23-6 续表 Continued

指　标	Item	2009	2010
固定资产投资(亿元)	Investment in Fixed Assets (100 million yuan)	87.23	100.45
社会消费品零售总额(亿元)	Retail Sales of Consumer Goods (100 million yuan)	108.90	144.28
外贸出口(亿美元)	Total Value of Exports in Foreign Trade (USD 100 million)	1.48	2.27
民营企业注册资本(亿元)	Private and Individual Enterprises Registered Capital (100 million yuan)	90.96	88.4
实际直接利用外资(万美元)	Actual Direct Utilization of Foreign Capital (USD 10 000)	10828	13633
实际利用内资(万元)	Domestic Investment Actually Used (10 000 yuan)	749172	939333
星级饭店(个)	Star-level Hotels (unit)	5	4
小学校数(所)	Number of Primary Schools (unit)	26	26
小学在校学生数(人)	Students Enrollment of Primary Schools (person)	20588	19968
普通中学校数(所)	Number of Regular Secondary Schools (unit)	31	27
普通中学在校学生数(人)	Students Enrollment of Regular Secondary Schools (person)	22867	22083
幼儿园数(所)	Number of Kindergartens (unit)	35	30
养老院床位数(张)	Number of Beds in Old People's Home (unit)	2864	2436
*卫生机构数(个)	Health Care Institutions (unit)	21	21
#医院、卫生院	Hospitals and Health Care Centers	15	15
*卫生机构床位数(张)	Beds (unit)	1174	1058
#医院、卫生院	Hospitals and Health Care Centers	1174	1058
每千人拥有卫生机构床位数(张)	Number of Beds in Health Care Institutions per 1 000 persons (unit)	6.13	6.05
每千人拥有执业医师(人)	Number of Certified Doctors per 1 000 persons (person)	2.96	3.20
每千人拥有注册护士(人)	Number of Registered Nurses per 1 000 persons (person)	2.98	3.13
空气、水、噪声环境质量指数	Atmospheric, Water and Acoustic Environment Quality Rate	95.58	96.23
*享受低保户数(户)	Number of Households Receiving Lowest Cost-of-Living (household)	15838	16312

23-7 红桥区基本情况
Basic Statistics on Hongqiao District

指 标	Item	2009	2010
常住人口(万人)	Permanent Population (10 000 persons)	58.50	53.23
户籍户数(万户)	Registered Households (10 000 households)	20.78	20.84
户籍人口(万人)	Registered Population (10 000 persons)	54.98	54.24
男	Male	27.79	27.37
女	Female	27.19	26.87
人口出生率(‰)	Birth Rate of Population (‰)	5.60	5.85
人口自然增长率(‰)	Natural Growth Rate of Population (‰)	0.70	-2.38
* 城镇单位从业人员(万人)	Employment Personnel in Urban Units (10 000 persons)	3.79	3.75
# 在岗职工	On-post Staff and Workers	3.32	3.22
新增就业人员(人)	Newly Increased Employment Personnel (person)	28504	32101
* 城镇单位从业人员人均劳动报酬(元)	Per Capita Annual Remuneration of Employment Personnel in Urban Units (yuan)	40456	48279
区县生产总值(亿元)	Gross Domestic Product (100 million yuan)	98.95	114.68
第二产业	Secondary Industry	11.08	11.23
# 工 业	Industry	7.59	6.87
第三产业	Tertiary Industry	87.87	103.44
区县生产总值增速(%)	Increase Rate of Gross Domestic Product (%)	9.8	11.8
* 区县增加值(亿元)	Value Added of District (100 million yuan)	81.05	93.92
* 区县增加值增速(%)	Increase Rate of Value Added of District (%)	14.1	15.5
区级一般预算收入(万元)	General Budgetary Government Revenue at District Level (10 000 yuan)	80384	100041
区级一般预算财政支出(万元)	General Budgetary Government Expenditure at District Level (10 000 yuan)	159596	171198
# 教育经费支出	Operating Expenses for Education	59323	71004
规模以上工业企业	Industrial Enterprises above Designated Size		
单位数(个)	Number of Units (unit)	63	48
从业人员(人)	Employment Personnel (person)	5387	5421
资产总值(亿元)	Total Assets (100 million yuan)	29.29	30.20
主营业务收入(亿元)	Revenue From Principal Business (100 million yuan)	30.38	30.80
利税总额(亿元)	Total Profits and Taxes (100 million yuan)	4.16	4.36
# 利润总额(亿元)	Total Pre-tax Profits (100 million yuan)	2.06	2.58
工业总产值(亿元)	Gross Output Value of Industry (100 million yuan)	32.28	26.72

23-7 续表 Continued

指　　标	Item	2009	2010
固定资产投资(亿元)	Investment in Fixed Assets (100 million yuan)	60.36	86.92
社会消费品零售总额(亿元)	Retail Sales of Consumer Goods (100 million yuan)	104.18	112.68
外贸出口(亿美元)	Total Value of Exports in Foreign Trade (USD 100 million)	0.26	0.30
民营企业注册资本(亿元)	Private and Individual Enterprises Registered Capital (100 million yuan)	30.41	43.97
实际直接利用外资(万美元)	Actual Direct Utilization of Foreign Capital (USD 10 000)	1129	23
实际利用内资(万元)	Domestic Investment Actually Used (10 000 yuan)	275650	342041
星级饭店(个)	Star-level Hotels (unit)	1	1
小学校数(所)	Number of Primary Schools (unit)	31	28
小学在校学生数(人)	Students Enrollment of Primary Schools (person)	13303	12885
普通中学校数(所)	Number of Regular Secondary Schools (unit)	25	22
普通中学在校学生数(人)	Students Enrollment of Regular Secondary Schools (person)	15575	14091
幼儿园数(所)	Number of Kindergartens (unit)	17	17
养老院床位数(张)	Number of Beds in Old People's Home (unit)	1085	1366
* 卫生机构数(个)	Health Care Institutions (unit)	73	73
# 医院、卫生院	Hospitals and Health Care Centers	13	13
* 卫生机构床位数(张)	Beds (unit)	1196	1155
# 医院、卫生院	Hospitals and Health Care Centers	975	975
每千人拥有卫生机构床位数(张)	Number of Beds in Health Care Institutions per 1 000 persons (unit)	5.10	4.99
每千人拥有执业医师(人)	Number of Certified Doctors per 1 000 persons (person)	3.07	3.10
每千人拥有注册护士(人)	Number of Registered Nurses per 1 000 persons (person)	2.75	2.81
空气、水、噪声环境质量指数	Atmospheric, Water and Acoustic Environment Quality Rate	93.95	96.10
* 享受低保户数(户)	Number of Households Receiving Lowest Cost-of-Living (household)	11829	12053

23-8 东丽区基本情况
Basic Statistics on Dongli District

指　标	Item	2009	2010
常住人口（万人）	Permanent Population (10 000 persons)	54.00	57.08
户籍户数（万户）	Registered Households (10 000 households)	13.35	13.42
#农业户	Agricultural Households	7.97	7.97
户籍人口（万人）	Registered Population (10 000 persons)	34.50	35.10
1.农业人口	Agricultural Population	20.22	20.25
非农业人口	Non-agricultural Population	14.28	14.85
2.男	Male	17.34	17.70
女	Female	17.16	17.40
人口出生率(‰)	Birth Rate of Population (‰)	5.30	6.50
人口自然增长率(‰)	Natural Growth Rate of Population (‰)	3.50	2.50
*城镇单位从业人员（万人）	Employment Personnel in Urban Units (10 000 persons)	13.46	14.34
#在岗职工	On-post Staff and Workers	12.50	13.31
新增就业人员（人）	Newly Increased Employment Personnel (person)	15410	17745
*城镇单位从业人员人均劳动报酬(元)	Per Capita Annual Remuneration of Employment Personnel in Urban Units (yuan)	45528	52159
乡村从业人员（万人）	Rural Employment Personnel (10 000 persons)	11.2	8.82
#农林牧渔业	Farming, Forestry, Animal Husbandry and Fishery	1.54	0.97
区县生产总值（亿元）	Gross Domestic Product (100 million yuan)	451.13	540.14
第一产业	Primary Industry	3.54	3.63
第二产业	Secondary Industry	304.64	355.37
#工　业	Industry	286.69	332.27
第三产业	Tertiary Industry	142.95	181.14
区县生产总值增速(%)	Increase Rate of Gross Domestic Product (%)	31.1	13.7
*区县增加值（亿元）	Value Added of District (100 million yuan)	250.59	339.62
*区县增加值增速(%)	Increase Rate of Value Added of District (%)	22.0	25.4
区级一般预算收入（万元）	General Budgetary Government Revenue at District Level (10 000 yuan)	354623	401922
区级一般预算财政支出（万元）	General Budgetary Government Expenditure at District Level (10 000 yuan)	357431	402198
#教育经费支出	Operating Expenses for Education	59835	75518
年末实有耕地面积（公顷）	Cultivated Land (year-end) (hectare)	10436	9893
农林牧渔业总产值（万元）	Gross Output Value of Farming, Forestry, Animal Husbandry and Fishery (10 000 yuan)	77552	79453
农林牧渔业总产值增速(%)	Increase Rate of Gross Output Value of Farming, Forestry, Animal Husbandry and Fishery (%)	4.6	-6.0
粮食产量（万吨）	Total Yield of Grain (10 000 tons)	1.88	1.76
肉类总产量（吨）	Output of Meat (ton)	6763	6953
水产品产量（吨）	Output of Aquatic Products (ton)	11646	11078
蔬菜总产量（万吨）	Total Yield of Vegetables (10 000 tons)	16.75	14.57
农村居民人均年纯收入（元）	Per Capita Annual Net Income of Rural Households (yuan)	12834	14210

23-8 续表 Continued

指　标	Item	2009	2010
农村居民人均生活消费支出(元)	Per Capita Annual Expenditure for Consumption of Rural Households (yuan)	7653	8469
# 食品支出	Expenditure for Food	2969	3258
农村人均住房面积(平方米)	Per Capita Floor Space of Rural Households (sq. m.)	34.0	35.6
规模以上工业企业	Industrial Enterprises above Designated Size		
单位数(个)	Number of Units (unit)	752	806
从业人员(人)	Employment Personnel (person)	92684	147468
资产总值(亿元)	Total Assets (100 million yuan)	970.80	2121.95
主营业务收入(亿元)	Revenue From Principal Business (100 million yuan)	1054.10	2021.84
利税总额(亿元)	Total Profits and Taxes (100 million yuan)	82.30	190.94
# 利润总额	Total Pre-tax Profits	51.10	59.53
工业总产值(亿元)	Gross Output Value (100 million yuan)	1097.30	1768.53
固定资产投资(亿元)	Investment in Fixed Assets (100 million yuan)	231.51	336.97
社会消费品零售总额(亿元)	Retail Sales of Consumer Goods (100 million yuan)	124.16	134.12
外贸出口(亿美元)	Total Value of Exports in Foreign Trade (USD 100 million)	16.14	21.51
民营企业注册资本(亿元)	Private and Individual Enterprises Registered Capital (100 million yuan)	207.64	278.02
实际直接利用外资(万美元)	Actual Direct Utilization of Foreign Capital (USD 10 000)	45701	47604
实际利用内资(万元)	Domestic Investment Actually Used (10 000 yuan)	1894531	1210519
星级饭店(个)	Star-level Hotels (unit)	10	4
小学校数(所)	Number of Primary Schools (unit)	41	40
小学在校学生数(人)	Students Enrollment of Primary Schools (person)	23992	23245
普通中学校数(所)	Number of Regular Secondary Schools (unit)	22	20
普通中学在校学生数(人)	Students Enrollment of Regular Secondary Schools (person)	15316	15167
幼儿园数(所)	Number of Kindergartens (unit)	72	65
养老院床位数(张)	Number of Beds in Old People's Home (unit)	828	850
* 卫生机构数(个)	Health Care Institutions (unit)	36	38
# 医院、卫生院	Hospitals and Health Care Centers	10	11
* 卫生机构床位数(张)	Beds (unit)	737	737
# 医院、卫生院	Hospitals and Health Care Centers	715	715
每千人拥有卫生机构床位数(张)	Number of Beds in Health Care Institutions per 1 000 persons (unit)	3.74	3.75
每千人拥有执业医师(人)	Number of Certified Doctors per 1 000 persons (person)	1.71	1.78
每千人拥有注册护士(人)	Number of Registered Nurses per 1 000 persons (person)	1.26	1.23
空气、水、噪声环境质量指数	Atmospheric, Water and Acoustic Environment Quality Rate	95.10	94.25
林木覆盖率 (%)	Coverage Rate of Trees (%)	12.2	12.9

23-9 西青区基本情况
Basic Statistics on Xiqing District

指　标	Item	2009	2010
常住人口(万人)	Permanent Population (10 000 persons)	54.72	68.47
户籍户数(万户)	Registered Households (10 000 households)	12.65	12.82
#农业户	Agricultural Households	8.98	9.05
户籍人口(万人)	Registered Population (10 000 persons)	35.35	36.00
1. 农业人口	Agricultural Population	23.67	23.73
非农业人口	Non-agricultural Population	11.68	12.26
2. 男	Male	17.31	17.54
女	Female	18.04	18.46
人口出生率(‰)	Birth Rate of Population (‰)	9.00	8.46
人口自然增长率(‰)	Natural Growth Rate of Population (‰)		
* 城镇单位从业人员(万人)	Employment Personnel in Urban Units (10 000 persons)	17.04	17.16
#在岗职工	On-post Staff and Workers	15.00	15.42
新增就业人员(人)	Newly Increased Employment Personnel (person)	15835	17655
* 城镇单位从业人员人均劳动报酬(元)	Per Capita Annual Remuneration of Employment Personnel in Urban Units (yuan)	38992	43531
乡村从业人员(万人)	Rural Employment Personnel (10 000 persons)	12.73	13.12
#农林牧渔业	Farming, Forestry, Animal Husbandry and Fishery	2.84	2.71
区县生产总值(亿元)	Gross Domestic Product (100 million yuan)	455.91	526.35
第一产业	Primary Industry	8.31	9.80
第二产业	Secondary Industry	343.41	369.84
#工　业	Industry	323.30	348.58
第三产业	Tertiary Industry	104.20	146.70
区县生产总值增速(%)	Increase Rate of Gross Domestic Product (%)	30.8	11.4
* 区县增加值(亿元)	Value Added of District (100 million yuan)	300.76	393.80
* 区县增加值增速(%)	Increase Rate of Value Added of District (%)	33.3	23.5
区级一般预算收入(万元)	General Budgetary Government Revenue at District Level (10 000 yuan)	305025	376566
区级一般预算财政支出(万元)	General Budgetary Government Expenditure at District Level (10 000 yuan)	331068	426752
#教育经费支出	Operating Expenses for Education	55699	71694
年末实有耕地面积(公顷)	Cultivated Land (year-end) (hectare)	14484	14190
农林牧渔业总产值(万元)	Gross Output Value of Farming, Forestry, Animal Husbandry and Fishery (10 000 yuan)	175437	207110
农林牧渔业总产值增速(%)	Increase Rate of Gross Output Value of Farming, Forestry, Animal Husbandry and Fishery (%)	15.5	6.2
粮食产量(万吨)	Total Yield of Grain (10 000 tons)	4.73	4.07
肉类总产量(吨)	Output of Meat (ton)	27356	26076
水产品产量(吨)	Output of Aquatic Products (ton)	50569	45157
蔬菜总产量(万吨)	Total Yield of Vegetables (10 000 tons)	41.03	55.00
农村居民人均年纯收入(元)	Per Capita Annual Net Income of Rural Households (yuan)	12986	14365

23-9 续表 Continued

指 标	Item	2009	2010
农村居民人均生活消费支出(元)	Per Capita Annual Expenditure for Consumption of Rural Households (yuan)	5980	6796
#食品支出	Expenditure for Food	2131	2413
农村人均住房面积(平方米)	Per Capita Floor Space of Rural Households (sq. m.)	30.1	33.1
规模以上工业企业	Industrial Enterprises above Designated Size		
单位数(个)	Number of Units (unit)	1499	1448
从业人员(人)	Employment Personnel (person)	220790	268603
资产总值(亿元)	Total Assets (100 million yuan)	1716.51	1583.68
主营业务收入(亿元)	Revenue From Principal Business (100 million yuan)	2412.92	2502.77
利税总额(亿元)	Total Profits and Taxes (100 million yuan)	145.19	260.60
#利润总额	Total Pre-tax Profits	96.37	167.98
工业总产值(亿元)	Gross Output Value (100 million yuan)	2162.81	2455.35
固定资产投资(亿元)	Investment in Fixed Assets (100 million yuan)	286.88	353.76
社会消费品零售总额(亿元)	Retail Sales of Consumer Goods (100 million yuan)	89.54	114.58
外贸出口(亿美元)	Total Value of Exports in Foreign Trade (USD 100 million)	17.06	19.45
民营企业注册资本(亿元)	Private and Individual Enterprises Registered Capital (100 million yuan)	210.77	221.97
实际直接利用外资(万美元)	Actual Direct Utilization of Foreign Capital (USD 10 000)	49097	59900
实际利用内资(万元)	Domestic Investment Actually Used (10 000 yuan)	763471	956877
星级饭店(个)	Star-level Hotels (unit)	3	3
小学校数(所)	Number of Primary Schools (unit)	32	32
小学在校学生数(人)	Students Enrollment of Primary Schools (person)	24315	24426
普通中学校数(所)	Number of Regular Secondary Schools (unit)	13	13
普通中学在校学生数(人)	Students Enrollment of Regular Secondary Schools (person)	13498	13099
幼儿园数(所)	Number of Kindergartens (unit)	65	68
养老院床位数(张)	Number of Beds in Old People's Home (unit)	598	605
*卫生机构数(个)	Health Care Institutions (unit)	31	31
#医院、卫生院	Hospitals and Health Care Centers	27	27
*卫生机构床位数(张)	Beds (unit)	1609	1609
#医院、卫生院	Hospitals and Health Care Centers	1609	1609
每千人拥有卫生机构床位数(张)	Number of Beds in Health Care Institutions per 1 000 persons (unit)	4.10	4.44
每千人拥有执业医师(人)	Number of Certified Doctors per 1 000 persons (person)	1.46	1.69
每千人拥有注册护士(人)	Number of Registered Nurses per 1 000 persons (person)	0.90	0.97
空气、水、噪声环境质量指数	Atmospheric, Water and Acoustic Environment Quality Rate	94.95	88.88
林木覆盖率(%)	Coverage Rate of Trees (%)	17.3	17.9

23-10 津南区基本情况
Basic Statistics on Jinnan District

指　　标	Item	2009	2010
常住人口（万人）	Permanent Population (10 000 persons)	54.30	59.40
户籍户数（万户）	Registered Households (10 000 households)	14.63	14.66
# 农业户	Agricultural Households	10.34	10.33
户籍人口（万人）	Registered Population (10 000 persons)	41.17	41.29
1. 农业人口	Agricultural Population	28.99	28.90
非农业人口	Non-agricultural Population	12.18	12.39
2. 男	Male	20.50	20.54
女	Female	20.66	20.75
人口出生率 (‰)	Birth Rate of Population (‰)	9.17	9.30
人口自然增长率 (‰)	Natural Growth Rate of Population (‰)	4.94	4.89
* 城镇单位从业人员（万人）	Employment Personnel in Urban Units (10 000 persons)	4.50	4.49
# 在岗职工	On-post Staff and Workers	4.28	4.19
新增就业人员（人）	Newly Increased Employment Personnel (person)	16002	17745
* 城镇单位从业人员人均劳动报酬(元)	Per Capita Annual Remuneration of Employment Personnel in Urban Units (yuan)	39666	49256
乡村从业人员（万人）	Rural Employment Personnel (10 000 persons)	14.32	14.84
# 农林牧渔业	Farming, Forestry, Animal Husbandry and Fishery	2.44	2.28
区县生产总值（亿元）	Gross Domestic Product (100 million yuan)	241.69	290.69
第一产业	Primary Industry	3.82	4.25
第二产业	Secondary Industry	146.32	177.72
# 工　业	Industry	129.65	155.19
第三产业	Tertiary Industry	91.55	108.72
区县生产总值增速 (%)	Increase Rate of Gross Domestic Product (%)	13.8	17.2
* 区县增加值（亿元）	Value Added of District (100 million yuan)	230.68	284.86
* 区县增加值增速 (%)	Increase Rate of Value Added of District (%)	21.4	20.2
区级一般预算收入（万元）	General Budgetary Government Revenue at District Level (10 000 yuan)	269456	361840
区级一般预算财政支出（万元）	General Budgetary Government Expenditure at District Level (10 000 yuan)	297988	455988
# 教育经费支出	Operating Expenses for Education	63021	83840
年末实有耕地面积（公顷）	Cultivated Land (year-end) (hectare)	13744	13740
农林牧渔业总产值（万元）	Gross Output Value of Farming, Forestry, Animal Husbandry and Fishery (10 000 yuan)	88486	100276
农林牧渔业总产值增速 (%)	Increase Rate of Gross Output Value of Farming, Forestry, Animal Husbandry and Fishery (%)	4.9	7.5
粮食产量（万吨）	Total Yield of Grain (10 000 tons)	2.85	2.24
肉类总产量（吨）	Output of Meat (ton)	17525	23955
水产品产量（吨）	Output of Aquatic Products (ton)	21000	19198
蔬菜总产量（万吨）	Total Yield of Vegetables (10 000 tons)	9.00	7.39
农村居民人均年纯收入（元）	Per Capita Annual Net Income of Rural Households (yuan)	11663	12921

23-10 续表 Continued

指　　标	Item	2009	2010
农村居民人均生活消费支出(元)	Per Capita Annual Expenditure for Consumption of Rural Households (yuan)	7586	8047
#食品支出	Expenditure for Food	2701	3018
农村人均住房面积(平方米)	Per Capita Floor Space of Rural Households (sq. m.)	26.4	25.5
规模以上工业企业	Industrial Enterprises above Designated Size		
单位数(个)	Number of Units (unit)	905	905
从业人员(人)	Employment Personnel (person)	88856	90938
资产总值(亿元)	Total Assets (100 million yuan)	408.16	451.65
主营业务收入(亿元)	Revenue From Principal Business (100 million yuan)	479.33	590.91
利税总额(亿元)	Total Profits and Taxes (100 million yuan)	45.86	83.53
#利润总额	Total Pre-tax Profits	26.26	64.02
工业总产值(亿元)	Gross Output Value (100 million yuan)	538.88	609.91
固定资产投资(亿元)	Investment in Fixed Assets (100 million yuan)	265.48	380.12
社会消费品零售总额(亿元)	Retail Sales of Consumer Goods (100 million yuan)	95.47	111.07
外贸出口(亿美元)	Total Value of Exports in Foreign Trade (USD 100 million)	8.84	10.09
民营企业注册资本(亿元)	Private and Individual Enterprises Registered Capital (100 million yuan)	328.33	505.54
实际直接利用外资(万美元)	Actual Direct Utilization of Foreign Capital (USD 10 000)	26220	32070
实际利用内资(万元)	Domestic Investment Actually Used (10 000 yuan)	1268386	1594650
星级饭店(个)	Star-level Hotels (unit)	3	3
小学校数(所)	Number of Primary Schools (unit)	44	39
小学在校学生数(人)	Students Enrollment of Primary Schools (person)	20098	26091
普通中学校数(所)	Number of Regular Secondary Schools (unit)	16	16
普通中学在校学生数(人)	Students Enrollment of Regular Secondary Schools (person)	17902	18774
幼儿园数(所)	Number of Kindergartens (unit)	126	158
养老院床位数(张)	Number of Beds in Old People's Home (unit)	1556	1656
*卫生机构数(个)	Health Care Institutions (unit)	15	15
#医院、卫生院	Hospitals and Health Care Centers	11	11
*卫生机构床位数(张)	Beds (unit)	763	793
#医院、卫生院	Hospitals and Health Care Centers	739	769
每千人拥有卫生机构床位数(张)	Number of Beds in Health Care Institutions per 1 000 persons (unit)	2.87	3.72
每千人拥有执业医师(人)	Number of Certified Doctors per 1 000 persons (person)	1.99	2.19
每千人拥有注册护士(人)	Number of Registered Nurses per 1 000 persons (person)	1.45	1.55
空气、水、噪声环境质量指数	Atmospheric, Water and Acoustic Environment Quality Rate	96.33	92.93
林木覆盖率(%)	Coverage Rate of Trees (%)	14.8	15.6

23-11 北辰区基本情况 Basic Statistics on Beichen District

指　标	Item	2009	2010
常住人口(万人)	Permanent Population (10 000 persons)	54.77	66.91
户籍户数(万户)	Registered Households (10 000 households)	13.68	13.83
#农业户	Agricultural Households	7.58	7.57
户籍人口(万人)	Registered Population (10 000 persons)	36.37	36.50
1. 农业人口	Agricultural Population	19.93	19.72
非农业人口	Non-agricultural Population	16.44	16.79
2. 男	Male	18.18	18.22
女	Female	18.19	18.28
人口出生率(‰)	Birth Rate of Population (‰)	7.85	6.55
人口自然增长率(‰)	Natural Growth Rate of Population (‰)	2.26	1.89
*城镇单位从业人员(万人)	Employment Personnel in Urban Units (10 000 persons)	7.97	7.90
#在岗职工	On-post Staff and Workers	7.44	7.42
新增就业人员(人)	Newly Increased Employment Personnel (person)	13355	16585
*城镇单位从业人员人均劳动报酬(元)	Per Capita Annual Remuneration of Employment Personnel in Urban Units (yuan)	38290	43725
乡村从业人员(万人)	Rural Employment Personnel (10 000 persons)	13.05	13.30
#农林牧渔业	Farming, Forestry, Animal Husbandry and Fishery	2.50	2.40
区县生产总值(亿元)	Gross Domestic Product (100 million yuan)	388.69	464.13
第一产业	Primary Industry	7.96	8.56
第二产业	Secondary Industry	271.38	335.35
#工　业	Industry	255.41	315.46
第三产业	Tertiary Industry	109.35	120.22
区县生产总值增速(%)	Increase Rate of Gross Domestic Product (%)	13.1	8.9
*区县增加值(亿元)	Value Added of District (100 million yuan)	300.57	377.93
*区县增加值增速(%)	Increase Rate of Value Added of District (%)	31.7	20.3
区级一般预算收入(万元)	General Budgetary Government Revenue at District Level (10 000 yuan)	218045	266911
区级一般预算财政支出(万元)	General Budgetary Government Expenditure at District Level (10 000 yuan)	215929	280974
#教育经费支出	Operating Expenses for Education	50999	60228
年末实有耕地面积(公顷)	Cultivated Land (year-end) (hectare)	18443	18431
农林牧渔业总产值(万元)	Gross Output Value of Farming, Forestry, Animal Husbandry and Fishery (10 000 yuan)	164779	175311
农林牧渔业总产值增速(%)	Increase Rate of Gross Output Value of Farming, Forestry, Animal Husbandry and Fishery (%)	5.4	-1.6
粮食产量(万吨)	Total Yield of Grain (10 000 tons)	5.13	5.07
肉类总产量(吨)	Output of Meat (ton)	25983	27663
水产品产量(吨)	Output of Aquatic Products (ton)	12560	12134
蔬菜总产量(万吨)	Total Yield of Vegetables (10 000 tons)	27.41	26.95
农村居民人均年纯收入(元)	Per Capita Annual Net Income of Rural Households (yuan)	12908	14265

23-11 续表 Continued

指　标	Item	2009	2010
农村居民人均生活消费支出(元)	Per Capita Annual Expenditure for Consumption of Rural Households (yuan)	6525	7334
#食品支出	Expenditure for Food	2540	2776
农村人均住房面积(平方米)	Per Capita Floor Space of Rural Households (sq. m.)	36.4	37.2
规模以上工业企业	Industrial Enterprises above Designated Size		
单位数(个)	Number of Units (unit)	1110	1071
从业人员(人)	Employment Personnel (person)	132387	136205
资产总值(亿元)	Total Assets (100 million yuan)	922.97	1095.94
主营业务收入(亿元)	Revenue From Principal Business (100 million yuan)	1056.06	1213.18
利税总额(亿元)	Total Profits and Taxes (100 million yuan)	95.28	163.06
#利润总额	Total Pre-tax Profits	58.07	121.84
工业总产值(亿元)	Gross Output Value (100 million yuan)	1025.13	1222.05
固定资产投资(亿元)	Investment in Fixed Assets (100 million yuan)	218.64	308.10
社会消费品零售总额(亿元)	Retail Sales of Consumer Goods (100 million yuan)	100.52	132.41
外贸出口(亿美元)	Total Value of Exports in Foreign Trade (USD 100 million)	22.05	25.88
民营企业注册资本(亿元)	Private and Individual Enterprises Registered Capital (100 million yuan)	216.69	299.40
实际直接利用外资(万美元)	Actual Direct Utilization of Foreign Capital (USD 10 000)	49228	59024
实际利用内资(万元)	Domestic Investment Actually Used (10 000 yuan)	387950	765209
星级饭店(个)	Star-level Hotels (unit)	1	3
小学校数(所)	Number of Primary Schools (unit)	38	39
小学在校学生数(人)	Students Enrollment of Primary Schools (person)	27516	27698
普通中学校数(所)	Number of Regular Secondary Schools (unit)	21	21
普通中学在校学生数(人)	Students Enrollment of Regular Secondary Schools (person)	15362	14955
幼儿园数(所)	Number of Kindergartens (unit)	134	144
养老院床位数(张)	Number of Beds in Old People's Home (unit)	947	1279
*卫生机构数(个)	Health Care Institutions (unit)	34	35
#医院、卫生院	Hospitals and Health Care Centers	18	18
*卫生机构床位数(张)	Beds (unit)	1162	1227
#医院、卫生院	Hospitals and Health Care Centers	1162	1227
每千人拥有卫生机构床位数(张)	Number of Beds in Health Care Institutions per 1 000 persons (unit)	3.98	3.36
每千人拥有执业医师(人)	Number of Certified Doctors per 1 000 persons (person)	2.57	2.62
每千人拥有注册护士(人)	Number of Registered Nurses per 1 000 persons (person)	1.55	1.76
空气、水、噪声环境质量指数	Atmospheric, Water and Acoustic Environment Quality Rate	96.25	94.63
林木覆盖率(%)	Coverage Rate of Trees (%)	19.6	19.9

23-12 武清区基本情况
Basic Statistics on Wuqing District

指　　标	Item	2009	2010
常住人口(万人)	Permanent Population (10 000 persons)	91.41	94.99
户籍户数(万户)	Registered Households (10 000 households)	26.88	27.06
#农业户	Agricultural Households	21.09	21.41
户籍人口(万人)	Registered Population (10 000 persons)	84.42	84.70
1.农业人口	Agricultural Population	69.19	68.97
非农业人口	Non-agricultural Population	15.23	15.73
2.男	Male	42.16	42.25
女	Female	42.26	42.45
人口出生率(‰)	Birth Rate of Population (‰)	8.70	8.60
人口自然增长率(‰)	Natural Growth Rate of Population (‰)	3.30	-2.50
*城镇单位从业人员(万人)	Employment Personnel in Urban Units (10 000 persons)	9.04	6.22
#在岗职工	On-post Staff and Workers	8.94	6.09
新增就业人员(人)	Newly Increased Employment Personnel (person)	18135	19896
*城镇单位从业人员人均劳动报酬(元)	Per Capita Annual Remuneration of Employment Personnel in Urban Units (yuan)	34914	43726
乡村从业人员(万人)	Rural Employment Personnel (10 000 persons)	38.25	38.61
#农林牧渔业	Farming, Forestry, Animal Husbandry and Fishery	18.78	18.10
区县生产总值(亿元)	Gross Domestic Product (100 million yuan)	276.31	341.17
第一产业	Primary Industry	25.06	29.07
第二产业	Secondary Industry	146.11	188.50
#工　业	Industry	129.35	170.90
第三产业	Tertiary Industry	105.14	123.60
区县生产总值增速(%)	Increase Rate of Gross Domestic Product (%)	20.9	21.1
*区县增加值(亿元)	Value Added of District (100 million yuan)	252.05	326.87
*区县增加值增速(%)	Increase Rate of Value Added of District (%)	28.5	20.2
区级一般预算收入(万元)	General Budgetary Government Revenue at District Level (10 000 yuan)	220475	328368
区级一般预算财政支出(万元)	General Budgetary Government Expenditure at District Level (10 000 yuan)	342290	467714
#教育经费支出	Operating Expenses for Education	96200	130912
年末实有耕地面积(公顷)	Cultivated Land (year-end) (hectare)	88194	88046
农林牧渔业总产值(万元)	Gross Output Value of Farming, Forestry, Animal Husbandry and Fishery (10 000 yuan)	551357	637147
农林牧渔业总产值增速(%)	Increase Rate of Gross Output Value of Farming, Forestry, Animal Husbandry and Fishery (%)	6.7	4.5
粮食产量(万吨)	Total Yield of Grain (10 000 tons)	67.51	65.01
肉类总产量(吨)	Output of Meat (ton)	62054	58080
水产品产量(吨)	Output of Aquatic Products (ton)	53262	50699
蔬菜总产量(万吨)	Total Yield of Vegetables (10 000 tons)	123.88	131.49
农村居民人均年纯收入(元)	Per Capita Annual Net Income of Rural Households (yuan)	10505	11580

23-12 续表 Continued

指　　标	Item	2009	2010
农村居民人均生活消费支出(元)	Per Capita Annual Expenditure for Consumption of Rural Households (yuan)	3859	4690
#食品支出	Expenditure for Food	1805	2004
农村人均住房面积(平方米)	Per Capita Floor Space of Rural Households (sq. m.)	27.7	28.5
规模以上工业企业	Industrial Enterprises above Designated Size		
单位数(个)	Number of Units (unit)	540	537
从业人员(人)	Employment Personnel (person)	119613	131568
资产总值(亿元)	Total Assets (100 million yuan)	444.09	556.84
主营业务收入(亿元)	Revenue From Principal Business (100 million yuan)	504.56	746.33
利税总额(亿元)	Total Profits and Taxes (100 million yuan)	75.97	140.87
#利润总额	Total Pre-tax Profits	61.37	125.78
工业总产值(亿元)	Gross Output Value (100 million yuan)	563.23	759.57
固定资产投资(亿元)	Investment in Fixed Assets (100 million yuan)	218.78	301.33
社会消费品零售总额(亿元)	Retail Sales of Consumer Goods (100 million yuan)	98.16	157.30
外贸出口(亿美元)	Total Value of Exports in Foreign Trade (USD 100 million)	13.39	19.03
民营企业注册资本(亿元)	Private and Individual Enterprises Registered Capital (100 million yuan)	405.05	588.38
实际直接利用外资(万美元)	Actual Direct Utilization of Foreign Capital (USD 10 000)	33013	40122
实际利用内资(万元)	Domestic Investment Actually Used (10 000 yuan)	928364	1165915
星级饭店(个)	Star-level Hotels (unit)	2	3
小学校数(所)	Number of Primary Schools (unit)	130	121
小学在校学生数(人)	Students Enrollment of Primary Schools (person)	59044	58538
普通中学校数(所)	Number of Regular Secondary Schools (unit)	48	48
普通中学在校学生数(人)	Students Enrollment of Regular Secondary Schools (person)	45170	45156
幼儿园数(所)	Number of Kindergartens (unit)	214	195
养老院床位数(张)	Number of Beds in Old People's Home (unit)	1028	1081
*卫生机构数(个)	Health Care Institutions (unit)	121	117
#医院、卫生院	Hospitals and Health Care Centers	39	40
*卫生机构床位数(张)	Beds (unit)	1963	2737
#医院、卫生院	Hospitals and Health Care Centers	1856	2407
每千人拥有卫生机构床位数(张)	Number of Beds in Health Care Institutions per 1 000 persons (unit)	2.27	3.28
每千人拥有执业医师(人)	Number of Certified Doctors per 1 000 persons (person)	1.43	2.36
每千人拥有注册护士(人)	Number of Registered Nurses per 1 000 persons (person)	0.59	1.23
空气、水、噪声环境质量指数	Atmospheric, Water and Acoustic Environment Quality Rate	95.65	96.70
林木覆盖率(%)	Coverage Rate of Trees (%)	22.0	23.3

23-13 宝坻区基本情况 Basic Statistics on Baodi District

指　标	Item	2009	2010
常住人口（万人）	Permanent Population (10 000 persons)	76.28	79.93
户籍户数（万户）	Registered Households (10 000 households)	21.46	21.63
# 农业户	Agricultural Households	16.24	16.44
户籍人口（万人）	Registered Population (10 000 persons)	67.05	67.19
1. 农业人口	Agricultural Population	54.36	54.14
非农业人口	Non-agricultural Population	12.68	13.06
2. 男	Male	33.79	33.85
女	Female	33.25	33.34
人口出生率 (‰)	Birth Rate of Population (‰)	9.35	10.08
人口自然增长率 (‰)	Natural Growth Rate of Population (‰)	1.47	1.95
* 城镇单位从业人员（万人）	Employment Personnel in Urban Units (10 000 persons)	3.04	2.89
# 在岗职工	On-post Staff and Workers	2.87	2.70
新增就业人员（人）	Newly Increased Employment Personnel (person)	12668	14445
* 城镇单位从业人员人均劳动报酬(元)	Per Capita Annual Remuneration of Employment Personnel in Urban Units (yuan)	43983	53725
乡村从业人员（万人）	Rural Employment Personnel (10 000 persons)	28.15	27.49
# 农林牧渔业	Farming, Forestry, Animal Husbandry and Fishery	13.58	13.5
区县生产总值（亿元）	Gross Domestic Product (100 million yuan)	195.20	241.82
第一产业	Primary Industry	18.43	21.09
第二产业	Secondary Industry	90.84	120.39
# 工　业	Industry	80.10	106.69
第三产业	Tertiary Industry	85.93	100.34
区县生产总值增速 (%)	Increase Rate of Gross Domestic Product (%)	29.5	25.2
* 区县增加值（亿元）	Value Added of District (100 million yuan)	176.79	235.69
* 区县增加值增速 (%)	Increase Rate of Value Added of District (%)	25.2	22.2
区级一般预算收入（万元）	General Budgetary Government Revenue at District Level (10 000 yuan)	107877	168366
区级一般预算财政支出（万元）	General Budgetary Government Expenditure at District Level (10 000 yuan)	213490	293619
# 教育经费支出	Operating Expenses for Education	66011	98226
年末实有耕地面积（公顷）	Cultivated Land (year-end) (hectare)	76133	76133
农林牧渔业总产值（万元）	Gross Output Value of Farming, Forestry, Animal Husbandry and Fishery (10 000 yuan)	432609	503196
农林牧渔业总产值增速 (%)	Increase Rate of Gross Output Value of Farming, Forestry, Animal Husbandry and Fishery (%)	13.3	8.2
粮食产量（万吨）	Total Yield of Grain (10 000 tons)	58.34	63.25
肉类总产量（吨）	Output of Meat (ton)	73557	78089
水产品产量（吨）	Output of Aquatic Products (ton)	37543	38040
蔬菜总产量（万吨）	Total Yield of Vegetables (10 000 tons)	44.56	53.66
农村居民人均年纯收入（元）	Per Capita Annual Net Income of Rural Households (yuan)	9966	11000

23-13 续表 Continued

指　标	Item	2009	2010
农村居民人均生活消费支出(元)	Per Capita Annual Expenditure for Consumption of Rural Households (yuan)	4059	4615
#食品支出	Expenditure for Food	1715	1972
农村人均住房面积(平方米)	Per Capita Floor Space of Rural Households (sq. m.)	25.3	25.6
规模以上工业企业	Industrial Enterprises above Designated Size		
单位数(个)	Number of Units (unit)	368	437
从业人员(人)	Employment Personnel (person)	61151	78635
资产总值(亿元)	Total Assets (100 million yuan)	108.76	134.71
主营业务收入(亿元)	Revenue From Principal Business (100 million yuan)	198.83	298.02
利税总额(亿元)	Total Profits and Taxes (100 million yuan)	14.44	24.21
#利润总额	Total Pre-tax Profits	8.49	16.02
工业总产值(亿元)	Gross Output Value (100 million yuan)	205.40	303.83
固定资产投资(亿元)	Investment in Fixed Assets (100 million yuan)	145.21	233.09
社会消费品零售总额(亿元)	Retail Sales of Consumer Goods (100 million yuan)	78.54	100.76
外贸出口(亿美元)	Total Value of Exports in Foreign Trade (USD 100 million)	3.48	4.02
民营企业注册资本(亿元)	Private and Individual Enterprises Registered Capital (100 million yuan)	91.71	92.15
实际直接利用外资(万美元)	Actual Direct Utilization of Foreign Capital (USD 10 000)	10017	12802
实际利用内资(万元)	Domestic Investment Actually Used (10 000 yuan)	882503	1111698
星级饭店(个)	Star-level Hotels (unit)	2	2
小学校数(所)	Number of Primary Schools (unit)	129	126
小学在校学生数(人)	Students Enrollment of Primary Schools (person)	29209	29648
普通中学校数(所)	Number of Regular Secondary Schools (unit)	48	48
普通中学在校学生数(人)	Students Enrollment of Regular Secondary Schools (person)	49648	44532
幼儿园数(所)	Number of Kindergartens (unit)	144	135
养老院床位数(张)	Number of Beds in Old People's Home (unit)	456	340
*卫生机构数(个)	Health Care Institutions (unit)	46	46
#医院、卫生院	Hospitals and Health Care Centers	41	41
*卫生机构床位数(张)	Beds (unit)	1415	1731
#医院、卫生院	Hospitals and Health Care Centers	1415	1731
每千人拥有卫生机构床位数(张)	Number of Beds in Health Care Institutions per 1 000 persons (unit)	2.54	2.59
每千人拥有执业医师(人)	Number of Certified Doctors per 1 000 persons (person)	1.40	1.39
每千人拥有注册护士(人)	Number of Registered Nurses per 1 000 persons (person)	0.90	0.92
空气、水、噪声环境质量指数	Atmospheric, Water and Acoustic Environment Quality Rate	96.18	95.30
林木覆盖率(%)	Coverage Rate of Trees (%)	21.4	22.4

23-14 宁河县基本情况
Basic Statistics on Ninghe County

指　　标	Item	2009	2010
常住人口（万人）	Permanent Population (10 000 persons)	39.27	41.66
户籍户数（万户）	Registered Households (10 000 households)	12.44	12.79
# 农业户	Agricultural Households	8.25	8.43
户籍人口（万人）	Registered Population (10 000 persons)	37.91	38.32
1. 农业人口	Agricultural Population	28.07	28.17
非农业人口	Non-agricultural Population	9.84	10.15
2. 男	Male	19.26	19.47
女	Female	18.65	18.85
人口出生率 (‰)	Birth Rate of Population (‰)	9.04	9.82
人口自然增长率 (‰)	Natural Growth Rate of Population (‰)	3.56	3.25
* 城镇单位从业人员（万人）	Employment Personnel in Urban Units (10 000 persons)	2.15	2.12
# 在岗职工	On-post Staff and Workers	2.06	2.05
新增就业人员（人）	Newly Increased Employment Personnel (person)	6334	7490
* 城镇单位从业人员人均劳动报酬（元）	Per Capita Annual Remuneration of Employment Personnel in Urban Units (yuan)	35382	40845
乡村从业人员（万人）	Rural Employment Personnel (10 000 persons)	11.81	11.89
# 农林牧渔业	Farming, Forestry, Animal Husbandry and Fishery	6.51	6.48
区县生产总值（亿元）	Gross Domestic Product (100 million yuan)	154.25	169.28
第一产业	Primary Industry	19.47	21.09
第二产业	Secondary Industry	90.47	94.64
# 工　业	Industry	80.48	83.81
第三产业	Tertiary Industry	44.31	53.55
区县生产总值增速 (%)	Increase Rate of Gross Domestic Product (%)	24.8	13.4
* 区县增加值（亿元）	Value Added of District (100 million yuan)	128.75	163.01
* 区县增加值增速 (%)	Increase Rate of Value Added of District (%)	18.5	21.8
县级一般预算收入（万元）	General Budgetary Government Revenue at District Level (10 000 yuan)	56629	80190
县级一般预算财政支出（万元）	General Budgetary Government Expenditure at District Level (10 000 yuan)	117717	160272
# 教育经费支出	Operating Expenses for Education	33531	47069
年末实有耕地面积（公顷）	Cultivated Land (year-end) (hectare)	38666	38666
农林牧渔业总产值（万元）	Gross Output Value of Farming, Forestry, Animal Husbandry and Fishery (10 000 yuan)	398583	431035
农林牧渔业总产值增速 (%)	Increase Rate of Gross Output Value of Farming, Forestry, Animal Husbandry and Fishery (%)	8.8	9.0
粮食产量（万吨）	Total Yield of Grain (10 000 tons)	14.29	15.63
肉类总产量（吨）	Output of Meat (ton)	79930	90134
水产品产量（吨）	Output of Aquatic Products (ton)	40943	44200
蔬菜总产量（万吨）	Total Yield of Vegetables (10 000 tons)	50.05	47.53
农村居民人均年纯收入（元）	Per Capita Annual Net Income of Rural Households (yuan)	10312	11345

23-14 续表 Continued

指　标	Item	2009	2010
农村居民人均生活消费支出(元)	Per Capita Annual Expenditure for Consumption of Rural Households (yuan)	3756	4452
# 食品支出	Expenditure for Food	1634	1952
农村人均住房面积(平方米)	Per Capita Floor Space of Rural Households (sq. m.)	24.5	24.9
规模以上工业企业	Industrial Enterprises above Designated Size		
单位数(个)	Number of Units (unit)	236	217
从业人员(人)	Employment Personnel (person)	34099	39840
资产总值(亿元)	Total Assets (100 million yuan)	138.13	241.24
主营业务收入(亿元)	Revenue From Principal Business (100 million yuan)	262.93	341.04
利税总额(亿元)	Total Profits and Taxes (100 million yuan)	35.89	36.32
# 利润总额	Total Pre-tax Profits	33.19	32.44
工业总产值(亿元)	Gross Output Value (100 million yuan)	263.07	340.02
固定资产投资(亿元)	Investment in Fixed Assets (100 million yuan)	160.13	220.86
社会消费品零售总额(亿元)	Retail Sales of Consumer Goods (100 million yuan)	48.52	56.40
外贸出口(亿美元)	Total Value of Exports in Foreign Trade (USD 100 million)	0.70	0.94
民营企业注册资本(亿元)	Private and Individual Enterprises Registered Capital (100 million yuan)	62.68	82.67
实际直接利用外资(万美元)	Actual Direct Utilization of Foreign Capital (USD 10 000)	12292	15012
实际利用内资(万元)	Domestic Investment Actually Used (10 000 yuan)	147300	259780
星级饭店(个)	Star-level Hotels (unit)	1	1
小学校数(所)	Number of Primary Schools (unit)	59	59
小学在校学生数(人)	Students Enrollment of Primary Schools (person)	23567	22865
普通中学校数(所)	Number of Regular Secondary Schools (unit)	30	30
普通中学在校学生数(人)	Students Enrollment of Regular Secondary Schools (person)	22315	20921
幼儿园数(所)	Number of Kindergartens (unit)	63	63
养老院床位数(张)	Number of Beds in Old People's Home (unit)	149	112
* 卫生机构数(个)	Health Care Institutions (unit)	44	44
# 医院、卫生院	Hospitals and Health Care Centers	8	21
* 卫生机构床位数(张)	Beds (unit)	684	899
# 医院、卫生院	Hospitals and Health Care Centers	684	880
每千人拥有卫生机构床位数(张)	Number of Beds in Health Care Institutions per 1 000 persons (unit)	1.96	2.64
每千人拥有执业医师(人)	Number of Certified Doctors per 1 000 persons (person)	1.48	1.56
每千人拥有注册护士(人)	Number of Registered Nurses per 1 000 persons (person)	0.76	1.08
空气、水、噪声环境质量指数	Atmospheric, Water and Acoustic Environment Quality Rate	72.10	71.30
林木覆盖率(%)	Coverage Rate of Trees (%)	15.9	17.3

23-15 静海县基本情况 Basic Statistics on Jinghai County

指标	Item	2009	2010
常住人口（万人）	Permanent Population (10 000 persons)	60.78	64.75
户籍户数（万户）	Registered Households (10 000 households)	19.11	19.66
# 农业户	Agricultural Households	14.32	14.71
户籍人口（万人）	Registered Population (10 000 persons)	55.48	56.16
1. 农业人口	Agricultural Population	44.70	45.09
非农业人口	Non-agricultural Population	10.78	11.07
2. 男	Male	28.27	28.60
女	Female	27.21	27.56
人口出生率 (‰)	Birth Rate of Population (‰)	8.70	11.06
人口自然增长率 (‰)	Natural Growth Rate of Population (‰)	3.40	2.26
* 城镇单位从业人员（万人）	Employment Personnel in Urban Units (10 000 persons)	2.81	2.92
# 在岗职工	On-post Staff and Workers	2.71	2.81
新增就业人员（人）	Newly Increased Employment Personnel (person)	6164	7490
* 城镇单位从业人员人均劳动报酬(元)	Per Capita Annual Remuneration of Employment Personnel in Urban Units (yuan)	41256	50846
乡村从业人员（万人）	Rural Employment Personnel (10 000 persons)	19.07	20.17
# 农林牧渔业	Farming, Forestry, Animal Husbandry and Fishery	8.30	8.61
区县生产总值（亿元）	Gross Domestic Product (100 million yuan)	281.12	278.26
第一产业	Primary Industry	13.66	14.82
第二产业	Secondary Industry	214.66	195.52
# 工　业	Industry	205.08	183.49
第三产业	Tertiary Industry	52.80	67.92
区县生产总值增速 (%)	Increase Rate of Gross Domestic Product (%)	27.8	11.4
* 区县增加值（亿元）	Value Added of District (100 million yuan)	186.58	229.85
* 区县增加值增速 (%)	Increase Rate of Value Added of District (%)	26.5	21.0
县级一般预算收入（万元）	General Budgetary Government Revenue at District Level (10 000 yuan)	96182	149669
县级一般预算财政支出（万元）	General Budgetary Government Expenditure at District Level (10 000 yuan)	183234	246842
# 教育经费支出	Operating Expenses for Education	59037	70025
年末实有耕地面积（公顷）	Cultivated Land (year-end) (hectare)	67138	64615
农林牧渔业总产值（万元）	Gross Output Value of Farming, Forestry, Animal Husbandry and Fishery (10 000 yuan)	283354	319442
农林牧渔业总产值增速 (%)	Increase Rate of Gross Output Value of Farming, Forestry, Animal Husbandry and Fishery (%)	7.7	7.1
粮食产量（万吨）	Total Yield of Grain (10 000 tons)	32.54	32.02
肉类总产量（吨）	Output of Meat (ton)	60840	59167
水产品产量（吨）	Output of Aquatic Products (ton)	22305	22166
蔬菜总产量（万吨）	Total Yield of Vegetables (10 000 tons)	27.92	32.35
农村居民人均年纯收入（元）	Per Capita Annual Net Income of Rural Households (yuan)	9968	10998

23-15 续表 Continued

指　　标	Item	2009	2010
农村居民人均生活消费支出(元)	Per Capita Annual Expenditure for Consumption of Rural Households (yuan)	4542	5556
#食品支出	Expenditure for Food	1698	1940
农村人均住房面积(平方米)	Per Capita Floor Space of Rural Households (sq. m.)	29.6	28.8
规模以上工业企业	Industrial Enterprises above Designated Size		
单位数(个)	Number of Units (unit)	543	519
从业人员(人)	Employment Personnel (person)	70550	68259
资产总值(亿元)	Total Assets (100 million yuan)	426.02	495.50
主营业务收入(亿元)	Revenue From Principal Business (100 million yuan)	803.87	925.57
利税总额(亿元)	Total Profits and Taxes (100 million yuan)	22.60	48.66
#利润总额	Total Pre-tax Profits	8.38	40.69
工业总产值(亿元)	Gross Output Value (100 million yuan)	787.01	874.01
固定资产投资(亿元)	Investment in Fixed Assets (100 million yuan)	155.95	230.35
社会消费品零售总额(亿元)	Retail Sales of Consumer Goods (100 million yuan)	44.67	55.44
外贸出口(亿美元)	Total Value of Exports in Foreign Trade (USD 100 million)	5.10	6.63
民营企业注册资本(亿元)	Private and Individual Enterprises Registered Capital (100 million yuan)	243.08	356.62
实际直接利用外资(万美元)	Actual Direct Utilization of Foreign Capital (USD 10 000)	4939	10081
实际利用内资(万元)	Domestic Investment Actually Used (10 000 yuan)	330000	422800
星级饭店(个)	Star-level Hotels (unit)	3	3
小学校数(所)	Number of Primary Schools (unit)	98	98
小学在校学生数(人)	Students Enrollment of Primary Schools (person)	50040	50143
普通中学校数(所)	Number of Regular Secondary Schools (unit)	51	51
普通中学在校学生数(人)	Students Enrollment of Regular Secondary Schools (person)	36370	36912
幼儿园数(所)	Number of Kindergartens (unit)	296	315
养老院床位数(张)	Number of Beds in Old People's Home (unit)	461	462
*卫生机构数(个)	Health Care Institutions (unit)	78	80
#医院、卫生院	Hospitals and Health Care Centers	28	28
*卫生机构床位数(张)	Beds (unit)	1235	1330
#医院、卫生院	Hospitals and Health Care Centers	1014	1149
每千人拥有卫生机构床位数(张)	Number of Beds in Health Care Institutions per 1 000 persons (unit)	2.22	2.37
每千人拥有执业医师(人)	Number of Certified Doctors per 1 000 persons (person)	1.69	1.58
每千人拥有注册护士(人)	Number of Registered Nurses per 1 000 persons (person)	0.78	0.78
空气、水、噪声环境质量指数	Atmospheric, Water and Acoustic Environment Quality Rate	97.15	97.60
林木覆盖率(%)	Coverage Rate of Trees (%)	27.3	27.9

23-16 蓟县基本情况
Basic Statistics on Jixian County

指　　标	Item	2009	2010
常住人口（万人）	Permanent Population (10 000 persons)	84.41	83.27
户籍户数（万户）	Registered Households (10 000 households)	25.70	26.00
#农业户	Agricultural Households	19.45	19.71
户籍人口（万人）	Registered Population (10 000 persons)	83.55	83.35
1. 农业人口	Agricultural Population	69.31	68.71
非农业人口	Non-agricultural Population	14.24	14.64
2. 男	Male	42.56	42.47
女	Female	40.99	40.88
人口出生率（‰）	Birth Rate of Population (‰)	9.75	8.64
人口自然增长率（‰）	Natural Growth Rate of Population (‰)	2.16	1.44
* 城镇单位从业人员（万人）	Employment Personnel in Urban Units (10 000 persons)	4.40	4.26
#在岗职工	On-post Staff and Workers	3.94	3.84
新增就业人员（人）	Newly Increased Employment Personnel (person)	9246	10700
* 城镇单位从业人员人均劳动报酬（元）	Per Capita Annual Remuneration of Employment Personnel in Urban Units (yuan)	38938	47435
乡村从业人员（万人）	Rural Employment Personnel (10 000 persons)	33.28	33.47
#农林牧渔业	Farming, Forestry, Animal Husbandry and Fishery	15.43	15.17
区县生产总值（亿元）	Gross Domestic Product (100 million yuan)	176.31	215.47
第一产业	Primary Industry	19.30	21.26
第二产业	Secondary Industry	47.81	57.98
#工　业	Industry	36.53	43.09
第三产业	Tertiary Industry	109.20	136.23
区县生产总值增速 (%)	Increase Rate of Gross Domestic Product (%)	16.3	20.2
* 区县增加值（亿元）	Value Added of District (100 million yuan)	164.76	206.27
* 区县增加值增速 (%)	Increase Rate of Value Added of District (%)	18.8	22.4
县级一般预算收入（万元）	General Budgetary Government Revenue at District Level (10 000 yuan)	79040	109008
县级一般预算财政支出（万元）	General Budgetary Government Expenditure at District Level (10 000 yuan)	156461	209336
#教育经费支出	Operating Expenses for Education	62283	97057
年末实有耕地面积（公顷）	Cultivated Land (year-end) (hectare)	53939	53939
农林牧渔业总产值（万元）	Gross Output Value of Farming, Forestry, Animal Husbandry and Fishery (10 000 yuan)	400264	440566
农林牧渔业总产值增速 (%)	Increase Rate of Gross Output Value of Farming, Forestry, Animal Husbandry and Fishery (%)	5.6	2.1
粮食产量（万吨）	Total Yield of Grain (10 000 tons)	48.62	48.70
肉类总产量（吨）	Output of Meat (ton)	79569	80289
水产品产量（吨）	Output of Aquatic Products (ton)	25929	26547
蔬菜总产量（万吨）	Total Yield of Vegetables (10 000 tons)	34.91	42.16
农村居民人均年纯收入（元）	Per Capita Annual Net Income of Rural Households (yuan)	9965	10998

23-16 续表 Continued

指　标	Item	2009	2010
农村居民人均生活消费支出(元)	Per Capita Annual Expenditure for Consumption of Rural Households (yuan)	3967	4489
# 食品支出	Expenditure for Food	1473	1639
农村人均住房面积(平方米)	Per Capita Floor Space of Rural Households (sq. m.)	26.7	28.0
规模以上工业企业	Industrial Enterprises above Designated Size		
单位数(个)	Number of Units (unit)	162	172
从业人员(人)	Employment Personnel (person)	26939	27113
资产总值(亿元)	Total Assets (100 million yuan)	96.79	102.75
主营业务收入(亿元)	Revenue From Principal Business (100 million yuan)	86.89	106.45
利税总额(亿元)	Total Profits and Taxes (100 million yuan)	11.26	13.52
# 利润总额	Total Pre-tax Profits	5.38	7.67
工业总产值(亿元)	Gross Output Value (100 million yuan)	90.37	114.99
固定资产投资(亿元)	Investment in Fixed Assets (100 million yuan)	146.43	240.61
社会消费品零售总额(亿元)	Retail Sales of Consumer Goods (100 million yuan)	58.94	73.11
外贸出口(亿美元)	Total Value of Exports in Foreign Trade (USD 100 million)	0.30	0.56
民营企业注册资本(亿元)	Private and Individual Enterprises Registered Capital (100 million yuan)	41.91	58.07
实际直接利用外资(万美元)	Actual Direct Utilization of Foreign Capital (USD 10 000)	6508	7868
实际利用内资(万元)	Domestic Investment Actually Used (10 000 yuan)	488474	940310
星级饭店(个)	Star-level Hotels (unit)	6	6
小学校数(所)	Number of Primary Schools (unit)	129	128
小学在校学生数(人)	Students Enrollment of Primary Schools (person)	43635	40990
普通中学校数(所)	Number of Regular Secondary Schools (unit)	65	65
普通中学在校学生数(人)	Students Enrollment of Regular Secondary Schools (person)	55122	52563
幼儿园数(所)	Number of Kindergartens (unit)	168	152
养老院床位数(张)	Number of Beds in Old People's Home (unit)	1029	1186
* 卫生机构数(个)	Health Care Institutions (unit)	299	272
# 医院、卫生院	Hospitals and Health Care Centers	31	31
* 卫生机构床位数(张)	Beds (unit)	1569	1621
# 医院、卫生院	Hospitals and Health Care Centers	1569	1621
每千人拥有卫生机构床位数(张)	Number of Beds in Health Care Institutions per 1 000 persons (unit)	1.90	2.00
每千人拥有执业医师(人)	Number of Certified Doctors per 1 000 persons (person)	1.91	1.71
每千人拥有注册护士(人)	Number of Registered Nurses per 1 000 persons (person)	0.91	0.77
空气、水、噪声环境质量指数	Atmospheric, Water and Acoustic Environment Quality Rate	97.08	94.23
林木覆盖率(%)	Coverage Rate of Trees (%)	43.4	43.9

天津市2010年第六次全国人口普查主要数据公报[1]

天津市统计局

2011年4月29日

根据《全国人口普查条例》和国务院的决定，我国以2010年11月1日零时为标准时点进行了第六次全国人口普查[2]。在国务院、天津市政府和地方各级人民政府的统一领导下，在全体普查对象的支持配合下，通过广大普查工作人员的艰苦努力，圆满完成了人口普查任务。现将快速汇总的主要数据公布如下：

一、常住人口

天津市常住人口[3]为12938224人，同第五次全国人口普查2000年11月1日零时的10009068人相比，十年共增加2929156人，增长29.27%。年平均增长率为2.60%。

二、家庭户人口

常住人口中共有家庭户[4]3661848户，家庭户人口为10261740人，平均每个家庭户的人口为2.80人，比2000年第五次全国人口普查的3.09人减少0.29人。

三、性别构成

常住人口中，男性人口为6906858人，占53.38%；女性人口为6031366人，占46.62%。总人口性别比（以女性为100，男性对女性的比例）由2000年第五次全国人口普查的103.99上升为114.52。

四、年龄构成

常住人口中，0–14岁人口为1267508人，占9.80%；15–64岁人口为10568370人，占81.68%；65岁及以上人口为1102346人，占8.52%。同2000年第五次全国人口普查相比，0–14岁人口的比重下降7.04个百分点，15–64岁人口的比重上升6.97个百分点，65岁及以上人口的比重上升0.07个百分点。

五、各种受教育程度人口

常住人口中，具有大学（指大专以上）程度的人口为2261628人；具有高中（含中专）程度的人口为2672299人；具有初中程度的人口为4935959人；具有小学程度的人口为2205871人（以上各种受教育程度的人包括各类学校的毕业生、肄业生和在校生）。

同2000年第五次全国人口普查相比，每10万人中具有大学程度的由9007人上升为17480人；具有高中程度的由20851人下降为20654人；具有初中程度的由34590人上升为38150人；具有小学程度的由25031人下降为17049人。

常住人口中，文盲人口（15岁及以上不识字的人）为271381人，同2000年第五次全国人口普查相比，文盲人口减少225296人，文盲率[5]由5.96%下降为2.10%，下降3.86个百分点。

六、人口地区分布

全市常住人口的地区分布如下：

地　区	人口数（人）	比　重（%）		人口密度（人/平方公里）
		2000年	2010年	
全　市	12938224	100.00	100.00	1100
和平区	273466	3.22	2.11	27347
河东区	860852	7.32	6.65	21722
河西区	870632	7.91	6.73	22905
南开区	1018196	8.71	7.87	26412
河北区	788368	6.45	6.09	26616
红桥区	531526	5.39	4.11	25001
东丽区	569955	4.01	4.41	1191
西青区	684690	4.42	5.29	1209
津南区	593063	4.26	4.58	1529
北辰区	669031	4.53	5.17	1415
武清区	949413	8.23	7.37	603
宝坻区	799057	6.52	6.18	530
滨海新区	2482065	11.88	19.18	1112
宁河县	416143	3.64	3.22	321
静海县	646978	5.47	5.00	438
蓟　县	784789	8.05	6.07	494

注释：

[1] 本公报中数据均为初步汇总数。

[2] 普查登记的对象是指普查标准时点在中华人民共

和国境内的自然人以及在中华人民共和国境外但未定居的中国公民，不包括在中华人民共和国境内短期停留的境外人员。

[3] 全市及各区县的常住人口，是普查登记的 2010 年 11 月 1 日零时的常住人口。常住人口包括，居住在本乡镇街道、户口在本乡镇街道或户口待定的人；居住在本乡镇街道、离开户口所在的乡镇街道半年以上的人；户口在本乡镇街道、外出不满半年或在境外工作学习的人。

[4] 家庭户是指以家庭成员关系为主、居住一处共同生活的人组成的户。

[5] 文盲率是指全市常住人口中 15 岁及以上不识字人口所占比重。

企业采风

Brief Introduction of Enterprises

1 天津医科大学总医院
TIANJIN MEDICAL UNIVERSITY GENERAL HOSPITAL

2–3 天津钢管集团股份有限公司
TIANJIN PIPE (GROUP) CORPORATION

4–5 天津钢铁集团有限公司
TIANJIN IRON & STEEL GROUP CO., LTD.

6–7 天津荣程联合钢铁集团有限公司
ROCKCHECK STEEL GROUP CO., LTD.

8 天津滨海高新技术产业开发区
TIANJIN BINHAI HI–TECH INDUSTRIAL DEVELOPMENT AREA

9 津联集团有限公司
TSINLIEN GROUP COMPANY LIMITED

10–11 中国移动通信集团天津有限公司
CHINA MOBILE COMMUNICATION CORPORATION TIANJIN CO., LTD.

12–13 中国联合网络通信有限公司天津市分公司
CHINA UNITED NETWORK COMMUNICATIONS GROUP CO., LTD. TIANJIN BRANCH

14–15 天房集团
TIANJIN REAL ESTATE DEVELOPMENT MANAGEMENT GROUP CO., LTD.

16–17 天津住宅建设发展集团有限公司
TIANJIN HOUSE CONSTRUCTION DEVELOPMENT GROUP CO., LTD.

18–19 天津城投集团
TIANJIN INFRASTRUCTURE INVESTMENT GROUP

20–21 天津大学建筑设计规划研究总院
TIANJIN UNIVERSITY RESEARCH INSTITUTE OF ARCHITECTURAL DESIGN & URBAN PLANNING

22–23 天津市勘察院
TIANJIN INSTITUTE OF GEOTECHNICAL INVESTIGATION & SURVEYING

24 天津市建筑设计院
TIANJIN ARCHITECTURE DESIGN INSTITUTE

25 天津市邮政公司
TIANJIN POST COMPANY

26–27 天津三建建筑工程有限公司
TIANJIN SANJIAN CONSTRUCTION ENGINEERING CO., LTD.

28–29 宝利集团
BORLAND GROUP

30–31 天津市双盈房地产开发有限公司
TIANJIN SHUANGYING REAL ESTATE DEVELOPMENT CO., LTD.

32–33 天津市东达房地产开发有限公司
TIANJIN DONGDA REAL ESTATE DEVELOPMENT CO., LTD.

34–35 天津市南开房地产开发公司
TIANJIN NANKAI REAL ESTATE DEVELOPMENT COMPANY

36–37 天津市南开区房屋建筑工程公司
TIANJIN NANKAI DISTRICT BUILDING CONSTRUCTION ENGINEERING COMPANY

38 天津市南开区建设开发公司
TIANJIN NANKAI DISTRICT CONSTRUCTION AND DEVELOPMENT COMPANY

39 天津市南开城市建设投资有限公司
TIANJIN NANKAI CITY CONSTRUCTION & INVESTMENT CO., LTD.

40–41 天津市河北区房屋建筑工程公司
TIANJIN HEBEI DISTRICT BUILDING CONSTRUCTION ENGINEERING COMPANY

42–43 天津市河北区天兴建设开发公司
TIANJIN HEBEI DISTRICT TIANXING CONSTRUCTION DEVELOPMENT COMPANY

44 中国农业银行天津市分行
AGRICULTURAL BANK OF CHINA (TIANJIN BRANCH)

45 中国银行股份有限公司天津市分行
TIANJIN BRANCH OF BOC

46 天津信托有限责任公司
TIANJIN TRUST CO., LTD.

47 中国人民财产保险股份有限公司天津市分公司
PICC PROPERTY AND CASUALTY COMPANY LIMITED (TIANJIN BRANCH)

48–49 天津农垦集团总公司
TIANJIN STATE FARMS AGRIBUSINESS GROUP COMPANY

50–51 华明集团
HUAMING GROUP

52–53 天津鑫茂科技股份有限公司
TIANJIN XINMAO SCIENCE & TECHNOLOGY CO., LTD.

54–55 天津市王顶堤集团公司
TIANJIN WANGDINGDI GROUP CO., LTD.

56 天士力集团
TASLY GROUP

57 中法合营王朝葡萄酿酒有限公司
SINO–FRENCH JOINT–VENTURE DYNASTY WINERY LTD.

58 天津城建集团
TIANJIN URBAN CONSTRUCTION GROUP

59 天津城建投资有限公司
TIANJIN URBAN CONSTRUCTION INVESTMENT CO., LTD.

60–61 天津城建集团工程总承包公司
TIANJIN URBAN CONSTRUCTION GROUP ENGINEERING GENERAL CONTRACT COMPANY

62–63 天津第三市政公路工程有限公司
TIANJIN NO. 3 MUNICIPAL HIGHWAY ENGINEERING CO., LTD.

64–65 天津城建隧道股份有限公司
TIANJIN URBAN CONSTRUCTION TUNNELS CO., LTD.

66–67 刘房子经济发展总公司
LIUFANGZI ECONOMY DEVELOPMENT GENERAL COMPANY

68 津英纺纱有限公司
JINYING SPINNING CO., LTD.

69 天津国家信息安全产业基地
TIANJIN NATIONAL INFORMATION SECURITY INDUSTRIAL BASE

70 中冶天工（天津）装备制造有限公司
MCC TIANGONG (TIANJIN) EQUIPMENT MANUFACTURING CO., LTD.

71 中国北方人才市场
CHINA NORTHERN TALENT MARKET

72 天津中国国际旅行社
TIANJIN CHINA INTERNATIONAL TRAVEL SERVICE

(京)新登字041号

图书在版编目(CIP)数据

天津统计年鉴. 2011：汉英对照/天津市统计局，国家统计局天津调查总队编.
—北京：中国统计出版社,2011.8
ISBN 978-7-5037-6327-4
Ⅰ. ①天…
Ⅱ. ①天… ②国…
Ⅲ. ①统计资料－天津市－2011－年鉴－汉、英
Ⅳ. ①C832.21-54

中国版本图书馆CIP数据核字(2011)第165943号

天津统计年鉴—2011

作　　者 / 天津市统计局　国家统计局天津调查总队
责任编辑 / 佘竞雄　熊　威
责任校对 / 李　萍　戴　华
封面设计 / 天津市河图广告传播有限公司
出版发行 / 中国统计出版社
通信地址 / 北京市西城区月坛南街57号　邮政编码：100826
办公地址 / 北京市丰台区西三环南路甲6号
电　　话 / (010)63376907
E-mail / yearbook@gj.stats.cn
印　　刷 / 天津市方正汇智彩色印刷技术有限公司
经　　销 / 新华书店
开　　本 / 890×1240毫米　1/16
字　　数 / 1370千字
印　　张 / 41
版　　别 / 2011年8月第1版
版　　次 / 2011年8月第1次印刷
书　　号 / ISBN 978-7-5037-6327-4/C·2546
定　　价 / 420.00元（含光盘）

天津医科大学总医院

TIANJIN MEDICAL UNIVERSITY GENERAL HOSPITAL

天津医科大学总医院始建于1946年，系天津中央医院，为当时全国五大中央医院之一。1950年4月改名为天津市立总医院。1956年更名为天津医学院附属医院。1994年8月改为现名。1993年被评为三级甲等医院，1998年被评选为“全国百佳医院”，2003年被天津市委、市政府确定为医学中心。

医院占地面积77,881.93平方米，建筑面积252,050平方米，是天津市最大的集医疗、教学、科研、预防为一体的综合性大学教学医院。医院现有职工2433人，其中工程院院士1人，博士生导师47人，硕士生导师185人，正、副主任医师430余人（正主任医师160人、副主任医师270人），政府授衔专家10人，享受国务院政府特贴专家40人。现全院设有34个临床科室、11个医技科室和7个临床研究所（天津市神经病学研究所、天津市影像医学研究所、天津市内分泌研究所临床部、天津市性传播疾病研究所、天津市普通外科研究所、天津市肺癌研究所、天津市呼吸疾病研究所）。设有3个博士后流动站、29个博士学位授权点、30个硕士学位授权点。有3个国家级重点学科（中西医结合临床外科、神经外科、内分泌学科）、4个国家“211工程”重点建设学科（中西医结合临床外科、神经病学学科、影像医学学科、内分泌学科临床部）、5个天津市卫生系统重点学科（神经病学学科、影像医学学科、临床内分泌学科、核医学科、胸心外科）。

总医院经过几十年的发展，确立了在天津市医疗卫生系统中的中心地位，并在多学科发展中形成了自己的特色。中西医结合治疗重型胰腺炎、重症胆管炎、败血症和多器官衰竭等疑难、危重症，达到国内先进水平；普通外科开展了肝脏和小肠移植，并在肝、胆、胰腺、乳腺、胰岛细胞瘤、胃肠等常规手术的治疗和腹腔镜外科等方面达到了国内先进水平；内分泌科在糖尿病、甲状腺疾病和骨代谢病治疗与研究水平中居全国领先；神经外科在颅脑肿瘤、脊髓肿瘤、脑动脉瘤和脑血管畸形的外科治疗以及脑肿瘤的基础研究等方面居国内领先水平；颅脑损伤病理及临床研究居世界先进水平；神经内科在帕金森氏病及其他锥体外系疾病的发病机理实验和临床诊疗的研究、癫痫的发病机理、临床诊疗研究方面居国内领先水平；核医学科在甲状腺疾病的诊疗和放射性核素的治疗等方面居国内领先水平；影像医学学科在神经系统疾病、肾上腺肿瘤影像诊断、全身血管性疾病的介入治疗和骨矿含量测定的研究等方面达到国内先进水平。

医院拥有众多先进的检测仪器和设备，如世界先进PET-CT（正电子发射计算机断层扫描系统）、MR（磁共振成像系统）、16层螺旋CT、骨密度仪、电子胃镜、肺功能监测仪、SPECT（单光子发射型计算机断层仪）等大型先进设备，为患者提供快速、准确的医学诊断。

近年来，随着天津市卫生资源调整方案的实施，市委、市政府充分利用总医院临床与科研在全市的领先地位，将总医院确定为天津市医学中心，并承担国家级重点学科建设——天津市中西医结合外科中心，以提升天津医学科学研究与医疗水平在全国的领先地位。现医学中心一期工程外科大楼已投入使用，该医学中心为天津市最大的外科诊疗中心；总建筑面积6万平方米，为本市医疗系统中单体建筑面积最大的建筑；层高16层，设病床724张，投资2.3亿元。该中心充分发挥天津医科大学总医院临床与科研在全市的领先水平，以占主导地位的国家级重点学科——天津医科大学总医院中西医结合外科为基础，以现代化国际型大医院的标准及理念作为医学中心建筑布局的基点，设有手术区域面积5,000平方米，14间层流净化达到万级的手术间和2间达到百级的手术间，各层均有重症监护室，可为病人提供国内一流的手术室设施及装备。外科中心设有普通外科、中西医结合外科、泌尿外科、心胸外科、骨科、妇科、产科、儿科及高干病房、急救中心、先进设备的外科综合重症监护病房（SICU）及目前国内先进的500平方米的静脉药物配置中心；为了适应不同层次患者的需求，中心专门设置了贵宾病房，提供高档次住院环境。为满足特殊外科急救的需求，楼顶设有现代化的停机坪，以备远程急救病人使用。中心还充分体现以人为本的设计原则，设有屋顶花园、银行、花店、商务服务中心等，并在每3层楼之间设置一处共享空间，为患者提供优雅、舒适、方便、高质的医疗服务。

医院二期工程——神经病学中心已于2011年初投入使用，该中心主体23层，总建筑面积10万平方米，设病床800张。三期工程计划在5年内完成，共投资15亿元，占地19万平方米。医学中心建成后将成为辐射北方多省市、地区，集医、教、研为一体的，国内领先、国际先进的全国最大的医疗中心之一，成为具有相当规模的医疗城。

天津钢管集团股份有限公司
TIANJIN PIPE (GROUP) CORPORATION

党委书记、董事长 刘云生

党委副书记、总经理 李强

天津钢管集团股份有限公司是中国能源工业钢管基地。1989年动工兴建，1992年热试成功，1996年正式投产。"债转股"以来，抢抓机遇，跨越发展，连续保持30%以上的增长，累计实现利税200亿元；一个主业变成四个主业，发展成为以钢管产业为龙头，集铜材板材与设备制造、国际贸易与海外实业于一体的综合性大型企业集团，名列中国企业500强第92位、制造业500强第37位。

在钢管产业发展中，轧管机组一套变六套，年生产能力由50万吨提升到350万吨，2009年无缝钢管产量跃居世界第一。建成了世界先进的管材研发中心，并拥有世界钢管行业唯一的全流程、全尺寸的中间试验线。培育了具有自主知识产权的核心技术，形成了TP产品系列，其中80多项填补国内空白。先后获国家科技进步二等奖5项，省部级科技奖39项。石油套管国内市场占有率保持在40%以上，产品远销100个国家和地区。石油套管成为"中国名牌产品"，无缝钢管成为"中国名牌出口商品"，TPCO商标被认定为"中国驰名商标"，获"国家质量管理卓越企业"称号。

两个文明建设成果丰硕，三次获国家级企业管理现代化创新成果一等奖，获全国"五一"劳动奖状，被评为"全国文明单位"、"全国绿化模范单位"和"全国生态文化示范企业"。集团党委两次获"全国先进基层党组织"称号。集团领导班子被授予首批全国国有企业创建"四好"领导班子工作先进集体称号。

"十二五"期间，天津钢管集团将全面贯彻落实科学发展观，实施"两步走"战略，推进"二四一"工程，加快转变发展方式，调整优化产业产品结构，提高自主创新能力，强化节能减排，推行低碳制造，坚持绿色发展，着力抓好国际化、资本运作和新主业开发，全面提升企业竞争力，打造服务于能源工业和新城市建设、引领世界无缝钢管生产技术发展、最具国际竞争力和影响力的钢管制造基地，成为国际知名的跨国集团，实现第二次腾飞。

地址：天津市东丽区津塘路396号
Add: 396 Jintang Road, Dongli District, Tianjin
邮政编码 Postal Code: 300301
电话 Tel: +86 22 24801000 (集团公司总机 Group Switch Board)
+86 22 24802625 (集团办公室 Group Office)
+86 22 24802978 (集团销售公司 Group Sales Co.)
+86 22 66280988 (集团国贸公司 Group Int'l Trade Co.)
传真 Fax: +86 22 24360649
http://www.tpco.com.cn

Tianjin Pipe Group Co., Ltd. is the steel pipe base of China energy industry. The group was began to build in 1989 and was put into operation in 1996 with the year 1992 witnessed a hot-run success. After the debt-to-equity swap, the group grasps the opportunity to develop and it has achieved continuous 30% increase and accumulates the benefit and tax over 20 billion yuan. In addition, now the group has been divided into 4 main kinds of work and has developed into a comprehensive big enterprise with the leader of pipe business combined with copper product, slab, equipment manufacture, international trade and overseas real estate. Now the company lists 92 in Top 500 Companies in China and 37 in Top 500 Manufacturing Companies in China.

In the development of steel pipe industry, pipe mill has been divided into 6 sets from the former one set. The annual production capability has been increased to 3.5 million tons from 0.5 million tons. In 2009 the output of seamless pipe reaches No.1 in the world. The advanced pipe material researching and developing center has been finished construction of testing line with full progress and full dimensions which is the only one in world pipe industry. The core technique with proprietary intellectual property rights has been calculated to for TP production series of which over 80 programs fills the domestic blank. The company has successively achieved 5 national second-class technique processing prizes and 39 technique prizes of provincial level. The occupancy of petroleum casing pipe in domestic market maintains over 40% and the products are exported to 100 countries and regions. The petroleum casing pipe has been *Chinese Famous Brand* and seamless steel pipe be a *Chinese Famous Export Product,* and TPCO trademark is recognized as *Chinese Well-known trade* which is awarded title of *National Excellent Quality Control Enterprise.*

The achievement of the two civilization construction are abundant which include first prize of national modernized creative achievement of enterprise management for 3 times, *May Day* Labor Prize, *National Civilized Enterprise, National Greening Exemplary Unit* and *National Civilization Exemplary Unit.* The Group has been awarded as *National Advanced Primary Party Committee* twice. The leading people of the group has been awarded as the first state working advanced team in building Four Excellences of state owned company.

During the *12th Five-Year Plan,* Tianjin Pipe Group will fully apply the *Scientific Outlook On Development;* will carry out the *Two Steps* strategy; push *Two Four One* project; fasten the transforming developing methods; adjust the upgrading industrial and product structure; promote innovation capability; strengthen energy reduction; promote low-carbon manufacture; stick to greening developing, focusing on internationalization, capital management and new business developing in order to fully improve enterprise competence and create an internationally most competitive steel pipe manufacture base that can serve for energy industry and new city construction and can lead the manufacturing technique development of seamless pipe. The final goal of the enterprise is to become an internationally famous cross-country group through the achievement of the second strike.

朝气蓬勃的职工队伍

技术中心

石油套管加工线

轧管生产线

150 吨超高功率电弧炉

天津钢铁集团有限公司

Tianjin Iron & Steel Group Co., Ltd.

天津钢铁集团有限公司(简称天钢)是集烧结、炼铁、炼钢、连铸、轧钢、金属制品生产工艺为一体的大型现代化钢铁联合企业。2010年名列中国企业500强第107位，中国制造业企业500强第43位，黑色冶金及延压加工业第13位，天津市百强企业排序名列第9位。

天钢始建于1935年，至今已有76年的历史。近年来，天钢认真贯彻落实科学发展观，紧紧围绕主业发展战略目标，通过实施东移搬迁改造工程、十大循环经济项目、兼并重组提升改造项目"三步发展"战略，目前已具备年产钢1100万吨、铁1000万吨、钢材和金属制品900万吨的生产能力，成为千万吨级钢铁联合企业。

天钢的工艺技术装备达到国内领先，世界一流水平；构建了一流的技术研发平台，公司技术中心为国家级企业技术中心，拥有博士后工作站和雄厚的科研团队，企业连续四年获得"天津市技术创新先进企业"。并且采用了国际先进的管理体系，通过ISO 9001质量管理体系、ISO 14001环境管理体系和GB/T 28001—2001职业健康安全管理体系认证。

天钢产品在国内外市场上享有很高的声誉。主要产品包括中厚板、棒材、高速线材、钢绞线、角钢、圆管坯等六大系列。船体用结构钢板、预应力钢丝及钢绞线用热轧盘条等12个产品获国家金杯奖，低合金结构钢热轧钢板、优质碳素结构钢连铸圆管坯等9个产品获卓越产品奖。板材产品通过欧盟CE认证，获得中国、法国、美国、英国、德国、意大利、日本、韩国等八国船级社高强船板认可，钢绞线产品通过美国(PTI)认证。天钢牌产品被广泛应用到京津城际高速铁路、长江三峡工程等100多个重点工程，并销往欧盟、中东、东南亚、美洲等41个国家和地区。

在未来的发展中，集团公司大力推进六大发展战略，即主业发展战略、科技创新战略、成本领先战略、管理升级战略、绿色钢铁战略、和谐共建战略，推进企业的持续发展，把天钢打造成最具竞争力的现代化钢铁集团企业。

Tianjin Iron & Steel Group Co., Ltd. (hereafter referred to as Tian Gang which means Tianjin Iron & Steel) is a large-scale modernized iron and steel enterprise integrated with agglomeration, steel making, continuous casting, steel rolling and metal goods production. In 2010 the enterprise stands 107 in Top 500 Enterprises in China, 43 in Top 500 Manufacturing Enterprises in China, 13 in Smelting and Pressing of Ferrous Metallurgy Enterprises and 9 in Top 100 Enterprise in Tianjin.

Tian Gang was established in 1935 with 76 years' history till now. In recent years, Tian Gang seriously carries out *Scientific Outlook on Development* and develops strategic goal around the main business. Currently, the enterprise, through carrying out removing and rebuilding project of east moving, ten big recycle economic program and *Three Step to Develop* strategy combined with reorganized improving and reforming program, has the capability to produce steel 11 million tons annually as well as 10 million tons of iron and 9 million tons of steal and metal products. Now the enterprise has become a combined one that can produce iron and steel products tens of million tons.

The technique and equipment of Tian Gang have matched with the leading standards both in domestic and abroad. Now the enterprise has constructed a first-class technique research and developing platform in which the technique center is a state-level one as well as a post-doctoral working

炼铁双高炉

三座120吨炼钢转炉

地址：天津市东丽区津塘公路398号
Add: 398 Jintang Road, Dongli District, Tianjin
邮政编码 Postal Code: 300301
电话 Tel: +86 22 24706800

station and strong technique researching team. The enterprise was awarded the title of *Tianjin Municipal Advanced Enterprise in Technique Innovation* for four consecutive years. Applying world class management systems, the enterprise has passed qualification authentication of ISO 9001 Quality Control System, ISO 14001 Environmental Management System and GB/T 28001-2001 Professional Health and Security Control.

Tian Gang enjoys good reputation in both domestic and abroad markets. Its main products include medium plate, bar material, high speed wire, steel strand, angle steel and, round pipe billets, in which 12 products such as structure steel plate used for ship, prestressing steel wire and steel strand used for hot rolled wire bar won National Golden Cup and 9 products such as low content alloy hot-rolled carbon tool steel sheets and plates and qualified carbon structural steel continuous cast round pipe billets won Excellent Product Award. The slabs has passed EU CE Certification and was also approved by 8 countries including China, France, America, England, Germany, Italy, Japan and ROK. Apart from that Tian Gang products are widely used more than 100 important projects such as Beijing-Tianjin Inter-city Express Railway and The Yangtze River Three Gorges Project and the products are also exported to 41 countries and regions including EU members, Middle East, Southeast Asia and America.

In the future development, the group will strongly promote the six development strategies in that main business development strategy, technique innovation strategy, cost leading strategy, management upgrade strategy, green steel strategy and harmonious co-constructing strategy. The enterprise now promotes sustainable development of the enterprise to make Tian Gang a competitive modernized steel and iron group.

1

2

3

4

5

6

1. 六流方圆坯连铸机　2. 110吨超高功率电炉　3. 双棒材生产线
4. 高速线材生产线　5. 钢绞线生产线　6. 中厚板双轧机生产线

天津荣程联合钢铁集团有限公司

ROCKCHECK STEEL GROUP CO., LTD.

董事长 张祥青

总经理 张荣华

天津荣程联合钢铁集团有限公司（以下简称“荣程集团”），总部坐落在天津市滨海新区。集团现具备年产铁、钢、钢材各 450 万吨的生产能力，所属生产企业主要分布在天津、唐山两地。集团公司员工总数 7200 余人，资产总值 127 亿元。在 2009 年国家公布的中国企业 500 强中排名第 125 位，中国制造业企业 500 强中排名第 58 位，连续多年名列天津市百强民营企业第 1 位。

荣程集团自成立至今，始终重视环境保护和节能减排工作，各类生产设施全部配套环保设施，实现污染物达标排放。截至目前，荣程集团对节能减排以及环境保护投资累计达到 12 亿元，每年均超额完成天津市下达的节能减排目标任务。公司已经通过了 ISO 9001 质量管理体系、ISO 14001 环境管理体系和 OHSAS 18001 职业健康与安全管理体系认证。2007、2008 年获得“天津市节能减排先进单位”称号。2009 年被国家工信部确定为全国首批年产 300 万吨钢以上 21 家冶金企业能源中心建设示范企业之一，并获得了国家财政部资金支持。

荣程集团积极落实国家产业政策要求，深入贯彻科学发展观，全面实施科技创新，实现产业结构优化升级：先后建设了国家产业政策鼓励的直接还原铁工程、精品钢高速线材工程、链篦机回转窑氧化球团工程等。近几年，荣程集团加大新产品研发生产力度，产品结构得以全面优化，优质钢的生产比例达到总产量的 60% 以上，2009 年荣程集团获得国家质检总局、中国质量协会颁发的“全国质量诚信单位”、“全国质量用户满意企业”等称号。

荣程集团坚持“诚实守信，依法经营”的理念，积极履行

社会责任，做到了不欠缴国家税金、不拖欠职工工资、不坑害客户利益。企业成立至今，累计上缴各类税金45亿元，连续多年被评选为天津市、河北省纳税贡献大户。荣程集团积极投身社会公益事业，累计投入社会公益资金达到3亿元人民币。

为应对多变的市场、打造最具竞争力的钢企奠定基础，荣程集团将继续推进科技创新，优化产品结构，加快精品钢生产研发基地建设，持之以恒地提升装备水平，提升管理水平。

The headquarter of Tianjin Rockcheck Steel Group Co., Ltd. (called Rockcheck Group for short), is located in Tianjin Binhai New Area. Currently the Group has the capability to produce iron, steel and steel product each 4.5 million tons per year. With the affiliated manufacturing companies mainly in Tianjin and Tangshan, the Group now totally has over 7200 employees with asset value of 12.7 billion yuan. Listed 125 in Top 500 Companies in China and listed 58 in Top 500 Chinese Manufacturing Industries which are published nationally in 2009, moreover, the group also maintains the top one in Tianjin Top 100 Private Enterprises for consecutive years.

Since the day of foundation, the Rockcheck Group has always been focusing on environment protection and energy reduction in that manufacturing machines of every kind are all equipped with environment-friendly equipment to realize that the pollutant emission is within the limitation. Till now, the investment of Rockcheck Group on energy conservation, emission reduction and environmental protection has accumulated up to 1.2 billion yuan and the group always over fulfills the task of energy reduction and environment protection delivered by Tianjin local government each year. The group has passed the authentication of ISO 9001 Quality Management System, ISO 14001 Environment Management System and OHSAS 18001 Occupational Health and Safety Management System. Moreover, Rockcheck Group also won the title of *Tianjin Advanced Enterprise on Energy Reduction* in 2007 and 2008. In 2009, Rockcheck Group was confirmed by Ministry of Industry and Information Technology of the People's Republic of China as one of energy center construction and demonstration companies of 21 metallurgy enterprises which are the first batch to produce steel over 3 million tons a year among the country, and it got the financial support from Ministry of Finance of the People's Republic of China.

Rockcheck Group positively carries out requirement of national industry policy, deeply applies *Scientific Outlook on Development* and overall conducts technique innovation to realize optimal upgrading for industry structure. It constructed iron direct reduction project, high-speed wire with stainless steel project and Grate-kiln Oxidized pellet project successively, which are encouraged by national industry policy. In recent years, Rockcheck Group strengthens the production of new product research and development so that the qualified steel will rate more than 60% in the total output. The year of 2009 again witnessed the history that Rockcheck Group was awarded the titles of *National Quality Reliable Company* and *National Quality User Satisfaction Company* respectively by General Administration of Quality Supervision, Inspection and Quarantine of the People's Republic of China and China Quality Association.

Sticking to *Honest in Business, Legal in Operation*, Rockcheck Group positively fulfills the social responsibility to achieve the goal that the company does not default of national tax nor workers' salary nor tap customers' benefit. Since the foundation till now the tax paid by the group has been up to 4.5 billion yuan, for which the company was honored as Great Taxation Contribution in both Tianjin and Hebei Province. In addition, Rockcheck Group devotes itself into social public welfare and the welfare fund now reaches to 300 million yuan.

In order to deal with changeable market and lay foundation for the most competitive steel enterprises, Rockcheck Group will continue promoting science and technique innovation, product structure update and acceleration on construction of stainless steel production, research and development base so that the equipment quality and management standard will persistently improved.

集团总部地址: 天津经济技术开发区盛达街9号泰达金融广场7–8层
Headquarter Add: F7–8, TEDA Financial Plaza, 9 Shengda Street , TEDA, Tianjin
邮政编码 Postal Code: 300457
电话 Tel: +86 22 66286980
传真 Fax: +86 22 66286980
联系人: 康艳香
Contact Person: Kang Yanxiang

主要生产基地 Main Manufacture Base

天津厂区: 天津市津南区葛沽镇冶金工业园区
Tianjin Factory Floor: Metallurgical Industry Area, Gegu Town, Jinnan District, Tianjin
邮政编码 Postal Code: 300352
电话 Tel: +86 22 28681999
唐山滦南厂区: 唐山市滦南县倴城镇中大街121号
Tangshan Luannan Factory Floor: 121 Zhongda Street, Bencheng Town, Luannan County, Tangshan
邮政编码 Postal Code: 063500
电话 Tel: +86 315 4122038

天津滨海高新技术产业开发区

Tianjin Binhai Hi-tech Industrial Development Area

天津滨海高新技术产业开发区1988年经天津市委、市政府批准建立，1991年被国务院批准为首批国家级高新技术产业开发区，总体规划面积97.96平方公里。天津滨海高新技术产业开发区包括华苑科技园、滨海科技园、南开科技园、武清科技园、北辰科技园、塘沽科技园六部分。其核心区域华苑科技园、滨海科技园位于天津市西南和东部，是天津经济发展的双子星座。

天津滨海高新技术产业开发区始终坚持"科学技术是第一生产力"的指导思想，以增强自主创新能力为主线，以高水平环境建设为保证，以体制机制改革为动力，强化政策支撑、载体支撑、生态支撑，构建以企业为主体的研发体系，实践三级孵化的创业体系，推进支持创新的服务体系，搭建多层次的产学研体系，建设产业创新集群，打造区域特色品牌，不断推动产业结构向高端高质高新化发展，在促进科技与经济结合方面走出了一条特色之路。

建区以来，天津滨海高新技术产业开发区始终坚持依靠科技发展经济，主要经济指标持续保持30%以上的增长速度。发展环境不断优化，创新能力不断增强，产业规模不断提升，涌现出一大批拥有自主知识产权的高新技术企业，形成了绿色能源、软件及高端信息制造、生物技术与现代医药、先进制造业和现代服务业五个具有较强竞争力的优势主导产业，初步形成了参与产业高端分工、创新浪潮持续涌现、骨干企业规模带动、配套企业链条不断延伸的产业创新集群。天津滨海高新技术产业开发区已具备了建设高水平自主创新基地和高新技术产业化示范基地的基础和条件。

2001年，天津滨海高新技术产业开发区被科技部评为"国家先进高新技术产业开发区"；2005年，被国家知识产权局批准为全国首家"国家知识产权试点园区"，核心区华苑科技园被国家环保总局、国家科技部批准为创建ISO 14000国家示范区；2006年，核心区滨海科技园成为科技部和天津市共建的全国第一个国家高新区。2009年，天津滨海高新技术产业开发区成为国家科技部首批创新型科技园区建设试点单位之一。

多元、包容、开放、务实，具有现代创新精神的天津滨海高新技术产业开发区，将以优惠的鼓励政策、优越的配套设施、优雅的区域环境，为来自全国和世界各地前来投资发展的尊贵客人，提供全方位、优良的服务。

作为国家首批创新型科技园区之一的天津滨海高新技术产业开发区，最终将建设成我国自主创新和高新技术研发的高地，成为引领全球科技及新技术产业发展的龙头，支撑中国新的经济增长极的重要创新极，成为科技创业者的乐园，科技人才的理想憩息地。

津聯集團有限公司
TSINLIEN GROUP COMPANY LIMITED
天津發展控股有限公司
TIANJIN DEVELOPMENT HOLDINGS LIMITED

津联集团大理道办公楼

津联集团有限公司前身为津联贸易有限公司，1979年10月在香港注册成立，是天津市政府出资在香港设立的国有独资企业，是目前天津市政府在海外唯一的“窗口公司”。津联集团有限公司在境内外拥有多家上市公司和直属企业，是向海内外展示天津市优质资产的对外窗口，是天津市海外融资及通向国际金融市场的重要平台，也是连接天津市与香港社会、工商界的纽带与桥梁，在投融资、招商引资、政协统战、津港交流等各方面，为维护香港繁荣稳定和天津市经济社会建设作出了积极贡献。

公司成立初期以进出口贸易为主，顶峰时期外贸子公司达18家，年贸易额达10多亿港元。1986年更名为津联有限公司。1997年改组为津联集团有限公司。1997年和2001年市政府先后两次注入天津市优质资产。1997年12月，津联集团有限公司旗下的天津发展控股有限公司（简称“天津发展”，0882 HK）在香港联交所主板上市并于1998年进入香港恒生指数100家，成为恒生红筹指数成分股之一；2005年1月，天津发展分拆王朝酒业集团有限公司（0828 HK）在香港联交所主板成功上市；2006年5月，天津发展分拆天津港发展控股有限公司（3382 HK）在香港联交所主板成功上市，逐渐形成并壮大了香港证券市场的“天津板块”，累计为天津市从境外直接融资逾80亿港元。2009年，以“红筹+A股”模式整合H股上市公司天津港发展控股有限公司和A股上市公司天津港股份有限公司（600717 SH），开创境内外资本市场此类整合成功先例。津联集团有限公司控股的天津发展是目前内地各省市在香港实力及影响最大的4家红筹公司之一。

津联集团有限公司积极介绍引进百事可乐、金威啤酒等国际知名企业到天津投资。津联集团有限公司业务范围涉及城市基础设施、公用事业、酿酒、机械制造、商业地产、金融及贸易等领域，拥有境内外参控股子公司和办事机构35个，资产规模逾150亿港元。

2008年市委、市政府对津联集团有限公司提出了改革重组、战略转型以实现跨越式发展的总体要求。按照新的战略发展规划，力争在“十二五”期间资产规模及利润翻一番，分拆若干家公司在港上市，进一步壮大香港资本市场“天津板块”，海外融资有大的增长，成为大型国际性企业集团。

TSINLIEN Group Company Limited grows up from TSINLIEN Trade Co., Ltd., which was registered and established in October 1979. The company is a state solely-invested enterprise by Tianjin municipal government, and now it is the only *window company* of Tianjin municipal government in abroad. TSINLIEN owns many listed companies and directly affiliated companies in domestic and abroad, which contributes a lot to the prosperous stabilization of Hong Kong and the economic construction of Tianjin in terms of investing and financing, attracting investment, politically negotiating, integrating and the exchange between Tianjin and Hong Kong.

Since the beginning the enterprise was established, the import and export trade was the main business. Moreover, at the summit of the development, the company owns 18 foreign trade companies with the trade amount over a billion Hong Kong dollars. The year 1986 witnessed the rename of the company to TSILIEN Company Limited. In December 1997, the subsidiary Tianjin Development (0882 HK) of TSINLIEN was listed in the main board of Hong Kong Stock Exchange and Clearing Limited. And it was among 100 Hang Seng index of Hong Kong in 1998, and becomes one of constituent stock of HSCCI. In January 2005, Tianjin Development Holdings Limited was divided into Dynasty Wine Group Co., Ltd. (0828 HK) was successfully listed in Hong Kong Stock Exchange and Clearing Limited, meanwhile the main board of HKE also saw the list of Tianjin Development Holdings Limited which was divided from Tianjin Development Holdings Limited (3382 HK), In 2009, 3382 HK which is under the pattern of H stock consisted of *red chip and A stock,* and Tianjin and Hong Kong Development Holdings Limited (600717 SH) A stock are the successful primary examples of integrating domestic capital markets with foreign one. The business of Tsinlien covers urban infrastructure, public business, wine brewing, machine manufacturing, commercial real estate, finance and trade. The group has 35 wholly-owned companies and representative offices in domestic and abroad with the total assets over 15 billion Hong Kong dollars.

According to the strategic developing plan the municipal party committee and government in 2008, the group, with the goal to double the asset scale and benefit with the *12th Five-Year Plan* period, has divided into many subsidiaries to be listed in Hong Kong to further strengthen the Tianjin Sector in Hong Kong capital market. Moreover, with a big jump of foreign investment, the group has grown up into a great international enterprise group.

集团香港万怡酒店

中国移动通信
CHINA MOBILE
移动信息专家
CHINA MOBILE
China Mobile Group Tianjin Co., Ltd.

中国移动天津公司 CHINA MOBILE

中国移动通信集团天津有限公司（简称“中国移动天津公司”）是中国移动有限公司的全资子公司。中国移动目前拥有全球第一的移动通信网络和客户规模，客户规模达到5.84亿。2010年，中国移动再度被《金融时报》选为「全球五百强」，排名第十位；在《福布斯》杂志「全球二千领先企业榜」排名第三十八位；被《商业周刊》评为「全球最具创新力企业50强」。「中国移动」品牌连续第五年入选明略行和《金融时报》发布的「BRANDZ(TM)100全球最强势品牌」排名，品牌价值全球第八，名列电信运营商首位。2010年，中国移动连续第三年作为中国内地唯一企业入选道*琼斯可持续发展指数。

中国移动天津公司于2000年改制重组，并同时在香港和美国上市，成功进入国际资本市场。经过多年的探索和努力，中国移动天津公司已拥有雄厚的移动通信建设和维护技术力量，网络质量行业领先。截至目前，客户总数超过900万户。2G、3G(TD-SCDMA)、WLAN和TD-LTE网络各自的技术特点和业务承载能力，确保网络质量整体领先。

中国移动天津公司主要经营移动话音、数据、IP电话和多媒体业务，并具有计算机互联网国际联网单位经营权和国际出入口局业务经营权。除提供基本话音业务外，还提供数据、IP电话等多种增值业务，拥有“全球通”、“神州行”、“动感地带”等著名客户品牌，致力于打造优质便捷的服务。在集团客户中打造“动力100”品牌，面向政府及行业的综合信息化应用需求提供更广泛更深层次的个性化服务。

中国移动天津公司以“做世界一流企业，实现从优秀到卓越的新跨越”战略为指引，努力实现企业经营与社会责任的高度统一，致力于实现企业在经济、社会与环境方面的和谐发展。

移动改变生活

WWW.10086.CN

客服热线 10086

中国移动官方网站:www.10086.cn

客服热线：10086

同样费用 两种选择

高速上网？畅快聊天？两不误！

沃·3G 精彩在沃

A计划

更多数据流量方便你
语音、数据全球漫游
有速度才够激情！

B计划

更多通话时长方便你！
长、市、漫，三费合一
0.15元/分钟

A计划

月费(元)	套餐类型	包国内语音拨打分钟数	包国内流量	包M个数	包T个数	包国内可视电话拨打分钟数	包国内短信条数	超出部分国内语音拨打	接听免费范围	超出部分国内可视电话拨打	超出流量	赠送增值业务	其他
66	A	50	300MB	6	10	10	240	0.20元/分钟	全国（含可视电话）	0.6元/分钟	0.0003元/KB	来电显示 手机邮箱	执行标准资费
96	A	240	300MB	12	20	10	0	0.15元/分钟					
126	A	320	400MB	20	20	15							
156	A	420	500MB	20	40	20							
186	A	510	650MB	20	40	20							
226	A	700	750MB	30	40	25							
286	A	900	950MB	40	50	30							
386	A	1250	1.3GB	50	50	50							
586	A	1950	2GB	60	100	100							
886	A	3000	3GB	90	120	180							

★ 对流量使用情况及时提供短信流量提醒。

★ 当月数据流量达到6GB后，自动关闭数据功能，下月自动开通。

B计划

月费(元)	套餐类型	包国内语音拨打分钟数	包国内流量	包M个数	包T个数	包国内可视电话拨打分钟数	超出部分国内语音拨打	接听免费范围	超出部分国内可视电话拨打	超出流量	赠送增值业务	其他
66	B	200	60MB	6	10	10	0.20元/分钟	全国（含可视电话）	0.6元/分钟	0.0003元/KB	来电显示 手机邮箱	执行标准资费
96	B	450	80MB	12	20	10	0.15元/分钟					
126	B	680	100MB	20	20	15						
156	B	920	120MB	20	40	20						
186	B	1180	150MB	20	40	20						

China unicom 中国联通

赠 手机邮箱 来电显示

选3G 就选沃

产品及资费详情请咨询10010

客服热线**10010** 充值专线**10011**

网上营业厅 **www.10010.com**

手机微博 我抢沙发
完美iPhone4体验，只在中国联通沃3G
沃·3G
精彩在沃
中国联通 3G 19:26
可乐 (Jack.Nicholas)
北京
极速的人生不需要解释
最近心情一级棒，真想和朋友们一起去草原上吹吹风
老铁：哈，沙发，又是我最快！！
David：那周末一起去吧"大家都要high起来！
"零"元购机 精彩体验
0元
惊喜之选：选择286元及以上套餐即可实现0元购机
优惠之选：选择最低96元套餐优惠购机仅需3899元
办理iPhone4业务，请到中国联通营业厅、网上营业厅及指定授权店。
更快的沃3G极速网络与iPhone4 成就完美搭配
精彩，也要够配才能绽放。中国联通沃3G，采用全球广泛应用的WCDMA技术，
完美支持iPhone4，开启全部精彩，极限网速畅行无阻，成就3G时代天生绝配。
China unicom中国联通
产品及资费详情请咨询10010
客服热线10010 充值专线10011
网上营业厅 www.10010.com

和谐天房

责任地产

天房集团
TIANFANG GROUP

天津市房地产开发经营集团有限公司是天津市第一家国有独资大型房地产开发企业，是服务于天津经济社会发展和滨海新区开发开放、创建生态宜居城市与和谐天津的“主力军”和“国家队”。集团在市委、市政府和市规划建交两委的正确领导下，经过30年的发展壮大，已成为土地开发、房产开发、资本运营、基础设施建设投资四大产业并举，物业管理服务、实业投资、科技开发、不动产经营、现代物流和酒店管理竞相发展的综合性企业集团，主要经济指标在“十一五”期间翻三番并连创历史新高，跻身“全国服务业500强”、“中国房地产百强”行列，进一步呈现滨海新区、中心城区、各区县三大层面项目，四大支柱产业协调联动、竞相发展的良好态势。

投资建设“城市地标”泰安道地区综合开发项目

努力建设“城市客厅”——天津文化中心

发起全国首支保障房投资基金建设的保障房项目——嘉春园

精心代建“海河之舟”——赤峰桥

参股参建国家级合作项目——中新天津生态城

率先投资开发海河上游第六大节点——天津湾

实施“大集团”战略，开发建设海南三亚海棠湾洲际酒店

投资开发静海团泊示范镇，强力助推区县发展

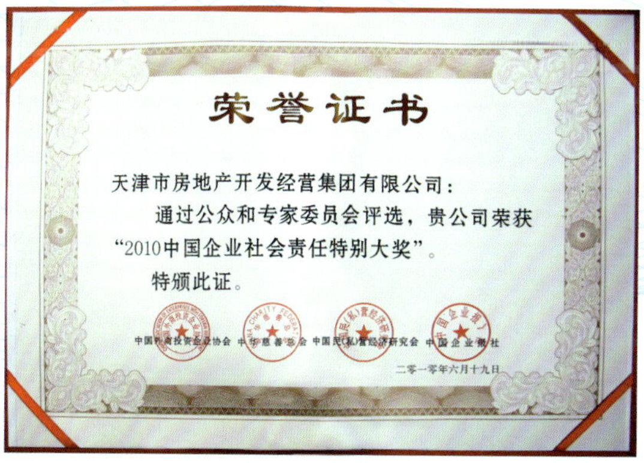

荣誉证书

天津市房地产开发经营集团有限公司：

通过公众和专家委员会评选，贵公司荣获“2010中国企业社会责任特别大奖”。

特颁此证。

二零一零年六月十九日

在全国房地产行业和天津市范围内唯一荣获“中国企业社会责任特别大奖”

天津住宅建设发展集团有限公司

Tianjin House Construction Development Group Co., Ltd.

天津住宅集团是天津市建设领域国有大型骨干企业。是以住宅产业化为发展方向，以房地产开发经营、新型建材与住宅部品制造、建筑施工、科技与服务业四大产业板块为一体的住宅产业集团，形成了集科研、设计、房地产开发经营、新型建材生产、住宅部品制造、建筑施工、装饰装修、节能与结构检测、房屋销售、物业管理等一条龙式完整的住宅产业链。被国家住房和城乡建设部批准确立为“国家住宅产业化基地”。

多年来，住宅集团积极实施住宅产业化战略，发挥四大产业板块产业链的集成优势，全力推进节能、环保、绿色、生态、低碳型住宅产业，在住宅产业化的道路上迈出了坚实的步伐。

凭借强大的综合实力和经营业绩，住宅集团入选夏季达沃斯论坛“全球成长型企业”成员单位，被评为“天津市百强企业”、“中国房地产企业100强”、“中国服务业企业500强”和“全国建筑业技术创新先进企业”。

产品名称		产品性能	施工特点	用途
加气混凝土制品	蒸压砂加气混凝土制品（砌块、板材） 粉煤灰加气混凝土制品（砌块、板材）	保温、防火、隔声、抗震、规格多样、尺寸精确、施工便捷、经济、质轻、绿色环保	干法施工，薄层砌筑	外墙、隔墙、屋面
胶粘剂		保水性、和易性良好，干缩率低，粘结性能好，运输方便，绿色环保	干法施工，薄层抹灰	与砂加气混凝土制品相匹配的砌筑专用胶粘剂
粉刷石膏		保水性好，抗裂性佳，粘结性强，质轻、防火、绿色环保	干法施工，薄层抹灰	与砂加气混凝土制品相匹配的墙体内檐抹灰材料
建筑石膏		质轻、节能、快凝、环保、安全		石膏建材
抗裂砂浆		抗裂性能好，良好的保水性、和易性、粘结性、抗渗性，绿色环保	干法施工，薄层抹灰	与砂加气混凝土制品相匹配的抹灰专用砂浆
干混砂浆		具有良好的保水性、和易性、粘结性、抗渗性以及抗裂、抗应变能力，塑性收缩率低，易于施工	预拌干混	与各类砖、砌块相匹配的墙体砌筑、抹灰砂浆
外部装饰装修部品	高档节能门窗	保温、气密、水密、抗风压、隔声性能良好，绿色环保、美观耐用	施工方便	建筑外墙
	呼吸式幕墙	节能效果优越，是节能幕墙的发展趋势	单元式施工，方便快捷	建筑外檐
内部装饰装修部品	整体橱柜及收纳系统	绿色环保，随意组合，工厂化生产，保证质量	现场组装，方便快捷	厨房、室内使用

天津市住宅科学研究院：重点以节能、环保、绿色、生态、低碳和发展循环经济为特色，集科技研发、工程设计、业务检测、产品认证、技术集成、综合评测和技术咨询与服务等的高新技术机构。

以住宅产业化的方式建设国家康居住宅示范项目

天津市规模最大的保障房项目华城佳苑

全国首个住宅产业园：搭建住宅科技研发、住宅信息技术展示、住宅部品制造和新型建材物流配送四大平台。

天津住宅集团新型节能墙体材料与住宅部品制造基地：基地生产新型节能墙体材料砂加气混凝土制品、脱硫石膏粉体材料、节能门窗、呼吸式幕墙以及整体厨卫等各种环保住宅部品。

天津市第一个大型生态居住区——梅江生态居住区

天津城投集团

Tianjin Infrastructure Investment Group

2010年天津城投集团在市委、市政府的正确领导下，在市委规划建设交通工委、市建交委的直接指挥下，依靠各有关部门的大力支持和全体干部职工的共同努力，积极响应市委、市政府“解难题、促转变、上水平”的号召，着力发挥投融资平台作用，圆满完成了各项年度任务，实现了“十一五”重要发展阶段的良好收官。至“十一五”末，天津城投集团已经发展成为一个主营业务清晰、管理比较规范、创新能力较强、资产规模突破四千亿元、在天津国有企业中具有较重分量的大型综合企业集团。

“十一五”时期，天津城投集团累计实现基础设施投资1290亿元，一大批基础设施建成使用。依靠多元化融资模式的创新拓展，五年累计实现融资到位2600亿元，为重大工程建设提供了有力的资金保障。通过构建“以项目为载体、以子公司为核心”的运营与内控管理体系，筑实了风险防范的三级防火墙，管控能力、经营收入逐年提高。五年累计实现经营收入230.01亿元、利润总额68.96亿元、净利润55.10亿元，合并资产总计4013亿元。

城投集团2010年共完成固定资产投资344亿元，超额完成市建交委下达任务（任务为312亿元）；新签订融资合同额793.63亿元，实现融资到位额766.81亿元；全集团合计主营业务收入98.8亿元，实现利润总额19.04亿元，实现净利润15.5亿元，分别增长89.38%、12.46%和1.97%，各主要经济指标实现了集团成立以来连续6年的高速持续增长。

重大基础设施项目年度建设方面，地铁2、3号线车站、场段全线推进，5、6号线市内5区已经完成拆迁核量工作；天津站换乘中心主体结构完成；西站枢纽配套工程完成拆迁总量近九成，各子项工程土建施工正在进行。天津大道、津港高速、国道112线局部（81公里）实现通车；中心城区快速路环线、东纵、南横、北横及两条联络线已实现贯通，西纵大部分具备通行条件。其中天津大道工程获得“中国人居环境范例奖”。完成海河中心广场绿化工程，初步启动文化中心景观绿化工程；纪庄子等4座污水处理厂升级改造及1座中水厂改扩建工程完工并达到通水条件，张贵庄污水建设工程全面铺开。海河综合开发工程海津大桥以上段基础设施项目基本完成，上游地区路网体系基本形成，天钢柳林地区基础设施配套工程开工8项。通过大干300天，完成了海河中心广场建设与绿化、上游段堤岸及夜景灯光等8项提升改造工程。海河教育园一期基础设施建设工程及7所学校土建工程基本完工；子牙循环经济产业区、市文化中心配套工程进展顺利。

“十二五”期间城投集团预计投资规模将超过2600亿元（不含合资铁路），较“十一五”时期增长1倍。为实现“十二五”的良好开局，城投集团以“调结构、增活力、上水平”为着力点，在2011年度重点安排基础设施建设206项，其中：续建104项，新开工102项，力争实现基础设施投资360亿元，较2010年市建交委下达指标312亿元增长15%。

城投集团“十二五”期间总的指导思想是：围绕尽快实现天津城市定位这个总目标，以“加快构建现代化城市综合交通体系、实现集团可持续发展”为重点，用好“现金、土地、政策”三大资源，在“融资创新、投资建设、城市开发、资产经营”四个方面下功夫、见成效，再经过五年时间的努力，切实把城投集团打造成一个“融资能力强、适应变化快、资产质量好、队伍素质高、发展潜力大、独具天津特色”的现代化企业集团，为天津的经济社会发展再作新贡献。

Tianjin Infrastructure Investment Group now plays the role of investing financial platform under the correct leadership of municipal government and direct guideline of municipal planning , construction and transportation labor union and municipal construction and transportation committee. Depending on the strong support of related bureau and common effort of the whole staff and cadres, it positively response to the municipal committees and government and their calling of *Resolving Problem, Pushing Reform and Improving Standards*. Now the company has successfully achieved the annual task in every field and realized the good achievement in the developing period of *11th Five-Year Plan*. Since the end of the *11th Five-Year Plan*, Tianjin Infrastructure Investment Group has developed into a large-scale comprehensive group with asset value jumping over 400 billion yuan in Tianjin Sate owned companies in that it has clearer business filed, more regulated management and stronger creativity.

In the *11th Five-Year Plan* period, Tianjin Infrastructure Investment Group has accumulatively invested in infrastructure 129 billion yuan with a large batch of infrastructure being completed construction. Depending on the innovative expanding under diversified financing pattern, the group has realized financing capital 260 billion yuan in total in 5 years which provides strong guarantee for great projects. Moreover, through the constructing the operation and inner control management system of *Program being Carrier and Subsidiaries as the Core*, the group also builds a class-three problem proof wall in terms of protecting risks so that the ability of management and control as well as the operation benefit are grown year by year. The operation benefit of 23.001 billion yuan, total benefit of 6.896 billion yuan, net income of 5.510 billion yuan and the combined income of 401.3 billion yuan are all achieved accumulatively for the last 5 years.

Tianjin Infrastructure Investment Group has achieved the investment in fixed asset 34.4 billion yuan in total in 2010, which excessively completed the goal of 31.2 billion yuan ordered by municipal construction and transportation commission. The newly singed financing contracts reaches 79.363 billion yuan in which the locating money is 76.681 billion yuan. The income of main business of the whole group is 9.88 billion yuan in which the benefit is 1.904 billion and net income 1.55 billion that have increased 89.38% , 12.46% and 1.97% respectively. Moreover, every main economic goal has realized continuous increase in 6 consecutive years since the establishment of the group.

Apart from the mentioned, great improvements have been achieved in important large-scale infrastructure programs. The station and the fields of metro line 2 and line 3 are all fully promoted, and the removal task of construction of metro line 5 and line 6 inside

天津大道

奥风区夜景

西北半环复康路立交桥

建设中的海河教育园体育中心

the 5 urban districts are all completed. The main structure of Tianjin Railway Station interchange center has been accomplished. The removing part of transportation supporting project in Tianjin West Railway Station has been completed 90% and every subsidiary project is under construction. Moreover, Tianjin Avenue, Jin'gang Expressway and part of National 112 Line (81 km) are all open to traffic. The expressways around the city in center areas, connection roads to east, to south and to north are all run through and that to west owns the ability to be run through. Among the mentioned projects, Tianjin Avenue awards *China Human Habitat Excellent Example Prize*. The green project of Haihe Center Square has been completed and the scenic green project of cultural center will be started. Four sewage disposal factories has reconstructed and one water supply factory has expanded and reconstruction to reach the water dredging requirement and the last but least sewage disposal factories construction projects in Zhangguizhuang has fully started.

The Haihe comprehensive developing project-the infrastructure project of upper phase in Haijin Bridge has basically completed and the land net system of upper water area has been basically founded. Moreover 8 programs of subsidiary projects of infrastructure in Tian'gang Liulin are have been started. After hard working for 300 days, 8 programs of upgrading projects including construction and greening of Haihe center square, upper water embankment, and light of night landscape have been finished. Moreover, the infrastructure construction of Haihe Education Park phase one and civil construction projects of 7 schools are finished. Apart from economic industrial district of Ziya circle and subsidiary project of the city culture center is processed successfully.

During the *12th Five-Year Plan* period, the company is estimated to invest 260 billion yuan, excluding joint venture railway, which is one time more than that in the *11th Five-Year Plan*. In order to take a good start at the beginning, the company will focus on *adjusting the structure, enhancing the vitality and improving the quality*. There are 206 important projects of infrastructure construction in 2011, in which there are 104 continuous constructions, and 102 new starting projects. The company will devote to realizing the investment of 36 billion yuan which is 15% higher than the goal of 31.2 billion ordered by construction and transportation commission in 2010.

The guidance of the company in the *12th Five-Year Plan* period, is to realize the goal of positioning Tianjin as soon as possible. With the focus on *fastening modernized comprehensive transportation system and realizing sustainable development of the group*. Meanwhile three resources of *cash, land and policy* should be well used to make effort in four aspects of *creative financing, investing into construction, city exploration and asset management*. After 5 years developing, the group will be developed as an *modernized group with high financial capability, fast flexibility, good asset quality, high standard team qualification, deep potentiality with Tianjin Characters* so that it will contribute more to social development.

海河中心广场

天大建筑
Design changes the world

设 计 改 变 世 界

天津大学建筑设计规划研究总院
Tianjin University Research Institute of Architectural Design & Urban Planning

设计总院核心领导团队

天津大学建筑设计规划研究总院是隶属于拥有百年历史的天津大学的全资企业，由天津大学建筑设计研究院与天津大学城市规划设计研究院组成，具有甲级建筑设计、甲级城市规划设计、甲级工程咨询、甲级历史文物建筑规划设计等七项资质。

总院现有人员 350 余人，一线设计及科研人员占全院总人数的 90%，建院 50 多年来依托天津大学的人才优势、学科优势和技术优势，凭借严谨的工作作风和良好的服务意识，在教育、办公、商业、医疗、体育建筑和城市规划、古建筑修缮保护规划、深基坑支护等方面都有不同凡响的建树。其中，“天津市城市副中心西站地区规划”、“天津市滨海新区响螺湾商务区城市设计”、“天津利顺德大饭店修缮改造”等项目在国内外各类设计竞赛中屡获殊荣，受到项目委托单位的好评。

总院以“科研强院、效益大院、国际知名设计机构”为发展目标，实施“品牌”、“创新”、“区域”、“蓝海”四大发展战略。近年来拥有 9 项专利技术、15 项在研课题及 50 多篇科技论文，企业产值以每年 50% 的速度递增，近年来还与美国 RSP、德国 KSP 建筑设计事务所、日本日建综合设计所、日本昭和株式会社以及加拿大等多家境外设计机构展开多方面多层次的国际合作。

特色鲜明、风格独具的天津大学建筑设计规划研究总院，愿为中国的城市建设精心勾绘更具地方特色、更具竞争力、更具时代精神的发展蓝图。

洪再生 院长 教授
日本工学博士 博士生导师

天津市滨海新区响螺湾商务区城市设计

天津西站城市副中心整体城市设计

北京光彩大厦

曹妃甸国际论坛永久会址

天津大学第26教学楼

天津利顺德大饭店修缮改造

陕西宝鸡青铜器博物院

天津大学生体育中心

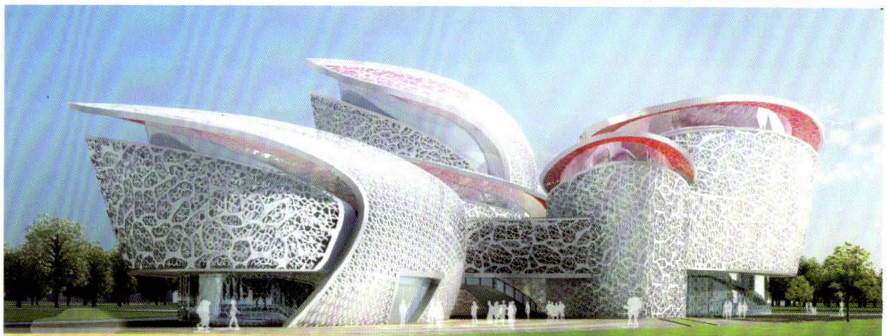
重庆妇女文化中心

天津市勘察院

TIANJIN INSTITUTE OF GEOTECHNICAL INVESTIGATION & SURVEYING

书记 田景堂

院长 李文春

天津市勘察院创立于1979年，隶属于天津市规划局，拥有6个专业、12个生产公司，是以岩土工程勘察、工程测量、建筑与岩土工程设计、桩基施工、工程测试为主的专业化综合性生产科研单位，是全国大型综合勘察单位之一。拥有工程勘察国家级综合甲级资质、岩土工程国家一级承包资质、桩基测试国家甲级资质、工程测量国家甲级资质、建筑设计国家甲级资质、工程监理国家乙级资质和深基坑支护设计专项资质。拥有国内一流的专业生产及施工设备和现代化的办公网络系统、工程勘察信息自动化处理系统、KTG土工试验系统等应用软件系统，引进了机载雷达和亚洲第一台车载雷达等先进技术装备。2009年顺利通过质量、环境和职业健康安全管理三体系认证。

目前，天津市勘察院有职工700多人，其中，专业技术人员380人，国家勘察大师1人，国务院特贴专家3人，高级工程师以上98人，拥有各类注册资质83人。近年来，天津市勘察院坚持用科学发展观统领全院发展，以科技创新助推企业经济持续快速增长，引进、抽调技术尖子承担重大科研项目的研发，积极参与多项国家、天津地区规范的编写，承担了《城市规划道路拨地管理信息系统》、《天津市工程地质图系编制研究》、《天津滨海新区软土工程综合技术研究及工程示范》等多项部、市级重点课题，先后荣获国家级科技进步奖1项、部级科技进步奖5项、市级科技进步奖18项。并以高质量、高水平的勘测、设计、施工，赢得了行业的认可和社会的好评，先后荣获国家级优秀工程奖14项、部级优秀工程奖26项、市级优秀工程奖42项。

《天铁冷轧薄板工程主厂房岩土工程详细勘察报告》项目荣获国家银质奖

还先后荣获了"全国工程勘察先进单位"、"全国城市勘测先进单位"、建设系统"综合实力百强"单位、"全国勘察设计行业诚信单位"、"全国建设系统企业文化建设先进单位"、"全国建设系统思想政治工作先进单位"等国家级荣誉称号；天津市"重合同，守信誉"单位、天津市"八五"、"九五"、"十五"立功先进单位、"天津市五一劳动奖状"先进单位等市级荣誉称号。这两年，分别荣获了全国工程勘察与岩土行业"十佳岩土工程企业"、"十佳企业文化建设先进单位"荣誉称号，《天津市建设用地规划动态管理系统》荣获天津市工程咨询成果奖一等奖，《天津市区标准土层的建立及特性研究》、《天津市饱和粉（砂）土液化地质灾害调查报告》荣获天津市工程咨询成果奖三等奖。承接的《天铁冷轧薄板工程主厂房岩土工程勘察》项目，荣获工程勘察设计国家银质奖。

近年来，天津市勘察院始终坚持团结、拼搏、求实、创新的企业精神，致力于管理创新、科技创新、优化服务、提升品牌，通过全方位的专业技术服务为建设单位创造更多的价值回报，为天津城市建设发展再立新功。

Tianjin Institute of Geotechnical Investigation & Surveying(TIGIS) was founded in 1979. It is affiliated to the Tianjin Planning Bureau with 6 specialities, and 12 manufacturers focusing on investigation on geotechnical engineering, engineering surveying, engineering design of buildings, construction & geotechnical engineering design as well as pile construction and project testing. It boasts first class comprehensive qualifications at national level of engineering investigation, geotechnical engineering general contract, pile foundation testing, engineering measurement, construction and design, and national second class for engineering supervision qualifi-

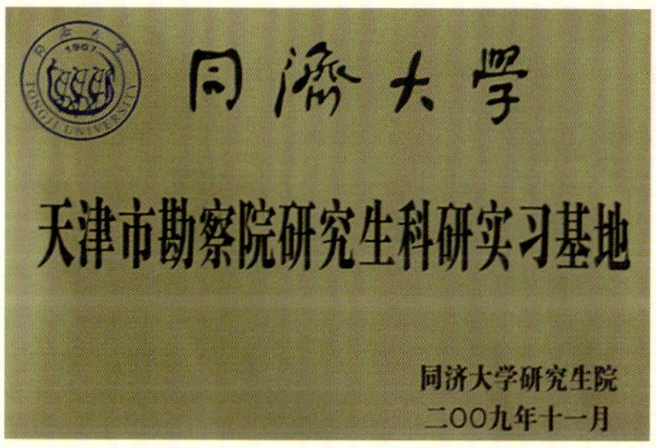

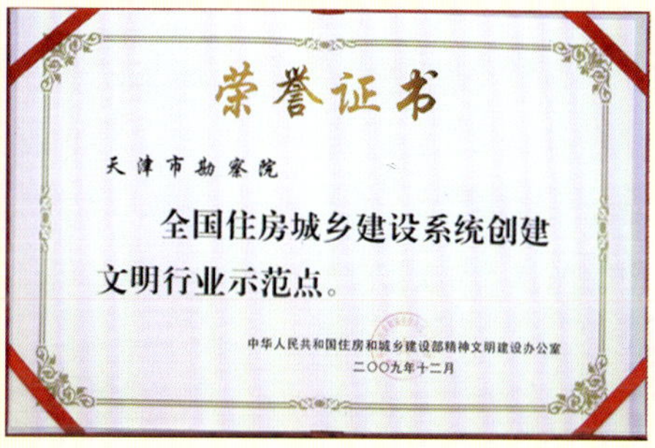

cations as well as designated design of deep excavation support qualification. It features strong technology, complete professionals, dedicated and advanced facilities at home and application software systems such as modernized office network, automated disposal system on engineering investigation information and KTG geotechnical test system, etc. In 2009 it has successfully passes the qualification of quality, environment, and profession health and security management.

Currently, TIGIS has more than 700 employees of which 380 are professional staff, one national investigation expert, 3 experts with special national allowance, 98 senior engineers and 83 with registered qualifications. In recent years, TIGIS insists to apply *Scientific Outlook on Development* to lead the development of the whole institute, and apply the scientific innovation to push the economic sustainable and fast increase of the enterprise, to bring into and deliver the technique talents to undertake the important research program and participate into the compilation of the country and that in Tianjin area. The institute has organized and compiled many research achievement including *Management Information System of City Planning*, *Tianjin Project Geological Map Research* and *Soft Earth Project Technique Research of Tianjin Binhai New Area*. The task done by the institute won 1 national technology progressing prize, 5 techniques advanced prizes on bureau level and 18 prizes are municipal level. Its high qualification and technique won well appraise and there are 14 projects winning national qualified projects, 26 in departments and 42 on municipal level.

It was titled as *the National Advanced Unit of Engineering Investigation, National Advanced Unit of Urban Investigation, Top 100 Units with Comprehensive Strength* in construction industry, *National Creditworthy Unit in Engineering Investigation* and *Geotechnical Industry, State Advanced Unit of Enterprise Culture Development in Construction Industry*, and *State Advanced Unit of Ideological and Political work in Construction Industry, Tianjin Unit of Focusing on Contract and Integrity, Tianjin Advanced Unit with Great Achievements in 8th, 9th and 10th Five-Year Plans, and Tianjin May First Labour Day Medal*, etc.. Recent years, the institute also won honorable titles of *Top 10 Enterprises on Land Construction* and *Top 10 Advanced Enterprises on Civilized Construction* in state project investigation and land industry. Meanwhile it also achieved lots of prizes, for example, *Dynamic Management System of Construction Land Planning in Tianjin* won the first prize of Tianjin municipal project consultancy, *Established and the Character Study on Tianjin Standard Soil Layer* and *Investigation Report on Geologic Hazard of Tianjin Liquefaction of Saturated Silt Soil* won the third prize of Tianjin municipal project consultancy and *Rock Soil Investigation of Factory on Iron Cold-rolled Sheet Project* won Silver prize of state project investigation and design.

In recent years, TIGIS sticks to the united, struggling, factuality and innovative enterprise spirit, with high quality and high level investigation, design, construction and research achievements through advanced technology and quality service, and has made great new contribution to the urban construction of Tianjin.

地址: 天津市南开区红旗南路428号
Add: 428 Hongqi'nan Road, Nankai District, Tianjin
邮政编码 Postal Code: 300191
电话 Tel: +86 22 23679610, 23679557
传真 Fax: +86 22 23679610

天津市建筑设计院
TIANJIN ARCHITECTURE DESIGN INSTITUTE

院长 刘军

天津市建筑设计院（简称“TADI”）创立于 1952 年，是天津地区最大的综合建筑设计院，主要承接民用建筑设计、工业建筑设计、城市规划及居住区、住宅小区规划设计，民用与工业建筑项目的可行性研究、工程咨询、建设工程监理、工程项目总承包以及技术合作、技术成果转让，境外工程的咨询、设计和监理、国外经济技术合作、智能建筑（系统工程）设计等业务。

TADI 具有国家住房和城乡建设部颁发的甲级建筑工程设计资质、甲级城乡规划编制资质、甲级风景园林专项工程设计资质、房屋建筑工程监理甲级资质、工程招标代理机构甲级资质、工程造价咨询企业甲级资质、施工图设计文件一类审查机构资质、乙级人防工程设计资质、国家发改委颁发的工程咨询甲级资质，是国际建筑工程咨询协会（菲迪克）会员单位。TADI 先后有 10 项设计获国家优秀设计奖，其中有三项获金质奖；近 230 项工程设计、科研和标准设计获得了建设部、市级优秀设计奖、优质工程奖及科研成果奖等奖项。

TADI 于 1996 年获得 ISO 9001 国际质量体系认证，于 2002 年 4 月 4 日率先实现 GB/T 19001-2000—ISO 9001:2000 标准转换。2010 年 3 月取得 2008 版 IDSO 9001 标准认证证书。

Tianjin Architecture Design Institute (TADI) was established in 1952, and now it is the biggest comprehensive architecture design institute which mainly undertakes the design of civil buildings, industrial buildings, city planning and living community. Moreover it also conducts the feasibility research on civil and industrial construction program, project consultant, supervision on construction project, general contract on project and business related to technique corporation, technique achievement transmission, overseas project consultant, design and supervision, economic technique corporation abroad and intellectual building (system project) design.

TADI owns many qualification authentications include A-grade architecture project designing qualification awarded by Ministry of Housing and Urban-Rural Development, A-grade landscape architecture special project designing qualification, A-grade housing architecture project supervision qualification, A-grade project bid inviting agency qualification, A-grade project pricing consultancy qualification, A-grade audit institute of construction blueprint designing, B-grade civil air-defense construction qualification, A-grade construction consulting qualification awarded by National Development and Reform Commission. It is a member of International Federation of Consulting Engineers (Fédération Internationale Des Ingénieurs Conseils). TADI has also successively won 10 state excellent design prizes among which there are three won the golden prize. In addition the company also won 230 prizes of municipal excellent design prize, excellent project and scientific research price in terms of project designing, technique researching and standard designing awarded by Ministry of Housing and Urban-Rural Development.

TADI won ISO 9001 Internationally Quality System qualification in 1996 and it is among the first to realize the transmission of GB/T 19001-2000—ISO 9001:2000 standard on April 4th in 2002. And in March 2010 it won the qualification authentication of IDSO 9001 of 2008 version.

哈尔滨十四中学鸟瞰效果图

天津市海河天钢柳林地区城市副中心设计

丹东市新区医院

天津梅江会展中心

天津奥林匹克中心体育场

中国邮政
CHINA POST

打造服务平台 服务社会民生
Create Service Platform and Serve for the Society

经历一百三十余年的发展，天津邮政服务于国计民生，深得社会各方面的信赖。近年来，在天津市委、市政府和中国邮政集团公司的正确领导下，在各级政府部门的鼎力支持下，在各界用户的信任与关怀下,天津邮政坚持“超常规、大手笔、高水平、跨越式”的发展思路，以科学发展为指导，围绕企业的核心优势，与时俱进，开拓进取，不断提高服务水平，努力提高自身发展的质量和效益。几年间，业务发展持续提速，通信能力显著增强，体制改革平稳推进，企业形象大幅提升，和谐建设硕果累累。

成长于斯，奉献于斯。作为国家重要的通信基础设施，天津市邮政公司深刻理解企业的使命不仅是创造利润，更重要的是为社会发展、为地方经济建设、为百姓民生提供更加优质、更加便捷的邮政服务。天津邮政主动融入地方经济发展，紧密结合政府工作重点，充分发挥自身优势,不断创新服务,为政府分忧,为百姓解难。近年来，天津邮政实施了进社区工程，开展了邮政服务“三农”，服务中小企业工作，邮政大平台服务功能不断提升，获得政府和百姓的普遍认可。天津市邮政公司获得了全国“五一”劳动奖状、全国精神文明建设先进单位、天津市“五一”劳动奖状等一系列荣誉。

饮水思源，回报于行。天津邮政的发展得益于天津稳定和谐的社会环境，得益于天津蓬勃发展的经济形式，更与各级党委、政府部门的支持、广大客户的信任密不可分。我们将继续加强服务网络等核心能力建设、努力提高服务水平、不断扩宽服务领域，与各界朋友真诚合作，共赢发展！

After 130 years' development, China Post Tianjin Branch serves the benefit of the people's livelihood and wins the trust from various sides in the society. In recent years, under the correct leadership of municipal government and committee of Tianjin and China Post Group and the great support of government departments from various sides, China Post Tianjin Branch, with trust and care from the society, adheres to the developing thought of *Exceeding the general situation, making master stroke, striking high standard and lead-forward style*, and develops and explores following the trend under the guidance of the scientific development and around the core advantage of the company so that the serving level will be enhanced and the quality and benefit will be thus improved. In recent years, the business improves continuously in terms of notably improving communication ability, stably promoting system restructure, great hoisting company image and accumulatively increasing construction achievement.

Contribute to wherever that grows up from. As the important communication infrastructure, China Post Tianjin Branch deeply understands the mission of the company which not only creates benefit but also serves from the society development, local economic development and mail service. China Post Tianjin Branch closely connecting with the government working importance, initiatively fixes into the local economic development and gives full play to self advantage. Meanwhile the company also develops creative service to share burdens of the government and resolving problems of civilians. In recent years, China Post Tianjin Branch constructs the entering-community project, develops *Three Dimensional Rural* postal service, medium-sized and small enterprises postal services. The continuous improving service functions of postal platform wins recognition of the government and the civilians. Tianjin Post has been awarded a series of prize such as National May Day Labor Prize, National Advanced Unit of Spirit Construction and Tianjin May Day Labor Prize.

Never forget where one's happiness comes from, and respond in practice. The development of Tianjin Post benefits the stability and humanity of social environment of Tianjin and its prosperous economic form, which depends more on the support of the cadres of party committee of each level and departments of municipal government and the trust of customers. We will further enhance core capability construction such as service net, improve service standards, expand service channel and corporate with friends from everywhere to make better achievement.

天津三建建筑工程有限公司

Tianjin Sanjian Construction Engineering Co., Ltd.

天津建工集团三建建筑工程有限公司始建于 1952 年，是天津市大型骨干施工企业，具有国家一级工程总承包资质。综合实力保持天津同行业领先水平，连续多年被评为天津市企业 100 强，并跻身全国行业百强之林。

公司极力推崇“大建筑”发展战略，初步构筑形成了以施工总承包为主导，房地产开发、钢结构制作、装饰装修、实验检测、地铁路桥“五大支柱产业”并举的经营发展格局。拥有国家房屋建筑工程施工总承包一级资质、机电安装工程施工总承包一级资质、市政公用工程施工总承包一级资质，以及钢结构工程、建筑装修装饰工程、预应力工程、地基与基础工程、消防设施工程等多项专业承包一级资质。

公司积极推进规模经营战略，实施外向经营扩张，在天津建工系统第一个投身国家西部大开发，第一个进军 2008 北京奥运工程，第一个承揽日本、厄立特里亚等海外工程。企业施工产值连续多年保持 25 亿元以上，2010 年突破 35 亿元。

公司坚持“诚信经营、质量兴业”的发展理念，在全国建设系统率先公开向社会承诺：不向社会交付一平方米不合格工程。率先通过 ISO 9001、ISO 10012、ISO 14001、OHSAS 18001 体系认证。公司承建的天津滨海国际机场、天津体育中心、天津地铁一号线车站、天津万丽泰达酒店及会议中心、天津市高级人民法院审判楼、滨海新区大港文化艺术中心、天津市安定医院、津湾广场等二十二项工程，荣获全国建筑业最高奖——鲁班奖和国优奖。

公司注重科技创新和人才建设，培养建设出一支高素质、高层次的技术和管理人才团队。目前，企业已经拥有国务院授衔专家 2 名，教授级高级工程师 9 名，高、中级专业技术管理人员 300 名，国家注册一、二级建造师（项目经理）230 名。培养出以全国道德模范范玉恕同志为代表的一大批“人民满意建房人”，在社会各界享有较高声誉。

多年来，天津三建公司先后获得全国最佳施工企业、全国先进建筑施工企业、全国工程质量管理先进单位、全国工程建设管理先进单位、全国质量效益型先进单位、全国“重合同、守信用”先进单位、全国用户满意施工企业、信用等级 AAA 企业等荣誉称号。

Tianjin Sanjian Construction Engineering Co., Ltd. was established in 1952 and it is a large-scale mainstay construction company with national senior project contractor quality certification. With its overall capability standing top in Tianjin pear industry, the company has been honored the title of Top 100 Enterprises in Tianjin for many years meanwhile the company now jumps into state Top 100 Enterprises in this industry.

The company strongly promotes the developing strategy of *Huge-Scale Building*. Currently, the operating development pattern includes the general construction contractor as its dominant business, and five industry pillars including real estate development, steel structure manufacture, domination, test and inspection and construction of metro, railway, road and bridge, develop simultaneously. The company owns many quality certifications such as first-class construction general contractors qualification authentication of national housing project, electrical installation project and municipal administration public project and first-level industrial contractors qualification of steel structure project, building decoration project, prestressed project, foundation project and fire control projects.

The company positively promotes scale operation of expanding business. It is the first company devotes to national west development project in Tianjin construction engineering system, the first participant in 2008 Beijing Olympic Games project, and the first contractor of foreign projects such as in Japan and Eritrea. The construction output value stays over 2.5 billion yuan for many years, particularly the value jumped over 3.5 billion yuan in 2010.

The company adheres to the development principle of *honest in business, qualified to flourish* and it is the first to publicly make social promises of never provide even one square meter's unqualified project to the society. It is also the first one to pass system authentication of ISO 9001, ISO 10012, ISO 14001 and OHSAS 18001. The 22 projects constructed by the company, including Tianjin Binhai International Airport, Renaissance Tianjin TEDA Hotel and Convention Centre, Trial Building of Tianjin. Higher People's Court, Dagang Culture and Art Center in Binhai New Area, Tianjin Anding Hospital and Jinwan Square are awarded the senior prizes in state construction industry - Luban Prize and National Excellent Achievement Prize.

Paying attention to science and technology innovation and talent training, the company has trained a batch of qualified and high-class personnel in technique and management. Currently, the company has 2 experts with title granted the State Council, 9 senior engineers in professional level, 300 professional technique management talent in middle and high professional technique, and 230 people with national fist-class and second-class architecture (project manager). A batch of People Satisfied Architecture with the representative of Fan Yushu who is the state virtue model, has been calculated and enjoy a good reputation in the society.

Tianjin Sanjian Construction Engineering Co., Ltd. has won many honorary titles such as *State Best Construction Enterprise, State Construction Company, State Advanced Unite on Project Quality Control, Tianjin Unit of Focusing on Contract and Integrity, State User Satisfied Construction Enterprise and AAA Credit Company.*

天津三建名优工程集锦

天津三建承建的文化中心大剧院工程

天津三建承建的泰安道1号院工程

天津三建承建的天津市数字电视大厦工程

天津三建承建的新文化中心工程

Borland
宝利集团

董事长 霍汉祥

总经理 霍志春

1996年，宝利集团前身“天津市开发区宝利亚房地产开发有限公司”成立，经过五年的辛勤耕耘和拼搏——2000年，天津宝利集团有限公司成立。

十五载之旅，缔造传奇。

今天的“宝利”已是一家以房地产开发为龙头，兼及投资担保、物业管理、建筑建材等领域、多元发展的集团公司，下设宝利亚房地产开发有限公司、晟辉置业有限公司、恒基建设开发有限公司、鼎越投资担保有限公司、宝利浩远物业服务有限公司、澳亚塑钢门窗有限公司等多家子公司。

创业之初，“宝利”厚德载物，投身危房改造的世纪工程，先后在市区开发建设近百万平方米商住小区，安得广厦千万间，解决了千万户市民的住房难题。

集团成立以来，处处彰显“素质决定实力”的企业精神和“营造高品质生活”的开发理念，构建企业文化，塑造行业品牌，恪守“质胜”准则，吸纳现代科技，积淀传统精华，传承“人本”思想，追求“创新”、“求变”，经过15年砥砺前行，集团总资产已达20亿元人民币，涉足工业园区、商业、酒店（公寓）、写字楼、住宅等多种业态，宝利国际广场项目、北辰工业园、滨海新区海尚豪庭和海悦蓝庭项目等代表作开启了集团转型高端项目的帷幕，多次荣获“天津市百强私营企业”、“河北区二十强私营企业”、“天津市劳动关系和谐企业”等称号。

宝利集团的未来目光，已经投向滨海新区、外环周边居住组团等“环外”市场，本着“脚踏实地、团队合作、塑造品牌、追求卓越”的企业理念，在董事长霍汉祥及总经理霍志春的带领下，聚物华天宝，赢津门之利，建华美城市，写地产传奇！

The predecessor of Borland Group — Tianjin Developing Area Boliya Real Estate Development Co., Ltd. was established in 1996, and after 5 years' growth with effort, Tianjin Borland Group was formally founded in 2000.

Nowadays, Borland has been a leader in real estate development meanwhile it is also an enterprise exploring business in various industries such as in investment guarantee, property management and construction material and so on. The subsidiaries of the group includes Baoliya Real Estate Developing Co., Ltd., Shenghui Real Estate Purchasing Co., Ltd., Hengji Construction and Developing Co., Ltd., Dingyue Investment Guarantee Co., Ltd., Borland Haoyuan Property Service Co., Ltd. and Aoya Plastic Steel Doors and Windows Co., Ltd.

Since the early of foundation, Borland Group devotes itself into rebuilding dangerous buildings with great responsibility. It has developed successively commercial and housing living communities nearly a million of square meters, which resolves the housing problems of thousands of civilians.

Since the foundation, the group, having been applying the entrepreneur spirit of *Strength Depending on Quality* and the developing thought of *Creating Qualified Life*, has formed the company culture and created the industry brand. Moreover, the group also adheres to the principal of *Success Depending on Quality* to absorb modernized technology and accumulate

脚踏实地 团队合作
不断创新 追求卓越

traditional essence. The group sticks to the spirit of humanity as the core to pursue the innovation. After 15 years' fighting and growing, now the total asset of Borland Group has reached 2 billion yuan covering various industries including industrial district, commercial business, hotel (apartment), office building and living building. There are several representative programs such as Borland International Square, Beichen Industrial Park, Binhai New Area Haishang Haoting and Haiyue Lanting as a start pushing the group to develop high-end program. The company won titles such as *Top 100 Private Enterprises of Tianjin, Top 20 Private Enterprises of Hebei District* and *Tianjin Enterprise with Harmonious Labor Relation*.

Borland Group will focus on the outer city market such as areas around Binhai New Area and Outer Ring of the city in future. Under the leadership of CEO Huo Hanxiang and General Manager Huo Zhichun, the Group adhering to enterprise principal of *Hardheaded and Corporation to Create Brand and Pursue Excellency*, will accumulate fortune of Tianjin into the group to build excellent city so that it will be a legend of the real estate industry.

宝利国际广场 是宝利集团斥重资打造的城市核心高端综合体，地处南开区海光寺商圈，南京路西延长线上。项目总占地面积2.07万平方米，地上总建筑面积12.2万平方米以上。是以公馆、公寓、商务、商业四大业态为主的城市综合体，由北侧住宅区和南侧公建区两部分组成；住宅部分由五栋31、32层点式高层与两层商业裙楼组成。公建部分位于长江道一侧，总建筑面积达7万平方米左右，由一栋27层公寓、一栋38层158米高的写字楼以及4层的商业组成，项目目前正在紧张的施工建设中，预计于2013年下半年竣工。

海尚豪庭 是宝利集团于2006年斥资3亿元诚信打造的汉沽高端品质住宅，建筑规模8.5万平方米，地处汉沽新开北路，交通便捷，生活设施齐全。海尚豪庭户型采用南北通透、全明设计；坐拥4米宽大视野起居室，270度独特设计的阳光房，超大的错层空间，演绎完美空间尺度，升华贵族品位生活，非凡选择，尽在掌握；独立玄关，动静分区，独立餐厅，观景阳台，各尽其用，点滴见证完美生活。项目于2009年6月全面入住，此项目树立了汉沽高端住宅市场的新标杆。

宝利·新都汇 是宝利集团在汉沽打造的第二个住宅项目，于2008年开工，地处人民街与大丰路交口，处于城市东部、未来发展潜力区域。建筑面积7万平方米，采用德系精工建筑，框架剪力墙结构，产品定位为时尚中小户型，立足中青年。低总价、低首付、高品质、高配套，宝利·新都汇让你轻松于国际级新区立足，梦想也因新都汇而实现。2011年5月小区实景已全部呈现，并提前向业主交房。

宝利·新开南路 项目位于汉沽河东区域汉沽发源地的老杨家寨上，东侧紧邻主干道新开南路，西侧紧邻蓟运河景观带，北侧新村街。项目规划总用地面积约为3.95万平方米，规划总建筑面积约为15.77万平方米（其中住宅10.89万平方米，地下车库3.88万平方米）以及约1万平方米的商业街区。项目现已开工，预计于2013年下半年竣工。集团本着得城市之土地，还城市以责任的思想，从城市角度和基地条件出发，让建筑与周边环境有机结合，充分融入街区环境，共同构筑城市整体空间形态，打造一个绝世精品，以城市建筑者的姿态书写城市新篇章。

天津市双盈房地产开发有限公司

Tianjin Shuangying Real Estate Development Co., Ltd.

总经理　刘春海

双街村民全部搬迁住进了环境优美、配套设施齐全的双街新邨

天津市双盈房地产开发有限公司，成立于2001年8月，位于天津北辰经济开发区，注册资本3000万元。

在总经理刘春海同志的带领下，公司凭借“用心做事，诚实做人，诚达天下，共谋发展，将微不足道的事情做得完美无瑕”的开发理念，先后成功开发了建筑面积达100万平方米的双街新家园、双街新城、双街新邨、城际美景等住宅小区，以交通便捷、配套合理、价格适中等诸多亮点，为消费者所认可、为市场所接受。以“人性化的户型设计、三水入户、地板采暖、智能化管理”为特色的超大规模宜居社区，已成为天津市政府重点规划的八大卫星城之一。

公司通过不懈的努力拼搏，用实力塑造了企业品牌。曾荣获：2009年度建设部颁发的“广厦奖”、“天津房地产形象十佳企业”、“天津幸福城市企业贡献奖”、“天津保值增值楼盘”等奖项。

Tianjin Shuangying Real Estate Development Co., Ltd. was set up in August 2001, located at Beichen Economic Development Area with registered capital of RMB 30 million yuan.

Under the leadership of Mr. Liu Chunhai, its general manager, Shuangying utilizes the development concept of *Act Carefully, Behave Honestly, Connect with Others with Internality, Develop Jointly, and Make Particular be Perfect*. It has developed many residential communities successfully, with total building area of over 1 million square meters, including Shuangjie Xinjiayuan, Shuangjie Xincun, Chengji Meijing, etc., which are recognized and popular among consumers due to their strengths of convenient transportation, reasonable auxiliary facilities and reasonable prices. The super large residential community featured by the *room-type design of people-oriented, three lines of domestic using water, ground heating and intellectual management* has become one of the eight satellite towns in the key plan of the Tianjin Municipal Government.

Shuangying builds up its brand by its strength through unswerving efforts, and has been awarded as Guangsha Prize by Ministry of Construction and titled as the *Top 10 Tianjin Real Estate Development Image Enterprises*, the Prize of *Tianjin Happy City with Enterprise Contribution*, the *Tianjin Building of Preserving or Increasing Value*, etc.

刘春海总经理深入现场同技术人员研究施工方案

热销中的新楼盘“观筑”

大型温泉社区——双街新家园

温泉社区——城际美景

天津市东达房地产开发有限公司

Tianjin Dongda Real Estate Development Co., Ltd.

董事长 牛世清

天津市东达房地产开发有限公司组建于1992年，主营房地产开发和商品房销售，注册资金2500万元，房地产资质等级为二级企业。公司成立之初，董事长牛世清以独到的眼光洞察了大直沽蕴藏的城市发展优势和潜在的开发价值，承接了艰巨的大直沽危改任务，使大直沽地区旧貌换新颜。

Tianjin Dongda Real Estate Development Co., Ltd. was established in 1992 with the registered capital of 25 million yuan and the second-class of real estate qualification authentication. Since the very beginning of the foundation of the company, the CEO Niu Shiqing has already observed the developing advantage and the potential exploring value of Dazhigu with his special insight and thus the company has undertaken the hard task of reconstruction Dazhigu in order to turn the district around.

天津东达国际广场项目概况

东达国际广场项目是河东区大直沽历史文化商业街建设的重要组成部分，它的动工标志着作为天津市今年重点改造提升的10个商业街之一的大直沽历史文化商业街建设已进入全面推进阶段。

东达国际广场位于河东区大直沽核心区域，毗邻国家3A级旅游景点荐福观音寺和元明清天妃宫遗址博物馆，规划建筑面积9万平方米，建设周期为一年。业态定位为中国北方珠宝艺术集散中心，将引进国际知名品牌，规划将现代文明与传统文化有机融合，建设集商业、文化、旅游、办公、休闲、娱乐为一体的风情街区。

按照市委关于中心城区全面提升的要求，河东区坚持“拆迁稳定抓项目”和“学习落实高标准”的工作思路，大力发展现代服务业，繁荣发展商贸旅游业，深入挖掘大直沽历史文化资源，制定了商贸旅游业发展规划，确立了“一轴一带七区”的发展规划，即：以大直沽中路为轴心，打造直沽历史文化轴；建设海河文化旅游观光带；形成直沽文化旅游区、特色商贸餐饮区、妈祖文化旅游区、体育休闲文化区、现代娱乐体验区、创意文化产业区、高档酒店区。

东达国际广场规划充分体现以人为本和全新业态的设计理念，商业建筑均沿主干道路进行布置，营造具有持续商业氛围的环境，提供购物、餐饮、娱乐、休闲、建设、文化旅游、金融、办公等“一站式”服务。在商业建筑内，设有一条相对封闭的特色商业步行街。项目建成后，将借助良好的区位优势和便捷的交通优势，充分聚集旅游与消费人群，形成人流、物流、资金流日渐匹配与成熟的天津高档商圈，形成以海河为中心，结合妈祖文化、直沽文化、创意文化为一体的津沽旅游商城，成为天津乃至北方地区的一个品牌文化消费区。

地址：天津市河东区大直沽八纬路直沽园
Add: Zhigu Garden, Bawei Road, Hedong District, Tianjin
邮政编码 Postal Code: 300170
电话 Tel: +86 22 24314985

The Brief Introduction of Dongda International Square Program

Dongda International Square Program is an important part of the construction of Dazhigu History and Culture Commercial Street in Hedong District. The starting of the construction is the symbol with the meaning that Dazhigu History & Culture Commercial Street, which is one of 10 important rebuilding commercial streets in Tianjin this year, has moved into overall promoting period.

Dongda International Square locates in the Dazhigu core area in Hedong District, adjacent to Jianfu Kwan-yin Temple and Museum of Mazu Temple of Yuan-Ming-Qing Dynasties which are national AAA class touring spots. The designed construction area is 90 thousand square meters with 1 year constructing period. The outlets position as a grooming center of jewelry in the north of China, international famous brands will be brought into the square, which is designed to combine modern civilization with traditional culture so that a street integrated with commerce, culture, tourism, office work and entertainment all together.

According to the requirement on raising the overall of central area from municipal party committee, Hedong District government adheres to the working smart of *Keep Important, removing Program Stable* and *Study and Apply High Standard* to strongly develop modernized service industry and business tourism industry and deeply explore historic and cultural resource. The local government has already made a plan on the development of business trade and tourism and fixes on the developing plan of *a center and a belt with seven districts*. In other words, it means the development will be centered on Dazhiguzhonglu Road to create a historic and cultural center of Dazhigu; a tourist belt of culture and tourism of Haihe will be built and seven districts will be following to be formed, which are Zhigu culture and tourism district, business trade dining district with special characteristics, Mazu culture and tourism district, sport and entertainment district, modernized entertainment experiencing district, industrial district with creative culture and top-grade hotel district.

The design of Dongda Square gives a full demonstration on the human oriented designing philosophy with fresh outlets. All commercial architectures will be laid out along the main avenue to build the environment with sustainable commercial atmosphere. Moreover, a *One-Stop* service with shopping, dining, entertaining, leisure, constructing, culture tourism, finance and office working will be all provided. Inside the commercial architecture, there will be a comparatively closed commercial walking street. After the completion of the program, a top-grade commercial circle combined tourism with consuming group, in which consumers and products generally match with each other and to be matured, will be gotten together depending on the great district advantage and convenient transportation. Finally, Tianjin-Zhigu tourism shopping mall will be formed which is centered with Haihe and combined with Mazu culture, Zhigu culture and creative culture, and it will become a consuming district of brand and culture in Tianjin and even in the north of China.

东达国际广场

天津市南开房地产开发公司

Tianjin Nankai Real Estate Development Company

南开房地产开发公司始建于 1984 年。20 多年来，在各级政府和南开房管局的领导下，在三级跳坑、平房改造、“五至七年大规模的危房改造”和以“情系百姓”工程为重点的海河开发、环境综合治理、基础设施建设、绿色家园房屋建设中，作出了突出贡献。危改项目建设了广开二马路、天明西里、拥军里等 21 片、58.75 万平方米，商品房建设了禄达花园、人才公寓、宝龙湾家园等住宅小区 3 座、34.8 万平方米。承揽了 11 片拆迁工程项目，拆迁面积达到了 160 万平方米。

在南开房管局党委的正确领导和大力支持下，公司党政领导率领全体职工坚持“团结、创新、务实、奉献”的精神，以“诚实守信、科学管理、全员奋进、创新发展”的经营理念，紧紧围绕区、局领导下达的各项工作任务和经济指标，制定相应的管理措施及实施方案，把各项工作目标切实落到实处，取得了良好的经济效益和社会效益。公司领导班子做到了建设项目出精品工程、廉政建设做示范工程、人才培养有后备工程。

公司领导班子将思想政治工作与企业文化建设有机融合在一起，把工作责任与文化修养相结合；把物质文明建设与精神文明建设相结合；把职工利益与企业发展相结合；把企业精神渗透到职工的心灵里，形成一定的感召力和凝聚力，使职工视公司如自家，视工作为己任，把公司的发展目标作为自己的奋斗目标，相互尊重、相互关爱，同舟共济，齐心协力，使公司在市场竞争中有一种内在动力，推动公司各项工作全面发展。

抓住科学管理、建章立制，使各项工作、项目施工制度化、规范化，形成了比较完整的管理体系。在科学化管理进程中，公司领导把人力、物力、财力、技术、质量、安全、信息等有机地结合起来，因地制宜地制定了相应的管理措施，确保各项工作、工程建设的顺利进行。

执著的追求，艰辛的努力，得到了百姓的认可，取得了可喜的回报。2007 年公司在全市 800 余家房地产企业中脱颖而出，一举荣获“天津市房地产形象十佳企业”和“社会责任最佳企业”两项桂冠。近年来，公司创造产值达十几亿元，仅 2008 年就上缴国家税金 4182 万元。公司先后被市委市政府评为“天津市危陋平房改造先进集体”、天津市“文明单位”、南开区“明星企业”、“功勋企业”。

人才公寓博雅轩住宅楼外景

禄达花园

Tianjin Nankai Real Estate Development Company was founded in 1984. The past more than 20 years witnesses its great contribution to the triple jumping pit, cottage transformation, repair of *dangerous buildings in large scale in 5 to 7 years*, Haihe River exploration which is centered by *thinking for common people* project, comprehensive control for environment, infrastructure construction and housing construction for green home. In the repair of dangerous building project, there are 21 sections being constructed such as Guangkaiermalu Road, Tianmingxili and Yongjunli, which covers 587.5 thousand square meters; there are 3 residential districts being constructed including Luda Park, Talent Apartment and Baolongwan Home, which covers 348 thousand square meters; there are 11 demolition projects being contracted, which covers 1600 thousand square meters.

Under the wise direction and the great support of the party committee of Nankai District Housing Management Bureau, the political leaders in the company head the whole staff, adhering to the spirit of *solidarity, innovation, pragmatic and contribution* and basing on the operation model of *being honest and trustworthy, scientific management, full endeavor and innovation and development* to formulate the corresponding management measures and the implement plans according to the tasks and economic indicators that the leaders in district and bureau transmit, in order to carry out the goal of each task into practice. And the fact has proved that the great economic benefit and social benefit have been achieved. What the leadership in the company has realized is making the superior project out of the construction project, making the demonstration project out of the construction under a clean and honest administration and making backup engineering out of talent cultivation.

The leaders of the company organically combine the ideological and political work with enterprise culture construction, job responsibility with culture cultivation, material civilization construction with spiritual civilization construction and staff's interest with enterprise development, which permeates the enterprise spirit into the heart of the staff and forms a certain degree of charisma and cohesion, so that the staff can regard the company as their own home, undertake work as their own responsibility and see the developing goal of the company as their own one. They respect for each other, care about each other, pull together in times of trouble and make concerted effort, which forms a kind of internal force to drive the various kinds of work to develop in an all-round way in the market competitiveness.

Grasping the scientific management to establish regulation so that work and program of every side will be regulated and standardized and a comparative completive management system will be founded. In the process of the scientific management, leaders of the company effectively combine labor, product, capital, technique, quality, security and information to make a management measure according to different situation in order to assure that the work and program will be conducted successfully.

The persistent pursuit and hard effort bring the recognition from the civilians and a cheerful reward. The company shows itself in more than 800 real estate companies in 2007 and won two awards of *Tianjin Top 10 Enterprises with Good Image* in Real Estate and *Enterprise with Best Social Responsibility*. In recent years, the company creates over a billion of benefit, in which the paid tax of 2008 was 41.82 million yuan. The company has been awarded successively by municipal government as *Tianjin Advanced Group in Removing Dangerous Flat, Tianjin Civilized Unit, Star Company in Nankai District* and *Outstanding Enterprise*.

天津市南开区房屋建筑工程公司

TIANJIN NANKAI DISTRICT BUILDING CONSTRUCTION ENGINEERING COMPANY

经理 赵国忠

党委书记 王雨星

天津市南开区房屋建筑工程公司是国有二级建筑施工总承包企业，注册资本5200万元，年施工能力50余万平方米。在市、区各级领导和有关部门支持下，公司以创新求发展，坚持有效运行和改进质量、环境、职业健康安全管理体系，连续多年高水平保持ISO 9001、ISO 14001、GB/T 28001标准认证资格。公司对工程质量、环境保护、安全生产、绿色施工等工作进行规范性管理和控制，工程质量稳步上升，安全生产、文明施工水平不断提高。保证了公司质量、环境和职业健康安全目标和指标的实现。

公司组建四十多年来，承建了多种结构、不同风格的工业厂房、民用住宅、公共建筑工程，并多次承建天津市重点工程。在施工中锻炼了一支能打硬仗、经验丰富的施工队伍，形成了一套科学的施工管理制度，积累了丰富的施工管理经验。近年来共获得“海河杯”优质工程奖10余项，“市级文明施工示范工地”称号4项，“市级文明工地”2项，“詹天佑土木工程大奖”1项，“住宅示范工程”4项，企业信誉稳步提升。公司下属昌宇房屋拆迁公司，在近年来的拆迁工作中成绩突出，先后完成了快速路、地铁二号线、卧福西里、卧福里等拆迁任务，是南开区拆迁工作的主力军。

南开区房屋建筑工程公司全体员工，以拼搏、爱岗、敬业精神，奉行“重合同、守信誉、质量为本、用户第一”的宗旨，以“干一项工程树一座丰碑”的精神和不向社会交一平方米不合格工程的承诺，为广大用户服务。

南开房建公司新版《施工工艺标准》

杨楼地块经济适用房10号、12号楼荣获2009年度天津市建设工程“海河杯”奖和2008年度“市级文明工地”称号

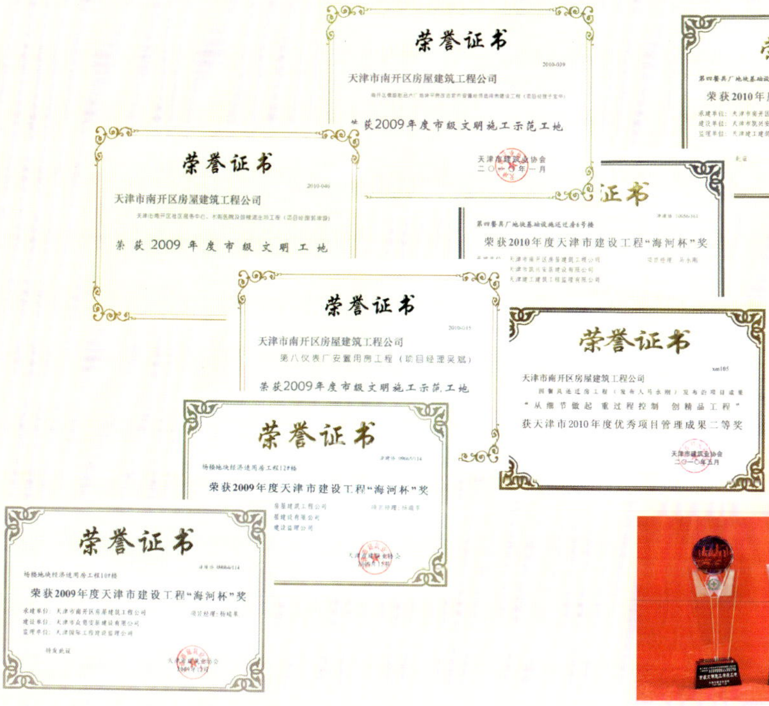

Tianjin Nankai District Building Construction Engineering Company is a state-owned overall contractor with second-class construction qualification authentication. The registration capital is 52 million yuan covering construction area more than 500 thousand square meters. Under the support of cadres of municipal and district level and related departments, the company pursues creative development. Adhering to the high-efficient operating management system to improve management, environment, and professional health and security, the company maintains qualification authentication of ISO 9001, ISO 14001 and GB/T 28001 standards at high level for many years. The company manages and controls the project quality, environmental protection, security production, and green construction so that the qualities of the mentioned sides all improved steadily. All these results in the realization of goals and tasks on quality, environment and occupational health and security of the company.

Since the company was established 40 years ago, it has constructed industrial factories, housing buildings, and architectures for public use in various structures and different styles, meanwhile it has also been a contractor of Tianjin important projects for many times. In the construction period, an experienced construction team with hardworking spirit has been formed and a series of scientific construction management systems have been organized with rich experience. Recent years has witnessed its dozen of prizes including *Qualified Project of Haihe Cup*, 4 awards with the title of *Municipal Civilized Construction Exemplary Project*, 2 awards of *Municipal Civilized Construction Site*, 1 *Zhan Tianyou Civil Engineering Project*, *4 Housing Exemplary Project*, which leads to a huge improvement of enterprise credit. The affiliated Changyu house-removing company makes great achievement in removing work in recent years and has finished successively the removing work of high road, Metro line 2, Wofuxili and Wofuli, which are the main driving force of removing work in Nankai.

The whole staff follow *Hardworking and post-cherishing* spirit and the principal of *Abide by Contract and Promises*. The company serves customers with the spirit of *Constructing a Project as a Landmark* and gives the promises of never offering society even a square meter of unqualified project.

橡胶六厂经济适用房工程荣获2009年度"市级文明施工示范工地"称号，1号、2号、3号、4号楼荣获"结构海河杯"工程奖

第八仪表厂地块定向安置住房工程荣获2009年度"市级文明施工示范工地"称号，1号楼荣获"结构海河杯"工程奖

水阁医院社区医疗服务中心鼓楼派出所工程荣获2009年度"市级文明工地"和"结构海河杯"工程奖

天津市南开区建设开发公司

Tianjin Nankai District Construction and Development Company

经理 李家麟

天津市南开区建设开发公司始建于1984年，是国有房地产开发企业，注册资金13000多万元。主要经营房地产开发、商品房销售、房屋拆迁、房屋置换等项目，是天津市最早的城市建设开发企业，曾被评为天津市城建开发20强企业、资质一级企业单位。

公司成立以来，共开发建设145万平方米商住房、公建和还迁房。南开区建设开发公司作为拆迁资质单位，在城市建设和区域经济发展中，为市、区政府作劲，承担了大量的成片“危改、平改”项目，使上万户居民告别了低矮潮湿的危陋平房，及早搬入新居，极大改善了居住环境。公司已圆满完成市区投资项目老城厢地区拆迁，西王家台，津河1、2号地，地铁2、3号线，大、小园，南运河改造，白堤路美湖里地块土地整理等30余片100多万平方米，涉及3万余户居民的拆迁任务。公司在工作中不断总结和丰富工作经验，积极探索新形势下拆迁工作的新思路、新招法，打破常规、创造性地完成拆迁任务；坚持“以人为本”的政策、贴近民心、符合民意，把“依法拆迁、以情拆迁、和谐拆迁”贯穿于拆迁全过程。拆迁工作的深入极大地推进了房地产市场发展，对区域经济发展起到了重要支撑作用。

目前，公司全体员工在经理李家麟带领下，以高昂的士气、奋发有为的精神，团结一心、全力以赴，为加快企业进一步发展而努力。解放思想、创新观念、求真务实、真抓实干，把思想统一到企业科学发展的要求上来，把力量聚集到干事创业上来，抓好企业重点，攻克企业难点，打造企业亮点，为开创企业又好又快发展的新局面而奋斗。

Tianjin Nankai District Construction and Development Company is a state owned real estate developing company with 130 million yuan registered capital which was established in 1984. The main business of the company is real estate development commercial houses sales, house removing and house replacing. It is the earliest city construction developing company in Tianjin which is awarded as Top 20 City Construction and Development Enterprises in Tianjin with first-class qualification authentication.

Since the establishment, the company has developed and constructed commercial houses, for public uses and moving-back houses for 1.45 million square meters in total. As a company with removing qualification in Nankai District, Tianjin Nankai District Construction and Development Company follows the call from municipal and district governments and undertakes the task of reforming flats and dangerous houses in the development of city construction and regional economic development. That gives a chance for thousands of households to say goodbye to the low wet and dangerous flats and move to new houses. The company has successfully completed projects of 30 areas covering over 1 million square meters including Laochengxiang district removing work, Xiwangjia Tai, No.1 and No.2 areas of Jinhe, Metro line 2 and line 3, Dayuan and Xiao yuan, rebuilding of South Cannel and land arrangement of Meihuli on Baidi road. Keeping summarizing the experience from work, the company positively explores the fresh thought and new methods of removing work under the new trend to complete the work creatively. Adhering to the humanity oriented policy, the company serves according to people's mind and applies the policy of *Removing according to law as well as the feeling with harmony* through the whole removing process. The progress of the removing work greatly promotes the development of real estate market, which plays the supporting role for regional economy development.

Currently, the whole staff of the company, under the leadership of manager Li Jialin, work hard with high spirit and fighting effort to push the development of the company to a further degree. The company will emancipate the mind, create new idea and focus on the practice to consolidate the thought according to the requirement of the scientific development of the company and integrate the force to devote to the development of the company in terms of paying attention to the center of the company, resolving the problems and creating the special character of the company so that efforts would be conducted for the fast and qualified development of the enterprise.

天津市南开城市建设投资有限公司
Tianjin Nankai City Construction & Investment Co., Ltd.

董事长兼总经理 齐俊萍

天津市南开城市建设投资有限公司（简称南开城投公司）成立于2008年3月，由南开区政府授权其对国有资产依法经营、管理，承担保值增值责任。公司法定代表人齐俊萍，注册资金人民币4亿元，主要负责经营区域内的土地整理、项目前期策划。公司机构设置有土地整理部、前期规划部、拆迁部、招商部、财审部、总经办、综合办，并拥有多名高级职称的管理和技术人员。

南开城投公司企业宗旨是：服务南开经济发展、建设科技南开。主要职能是：根据天津市城市总体规划和南开区城市建设发展需求，坚持市场运作、多元融资、特许经营的原则，经营城市资源，融通社会资金，充分发挥城市建设投融资平台的作用，投资南开区土地整理项目，服务区域经济发展。

南开城投公司成立3年来，在区委、区政府的领导下，深入贯彻落实科学发展观，积极探索城市建设投融资新思路、新模式，紧紧围绕“建设科技南开，实现科学发展”的主题和“把握一个定位，抢占三个高地，打好五个攻坚战”的总体部署，坚持注重地块整理前期策划，形成土地整理策划流程；注重地块整理的科学论证，提高土地整理的效益；注重利益平衡，确保土地整理效益的多赢；注重土地整理的长远发展，分批做好整理工作的原则，深入开展土地整理工作。

南开城投公司以鞍山西道、长江道、黄河道沿线以及西区光电子产业园的土地整理为重点，先后对区域内70多个地块进行了调查摸底、规划策划、成本测算等工作，对长江道、六马路、美湖里、内燃机厂、光电子产业园等5个地块进行了整理，地块整理面积达38.60公顷；完成了长江道地块挂牌出让和内燃机地块，美湖里地块的土地整理，并建设了近9万平方米的安置用房。

南开城投公司将以扎实务实的精神，不断开拓进取，积极工作，加快土地整理进程，为实现南开科学发展、和谐发展和率先发展提供有效的土地资源，为南开经济发展和建设科技南开作出贡献。

Tianjin Nankai City Construction Investment Co., Ltd., founded in March 2008, is a state-owned company authorized by People's Government of Tianjin Nankai District. It is the district government that authorizes the state-owned assets to operate, manage and supervise the state-owned assets within the authorized scope according to law and responding for the maintenance and appreciation of assets value. With Qi Junping as the legal representative and 0.4 billion RMB of registered capital, Tianjin Nankai City Construction Investment Co., Ltd. now mainly operates land consolidation in Nankai District, urban planning advisory and project preliminary planning. The main principal of Tianjin Nankai City Construction & Investment Co., Ltd. is to serve the economic development of Nankai and construct it into a technological district.

After being established for 3 years, Tianjin Nankai City Construction & Investment Co., Ltd., under the leadership of district party committee and government, carries out deeply the *Scientific Outlook on Development* and explores new ways to finance city construction. The company has done the research on over 70 areas and the related planning and cost estimation with the center on land arrangement in Anshanxi Road, Changjiang Road, Huanghe Road extending line and that of West part of Light and Electric Industrial Park. And the company has arranged the land in Changjiang Road, Liumalu Road, Meihuli, Inner-combustion Machine Factory and Light and Electric Industrial Park with the arranging area reaching to 38.6 hectare. Moreover, the work of public listing and auction of Changjiang Road, inner-combustion machine area and land arrangement in Meihuli has been finished and new allocation houses with 90 thousand square meters are newly built.

Tianjin Nankai City Construction & Investment Co., Ltd. will follow the down-to-earth and practical spirit to continuously explore and work hard to fasten the progress of land arrangement, which will provide land resource for developing scientifically, harmoniously and firstly and contribute more to the economic development of Nankai district and the construction of technological Nankai.

天津市河北区房屋建筑工程公司

Tianjin Hebei District Building Construction Engineering Company

公司领导

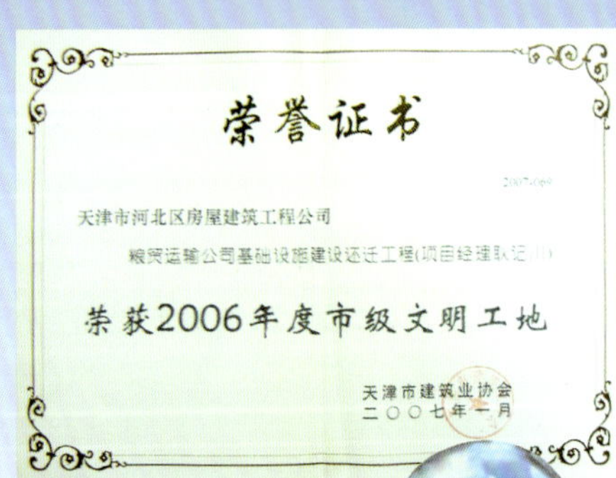

金水畔证书

天津市河北区房屋建筑工程公司为国有建筑二级资质总承包施工企业。具有承担相应资质的各类工业、民用及公共建筑施工能力，并有钢结构、装饰、机械施工、房地产开发、房屋加固、物业管理的专项资质。各项管理工作严格按 GB/T 19001-2000、GB/T24001-2004、GB/T 28001 管理体系运作。公司素以作风严谨、管理科学、技术先进、质量可靠、信守合同著称。公司的宗旨是“创建优质工程，提供满意服务”。

公司先后建成了40 余处 6 万平方米以上的住宅小区并承建了一批大型公共建筑，多次获建设部实验工程、住宅示范工程、新技术应用示范工程等荣誉，天津市第十四中学示范校工程、金水畔住宅工程、盛和家园住宅工程等荣获天津市结构海河杯及市级文明工地光荣称号。

Tianjin Hebei District Building Construction Engineering Company is a company with national construction second-class qualification authentication. The company now undertakes the professional qualification of various industries, civilized and public construction, and steel structure, decoration, machinery construction, real estate development, housing consolidation and property management. The company is operated strictly according to GB/T 19001-2000, GB/T 24001-2004 and GB/T 28001 management system. The company is famous for its carefully working style, management science, advanced technique, reliable quality and keeping contract. Moreover, the company adheres to the principle *Constructing qualified project, and providing satisfactory service.*

The company has already built a housing community in 40 areas covering 60 thousand square meters. Meanwhile it has also contracted a batch of large-scale public architectures and won many awards including testing project of ministry of construction, exemplary project of living houses, and exemplary project of new technique application. Moreover, Exemplary School Project of Tianjin No.14 High School, Jinshuipan Residence Project, and Shenghe Jiayuan Residence Project of the company won Tianjin Structure Haihe Cup and Civilized Construction Site at municipal level.

伊势丹百货

职业学院宿舍楼

河北区教师进修学院

十四中体训馆

盛和家园住宅小区

天津市河北区天兴建设开发公司

Tianjin Hebei District Tianxing Construction Development Company

天津市河北区天兴建设开发公司成立于 1992 年 4 月，隶属于河北区人民政府，其前身为河北区平房改造办公室。

天兴公司先后完成了几十个危改片的拆迁改造工作，新建住宅 200 多万平方米，销售商品房 100 多万平方米，销售额逾 20 亿元。

在天津市危房改造工作中，天兴公司在小关地区危改会战中胜利完成了曹家大场片、兴业大街片、鸿基花园片和锦元胡同片的拆迁、还迁任务，共拆迁居民 6742 户，拆迁面积 14 万平方米，新建住宅 50 万平方米，还迁居民 4962 户，创造了公司历史上在最短时间内拆迁、还迁数量最大的记录。新建成的兴联小区、金狮家园、鸿基花园和金波里四个小区，环境优美，配套齐全。2000 年，天兴公司完成了“三小”难点大片中的小王庄培育里拆迁工作，拆迁平房 1.2 万平方米，新建住宅 10 万平方米。2003 年至今，天兴公司先后完成和组织实施了大悲院地区、望海北里、北环线、鸿顺里、小王庄 A 地块等多片重点拆迁任务。2010 年 7 月，敬贤里、兰景园 13 万平方米经济适用房项目竣工入住。

天兴公司拥有雄厚的资金实力和技术力量，具备严格的管理体系和灵活的运营机制，为河北区城市建设作出了卓越的贡献。

Tianjin Hebei District Tianxing Construction Development Company was established in April 1992, which grew out of Heibei District Cottage Reforming Office and now is affiliated to Hebei District Peoples' Government.

Tianxing Company has successfully completed tens of removing and rebuilding programs in dangerous areas. The area of newly built housing by the company reaches over 2 million square meters and that of sales commercial housing is more than 1 million square meters with the selling benefit of 2 billion yuan.

During the rebuilding of dangerous housing program in Tianjin, Tianxing Company has succeeded the completion of removing and moving-back program of Caojia Dachang Area, Xingye Dajie Area, Hongji Garden Area and Jinyuan Lane Area with the total removing residents of 6742 family status covering 140 thousand square meters. The newly built housing of 500 thousand square meters for 4962 moving-back residents creates a record of the biggest moving-back amount in shortest time in the history of the company. Moreover, the new communities such as Xinglian district, Jinshi homestead, Hongji Garden and Jinboli are well equipped with excellent surroundings. In 2000, the company has achieved the removing work of Peiyuli in Xiaowangzhuang among *Three Smalls* difficult large areas, in which the removing cottage is 12 thousand square meters and newly constructed housing of 100 thousand square meters. In addition, since 2003, Tianxing Company has successively organized and accomplished many important removing projects including that in Dabeiyuan Area, Wanghaibeili, North Round line, Hongshunli and A Area in Xiaowangzhuang. In July of 2010, the economic housing of 130 thousand square meters in Jingxianli and Lanjin Garden has finished construction and is open to live.

学习大会

With strong capital foundation and technique strength, Tianxing Company has strict management structure and flexible operation system, which contributes a lot to the construction of Hebei District.

敬贤里经济适用房

中国农业银行
AGRICULTURAL BANK OF CHINA
庆祝农行A+H股成功上市
庆祝天津分行
各项存款突破2000亿
见证实力 肩负责任

中國銀行
BANK OF CHINA
中国银行股份有限公司天津市分行
Tianjin Branch of BOC
中國銀行

天津信托有限责任公司
Tianjin Trust Co., Ltd.

天津信托有限责任公司成立于1980年，是国内最早成立的信托投资机构之一。公司注册资本金人民币15亿元，截至2010年底管理的资产总规模为329亿元。

在中国银行业监督管理委员会天津监管局的监督管理下，公司秉承“诚实、信用、谨慎、有效”的经营理念，发挥“受人之托，代人理财”的基本职能，立足金融信托本业，积极开展金融创新，努力拓展信托理财业务。多年来，发展并完善了集合资金信托、单一资金信托、股权投资、权益收购、租赁业务、指定项目信托等业务品种。充分发挥信托优势，围绕重点工程项目、基础设施建设、能源交通运输、城市房地产开发、大型企业产品更新换代、教育和高新技术等产业发展，推出一系列信托产品，将民间资金转变为投资资本，在满足投资者资金保值增值需求的同时，服务城市经济发展。

经过30年的不断创新与发展，公司与数百家企业机构建立了稳定的业务合作关系，形成了科学的经营管理机制，为投资者提供了高效的理财服务，树立了良好的公司形象。今后，公司将继续严格按照《信托法》、《信托公司管理办法》等相关监管规定开展各项业务，继续秉承“对社会负责、对客户负责、对股东负责、对员工负责”的企业精神，始终如一地为投资者提供专业化的高水平信托理财服务。

Tianjin Trust Co., Ltd. is a financial institution established in 1980 upon approval of the People's Bank of China, is one of the earliest to set up the trust and investment organizations. With the registered capital of 1.5 billion yuan, the value of the assets under the management of the company reached to 32.9 billion yuan till the end of 2010.

Under the supervision and management of Tianjin Branch of the China Banking Regulatory Commission, it inherits the operation concept of *Honesty, Integrity, Precise, Effectiveness,* carries out the basic function of *Entrusted by Others, Plan Their Finance,* focuses on financial trust, actively explores financial innovation, and tries to develop trust and finance planning business. For years, it has operated on equity investment, equity acquisition, financing and leasing, trust and loaning in the form of collected fund trust and individual fund trust. It fully exerts trust strengths, launches series trust products centering the industrial development of key projects, infrastructure construction, energy transportation, urban real estate development, large scale enterprise product update, education and hi-tech, etc., thus transforms individual fund into investment one to reach the goal that serves urban economic development while satisfying the demand of investors on preserving or increasing value.

Upon over 3 decades continuous innovation and development, it has set up stable relations with hundreds of enterprises and organs, formed scientific management system, provided efficient service to investors and financing customers, and set up good company image. In future, it will strictly follow the Trust Law, the Administration of Trust and Investment Corporations Procedures and the Administration of Trust Companies' collected fund Trust Plan Procedures to develop its business, continuously inherit the enterprise spirit of *Being Responsible for Society, for Customers, for Investors, for Employees,* always provide high level professional service of trust investment and finance planning for investors and financing customers.

地址：天津市河西区围堤道125—127号天信大厦

Add: 125-127 Tianxin Mansion, Weidi Road, Hexi District, Tianjin

http://www.tjtrust.com

大新华物流散货船

金鹿航空

示范镇

中国人民财产保险股份有限公司 天津市分公司

PICC PROPERTY AND CASUALTY COMPANY LIMITED Tianjin Branch

中国人民保险集团是国有控股的综合性保险（金融）集团，自 1949 年 10 月成立至今，走过了 62 年的光辉历程，经过长期不懈的努力，中国人保已发展成旗下拥有 8 家专业子公司、在海外具有深远影响的大型保险金融集团。

中国人保拥有深厚的历史底蕴和杰出的品牌优势，是中国保险业在国际上的杰出品牌形象代表；中国人保构建了遍布全国城乡、成熟完善的销售服务体系，机构网点遍布全国 31 个省、自治区、直辖市和香港特别行政区，共有营业机构网点 4500 余个；中国人保拥有一批熟悉国情、有较强管理能力的高级管理人员和对中国人保事业忠诚并为之尽责的优秀专业骨干队伍。集团人才济济，结构合理，业务能力强。专业、高效的员工队伍在核保、理算、查勘、定损、理赔等各个环节中给客户带来了高质量、多样化的保险服务；中国人保一直以“人民保险，造福于民”为使命，坚持以人为本，努力塑造具有中国人保特色的和谐奋进的企业文化。

中国人民财产保险股份有限公司伴随着我国的经济发展和社会进步，一直致力于为客户提供最有力的保险保障和最优质的保险服务，承保了多项国家重点工程和重大项目，积累了丰富的承保、理赔服务经验。已发展成为一个实力雄厚，服务一流的大型现代化商业保险公司，占据了中国非寿险市场的主导地位。2003 年 11 月 6 日，中国人保财险在香港成功上市，成为“民族保险第一股”；2005 年 9 月 15 日，中国人保财险与北京奥组委签署协议，正式成为 2008 年北京奥运会保险合作伙伴。

中国人民财产保险股份有限公司始终向客户提供全方位的优质服务，具有众所周知的品牌优势。公司承保了一切国内、涉外保险业务，包括：财产保险、责任保险、信用保险、短期健康保险和意外伤害保险等几大类。公司的分支机构遍布全球，拥有巨大的网络优势。与世界各地众多保险公司保持着广泛的业务往来和技术合作关系。具有极强的业务直销、营销能力。中国人保财险经济实力雄厚，公司外汇储备充足，具有强大的经济补偿能力和抵御国际金融危机的能力，可为客户提供充分的风险保障。中国人保具有雄厚的人才优势和技术优势。目前资金管理、信息传输、承保、理赔等全部实现了电子化和网络化。

62 年来，公司不断深化“求实、诚信、拼搏、创新”的企业精神，始终遵循“以人为本、诚信服务、价值至上、永续经营”的经营理念，形成了显著的品牌优势、市场优势、人才优势、网络优势、客户优势、技术优势和数据优势，在国内外享有显著的市场声誉。中国人保财险正向国内领先、国际一流的知识型、现代化非寿险公众公司的战略目标迈进。

中国人民财产保险股份有限公司天津市分公司是中国人民财产保险股份有限公司所属的分支机构，是建国后天津经营历史最悠久的保险企业。目前，天津市分公司共有 23 家分支机构，代理网点和业务范围覆盖全市，服务领域遍及全国，与世界上多家大型保险机构建立了良好的业务关系和代理伙伴关系，在天津市乃至全国的经济建设、对外开放和经贸往来中承担了越来越多的风险责任，发挥了为经济建设保驾护航的作用。为国内企业和外商投资企业提供了优质、高效的服务。

多年来，中国人民财产保险股份有限公司天津市分公司“重合同、守信用”，竭诚为广大客户提供优质的保险服务，最大限度地满足了客户的保险需求，业务格局更加适应全国化和全球化的发展要求，公司业务取得了持续、快速、健康的发展。

公司拥有涉及广泛的保险险种。包括：财产和工程保险、机动车险、船货险、意外健康保险、责信险、能源和航空保险等共 1400 余种。

公司具有强大的风险防范能力。众多享誉国内外的世界 500 强及大型企业，如：摩托罗拉、丰田汽车、中散有限公司等均在我公司投保。

公司提供全面优质高效的保险服务。通过“全天候”直销直惠金牌保险服务。开通 24 小时 95518 报案电话，实施迅速、及时、全天候的理赔服务。同时，建立 VIP 俱乐部，能够针对驻津世界 500 强及国外集团公司的特点，提供不同类型的保险配套服务。

公司享有诚信至上的社会信誉。20 世纪 80 年代以来，公司累计支付各种赔款 80 多亿元，向天津市财税部门缴纳各项税金 10 多亿元，为天津市的经济发展起到了保驾护航作用，为促进社会经济发展和人民生活安定作出了重要贡献。目前，人保财险天津市分公司正站在新的历史起点上，紧紧依托天津滨海新区经济发展的战略机遇，不断加快发展的步伐，努力开创人保公司新的未来，做人民满意的保险公司。

天津农垦集团总公司

Tianjin State Farms Agribusiness Group Company

党委书记、董事长 白智生

天津农垦集团总公司是经天津市委、市政府批准，由天津市农工商总公司改制组建，注册资本 13 亿元。天津农垦集团总公司资产总值 159 亿元，有土地 12 万亩，直属单位 35 个，生产经营单位 98 家，2010 年完成工农业总产值 29 亿元，实现利润总额 6 亿元。集团发展的主导板块为：奶液（奶牛育种、饲养及海河牌奶制品生产）、葡萄酒业（王朝、天宫、夏宫葡萄酒）、精品农业（地热养殖、草坪）、房地产业（津垦房地产开发）、商贸服务业（出租车服务业、加油服务业、写字楼服务业）。集团总公司全体员工齐心协力，继续发扬农垦人的开拓进取精神，努力实现 21 世纪宏伟发展目标。热忱欢迎国内外各界朋友与天津农垦携手合作，共筑辉煌。

地址：天津市河西区气象台路96号
Add: 96 Qixiangtai Road, Hexi District, Tianjin
邮政编码 Postal Code: 300074
电话 Tel: +86 22 23331636

海河乳业厂区外景

Tianjin State Farms Agribusiness Group Company was restructured from Tianjin Agriculture, Industry and Commerce Co. after approval from the Tianjin Committee of the CPC and the Tianjin Municipal Government, with registered capital of RMB 1.3 billion yuan. With total assets of RMB 15.9 billion yuan covering a land of 120,000 mus, the company has 35 units with direct control as well as 98 manufacturing and operating units. In 2010, it realized total agricultural output of RMB 2.9 billion, profit before income tax of RMB 600 million yuan. Its main sources of growth include dairy (cow breeding and feeding, Haihe milk manufacturing), winery (Dynasty, Tiangong and Xiagong Winery), refined Agriculture (terrestrial heat breeding and lawn), real estate development (Jinken Real Estate Development) and commerce & service (taxi, fuelling, office building). The whole employee will make concerted effort to carry forward the aggressive and pioneering spirit of the company, work hard to realize the great growing target in 21st century. We warmly welcome friends from all fields at home and abroad to hand in with Tianjin State Farms Agribusiness Group Company to build prosperity.

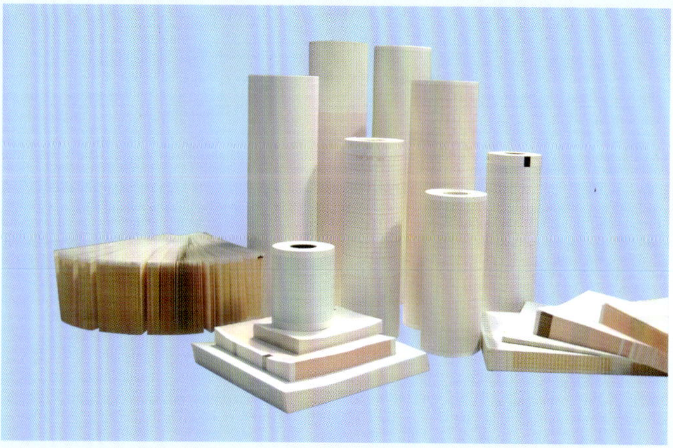

天津广大纸业

王朝酒窖

王朝酒堡

华明集团
Huaming Group

刘乃兰女士作为全国优秀企业家，创造了华明集团的骄人业绩，她多次被评为“全国劳模”、“全国三八红旗手”、荣获全国“五一”劳动奖章、民政部最高荣誉“孺子牛”奖，并连续当选为第九、十、十一届全国政协委员，2008年末被农业部授予“全国优秀乡镇企业家终身成就奖”，2009年被评为“中国乡镇企业十大新闻人物”，曾受到原总书记江泽民的亲切接见。

Ms. Liu Nailan, being titled the National Excellent Entrepreneur, creates the outstanding performance of Huaming Group. She has been granted, for many times, the *National Labour Model*, the *National Woman Banner*, the Medal of National *May 1st* Labour and the *Willing Horse Prize*, the highest prize granted by the Ministry of Civil Affairs , also been selected as the 9th, 10th and 11th *Members of National Committee of CCPPC*. At the end of 2008, she was titled the *Lifetime Achievement Award of the National Outstanding Township Entrepreneur* by the Ministry of Agriculture, entitled one of the *Top Ten News-makers of China Township and Village Enterprises* in 2009, and former General Secretary Jiang Zemin personally had granted an interview to her.

创建于 1994 年的天津市华明集团公司是有着多年经营历史和良好发展前景的国家级企业集团。行业涉及包装、印刷、食品、通讯、商贸、服务、教育等十余个领域，并成为跨行业、跨地区、跨所有制的综合型国家级企业集团，被誉为“全国行业百强企业”。

华明集团为进一步把实力做强，规模做大，功能做优，打造现代化华明集团新旗舰，　个占地 1027 亩，投资近 20 亿元人民币的现代化产业园正在拔地而起。

集团围绕园区运营目标，在规划开发、经营管理的过程中引入现代高效管理理念和经营策略，提升园区运营水平，提高园区运营效益。同时以前瞻的眼光、科学的理论、客观的实践和翔实的数据，对产业项目作宏观的、方向性的计划和管理。

园区落成后必将创造良好的经济效益和社会效益，从而实现“科学发展、和谐发展、率先发展”的战略目标，在新起点上，实现新跨越。

Founded in 1994, Tianjin Huaming Group Industrial Park has become a national level enterprise group with years history of operation and bright future for growth. It's a comprehensive group with over ten enterprises covering various industries and regions with various ownerships, e.g., package, printing, food, communication, commerce, service and education, etc., and is ranked one of the *Top Hundred Enterprises of the Industry Nationally*.

With an objective of further reinforcing strength, enlarging scale, optimizing functions and building a new modern flagship of Huaming Group, a modernized industrial park is being built now, with about RMB 2 billion investment and a landing area of 1,027 mus.

Focusing on the park's operation goal, Huaming introduces modern and high efficient management concept as well as operation strategies in the planning of park's development and control, to increase its operation level and benefit. At the same time, with prospective viewpoint, scientific theories, objective practice and detailed data, Huaming also provides general and directional plans of and controls over industrial projects.

Once finished, the park will definitely bring good economic and social benefit, to realize the strategic aim of *scientific, harmonious and leading development*, and stand at a higher level to achieve a new jump.

天津鑫茂科技股份有限公司

Tianjin Xinmao Science & Technology Co., Ltd.

董事长 杜克荣

天津鑫茂科技股份有限公司自资产重组及资源整合以来，坚定不移地贯彻实施做大做强主营业务的发展战略，已经形成了以工业房地产开发为基础，高科技产业为核心，服务产业为配套的产业体系。

公司的高科技产业随着国家提倡自主创新的宏观政策导向及天津整体经济的快速发展，迎来了较大的发展机遇。软件开发、监控系列产品研发、系统集成等高科技产业在深化原有产品销售的同时，大力提高新产品的研发力度及技术含量，发展势头良好。光通信产业实现稳步发展，为公司创造了持续、稳定的收入和效益。光缆项目已全面达产，形成400万芯公里目标产能，产品合格率稳步提升。公司光纤光缆自主品牌营销全面展开，参加了中国移动公司2010年度集采招标，先后取得了ISO 9001管理体系认证和7项泰尔产品认证，产品已在各大运营商使用。

公司将凭借自身坚实的人才基础和丰富的业务资源，坚持“实现自我，奉献社会”的企业宗旨，继续发扬“激情创业，永不满足”的企业精神，抓住机遇，勇于创新，在发展的道路上不断创造恢宏业绩。

地址：天津市华苑科技园华天道3号
Add: 3 Huatian Road, Huayuan Industry Park, Tianjin
邮政编码 Postal Code: 300384
电话 Tel: +86 22 83710560
传真 Fax: +86 22 83710199
E-mail: tiancai@tiancai.com.cn
http://www.xinmaokeji.com.cn

Since its assets restructuring and resources integration, Tianjin Xinmao Science and Technology Co., Ltd., has confirmedly carried out the development strategy of Expanding and Strengthening Core Business, and has formed an industrial system, in which industrial building development is the base, high tech industry is the core and service industry assistant.

Its high tech industry has faced with great development opportunity with macro policy guideline of the state calling for independent innovation and the rapid development of the whole economy of Tianjin. When deepening the sales of original products, such as the high-tech industry of software development, research on monitoring series products and system integration, research input and tech-content of new production benefit will be improved. The fiber program has been expanded fully with production output of 4 million core kilometers which leads to the increase of qualified rate of the products. The marketing of fiber cable has been fully started and the program participated into the biding of China Mobile in 2010. Moreover it also achieved the ISO 9001 Management System Qualification authentication and 7 Taier product qualifications which have now been used in great operators.

Xinmao will utilize its solid talents base and rich business resources, insist on enterprise tenet of *Realizing Oneself, Contributing Society,* carry forward continuously the enterprise spirit of *Starting Business with Passion and Never Being Satisfied,* and grasp opportunities, to be brave in innovation and create continuously great achievement on its growing road.

天津市王顶堤集团公司

Tianjin Wangdingdi Group Co., Ltd.

党委书记、董事长 房贵英

天津市王顶堤集团公司是国家级乡镇企业集团公司。

公司坐落在天津市南开区迎水道延长线王顶堤集团信息楼。公司充分利用地缘优势，在发展第二产业的同时，大力发展第三产业。集团公司领导发扬"谦虚谨慎、同心奋进、乘胜而上、再创辉煌"的企业精神，秉承一个"诚"字，热情服务于用户，因此使集团的经济有了快速的发展。自1995 年起，连续多年实现总体经济实力翻番。

我集团现有职工 1900 余人，集团下属 19 个经济实体，其中第三产业 13 个，工业企业 5 个，集团净资产 45 亿元。第三产业主要从事商业贸易、宾馆餐饮、交通运输、房地

中安药业厂区近景

我公司热诚欢迎国内外各方各界的朋友与我们进行广泛的合作与交流！

We warmly welcome the wide cooperation and communication with friends in every field at home and abroad!

产开发、房屋租赁、文化教育、国际贸易等行业，尤其市场业发展较为突出。投资5.7亿元的王顶堤市场群，总占地面积35万平方米，总建筑面积达27.5万平方米，年交易额达70亿元。红旗农贸批发市场成为全国十大批发市场之一。市场业的经营范围现已覆盖到了除港、澳、西藏以外的全国31个省、自治区、直辖市。我集团的市场群解决了天津市60%以上的水果、蔬菜供应，70%以上的鲜活水产品供应，成为天津市名符其实的菜篮子。我集团下属的兴达配货交易中心成为贯穿南北、西进东出的物流中心。

工业企业主要从事制药、电线电缆、塑料制品、制鞋、食品等行业，并着力发展高科技产业。主要产品有：咖啡因、茶碱、氨茶碱、甲硝唑，塑钢门窗及塑料供水连接件，玉柱牌单晶糖、水果糖，海通牌特种线缆、双安牌安全胶鞋等。我公司生产的各种产品，质量可靠，畅销国内31个省、自治区、直辖市，咖啡因、甲硝唑等产品远销美国、西欧、日韩、澳大利亚等地区，深受用户的欢迎。

Tianjin Wangdingdi Group Co., Ltd. is a national enterprise with townships and towns.

The company is located in Wangdingdi Group Information Building in the extending road of Yingshui Road in Nankai District. The company takes full advantage of geology advantage to develop the second industry as well as the third one. The Group leaders carry forward the entrepreneur spirit of *Modesty and Careful, Corporative and Hardworking, Following the victory to make a better success* to serve customers with honest. As a result, the group has grown up quickly in that the group has doubled the total economic strength for consecutive years since 1995.

Now the company has 1900 employees in total with 4.5 billion yuan covering 19 economic entities including 13 in the third industry and 5 industrial companies. The main businesses are commercial trade, hotel and restaurant, transportation, real estate development, housing renting, culture and education and international trade in the third industry, especial that in market operation. The market group of Wangdingdi with 570 million yuan covers 350 thousand square meters in total which includes 275 thousand square meters constructing area and the annual trading volume reaches to 7 billion yuan. Hongqi Agriculture Product Wholesale Market is one of the national Top 10 Wholesale Markets. The market operation business covers the 31 provinces, cities, autonomous regions and directly governed city regions except Hong Kong, Macao and Tibet. The market of the group has successfully resolves over 60% supply of fruit and vegetable and 70% of fresh aquatic food, which has been proven as a veritable

红旗农贸批发市场

market basket in Tianjin. The wholly-owned subsidiary Xingda Distribution Center of the Group has been the logistic center from the east to west covering areas from the north to south .

The company's main business includes pharmacy, wire and lines, plastic product, shoes and food with the developing focus on high-tech industry. The main products of the company are caffeine, theophylline, aminophylline, metronidazole tablets, plastic-steel doors and windows and plastic water-sully connector, lump sugar in small crystal of Yuzhu Brand, fruit candy and labor protection products such as special cable of Haitong Brand and Security rubber overshoes of Shuang'an Brand. All products of our company are all with reliable quality and are supplied to 31 provinces, autonomous districts and municipalities directly under the Central Government. Among the mentioned, the caffeine and metronidazole tablets are exported to foreign areas such as America, West Europe, Japan, ROK and Australia etc., they are popular among the consumers.

地址：天津市西青区迎水道延长线红旗农产品批发中心
Add: Hongqi Agricultural Products Wholesale Center, Yingshui Road, Xiqing District, Tianjin
邮政编码 Postal Code: 300380
电话 Tel: +86 22 23669588
传真 Fax: +86 22 23691568

天士力集团 TASLY GROUP

创造健康 人人共享

To share the joy of health with all

天士力现代中药产业园

具有自主知识产权的全自动数字化滴丸生产线

中华医药图

天士力景观——医药之光

天士力国际交流展示中心

天士力集团自1994年成立以来，坚持打造现代中药第一品牌，不断推进大健康产业的发展。在做专做精现代中药的基础上，向化学药、生物药和特色专科医疗行业扩展，形成以医药为主要领域的生命安全产业板块；并逐步进入帝泊洱茶珍、保健品、健康食品、化妆品、安全饮用水等生命健康产业领域。

天士力积极推动中药现代化和国际化，以高新技术改造传统中药业，形成了一条集药物研发、药材种植、有效中药组分分离、制剂生产和市场营销各环节于一体的现代中药产业链，建设了国内领先的现代中药先进制造平台。

按照“大病种、大品种、系列化”的研发思路，天士力逐步形成了由心脑血管系统用药、抗肿瘤与免疫系统用药、胃肠肝胆系统用药、抗病毒与感冒用药构成的产品体系。2010年初，天士力复方丹参滴丸成为我国第一例圆满完成美国FDA Ⅱ期临床试验确证其安全、有效的中成药，迈出了跨入欧美主流医药市场的关键一步。

面向未来，天士力将坚持“追求天人合一，提高生命质量”的企业理念，以“创造健康，人人共享”为目标，致力于大健康社会工程建设，倡导大健康理念体系，普及大健康教育体系，创新大健康技术体系，发展大健康产业体系，完善大健康服务体系，努力使人生达到“生得优，活得长，病得晚，走得安”。

中法合营王朝葡萄酿酒有限公司

Sino-French Joint-Venture Dynasty Winery Ltd.

王朝梅鹿辄干红葡萄酒

王朝至尊橡木桶干红葡萄酒

王朝地下酒窖

中法合营王朝葡萄酿酒有限公司始建于 1980 年，是我国第二家、天津市第一家中外合资企业，合资的外方为世界著名的法国人头马集团亚太有限公司。2005 年 1 月，公司在香港主板成功上市。企业投资总额为 8.2 亿元人民币，占地面积 440 亩。公司建有国际酿酒名种葡萄原料种植基地 3 万多亩，具有国际一流的葡萄酒生产设备和工艺，现生产三大系列 200 多个具有不同风格的葡萄酒品种，现生产能力为 5 万吨 / 年。公司的地下酒窖占地 5000 平方米，是目前国内最大、设施最先进的地下酒窖。

公司始终重视产品质量，使王朝酒享誉海内外。王朝葡萄酒曾先后荣获 14 枚国际金奖，8 枚国家级金奖，被布鲁塞尔国际评酒会授予国际最高质量奖，农业部将王朝葡萄酒确定为无污染、无公害、无病毒、营养丰富的绿色食品。王朝葡萄酒被指定为国宴用酒，供应 231 个我国驻外使领馆。工朝葡萄酒还远销美国、加拿大、英国、法国、日本、澳大利亚等 20 多个国家和地区，同时深受国内消费者的青睐。

公司具有现代化的管理运营机制，是我国首家获得 ISO 9002 质量管理体系和 ISO 14001 环境管理体系双认证的葡萄酒企业。公司建立了国家级技术开发中心，有强劲的科技开发能力，2001 年《王朝高档干红葡萄酒酿造技术与原料设备保障体系的研制与开发》荣获国家科技进步二等奖，成为我国酿酒行业唯一获此殊荣的企业。公司的经营成果得到了社会各界的认可，近年来曾先后多次获得“全国五一劳动奖章”，并连续多年获得“全国双优外商投资企业”、“全国质量效益型先进企业”、“中国食品行业质量效益型先进企业”、“天津市优秀外商投资企业”、“天津市优秀企业”等荣誉称号。

“DYNASTY 王朝”是具有自主知识产权的品牌，品牌名称简洁、高雅、隽永、易记，同时寓意了王朝公司要在我国葡萄酒业的腾飞之际大展宏图的壮志雄心。领先的技术、优异的质量，使“DYNASTY 王朝”的品牌知名度和无形资产价值不断提升。2000 年“DYNASTY 王朝”商标被国家工商局认定为中国驰名商标，2002 年被国家质量监督检疫总局评定为中国名牌产品；在 2010 年中国酒类品牌价值评价中，“DYNASTY 王朝”的品牌价值达 61.58 亿元人民币。

王朝公司对葡萄酒事业的发展充满信心，以全球经济一体化为发展机遇，大力拓展国内、国际两个市场，把“DYNASTY 王朝”品牌培育成国际知名品牌，把王朝公司建设成现代化、国际化、一流的大型企业集团。

Established in 1980, Sino-French Joint-Venture Dynasty Winery Ltd. is the second Chinese-foreign joint venture ever set up in China and also the first one in Tianjin. The Joint-Venture was created by the Chinese government, in association with the French brandy producer, Remy-Martin, and Hong Kong International Trade and Technology Investigation Organization. In January 2005, the company was successfully published in Hong Kong main board. The invested capital is 820 million yuan with the total area covering 440 mus. The company has built a planting base of 30 thousand mus material of international famous grape kinds. The base is founded with excellent production equipment and technique, which now is capable to produce more than 200 various kinds of wine and the production capability is 50 000 tons per year. The underground wine cellar which is the biggest and advanced cellar in the country covers 5000 square meters.

The company always focuses on the product quality which results in the fact that Dynasty enjoys good reputation both in domestic and abroad. Having successively won 14 international golden prizes and 8 national golden prizes, Dynasty Wine was awarded as the most qualified by Brussels liquor show. Moreover, Agriculture Ministry positions Dynasty Wine as pollution-free and virus-free green product with abundant nutrition. Dynasty Wine was appointed as the special wine provided to the national dinner, meanwhile it also supplies to 231 embassies stationed abroad.

With modernized management operation systems, the company is the first one that won double qualification authentication of ISO 9002 Quality Management System and ISO 14001 Environment Management System in wine industry. With strong technique developing ability the company established a technique developing center with national qualification authentication. In 2001, the article of *Research and Development of Brewing Technique and Raw Material Equipment Maintaining System of Dynasty High-end Wine* won the processing prize of national technique, and Dynasty is the only Chinese company in wine industry won such special honor. Moreover, the operation achievement was recognized by every side of the society.

DYNASTY 王朝 the brand with proprietary intellectual property rights is shows the ambition of Dynasty Company to soar in wine industry. The leading technique and excellent quality leads the continuous increase of Dynasty brand popularity and invisible asset. In the assessment of Chinese brand value in wine industry, the value *DYNASTY 王朝* brand was estimated to 6.158 billion yuan. Dynasty fulfills confidence in the development of Chinese wine industry. Regarding the global economy integration as a developing opportunity, the company will expand both the domestic and international markets with great effort to make *DYNASTY 王朝* brand an internationally famous brand and make the company a modernized and internationally large company group.

王朝御苑酒堡

开启酒的王朝　成就我的王朝

天津城建集团

TIANJIN URBAN CONSTRUCTION GROUP

党委书记、董事长 李凯建

总经理 刘世善

天津城建集团是以工程施工总承包为龙头，集市政、公路、桥梁、城市轨道交通、污水处理厂、建筑、大型钢结构、环保、房地产开发的设计、施工等为一体的规模化、多元化并具有投融资功能和境外经营权的大型企业集团。

集团公司及所属企业，分别具有国家建设部、交通部批准的公路工程施工总承包特级资质和一级资质，市政公用工程施工总承包一级资质，房屋建筑工程施工总承包一级资质，公路路面工程、公路路基工程、桥梁工程、钢结构工程专业承包一级资质，城市轨道交通工程专业承包资质、特种专业工程专业承包资质等多项施工总承包和专业承包资质。集团所属天津城建设计院有限公司具有建筑行业建筑工程、市政公用行业甲级设计资格。

近年来，集团公司及所属企业承建了两百多项大型公路、市政基础设施建设工程项目。天津市区至滨海新区城市轨道工程、天津站交通枢纽工程、天津滨海国际机场外立交、天津快速路工程、天津地铁一、二、三号线、天津市海河综合开发、集疏港二三线立交、津港高速一期、112 国道、津滨高速改扩建、天津滨海新区市政基础设施建设等一大批重点工程项目。在外埠，集团开拓的区域和总量也在逐步扩大，所承建工程覆盖全国 7 大区域 20 多个省、自治区、直辖市，覆盖高速公路、大型桥梁、隧道盾构、房地产、污水处理设施等多个领域，建成一批以宁波机场路主线桥、汾河大桥、吉林大桥、杭州七格污水处理厂等为代表的标志性项目并赢得了天津“城建铁军”的称誉。先后荣获中国建筑工程鲁班奖、国家优质工程金银奖、中国土木工程（詹天佑）大奖、中国市政工程金杯奖等国家级奖项 50 余项和省部级优质工程 150 余项，并在大型城市景观桥梁和城市立交桥、高等级公路路面摊铺和软基处理、大型污水处理厂、地铁盾构等市政、公路工程的设计、施工领域达到了国内先进水平，形成了一大批专利和专有技术。多次荣获了“天津市企业 100 强”、“中国企业 500 强”、“全国建筑业 AAA 信用企业”、“ 全国建筑业先进企业”、“全国施工优秀企业”、“中国百家诚信示范企业”等五十多项国家、省市级企业奖项和荣誉称号。

天津城建集团以科学发展观为指导，坚持“励精图治、追求卓越”、“建百年工程、为百姓造福”的企业精神和宗旨，认真肩负履行社会责任，主动适应市场经济规律，开拓创新、科学管理、勇创一流，为社会打造精品工程，为用户提供更满意的服务，为我国市政、公路建设作出更加卓越的贡献。

京沪高速公路

沈阳地铁工程

津汕高速公路团泊南互通立交桥

地址：天津市南开区鞍山西道260号（300073）
Add: 260 Anshanxi Road, Nankai District, Tianjin 300073, PRC
电话 Tel: +86 22 27492999
E-mail: tjucg@tjucg.com

天津城建投资有限公司

TIANJIN URBAN CONSTRUCTION INVESTMENT CO., LTD.

天津城建投资有限公司成立于2002年4月，注册资本金陆仟伍佰万元人民币，为天津城建集团的控股子公司。主要涉足于市政基础设施、高科技产业、环保产业、建筑业等领域的投资与管理。

天津城建投资有限公司是天津城建集团认真分析市场形势的变化，迎合市政工程建设市场化趋势而打造的投融资平台。自成立以来，天津城建投资有限公司依托集团的施工主业，致力于向主业上游产业发展，以市政基础设施、环保及房地产项目为主要投资方向。目前拥有四家控股子公司——天津城建市容环保科技发展有限公司、天津天城信工程管理咨询有限公司、天津乾景园林工程有限公司、天津市兴城投资发展有限公司以及五家参股子公司。运作的项目主要有投资天津程林庄路的基础设施与土地一级开发相结合的项目，与天津市容委签署特许经营合同而投资的天津徐庄大型垃圾中转站项目以及宁河龙泽天蕴房地产项目。现各个项目均在正常运行之中。

Tianjin Urban Construction Investment Co., Ltd., a wholly owned subsidiary of Tianjin Urban Construction Group, was established in April 2002 with the registered capital of 65 million yuan. Its business mainly covers the investment and management of municipal infrastructure, high-tech industry, environment protection industry and architecture industry.

Tianjin Urban Construction Investment Co., Ltd. is an investment and financing platform created following the market-oriented trend of municipal project construction by Tianjin Urban Construction Group after carefully analyzing the market change. Since foundation, Tianjin Urban Construction Investment Co., Ltd. depending on the main construction industry of the Group, contributes to the advanced industry of the main one and focuses on investing into municipal infrastructure, environmental protection and real estate programs. Nowadays the company has 4 wholly-owned subsidiaries—Tianjin Urban City Appearance Environmental Protection Co., Ltd., Tianjin Tianchengxin Project Management Consultancy, Tianjin Qianjing Garden Project Co., Ltd., Tianjin Xingcheng Investment and Development Co., Ltd. and 5 joint-stock companies. Now the operating projects includes project of investing on infrastructure of Tianjin Chenglinzhuang Road combined with senior land development, Tianjin Xuzhuang large scale waste transfer station which is signed a franchise contract with Tianjin Cityscape Administration and Ninghe Longze Tianyun Real Estate Program. Currently every program is under operation.

天津城建集团工程总承包公司

TIANJIN URBAN CONSTRUCTION GROUP ENGINEERING GENERAL CONTRACT COMPANY

——规模组织 经营创效 公司全年实现加速发展目标

西站主站楼平移就位仪式

天津城建集团工程总承包公司，隶属于天津城建集团，作为集团母体核心企业，是按照现代企业管理制度组建的大型市政、公路施工非法人企业，代表天津城建集团有限公司实现业绩。具有公路工程施工总承包特级资质和市政工程施工总承包一级资质。目前已发展成为具有承建城市基础设施、地铁、高速公路、大型桥梁、隧道等大型工程能力的“知识密集型、管理密集型、科技密集型、管理经营型”施工企业。

公司管理模式精干。拥有道路、结构、沥青砼拌合、建筑物顶升 4 个实体分公司，3 个管理型分公司，员工 720 余名。公司实行扁平化管理，实体分公司按公司授权以“自主经营、自负盈亏、自我管理、自我完善”的方式，实行经济独立管理，构成“小公司、大市场”的管理模式。

公司专业技术人员门类齐全。大学专科以上学历的人员 347 人，比上年增加 1 人，占在岗员工的 48.1%；具有各类高级职称以上的人员 46 人，比上年增加 13 人；国家一级建造师 25 人，比上年增加 3 人；各类资质专业技术人员和管理人员 439 人，比上年增加 26 人。

公司管理层次职责清晰。建立了劳务用工、经济责任风险承包、工程经营开发、合同管理、质量管理、机械设备租赁、成本核算、财务审计、安全文明施工管理、干部职工绩效考核、内部项目经理职业化等若干管理规定和办法，对公司各项工作运行实行动态管理。

公司施工设备精良。拥有大中型施工设备124台/套，先后从日本、美国、瑞士等国家引进购置了一批当今世界一流施工设备，技术装备达到先进水平。公司动力装备率人均 58.65 千瓦、技术装备率人均 65.55 万元。

公司具有较强的行业和区域影响力。近几年，公司在国内共修筑高速公路和高等级公路 1200 余公里，特大型桥梁、隧道若干座以及城市基础设施建设、海河综合开发改造主要施工项目有：京津塘高速公路、京沪高速、津汕高速、津宁高速、陕西柞小高速、重庆湘渝高速、安徽铜南宣高速、内蒙古 111 国道、杭州之江路地下通道、沪杭高速德胜立交、杭州湾大桥路面铺装、宁波通途路立交，北京通州东关大桥、玉带河大桥、温榆河大桥，天津海河北安桥、狮子林桥、金汤桥、富民桥、光华桥、国泰桥、解放桥旧桥改造、天津中心城区快速路、天津机场大道立交工程、天津航空城空港一号桥立交、天津经济技术开发区第九大街跨京山铁路立交、塘汉快速、天津集疏港二期南段公路、国道 112 线、津港高速等多项重点工程。多次荣获天津市建设工程“海河杯”，建设部“中国市政金杯奖”、“市政公路质量金奖”、中国建设工程“鲁班奖”、“国优工程银质奖”等。

2005 年，公司被发展海河经济领导小组授予“海河经济开发建设一期工程突出贡献奖”，同年，公司被中国施工企业管理协会评为 2005 年度“全国用户满意施工企业”。2009 年荣获天津市总工会颁发的 2008 年度天津市“五一”劳动奖状。由总承包公司代表的天津城建集团有限公司荣获 2009 年“全国工程建设质量管理优秀企业”，总承包公司荣获天津市建筑业协会颁发的 2009 年度“诚信企业”称号。

Tianjin Urban Construction Group Engineering General Contract Company (UCGE), affiliated to Tianjin Urban Construction Group and as its core enterprise, is a large unincorporated work unit for municipal utilities and road construction set up according to modern enterprise management system. It represents Tianjin Urban Construction Group Co., Ltd. to realize performance. UCGE is equipped with general contract qualification of special grade for highway engineering construction and of first level for municipal utilities construction. Now it has been developed into a *brain, management and technology intensive* management and operational con-

国优奖章与诚信企业奖牌

struction enterprise with capacity of undertaking large projects, such as urban infrastructure, metro, speedway, large bridge and tunnels, etc.

Company management model is highly competitive. It has 4 entity branches covering road, structure, asphalt concrete mixing and building jacking, and 3 managerial subsidiaries with over 720 employees. Moreover, UCGE carries out flat management. Branches authorized by the group, carry out economic independent management in the form of being *responsible for their own management decisions, profits and losses, improvement,* and thus forming the management model of *small company with large market.*

UCGE's technical personnel covers complete categories. 347 persons have junior college and above degrees with one more comparing the number of last year, accounting for 48.1% of in-service employees; 46 persons have various advanced technical job titles which 13 more than that of last year; 25 architects of national first-level with 3 more than that of last year; and it also has 439 professional technicians and management personnel with various qualifications with 26 more than last year.

UCGE has a management level with clear responsibilities. It has established many regulations and by-laws to carry dynamic management on various operations, such as labour service, economic responsibility and risk contract, engineering operation and development, contract management, quality management, machinery and equipment leasing, cost accounting, finance and audit, safe and civilized construction management, cadres and employees performance assessment, internal project manager professionalization, etc.

UCGE's construction equipment is highly efficient. It boasts 124 sets/pieces of large and medium construction equipment, has introduced one after another from Japan, USA and Switzerland a batch of construction equipment of first level around the world, thus its technical equipment is of advanced level. UCGE's powered equipment rate 58.65 kilowatt per person, and technical equipment rate is 655.5 thousand yuan per person.

UCGE has strong influence on the industry and region. In recent years, it has built over 1,200 kilometers of expressway, high level highway as well as many special large bridges and tunnels, and also undertaken urban infrastructure construction and Haihe River comprehensive development and restructuring. Major construction projects include many key projects such as Jingjintang Expressway, Jinghu Expressway, Jinshan Expressway, Shanxi Zhaxiao Expressway, Chongqing Xiangyu Expressway, Anhui Tongnanxuan Expressway, Inner Mongolia 111 National Highway, underground channel of Hangzhou Zhijiang Road, Desheng Overpass of Huhang Expressway, road surface paving of Hangzhou Gulf Bridge, Ningbo Tongtu Road Overpass, Beijing Tongzhou Dongguan Bridge, Yudaihe Bridge, and Beian Bridge, Shizilin Bridge, Jintang Bridge, Fumin Bridqe, Guanghua Bridge, Guotai Bridge of Tianjin as well as old bridge restructuring of Jiefang Bridge, Expressway of Tianjin downtown area, Overpass of Tianjin Airport Avenue, No.1 Overpass of Airport of Tianjin Aviation Town and Overpass crossing Jingshan Rail Way at ninth street of TEDA, Tanghan Expressway, south part of Tianjin Jishu Port at second phase, national road line 112 and Jin'gang Expressway. UCGE was awarded as the Tianjin Construction Project *Haihe Cup, China Municipal Golden Cup, Municipal Highway Quality Golden Prize,* China Construction Engineering *Lu Ban Prize, Excellent Engineering Silver Prize* for many times.

In 2005, it was titled the Prize with *Special Contribution to the 1st Stage Project of Haihe Economic Development* by Haihe River Development Economic Leaders team. In the same year, it was titled as *2005 Construction Enterprise with Satisfaction from National Users* by China Association of *Construction Enterprises Management.* In 2009 the company was awarded by national general labor union as *May One* Labor Prize in Tianjin in 2008. The Tianjin Urban Construction Group represented by the general contractor won the award of *State Project Construction Quality Control Unit* in 2009 and the general contractor was awarded the title of *Credit Enterprise* by Tianjin Architecture Association.

横跨津港公路的天嘉湖立交桥

集疏港公路南段（二期）跨临港铁路立交桥

天津第三市政公路工程有限公司

Tianjin No.3 Municipal Highway Engineering Co., Ltd.

党委书记、董事长 金跃彦

总经理 贾利亨

天津第三市政公路工程有限公司始建于1973年，具有市政公用工程施工总承包一级资质、公路工程施工总承包一级资质、桥梁施工专业承包一级资质、公路路面施工专业承包一级资质、路基施工专业承包一级资质和预拌商品混凝土二级资质。主要承担公路桥涵工程、大型城市立交、道路工程、地下铁路、污水处理厂、泵站、给排水工程和民用建筑安装等，注册资金6863万元。党委书记、董事长金跃彦，高级工程师；总经理贾利亨，正高级工程师。现有职工1100人，其中专业技术人员431人，正高级工程师4人，高级技术职称55人，中级职称115人。

30多年来，在公路、桥梁、地铁、污水处理厂等施工领域形成了独特的工艺技术、管理经验和综合优势。以八里台立交桥为代表的10项工程获"国家优质工程银质奖"，京沈高速宝坻大桥等4项工程获国家建设工程"鲁班奖"，天津西河桥等8项工程获得"中国市政金杯示范工程奖"。近年来在天津先后承建了滨海大桥、大沽桥、东风桥、赤峰桥、咸阳路污水处理厂、地铁一号线、二号线等一批经典工程。地铁一号线工程获"国家优质工程银质奖"，快速路东风立交桥工程、天津滨海国际机场外围交通配套机场大道立交工程获得了国家建设工程"鲁班奖"，京沪高速公路子牙河特大桥工程获"天津市海河杯优质工程奖"，赤峰桥工程荣获"天津市金奖海河杯"，五经路地道工程获"天津市结构海河杯"，西青污水处理厂获"天津市金杯示范奖"，京津塘高速公路获"新中国成立60周年百项经典暨精品工程"，自锚悬索桥预应力混凝土箱梁裂缝控制施工等3项入选国家级工法，桥梁深水岩层基础异形双壁钢围堰施工等4项获"天津市科学技术进步奖"，倾斜式钢箱拱肋施工等11项入选天津市级工法。

多年来，公司多次荣获政府和主管部门颁发的荣誉奖项。如"天津市质量管理奖"、"天津市先进企业"、"天津市重合同、守信用单位"、"建设部先进单位"、"国家优秀施工企业"等。

公司于1998年通过质量管理体系认证，2003年通过计量检测体系国家级认证，2004年通过环境和职业健康安全管理体系认证，2009年通过了质量、环境和职业健康安全管理体系的再认证。

城建集团设计施工的"日月同辉"大沽桥

荣获世界著名桥梁大奖——尤金·菲戈奖

Tianjin No.3 Municipal Highway Engineering Co., Ltd. was founded in 1973, has first-class general contracts qualification authentication of municipal utility construction, highway engineering construction, professional contract of bridge construction, professional contract of road pavement construction, professional contract of subgrade construction and second-class general contracts qualification authentication of ready mixed commercial concrete. With 68.63 million RMB registered capital, the cooperation mainly undertakes highway and bridge projects, large urban overpasses construction, underground railways construction, sewage treatment plants, pump stations, water supplying and sewage works projects and civil architecture installations, etc.. Jin Yueyan, the chairman of the board and secretary of party committee, is a senior engineer and Jia Liheng, the general manager, is a chief senior engineer. There are currently 1100 employees, among which there are 431 professional technicians, 4 chief senior engineers, 55 people possessing senior professional title and 115 people possessing intermediate professional title.

In the past 30 years, it has formed unique processes and skills, management experience and comprehensive strengths in the field of highway, bridge, metro, effluent treatment plant. Ten projects represented by the Balitai Intersection have been titled *Silver Prize* of National Excellent Projects; four projects represented by the Beijing-Shenyang Expressway Baodi Bridge have been titled as the National *Lu Ban Prize*; eight projects including the Tianjin Xihe Bridge have enjoyed the *China Municipal Golden Prize Model Project*. It has undertaken numbers of typical projects, such as the construction of Binhai Bridge, Dagu Bridge, Dongfeng Bridge, Chifeng Bridge, Sewage Treatment Plant of Xianyang Bridge, Metro Line 1 and Line 2 in recent years. Among all, construction of the Metro Line 1 gets *Silver Prize of National Excellent Projects;* construction of Dongfeng Overpass on Expressway and Interchange Project of Airport Boulevard and Overpass Matching with Surrounding Traffic of Tianjin Binhai International Airport win *Lu Ban Prizes* on Engineering Construction; Construction of Ziyahe Bridge on Beijing-Shanghai Expressway is awarded *Tianjin Haihe Cup Quality Projects Award;* Construction of Chifeng Bridge achieves *Haihe Cup Tianjin Golden Prize;* Channel Construction on Wujing Road wins *Tianjin Structure Haihe Cup;* Xiqing Sewage Treatment Plant gets *Tianjin Municipal Golden Prize Demonstration Project Award* and Construction of Beijing-Tianjin-Tanggu Expressway is awarded as *Hundreds of Classical and Excellent Projects since the founding of the People's Republic of China of 60th Anniversary;* there are three achievements, including prestressed self-anchored suspension bridge, concrete box girder and construction of crack control, awarded national-level technical method; four projects, such as deep rack foundation of bridge and construction of shaped double-wall steel cofferdam, awarded *Tianjin Science and Technology Improvement Prize*; 11 projects such as construction of inclined steel box arch rib, awarded Tianjin municipal level technical method.

For years it has enjoyed prizes granted by government and relative authorities, such as *Tianjin Quality Control Prize, Tianjin Advanced Enterprise, Tianjin Unit of Focusing on Contract and Integrity, Advanced Unit of the Ministry of Construction, National Excellent Construction Enterprise*, etc.

The company passed Quality Management System Accreditation in 1998, Measuring and Testing System Authorization on national level in 2003, and Environment and Occupational Health and Safety Management System Authorization in 2004. In 2009, it passed Quality, Environment and Occupational Health and Safety Management System Certification again.

地址: 天津市河西区紫金山路 3 号
Add: 3 Zijinshan Road, Hexi District, Tianjin
邮政编码 Postal Code: 300074
电话 Tel: +86 22 23352313
http://www.tjsz3.cn

赤峰桥

赤峰桥夜景

合安高速

集疏港二三线立交工程

镜湖大桥

团泊快速工程

天津城建隧道股份有限公司

Tianjin Urban Construction Tunnels Co., Ltd.

董事长 张玉明

总经理 杜亚民

天津城建隧道股份有限公司是经天津市政府批准成立，由天津城建集团控股，多家国内知名大型国有企业及民营企业参股组成的现代股份制企业。具有国家市政公用总承包一级资质，主要从事市政、公路、城市轨道交通、地基与基础工程投资、施工及其大型专业设备的租赁、改装与制造。注册资本金1亿元，总资产7亿元。

公司拥有多台先进的由日本川崎重工制造的土压平衡式盾构机、意大利道特旋挖钻机、挪威MSS造桥机。建有自主生产盾构设备的制造基地、隧道管片生产基地。

公司具有由多名正高级工程师和知名桥隧专家组成的专业技术队伍，能够承担国内盾构施工的技术难题研究，具备提供专业技术咨询服务能力。

公司成立以来先后承揽了天津地铁一号线33合同、天津地铁三号线8、11合同、天津地铁九号线M、N、Q合同、天津站交通枢纽改造桩基工程、梅江钢结构A桥、梅江南桥、微七路与西青开发区道路工程等市内工程以及南京地铁一号线、沈阳地铁一号线、苏州文陵路地道、深圳市南光高速公路、广河高速公路、二广高速公路、德昌高速公路等多项外埠工程。目前公司在南京、沈阳、哈尔滨、深圳市场均建有施工基地。

公司产权结构清晰，组织结构合理，业务结构协调，管理结构规范，已被天津市政府列入“预备上市企业库”名单。公司将本着“让隧道与世界链接”的发展理念，秉承“上善若水、知止不殆、厚积薄发”的企业文化思想，加速发展成为国内知名的上市企业。

Tianjin Urban Construction Tunnels Co., Ltd. (TUCTC) is set up with the approval of Tianjin Municipal Government. It's a modern joint-equity enterprise with Tianjin Urban Construction Group taking major shares and many large state-owned and private enterprises renowned at home taking minor shares. TUCTC is equipped with qualification of general contract of national municipal utilities. It is mainly engaged in the investment and construction of municipal utilities, public roads, urban rail transportation, foundation and basic engineering, as well as the leasing, restructuring and manufacturing of large professional equipment. Its total registered capital is RMB 100 million yuan with total asset of 700 million yuan.

It features many advanced earth pressure balance (EPB) shields of Japan Kawasaki Heavy Industries, rotary drilling rig of Italy Mait as well as bridge girder erection machines of Norway. The company boasts of manufacturing bases for shield and tunnel duct pieces with independence.

The company has a professional technician team formed by several chief senior engineers and famous bridge and tunnel experts, who can undertake the technique problem research on shield construction in domestic apart from their ability to provide professional technique consultant service.

TUCTC has undertaken some Tianjin projects one after another, such as Contract 33 of Tianjin Metro Line 1, Contract 8 and Contract 11 of Metro Line 3, Contract M, N and Q contracts of Metro Line 9, Tianjin Train Station Transportation Hub Project, Meijiang Steel Structure A Bridge, Meijiang South Bridge, Weiqi Road and Xiqing Economic Development Area Road Project, as well as some projects outside Tianjin, such as Nanjing Metro Line 1, Shenyang Metro Line 1 and Suzhou Wenling Road Tunnel, Nan'guang Express Way in Shenzhen, Guanghe Express Way, Erguang Express Way, Dechang Express way and etc.. Currently the company has construction bases in Nanjing, Shenyang, Haerbin and Shenzhen.

The company has clear equity structure, reasonable organizational structure, coordinated operation structure and standardized management structure. Now it has been listed by the Tianjin Municipal Government in *Enterprises Bank to Be Listed*. In the development concept of *Letting Tunnel Connect with the World*, the company with the enterprise culture idea of *As Good As Water, Knowing to Stop Incurring No Blame, Steady Accumulation*, is expediting the development to become a listed enterprise renowned at home.

地铁3号线8标双线贯通

刘房子经济发展总公司

Liufangzi Economy Development General Company

总经理 田东平

刘房子为天津市西北部一颗璀璨的明珠，被市政府评为市级明星小康村。该村地理位置优越，与津霸公路、中环线、外环线、子牙河形成环围。刘房子远期规划前景宏大，在9平方公里的辖区内，780余户近2700人正以饱满的热情迎接21世纪的挑战。

改革开放十几年的发展，该村经济已初具规模，现有村办集体企业十几家，三资企业数家；农业生产逐步走向科学、规模、效益型，现已形成的津霸公路刘房子村商业一条街，对第三产业的发展起到了促进作用。工业产值在村经济的比重日渐上升，已初步形成农、工、商合理发展，相互促进，比翼齐飞的良性循环之势。

几年来，该村教育事业得到长足发展。村里同时加大了社会福利、社会保障的投入，村容、村貌焕然一新，治安良好，民风纯朴，已实现精神文明与物质文明的共同发展。

刘房子的村领导正用战略眼光审时度势，以高度责任感率领全体人民共同努力、继往开来。

Liufangzi, as a shining star in Northwest Tianjin, is a municipal level well-off star town with good geographic location and it is connected by Jinba Highway, Middle-Ring Road, Extra-Ring Road and Ziya River. Liufangzi has a good developing potential in that there are more than 780 families, nearly 2,700 people in its 9 square kilometers area, who are welcoming the challenge of the 21st century.

After more than 10 years' development since *the reform and opening-up*, the economy of the town becomes scaled. There are over 10 township collective enterprises and several joint ventures in the town. Its agricultural production is becoming scientifically efficient and on scale, a commercial street is set up in the town near Jinba Highway, which plays an important role in the development of its tertiary industry. Its developments of agriculture, industry and service industry become coordinated with each other.

The education of the town has also gotten improved rapidly. Its input in social welfare and social protection system is also enlarged. The town's environment and outlook are changed freshly which has a good order and a simple folk custom. The town is also realized co-development of ethical progress and material progress.

The leaders of the town are inspecting themselves strategically, and leading its people to work hard together, reviewing the past and looking forward to the future.

地址：天津市北辰区津霸公路
Add: Jinba Highway, Beichen District, Tianjin
邮政编码 Postal Code: 300400
电话 Tel: +86 22 26654384

我们将敞开胸怀与各方有识之士积极合作、共创未来

We are heartfully looking forward to cooperating with talents in every field to achieve an excellent future.

津英纺纱有限公司
Jinying Spinning Co., Ltd.

天津津英纺纱有限公司成立于1988年，系天津纺织品联合进出口公司和天津棉纺七厂与英国高士集团的合资企业。公司投资总额近5000万美元，中、英双方各占50%股份，拥有5万多纱锭，13万多倍捻锭和4500多长丝捻线锭，在职员工800余人。公司每年创产值近3亿元人民币，出口创汇 2000多万美元。

津英公司占地6万多平方米，拥有津英、李七庄、津高3个生产车间。产品主要为纯涤纶缝纫线、包芯线、绣花线以及箱包缝纫线等，年生产能力近6000吨。生产设备全部是引进德国沃克曼公司、瑞士立特公司、意大利雷玛公司的专业纺纱、制线设备。主要生产原料以进口为主，产品以出口为主。自公司成立以来，在国际市场激烈竞争中不断发展，并成为在国际市场上具有较强竞争力和世界一流技术装备的中英合资经营企业。

在公司董事会的正确决策和公司经理部的引领下，公司上下胸怀"成为世界第一的缝纫线制造商"之理想，秉承"给投资者予以合理回报"之承诺，脚踏实地地奉行"以客为尊，积极开明，群策群力，引以为荣"之信念。以积极的心态，从容面对来自国际、国内以及公司内部的困难和挑战，利用集团优势、设备优势、技术优势、管理优势、人才优势等资源，不断地提升公司的技术创新和管理创新能力，在竞争和奋斗中使企业实现了可持续发展。公司自开业运营以来，连年荣获国家及市政府授予的"双优"、"最佳"外商投资企业、"天津市工业百强企业"、"天津市人均出口创汇前十名企业"、"天津市优秀企业"等荣誉称号。

天津津英纺纱有限公司现已成为天津纺织行业最优秀的企业之一，是天津纺织业一面光荣的旗帜，并以一流的品牌和服务现已成为全球缝纫线行业的领导者。

地址：天津市西青区李七庄津涞公路南
邮政编码：300381
电话：+86 22 83912847, 83912940
传真：+86 22 83913935
E-mail: tjjysc@public1.tpt.tj.cn

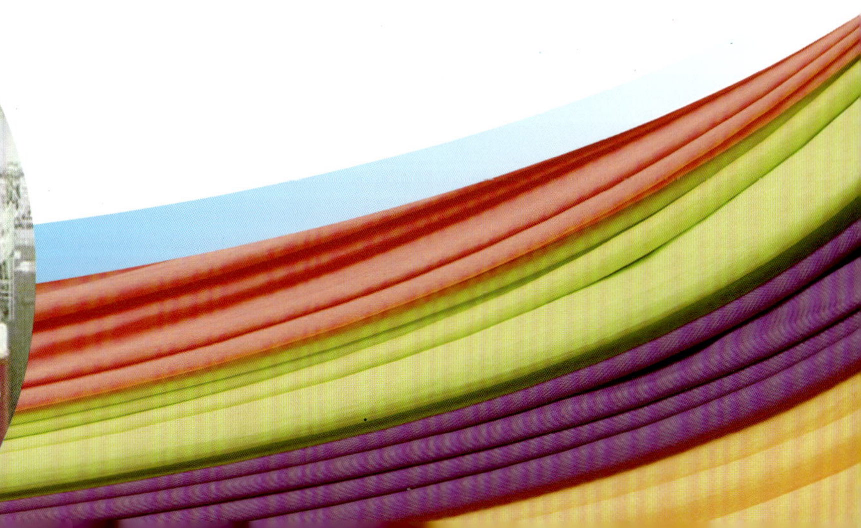

天津国家信息安全产业基地

Tianjin National Information Security Industrial Base

天津国家信息安全产业基地，是国家信息安全工程技术研究中心、天津市科学技术委员会和天津市西青区人民政府共同支持建设的天津市重大科技产业项目。基地坐落于天津西青学府工业区，占地面积约173公顷，总投资98亿元，是中国最大的信息安全产业基地。

2009年7月，基地建设被列入天津市第三批自主创新产业化重大项目。2011年6月，基地被国家科学技术部火炬高技术产业开发中心认定为国家火炬计划信息安全特色产业基地，是全国各类国家特色产业基地中唯一的信息安全特色产业基地。

基地建设有利于提高我国信息安全的保障能力和防护水平，有利于促进我国信息技术产业健康发展，有利于提高我国信息安全产业的自主创新能力。基地按照“突出重点、强化创新、扩大辐射、打造优势”的发展思路，依托国家信息安全工程技术研究中心在技术及人才方面的雄厚实力和龙头地位及产业化应用经验，将建设成为：我国最大的信息安全企业和人才聚集区，具有较强聚集功能和辐射功能的高水平、高标准的信息安全技术研发及成果转化基地，成为带动天津信息安全产业乃至全国信息安全产业发展的引擎。

基地已形成以信息安全为关键技术，以国家战略新兴产业云计算、物联网、可信加密移动互联网、现代电子为应用方向的五大产业集群。基地规划建设四大功能区：研发区、产业区、培训教育区和配套服务区。到2015年，基地将累计实现产值600亿元。

Tianjin National Information Security Industrial Base is a key science and technology industrial project in Tianjin constructed with the joint efforts from the National Information Security Engineering Research Center, Tianjin Municipal Science and Technology Commission and Tianjin Xiqing District People's Government. Covering nearly 173 hectares in Tianjin Xiqing Xuefu Industrial District, with a total investment of 9.8 billion yuan, the base ranks first among information security industrial bases in China.

In July 2009, the construction of this base was listed in the third batch of major innovative industrialization projects of Tianjin. In June 2011, the base was recognized as a national Torch Program information security specialised industrial base by the Torch High Technology Industry Development Center, the Ministry of Science and Technology of the People's Republic of China—the single one for information security of all national specialised industrial bases.

The establishment of such a base will help improve the supportability and protection level of information security, promote the healthy development of China's information technology industry, and strengthen the independent innovation capability in information security industry. Following the development principle of *focusing on key points, emphasizing innovation, expanding radiation and creating advantages*, the base will be backed by the strength and leading position in such aspects as technology and human resources, as well as the practical experiences in industrialisation of the National Information Security Engineering Center. Its goal is to develop into the largest cluster in China concentrated with information security enterprises and talents, a high-level and high-standard base for information security R&D and its achievements transformation with outstanding assembly and radiation functions, which can work as an engine to boost the development of information security not only in Tianjin, but also through China.

In the base, with information security as the key technology and national strategic emerging industries as application directions, five industrial clusters—including cloud computing, networking, trustworthy encryption mobile Internet, and modern electronics—have taken shape. Four functional areas are covered in the base plan: R&D area, industrial area, training and education area, and service area. By 2015, the total output value of the base will reach 60 billion yuan.

天津国家信息安全产业基地接待中心

Tianjin National Information Security Industrial Base Reception Center

地址：天津西青学府工业区才智道1号

Add: No. 1 Caizhi Road, Tianjin Xiqing Xuefu Industrial District, Tianjin, PRC

电话 Tel: +86 18902055705

传真 Fax: +86 22 23787863

网址 Website: http://www.nisib.cn

中冶天工（天津）装备制造有限公司

MCC Tiangong (Tianjin) Equipment Manufacturing Co., Ltd.

中冶天工（天津）装备制造有限公司是国家特级施工企业中冶天工集团有限公司的全资子公司。公司坐落于中国新的经济增长极——天津滨海新区，拥有“装备制造业是天津市八大优势支柱产业之一”的政策优势。公司生产基地总投资5亿元，占地300亩，为天津市第三批重点工程项目。作为国家钢结构工程技术研发中心的特种钢结构中试基地，公司将成为集技术研发、设计、制造、安装、检测为一体的大型特种钢结构、非标设备等高端产品的综合性生产基地，成为国家钢结构工程高新技术研发创新的转化基地，成为中冶天工装备制造产品对外出口的重要基地。

世界先进的数控钢板下料机（该机具有集切割、钻孔、铣码于一体的功能）

地址：天津市滨海新区汉沽营城工业园营城街55号（300480）

Add: 55 Yingcheng Street, Yingcheng Industrial Park, Han'gu, Binhai New Area District, Tianjin 300480, PRC

电话 Tel: +86 22 67158666

传真 Fax: +86 22 67158668

MCC Tiangong (Tianjin) Equipment Manufacturing Corporation Limited is a wholly-owned subsidiary company invested by MCC Tiangong Group Corporation Limited (CMTCC) — a national premium construction enterprise. The production base of the corporation was invested 500 million RMB and it was among the third phase of key construction programme. MCC Tiangong (Tianjin) Equipment Manufacturing Corporation Limited is located in Tianjin Binhai New Area District, which is characterized by efficient economic growth, and where equipment manufacturing is one of the eight advantage key industries. As the test base of special steel construction for national engineering and technology research and development center of steel construction, the corporation will be a comprehensive production base, collecting technology research and develop, design, manufacture, installation and detection as a whole, for high qualified products such as large special kind of steel structure and non-standard equipment; a transforming base for high-tech research, development and innovation of national steel structure projects and a key base for MCC Tiangong equipment manufacturing products exporting overseas.

中国北方人才市场
China Northern Talent Market

总裁 蔡吉臣

中国北方人才市场是由原国家人事部和天津市人民政府共同组建的国家级区域性人才市场，于 1994 年 9 月 28 日正式开业，与天津市人才服务中心实行一套机构，两块牌子。

市场具有人力资源外包、国内外人才交流、中高级人才访寻、网络招聘、人事代理、人才培训、毕业生就业指导、人才（劳务）派遣、人才测评、新经济组织党员管理、人才周刊出版等多项功能。在本市不同区域设有广开分部、津北分部、河东分部、滨海分部及与区县共同组建的人才市场、行业分部、工作站。

多年来，中国北方人才市场秉承“诚信、务实、创新、高效”的市场精神，业务发展连年递增，近年来增幅超过 30%。截至目前已累计为 42 万余家用人单位、520 余万各类人才提供了全方位、多项目的优质服务，连续 13 年荣获“天津市文明市场”称号。

As a state-level regional talent market set up by former national Ministry of Personnel and Tianjin Municipal People's Government, China Northern Talent Market officially opened on September 28, 1994. It merged together with Tianjin Talent Service Center and is actually two offices with one team of personnel.

The market deals in human resource outsourcing, domestic and foreign talent exchanges, intermediate and senior talents selection, online job offer advertisements, personnel agency, talent training, job consultation for graduates, talent (labor) dispatch, talent assessment, management of the Party members in new economic organizations, publication of the journal Talent Weekly, and so on. In Tianjin it has Guangkai Branch, Jinbei Branch, Hedong Branch, Binhai Branch as well as talent market, business branch and working station set up together with local districts and counties.

Over the past years, China Northern Talent Market persisted in the marketing spirits of *Honest, Pragmatism, Innovation* and *High Efficiency.* Its business has kept expanding at the rate of over 30 percents in recent years. So far it has provided all-round and quality service for more than 420, 000 working units and 5.2 million talents of all kinds. It has for 13 years successively won the honor of *Tianjin Civilized Market.*

地址：天津市河西区友谊北路 29 号
Add: 29 Youyibei Road, Hexi District, Tianjin
邮政编码 Postal Code: 300204
客服热线 Service Line: +86 22 28013665
http://www.tjrc.com.cn

诚信 务实 创新 高效

Honest, Pragmatism, Innovation & High Efficiency